KB073832

다사리 교육

| 어 게 인 세 종 대 한 민 국 미 래 교 육 |

다사리 교육

박형 지음

DASALI-Edu

Design of All Speak & All Live Instruction-Education

좋은땅

40년간 교직에 종사하면서, 나의 수업이, 나와 사제 간으로 만난 학생들에게 이익이 되어야 한다고 생각했다. 그러기 위해서는 좋은 수업을 해야 했고, 그러한 수업이 학생의 진로와 진학 그리고 삶을 살아가는 데 도움이 되었으면 했다.

1970년대 학창 시절, 수업 시간에는 교과서 외에 참고서와 문제집을 부교재로 사용하였으나, 오히려 참고서가 주교재였다. 선생님이 참고서를 가지고 수업했으니, 참고서가 찢어지도록 밑줄 치고 외웠다. 교과서는 거들떠보지도 않았다.

1984년에 교직에 들어와, 나는 학생들에게 교과서에 참고서 내용을 빼곡히 쓰도록 강요하고 매주 검사하여 학생들의 성적을 올리는 데 성공했다. 밑줄 치며 외우는 것보다 쓰면서 외우는 것이 효과가 크다는 것을 알았다. 1990년대 들어서 공책에 교과서와 수업 내용을 요약하여 쓰도록 하고, 잘된 것은 시험 전에 학급별로 복사해 공유하게 해서 큰 효과를 보았다. 2000년대에 특별연구 교사로, 직소 이론을 수업에 적용하여, 모든 학생이 전문가집단에서 배운 내용을 모집단(母集團)에 와서 다 말하게 했다.

2010년대 경기혁신교육의 관심은 '자기 생각을 만들어가는 수업'이었으나, 수업 방식을 제시하지 않았다. 그러다 보니 실제로 자기 생각을 만들어가는 수업이 제대로 이루어졌는지는 모르겠다. 생각이 어떻게 만들어지는지에 대한 진지한 고민이 없었다.

혁신교육연구회에서 비고츠키의 〈생각과 말〉를 읽고 독후감을 쓰게 되었다. 난해했지만 포스팅해 가며 여러 번 반복해 읽어보아야 했다. 생각이 만들어지는 과정이 있었는데, 말하기, 특히 말이 생각을 만들어간다는 것이다. 생각을 만들어가기 위해서는 말하기나 글쓰기 수업이 중요함을 알았다. 모든 학생이 자기 생각을 만들어가려면, 수업 시간에 모든 학생이 다 말하도록 해야 했다.

여주교육지원청 장학관 재직 때, 여주대 박현모 교수님의 강연을 들었다. '세종은 모든 사람에게 돌려가며 다 말하게 하는 다사리를 했으며, 이것이 창의 시대를 열었다'라고 했다. 이 말은 모든 학생이 다 말하여 자기 생각을 다 만들 수 있는 수업을 고민하고 있던 나를 고무시켰다. 특히 '다 말하게 하다'와 '다 살리다'의 두 가지 뜻을 지녔다는 '다사리'라는 말에 주목했다. 독립운동가며 언어학자이기도 했던 민세 안재홍 선생의 '다사리 이념'에서 나온 말이라고 했다.

세종실록을 읽으면서 세종의 소통 방식에 주목했다. 특히 세종의 경연회의 방식은 수업모형 개발에 원천이 되었다. 경연회의는 경연 후에 이어지는 어전회의다. 신하가 암금을 가르치던 '경연'은, 시독관이 책을 읽고 시강관이 강의했다. 시강관의 강의가 끝나면 학생인 세종이 질문을 했다. 그 질문에 참석자 모두가 돌아가며 답을 해야 했다. 자연스럽게 정책토론으로 이어지고 여러 아이디어를 융합하여 정책 결정까지 가는 경우가 많았다.

'독서 〉 강의 〉 질문 〉 토론 〉 정책'이라는 세종 시대 경연회의 순서에 착안하여, '생각 띄우기 〉 생각 말하기 〉 생각 구하기 〉 생각 나누기 〉 생각 살리기'라는 다사리 학습 단계를 만들었다. 여기에 Lewis의 의사 소통망 모형 중 바퀴형, 원형, 완전 연결형 등을 응용하여, 단계별 학습 모형을 구안했다.

2020년대 들어 교육계의 관심은 4차산업 시대의 미래 교육이다. 4차산업

시대는 정보통신 기술을 이용해 언제 어디서든 학습이 가능한 시대이다. 선생보다 제자가 더 많이 알 수 있는 최초의 시대이다. 이제 교육이 더 이상 가르치는 행위가 아닌, '가르침 시대의 종말'을 이야기할 정도로 교육의 패러다임이 바뀌었다.

이러한 시대 변화를 반영하여, 가르치는 교육이 아닌, 학습자들 스스로가 가르치고 배우는 것을 도와주는 교육, 같은 관심을 가진 다양한 사람들과 연결하여 교류하고, 학습자료를 찾아 학습하는 미래 교육 형태로 다사리 교육을 디자인했다.

높은 학문 수준을 지녔을 세종은 왕의 학습 〈경연〉에서 열심히 질문했다. 경연관은 사전에 열심히 배우고 강론 연습까지 해야 했다. 그러다 보니 자기도 모르게 엄청난 학문적 성장을 하였다. 경연관은 주로 집현전 학자였고, 세종이 집현전 학자를 가르치는 다사리 방식이었다. 미래 교육으로 주목받는 '플립러닝(flipped-learning)' 즉 거꾸로 교실의 원조는 세종 시대 경연이었다. 그래서 책의 제목을 '어게인 세종 대한민국 미래 교육, 다사리 교육'으로 했다.

제 I 장 '다사리 교육 강의'에서는, 다사리 방법으로 학습할 수 있도록, 다사리 교육에 대하여 학생들에게 강의한 내용을 서술했다. 강의 때 사용한 PPT 자료도 삽입하여 이해를 도왔다. 강의 영상은 네이버 블로그 〈다사리 교육〉에 탑재했다.

제 II 장 '다사리 교육 이론'에서는, 다사리 교육의 4차산업 사회 등 시대적 요구, 비고츠키와 안재홍 등 이론적 배경, 세종 시대 '경연'의 창조적 계승인 다사리 학습 모형 개발, 다사리 교육평가 방식, 음양오행과 배움 중심 그리고 민주주의의 관점에서 다사리 교육을 설명했다.

제Ⅲ장 '다사리 교육 칼럼'에서는, 다사리 교육철학 관점에서 교육 현상을 심도 있게 서술했다. 엘리트교육과 보편교육, 경쟁교육과 공동체 교육, 교육자치와 학교자치, 인성교육과 민주시민교육, 사고력과 창의력교육, 보수와 진보 교육, 교사 인권과 교육 권한 등 교육 현안의 의미를 생각해 본 에세이이다.

제Ⅳ장 '다사리 교육 토론'에서는, 사회적인 교육 논쟁들에 대해 SNS 등 온라인에서 토론한 내용을 담았다. IB 도입, 학교폭력, 교육의 정치적 중립, 교사 인권과 학생 인권, 학부모의 갑질과 책임 등에 대해 열띤 논쟁을 벌였다. 이황과 기대승의 사단칠정 논쟁에 버금가는 가치 있고 멋있었던 경험이다.

제Ⅴ장 '다사리 교육 시평'에서는, 학교 교육 현장에서 벌어지는 일상에 대한 감정과 생각들, 교육과 관련된 사회 사건들에 대한 논평을 담았다. 특히 학생들과 선생님, 학부모와 부딪치며 살아가는 교육자로서의 기대와 아쉬움, 감동과 안타까움, 희망과 절망을 표현했다.

〈부록〉에서는 다사리 교육활동 성과물인 학생들의 학습 활동지를 제시했다. 다사리 교육을 시도하려는 선생님이나 다사리 학습을 경험하고 싶은 학생들에게 안내 역할을 할 것이다.

교과 수업 분야에서는, 중학교 2학년 문학과 3학년 역사 교과를 다사리 수업할 때 학생들이 제출한 활동지 중 모범이 될만한 활동지를 선정해 제시했다. 국어과 김정윤 선생님이 다사리 방식으로 수업할 때 제출한 활동지 중 한 학급 분을 번호순으로 제시했다.

학습동아리 분야에서는, 자율 독서동아리 '시나브로' 학생들의 활동지 8회 분량을 제시했다. 교과서, 소설, 유튜브 등의 매체를 통해서 학습한 내용을 가지고, 서로 가르치고 배우는 미래사회 평생학습을 보여 준다는 점에서 가치 있는 자료다.

인성교육 분야에서는, 인성교육과 인성 토론한 결과물 중 모범이 될 만한 모둠의 학습 활동지를 제시했다. 학교폭력 화해 중재 공감 대화록은, 학교폭력의 교육적 해결의 방법을 모색하는 데 도움을 줄 것이다. 관계 회복 프로그램은 부모, 형제, 친구와의 갈등을 해결하는 방법을 모색해 가는 과정이다.

학습 방법 분야에서는, '제 I 장 다사리 교육 강의'를 40여 분 듣고 다사리 학습에 참여한 중학교 1학년 199명 전체 학생의 활동지를 번호순으로 제시했다. 40분 강의를 들으면, 어느 학생이라도 다사리 학습을 숙지하여 실천할 수 있었다.

자기 주도 학습 분야는, 학교 밖 청소년 대상 고졸 검정고시 대비반 국어 과목 강의를 맡게 되었는데, 학생들에게 다사리 방식으로 혼자서 학습하는 방법을 보여 주고 싶어서, 필자가 학습 활동지 견본으로 제시한 내용이다.

어느 학생이 지나가며, "선생님. 다사리 교육 재미있어요."라며 소리친다. 옆에 있던 선생님께서 "수업도 안 듣고 공부도 못하는 아이예요."라고 하신다. 그 말이 참으로 삐딱하게 들리면서도, 오히려 눈이 번쩍 뜨인다. 평소 수업도 안 듣고 공부도 못하는 아이들이, 다사리 수업에는 잘 듣고 잘 참여하여 재미있었다고 한다면? 다사리 교육은 성공한 교육 방법이었다.

이 책이 나오기까지 많은 분의 도움이 있었다. 세종실록 강독 모임을 통해 세종께 안내해 주신 세종 연구의 대가 박현모 교수님, 민세 안재홍 선생의 다사리 철학에 대한 자료를 아낌없이 내어주신 정윤재 교수님, 그리고 세종칼럼을 통해 매주 한 번씩 만나게 되는 세종리더십연구소 연구위원님들께 깊은 감사를 드린다.

'다사리 교육'이라는 생뚱맞은 교육 방법을 가져와서 학교의 교육에 적용하겠다는 돈키호테 교장을 이해하고 협력해 주신 동료 선생님들과 쉼 없이 말하고 써대야 하는 다사리 수업에 빠짐없이 참여해 준 수원원일중학교와 이의 중학교 학생들에게 진심으로 감사하다. 이 책의 부록에 실린 수백 개의 활동지는 학생들이 만들어낸 성과물로서, 필자는 수백 명의 공동 저자를 대표하는 1인 저자일 뿐이다.

이 책에 서술한 '다사리 교육'은 교육 이론이 아니고, 교육에 대한 아이디어이다. 여러 선생님과 학생들이 실천하게 되면 사회현상이 되고, 이것을 규칙화하면 사회과학으로서의 교육학이고 교육 이론이 된다. 교육학자들의 지대한 관심을 기대한다.

2024년 3월 어느 날

명산 광교산 자락 용인 수지 성복동에서 海潭 朴亨 씀

| 추천의 글 |

원고를 읽으면서 내내 떠오른 세종의 말이 있다.

"다시 온 힘을 기울여 책을 만들어, 후세에게 전에 없었던 일을 오늘날 조선이 세웠음을 알게 하라." 1432년 10월 30일, 경연이 진행되던 자리에서 세종은 하늘을 살펴[觀象] 백성에게 때를 알려주는[授時] 천문역법 프로젝트가 크게 진전되었음을 보고 받고 "크게 기뻐"했다. 이어서 오랜 시간 강구(講究)한 공적(功績)이 여기서 멈추는 게 너무 아깝다며, 백서(白書) 성격의 책을 만들라고 당부하였다.

박형 선생님의 교직 경험을 10여 년 전 '세종실록 강독회'에서부터 지켜본 사람으로서, 그간의 공력이 묵혀 있는 게 너무 아쉬웠다. 가르치고 배우는 전통이 단절된 우리나라 교육 현장에서 박형 선생님이 쇠심줄 같은 의지로 한 걸음씩 내디디며 쌓아온 연구와 실습 노트는 집현전 학사들의 실습 노트를 방불케 한다.

세종 시대까지 거슬러 올라가는 '다사리 교육'이 붕괴하는 공교육을 다시 일으키는 데 도움 주기를 간절히 소망한다. "자기가 알아낸 것으로 초고(草稿)를 세워 놓으면 뒷사람이 이를 바탕으로 하여 성취할 수 있을 것"이라는 세종의 말씀은(세종실록 13년 7월 11일) 바로 이 책을 두고 한 말씀이리라.

박현모(세종국가경영연구원 원장, 여주대 교수)

| 목차 |

Ⅲ. 다사리 교육 칼럼

Ⅳ. 다사리 교육 토론

Ⅴ. 다사리 교육 시평

| 부록 | 다사리 교육 학습 활동지

I

다사리 교육 강의

강의 영상과 교육 및 학습을 위한 자료들이

네이버 블로그 〈다사리 교육〉에 탑재되어 있습니다.

(https://blog.naver.com/dasali-edu)

1 다사리 교육의 브랜드 가치

안녕하세요.

대한민국 미래 교육 대표 브랜드 K-Edu를 꿈꾸는 「다 말하게 하여 생각을 다 살리는 교육」 다사리 교육을 소개하겠습니다.

브랜드란 어떤 상품이나 서비스를 표현하는 이름 혹은 상표와 같은 디자인을 말합니다. 마케팅을 위한 것이죠. 브랜드가 성공하려면 그 상품이나 서비스가 고유성과 보편성, 혹은 캐릭터와 트렌드를 동시에 갖춰야 합니다.

K-Pop이 성공한 것은 우리 전통 농악에서 비롯된 꽉 짜인 군무를 기반으로 하여 캐릭터를 확보한 후, 힙합과 아이돌 등 노래와 춤이 곁들인 해외 팝 음악의 트렌드와 긴밀하게 호흡을 맞추고 있기 때문입니다.

한국에서 성공한 교육브랜드로 '눈높이'나 '빨간펜'을 들지만, 사교육의 영역이고 글로벌 트렌드와는 거리가 있는 것들이었습니다.

2010년대에 혁신 교육 운동이 일면서 여러 가지 교육혁신 방법에 대한 논의가 있었지만, 주로 서구에서 수입된 것들이었습니다. 하브루타나 플립러닝, PBL로 불리는 문제 중심 학습이나 프로젝트 기반 학습은 물론이고, 배움의 공동체 수업이나 교육과정-수업-평가-기록의 일체화도 마찬가지였습니다. 현재 미래 교육으로 논의되고 있는 고교학점제나 국제바칼로레아(IB)도 이미 외국에서 시행되고 있는 것들입니다. 대한민국 고유의 교육방식 즉 캐릭터는 없었습니다. 사실 현재 비판받고 있는 우리의 전통 교육방식이라는 것이 왜정시대에 억지로 강요된 것으로서, 우리 조상의 우수한 교육방식은 알지도 못하고 거들떠보지도 않지요. 외국에서 파편적으로 들여온 교육 이론을 우리 교육에 기계적으로 적용하려다 보니, 남의 옷을 걸친 듯 자연스럽지 못하여, 우리 교육에 정착하지 못했습니다.

이에 동서고금에 유례가 없는 창의 시대를 열었던 세종 시대의 교육방식에 서구에서 들어온 혁신적인 교육 이론을 접목하여, 대한민국의 미래 교육 대표 브랜드, 다사리 교육을 만들었습니다. 다 말하여 생각을 다 살리는 교육, 일명 '다사리 교육'으로, 교육 한류를 대비하여 외국인도 알기 쉽게, 영문 'Design of All Speak All Live Instruction-Education'의 약자, 'DASALI-Edu"라는 이니셜로 표현했습니다. 우리의 고유성을 살리되, 미래 학습사회의 글로벌 트렌드를 반영하여, 교육 한류를 이끌 「K-에듀」를 만들었습니다.

다사리 교육의 시대적 요구

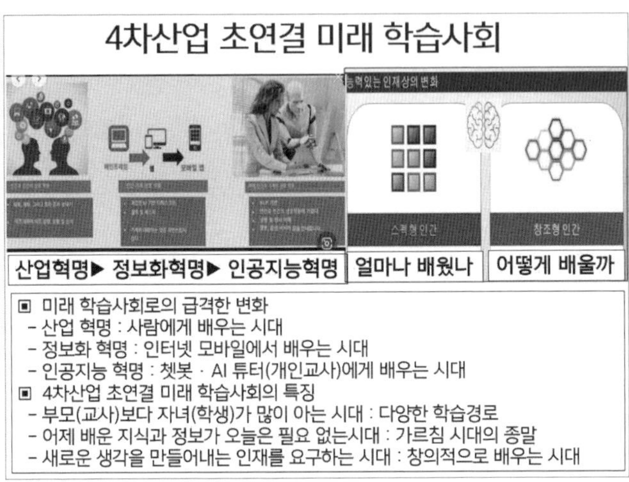

4차산업 사회에 들어온 걸 실감합니다. 컴퓨터 혁명, 인터넷 혁명, 스마트 혁명을 거쳐 인공지능 혁명 단계로 들어왔습니다. 한편 글을 쓰기 위해 인터넷이나 스마트폰에서 지식이나 정보를 검색하는 시대가 지나고, AI 챗봇이 어떤 주제에 대해 스스로 지식이나 정보를 검색하여 훌륭한 한편의 글을 써 주는 시대에 들어왔습니다. 부모보다 자녀가, 교사보다 학생이 더 많이 아는 최초의 시대입니다. 더 이상 부모와 선생님에게 배우지 않아도, AI 튜터가 옆에 있으면 되는 시대입니다.

과거에는 얼마나 배웠냐가 중요했다면, 지금은 어떻게 배우느냐가 중요한 시대입니다. 지식과 정보는 수시로 변하고, 증가하기 때문입니다. 미래사회서 유리한 사람은 기존의 지식과 정보를 받아들이는 것이 아니라 새로운 지식과 정보를 만들어 낼 수 있는 사람입니다.

대한민국 미래교육 제안

□ 미래사회 학교교육 : 기존 학교교육 패러다임의 변화
❖ 학교교육은 관심이 같은 동료들과 그룹을 지워 학습할 수 있는 시스템과 서비스가 될 거이다.
❖ 학생들은 자신에 속한 네트워크 내 사람들과 학습하는 것을 선호하고, 학습의 과정에서 동료를 가르치는 것이 보편화될 것이다.(가르치고 배우는 것의 구별이 없어질 것이다)
❖ 교사의 역할은 학습(서로 가르치고 배우는 것)의 중재자/(공동)학습자가 되는 것일 것이다.
❖ 학교의 주 역할은 학습자 각자가 어떤 학습 경로를 선택하고, 어떤 학습 유형과 필요한 자원을 선택하며, 학습한 내용을 어떻게 평가할지에 대해 가이드 역할을 할 것이다.
▶ 미래사회의 학습 형태 : 학습자들이 스스로 가르치며 배우는 학습의 보편화

□ 미래교육 비전 : 모두를 위한 교육, 모두가 성공하는 교육
❖ 캐나다 : 모두를 위한 교육, 모두를 위한 학습((Education for All, Learning for All)
❖ 미국 : 모든 학생이 성공하는 교육(Every Student Succeed Act: ESSA), 아동낙제금지법

□ 미래교육 트랜드 : 남의 생각을 받아들이는 교육 ⇒ 자기 생각을 만들어가는 교육
❖ 19-20세기 산업사회의 교육 : 남의 생각(지식/기술)을 습득하는 노동자 양성교육
❖ 21세기 창의적 미래사회의 교육 : 자기 생각을 만들어가는 교육(바칼로레아 교육)
논술시험(출제자의 의도를 묻는 시험) ⇒ 바칼로레아(수험생의 생각을 묻는 시험)

▣ 대한민국 미래교육 제안 : 모든 학생이 자기 생각을 만들어가는 교육
❖ 교육이념 : 홍익인간(弘益人間) - 모든 학생에게 이익이 되는(생각을 만들어주는) 교육
❖ 416 교육 : 단 한 명의 학생도 도 포기하지 않고 모든 학생의 생각을 다 살리는 교육

미래사회는 학교 교육에 대한 패러다임의 변화가 올 것으로 예측합니다. 기존에는 교사가 가르치고 학생이 배우는 것이 학교 교육이었습니다. 미래에는 가르치고 배우는 것의 구별이 없어질 것이며, 학생들이 스스로 가르치며 배우는 것이 보편화할 것입니다. 미래학교에서 교사는 가르치는 것이 아니라, 학습활동을 도와주는 중재자 혹은 안내자 역할을 할 것입니다.

미래 교육의 트렌드도 남의 생각을 받아들이는 교육에서 자기 생각을 만들어가는 교육으로 변화해가고 있습니다. 20세기 산업사회에서의 교육은 남이 만들어 놓은 지식과 기술을 암기하여 습득하는 교육이었습니다. 그런데 21세기 창의적 미래사회에 적응하기 위해서는 자기 생각을 만들어가는 교육이 필요합니다. 최근 바칼로레아 즉 IB가 강조되는 것은 이러한 트렌드를 반영하는 것입니다.

3 다사리 교육의 이론적 배경

비고츠키의 <생각과 말>

말(낱말)이 생각(사고)을 만든다

❖ 말은 생각에 대해 미리 만들어진 표현이 아니다. 스스로를 언어로 변형시키면서 생각은 스스로를 재구조화하고 수정한다. 생각은 말로써 말로써 자신(생각)을 실현한다.

❖ 사고(생각)와 낱말(말)의 관계는 낱말(말)에서 사고(생각)가 탄생하는 생생한 과정이다.

▶ 생각 만들기는 말하기(글쓰기)를 통해서 가능하다

➢ 교사는 아이들에게 개념을 직접 가르치지는 못한다. 교사는 아이들에게 개념을 설명해 주고 '이해하지?'가 아니라 '다시 나한테 설명해 볼래?'라는 식으로 아이의 ZDP(근접발달) 영역이 스스로 할 수 있는 영역이 되도록 끊임없이 대화함으로써 말로써 표현 가능한 사고의 범위를 넓혀간다.

다 말하게 하면 생각을 다 살릴 수 있다

미래 교육은 자기 생각을 만들어가는 교육입니다. 그렇다면 자기 생각을 어떻게 만들어갈까요?

비고츠키는 〈생각과 말〉이라는 책에서, 생각은 말에서 만들어진다고 했습니다. 어린이가 혼잣말로 중얼거리는 것이 생각을 만들어가는 과정이라고 했습니다. 어른들은 속말로 정리하면서 생각을 만들어간다고 했습니다. 결국 생각을 만들어가기는 언어 행위, 즉 말하기나 글쓰기를 통해서 가능하다는 것입니다. 비고츠키는 아이에게 개념을 설명해 주고 "이해하지?"가 아니라 "나한테 설명해 볼래?"라는 식으로 물어보라고 했습니다. 개념을 말로 설명할 수 있을 때 아는 것이고, 그렇지 않다면 아는 것이 아니라는 것이죠.

민세 안재홍 선생의 다사리 철학

○ 다사리 철학(이념) : 하늘(하나)과 들(둘)이 씨(셋)를 매개로 생명을 낳으면(넷) 하나의 생명도 포기하지 않고 다 살리는(다섯) 것이 다스림이다. (우리 민족의 전통 철학)
- 아버지와 어머니는 사랑으로 잉태한 자녀를 한 아이도 포기하지 않고 다 살린(다스린)다.
- 정치가는 한 명의 백성도 포기하지 않고 다 살린(다스린)다.
- 교육자는 한 명의 학생도 포기하지 않고 다 살린(다스린)다.

먼저 '다사리'는 '모두 다 말(씀)하게 하여'의 뜻을 가진 '다 사리어' 혹은 '다 사리운다'와 그 말의 뿌리를 함께하고 있는 바, 이것은 '다사리'가 만민총언(萬民總言), 자유(自由)의 가치를 내포하고 있음을 보여주는 것이다.
또한 '다사리'는 '모든 사람을 다 살게 한다'는 뜻의 '다 살리다'와 그 뿌리를 같이하는 말인 바, 이것은 '다사리'가 만민공생(萬民共生), 평등의 가치를 포함하고 있음을 보여준다.

다사리 : '다 말하게 하다'와 '다 살리다'의 두 가지 뜻을 지닌다. ⇒ 자유와 평등의 가치를 동시에 추구하는 민주주의 국가인 <다사리 국가론>을 주장함

'다사리'라는 말을 사용한 사람은 독립운동가이자 언어학자인 민세 안재홍 선생입니다. '다사리'라는 말은 '모두 다 말하게 하다'의 뜻을 가진 '다 사리다.' 혹은 '다 사리우다.'와 말의 뿌리가 같다고 했습니다. 아울러 '다사리'는 '모든 사람을 다 살게 하다'의 뜻을 지닌 '다 살리다'와도 그 뿌리가 같다는 것입니다. '다사리'는 '다 말하게 하다'와 '다 살리다'의 두 가지 뜻을 지닌다고 했습니다.

그래서 다 말하게 하여 생각을 다 살리는 교육을 '다사리 교육'이라고 이름을 붙인 것입니다.

4 다사리 교육의 학습 모형

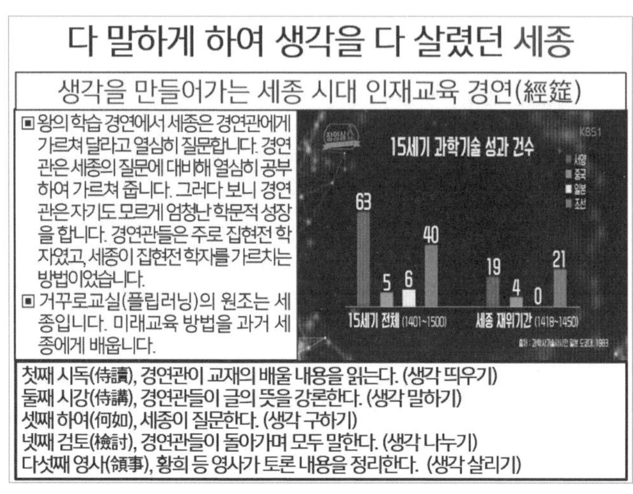

세종은 왕의 학습 〈경연〉에서 가르쳐달라고 열심히 질문했습니다. 경연관은 사전에 열심히 배우고 강론 연습까지 해야 했습니다. 그러다 보니 자기도 모르게 엄청난 학문적 성장을 했습니다. 경연관들은 주로 집현전 학자였고, 세종이 인재를 교육하는 방식이었습니다.

세종 시대의 '경연'에는 일정한 패턴이 있었습니다. 첫째는 시독(侍讀)으로 경연관이 원문을 읽고 뜻을 풀이합니다. 둘째는 시강(侍講)으로 고전 내용과 현실을 연결하여 경연관이 강론합니다. 셋째는 하여(何如)로 세종이 질문합니다. 넷째는 검토(檢討)로 경연관이 질문에 답합니다. 다섯째는 영사(領事)로 의사결정을 합니다.

다사리 교육 학습(수업) 모형

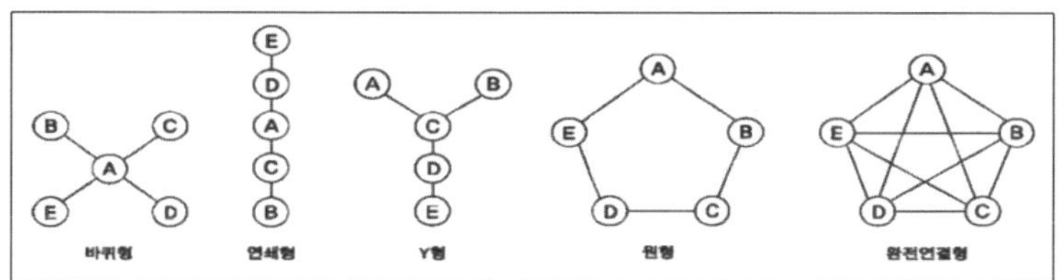

Lewis의 의사소통망(communication network) 이론

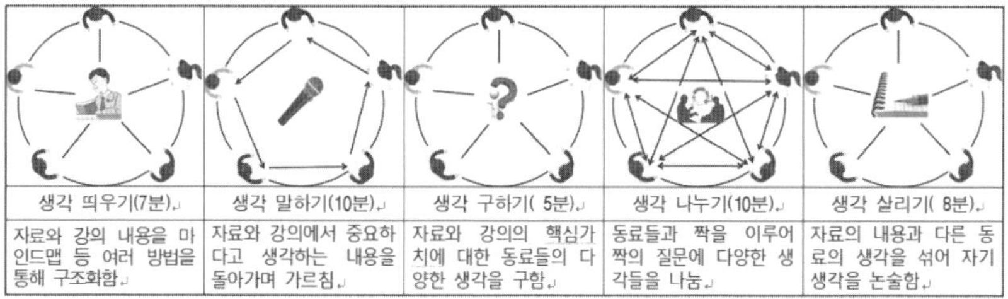

생각 띄우기(7분)	생각 말하기(10분)	생각 구하기(5분)	생각 나누기(10분)	생각 살리기(8분)
자료와 강의 내용을 마인드맵 등 여러 방법을 통해 구조화함	자료와 강의에서 중요하다고 생각하는 내용을 돌아가며 가르침	자료와 강의의 핵심가치에 대한 동료들의 다양한 생각을 구함	동료들과 짝을 이루어 짝의 질문에 다양한 생각들을 나눔	자료의 내용과 다른 동료의 생각을 섞어 자기 생각을 논술함

다사리 교육은 세종 시대의 경연방식을 근간으로 학습 모형을 구안했습니다. 1단계 생각 띄우기, 2단계 생각 말하기, 3단계 생각 구하기, 4단계 생각 나누기, 5단계 생각 살리기 등 다섯 단계로 Lewis의 의사 소통망 이론을 응용하여 디자인했습니다.

생각 띄우기는 자료, 강의 내용을 마인드맵 등의 방법으로 구조화합니다. 생각 말하기는 자료, 강의에서 중요하다고 생각하는 내용을 가르칩니다. 생각 구하기는 자료 강의의 핵심 가치에 대한 동료들의 생각을 구합니다. 생각 나누기는 동료와 짝을 이루어 짝의 질문에 대한 생각을 나눕니다. 생각 살리기는 자료 내용과 동료 생각을 섞어 자기 생각을 만들어 갑니다.

5 다사리 교육의 학습 방법

다사리 교육의 학습 방법

생각 살리기 다사리수업 학습 활동지(전면)

구분	모둠 이름		학년 반 번호	(2)-( )-( )	성명	
교과목명	교양특강	단원명	헌신과 인내의 절대적 사랑	소단원명	[illegible]	
성취 기준	[illegible]					
생각 띄우기 (7분) 각자 자유롭게 메모함	※ 학습자료에 나오는 지식과 정보를 마인드맵 등 창의적 방법으로 정리하세요.					
평점						
생각 말하기 (10분) 개별 구상 3분, 말하기 각 1분	※ 학습자료에서 중요하다고 생각하는 구절(문장)을 제시하고 이유를 말하세요. - 내가 제시한 구절(문장): (이유) - 모둠 동료들이 제시한 구절(문장)					
평점						
생각 구하기 (5분) 각자 출제함	※ 학습자료 안에 있는 지식과 정보, 생각에 대한 가치를 묻는 문제를 만드세요. (단답형, 서술형, 논술형 문항 출제 모두 가능함)					
평점						
생각 나누기 (10분) 짝별 대화 각 1.5분	※ 동료들과 짝을 이뤄 묻고 대답하고, 나의 질문에 답한 내용을 정리하세요.					
평점						
생각 살리기 (8분) 각자 자유롭게 논술함	※ 자료와 동료 생각을 바탕으로 어떻게 살 것인가에 대한 자기 생각을 논술하시오.					
평점						

1. 모둠 인원은 3명에서 5명으로 구성하되 역할 분담 없는 완전 평등한 관계이다.
2. 단계별 소요 시간은 예시이며, 모둠원 모두가 작성할 때까지 기다려야 한다.
3. 학습자료의 내용이나 모든 모둠원의 활동지를 개방·공유하며 작성할 수 있다.
4. 생각띄우기, 생각구하기, 생각살리기는 개인의 자유로운 공간으로 혼자 작성한다.
5. 생각말하기, 생각나누기는 모둠원들이 공유하는 공간으로 돌려가며 작성한다.
6. 생각띄우기는 학습자료 혹은 강의 내용을 미인드맵 등 다양한 방법으로 구조화한다.
7. 생각말하기는 중요 구절이나 개념을 적은 후, 남의 학습지에도 돌려가며 채워준다.
8. 생각구하기는 다양한 답이 나올 수 있도록 생각을 묻는 논술형 질문을 만든다.
9. 생각나누기는 모둠원 학습지를 돌려가며 남의 질문에 대한 자기 생각으로 채워준다.
10. 생각살리기는 자료와 동료 생각을 모아 자기 생각을 만들어 5줄 이상 논술한다.

다사리 교육의 수업은 모둠학습 방식입니다. 모둠 인원은 3명에서 5명으로 구성하되 평등한 관계입니다. 단계별 소요 시간은 모둠원 모두가 작성할 때까지 기다려야 합니다. 그리고 모든 모둠원의 활동지를 개방·공유하며 작성할 수 있습니다.

생각 띄우기, 생각 구하기, 생각 살리기는 개인별로 자유롭게 작성합니다. 생각 말하기, 생각 나누기는 모둠원들이 공유하며 돌려가며 작성합니다.

생각 띄우기는 학습 내용을 마인드맵 등 다양한 방법으로 구조화합니다.

각자 작성하되 모둠원 모두가 끝날 때까지 기다립니다. 서로 보여 줄 수 있으며 다소 더딘 학생을 도와줍니다.

생각 말하기는 강의 내용 중에 중요하거나 인상적인 구절이나 문장, 혹은 그 단원에서 설명하고자 하는 개념들을 적는 부분입니다. 모두 작성했으면, 활동지를 돌려가며 다른 모둠원의 활동지에 자기가 찾은 구절이나 문장으로 채워줍니다. 잘 채워 주어야 그 친구도 내 활동지에 정성을 다해 채워줄 것입니다.

생각 구하기는 학습 내용에서 질문거리를 찾아 문제를 만드는 것입니다. 서술형 혹은 논술형으로 하되, 다양한 의견이나 생각을 묻는 논술형 문제를 만들기를 권합니다.

생각 나누기는 남의 활동지에 제시된 질문에 답을 채워 주도록 합니다. 모든 모둠원이 돌려가며 자기 이름을 적고 답을 적어줍니다.

생각 살리기는 최종적인 자기 의견과 생각을 만드는 단계입니다. 모둠원 모두가 자기 의견이나 생각을 삶과 관련지어 충실하게 논술합니다.

다사리 학습이 성공하려면 너무 잘하려 해서는 안 됩니다. 모둠원의 도움을 받으면서 해야 합니다. 동료의 학습지를 보고 참고하거나 베껴도 됩니다. 물론 자기 활동지도 동료에게 개방합니다. 모둠원이 성장한다고 자기에게 손해될 것이 없습니다. 함께 성장하도록 디자인했기 때문입니다.

6 다사리 교육의 미래 가치

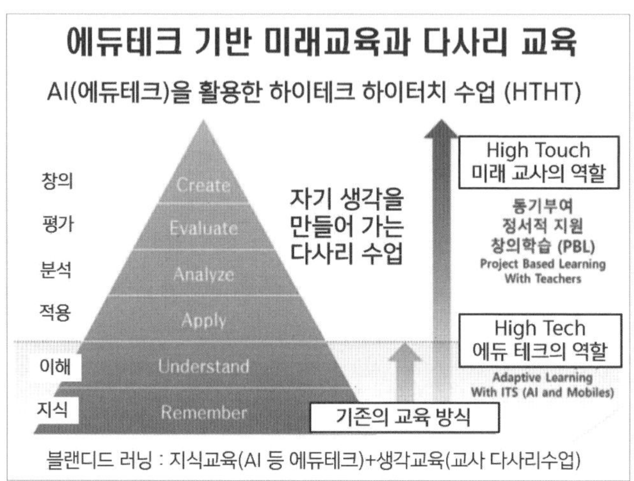

요즘 교육계에 '하이테크(HT) 하이터치(HT) 미래 교육'라는 것이 화제입니다. 지금까지 선생님이 해왔던 지식이해 교육은 모바일이나 AI튜터와 같은 에듀테크를 활용하자는 것이 하이테크입니다. 선생님은 이제까지 소홀했던 학생들의 자기 생각 만들기, 문제해결 능력, 의사소통 능력, 공동체 의식을 기르기 위한 협력 학습이나 프로젝트 학습이 이루어지도록 도와주는 것이 하이터치입니다.

다사리 교육은 하이터치 부분에 위치합니다. 선생님은 학습의 안내자로, 학생들에게 동기를 부여하고 정서적 지원을 하며 창의적으로 학습하도록 높은 수준에서 터치해 줍니다. 그래서 지식을 암기하고 이해하는 수준을 뛰어넘어, 분석하고 적용하며 가치를 평가하여 자기 생각을 만들어가도록 합니다.

7 다사리 교육의 기대 효과

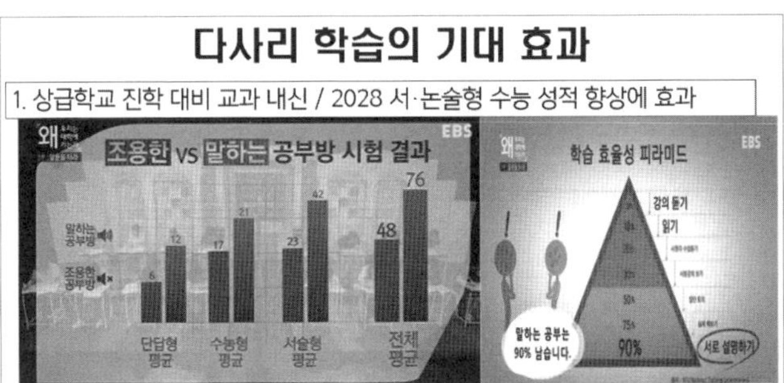

2. IB(국제 바칼로레아)에 최적회된 시스템
- 논술시험 : 출제자의 의도에 맞게 서술하는 능력(글쓰기 기술)⇒단기 훈련
- 바칼로레아 : 자기 생각을 만들어 표현하는 능력(생각의 깊이)⇒장기 교육

3. 대입 및 취업 면접 대비 미래인재 역량 경험
- 의사소통 능력 : 다른 사람에게 관심을 가지고 자기 자신을 개방하는 역량
- 팀웍 협업능력 : 함께 성장하고자 하는 공통체의식을 갖고 집단지성을 발휘

다사리 교육은 학업성취에 아주 효과적인 학습 방법입니다.

동료와 설명하며 배우는 방법은, 혼자서 강의를 듣거나 암기하는 것보다 학습 효과가 높다는 것이 증명되었습니다.

다사리 학습은 IB, 국제바칼로레아에 최적화된 시스템입니다. 출제자의 의도에 맞게 서술하는 논술시험은 단기 훈련으로 가능합니다. 그러나 자기 생각을 만들어 표현하는 바칼로레아는 다사리 방법으로 학습해야 대비할 수 있습니다.

다사리 교육은 대입 혹은 취업 면접을 대비하는 데 효과적입니다. 다사리 학습을 통해, 타인에 관심을 가지고 자기를 개방하는 의사소통 능력과 공동체 의식을 갖고 집단지성을 발휘하는 협업 능력을 기를 수 있습니다.

II

다사리 교육 이론

1 4차산업 미래사회, 교육 패러다임의 변화

4차 산업혁명은 인간 삶의 패러다임을 획기적으로 변화시킬 것으로 예측한다. 긍정적일지 부정적일지는 몰라도 이러한 변화를 피해 갈 수는 없다. 준비되지 않으면 큰 혼란과 재앙이 될 수 있지만, 지혜롭게 대응해 나간다면 우리에게 또 한 번의 기회가 될 수도 있다. 무엇보다도 교육 패러다임의 획기적 변화에 대한 대비는 시대적 과제로서 매우 절실하다 하겠다.

교실 수업으로 대표되는 지금의 학교 제도는 1-2차 산업혁명의 산물이다. 공장의 가동에 필요한 수많은 노동자를 양성하기 위해, 소수의 교사가 다수의 학생에게 지식을 효율적으로 전달하기에 적합한 제도였다. 한 명의 교사가 수십 명 혹은 수백 명의 학생을 한 교실에 채워 넣고 지식을 주입하면 암기하는 교육방식이 지금까지 이어왔다. 그런데 정보통신의 급격한 발달로 지식전달자로서의 교사와 학교의 역할이 다른 것으로 대체하게 되면서 교사와 학교의 역할은 그 생명을 다하고 이제는 새로운 역할을 모색해야 하는 전환점에 서게 되었다.

4차 산업혁명 시대에는 지식전달자로서의 교사의 역할은 인공지능(AI)에게 완전히 넘겨지게 되고, 학교는 설 자리를 잃고 위기에 봉착하게 되었다. 미래학자들은, 미래학교에서 시험과 성적표, 교과와 교과교사, 학교 건물이 없는 5無 시대를 맞게 된다고 예고하고 있다. 그렇지만 교사라는 직업과 학교라는 제도는 없어지지 않으리라고 예측했다.

EU 위원회 합동연구소는 2030년 미래사회의 학교 교육 모습에 대하여 다음과 같이 예측했다. 학습자들은 소속된 학교나 학년에 구애받지 않고 관심이 같은 동료들과 그룹을 지워 학습할 수 있는 시스템과 서비스가 개발될 것이며, 학습 목표와 선호도가 같은 사람들과 함께 학습할 기회가 더 많아질 것이다. 학습자들은 자신에 속한 네트워크 내 사람들과 학습하는 것을 선호하게 되며, 학습의 과정에서 동료를 가르치는 것이 보편화될 것이다. 교사의 역할은 학습의 중재자 혹은 공동학습자가 되며, 학교의 주 역할은 학습자 각자가 어떤 학습경로를 선택하고, 어떤 학습 유형과 필요한 자원을 선택하며, 학습한 내용을 어떻게 평가할지에 대하여 가이드 역할을 할 것이다. 범교과 프로젝트 수업 활동이 학습 디자인의 주류가 되고, 놀이와 학습이 혼재하는 교육이 이루어질 것이다. 미래학교의 교사는 학생들이 그룹으로 모여 스스로 학습할 수 있도록 환경을 조성해 주는 역할에 머무를 것이다.

교육은 '가르치는 행위'라는 기존의 패러다임에서 벗어나야 할 때다. 20세기 이전은 경험과 지식이 많은 교사가 미숙하고 부족한 학생에게 자기의 경험과 지식을 가르치어 학생이 사회에 적응해 살아가게 하는 것이 교육이었다. 그러나 21세기 정보화 사회에서의 학생들은 교사가 경험해 보지 못했던 것들을 다른 방식으로 경험하고 있으며, 교사가 아는 것보다도 더 많은 지식을 교사가 아닌 ICT 기술을 활용한 매체를 통해 습득하고 있다. 교사가 가르치고 학생이 배우는 것이 더 이상 교육이 아닌 시대가 되었다. 따라서 미래사회의 학교 교육은 지금과는 아주 다른 모습일 것이며, 이에 대응하여 미리 준비하는 지혜가 필요하다.

기억해 보면 40여 년 전의 초등학교 시절에 방과 후 우리들은 누가 돌보아 주지 않아도 같이 만화책도 읽고, 자치기도 하며, 씨름도 하고, 산에 다니며 전쟁놀이도 했다. 요즘은 부모들이 지정해 준 학원을 돌면서 그저 듣고 배우기만 하니, 내 생각엔 요즘 아이들이 우리 세대보다 창의력과 협업 능력에서 더 높다는 생각이 들지 않는다.

EBS 다큐프라임 '말문을 터라'라는 방송에서 학습 효과에 대한 실험을 했다. 두 집단으로 나누어 3시간 동안 학습하되, 한 집단은 칸막이 책상에서 혼자 공부하는 조용한 공부방, 다른 한 집단은 열린 책상에서 서로 질문하며 공부하는 말하는 공부방이었다. 학습 후 동일한 문제로 시험을 보았는데 그 결과는 놀라웠다. 조용한 공부방은 48점, 말하는 공부방은 76점이었다. 단답형, 수능형, 서술형 문항 모두에서 말하는 공부방이 조용한 공부방보다 현저히 높았던 것은 물론이다. 학습심리학자들은 듣기만 하며 지식을 집어넣는 것과 달리, 말로 설명하면 내가 아는 것과 모르는 것, 필요한 것과 필요하지 않은 것이, 생각으로 정리된다고 하였다. 미국의 한 대학연구소는 말하는 공부의 학습효과가 가장 높다는 것을, 학습피라미드 이론으로 설명했다. 급변하는 시대 흐름을 무시하고 기존의 패러다임으로 교육을 바라보고 변화를 거부한다면 우리의 미래는 어둡다.

서울대와 KIST 총장의 대담 프로에서, 우리나라가 코로나19 백신을 개발하지 못한 이유는 정답을 찾는 학교의 지식교육에 있다고 했다. 한국의 학교에서 학생들 간의 다양한 생각의 소통은 경시되고, 정답으로 여겨지는 지식을 일방적으로 전달하는 교과 지식 교육을 아직도 하고 있다.

독서교육 역량 강화 교사 연수에서, 5-6명의 선생님들이 모둠을 이루어 일정 부분의 책을 읽은 후 중요하다고 생각하는 문장을 각자 돌아가며 말한 적이 있었는데, 동일한 문장을 제시한 선생님들이 단 한 명도 없었다. 그러함에도 학생들에게는 가장 중요하다고 생각하는 문장을 고르라고 강요하는 시험을 본다. 자기 생각을 만들면 좋은 점수를 받지 못하기 때문에 남의 생각들을 지식으로 외우는 공부를 해왔다. 여기에 창의성 교육이 있을 리 만무하다. 창의성 교육은 자기 생각에 남들의 생각을 섞어 보다 발전된 새로운 생각을 만들어내는 변증법적 과정이다.

창의성 교육은 교육계의 오랜 숙제이다. 구호로만 강조되어왔지만 성공한 창의성 교육의 구체적 방법을 들어보지 못했다. 창의성 교육은 생각을 만들어 주는 교육이다. 생각은 말하기 교육을 통해 만들어진다. 비고츠키는 〈생각과 말〉이라는 책에서, 말을 하면서 생각이 만들어진다고 했다. 민세 안재홍 선생은 우리 고유어에 '다사리'가 있고, '다 말하게 하다'와 '다 살리다'란 두 가지 뜻이 있다고 했다. 이것을 교육에 적용하여 '다사리 교육'이라는 것을 구안했다. 다사리 교육은 다 말하게 하여 생각을 다 살려 주는 교육이다. 선생님과 학부모가 학생의 생각을 다 살려 주기 위하여, 말을 많이 하도록 도와주는 교육이다. 다사리 교육이 창의성 교육의 구체적 방법이다.

2 비고츠키의 말과 생각의 관계

"한국 기자들에게 질문권을 하나 드리고 싶군요. 누구 없나요?"

"…(정적)…"

"아무도 없나요?"

"…(정적)…"

(출처 : EBS 우리는 왜 대학을 가는가 - 5부 말문을 터라)

2010년 서울에서 열렸던 G20 폐막식장에서 오바마 미국 대통령은 주최국인 한국 기자들에게 마지막 질문 기회를 줬다. 그러나 질문하겠다고 손드는 기자들은 없었다. 한 중국 기자가 한국 기자를 대표해 질문하겠다며 나서기까지 했지만, 한국 기자들은 끝내 응답하지 않았다.

한국 기자는 왜 질문하지 못했을까? 그것은 들은 것이 없었기 때문이다. 물론 귀로 듣고 수첩에 받아 적었겠으나 머리에 저장된 것이 없었다. 오감을 통해 들어온 정보가 말로써 변환되어 머리에 저장되는 것이 생각이다. 정보는 들어왔는데 말로써 변환되지 않았기 때문에 그 정보는 증발하였다. 밖에서 받아들인 정보를 저장한 생각이 부재하므로, 기존에 저장된 정보 즉 자기 생각과의 차이점을 판단할 근거가 없으니 질문을 할 수 없었다.

여기서 중요한 것이 오감을 통해 들어온 정보를 말로써 변환되는 과정이다. 그 과정을 일반적으로 '되뇜' 즉 '되뇌는 것'이라고 한다. 되뇌는 것이란 같은 말을 되풀이하여 말하는 것이다. 되뇌는 말은 상대방을 전제하지 않는 '혼잣말'이다. 말에는 내면의 생각을 밖으로 표출하는 외적인 말과 외면의 정보를 내면의 생각으로 변환하게 하는 내적인 말이 있다. 이 내적인 말이 혼잣말로 자기중심적인 말이다. 이 '자기중심적인 말'에 대하여 서로 다른 이론을 펼친 학자가 동시대 인지심리학자였던 피아제와 비고츠키였다.

피아제는 어린이 생각이 가지는 중심 자질은 자기중심성이라고 하면서 자기중심적 사고는 자폐적 사고에서 방향적·이성적 사고로 이행하는 중간 형태로 정의했다. 피아제는 어린이 생각이 자기중심적이라는 것에 대한 직접적 증거를 어린이의 자기중심적 말에서 찾는다.

어린이는 다른 사람이 듣고 있는지 관심이 없고 대답을 기대하지 않으며, 대화자에게 영향을 미치고자 하는 욕구나 보고하고자 하는 욕구를 경험하지 못한다. 이 말은 자기중심적이다. 그 까닭은 첫 번째로 어린이가 오직 자신에게 말하기 때문이며, 무엇보다도 어린이가 대화자의 관점에서 자신을 위치시키고자 하지 않기 때문이다. 어린이는 마치 크게 소리 내어 생각하는 것처럼 자신에게 이야기한다. 그는 누구에게도 말을 걸지 않는다.

피아제는 어린이 말에 대한 실험 결과 자기중심적 말의 상관계수가 3-5세에 54%에서 60%였던 것이 어린이 성장에 따라 점점 감소해 7-8세에 이르러는 0%로 떨어지는 것을 보여 준다고 하였다. 자기중심적 말은 의사소통에 유용하지도 어떠한 기능도 수행하지 않으며, 학령 시작과 더불어 소멸할 운명을 가진다고 하였다. (참고 : 비고츠키교육학실천연구모임(2013). 비고츠키 생각과 말 쉽게 읽기. 서울: 살림터, 24~39쪽)

비고츠키는 피아제와 동일한 실험 방식에 난관과 방해 요소를 삽입하여 측정한 결과 난관이 없는 상황에서 측정한 계수에 비해 자기중심적 말이 두 배로 증가했으며, 이는 난관이나 방해는 자기중심적 말을 부르는 주요 요인 중 하나임을 가정했다. 관찰 결과 어린이의 자기중심적 말은 난관에 대한 깨달음, 해결을 위한 탐색, 향후 목표 및 행동 계획의 생성을 뚜렷하게 보여 준다고 하면서, 자기중심적 말은 피아제의 이론과는 달리 생각의 도구, 계획 형성 등 일정한 기능을 수행한다고 하였다.

아울러 어른들이 조용히 생각하는 모든 것(말로 하는 생각, 내적 말)은 사회적 말이 아니라 자기중심적 말(혼잣말)의 심리적 기능으로, 자기중심적 말은 어른들에게 훨씬 풍부하다고 하였다. 아울러 어른의 내적 말과 어린이의 자기중심적 말이 구조적으로 유사하다는 점과 자기중심적 말이 소멸해가는 학령기에 내적 말이 형성된다는 점에서 자기중심적 말은 피아제의 이론과는 달리 단순한 소멸이 아니라 내적 말로의 발전적 변형이라는 변증법적 결론을 내린다.(참고 : 위의 책, 40~63쪽)

내적 말은 자신을 향한 말이며 외적 말은 타인을 향한 말이다. 외적 말은 생각을 말로 변형시키는 과정이며 생각의 물질화이며 대상화이다. 내적 말은 바깥에서 안으로 이동하며 그 속에서 말은 생각 속에서 증발한다. 내적 말은 여전히 말이다. 낱말과 연결되어 있는 생각이다. 내적 말에서 낱말은 소멸하면서 사고를 탄생시킨다. 내적 말 즉 말로 하는 생각은 사고 자체이다. 사고는 언어적 표현과 딱딱 일치하지 않는다. 사고는 낱말로 표현되는 것이 아니라 낱말로 성취된다.

사고와 낱말의 관계는 낱말에서 사고가 탄생하는 생생한 과정이다.(참고 : 위의 책, 203~236쪽)

사고와 낱말의 관계는 낱말에서 사고가 탄생하는 생생한 과정이라는 비고츠키의 말에 주목한다. 사고력 즉 생각하는 힘이나 창의력 즉 생각을 만들어 가는 것은 말하기를 통해 가능하다. 특히 의사소통을 위한 외적인 말보다 외부의 정보를 내면의 생각으로 변환시키는 내적인 말을 주목한다. 내적인 말은 자기중심적인 말이며, 혼잣말이고 되뇌는 말이다. 되뇌는 말에서 사고가 탄생하며 생각을 살려낸다. 말을 하게 해야 생각이 살아난다는 명제가 성립한다.

사고력과 창의력은 우리 교육계의 오래된 숙제이다. 그러나 해마다 구호만 난무할 뿐 사고력과 창의력을 키우는 교육이 이루어졌다는 말을 듣지 못했다. 최근에 교육혁신의 분위기를 타고 협력·협동 수업, 토의·토론 수업, 프로젝트 수업 등 자기 생각을 만들어가는 학생참여 중심 말하기 수업 혁신이 있었으나, 방법상의 제한으로 다수 학생은 말할 기회를 얻지 못하고 수업에서 소외되고 있는 것도 사실이다. 이에 단 한 명의 학생도 소외되지 않고 모두 말할 기회를 얻어 자기 생각을 만들어가는 기회를 얻을 수 있는 수업 방법이 필요하다. 즉 다 말하게 하여 생각을 다 살릴 수 있는 교육 방법이 절실하다.

우리말에 '다사리'라는 말이 있다. 우리말 학자였던 민세 안재홍 선생이 발견한 고유어로 '다 말하게 하다'와 '다 살리다'라는 두 가지 뜻을 동시에 지닌다고 한다. 이에 다 말하게 하여 생각을 다 살리는 교육 방법을 '다사리 교육'이라고 명명했다.

3 민세 안재홍 선생의 다사리 철학

민세 안재홍(1891~1965)은 일제 36년을 통해 9차에 걸쳐 7년 3개월의 옥고를 치르면서도 강렬한 지조와 흐트러짐이 없는 행동으로 일제에 항거한 언론인이었으며, 독립운동가였다. 아울러 민족분단을 해결하고 민주복지국가의 형성을 위해 노력한 정치가였다.

식민지 시대와 해방 전후의 시기를 행동하는 지식인으로 생애를 보낸 민세는 우리나라의 고대사를 포함한 민족사 연구에 적지 않은 업적을 남긴 사학자이기도 했다. 특히 민족말살정책에 맞서 민족의 정체성을 지키기 위한 연구에 적잖은 성과를 이루었다. 이러한 학문적 자기 훈련은, 8.15를 맞아 국내정치가 좌우로 분열되고 민족이 분단되는 현실에서, 민족의 전통철학을 바탕으로 민족의 통합방식으로 제시한 '신민족주의와 신민주주의'라는 그의 정치비전으로 발전되었다.

민세는 무엇보다도 언어(言語)란 그것을 사용하는 민족의 생활이념(生活理念)을 담고 있는 것임을 강조했다. 그리고 우리 고유의 정치사상과 철학적 관념을 담고 있다고 생각되는 순우리말들을 어원적으로 비교·분석하고, 특히 숫자헤임말을 포함한 우리 고유의 낱말들을 철학적으로 해석함으로써 한민족의 우주론, 인간관, 정치관, 세계관, 역사관, 가치관 등을 해명하는 조선정치철학을 독자적으로 체계화했다. 그리고 이 조선정치철학을 바탕으로 해방정국의 이데올로기적 혼란과 외세 개입에 의한 국내정치의 왜곡을 치유하기 위한 목적에서 '다사리 국가'를 한민족 이상국가(韓民族理想國家)의 한 형태로 제시했다. (정윤재(1999). 다사리국가론. 백산서당. 13-14쪽에서 요약·인용함)

민세는 우주 기원과 만물 생성에 관한 우리 민족의 사상을 '비'와 '몬'와 '씨'에 대한 철학적 분석을 통해 소개했다. '비'는 허공(虛空) 혹은 본무(本無)이니 '비어 있음'의 뜻으로, 우주 만물이 여기에서 출발(비롯하다, 빌미, 배다)하였음을 이름이다. '몬'은 '모음', '모둠'의 뜻으로 모든 물질은 여기서 생겼다. 수많은 물질은 아주 미세한 입자들의 모음 혹은 모듬, 즉 '몬'에서 비롯되었다. 물질의 찌꺼기를 몬지 혹은 먼지라 한다. '씨'는 종(種)이며 종자(種子)이고 '씨앗'이다. 살아 있는 모든 생명체는 '씨'에서 시작되었다.

민세는 우리의 숫자헤임말에 대한 철학적인 풀이를 통해 우주 만물 생성의 기본 원리를 설명하고 있다.

일(一)은 하나이니 한, 즉 한울로서 수(數)의 시작이요 대세계의 천(天)이다. 하늘은 하나밖에 없는 우주로서, 비어 있는 허공 즉 '비'이다. 이(二)는 둘이니 둘은 즉 들이다. 허공에서 작은 입자들이 '몬'즉 모음을 이루어 물질이 만들어지고 땅(地)을 이루고 들(野)이 되었다. 삼(三)은 세 혹은 셋이니, 씨 혹은 씨앗 즉 종자(種子)이다. 이로 말미암아 생명이 생겨났다.

우리의 전통 철학에서 천(天)과 지(地)가 있은 다음에는 반드시 생명체가 잉태되어 길러져야 한다는 논리에서, 일천(一天)과 이지(二地) 다음에 삼종(三種), 즉 '서엇'즉 '씨앗'을 배치했다. 하늘과 땅이 있고 이것이 씨를 통해 연결될 때, 생명이 잉태되어 길러진다는 자연 섭리를 숫자헤임말을 통해 표현하고 있다는 것이다.

사(四)는 네 혹은 넷이니, 나 혹은 나엇, 즉 출생이다. 여기서 '나'는 '나라'와 '누리'에 앞서는 것으로서, 만물은 각각의 특수한 상황과 환경에서 유래하는 자아실현을 위한 생명 의욕을 배경으로 출생한다고 보았다. 국가나 세계에 앞서 개개인의 사람을 중요시하는 휴머니즘의 생각이 반영되어 있다고 했다.

민세는 '다섯'이란 숫자헤임말과 언어적 뿌리를 공유한 '다사리'란 말이 고대 이래 한민족의 정치 혹은 민주주의를 지칭하는 단어임을 밝혔다. 다사리 이념은 서양 정치사상사의 두 가지 흐름인 자유주의(自由主義)와 사회주의(社會主義)를 내용적으로 통합하는 것이라고 주장했다.

오(五)는 다섯이고 다사리니, 섭리(攝理) 혹은 치리(治理), 곧 다스림의 원리이다. 흔히 정치를 지칭하는 '다스림'이라는 말은 다섯을 나타내는 '다사리'와 그 말의 뿌리가 같음을 보이고, 이 '다사리'란 말에 우주 대자연의 섭리를 바탕으로 하는 우리 민족 고유의 민주정치 사상이 반영되었다고 했다.

먼저 '다사리'는 '모두 다 말(씀)하게 하여'의 뜻을 가진 '다 사리어' 혹은 '다 사리운다'와 그 말의 뿌리를 함께하고 있는 바, 이것은 '다사리'가 만민총언(萬民總言), 만민공화(萬民共和), 개백(皆白) 혹은 진백(盡白)의 가치를 내포하고 있음을 보여 주는 것이다. 다음으로 '다사리'는 '모든 사람을 다 살게 한다'는 뜻의 '다 살리다'와 그 뿌리를 같이하는 말인 바, 이것은 '다사리'가 다른 한편으로 만민공생(萬民共生), 대중공생(大衆共生), 개활(皆活), 혹은 진생(盡生)의 가치를 포함하고 있음을 보여 준다.

이것을 서양 정치 사상적으로 말하면 진백(盡白)은 개인의 자유를 최대한 보장하는 차원의 자유주의의 가치를 지칭하는 것이며, 진생(盡生)은 공동체 내의 모든 사람을 골고루 잘살 수 있도록 해 준다는 차원에서 평등을 강조하는 사회주의 이념과 상통하는 것이다. 민세는 '다사리'라는 말속에는 자유와 평등이라는 민주주의의 핵심 가치가 녹아 있음을 밝히고, 모든 사람이 '다 말하게 하는' 절차적 민주주의를 구현하고, 모든 사람이 '다 잘살 수 있는' 건강한 복지사회를 이룩하는 것을 목표로 하는 한민족 고유의 정치 개념을, 당시의 좌우 갈등을 통합하는 정치 비전으로 제시한 것이다. (앞의 책 15-29쪽에서 요약 · 인용함)

민세는 하늘(하나)과 들(둘)이 씨(셋)를 매개로 생명을 낳으면(넷) 하나의 생명도 포기하지 않고 다 살리는(다섯) 것이 '다사리'요 '다스림'이라 했다. 아버지와 어머니가 사랑으로 맺어져 자식을 낳으면 한 아이도 포기하지 않고 다 기르는 것이 다사리요 다스림이다. 세종임금이 한 명의 백성이라도 포기하지 않고 모든 백성이 생활에 기쁨을 누리게 하고 싶다고 한 것도 다사리요 다스림이었다. 선생님이 한 명의 학생도 포기하지 않고 모든 학생이 성공하도록 돕는 것도 다사리요 다스림이다. 이것을 우리는 다사리교육이라고 말한다.

민세는 '다사리'가'다 말하다'와 '다 살리다'의 뜻을 동시에 가지고 있다고 했다. 이것을 교육에 적용하여 '다 말하는 교육'을 통해 '다 살리는 교육'을 구안했다. 교육심리학자 비고츠키는 〈말과 생각〉이라는 책에서 "사고(생각)와 낱말(말)의 관계는 낱말(말)에서 사고(생각)가 탄생하는 생생한 과정이다."라고 했다. 말이 생각을 만들어낸다고 했다.

이에 학생들에게 다 말하게 하여 생각을 다 살리는 교육을 다사리 교육이라고 한다.

4 세종 시대 경연의 창조적 계승, 다사리 학습

> C4 J0 K21 O19.
>
> 무슨 암호문과 같아 보이는 이 문자와 숫자의 나열에는 세종시대의 과학적 업적을 압축적으로 보여 준다. 즉 세종이 왕위에 있던 1418년부터 1450년까지 32년간 국가별 또는 지역별 과학적 성과를 비교해 볼 때 중국이 4건, 일본이 0건, 우리나라가 21건, 그 외 다른 나라가 19건을 기록하였다. 어떤 분은 이 기록을 '15세기판 노벨과학상'의 수치라고 표현하기도 한다. (박현모(2014). 〈세종이라면〉, 미다스북스. 77쪽)

세종 시대는 세계사적으로 전무후무한 창의적 시대였다. 위에 인용한 세종 시대의 과학적 업적은 일본에서 출간된 〈과학사기술사사전〉에 근거한 것이다. C6 J25 K0, 2020년까지의 중국과 일본, 대한민국의 노벨과학상 수상 숫자이다. 세종 시대와 지금 시대를 비교하면 일본에 완전히 역전당했다. 동아시아권의 노벨상 수상은 전체 10%에도 미치지 못하지만 말이다.

세종은 이러한 창의 시대를 어떻게 열었을까. 어느 시대, 어느 나라나 하늘은 인재를 골고루 내린다고 했다. 그런데 15세기 세종 시대에 유독 인재들이 많았을까? 나는 인재를 기르는 교육방식에서 그 답을 찾고자 한다. 세종 시대 인재를 기르는 교육방식에 대한 구체적인 기록은 찾아보기 어렵다. 다만 왕을 교육하는 '경연'이라는 제도가 있었고, 그것의 단면을 보여 주는 실록의 기록을 확인할 수 있다.

신하들보다 높은 학문 수준을 지녔을 것으로 추정되는 세종은 경연이라는 제도를 통해서 경연관에게 가르쳐달라고 열심히 질문했다. 경연관은 세종이 할 것으로 예상되는 질문을 만들어, 사전에 열심히 배우고 강론하는 연습까지 해야만 했다. 그러다 보니 경연관들은 자기도 모르게 엄청난 학문적 성장을 하였다. 경연관들은 주로 집현전 학자였고, 세종이 집현전 학자를 가르치는 방법이었다. 최근 세계적으로 수업혁신 이론으로 주목받고 있는 '플립러닝 (flipped-learning)' 즉 거꾸로 교실의 원조는 세종 시대의 경연이었다.

세종 시대에 처음으로 열렸던 세종 즉위년(1418년) 10월 7일의 경연에 대한 기록을 바탕으로, 당시의 경연장면과 방식을 추정해 보았다. 첫 번째 경연인 만큼 경연관으로 겸직 임용된 관료들이 대부분 참석하였고 정해진 규정을 준수했을 것으로 보인다.

> ① 처음으로 경연(經筵)을 열고 영경연사(領經筵事) 박은 · 이원, 지경연사 유관 · 변계량, 동지경연사 이지강, 참찬관(參贊官) 하연 · 김익정 · 이수 · 윤회, 시강관(侍講官) 정초 · 유영, 시독관(侍讀官) 성개, 검토관(檢討官) 김자, 부검토관 권도 등이 〈대학연의(大學衍義)〉를 강론하였다.
>
> ② 임금이 말하기를, "과거를 설치하여 선비를 뽑는 것은 참다운 인재를 얻으려 함인데, 어떻게 하면 선비로 하여금 부화(浮華)한 버릇을 버리게 할 수 있을까." 하니,
>
> ③ 변계량과 이지강 등이 대답하여 아뢰기를, "초장(初場)에서는 의(疑)와 의(義)로 경학의 심천을 보고, 종장에서는 대책(對策)으로 그 사람의 적절한 쓰임을 보는 것이 당초에 법을 만든 뜻입니다. 근자에 학생이 실학을 힘쓰지 않으므로, 초장에서 강경(講經)을 하도록 법을 개정하였더니, 이로 말미암아 영민하고 예기(銳氣)있는 쓸 만한 인재가 모두 무과로 달려갔습니다."

④ 임금이 말하기를, "강경은 가장 어려운 일이니, 지금 비록 변 삼재(卞三宰)로 하여금 강론케 한다 하여도 어찌 다 정통할 수 있겠는가." 하였다.

⑦ 이에 영경연 외에 동지경연 이상은 하루에 한 사람씩 진강(進講)하고, 시독관 이하는 세 번으로 나누어 진강하며, 참찬관 김익정 · 이수 · 윤회도 역시 하루에 한 사람씩 진강하라고 명하였다.

앞에다 숫자를 붙인 것은 세종 시대 경연회의 패턴을 표시한 것이다. 경연회의는 왕의 학습인 '경연'에 정치 현안을 논의하는 '어전회의'를 결합한 조선시대의 독특한 회의 형태를 말한다. 세종시대 경연회의는 ① 경연의 내용 ② 임금의 질문 ③ 경연관의 대답 ④ 임금의 생각 ⑤ 신하의 정책 청원 ⑥ 임금의 정책 결정 ⑦ 임금의 정책 지시 등의 패턴을 보였다. ①번부터 ④번까지는 독서 토론, ⑤번부터 ⑦번까지는 정책 회의였다. 경연회의는 글과 일을 말로서 연결하는 특이한 회의 형태였다.

①번에는 참석한 경연관 명단과 경연에서 학습했던 내용이 나와 있다. 이 경연이 열리기 얼마 전(세종실록 1권, 즉위년 8월 21일)에 예조에서 올렸던 '경연 진강 때의 좌석 배치안'을 토대로 경연장의 구조를 재구성해 보았다.

예조에서 계하기를, "경연(經筵)에 진강(進講)할 때에 좌석의 차서는, 영경연(領經筵)은 동쪽 벽에, 지경연(知經筵)과 동지경연(同知經筵)은 서쪽 벽에 앉게 하고, 참찬관(參贊官) 이하는 남쪽 줄에 있도록 하소서." 하여, 그대로 하라고 하였다.

다음의 좌석배치를 놓고 보면, 임금인 세종을 배려하긴 했지만 빙 둘러앉은 라운딩 형식을 취했다. 원탁 형식에다가 머리를 숙이고 땅에 엎드리지 말

임금 세종	
사관1	사관2
지경연사 유관	영경연사 박은
지경연사 변계량	영경연사 이원
동지경연사 이지강	
참찬관(參贊官) 하연 · 김익정 · 이수 · 윤회, 시강관(侍講官) 정초 · 유영	
시독관(侍讀官) 성개, 검토관(檢討官) 김자, 부검토관(副檢討官) 권도	

라고 하였다니(세종실록 21권, 세종 5년 7월 3일) 임금과 신하들이 동등한 관계에서 자유로운 토론이 가능한 구조였다.

①번부터 ④번까지는 왕의 공부 시간인 경연 과정이다. 창의적인 미래 인재를 교육하는 학습(수업)모형을 구안하는데 주목하는 부분이다. ①번에서는 어떤 내용을 가지고 강론했는지에 대해 간략히 서술하고 있으나 구체적인 모습은 드러나지 않았다. ②번 부분은 주로 세종이 강론 내용과 연계하여 질문을 했다. 궁금해 질문했다기보다 경연관들의 말문을 열어 토론을 유도하기 위해 하는 질문으로 생각된다. ③번 부분은 이러한 세종의 질문에 경연관들이 직급에 관계없이 나서서 답하는 부분이다. 이에 대해 세종은 질문을 이어가고 경연관들은 답해야 했다. 마치 운동선수를 트레이닝하는 코치와 같았다. ④번은 황희 등 영경연사(영사)들이 토론 내용을 정리하거나 세종이 자기의 생각을 표현하는 것으로 마무리하고 있다.

> 아쉽게도 세종실록에는 경연에서 토론된 내용만 나온다. 다행히 16세기의 지식인 유희춘은 자신의 문집 '미암일기'에 실제 경연 절차와 대화 내용을 자세히 묘사했다. (박현모. 앞의 책, 271쪽)

미암일기에 묘사된 경연의 학습 순서는 다음과 같다.

1. 왕이 먼저 전날 배운 내용을 끝까지 한 차례 읽는다.

2. 강관이 새로 배울 내용을 읽는다.

3. 왕이 새로 배울 내용을 읽는다.

4. 강관이 글의 뜻을 강론하고 마친다.

(김태완(2011). 〈경연 왕의 공부〉, 역사비평사, 144쪽)

1번, 3번은, 열여섯 살인 나이 어린 국왕인 선조가 수렴청정하는 인순왕후 앞에서 개인과외 성격의 학습에서 있을 법한 행위이고, 이미 책을 수없이 읽었을 세종은 생략했을 것이다. 그렇다면 세종시대 ①번은 강연관이 교재를 한두 번 읽고 풀이한 후에 글의 뜻을 강론하는 두 단계로 진행했을 것으로 추정된다. 이에 ①과정을 두 단계로 하여 ①에서 ④까지의 과정을 다음과 같이 다섯 단계로 나누고, 각 과정별로 명칭을 붙이되, 편의상 시독관, 시강관, 검토관, 영사(영경연사) 등 경연관들의 호칭을 응용했다. 물론 각 과정에 꼭 해당 경연관만이 그 역할을 담당하는 것은 아니었다.

첫째 시독(侍讀), 경연관이 교재의 배울 내용을 읽는다.

둘째 시강(侍講), 경연관들이 글의 뜻을 강론한다.

셋째 하여(何如), 세종이 질문한다.

넷째 검토(檢討), 경연관들이 답을 한다.

다섯째 영사(領事), 황희 등 영사가 토론 내용을 정리하거나 세종이 자기 생각을 표현한다.

나는 세종의 경연에서 미래사회 인재를 기르는 창의적 학습방법을 응용할 수 있다고 보았다. 다사리교육의 학습 단계가 그것이다. 학습자에게 다 말하게 하여 학습자의 생각을 다 살리고자 하는 다사리 교육의 취지를 한껏 살리려 했다.

단계	세종 시대 경연회의		다사리교육
1단계	시독 (侍讀)	원문을 읽고 뜻을 풀이함	생각 띄우기 (비주얼씽킹)
2단계	시강 (侍講)	고전 내용과 현실 문제 연결	생각 말하기 (거꾸로교실)
3단계	하여 (何如)	세종이 질문으로 말문을 열어감	생각 구하기 (산파술)
4단계	검토 (檢討)	정책대안의 도출 브레인스토밍	생각 나누기 (하브루타)
5단계	영사 (領事)	황희 등 영사의 정리, 의사결정	생각 살리기 (융합논술)

다사리교육의 학습 모형을 구안하기 위해, 세종 시대의 경연의 좌석 배치도와 경연의 다섯 단계를 고려했다. 또한 Lewis의 의사소통망(communication network) 이론을 응용했다.(장상호(1998). 〈교수학습 그리고 의사소통〉. 교육과학사, 405쪽)

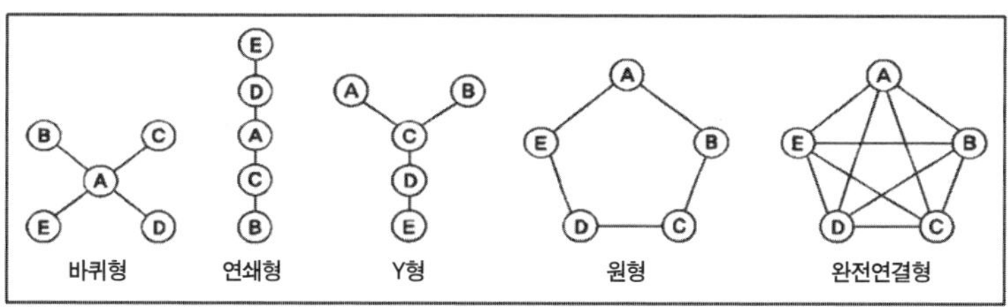

학생들이 다 말하게 하여 생각을 다 살리는 다사리교육 학습(수업) 모형은 다음과 같다.

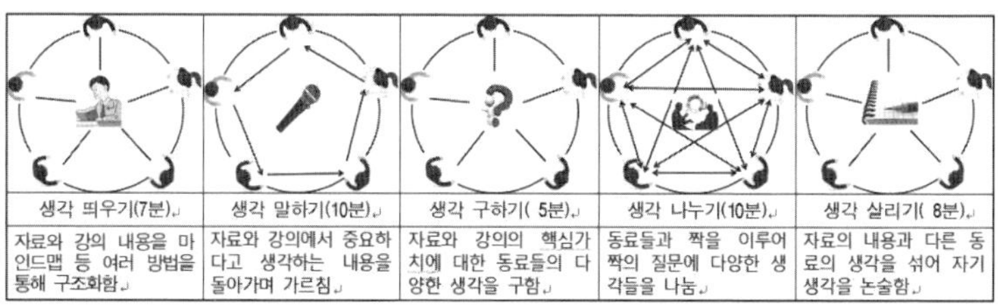

다사리 교육의 각 학습 단계별 유의점 및 의도하는 목적은 다음과 같다.

생각 띄우기는 강의를 듣거나 자료를 읽은 후에 기억이 나는 낱말이나 구절을 구조화하는 행위이다. 주로 마인드맵을 사용하며, 비주얼씽킹을 통해 그림으로 시각화할 수 있다. 듣고 읽어서 안다고 생각하는 것과 쓰고 말하여 알고 있는 것에 차이가 있음을 보여 주는 것이 목적이다.

생각 말하기는 강의나 자료에서 중요하다고 생각하는 낱말이나 구절을 제시하고 그 이유를 돌아가며 말하는 행위이다. 준비가 안 된 학생은 다른 학생이 다 말한 후에 할 수 있다. 자기 생각을 분명히 표현하고 남의 생각도 적극적으로 수용할 수 있는 의사소통 능력을 기르는 것이 목적이다.

생각 구하기는 강의와 자료에서 질문거리를 찾아 문제를 만들어 보는 행위이다. 남이 만든 문제에 답하는 것에 익숙한 학생들에게 문제를 만들어보게 함으로써, 강의와 자료 내용의 가치를 평가하고 문제점을 발견하는 문제의식을 갖추게 하는 것이 목적이다.

생각 나누기는 집단지성에 의해 창의적인 문제 해결과 대안을 찾도록 하는 행위이다. 짝을 이루어 학습하는 유태인의 하브루타를 응용했다. 다른 학생들의 다양한 생각을 존중하며, 문제해결은 정답이 아니라 여러 가지 방법으로 가능함을 보여 주는 것이 목적이다.

생각 살리기는 강의와 자료에 대한 지식과 정보, 다른 학습자의 생각을 융합하여 자신의 삶, 현실 문제와 연결하여 자기 생각을 만들어가는 과정이다. 다양한 분야의 지식과 정보, 생각을 관계지어서 유익한 가치를 만들어내는 창의적 융합 능력을 기르는 것이 목적이다.

5 교-수-평 일체화의 구현, 다사리 교육평가

"나는 3년을 이 시험만 보고 살아왔는데, 면접이 너무 이상한 것 같아 엄마."

"사촌 동생은 불합격 때문에 비관 자살을 한 게 아니다. 불합리한 면접에 억울해하다 가족이 없는 틈에 그렇게 떠났다."

지방공무원임용령 제44조와 제50조 3에 따르면 '우수'등급을 받은 응시자는 필기 점수와 관계없이 합격이다. 면접관 3명 중 2명은 응시자 2명에게 5개 항목 모두 '상'을 주어 '우수'로 만들고, 나머지 응시자 11명에게는 5개 항목 모두 '중'을 주어 보통으로 만들었다. 결과적으로 필기시험 점수에서 10점 낮은 다른 응시자가 '우수'가 되어 합격했다.(출처 : 중앙일보, 2021년 7월 30일자 인터넷 기사에서)

비극이었다. 비극은 자기 운명이 자신이 아닌 남에 의해 결정될 때 드러난다. 3년을 합격을 위해 노력했지만 불합격했다. 1년을 더 노력해도 예측할 수 없다. 합격을 좌우하는 면접역량은 학교에서의 교육과정이나 자기 노력으로 어쩔 수 없었기 때문이다. 합격과 불합격의 갈림길이 자신의 의지, 즉 노력과 무관하게 도매금으로 넘어갔다고 생각할 때 절망한다. 자기 의지로 선택할 수 있는 유일한 것이 죽음이라는 극단적 생각에 모진 선택을 했는지 모른다.

한때 시험지옥이라는 말이 유행했다. 많은 학생을 안타까운 죽음으로 내몰았다. 성적을 비관하여 모진 선택을 했다. 줄 세우기 시험에 따른 과열 경쟁의 탓도 있었다. 의지가 부족하다고도 했다. 그런데 자세히 들여다보면 성적이 낮아서가 아니었다. 아니면 다른 학생들에게 뒤처져서도 아니었다. 성적이 낮은 학생보다 성적이 높았거나 상위권 학생들이 많았기 때문이다.

시험 성적은 열심히 공부한 결과를 계량화한 수치이다. 열심히 공부한 것에 대한 심리적 보상을 제공할 수 있다. 열심히 노력한 정도와 시험 성적의 정적 상관도가 높게 되면, 학생들은 공부할 맛이 난다. 반면에 상관도가 낮으면 공부할 의욕을 잃게 된다. 공부를 열심히 했는데 성적이 낮으면 절망하고 비관한다. 사람은 누구나 노력에 따른 결과의 예측이 가능할 때, 희망이 생기고 살맛이 난다.

시험지옥에서 해방하겠다고 시험을 없애는 것은 언뜻 좋아 보이지만 열심히 공부할 맛을 잃게 하고 성장 동력을 떨어뜨린다. 공부란 남에게 보이기보다 내적인 성취감을 느끼게 할 수도 있다. 나의 역량이 점차 성장하는 것을 보며 공부할 맛을 느낄 수 있기 때문이다.

시험이 지옥인 것은 시험이 그 참된 기능을 수행하지 못하기 때문이다. 시험 성적이 열심히 노력한 것을 보상하지 못하기 때문이며, 평가자가 제대로 평가하지 않았기 때문이다. 나의 성적이 내 의지 혹은 노력으로 결정되는 것이 아니라 타인에 의한 무성의한 평가, 즉 평가척도에 의하지 않고 아무렇게나 이루어질 때 희망이 사라지고 절망에 빠진다. 소수의 평가자가 감당하기 어려울 정도의 다수를 평가할 때 이러한 도매금 평가가 나타난다.

시험의 참된 기능을 회복하려면 그 노력의 정도를 정확히 측정할 수 있는 평가척도의 개발과 함께 평가자의 진정성 있는 평가행위가 수반되어야 한다. 그러기 위해서 교육목표-수업-평가가 일치해야 한다.

왜 교육하는지를 모르고 수업을 하며, 무엇을 평가해야 하는지를 모르고 평가한다. 교-수-평 일체화가 안 되기에 노력한 정도 혹은 역량과 상관없이 시험 성적이 나온다. 교-수-평 일체화는 교사뿐 아니라 학생에게도 요구된다. 왜 공부를 하는 것인지, 공부의 목표에 도달하기 위해 어떻게 노력해야 하는지를 알고 자신이 어느 정도 목표에 가까워졌는지를 가늠할 수 있어야 한다.

시험 즉 교육평가가 여러 부작용이 있다고 하여 평가를 없애는 것은 빈대를 잡기 위해 초가집을 태우는 격이다. 교육평가의 부작용을 최소화하고 그 참된 기능을 회복하도록 해야 한다. 교육평가의 참된 기능은 열심히 공부한 것에 대해 심리적 보상을 제공하는 것이며, 성장하는 모습을 확인하며 공부할 맛을 느끼게 하는 것이다. 교육평가의 참된 기능 회복을 위해 교-수-평의 일체화를 구현하는 것이 급선무이다. 이것이 교육다운 교육, 교육 본질의 회복이다.

학교 교육의 상황에서 추구되는 교육목표들은 대체로, ① 인지적 영역 ② 정의적 영역 ③ 운동기능적 영역(의 세 가지로 대별된다.

인지적 영역에 있어서는 블룸(B.S.Bloom) 등이 중심이 되어 만든 분류체계가 가장 널리 사용되고 있으며, 단순성-복잡성의 수준에 따라서, ①지식, ②이해력, ③적용력, ④분석력, ⑤ 종합력, ⑥평가력의 여섯 개 행동유목으로 구성되어 있다. 정의적 영역에 있어서는 크래드월(Krathwohl) 등이 제안한 분류체제가 널리 알려져 있으며, 내면화의 수준에 따라서, ①수용, ②반응, ③ 가치화, ④ 조직화, ⑤ 인격화의 5개 행동유목으로 구성되어 있다.

다사리 교육은 정의적 영역의 교육목표를 수업과정에 반영하고, 인지적 영역의 교육목표를 평가활동에 연계하여, 교육목표-수업-평가의 일체화를 구현하려 했다.

○ 정의적 영역의 교육목표 : 수업 활동(학습 활동지)에 반영함
- 수용 : 관심과 흥미를 갖고 수용할 수 있다. (생각 띄우기)
- 반응 : 중요도를 판단하며 반응할 수 있다. (생각 말하기)

- 가치화 : 활용 가치를 찾아내는 질문할 수 있다.(생각 구하기)
- 조직화 : 가치를 평가하며 조직화할 수 있다. (생각 나누기)
- 인격화 : 자기 삶과 연계하여 활용할 수 있다. (생각 살리기)

○ 인지적 영역의 교육목표 : 평가활동(평가 척도안)에 연계함

- 지식 : 학습한 내용을 기억하고 상기해 낼 수 있다. (D)
- 이해 : 의사전달 내용이나 자료의 의미를 파악할 수 있다. (C)
- 적용 : 새로운 구체적인 상황에 유추하여 사용할 수 있다. (B)
- 분석 : 구성요소로 나누고, 구성의 원리를 발견할 수 있다. (B)
- 종합 및 평가 : 이질적 정보들을 연결하여 하나의 새로운 정보로 구성할 수 있다. 지식과 정보, 생각의 가치나 중요성을 판단하거나 비판할 수 있다. (A)

다사리 교육의 교-수-평 일체화는 교사뿐 아니라 학생 수준을 강조한다. 다사리 교육이 성공하려면, 학생들에게 교육목표를 정확하게 인지시키고, 교육목표에 도달하기에 효과적인 학습 방법을 안내하며, 자신이 어느 정도 교육목표에 도달했는지를 측정하게 할 필요가 있다. 그래서 도입한 것이 다사리 교육 자기평가이다. 다사리 교육 자기평가는 수업 과정 결과물인 학생의 학습 활동지 뒷면에 인쇄한 자기평가 척도를 기준으로 자기가 작성한 학습 활동지에 평점을 부여하는 방식이다.

인류가 진보할 수 있었던 요인의 하나로 거울의 발명을 들기도 한다. 자기를 객관화하는 도구가 거울이고 이것이 발달을 촉진했다. 자기를 객관화하는 능력을 메타인지라고 한다. 학습 발달 이론에서 메타인지가 주목받는다. 메타인지를 키우는 가장 좋은 방법이 자기평가이다. 다사리 자기평가는 자기가 노력한 정도와 평가점수의 상관도를 높여주어 심리적 보상을 얻게 한다. 또

한, 자신이 부족한 부분을 확인하여 채워가도록 하는 성장의 동력, 즉 피드백을 제공한다.

중요한 것은 노력에 부합하는 결실로 희망이 생기고 공부할 맛을 느끼게 한다는 점이다.

다사리 학습 활동지(전면)

구분	모둠 이름		학년 반 번호	( ) - ( ) - ( )	성명	
교과목명		대단원		소단원		
학습목표						
생각 띄우기 (7분)	※ 학습자료에 나오는 지식과 정보를 마인드맵 등 창의적 방법으로 구조화하세요.					
평점						
생각 말하기 (10분)	※학습자료에서 개념 혹은 주제를 설명하고, 동료 학습지에도 요약해 채워주세요. - 개념 혹은 주제 설명					
평점						
생각 구하기 (5분)	※ 학습자료 안에 있는 지식과 정보, 생각에 대한 가치를 묻는 문제를 만드세요. (선택 · 단답형도 가능하나, 다양한 생각을 알아보는 서술/논술형으로 만드세요.)					
평점						
생각 나누기 (10분)	※ 내 질문에 대한 동료들의 생각을 채우게 하고, 동료 학습지에도 채워주세요.					
평점						
생각 살리기 (8분)	※ 모둠활동을 바탕으로 자기 삶과 사회 현실과 관련지어 자기 생각을 논술하세요.					
평점						

다사리 학습 자기평가 척도(후면)

정의적 영역 교육목표	평가 척도			인지적 영역 교육목표
	평점	서술	배점	
생각 띄우기 (수용) 학습 자료에 대해 관심과 흥미를 갖고 수용한다.	※ 학습자료에 나오는 지식과 정보를 마인드맵 등 창의적 방법으로 정리하세요.			
	A	탁월	100	(종합·평가) 자료 내용을 창의적 방법으로 자세하게 구조화했다.
	B	우수	90	(적용·분석) 자료 내용을 마인드맵을 통해 대략으로 구조화했다.
	C	양호	80	(이해) 자료 내용 중 중요 개념이나 문장들을 요약하여 제시했다.
	D	보통	70	(지식) 자료에 있는 몇 개의 단어와 문장을 있는 그대로 제시했다.
	E	부족	60	(미달) 자료와 관련 없거나, 낱말과 문장 한두 개만을 제시했다.
생각 말하기 (반응) 학습 자료에 대해 중요도를 판단하며 반응한다.	※ 학습자료에서 개념 혹은 주제를 설명하고, 동료 학습지에 요약해 채워주세요.			
	A	탁월	100	(종합·평가) 개념과 주제를 자세하게 설명하고, 동료 전부가 채웠다.
	B	우수	90	(적용·분석) 개념과 주제를 대략으로 설명하고, 동료 일부가 채웠다.
	C	양호	80	(이해) 자료 일부의 구절(문장)만을 제시하고 동료 전부가 채웠다.
	D	보통	70	(지식) 자료 일부의 구절(문장)만을 제시하고 동료 일부가 채웠다.
	E	부족	60	(미달) 전혀 관계없는 내용을 제시하거나, 동료가 채워 주지 않았다.
생각 구하기 (가치화) 학습 자료의 활용 가치를 찾아내는 질문을 한다.	※ 학습자료 안에 있는 지식과 정보, 생각에 대한 가치를 묻는 문제를 만드세요. (선택 · 단답형도 가능하나, 다양한 생각을 알아보는 서술/논술형으로 만드세요.)			
	A	탁월	100	(종합·평가) 자료를 다른 정보와 연계하는 창의적인 질문을 했다.
	B	우수	90	(적용·분석) 다양한 생각을 알아볼 수 있는 논술형의 질문을 했다.
	C	양호	80	(이해) 자료 내용을 있는 대로 묻는 정답 있는 서술형의 질문을 했다.
	D	보통	70	(지식) 자료 내의 단편 지식을 묻는 정답 있는 단답형의 질문을 했다.
	E	부족	60	(미달) 자료와 관계가 없거나 답을 할 수 없는 질문을 했다.
생각 나누기 (조직화) 학습 자료의 활용 가치를 평가하며 조직화한다.	※ 내 질문에 대한 동료들의 생각을 채우게 하고, 동료 학습지에도 채워 주세요.			
	A	탁월	100	(종합·평가) 동료 전부가 질문에 대해 다채로운 생각을 주었다.
	B	우수	90	(적용·분석) 동료 전부가 질문에 대해 서술형의 정답을 주었다.
	C	양호	80	(이해) 동료 모두가 질문에 대해 단답형의 정답을 주었다.
	D	보통	70	(지식) 동료 일부가 질문에 대해 단답형의 정답을 주었다.
	E	부족	60	(미달) 동료 모두가 답을 않거나 질문과 관계없는 답을 주었다.
생각 살리기 (인격화) 학습 자료의 가치를 자기와 연계하여 내면화한다.	※ 모둠활동을 바탕으로 자기 삶과 사회 현실과 관련지어 자기 생각을 논술하세요.			
	A	탁월	100	(종합·평가) 삶과 현실을 성찰하고 새로운 아이디어를 제시했다.
	B	우수	90	(적용·분석) 자기 삶과 사회 현실과 관련지어 의견을 서술했다.
	C	양호	80	(이해) 자료에 있는 지식 정보에 관한 단순한 감정을 표현했다.
	D	보통	70	(지식) 자료에 나와 있는 지식 정보 등을 분량을 채워 제시했다.
	E	부족	60	(미달) 자료와 관련 없거나 단순한 지식을 성의 없이 제시했다.

생각 살리기 다사리수업 학습 활동지(전면)

구분	모둠 인원수	4	학년 반 번호	(3)-( )-( )	성명	
교과목명	교양특강	단원명	모두가 잘살고 행복한 세상	소단원명	정약용의 여전제와 정전제	
성취 기준	여전제와 정전제에 대하여 설명하고, 모두가 잘살고 행복한 세상을 위한 자기 생각을 만든다.					

단계	내용	평점
생각 띄우기 (7분) 각자 자유롭게 메모함	※ 학습자료에 나오는 지식과 정보를 마인드맵 등 창의적 방법으로 정리하세요. [illegible]	A
생각 말하기 (10분) 개별 구상 3분, 말하기 각 1분	※ 자료를 보고 여전제/정전제/토지공개념 중 하나를 선택하여, 개념을 설명하시오. [illegible] ※ 자기의 활동지에 작성한 내용을 요약하여, 서로 돌아가며 동료의 활동지에 채워 주세요. [illegible]	B
생각 구하기 (5분) 각자 출제함	※ 학습자료 안에 있는 지식과 정보, 생각에 대한 가치를 묻는 문제를 만드세요 (낱말로 답하는 단답형, 구절이나 문장으로 답하는 서술형, 생각을 묻는 논술형) [illegible]	D
생각 나누기 (10분) 짝별 대화 각 1.5분	※ 동료가 제시한 문제를 읽어보고, 서로 돌려가며 다양한 답으로 채워 주세요. [illegible]	C
생각 살리기 (8분) 각자 자유롭게 논술함	※ 자료와 동료 생각을 바탕으로 모두 행복한 세상에 대한 자기 생각을 논술하시오. [illegible] 88	A

생각 살리기 다사리수업 학습 활동지(전면)

구분	모둠 인원수	4	학년 반 번호	(3)-( )-( )	성명	
교과목명	교양특강	단원명	모두가 잘살고 행복한 세상	소단원명	정약용의 여전제와 정전제	
성취 기준	여전제와 정전제에 대하여 설명하고, 모두가 잘살고 행복한 세상을 위한 자기 생각을 만든다.					

단계	내용	평점
생각 띄우기 (7분) 각자 자유롭게 메모함	※ 학습자료에 나오는 지식과 정보를 마인드맵 등 창의적 방법으로 정리하세요. [illegible]	D
생각 말하기 (10분) 개별 구상 3분, 말하기 각 1분	※ 자료를 보고 여전제/정전제/토지공개념 중 하나를 선택하여, 개념을 설명하시오. [illegible] ※ 자기의 활동지에 작성한 내용을 요약하여, 서로 돌아가며 동료의 활동지에 채워 주세요. [illegible]	C
생각 구하기 (5분) 각자 출제함	※ 학습자료 안에 있는 지식과 정보, 생각에 대한 가치를 묻는 문제를 만드세요 (낱말로 답하는 단답형, 구절이나 문장으로 답하는 서술형, 생각을 묻는 논술형) [illegible]	D
생각 나누기 (10분) 짝별 대화 각 1.5분	※ 동료가 제시한 문제를 읽어보고, 서로 돌려가며 다양한 답으로 채워 주세요. [illegible]	C
생각 살리기 (8분) 각자 자유롭게 논술함	※ 자료와 동료 생각을 바탕으로 모두 행복한 세상에 대한 자기 생각을 논술하시오. [illegible]	C

생각 살리기 다사리수업 학습 활동지(전면)

구분	모둠 인원수	4명	학년 반 번호	(3)-( )-( )	성명	
교과목명	교양특강	단원명	모두가 잘살고 행복한 세상	소단원명	정약용의 여전제와 정전제	
성취 기준	여전제와 정전제에 대하여 설명하고, 모두가 잘살고 행복한 세상을 위한 자기 생각을 만든다.					

단계	내용	평점
생각 띄우기 (7분) 각자 자유롭게 메모함	※ 학습자료에 나오는 지식과 정보를 마인드맵 등 창의적 방법으로 정리하세요. [illegible]	A
생각 말하기 (10분) 개별 구상 3분, 말하기 각 1분	※ 자료를 보고 여전제/정전제/토지공개념 중 하나를 선택하여, 개념을 설명하시오. [illegible] ※ 자기의 활동지에 작성한 내용을 요약하여, 서로 돌아가며 동료의 활동지에 채워 주세요. [illegible]	A
생각 구하기 (5분) 각자 출제함	※ 학습자료 안에 있는 지식과 정보, 생각에 대한 가치를 묻는 문제를 만드세요 (낱말로 답하는 단답형, 구절이나 문장으로 답하는 서술형, 생각을 묻는 논술형) [illegible]	A
생각 나누기 (10분) 짝별 대화 각 1.5분	※ 동료가 제시한 문제를 읽어보고, 서로 돌려가며 다양한 답으로 채워 주세요. [illegible]	A
생각 살리기 (8분) 각자 자유롭게 논술함	※ 자료와 동료 생각을 바탕으로 모두 행복한 세상에 대한 자기 생각을 논술하시오. [illegible] 100	A

생각 살리기 다사리수업 학습 활동지(전면)

구분	모둠 인원수	4	학년 반 번호	(3)-(7)-(30)	성명	
교과목명	교양특강	단원명	모두가 잘살고 행복한 세상	소단원명	정약용의 여전제와 정전제	
성취 기준	여전제와 정전제에 대하여 설명하고, 모두가 잘살고 행복한 세상을 위한 자기 생각을 만든다.					

단계	내용	평점
생각 띄우기 (7분) 각자 자유롭게 메모함	※ 학습자료에 나오는 지식과 정보를 마인드맵 등 창의적 방법으로 정리하세요. [illegible]	B
생각 말하기 (10분) 개별 구상 3분, 말하기 각 1분	※ 자료를 보고 여전제/정전제/토지공개념 중 하나를 선택하여, 개념을 설명하시오. [illegible] ※ 자기의 활동지에 작성한 내용을 요약하여, 서로 돌아가며 동료의 활동지에 채워 주세요. [illegible]	A
생각 구하기 (5분) 각자 출제함	※ 학습자료 안에 있는 지식과 정보, 생각에 대한 가치를 묻는 문제를 만드세요 (낱말로 답하는 단답형, 구절이나 문장으로 답하는 서술형, 생각을 묻는 논술형) [illegible]	A
생각 나누기 (10분) 짝별 대화 각 1.5분	※ 동료가 제시한 문제를 읽어보고, 서로 돌려가며 다양한 답으로 채워 주세요. [illegible]	A
생각 살리기 (8분) 각자 자유롭게 논술함	※ 자료와 동료 생각을 바탕으로 모두 행복한 세상에 대한 자기 생각을 논술하시오. [illegible] 96	B

6 뇌과학 학습이론과 다사리 교육의 학습효과

과거에 '사당오락(四當五落)'이라는 말이 있었다. 4시간만 잠을 자야 대학에 합격할 수 있고, 5시간 이상 자면 떨어진다는 의미로 많이 쓰였다. 실제로도 많은 수험생은 평일에는 0교시로 일찍 등교하고 야간자율학습으로 밤늦게까지 학교에 남아있는 식으로 공부했다. 기성세대들이 열심히 공부한 무용담으로 회자하기도 한다. 실제로 잠을 안 자고 공부하는 것이 효과가 있을까? 뇌과학 학습이론에서는 이를 부정한다.

기억이 만들어지는 과정은 감각 기관을 통해 정보가 뇌로 들어오면 정보들이 조합되어 하나의 기억이 만들어진다. 이때 해마가 작용하는데, 뇌로 들어온 감각 정보를 해마가 단기간 저장하고 있다가 대뇌피질(주로 전두엽)로 보내 장기기억으로 저장하거나 삭제한다. 이러한 정보의 이동은 주로 밤에 일어나기 때문에, 학습이나 업무능률을 올리기 위해서는 밤에 숙면하는 것이 좋다. (송선희 외(2022). 교육심리학, 신정, 240~241쪽)

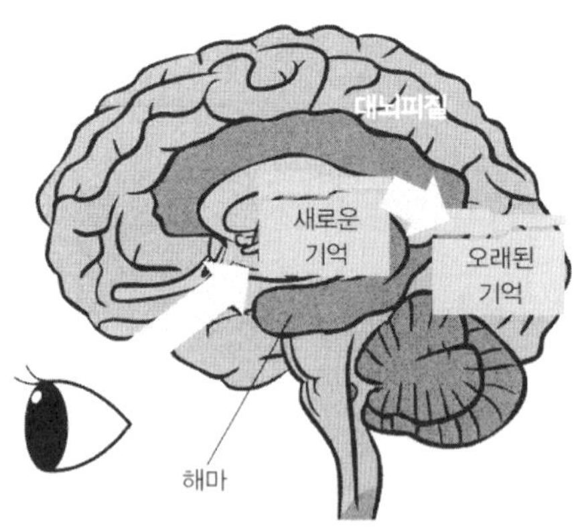

해마와 기억의 이동(앞의 책 241쪽)

다 말하게 하여 생각을 다 살리는 다사리 교육의 학습효과는 뇌과학 학습 이론에 의해 지지받는다.

대뇌는 사고의 중추로 사람의 뇌 대부분을 차지한다. 영역에 따른 대뇌피질을 구분하면 전두엽은 고차적 정신 기능과 운동 통제 및 행동 계획을, 두정엽은 신체 피부에서 들어오는 감각을, 측두엽은 언어기능, 청지각 처리, 장기 기억 및 정서를, 후두엽은 시지각 처리를 담당한다. (앞의 책, 231~232쪽)

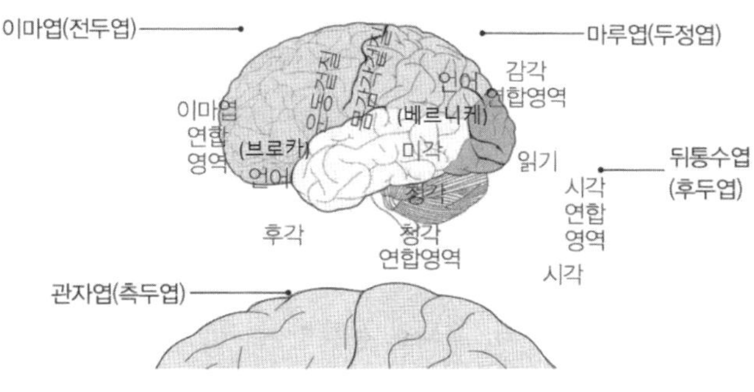

영역에 따른 대뇌피질 구분(앞의 책 232쪽)

대뇌피질에는 언어중추가 두 개 있다. 하나는 이마엽(전두엽) 부근에 있는 브로카 영역(Broca's area)으로 운동 언어중추다. 다른 하나는 베르니케 영역(Wernicke's area)으로 청각과 시각 영역의 뒤통수엽(후두엽) 부근에 있는 감각 언어중추다. (노가미하루오 지음, 장은정 옮김(2023). 뇌 신경 구조 교과서, 보누스, 79쪽)

베르니케 영역은 시각이나 청각, 후각, 미각, 촉각 등 감각 기관을 통해 들어온 외부 정보를 언어로 인식하여 저장하는 감각 언어중추이다. 강의와 독서, 시청각 학습을 가능케 하는 부분이다. 베르니케 영역에서의 학습 정보는 해마 등 기억 장치에 저장하거나 섬유 다발을 통해 운동 언어중추인 브로카

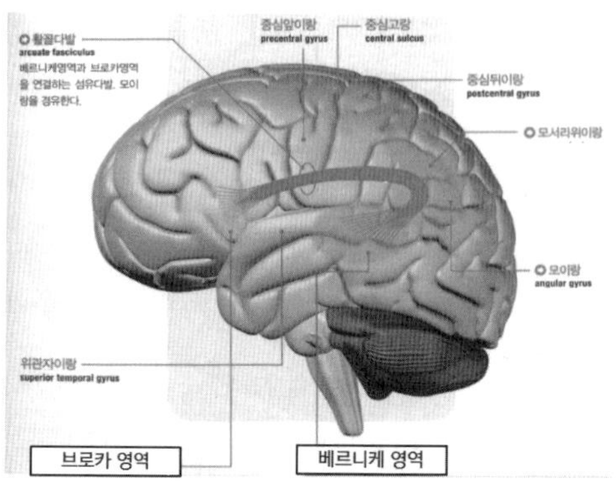

브로카와 베르니케 영역(앞의 책 79쪽)

영역으로 전달되어, 말하기(설명하기, 속말과 되뇜 말 등을 포함) 즉 운동언어를 통해, 고차적 정신 기능 영역인 이마엽(전두엽) 뉴런을 자극하여, 사고력과 창의력을 활성화한다. 글을 쓸 때 입에서 나오는 되뇜 말 역시 말하기와 같다. 감각 언어중추에 의한 학습 영역인 듣기나 읽기보다는 운동 언어중추에 의한 학습 영역인 쓰기나 말하기의 학습 효과가 높은 이유이다.

학습 방법 중 말하기가 가장 효과적이다. 효율적인 학습법을 정의한 도식으로, 학습 피라미드(Learning Pyramid)가 있다. 미국의 응용행동과학연구소가 1960년대 발표한 학습 피라미드는, 학습 방법에 따라 24시간 이후 기억에 남는 학습량을 기준으로, 효과적인 학습 방법을 다음과 같이 정리했다.

학습 효과	학습 피라미드
강의, 훈계(Lecture)로 5%를 기억하고	Lecture (5%)
읽으면서 배운 것은 10%를 기억하고	Reading (10%)
시청각으로 배운 것은 20%를 기억하고	Audio Visual (20%)
실제 보고 확인한 것은 30%를 기억하고	Demostration (30%)
집단으로 토론한 것은 50%를 기억하고	Discussion Group (50%)
행동으로 연습한 것은 70%를 기억하고	Practice by Doing (70%)
남을 가르쳐 본 것은 90%를 기억한다.	Teach other (90%)

학습 피라미드(Learning Pyramid)

비고츠키는 아이에게 개념을 설명해 주고 "이해하지?"가 아니라 "배운 개념을 나한테 설명해 볼래?"라는 식으로 물어보라고 했다. 개념을 말로 설명할 수 있을 때 아는 것이고, 그렇지 않다면 아는 것이 아니라고 했다. 아무리 훌륭한 명강의라고 해도 남의 개념 설명만 듣기만 하면 학습 효과는 미미하지만, 쓰기나 말하기를 통해 개념을 정리하고 설명하면 학습 효과를 극대화할 수 있는 것이다.

세종은 〈경연〉을 통해 집현전 학사들을 창의적인 인재로 키우기 위해 가르쳐달라고 끊임없이 질문했다. 집현전 학사들은 세종의 질문에 대비하기 위해 되풀이하여 학습하고, 예상 질문을 만들어 말하기 연습을 수없이 해야 했다.

EBS에서 '0.1%의 아이들'이라는 다큐멘터리를 방영한 적이 있었다. 1,000명에 한 명 나오는 학생들 대부분은 남을 가르치기를 좋아했거나, 선생님이 설명했던 그대로 설명해 보는 공부 방법을 사용했다. 남에게 개념을 설명하려면 그 개념에 대해 여러 번 되풀이하여 학습하고 말해보아야 했다.

다 말하게 하여 생각을 다 살리는 다사리 교육은 강의나 독서, 혹은 여러 매체를 통해 배운 내용을 쓰기와 말하기를 통해 되풀이함으로써 사고력과 창의력을 키우는 학습 방법이다.

생각 띄우기는 배운 내용을 구조화해 정리하고, 생각 말하기는 개념에 관해 설명한다. 생각 구하기에서 질문하고, 생각 나누기에서 대답한다. 생각 살리기는 삶과 사회 현실과 연계하여 사고를 확장한다.

다사리 교육은 현대 뇌과학 성과에 기반하여, 학습 효과를 극대화하도록 디자인한 학습 방법이다. 베르니케 영역에서 읽고 듣고 브로카 영역에서 쓰고 말하여, 전두엽에서 사고력과 창의력을 키우는 학습 방법이다.

7 음양오행설의 응용, 다사리 협력학습

동양에서는 우주의 모든 사물과 현상은 음과 양의 양면성을 지닌다고 했다. 보통 양은 밝음이요, 음은 어둠이라 한다. 이러한 음양은 선악이나 우열로 구별되는 것이 아니므로 동등하고 수평적 관계이다. 사람이란 음과 양의 성향을 함께 가지고 있으며, 음양이 서로 균형과 조화를 이루도록 성품을 다듬어가는 것이 교육이다.

미국의 심리학자 길포드는 사고 유형을 발산적 사고와 수렴적 사고로 나누고, 이 두 가지 사고가 적절한 균형과 조화를 이루어 발달하도록 도와주는 것이 교육이라 했다. 발산적 사고는 문제를 해결하는 과정에서 여러 대안을 가능한 한 많이 산출하게 도와주는 사고로 흔히 브레인스토밍 방법으로 길러진다. 수렴적 사고는 사전에 주어진 정보들을 비교, 분석, 선택함으로써 가장 확실한 해결책을 추려내는 사고이다. 일반적으로 수렴적 사고는 창의성과 관련 없는 것으로 여겨지기도 한다. 그러나 사실상 발산적 사고를 통해 생성된 아이디어 중에서 최선의 답을 선택하기 위해서는 수렴적 사고가 요구되기 때문에 수렴적 사고는 발산적 사고와 함께 창의적 산출물 생성과정에 기여하는 것으로 평가된다. (두산백과 '수렴적 사고') 동양철학의 입장에서, 발산적 사고는 양의 사고이고 수렴적 사고는 음의 사고라고 할 수 있다.

다사리 교육은 발산적 사고와 수렴적 사고의 균형과 조화를 통해 미래사회에 요구하는 창의융합적인 사고를 기르고자 설계한 교육 방법이다. 마음 안에 있는 아이디어들을 끄집어내어 마인드맵을 통해 그려내는 '생각 띄우기'와 이렇게 띄워낸 아이디어를 말로 표현하는 '생각 말하기' 단계는 발산적 사고를 키우는 과정이다. 여기에 남들의 의견을 구하고자 던지는 물음인 '생각 구하기'와 남들의 의견을 듣는 '생각 나누기'는 수렴적 사고를 키우는 과정이다. 이렇게 발산적 사고를 통해 얻어낸 생각들을 수렴적 사고를 통해 비교 분석하여 새로운 지식을 만들어내는 '생각 살리기' 단계가 창의융합적인 사고의 과정이다.

동양철학에서 우주 만물을 구성하는 다섯 가지 요소가 있다고 하는데 이것이 오행설이다. 오행에 관하여 그 첫째는 수(水)이고, 둘째는 화(火), 셋째는 목(木), 넷째는 금(金), 다섯째는 토(土)이다. 수의 성질은 아래로 스며들며, 화는 위로 타올라 가는 것이다. 목은 휘어지기도 하고 곧게 나가기도 하며, 금은 주물에 따라 여러 형태로 변하는 성질이 있다. 토는 씨앗을 뿌려 추수를 할 수 있게 하는 성질이 있다. 오행의 개념은 다섯 종류의 기본적 물질이라기보다는 다섯 가지의 기본 과정을 나타내려는 노력의 소산이다. 또한, 영원히 순환 운동을 하고 있는 다섯 개의 강력한 힘을 나타낸다(참조: 네이버 지식, 한국민족문화대백과 '음양오행설')

이러한 오행은 서로 도와주어 살리기도 하고, 서로 이기며 지는 관계를 맺기도 한다. 서로 도와서 살려주는 관계를 오행상생(五行相生)이라고 하는데, 물은 나무를 살리고, 나무는 불을 살리며, 불은 흙을 살리고, 흙은 금을 살리며, 금은 물을 살린다. 서로 이기고 지는 관계를 오행상극(五行相剋)이라 하여, 금은 나무를 이기고, 나무는 흙을 이기며, 흙은 물을 이기고, 물은 불을 이기며, 불은 금을 이긴다. 이러한 오행의 상생과 상극의 작용을 통해 생성, 성장, 소멸이 반복해 순환하는 자연 섭리가 만들어진다. 사람이 살아가면서 맺게 되는 인간관계 역시 이러한 자연의 섭리에서 벗어날 수 없다. 인생에서 상생 관계에 의한 협력을 하기도 하지만, 상극 관계에 의한 경쟁을 피할 수는 없다.

최근 학생 활동을 중시하는 교육혁신 학습이론에서 토의와 토론이 강조된다. 토의(discussion)는 어떤 문제에 대하여 각자의 의견을 내놓고, 협의하여 의견의 일치나 결정하는 활동인 방면, 토론(debate)은 어떤 문제에 대하여 각자의 의견을 내세워 그것의 정당함을 논하되, 의견의 일치나 결정은 하지 않는 활동이라고 볼 수 있겠다. 토의는 문제해결을 위해 다른 생각을 하나로 모으는 과정이고, 토론은 문제해결을 위해 다른 생각을 바꾸려고 하는 설득의 과정이라고 할 수 있다. (참고; 네이버 블로그 '디베이트포올')

토의는 문제해결을 위해 다른 생각을 하나로 모으는 나눔의 과정으로 상생 관계이다. 토론은 대립하는 의견을 가진 두 사람 혹은 그룹이 논쟁하는 과정이다. 설득하고 설득당하는 것이 구별된다는 점에서 승패가 나뉘는 상극 관계이다.

다사리 교육은 음양오행의 상생 관계를 기반으로 하는 학생 활동 중심 교육혁신 이론이다,

다사리 협력학습은 완벽히 평등한 원탁 관계를 전제로 한다. 다사리 교육에서 생각 띄우기를 통한 생각 말하기는 5명 내외의 학생들이 빙 둘러앉아 돌아가며 자기 생각을 말하는 단계이다. 각자 자기 생각을 내놓되 하나로 모아가지 않는다는 점에서 토의와 다르다. 순서대로 말하다가 준비가 덜 된 학생은 서구의 교육 이론인 '써클 프로세스'에서와 같이 "통과" 혹은 "패스"를 외치고, 다른 사람의 생각을 다 들어 본 다음 자기 생각을 말할 수 있다. 물론 다른 사람의 의견을 그대로 말해도 무방하다. 남의 생각이 머릿 속에 드나들면서 변형되면, 자기 생각으로 완성된다는 것이 구성주의 학습이론이다. 다사리 학습은 모든 학습참가자가 자기 생각을 만들어 다 살리는 상생 학습이다.

생각 구하기를 통한 '생각 나누기'는 학습참가자들이 서로 돌려가며 1대1

짝을 이루어, 질의와 응답을 하는 활동이다. 생각 구하기를 통한 질의는 짝에게 도움을 요청하는 행위이고, 생각 나누기의 응답은 짝을 도와주는 행위이다. 상대방을 공격하여 이기고자 하는 토론에서의 질의응답과는 차이가 있다. 승패가 있는 토론과 달리 서로를 도와주는 진정한 의미의 협력학습이다.

음양오행의 상생과 상극의 원리는 우주와 자연의 섭리로서 어느 하나도 교육에서 간과할 수 없다. 그러나 성장 과정에 있는 학생 교육에서는 오행의 상생 원리에 의한 다사리 협력학습이 필요하다. 특히 초등학교와 중학교와 같은 저연령층은 상생 원리에 의해 도와주며 함께 성장하는 다사리 협력교육이 필요하다. 다만 고등학교와 대학교와 같은 고연령층은 상극 원리에 의해 경쟁력을 높여가는 토의와 토론 교육도 중요하다. 이기는 법도 중요하지만 지혜롭게 지는 방법도 배워야 한다. 남에게 져보지 못하는 사람은 결국 이길 수 없기 때문이다.

이것이 따뜻하면서 공정한 미래사회를 여는 미래 교육의 방향이라 믿는다.

8 배움 중심 수업의 실천, 다사리 수업

선생님들에게 배움 중심 수업이 무엇이냐고 물으면, 교사의 가르침 중심이 아니라 학생의 배움 중심으로 수업을 디자인하는 것이라 답한다. 배움 중심 수업이라는 것도 학생 중심 교육의 일환이라는 것이다.

배움 중심 수업은 가르침 중심 수업의 반성에서 나온 대응 개념이다. 교사의 가르침이 교육이라 여겨지던 시대에, 수업 과정에서 교사의 활동 즉 가르침만 있고 학생의 활동 즉 배움은 소홀히 되었다. 이를 혁신하고자 나온 것이 배움 중심 수업이기 때문에 수업 과정에서 학생들의 주도적인 활동을 강조하게 되었다. 그러다 보니 반대로 교사의 주도성이 부정당하고 가르침이 소홀해지는 경향이 있었다. 교사는 보이지 않고 학생들만 무질서하게 떠들고 돌아다니는 등 일종의 교실 붕괴 현상도 나타났다. 이는 배움 중심 수업에 대한 오해에서 비롯되었다.

교육의 과정에서 가르침과 배움은 상대적인 개념으로 가르침 없는 배움과 배움이 없는 가르침은 존재할 수 없다. 교사가 아무리 가르쳤다 하더라도 학생들이 배우지 못했다면 가르치지 못한 것이 되는 것이다. 교사가 가르치지 않았는데 학생들이 배웠다는 것도 어불성설이다. 혹자는 학생들끼리 스스로 가르치고 배울 수 있다고 한다. 그러나 이것도 교사가 교육과정에 준거하여 배워야 할 내용과 가르치고 배우는 방법을 학생들에게 가르쳤을 때 가능하다. 배움 중심 수업에서 학생의 주도성에 앞서 교사의 주도성이 강조되어야 하는 이유다. 이것이 부정될 때, 학생들은 학원에서 배우고 학교에는 놀러 온다는 비아냥이 생긴다. 그렇다면 배움 중심 수업이란 무엇인가?

경기도교육청의 〈배움 중심 수업 기본계획〉에서 배움 중심 수업이란 삶의 역량을 기르기 위한 자발적 배움이 일어나는 수업이라고 규정하면서, 여기서 배움은 학생-학생, 학생-교사 간 공유와 생각 나눔을 통해 자기 생각을 만들어가는 것이라고 하였다. 결국 배움 중심 수업이란 배움이 일어나는 수업이고, 자기 생각을 만들어가는 수업이라고 할 수 있다. 수업 시간에 학생 각자가 자기 생각을 만들지 못했다면 배움이 일어나지 않은 것이며, 배움 중심 수업이 이루어지지 않은 것이다. 여기서 주목할 것은, 어떻게 자기 생각을 만들어갈 수 있느냐의 문제다.

러시아의 교육심리학자 비고츠키는 〈생각과 말〉이라는 책에서, 생각을 만들어가는 과정에 대해 언급했다. 생각은 말을 통해서 만들어간다는 것이다. 여기서 말은 언어 즉 말과 글을 포함한다고 볼 때, 말하기와 글쓰기가 자기 생각을 만들어가는 과정이라고 할 수 있다.

그래서 비고츠키는 "교사는 아이들에게 개념을 직접 가르치지는 못한다. 교사는 아이들에게 개념을 설명해 주고 '이해하지?'가 아니라 '다시 나한테 설명해 볼래?'라는 식으로 아이의 ZDP(근접발달) 영역이 스스로 할 수 있는 영역이 되도록 끊임없이 대화함으로써 말로써 표현이 가능한 사고의 범위를 넓혀간다."라고 했다.

아이들이 교사 강의를 듣게 되면 자기 생각을 만들 재료만 얻은 것일 뿐 자기 생각을 만든 것이 아니라는 것이다. 토의나 토론, 프로젝트와 같은 학생 활동 중심 수업도 마찬가지이다. 생각을 서로 교환하거나 공통된 생각을 형성했는지 모르지만, 개별적인 자기 생각이 만들어졌다고 할 수 없다는 것이다. 자기 생각을 만들어가기는 교사의 강의나 동료와의 활동 과정에서 배운 내용을 말하기와 더불어 글쓰기를 통해 정리할 때 가능한 것이다. 이것이 배움 중심 수업의 본질이다.

실제 교육 현장에서 이러한 배움 중심 수업의 본질이 구현되고 있는지는 의문이다. 매년 혁신학교 컨퍼런스에 공개되는 선생님들의 수업을 참관해 보면, 자기 생각 만들기 과정을 통한 배움이 일어나는 수업이라고 하기에는 아주 미흡하다는 느낌을 지울 수 없었다.

교사 설명 중심의 수업을 하면서 괄호 채우기 정도의 활동지를 작성하거나 소수 학생의 발표 중심으로 수업을 진행했다. 토론 수업을 한다고 하지만 찬반 두 그룹의 소수 학생의 토론을 바라만 보는 다수의 학생들, 토의와 협력학습 혹은 프로젝트 모둠 수업에서도 주도하는 학생과 지켜보는 학생들이 나뉘어 있었다. 간혹 모든 학생이 다 참여하는 수업에서도 학생 각자가 자기 생각을 만들었는지를 확인할 아무런 근거가 없는 경우가 많았다.

다 말하게 하여 생각을 다 살리는 다사리 수업은 배움 중심 수업의 본질에 충실하게 설계된 수업디자인이다. 비고츠키의 권고처럼 자기 생각을 만들어 가게끔 말하기와 글쓰기 방법을 병행했다.

생각 띄우기는 학습자료에서 배운 내용을 마인드맵을 통해 그리게 하여 배움을 확인한다. 생각 말하기는 학습자료 내용 중 중요 개념을 동료에게 말로 표현하고, 동료에게도 배운다. 생각 구하기는 학습자료에서 문제를 찾아 동료에게 질문하여 배움을 추구한다. 생각 나누기는 동료의 질문에 대한 응답을 통해 배움을 나눈다. 생각 살리기는 배운 것을 통합하여 자신의 앎과 생각을 만들어내어 개별학습지에 기록한다.

이러한 개별학습지에는 자기 생각을 만들어가는 과정이 생생하게 드러나며, 어떤 배움이 일어났는지를 확인할 수 있다.

다사리 수업은 5명 내외의 학생이 모둠 활동을 한다. 중요한 것은 각 단계에서 5명 모두가 자기 생각을 만들어갈 때까지 기다리고 도와준다는 점이다. 생각 띄우기 단계에서 배운 내용을 마인드맵으로 그릴 때 모두가 끝낼 때까지 기다려주고 보다 늦은 학생이 완성하게 도와주어야 한다. 생각 말하기 단계에서 돌아가며 자기 생각을 말하되, 준비가 안 된 학생은 동료의 생각을 다 듣고 나중에 자기 생각을 말할 수 있도록 배려한다. 생각 구하기 단계 역시 모두가 질문을 만들 때까지 기다리며, 생각 나누기에서 질문에 대해 답을 못하는 동료에게는 친절하게 가르치고 답을 하도록 도와주어야 한다. 생각 살리기 단계에서도 모두가 자기 생각을 만들어 서술할 때까지 기다리고 도와준다.

이렇게 다사리 수업은 자기 생각을 만들어가는 과정 안에 배움이 일어나게 하는 배움 중심 수업의 본질에 충실한 수업디자인이다. 더 나아가 모든 학생이 자기 생각을 만들어 배움이 일어날 때까지 기다리고 도와주는 다 살리는 교육이다.

9 자유와 평등이 공존하는 다사리 수업

실험은 완벽했고 성공적이었다. 초등학교를 갓 졸업한 중학교 1학년 학생들의 학습 결과물치고는 놀랍다. 수업에 참여한 1학년 학생 100%가 활동지를 제출했다. 생각 띄우기, 생각 말하기, 생각 구하기, 생각 나누기, 생각 살리기 등 다섯 항목을 수업에 참여한 학생 100%가 모두 채웠다.

생각 띄우기는 강의 내용을 구조화하는 단계이다. 낙서하듯 작성하되 모둠원 모두가 끝날 때까지 기다리게 했다. 서로 보여 주며 더딘 학생을 돕기도 했지만, 같은 것은 없었다.

생각 말하기는 강의 내용에 포함된 중요 개념 설명하는 단계이다. 모둠원이 활동지를 돌려가며 다른 모둠원의 활동지에 자기가 찾은 개념을 채워 주도록 했다. 잘 채워 주어야 그 친구도 내 활동지에 정성을 다해 채워 줄 것이었다.

생각 구하기는 강의 내용에서 질문거리를 찾아 질문하는 단계이다. 문제풀이에 익숙한 학생들에게 해답을 염두에 둔 문제를 만들게 하여 더 큰 학습 효과를 기대했다.

생각 나누기는 모둠원 질문에 답을 해 주는 단계이다. 답을 해 주지 못하는 모둠원을 위해 출제 의도와 관련 지식을 설명하는 방법으로 도와주었다. 다른 모둠원의 활동지에 제시된 질문에 답을 채우도록 했다. 모든 모둠원이 돌려가며 답을 주었다.

생각 살리기는 최종적인 자기 의견과 생각을 만드는 단계이다. 배운 지식이나 생각을 창의적으로 융합하여 자기 삶이나 사회 현실과 관련지어 충실하게 표현하도록 했다.

어린 학생들은 선생님보다 동료들을 더 무서워했다. 선생님이 그렇게 혼을 내도 수업에 참여하지 않던 녀석들이, 동료들이 쳐다보고 기다리니 안 할 수가 없었던 모양이다. 내가 안 하면 남에게 피해를 주니 수업에 참여할 수밖에 없다. 그러니 100% 참여해 활동지를 100% 제출했다.

수백 개의 활동지가 모두 훌륭하지만 단 한 개도 같은 것이 없다. 정답과 우열이 없이 다양함을 인정하기 때문이다. 모둠원끼리 협력하지만, 공동산출물을 내지 않았다. 조화를 이루되 같아지지는 않는다는 화이부동(和而不同)의 민주주의를 지향했다.

높은 점수를 받은 우수 활동지를 선정해 선물을 주겠다고 하니, 남보다 잘하려는 경쟁의식이 발동했다. 그러나 혼자만으로 잘할 수 없다. 다른 모둠원이 내 활동지를 잘 채워 주어야 하니, 남의 활동지에 정성껏 채웠다. 그러니 공동체 의식이 발동해 협력을 잘한 모둠의 학생들이 모두 높은 점수를 받았다. 의무를 다해야 권리를 누리는 민주주의 원리가 작동했다.

인간은 신과 짐승 사이에 끼어 있는 중간자이다. 인간은 자기 욕구를 채워가는 이기적인 존재이기에 신이 아니다. 반면에 남의 욕구를 배려하는 이타적인 존재이기에 짐승도 아니다. 인간은 신성(神性)과 수성(獸性)을 동시에 지니는 이중적인 존재이다.

인간의 이기적인 속성에 의한 경제활동을 강조하는 것이 자본주의다. 인간의 이기심이라는 보이지 않는 손에 의해 욕구의 충족뿐만 아니라 절제도 가능하다고 보았다. 절제 없는 욕구 추구가 자기의 이익을 침해할 수도 있기 때문이다. 인간의 이기적인 속성을 전제하는 것이 경쟁교육이다. 인간은 어쩔 수 없이 약육강식의 정글에서 살아가야 하는 존재이기에 살아남으려면 경쟁력을 길러야 한다는 관점이다.

인간의 이타적인 속성에 의한 경제활동을 강조하는 것이 사회주의다. 인간의 이타심이라는 도덕적 배려가 자기 욕구를 절제하게 하여 남과 더불어 욕구 충족이 가능하다고 보았다. 그래서 될 수 있는 대로 가치를 공유하고 나누려 한다. 인간의 이타적인 속성을 전제하는 것이 공동체 교육이다. 인간은 어쩔 수 없이 약육강식의 정글에서 살아가야 하는 존재이기에 살아남으려면 오히려 협력과 연대가 필요하다는 관점이다.

이렇게 인간 존재에 대한 관점의 차이는 교육에 대한 관점의 차이로 이어졌고 갈등했다. 그러나 인간은 이기심이 있기에 에너지가 생기고 성장할 수 있으며, 이타심이 있기에 애틋함이 생기고 사랑할 수 있다. 성장과 사랑은 교육에서 놓칠 수 없는 가치이며, 어느 하나라도 빠지면 교육이 아니다.

이기심과 이타심은 항상 배타적이지 않다. 이기심을 위해 이타심이 필요하고, 이타심이 이기심을 채우는 경우를 흔히 보게 된다. 이기심과 이타심은 인간이면 누구나 가지는 심성이다.

민세 안재홍은 '다사리'라는 말이 '다 말하다'와 '다 살리다'의 두 가지 뜻을 동시에 지닌다고 하면서, 이 낱말 속에 자유와 평등이라는 민주주의 원리가 내포되어 있다고 했다. 자유는 인간의 이기심에서 발현되는 것이고, 평등은 인간의 이타심에서 발현된다. 다사리라는 낱말에는 인간의 양면적 속성인 이기심과 이타심, 그리고 민주주의 원리인 자유와 평등이 내포되어 있다.

이기심과 이타심이 공존하는 민주적인 교육 방법, 그것이 다사리 교육이다.

10 교육 한류의 첫걸음, 다사리 교육

경기도교육청에서 혁신교육 기획에 관여했던 분이 했던 말이 생각난다. 미국에서 열렸던 교육 관련 국제콘퍼런스에 참석해, 혁신교육의 성과에 대해 발표했다고 한다. 발표를 마치자 한 사람이 혁신교육의 개념과 성격을 묻기에 답을 했더니, 유교의 영향을 받는 동양의 국가치고는 대단한 성과일 수 있겠으나 서구에서는 새로울 것이 없는 내용이라고 말해 당황했다고 했다.

2010년대에 진보 교육감들이 등장하면서 교육계에 혁신교육 바람이 거셌다. 과거 우리 교육이 안고 있었던 병폐를 타파하고, 서구에서 유입되는 신선한 혁신교육 이론들이 적용되며 많은 변화가 있었다. 권위적인 학교문화를 탈피하여 학교민주주의를 실현했다. 경쟁교육에서 공동체 교육으로 전환되고, 학생들의 활동 중심 수업으로 바꾸려는 노력이 있었다.

성과가 있었다지만 많은 문제도 노출되었다. 여러 나라에서 중구난방으로 수입된 교육 이론들을 그대로 적용하다 보니 정체성이 모호한 교육이 되어버렸다. 남의 나라에 가서 그 나라에서 수입한 것들을 자랑하다 보니 참으로 멋쩍게 되었다.

세종 때 박연이 아악을 정리했다. 중국에서 들여온 악기들은 오래되어 분실되거나 소리를 제대로 낼 수 없었다. 이에 세종은 악기제작을 지시했다. 악기제작을 위해서는 여러 악기의 음을 통일하기 위한 기준음, 즉 황종음을 세워야 했다. 이 황종음을 내는 악기가 황종율관이다. 중국 율서에 적힌 대로 대나무에 기장을 채워 만들었으나 악기와 음이 맞지 않았다. 우여곡절 끝에, 우리 방식대로 밀랍을 사용하여 만든 인공 기장을 채워 율관을 만드니 비로

소 악기와 음을 맞출 수 있었다. 대나무도 구리로 대체하니 음이 일정하게 유지되었다. 황종율관은 도량형(길이/부피/무게)의 표준을 정하는 것이기도 하여, 중국에서 들어온 방식에 우리 방식을 더하여 새로운 방식의 표준을 세운 사례이다.

세종 시대에는 제사나 행사에 중국의 아악이 연주되었다. 세종은 '아악은 본래 우리나라 음악이 아니므로 평소에 익히 듣던 음악을 제사용으로 쓰는 것이 마땅하다. 우리나라 사람은 살아서 향악을 듣다가 죽으면 아악을 연주하니 어찌 된 까닭인가.'라고 안타깝게 생각하여, 아악으로 연주하던 방식에서, 당악과 향악을 바탕으로 신악(新樂)을 창안했다. 중국의 아악과 당악에 우리의 향악을 융합하여 새로운 음악 형식인 종묘제례악을 만들었다.

이러한 종묘제례악은 〈세종실록악보〉에 '정간보'라는 기보법으로 기록되어 지금까지 전해진다. 당시에 사용되던 '율자보'라는 중국의 기보법은 음의 높낮이만을 표기할 수 있었다. 종묘제례악은 음의 높낮이뿐만 아니라 향악의 특성인 음의 길이와 리듬의 변화까지 있어. 이 모든 것을 표기할 수 있는 새로운 기보법이 필요했는데 그것이 '정간보'였다. '정간보(井間譜)'는 '정'(井)이란 형식을 통해 음의 길이를 규정할 수 있었고 음고와 가사, 리듬과 장단 등을 함께 표기할 수 있었다. '율자보'라는 중국의 기보법에 우리 노래의 표기가 가능하도록 새로운 기보법인 유량악보'정간보'를 창안했다. 이 정간보 덕분에 15세기에 불리던 음악을 현재에 재생할 수 있었다. 세계에서 가장 오래된 노래들을 재현할 수 있게 된 것이다. 15세기 동양 음악의 표준은 중국이 아닌 조선이 되었다. 세계문화유산에 등재된 이유다.

세종 시대의 음악은 중국에서 유입된 음악을 우리 전통의 음악적 요소와 융합하여 중국의 음악을 능가하는 새로운 음악을 창안하여 세계 음악의 표준을 만들었다. BTS를 비롯한 한국의 아이돌은 영미에서 유입된 팝뮤직에 우리의 판소리 가락과 농악 군무를 가미한 새로운 장르인 K-Pop을 창안하여 세계 대중음악의 표준을 만들고 있다. 남의 것을 수입하되 나의 것을 가미해 새로운 것을 창안하고 세계의 표준을 만들어 남에게 수출하는 것이 우리의 전통이다.

미국에 다녀온 친구가 '한국은 학생이 부모나 선생님이 하는 말을 잘 듣는 것을 중요하게 여기지만, 미국은 부모나 선생님이 학생이 하는 말을 잘 듣는 것을 더 중요하게 여긴다.'라고 했다. 이러한 관점을 수업에 적용하여 거꾸로 교실 즉 플립러닝이라 하여, 수업혁신 이론으로 교육학자들에 의해 번역되어 전국의 선생님들에게 많이 보급되었다. 본래는 학교에서 교사가 가르쳤던 교과 지식은 집에서 영상 콘텐츠를 통해 사전에 배우고, 학교 수업시간에는 학생들이 사전에 배운 지식을 바탕으로 서로 가르치고 배운다는 학습이론이다. 플립러닝이 선풍적 인기를 끌면서, 각종 연수에 대부분 포함되었다. 짝을 이루어 묻고 답하는 하브루타 역시 마찬가지였다. 교육혁신 특히 수업혁신에 관심이 많았던 시기에 플립러닝과 하브루타에 매료되었다.

부러움에는 세 단계 수준이 있다. 부러워하기만 하면 남에게 지는 것이고, 부러워할 수 있으면 나에 대해 알게 되고, 부러워할 줄 알아야 부러움을 얻을 수 있다. 남의 것을 받아들이는 것이 아니라, 나의 것에서 남의 것을 찾아내고, 나의 것과 남의 것을 합해 새로운 것을 창안할 때, 남들이 부러워하는 내 것이 되는 것이다.

세종실록 공부를 하던 중에, 임금이 경연관에게 배우는 '경연' 뒤에 반드시 따르는 세종의 질문과 이에 다양한 답을 내는 경연관들의 모습이 일정한 패턴을 이루어 아주 빈번하게 등장한다는 것을 알았다. 왕의 학습인 경연에서 세종은 경연관에게 가르쳐달라고 열심히 질문했다. 경연관들은 세종의 예상 질문을 만들어, 사전에 열심히 배우고 강론하는 연습까지 해야 했다. 그러다 보니 경연관들은 자기도 모르게 엄청난 학문적 성장을 하였다. 경연관들은 주로 집현전 학자였고, 세종이 집현전 학자를 가르치는 방법이었다. '거꾸로 교실'의 원조는 세종 시대의 경연이었다. 묻고 답하는 하브루타 방식 역시 세종 시대의 경연에 녹아 있었다.

이에 세종 시대의 경연 방식에 외국에서 수입된 교육혁신이론을 더하여 대한민국 미래교육 대표브랜드로서 세계교육의 표준을 창안한 것이 다사리 교육이다.

미래교육은 남의 생각을 받아들이는 단계를 넘어 나의 생각을 만들어가는 교육이어야 한다. 말에서 생각이 만들어진다는 비고츠키의 주장처럼, 생각을 만들어가는 교육에서 말하기 수업이 중요하다. 그래서 수업에 참여한 모든 학생이 다 말하게 하여, 자기 생각을 다 살리는 다사리 학습모형을 구상했다. 세종 시대의 경연 방식으로 뼈대를 세우고, 플립러닝과 하브루타를 근육으로 하며, 비주얼씽킹과 써클프로세스, 산파술과 브레인스토밍, 바칼로레아 논술 등으로 살을 붙여 다사리 학습(수업)모형을 창안했다.

대한민국 미래교육 대표브랜드를 꿈꾸는 다사리 교육은 나의 것에 남의 것을 더해 새로운 것으로 창안되었다. 교육수입국에서 교육수출국으로서 세계교육의 표준을 만들어갈 것이다.

Ⅲ

다사리 교육 칼럼

1 한 명도 포기하지 않는 다 살리는 교육이란

교육의 근본은 학생이요, 학생의 하늘은 꿈이다. 모든 학생이 자기의 꿈을 실현할 수 있도록 도와주는 것이 교육이다. 모든 학생은 배움의 주인이 되어야 하며, 모든 학생의 꿈은 존중되고 실현되어야 한다. 세계교육 흐름도 모두가 성장하는 교육으로 변하고 있다. 캐나다는 '모두를 위한 교육, 모두를 위한 학습'을 교육의 비전으로 삼았으며, 미국은 '모든 학생이 성공하는 교육법'을 제정하였다. 고령화 사회로 가는 인구절벽 시대에 단 한 명의 생산가능 인구가 더 필요한 우리에게 단 한 명의 학생이라도 소중하지 않을 수 없다.

모든 학생이 자기 꿈을 실현하기 위해서는 기초학력을 확보하도록 해야 한다. 한 명의 학생이라도 기초학력에 미달하게 된다면 그것은 교육의 책임이다. 단 한 명의 학생도 포기하지 않는 다 살리는 교육이 필요하다. 우리는 이를 '다사리 교육'으로 정의한다.

대한민국헌법 제31조에 따르면, 모든 국민은 능력에 따라 균등하게 교육받을 권리를 가진다고 되어 있다. 그러나 교육기본법에 영재교육은 강조하고 있으나 기초학력이 미달하는 학습부진 학생 교육에 대한 항목은 없다. 일선 학교의 학습부진 학생 교육은 전문성 없이 보통 학력 학생의 기준으로 운영되고 있어 효과를 기대하기 어렵다.

영재교육과 같이 교육기본법에 학습부진아 교육에 관한 조항을 신설하고, 미국처럼 '모든 학생이 성공하는 교육법'을 제정하자. 학습 부진 교육기관을 설치·운영하고, 학습 부진 교육연구원을 개설하여 학습부진아 교육에 대한 전문성을 확보해야 한다.

학력 향상은 경쟁보다는 상호협력의 방식으로 이루어져야 한다. 학습 우수 학생과 부진 학생을 연결하는 협력학습을 체계화하여 운영하면 부진 학생의 기초학력 확보도 가능할 뿐 하니라 우수 학생의 학력 향상에 도움이 된다. 특히 학습을 포기한 학습 부진 학생이 많은 일반고에서 학습 부진 학생에 초점을 맞춘 기초학력 향상 프로그램이 학교의 전반적인 학력 향상을 위해 효과적이다. 학습 부진 학생들에 대한 동기 부여가 학교 전체의 면학 분위기를 끌어올려 우수 학생의 학력 향상에 연결되기 때문이다.

학습 부진 학생 교육은 지역 차원에서 그 방법을 찾아야 한다. 학습 부진 학생 교육을 위한 지역학습센터를 만들고 우수하고 전문적인 강사를 확보하여 보통학생과는 다른 특수교육 혹은 특별교육 프로그램을 운영해야 한다. 지금도 학습 부진 학생이나 학업을 포기하려는 학생들을 대상으로 하는 대안교육 형태의 교육기관이 없는 것은 아니나 대부분 흥미 위주로 운영되고 있다. 생각하는 힘을 키워 문제해결의 역량을 기르고 자기 꿈을 실현하는데 바탕이 되는 기초학력을 확보하는 데는 턱없이 부족하다.

모든 학생에게 기초학력을 확보하여 주는 것은 국가와 지자체, 학교와 선생님들, 그리고 학부모의 책임이다. 아울러 학생에게도 일정 책임을 지워야 한다. 기초학력 미달의 문제는 궁극적으로 학생 자신이 해결해야 할 일이기 때문이다. 공부를 안 해도 학년 진급이나 학교 졸업에 지장이 없기 때문에, 학생들이 프로그램 참여 의지가 부족하고 회피한다. 학년 진급이나 학교 졸업 자격 부여 심사 때, 기초학력이 확보되어야만 진급이나 졸업할 수 있게 해야 한다.

2 엘리트교육과 모든 학생을 다 살리는 교육

1990년대 한 대기업 회장이 '21세기는 한 사람의 천재가 10만 명을 먹여 살린다'라는 소위 '천재론'을 이야기 한 후, 각 기업체는 핵심인재경영을 가속화하면서 우수인재를 확보하고, 그 회사원 중 5% 정도를 핵심인재로 키우기 위해 집중 투자를 한다. 이에 부응한 것이 1995년 문민정부의 5.31 교육개혁이었다.

5.31 교육개혁은 열린 교육, 수요자 중심 교육, 교육의 다양화 및 특성화, 교육의 세계화 및 정보화, 자율과 책임, 교육의 질 제고를 통한 교육경쟁력 제고 등을 통하여 입시지옥 및 과중한 사교육비를 해결하고자 하였다. 5.31 교육개혁은 문명사적 시각에서 한국교육의 현안문제를 진단하고 해결 방법으로서의 신교육체제를 구축하고자 하였으나, 20년이 지난 현재 당대의 현안문제였던 입시지옥 및 과중한 사교육비를 해결하지 못하였고 오히려 심화시켰다는 점에서 실패한 정책으로 평가할 수 있다.

5.31 교육개혁이 실패한 중요한 이유로 지적되는 것이 교육을 신자유주의적 시장 논리로 접근한 정책이었다는 것이다. 5.31 교육개혁 입안에 주도적 역할을 했던 한 교육학자는 학술논문에서 '5·31 교육개혁이 학생 학부모 기업 등의 자유스러운 선택을 존중하는 수요자 중시의 교육개혁이었던 것은 대단히 옳은 선택이었다. 그리고 이들 수요자에게 세계 수준의 양질 교육을 제공하기 위해 교사와 학교 프로그램 간의 경쟁을 일층 강화하는 것은 옳은 방향이었다.'라고 하였으며, '본래 대중은 뛰어나 엘리트들 때문에 많은 덕을 본다. 그 나라에 뛰어난 인재들이 많아야 그 나라가 발전하고 일반대중의 삶의

질도 높아진다. 그리고 엘리트들은 대중 때문에 자기 노력의 보람을 느끼는 것이다. 따라서 엘리트들은 대중에 봉사해야 하고 대중은 엘리트를 찬탄해야 그 나라가 발전한다.'라고 하였다. 5.31 교육개혁은 전술한 '천재론'을 바탕으로 하여 나라를 먹여 살릴 핵심인재 즉 엘리트 양성이 교육정책의 주요 기조였음을 보여 준다.

'20 대 80 이론'이 있다. 본래는 '전체 결과의 80%는 전체 원인의 20%에서 비롯된다.'는 의미의 이 이론이 요즘 들어서는 '상위 20%가 사회 전체 부의 80%를 점유한다.' 혹은 '상위 20%가 나머지 80%를 지배한다.'는 뜻으로 더욱 유명해졌다. 특히 승자독식의 원리가 작동되고 있는 신자유주의의 시대에 들어와서는 그런 현상이 더욱 공고화 되고 있다고들 말한다. 이것을 학교 현장에 유추해 보면, 학교의 명예를 높이는 것은 명문대에 합격하는 상위 20%의 학생이라 여기고, 학교관리자는 소위 성과를 내기 위하여 상위 20% 학생들을 위하여 80%의 교육 투자를 한다는 것이다. 여기에 나라를 책임질 핵심인재를 양성하는 상위 20%의 학교, 특목고, 자사고 등에 교육의 다양화, 특성화라는 명분으로 차별적 집중투자를 하는 정당성도 성립한다.

상위 20% 이내의 우수 학생들을 20%의 학교들이 흡수해 갔으며, 나머지 80%의 학생들이 절망하고 80%의 일반고가 피폐해 갔다. 20% 학교에 들어갔던 상위 20%의 인재 중 20%가 학교에 관심을 받고 80%의 인재들은 영재성을 잃어간다. 결국 전체의 4% 학생들이 명문대에 입학하고, 그 중 20% 즉 전체의 0.8%만이 핵심인재로 육성되는 구조다. 피라미드의 치열한 경쟁시스템인 5.31 교육정책으로 입시지옥, 사교육비 등의 문제 해결을 기대한 것이 애초에 무리였다.

이렇게 육성된 핵심인재들은 10만 명을 먹여 살리지 않았다. 그들 욕심이 세월호를 만들고 죽어가는 학생들을 외면했다. 이러한 아픔 속에 경기혁신 4.16 교육체제가 만들어졌다.

경기혁신 4.16 교육체제는, '핵심 인재, 즉 엘리트를 중시하는 수요자 중심 교육'이 아닌, '모든 학생'을 중시한다. 모든 학생의 출발점은 평등해야 하며, 모든 학생은 배움의 주인이 되어야 하며, 모든 학생의 꿈은 존중되고 실현되어야 한다. 경기혁신 4.16 교육체제의 철학과 비전은, '행복한 배움으로 모두가 특별한 희망을 만드는 공평한 학습사회'이다.

세계교육 흐름도, 엘리트 중심 교육에서 모두가 성장하는 교육으로 변하고 있다. 캐나다는, '모두를 위한 교육, 모두를 위한 학습'을 교육의 비전으로 삼았으며, 미국은, '모든 학생이 성공하는 교육법'을 제정했다. 초고령화 사회로 가는 인구절벽 시대에, 한 명의 생산가능인구가 더 필요한 우리에게 단 한 명의 학생이라도 소중하다. 모든 학생을 다 살리는 교육의 공공성이 요구된다. 모든 학생을 다 살리는 교육, 우리는 이것을 '다사리 교육'이라고 정의한다.

3 경쟁 없는 시험으로 경쟁력을 기른다

미국의 어느 학교에 인디언 아이들이 전학을 왔다. 어느 날 선생님이 "여러분 이제 시험을 칠 터이니 준비하세요."라고 했다. 백인 아이들은 필기도구를 꺼내고 책상 가운데에 책가방을 올려 짝꿍이 엿보지 못하게 함으로써 시험 칠 준비를 했다. 그런데 인디언 아이들은 마치 게임이라도 하려는 듯 책상을 돌려 둥그렇게 모여 앉는 것이 아닌가? 그래서 선생님은 "얘들아, 시험 칠 준비하라고 그랬잖니?"라고 화를 냈다. 이에 인디언 아이들이 말했다. "선생님, 저희들은 예전부터 어려운 문제가 있을 때마다 서로서로 도와가며 해결해야 한다고 배웠어요." (강수돌. 나부터 교육혁명)

핀란드 학교에서는 시험을 볼 때, 모르는 문제가 나오면 선생님께 물어보고 선생님은 학생들 사이를 다니며 문제 푸는 방법까지 가르쳐 준다고 한다. "시험도 아이들을 가르치는 하나의 방식이니까요. 학생들이 지금 당장 모르는 건 괜찮지만 시험을 통해 문제들을 더 잘 알게 해 주려는 거예요. 그래서 때론 이런 말을 해 주는 게 학생들한테 더 도움이 될 때가 있습니다. '여기저기가 틀렸어 다시 해 봐.' 정확히 정답이 뭐라고 말해 주진 않지만, 무엇이 틀렸을까 한 번 더 생각할 기회를 주는 거죠." (MBC 신년 특별기획, 15살 꿈의 교실)

개방과 공유의 시험? 남의 나라 부러워 말고 우리도 하면 되지! 그것이 무어 힘든 것인가? 나도 한번 해 보기로 했다.

우선 25분 정도 강의를 하고 5개 항목의 학습 활동지를 작성하게 했다. 이것은 시험이고 개별적으로 작성하여 제출한 학습 활동지를 엄정하게 평가하여 학교생활기록부에 기록할 예정이라고 했다. 학생들은 시험이라는 말에 순간 긴장했다. 그래서 나는 학생들에게 이번 시험은 커닝이 허용되기에, 남의 것을 보기도 하고 남에게 보여 주기도 하는 시험이다. 모르는 것이 있으면 선생님께 물어 볼 수 있다. 모둠원끼리 참고하도록 서로 보여 주고 의견을 나누라고 했다. 엎드려 있는 학생에게 옆에 있는 학생 것 보고 베껴도 된다고 했다.

시간이 끝날 때, 덜 작성한 학생은 개별적으로 사무실로 가져와도 된다고 했다. 그러나 대부분 학생이 꽉 채워서 제출했고, 한두 명만 개별적으로 제출했다. 100% 제출했다. 제출한 학습 활동지를 훑어보니, 남의 것을 그대로 베낀 학생들은 없었다. 남의 것을 보고 힌트를 얻고, 하는 방식을 배워 자기 나름으로 열심히 작성했다. 단 한 명의 학생도 낙오함이 없이 모든 학생들에게 배움이 일어났다는 것을 알 수 있었다.

2015개정 교육과정에서 학습 결과가 아닌 학습 과정을 평가하는 성장 중심 과정평가를 도입했다. 중학교 성적은 상대평가가 아닌 절대평가이다. 남이 좋은 평가를 받는다고 내가 손해 볼 것이 없다. 내가 가지고 있는 것을 남에게 나누면 내 것이 줄어드는 것이 아니고, 남에게 나눈 만큼 늘어나는 것이 성장 중심 과정평가이다. 제한된 가치를 가지고 경쟁하는 제로섬게임이 아니라 나눔만큼 기치가 무한대로 늘어나는 화수분 같은 것이 개방과 공유의 성장 중심 과정평가이다. 학교는 시장이 아니었다. 경쟁 없는 시험을 통해 역설적으로 경쟁력을 갖춘 학생들을 키울 수 있었다.

4 오버투어리즘과 공정여행, 세계시민 교육

많은 관광객이 몰려 현지 주민들의 삶이 파괴되는 과잉관광을 오버투어리즘이라고 한다. 유명한 관광지를 방문한 사람들은 자신들이 쓰는 돈이 현지인의 삶의 질 향상에 도움이 될 것으로 생각한다. 그러나 대부분의 여행 패키지 상품은 기업을 끼고 있는 숙박시설과 식당을 이용하는 관계로 현지인의 소득에 크게 기여하지 못하게 된다. 오히려 이윤추구에 집착하는 기업 경영 행태에 환경이 파괴되고 현지인의 삶은 더욱 피폐 되어 간다는 것이다.

공정여행은 오버투어리즘의 대안으로 등장하였으며, 착한 여행이라 한다. 현지의 자연, 사람들과 교류하는 여행, 자연을 보전하는 친환경 여행이라고 한다. 우리의 학생 여행 문화가 세계시민 교육 관점에서 추구해야 하는 이유다.

몇 년 전 한일 청소년 교류 학생 인솔단으로 일본을 다녀왔다. 일본 도착 첫날 공항 버스 안에서 학생들에게 현금 1만 엔, 인솔자에게는 1만2천 엔을 나누어주는 것이었다. 우리 돈으로 10만 원과 12만 원에 상당하는 돈이었다. 버스는 지역 청소년복지시설 같은 곳으로 들어갔고, 미리 대기하고 있던 일본 학생들과 만났다. 양국 학생들이 친해지도록 일본 전통 놀이로 게임을 하였다. 저녁 식사 시간이 되자 일본 학생들과 짝을 지어 일본 재래시장에 들어가 각자가 먹거리를 사서 돌아와 서로 펼쳐놓고 나누어 먹는 것이 아닌가?

그 이튿날 시내를 관광하는데 5~6명씩 조를 이루어 테마에 따른 장소를 정하고 전철과 버스 등 대중교통을 이용하여 이동했다. 점심은 식당에서 각자 주문하고, 입장료도 선택에 따라 각자 지출했다. 저녁 역시 시내 식당에서 포장하여 와 각자 먹었다. 조금은 놀라웠고 특이하기도 했지만, 우리 교육이 추구하는 세계시민 교육의 하나인 공정여행에 시사하는 크다.

그러면 우리나라의 학생 여행 문화는?

첫째, 학생들과 인솔자에게 마음대로 쓰라고 국가 돈을 그것도 현금으로 내줄 수 있을까? 체험학습 비용은 수익자 부담 원칙을 지킨다. 학생들이 부담한 돈인데도 학생들 마음대로 사용하지 못한다. 국가나 교육청에서 내려온 지침에 따라 법인카드로만 지출하고 영수증을 지참하되 이자라도 1원 한 푼 차이가 나도 안 된다. 선생님들이 받는 스트레스가 이만저만이 아니다.

둘째, 학생들이 개별적 혹은 조별로 테마에 따른 여행지를 정하고 대중교통을 이용하여 이동할 수 있을까? 4.16 참사는 학생들이나 선생님들의 잘못이 아님에도, 체험학습 지침에는 학생들의 안전을 위한다는 핑계로 일정 수준의 자본금을 갖춘 여행사나 버스회사를 공정한 입찰을 통해 정하도록 지침을 정하여 이것을 불가능하게 하였다.

셋째, 학생들과 선생님들이 현지인의 음식이나 물건을 마음대로 구매하여 나누면서 현지 문화에 대해 토의할 수 있을까? 이 역시 학생들의 안전 혹은 청렴을 고려하여 사전답사 혹은 패키지 입찰 등을 통해 일괄적으로 식당이나 메뉴를 정하도록 하고 있다. 더구나 학생이 구매한 음식은 음료수 하나라도 선생님과 나누는 것이 불가능하다.

우리나라 학교 현장에서 세계시민 교육을 방해하는 제도적 규제와 지침을 제거해야 한다. 학교의 고민을 제대로 알고, 세계시민 교육을 제대로 정상화하는 계기가 되었으면 한다.

5 수능과 학종에는 죄가 없다

대학 나온 일반인이 이해하기 힘든 제목의 논문 1저자가 박사학위 소지자를 제치고 고등학생이었던 현실과 이것으로 수시로 대학에 들어가는 것, 그것에 쉴드 쳤던 분들은 교육의 공정성에 대하여 말할 자격이 없다. 그렇다고 한 개 선택지만 쫙 표기하고도 7등급을 얻은 학생이 열심히 문제를 푼 학생보다 이득을 얻는 수능을 가지고 공정한 평가라고 두둔하는 분들도 미래 교육에 대해 말해서는 안 된다.

팩트를 따져보면 학종의 기반인 입학사정관제는 지적 역량뿐만 아니라 다양한 역량을 평가하기 위해 만들어진 제도로 보수 정권에서 시작했다. 수능 역시 단편적 지식을 암기하는 과거교육에서 탈피하여 사실적, 추론적, 비판적, 종합적인 사고 역량을 평가하기 위해 만들어진 진보적 시험제도였다. 그런데 이러한 입시제도를 왜곡하여 잘못 운용했던 교육자들에게 죄를 물어야 한다.

사교육을 통한 선행학습을 그렇게 우려하던 분들이 꿈의 대학이라고 하여 대학 수업을 선행학습하게 하고, 박사님도 안 되는 고난도 논문을 고2 학생 역량으로 썼노라고 대입전형에 반영시킨 정신 나간 교수들이 있었다.

수능은 사고력을 평가하는 것이고 사고력은 토론과 토의, 글쓰기를 통해 길러지는 것임에도, 수업을 바꿀 생각 없이 문제풀이식으로 수업하면서, 수능이 사고력 교육을 망치는 원흉이라 원망하는 선생님들도 반성해야 한다. 더욱 가관인 것은 수능이 사교육을 부추긴다고 수능 문제를 EBS 문제집이나 교과서에서 출제하여 암기 평가 성격으로 되돌리어, 오히려 사교육을 더 부추긴 교육학자나 정책입안자들은 용서받을 수 없는 죄인들이다.

문제풀이식 수업보다 토의토론형 협력학습이 수능의 고득점에 도움이 된다는 연구사례가 있다. 학생들이 사회로 나가서 접해야 하는 공시 등 취직시험과 자격시험들이 다지선택형 사고력 평가라는 현실도 부정할 수 없다. 사교육 문제는 공교육의 질을 높여 학부모의 신뢰를 높이는 방법에서 찾아야 한다. 학종을 위한 사교육도 분명히 존재하고 있으며, 이는 특수계층만이 고액으로 받게 되는 일반서민과는 거리가 있었던 것일 뿐이다.

지적 역량뿐만 아니라 다양한 역량을 가진 학생들과 지역이나 다양한 계층의 학생들에게 기회를 부여하는 학종 평가도 아주 중요하다. 다만 이것을 기록하는 선생님들과 이것을 평가하는 대학교수들은 부모의 영향이 미치지 않는 고등학교 학생 수준의 역량인지를 정확하게 평가해 주어야 한다.

학종은 무조건 공정성에 위배된다거나, 수능은 단편적 지식 암기 위주의 과거 교육이라고 하는 것 모두 진영논리이다. 수능은 상위계층에 유리하고 학종은 서민 계층에 유리하다는 진영논리는 진영싸움에 매달리는 정치꾼이나 자신의 이해관계에 유불리를 따지는 일부 교육장사꾼들의 논쟁에 불과하다.

수시 불공정하니 정시로 가자가 아니라 공정성을 해치는 요소들을 찾아 보완하는 것이 올바른 방향이다. 수능도 본래의 자료 해석 및 적용 능력, 추론 및 상상 능력, 수리력, 비판력, 창의적 역량을 평가하는 방식으로 개선되어야 한다.

진영논리로 싸우려 하지 말고, 정말 미래 교육만을 위해 학종과 수능이 상호보완하여 조화를 이루는 대입전형이 만들어졌으면 한다.

6 교육 민주화와 학교 자치

1980년대 후반기, 젊은 교사 시절에 나름 교육 민주화 운동에 참여했다. 민주교육을 위한 경기교사협의회 총무부장을 맡으며, 서울 구로성당 작은 골방을 빌려 사용하던 사무실을 수원 매산로 사무실로 옮겼다. 개인 적금을 털어 전세 임대료 300만 원을 냈는데, 화서동 사무실로 옮길 때까지 무이자로 묶였다. 당시 적금 이자가 연리 15%가 넘는 때이니, 열정은 대단했던 듯하다.

당시는 교실에서 수업할 때 혹여나 잠자는 학생이라도 있으면, 지나가던 교장 선생님이 지나가다가 들어오셔서 친절하게 그 학생의 싸대기를 갈겨 주시던 시대였다. 당시 나도 벌떡 교사였는데, 새 같은 작은 가슴에 교무회의 석상에서 일어나 발언하는 것은 엄청나게 떨리는 일이었다.

지금은 학교가 교육이 민주화되었다지만, 가끔 나의 의견과 달리하는 젊은 선생님의 표정을 보면 그 때의 나와 별반 달라 보이지 않았다. 물론 나는 수업시간에 다니면서 학생들 싸대기를 갈기지는 않지만 말이다.

최근 학교민주주의가 성숙되어, 학생들이 학교에서 생활하는 것을 행복해 한다. 선생님들이 복도에서 나를 마주쳤을 때 피하고 싶은 교장이 되지 않으려 노력하고 있다. 그러함에도 내가 생각하는 교육 민주화에는 거슬리는 점이 없지 않다.

지금은 사라졌는지 모르겠지만, 선행학습을 조장하지 않도록 평가 문항을 교육청에 제출하여 점검받기도 했다. 학생부를 기록하고 나서 학교 내에서 3차까지 점검하는 것도 모자라 교육청에 싸 들고 가서 점검받아야 한다.

컨설팅이라는 좋은 말을 사용하지만, 현장학습이라도 하려고 하면 여러 점검표를 교육청에 제출하거나, 직접 나와서 점검하기도 한다. 학생들의 학교 생활 인권 규정 역시 마찬가지다.

이외에도 교육청의 학교에 대한 정말 친절한 간섭과 개입은 여러 가지가 있다. 학교 자치란 말이 무색할 정도이다.

민주주의의 기본원칙은 권리와 함께 그에 걸맞는 책임을 지우는 것이다. 부당하게 권리를 행사하다 문제를 일으키면 아주 무거운 책임을 지게 하면 된다. 문제를 사전에 방지하기 위해서라고 변명하지만, 책임을 회피하기 위함이다. 이러한 비민주적인 행태는 학교조직을 경직시켜 더 큰 문제를 야기한다. 세월호는 선장과 선원들 간의 비민주적이고 경직된 조직 분위기가 만들어낸 참사였음을 누구나 알고 있다.

진정한 학교 자치의 정신을 다음의 세종 말씀에서 배운다.

사람 쓰는 도리는, 일을 맡겼으면 의심하지 말고, 의심하려면 맡기지 말아야 한다. 〈세종실록 26년 1월 22일〉

7 엄하게 가르치되 무섭지 않아야 한다

'학생 인권과 교권의 균형 지원'이라는 주제로 열린 제2회 경기교육 소통 토론회에서 패널로 참여한 김희진 변호사가 언급한 탈무드 구절이다. 나는 이 구절에 학생 인권과 교권의 단순한 균형이 아니라 이 두 가지를 아울러 살릴 수 있는 해답이 숨어 있다고 직감했다.

토론에서 패널들은 학생 인권과 교권은 대립과 갈등이 아닌 양립과 조화를 이룰 수 있다는 것에 대체로 동의하는 분위기였다. 그러함에도 학생 측에서는 아직도 일부 교사에 의해 학생들의 인권을 침해하는 다양한 사례를 지적했다. 이에 대해 교사 측은 아직도 인권 감수성이 부족한 일부 교사들의 행태에 사과하고, 인권 감수성을 높이는 교사 대상 연수가 필요하다고 했다.

교사가 학생들에게 반인권적으로 지도하면서 학생들에게 친인권적인 행위를 기대하는 것은 모순이라는 것에 동의한 셈이다.

두 번째로 패널들이 동의한 것은 학교에서 학생 인권에 대한 학생과 교사의 잘못된 인식에 대한 지적이었다. 학생들이 교실 안에서 눕거나 떠들고 잠을 자는 등 교사의 지도에 불응하여 수업을 방해하는 행위들은, 교사의 교육권을 침해하고 다른 학생들의 학습권을 침해하는 것으로 학생 인권의 범주에 넣을 수 없다는 것이다. 이러한 행태에 대한 교사의 지도를 학생들이 학생 인권 침해라고 항변하는 것은 학생 인권을 오해하는 데서 나온 것이라고 했다. 아울러 교사가 학생들의 이러한 행태를 방치하는 것 역시 학생 인권을 존중하는 것이 아니라는 것이다.

다만 교실 안에서 학생들이 수업을 방해하는 행위에 대해 지도해야 하는 것은 교사의 책무이나, 그 방법은 인권 친화적이어야 한다는 것이다. 체벌 등 과거의 반인권적인 생활지도로 회귀해서는 안 된다고 했다. 탈무드의 격언처럼 학생들을 엄하게 가르치되 학생들이 무서워하는 일이 없어야 한다. 이는 현재 논의되고 있는 생활 지도법에서 신중하게 고려해야 할 사항이다.

김희진 변호사는 학생에 의한 교권침해는 학생에게 책임이 있다는 단순한 인식에서 벗어나야 한다고 했다. 교권침해를 교사의 노동 환경이라는 관점에서, 교사가 마음 놓고 학생들을 교육할 수 있도록 환경을 조성해 주지 못한 학교나 교육 당국에도 책임이 있다는 것이다.

교과수업 시간에 수업을 방해하는 학생이 있다면, 현재의 교육환경에서 교사는 어떻게 할 수가 없다. 다른 대다수 학생의 학습권도 있기에 수업을 진행해야 한다. 설사 지도한다 해도 학생이 불응하면 방법이 없다. 수업에서 분리하려 해도 어디에 누구에게 보낼 곳이 없다. 그러니 그대로 방치할 수밖에 없다.

이런 학생들의 교육을 전담할 인력과 분리 교실이 필요하다. 인권교육과 시민교육, 그리고 생활지도 업무처리가 가능한 전담 인력을 비정규 계약직으로 채용하는 것도 하나의 방법이다. 일정 시간의 자격연수 과정을 이수한 퇴직 교원을 활용할 수 있다. 물론 별도의 교육 공간 확보가 전제되어야 한다.

수업을 방해하는 학생들을 교육적으로 해결하는 방안에 학교의 생활교육위원회를 활용할 수 있다. 현재 생활교육위원회는 죄의 유무와 징계 수위를 결정하는 재판 성격으로 인식되어, 비공개로 운영되고 있으며, 교육 기능을 제대로 수행하지 못하고 있다.

생활교육위원회를 당사자 학생, 학부모뿐만 아니라 다른 학생들에게도 공개하여, 함께 참여하여 성찰하고 토론하는 시민교육의 장이 될 수 있도록 지침 개정이 필요하다.

폭력이나 성희롱 등 사안이 심각한 교권침해는 교권보호위원회에서 조치할 수 있다. 다만 전학이나 퇴학은 근본적인 문제 해결 없이 교육에서 배제하는 것으로써, 다른 교육적 방안을 마련해야 한다.

우리나라 학생의 특수교육 비율은 약 1% 정도로 교육선진국의 15%에 크게 못 미치고 있다고 한다. 우리나라 특수교육은 신체나 지적 장애를 가진 학생들만을 대상으로 하는 데 비해, 교육선진국들은 장애가 있는 학생뿐만 아니라, 학습 부진 학생과 학교생활 부적응 학생들도 포함하기 때문이다. 학습 부진 학생과 학교생활 부적응 학생들을 방치하는 것이 아니라 인적 물적 자원의 투자를 통해 교육적으로 해결하고 있음을 보여 준다.

학교생활 부적응 학생들을 전문적으로 교육할 수 있는 특수교육 기관이 필요하다. 현재의 대안교육 기관은 수요에 비해 턱없이 부족할 뿐만 아니라, 투자와 지원이 부족하여 시설이나 전문성의 측면에서 매우 부실하다. 학교생활 부적응 학생 교육에, 특수교육의 관점에서 관심과 투자가 이루어질 때, 비로소 교육선진국으로 진입할 수 있다.

8 생활 지도법의 실효성과 사단칠정 인성 토론

교사의 학생 생활지도 권리를 규정한 초·중등교육법 개정안이 국회 교육위원회 법안심사 소위를 통과했다. 초·중등교육법 제20조의2에 '학교의 장과 교원은 학생의 인권을 보호하고 교원의 교육활동을 위해 필요한 경우 법령과 학칙으로 정하는 바에 따라 학생을 지도할 수 있다'는 내용을 신설하는 방안이다.

이와 함께 교육활동 침해 학생 분리 등에 대한 시행령 논의와 학생 선도가 시급할 경우 학교 봉사·특별교육·출석정지 등의 우선 조치를 할 수 있도록 교원지위법에 관련 조항을 신설하는 방안도 논의되고 있다. 아울러, 학생부에 교육활동 침해 조치를 기록하는 방안도 마련 중이다.

이번 생활 지도법 관련 규정들을 보면 그 실효성이 의심스럽다. 이 법의 입법 취지가 학생들의 일탈 행위를 방지하거나 줄이는 데 있다면, 이 법의 시행으로 어느 정도 효과가 있을지 의심스럽다. 왜냐하면 교육은 없고 처벌만 있기 때문이다. 교육활동을 방해한다 싶으면 학생을 분리한다는 것이 그렇고, 우선 조치의 내용들이 모두 응보적 처벌에 해당한다.

이 점은 학교폭력예방 및 대책에 관한 법률도 마찬가지다. 이 법을 만들어 시행한 이후 실효성이 발휘되어 학교폭력이 줄고 학생들의 인성이 바르게 형성되었다는 말을 듣지 못했다. 그렇다고 인성 교육법의 시행으로 학생들의 일탈 행위가 줄어들 기미가 보이지 않는다. 이것은 학생들이 일탈 행위를 하는 근본적인 원인을 외면하고 실제적 효과에 대한 고민 없이 형식적인 인성 교육을 했기 때문이다.

초중고 학생들의 일탈 행위의 대부분은 특별한 생각 없이 이루어진다. 그저 장난이나 재미로 생각 없이 행한 것이 의도치 않은 사고로 이어지기도 한다. '요즘 아이들이 개념 없다'는 말은 동서고금을 막론하고 흔히 쓰이는 말이다. 아직 나이가 어리기 때문에, 사람이라면 있어야 할 생각, 즉 개념이 형성되지 않아, 개념 없는 행동 즉 일탈 행위를 하는 것이다.

학생들이 일탈 행위를 하지 않게 하려면, 학생들에게 사람이라면 있어야 하는 개념을 형성하도록 도와주어야 한다. 사람이라면 있어야 하는 개념을 맹자는 사단(四端)으로 설명했다.

"다른 사람의 고통을 측은하게 여기는 마음(측은지심-惻隱之心) 이 없으면 사람이 아니고, 자기 잘못을 부끄러워하고 남의 잘못을 미워하는 마음(수오지심-羞惡之心)이 없으면 사람이 아니며, 다른 사람의 호의나 친절에 사양하는 마음(사양지심-辭讓之心)이 없으면 사람이 아니고, 자기 행동에 대해 잘 잘못을 가리는 마음(시비지심-是非之心)이 없으면 사람이 아니다."

퇴계 이황은 이러한 사람이라면 있어야 하는 네 가지 마음은 하늘의 이치에서 부여받은 사람만의 본성인 인의예지(仁義禮智)에서 발동한다고 했다. 이러한 사람만의 본성인 인의예지를 인성(人性)이라 한다. 일탈 행위를 하는 학생에게 네 가지 마음, 사단이 잘 발동하지 않는 것은, 마음이 혼탁하여 인의예지를 가리기 때문이다.

인성교육이란 가려진 인성 즉 인의예지를 깨우쳐 주어, 사람이라면 있어야 하는 네 가지 마음이 발동하도록, 혹은 개념이 형성되도록 도와주는 것을 말한다.

비고츠키는 아동의 개념 형성은 선생님이나 동료의 도움에 의해 보다 효과적일 수 있다고 했다. 특히 동료와의 사회적 활동을 더욱 강조했다. 일탈 행위를 하는 학생들이 자기의 잘못된 행동에 대해 부끄러움을 느끼게 만드는 것은 선생님의 훈육보다 친한 동료의 충언이 더 효과적일 수 있다는 것이다. 인성교육에서 또래 동료의 역할에 주목해야 하는 이유이다.

율곡 이이는 당시의 생활 지도법인 〈학교모범〉에서 일탈 행위를 하는 학생들에 대한 생활지도 방법을 다음과 같이 제시했다.

"만일 여러 생도 중에 학교 규칙을 준수하지 않은 채, ~일 등등의 잘못은 / 벗들이 보고 듣는 대로 깨우쳐 주되(인성토론) 고치지 않을 때에는 장의(학생자치회 임원)에게 고해서 유사가 모임(생활교육위원회)에서 드러내어 꾸짖는다.(청문회)"

학생들의 일탈 행위에 대해 처벌 이전에 교육을 통해 뉘우칠 기회를 주고 있음을 알 수 있다. 특히 생활교육이나 생활지도를 학생회가 자치적으로 하고 있으며, 학생회가 주관하는 청문회 이전에 '벗들이 보고 듣는 대로 깨우쳐 주는' 절차를 두고 있는 것에 주목할 필요가 있다.

친구의 일탈 행위에 대해 벗들이 친구의 가려진 인성을 깨우쳐 주어, 사람이라면 있어야 하는 네 가지 마음 즉 사단을 불러와 감정 즉 칠정을 제어하도록 하는 인성 토론이라고 할 수 있다.

9 집어넣는 인성교육과 끌어내는 인성교육

학생들의 학교폭력, 교권 침해 등 일탈 행위가 사회 이슈화되면 흔히 인성교육을 탓한다. 인성교육진흥법이 나오고 인성교육을 강화했지만, 학교폭력과 교권 침해가 줄었다는 말을 들어보지 못했다. 학교폭력과 인성교육 사이에 인과관계가 없거나 인성교육이 잘못되어서일 것이다.

교육을 뜻하는 'Education'의 어원이 '(내면의 것을) 밖으로 끌어내다.'라고 한다. 나는 교육자로서 교육은 '집어넣는 것'이 아니라 '끌어내는 것'이어야 한다는 의견에 동의한다. 그래야 미래교육에 희망이 있기 때문이다.

나는 '하늘은 재능 없는 사람을 낳지 않았고, 땅은 이름 없는 풀을 기르지 않는다'라는 〈명심보감〉의 구절을 좋아한다. 그래야 내면에 감추어진 재능을 이끌어내는 교육의 혜택을 누구나 누릴 수 있기 때문이다. 속설이긴 하지만, 아무리 천재라도 자기 잠재능력의 10%도 사용하지 못한다고 한다. 그만큼 누구에게나 끌어낼 수 있는 잠재능력이 무한하다는 말이다.

우리나라 인성교육이 잘못된 것은 끌어내는 교육이 아니라 집어넣는 교육을 했기 때문이다. 내면에 잠재되어 있는 인성을 끌어내는 교육을 한 것이 아니라, 예절이나 효, 정직과 같은 덕목을 집어넣는 교육을 했다. 예절이나 효, 정직과 같은 덕목들은 인성이 아니다. 인성이 발현되어 나타난 도덕적 행위이다. 도덕적 행위를 가르친다고 인성이 드러나는 것이 아니다. 인성교육이 도덕교육과 구별되어야 하는 이유이다.

인성은 사람이라면 배우지 않고도 내면에 잠재된 성품이다. 인성교육은 인간의 내면에 잠재된 인성이 잘 드러나도록 밖으로 끌어내는 것이어야 한다. 사람이라면 배우지 않고도 누구나 내면에 갖추어진 성품 즉 人性이 있다. 사람이 동물과 구별되는 것, 사람을 사람답게 하는 것을 理性이라고 한다. 理致를 닮은 性質이라는 뜻이다.

人間은 天理를 닮은 性質을 지녔다. 그것이 天性, 本性, 理性이라 불리는 人性이다. 봄의 따뜻함을 닮은 것이 仁이고, 여름의 열정을 닮은 것이 禮이다. 가을의 서늘함을 닮은 것이 義이며, 겨울의 냉정함을 닮은 것이 智이다. 사람에게 惻隱之心이 발현되는 것은 인간의 내면에 仁이 잠재한다는 단서(실마리)가 된다. 辭讓之心은 禮의, 羞惡之心은 義의, 是非之心은 智의 단서(端緖)이다. 인간의 내면에 仁義禮智가 있다는 것의 단서가 되는 측은지심, 사양지심, 수오지심, 시비지심을 사단(四端)이라 부른다.

사람을 사람답게 하는 것, 즉 사람이 다른 동물과 차이 나게 하는 것을 本性이라고 한다면, 사람이 다른 동물과 공통되는 감정이 本能이다. 喜(기쁨), 怒(노여움), 哀(슬픔), 懼(두려움) 혹은 樂(즐거움), 愛(사랑), 惡(미움), 慾(욕구) 등 일곱 가지 감정을 칠정(七情)이라 한다.

인성교육은 내면에 잠재된 인성 仁義禮智를 끌어내는 교육이다. 어떤 개념을 끌어내는 효과적인 방법은 말하기와 글쓰기다.

학교폭력이나 사이버폭력. 교권 침해와 같은 문제 상황을 四端七情의 관점에서 분석하고 토론한다며, 내면에 잠재된 인의예지를 끌어낼 수 있다. 그렇게 되면 사단이 발현되어 도덕적 행위로 이어질 수 있다. 이것이 사단칠정 다사리 인성 토론이다.

10 조작된 완전 학습, 모두가 성공하는 교육

(1)
초등 아들 참관 수업장,
샘 질문에 모든 학생이 다 손들고
아무나 시켜도 똑 부러지게 답해
학부모들 대만족
나중에 아들한테 비결 물었더니
손들 때 답을 알면 오른손을
모르면 왼손을 들라고

(2)
아이가 처음으로
학교에서 상을 받아왔다!
그런데 옆집 애도 받았단다!
알고 보니 학생들 기 살리겠다고
전교생 다 줬단다!!

요즘 학교에서 있을 법한 일을 풍자했다. 이런 마술을 벌이는 선생님이나 학교가 있다면, 학생에게 지은 죄가 크다. 학생에게 거짓을 가르쳤기 때문이다. '정직'이라는 중요한 교육적 가치를 훼손했다. 조작된 완전 학습이었다.

(1)의 조작된 완전 학습은 수업 연구나 현장 연구에서 흔히 범해진다. 교육효과 혹은 학습효과를 증명하려다 보니, 원인과 그 결과의 관계에 대해 착각

하게 만든다. 샘의 좋은 교육 덕분에 우리 아이가 똑 부러지는 아이가 되었다고 가스라이팅을 씌웠다. 샘의 마술로 학부모를 착각하게 했다. 아이들은 불편한 진실을 알았고, 그래서 아이들에 대한 교육효과는 플러스가 아니라 마이너스였다.

(2)의 조작된 완전 학습은 우리나라 초중고에서 벌어지는 일이다. 우리의 초중고는 잘하거나 못하거나 명예로운 졸업장을 받는다. 낙제 등급인 E등급이 30%건 50%이건 모두 진급시키고 졸업시킨다. E등급 받은 학생들 낙제 받으면 기죽을까 걱정에서다. 위하는 것 같지만, 학생들을 포기했다. 포기가 만성화되면 취직도 포기하고, 결혼도 포기하고, 삶도 포기한다.

나 역시 완전 학습을 조작했다. 다 성공하는 교육, 다사리 교육의 효과를 증명해 보이기 위해서다.

다 성공하는 교육이란 단 한 명도 포기하지 않고, 모든 학생을 의도한 학습 목표에 도달하게 하는 교육이다. 쉬운 일이 아니다. 더구나 한 학년 수백 명을 학습 목표에 도달하게 하는 것은 하늘의 도움 없이는 어렵다. 아무리 뛰어난 수업을 해도, 소위 '아무것도 하고 싶지 않은' 학생들은 어디에나 있기 때문이다.

교육 대상은 초딩 티를 벗지 못한 1학년 학생 7학급 201명이며, 결석생 3명을 제외한 198명이 수업에 참여했다. 학습 목표는 '다사리 교육의 개념과 방법을 설명하고, 다사리 교육 방법으로 학습할 수 있다.'이다. 1차시에 강의 영상을 시청했다. 2차시에는 다사리 교육 방법으로 학습했다. 198명 모두 의도된 학습 목표에 도달한 성공한 교육, 완전 학습이었다.

모두가 성공하는 교육, 완전 학습을 증명해 보이기 위해, 다음과 같이 조작했다.

첫째, 활동지를 작성할 때 학습자료를 보며 작성하게 했다. 테블릿을 활용하여, 블로그에 탑재된 다른 학생들이 작성한 활동지를 참고하게 했다. 자신이 없는 학생들은 잘 작성된 활동지를 베끼는 것도 허용했다. 지금은 시험이 아니라, 공부하는 시간임을 강조했다.

둘째, 너무 잘하려고 하지 말라고 했다. 잘하려다 보면 생각을 많이 해야하고, 시간이 지체되어 다른 모둠원에게 피해를 준다. 나만 잘하면 성공하지 못하는 구조이다. 내 활동지에 모둠원들이 잘 채워줘야 하기 때문이다. 그러려면 나도 남의 활동지를 잘 채워 주어야 한다. 나 혼자 보조를 맞추지 못하면 모둠원 모두가 피해를 본다.

셋째, 개인별로 잘하는 순서대로 상을 주는 것이 아니라, 모둠원 모두가 학습 목표에 도달한 모둠에게 다사리 볼펜 한 자루(300원 정도)씩 증정할 것이라 했다. 모둠원 중 하나라도 학습 목표에 도달하지 못한 모둠원들은 학습 활동지 제출 자격이 없다고 했다. 활동지를 제출하려면 다른 모둠원을 도와줄 수밖에 없도록 했다.

넷째, 이렇게 했음에도 소위 '아무것도 하고 싶지 않은' 학생이 있었다. 활동지를 제출하는데 다 채우지 않은 학생이 있었다. 모둠별로 받겠다 했으니 그 모둠의 활동지를 받지 않았다. 2개 모둠이었다. 모둠원의 활동지가 완료되면 모든 모둠원이 함께 제출하도록 시간을 주었다. 이틀이 지나도 제출하지 않기에 담임선생님께 협조를 구했다. 3일 후에 담임선생님이 완료된 활동지를 가져왔다. 미안한 마음으로 되돌려주며, 학생들이 제출하도록 했다. 5일 후 점심시간에 학생들이 제출하러 왔기에, 다사리 인성교육을 했다. 단 한 명도 포기하지 않았다.

11 학생들의 사고력은 어떻게 길러지는가

(1) 어린이의 자기중심적 말에 대한 피아제의 견해

피아제는 어린이 생각이 자기중심적이라는 것을 어린이의 자기중심적 말에서 찾는다. 어린이는 다른 사람이 듣고 있는지 관심이 없고 대답을 기대하지 않으며, 자기중심적이다. 어린이는 마치 크게 소리 내어 생각하는 것처럼 자신에게 이야기한다. 그는 누구에게도 말을 걸지 않는다.

피아제는 어린이의 자기중심적 말은 3~5세에 54%에서 60%였던 것이 어린이 성장에 따라 점점 감소해 7~8세에 이르러는 0%로 떨어진다고 하였다. 자기중심적 말은 의사소통에 유용하지도 어떠한 기능도 수행하지 않으며, 학령 시작과 더불어 소멸할 운명을 가진다고 하였다.

(2) 피아제의 견해에 대한 비고츠키의 반론

비고츠키는 피아제와 동일한 실험 방식에 난관과 방해 요소를 삽입하여 측정한 결과 난관이 없는 상황보다 자기중심적 말이 두 배로 증가했다. 이는 난관이나 방해는 자기중심적 말을 부르는 주요 요인 중 하나임을 가정했다. 관찰 결과 어린이의 자기중심적 말은 난관에 대한 깨달음, 해결을 위한 탐색, 향후 목표 및 행동 계획의 생성을 뚜렷하게 보여 준다고 하면서, 자기중심적 말은 피아제의 이론과는 달리 생각의 도구, 계획 형성 등 일정한 기능을 수행한다고 하였다.

어른들이 조용히 생각하는 모든 것(말로 하는 생각, 내적 말)은 사회적 말이 아니라 자기중심적 말의 심리적 기능으로, 자기중심적 말은 어른들에게 훨씬 풍부하다고 하였다. 아울러 어른의 내적 말과 어린이의 자기중심적 말이 구조적으로 유사하다는 점과 자기중심적 말이 소멸해가는 학령기에 내적 말이 형성된다는 점에서 자기중심적 말은 피아제의 이론과는 달리 단순한 소멸이 아니라 내적 말로의 발전적 변형이라는 변증법적 결론을 내린다.

(3) 개념 발달에 대한 실험적 연구

비고츠키는 '이중자극법'이라는 개념 연구를 위한 실험 방법을 고안하여 개념 형성의 발생적 통로를 연구하고 발달의 기본 법칙을 밝힐 수 있었다.

개념은 말이 없이는 불가능하며 개념적 사고는 '말로 하는 생각' 없이는 불가능하다. 개념은 단순한 기억 과정을 통해 숙달할 수 없는 복잡하고 진정한 생각 작용이다, 개념을 직접적으로 가르치는 것이 실제로 불가능하며 교육적으로 무의미하다는 것을 드러낸다. 개념 형성은 언제나 청소년이 어떤 문제를 해결해야 하는 과업에 직면할 때 이루어지며, 오직 문제해결의 결과로 나타난다고 하였다.

(4) 사고를 탄생시키는 내적 말(말로 하는 생각)

내적 말(혼자 속으로 하는 말)은 자신을 향한 말이며 외적 말(의사소통을 위한 말)은 타인을 향한 말이다. 외적 말은 생각을 말로 변형시키는 과정이며 생각의 물질화이며 대상화이다. 내적 말은 바깥에서 안으로 이동하며 그 속에서 말은 생각 속에서 증발한다.

내적 말은 여전히 말이다. 낱말과 연결된 생각이다. 내적 말에서 낱말은 소멸하면서 사고를 탄생시킨다. 내적 말 즉 말로 하는 생각은 사고 자체이다. 사고와 낱말의 관계는 낱말에서 사고가 탄생하는 생생한 과정이다.

(5) 사고력을 기르는 다사리 수업

다사리 수업은 3~5명 단위의 모둠형 협력학습이지만, 기본 개념과 지식에 대한 강의 수업을 전제로 한다. 학교에서 이루어질 수 있지만, 강의 영상을 제작하여 온라인에 탑재하여 집에서 듣고 올 수 있다. E-학습터 등 온라인 강의콘텐츠를 활용하는 것도 가능하다. 사고력 형성의 가장 낮은 단계다. 어떤 과업들이 부여되어 문제를 해결하는 과정 없이 피동적으로 보고 듣는 것이기에, 만들어지는 사고는 극히 미미하다.

다사리 수업에서는 단계별로 어떤 문제를 해결하도록 하는 과업을 부여한다. 생각 띄우기 단계는 학습자료에 나오는 지식과 정보를 창의적 방법으로 구조화하라. 생각 말하기는 학습 자료에 나오는 개념 혹은 주제를 설명하고, 동료 학습지에도 요약해 채워라. 생각 구하기는 학습 자료 안에 있는 지식과 정보, 생각에 대한 가치를 묻는 문제를 만들어라. 생각 나누기는 내 질문에 대한 동료들의 생각을 채우게 하고, 동료 학습지에도 채워 주어라. 생각 살리기는 모둠활동을 바탕으로 자기 삶과 사회 현실과 관련지어 자기 생각을 논술하라.

다사리 수업에서 어떤 문제를 해결해야 하는 과업을 수행하는 데 있어, 가장 초보적 단계는 모둠원 간 주고받는 외적 말에 의한 의사소통이다. 사고를 탄생시키는 내적 말 즉 말로 하는 생각이 부재하기 때문이다. 사고 형성의 중간적인 단계는 학습 자료 내용을 읽는 단계이다. 과업을 염두에 두고 자료를 읽는데 말로 하는 생각이 개입하겠지만, 과업 해결의 단계에 이르지 못했다. 사고 형성의 본격적인 단계는 과업 수행을 위해 말로 하는 생각, 즉 내적 말이 개입하는 학습지를 채우는 글쓰기 과정이다.

학습지를 채우는 글쓰기 과정도 상하 두 단계로 나뉜다. 하위 단계는 학습 자료나 동료의 우수한 학습지를 보고 베끼는 단계이다. 베끼는 과정도 사고 형성에 효과가 있다. 학습자료나 동료의 학습지를 읽고 베낄 내용을 선택해야 하는 과정에서 내적 말 즉 말로 하는 생각이 개입하기 때문이다. 상위 단계는 과업을 수행하기 위해 학습 자료나 동료의 학습지뿐만 아니라, 이미 가진 지식과 삶의 경험, 다양한 정보들을 융합하여 자기만의 방식으로 학습지를 채우는 단계이다. 사고가 폭발적으로 증가한다.

다사리 수업에서, 외적 말이 중심을 이루는 토론보다 내적 말이 개입하는 글쓰기를 중요시하는 것은, 사고력을 기르는데 효과가 크다고 생각하기 때문이다.

12 한국교육의 보수적 가치와 미래 교육

한국교육에 보수적 가치는 존재하는가. 한국교육에서 지켜야 할 전통적 가치란 무엇인가. 이 문제는 한국교육의 정체성 확립을 통해 한국교육의 미래를 설정하는 데 매우 중요하다.

그러나 현실은 한국교육의 전통적 가치가 송두리째 부정당하고 있다. 외국에서 유입된 진보적 가치가 한국교육 담론에 주류를 이루다 보니, 변증법적 논의를 통해 더 발전적인 한국 미래 교육으로 나아가는데 혼선을 주고 있다.

한국교육의 전통적 가치를 논한다고 하면, 시대착오적이거나 비교육적이라는 오명을 얻는다. 교육계뿐만 아니라 일반인에게도 전통적 교육이라는 것에 대한 부정적인 프레임이 강하게 각인되어 있기 때문이다.

한국교육의 전통이 그렇게 부정적이기만 한 것인지, 미래 교육에 창조적으로 계승해야 할 것은 없는지 돌이켜보아야 한다. 다음은 최근 미래 교육의 방향성을 탐색하고자 하는 교육학자들이 쓴 책에서, 김홍도의 풍속도 〈서당〉을 모티브로, 조선시대 학교의 수업 방식을 서술한 부분을 요약해 보았다.

훈장님은 학생들 전체를 대상으로 같은 내용을 가르치는 것이 아니라, 각기 다른 책으로 공부한다고 볼 수 있다. 학생들은 서당에서 배운 내용을 집에 가서 완벽하게 자기 것으로 만든 후에 학교에서 훈장님께 얼마나 잘 공부해 왔는지 확인받는다. (이상무. '조선시대 학교에서는 어떤 방식으로 수업했을까' 정제영외(2023). 〈이슈 중심의 교육학개론〉 박영story 181쪽)

어떤 학생이 자기가 공부한 내용을 선생님께 확인받을 때, 다른 학생들은 무엇을 하고 있을까? 배강(背講)은 자기가 공부한 경전을 암송한 후 해석하고 의견을 발표하면 강장과 동료들의 질문과 의견을 듣는 것이며, 면강(面講)은 정해진 서적을 읽은 후 해석하고 의견을 발표하면 강장과 동료들의 질문과 의견을 듣는 것이다.

조선시대의 수업 방식은 오늘날 학교에서의 수업 방식과 상당히 달랐다. 학생이 미리 집에서 또는 학교에서 스스로 공부한 후, 선생님은 학생이 얼마나 잘 공부해왔는지를 확인하기 위해 질문하고 토론하는 것이 기본적인 방식이었다. (위의 책 191쪽)

조선시대의 수업 방식에서 주목할 부분 중의 하나는 바로 학생들의 예습을 전제로 하여 수업에서는 학생과 교사가 상호작용하면서 수업을 만들어갔다는 점이다. 그렇다면 어떤 독자들은 이러한 방식이 오늘날의 플립러닝(flipped learning) 또는 거꾸로 수업과 유사한 점들이 있다는 것을 떠올릴 수 있을 것이다. (위의 책 193쪽)

한국교육의 전통이라고 하면, 지식 위주의 암기 교육, 교사 중심의 강의식 수업, 사지선다형의 일제고사와 시험지옥, 과열 경쟁에 의한 사교육 유발 등의 이미지를 떠올리게 한다. 그러나 이러한 부정적 인식들은 우리의 전통 교육에서 극히 일부분이었음을 확인할 수 있다.

한국의 전통교육이 이러한 부정적인 오명을 얻게 된 것은 일제 강점기의 식민교육 시스템에 기인한다. 당시 군국주의 식민지라는 특수한 상황도 있었지만, 서구에서 유입된 근대교육 흐름의 영향도 무시할 수 없었다. 당시의 근대교육이라는 것이 산업혁명으로 인해 공장에서 일할 노동자를 대량으로 양산해야 하는 필요에서 나온 교육시스템이었다. 대량의 학생들을 대상으로 공장에서 일하는데 필요한 지식과 기술을 습득시키는 것이었다.

물론 조선시대의 교육을 무턱대로 오늘날의 교육에 적용할 수는 없을 것이다. 과거에는 여러 여건상 모든 이들이 공부를 했던 것이 아니라 일부의 사람들만 공부할 수 있었다. 그렇지만 지금은 학령기에 있는 거의 모든 학생들이 교육을 받고 있는 상황이므로, 조선시대의 교육 방식을 그대로 적용할 수는 없다. 다만 조선시대의 교육 방식을 살펴봄으로써, 오늘날의 교육에 조그마한 실마리를 찾을 수 있을 것이다. (위의 책 194쪽)

이러한 조선시대의 수업 방식에서 실마리를 찾아 오늘날의 교육에 적용한 것이 다사리 수업이다. 다사리 수업은 조선시대 영재교육의 일종인 세종 시대 '경연' 방식을 본떴다.

신하들보다 높은 학문 수준을 지녔을 것으로 추정되는 세종은 경연이라는 제도를 통해서 경연관에게 가르쳐달라고 열심히 질문했다. 경연관은 세종이 할 것으로 예상되는 질문을 만들어, 사전에 열심히 배우고 강론하는 연습까지 해야만 했다. 그러다 보니 경연관들은 자기도 모르게 엄청난 학문적 성장을 하였다. 경연관들은 주로 집현전 학자였고, 세종이 집현전 학자를 가르치는 방법이었다.

13 창의성은 누구나 키울 수 있습니다

제가 1980년대 후반기에 ○○여종고에 근무한 적이 있습니다. 지금은 명칭이 없어졌지만 '종고'란 종합고등학교로 실업계와 인문계 과정이 함께 있는 고등학교를 이릅니다. ○○여종고는 상과와 보통과가 있었어요. 당시에 수원의 위성도시인 ○○시에서 공부 잘하는 여학생은 수원 인문고에 연합고사를 보아 들어갔지요. 그러기에 ○○여종고 보통과는 수원 연합고사에 들어갈 수 없는 여학생들이 들어왔습니다. 반면에 상과반은 공부는 잘하지만 형편이 어려워 대학갈 수 없는 여학생들이 입학했습니다. 졸업 후 바로 기업체에 취직했어요. 상과반 여학생이 우수한 아이들이었죠. 그리고 기업체에서 회계업무를 맡도록 부기와 같은 전문적인 직업교육을 받았습니다.

그런데 기업체 인사담당자들이 보통반 졸업생을 보내달라는 겁니다. 상과 학생들은 시키는 일은 잘하는데, 스스로 생각해서 처리해야 하는 일들은 보통과 졸업생들이 순발력도 빠르고 업무처리 능력에 더 뛰어나다는 것이었습니다. 보통과 아이들은 상과반에 비해, 수학이나 과학, 국어 등 업무수행과는 직접 관계가 없는 과목들을 더 많이 배워야 했습니다.

생각하는 능력은 연구자나 학자, 경영자뿐만 아니라 일반 사무직이나 생산직도 필요하며, 생산성을 더 높인다는 것을 알 수 있습니다.

박제가는 〈북학의〉에서 우리나라의 소위 '늙은 농부'를 신랄하게 비판합니다. 조선을 가난하게 만드는 사람들이라는 것입니다.

조선의 늙은 농부들은 '아는 것' 없이 오직 몸에만 의지해서 근면성실하게만 일한다고 했습니다. 반면 청나라 농부들은 생각하면서 농사를 짓기 때문에 농기술이 발전하게 되고, 같은 넓이의 토지에서 힘들이지 않고도 우리나라 농부보다 두세 배의 수확을 걷어들인다고 했습니다. 농사짓는데 생각하는 능력이 얼마나 생산성을 높이는지 알 수 있는 것입니다.

저는 〈명심보감〉에 '하늘은 재능 없는 사람을 내지 않고, 땅은 이름 없는 풀을 기르지 않는다'라는 의미를, 요즘 뇌과학을 배우면서 실감합니다.

사람은 누구에게나 천억 개 정도의 뉴런을 가지고 있다고 했습니다. 그중 몇 퍼센트 정도의 뉴런을 활성화시키느냐의 문제라는 것입니다. 아인슈타인도 20%가 안 되었다고 하는군요. 뉴런의 활성화는 뉴런에 자극을 가해 점등하는 것입니다. 자주 자극을 가하면, 관성의 법칙에 의하여 자극을 가하지 않고도 뉴런이 항상 점등되어 있다는 것입니다.

뉴런에 자극을 주는 것이, 생각을 만들어가는 교육입니다. 인간이라면 누구나 생각하는 능력을 얼마든지 키워갈 수 있다는 것입니다. 비고츠키의 이론대로 생각은 말에서 만들어지므로, 모든 학생에게 다 말하게 하면 모든 학생의 생각을 다 살릴 수 있습니다. 그것이 제가 주장하는 다사리 교육입니다. 삼성의 이건희 회장이 한 사람의 인재가 만 명을 먹여 살린다는 핵심 인재론을 설파했습니다. 저는 이것은 이미 고전이고, 영웅시대는 지났다고 생각합니다. 지금은 모두를 인재로 키워야 합니다. 제가 말하는 인재란 각자 분야에서 생각하며 일하는 사람입니다.

14 다사리 수업을 통한 자유민주 시민교육

사람은 거의 모든 상황에서 동료 인간의 도움이 필요하다. 그리고 그들의 호의에만 기대어 그 도움을 기대한다는 것은 소용없는 일이다. 그가 만일 그들의 자기 사랑(self-love)에 관심을 불러일으켜 이득이 된다고 생각하게 하고, 그가 그들에게 요구하는 것이 그들의 이익이 된다고 하는 것을 보여 줄 수 있다면, 그는 성공할 가능성이 더욱 크다. 다른 사람에게 이런 종류의 거래를 제안하는 사람은 누구나 이렇게 한다. '내가 원하는 것을 제게 주십시오, 그러면 당신은 당신이 원하는 것을 갖게 될 것입니다.' 이것이 바로 그러한 모든 거래가 담고 있는 뜻이다. 그리고 바로 이러한 방식으로 우리는 우리가 필요로 하는 것들을 얻게 된다. 우리가 저녁 식사를 기대할 수 있는 것은 정육점 주인, 양조장 주인, 빵집 주인의 자비심에서가 아니라 바로 이익에 대한 그들 자신의 고려 때문이다. 우리는 그들의 인간미에 호소하지 않고, 그들의 자기 사랑에 호소한다. 그리고 우리는 우리가 필요한 것에 대해서 절대 말하지 않고, 그들의 이익에 대해서 말한다. (애덤 스미스 〈국부론〉 제1권 2장)

애덤 스미스의 〈국부론〉은 자유시장주의를 규명한 대표적 고전이다. 자유시장의 핵심 개념인 '거래' 혹은 '계약'의 속성에 대하여 설명한다. 동물과 달리 사람은 거의 모든 상황에서 동료 인간의 도움이 있어야 살아남을 수 있다. 살아남기 위해 도움을 요청할 때, 다른 사람의 '호의'나 '자비'에 기대는 것이 아니라, 그들의 '자기애' 혹은 '이기심'에 기대는 편이 성공 가능성이 크다고 말한다. 나를 도와주는 것이 너에게 이익이 되고 나에게도 이익이 되어, 다 살아남을 수 있다는 것이다. 자유시장주의는 나의 이익이 타인의 이익이 되고, 타인의 이익이 있을 때 나의 이익도 가능하다는 원리를 담고 있다. 다 말하게 하여 다 살리는 교육인 '다사리 교육'의 철학과도 일목 상통한다.

다사리 수업을 통해 자유민주 시민교육을 의도했다. 다사리 수업 원리에는 자유민주주의의 핵심 가치인 '자유'와 '평등'이 있다. 다사리 수업은 프로젝트 수업과 같은 공동산출물이 아닌, 개인별 산출물을 낸다. 개인별 활동지를 자유롭게 작성하여 다양하게 만들어낸다. 다사리 수업에서의 모둠원은 평등한 관계다. 모둠장, 조장, 퍼실리테이터, 멘토 등의 우위에 위치하는 구성원이 없다. 자유롭고 평등한 수평적 관계이다.

다사리 수업은 자유시장의 경쟁 원리를 담고 있다. 다사리 수업에서의 개별 산출물은 노력과 역량에 따른 우열이 존재한다. 다사리 수업의 경쟁은 약육강식이 아니라, 나의 이익이 타인의 이익이고 타인의 이익이 나의 이익이 되는 자유시장의 경쟁 원리이다. 다사리 수업에서 생각 띄우기, 생각 구하기, 생각 살리기 등은 수업의 성실도와 역량에 의해 평가받지만, 생각 말하기, 생각 나누기 등은 동료의 도움 정도를 평가한다.

중학교 1~2학년 12학급 320명을 대상으로, 영상을 통해 인문학 강의했다. 학생들은 각 교실에서 강의 영상을 시청했다. 2교시에 3~5명 단위 모둠을 구성하여 다사리 방법으로 토론하면서 개인별 활동지를 작성했다.

고대 희랍 철학이나 병법서 〈전수기의 십조〉, 그리고 임진왜란 해전사를 중학생이 소화하기에는 버거웠을 것이다. 그래도 모둠 활동을 통해 강의 내용을 정리하고 서로 묻고 답하며, 90% 이상이 90% 이상의 분량을 채워 활동지를 제출했다.

95%의 학생이 다 말하여 생각을 다 살릴 수 있었던 것은, 교육에 자유민주주의와 이를 뒷받침하는 자유시장 원리를 적용했기 때문이다. 모둠 구성원끼

리 서로 도움을 주고받으며 모두의 생각을 다 살릴 수 있었고, 모두가 성장했다. 나를 도와야 너를 도울 수 있고, 나의 이익과 너의 이익이 우리 모두의 이익이 된다는 합의로 협력한 모둠은 모두 성공했다. 반면에 자유시장의 원리를 거부하고 자기만의 고집으로 자기만의 이익을 추구했던 모둠은 실패했다.

누구나 모두가 행복한 사회를 원한다. 그러한 사회를 실현하는 방법은 관점에 따라 다양하다. 한정된 사회의 가치를 고르게 분배하자는 진보적인 사회주의가 있다. 나의 이익이 타인의 이익이 되도록 서로 도와가는 가치를 창출하자는 보수적인 자유주의가 있다. 로마로 가는 길은 여럿이 있듯이 다양함을 인정하는 것이 민주주의다.

교육 역시 모든 학생이 성장하는 것을 목적으로 한다. 그것을 실현하는 방법은 다양하다. 다양한 것이 인정되고 실험될 수 있는 자유민주적인 교육풍토가 필요하다.

15 다사리 수업은 몸으로 익히는 인성교육

중학교 3학년 6학급 160명을 대상으로 인성교육을 했다. '뇌과학을 활용한 사단칠정 인성교육'이란 제목으로 1교시에는 각 교실에서 강의 영상을 시청했다. 2교시에 3~5명 단위 모둠을 구성하여 다사리 방식으로 토론하면서 개인별 활동지를 작성했다. 결석생 3명을 제외한 157명 학생이 활동지를 제출했다.

뇌과학이나 사단칠정론은 중학생이 소화하기에 버거웠을 것이다. 그러함에도 모둠 활동을 통해 강의 들은 내용을 활동지에 정리하고 서로 묻고 답하며, 90% 이상이 90% 이상의 분량을 채워 활동지를 제출했다.

이러한 성과를 내는 데 필요한 것이 수업의 몰입도였다. 다사리 토론 수업은 몰입도를 극대화하도록 디자인했다. 생각 띄우기, 생각 말하기, 생각 구하기, 생각 나누기, 생각 살리기 등 5단계를 통해, 지식이해에서 지혜 습득으로 옮겨가도록 구성했다.

각 단계의 이동은 모둠별 학생이 모두 끝날 때까지 기다리도록 했다. (배려)였다. 내가 나태하여 늦으면 다른 모둠원이 기다려야 했다. (책임)이다. 다른 모둠원이 작성하지 못하면 모둠원 모두가 도와주도록 했다. (협동)이다. 도와주되 생각을 강요해서 안 되고 그 모둠원의 생각을 쓰도록 도와야 한다. (존중)이다. 생각 말하기와 생각 나누기는 내 활동지에 다른 모둠원이 들어와 채워 주어야 했다. 내가 다른 모둠원에 잘 채워 주어야 다른 모둠원도 잘 채워줄 것이다. (예절)이다. 활동지를 작성하고 난 후 활동지 뒷면에 인쇄된 평가척도를 보고 단계별로 자기 평가하여 평점을 달도록 했다. (정직)이다. 모둠별 대화로 문제를 해결하여 활동지 제출도 모둠별로 연대책임을 주었다. (소통)이었다. 인성교육진흥법 8대 핵심 가치 중 '효도'만 빠졌다. 효도는 어짊을 바탕으로 측은지심에서 나오는 것이니, 모둠활동을 통해 아끼고 가까워지는 공동체 의식이 형성되었다면 (효도)의 가치가 실현된다고 보았다.

지식에는 형식지와 암묵지가 있다. 1교시 영상강의를 통해 인성(人性)이란 무엇인지에 대하여 현대 뇌과학 지식, 〈맹자〉와 〈예기〉에 나온 사단칠정 지식, 퇴계와 율곡의 사단칠정론을 바탕으로한 인성교육 방법, 그리고 이것을 창의적으로 계승하는 다사리 인성토론 방법에 대해 배웠다. 형식지이다.

형식지인 지식은 가르칠 수 있다. 그러나 암묵지인 지혜는 가르칠 수 없다. 지혜는 여러 지식과 경험을 연결하여 몸으로 익히는 몸지식이다. 인성은 형식지가 아닌 몸지식을 통해 익혀야 하는 지혜로서 암묵지다.

다사리 토론의 모둠 활동을 통해 기대한 것이 좋은 인간관계를 맺는 방법을 통해 모두가 행복한 삶을 이어가도록 하는, 인성이라는 지혜의 암묵지 교육이었다. 우리 학생들은 모둠 활동을 통해, 배려, 책임, 협동, 존중, 예절, 정직, 소통, 효도라는 인성의 8대 핵심 가치를 몸으로 익혔다. 그 결과가 157명이 제출한 다사리 학습 활동지에 고스란히 드러났다.

백지를 냈거나 90% 분량을 채우지 못한 13명의 학생은 6개 학급이 아닌, 3개 학급에 몰려 있다. 나머지 3개 학급의 학생들은 100%의 학생이 100%에 가까운 분량을 채웠다. 반면에 90%에 미달한 학생들이 분포한 3개 학급은 다른 학생들의 활동지도 전반적으로 부실했다.

인성(人性)이란 사람이 살아남기 위해 만들어진 뇌의 구조에서 만들어지는 사람의 성품이다. 사람다운 성품인 인성이 모두를 살아남게 하지만, 사람답지 않은 성품과 행동은 모두를 살아남지 못하게 한다.

어느 학생이 책임을 다하지 못하여 그 모둠원 전체가 피해를 입게 되자, 다른 모둠원들이 그 모둠원에게 따져들면서 학교폭력으로 비화될 위험한 상황도 있었다. 책임을 다하지 못한 그 학생의 인성도 문제지만, 친절하고 예의 바른 태도로 소통하고 협동하여 그 학생을 돕지 않았던 다른 모둠원의 책임도 피할 수 없다. 인성교육은 좋은 관계를 맺는 방법을 배우는 것이기 때문이다.

인성교육을 별도 시간을 내어, 정직, 책임, 예절, 효도, 존중, 배려, 소통, 협동 등을 형식지를 통해 배우는 것도 의미가 있지만, 다사리 수업 등 교과 시간을 통해 몸지식으로 익히게 하는 암묵지 교육이 효과면에서 더 크다 할 것이다.

16 다 말하게 하여 다 살린 세종의 다사리 정치

"내가 덕이 부족하여 천심(天心)을 받들지 못하였는지, 왕위에 임한 처음부터 놀라운 가뭄을 당하였다. 그래서 기도를 간절하게 하였으나, 조금도 비가 내릴 징조가 없다. 아침저녁으로 삼가고 두려워해서 몸 둘 바를 알지 못하겠으니, 바르고 충성된 말을 들어서 재변이 풀리기를 원하노라. 모든 신료와 백성은 각각 마음에 생각하는 바를 다 말하라. 정사의 잘못된 것과 백성이 겪는 고통을 숨김없이 다 진술하여, 내가 하늘을 두려워하고 백성을 사랑하는 뜻에 부합하게 하라. 그 말이 비록 사리에 꼭 맞지 않아도 벌주지 않으리라."(세종실록 1년 6월 2일)

옛날 사람들의 생각을 현대인이 이해하기 어렵다. 하늘에서 비를 내리지 않는 것은, 임금의 덕이 부족해 천심(天心)을 노하게 했기 때문이라는 것이다. 그래서 천심을 달래기 위해 하늘에 기도하는 것은 심정적으로 이해할 수 있겠다. 그런데 간절한 기도로도 비를 내려주지 않으니, 바르고 충성된 말을 통해 가뭄이라는 재변을 풀겠다는 했다. 그 바르고 충성된 말이라는 것이, 임금이 정치를 잘못하여 백성이 고통을 받고 있다는 비판적 논조의 말이다. 그런 말이 얼어붙은 천심을 녹여내어 비를 내리게 할 수 있을까?

동양에서는 '하늘'이라는 말을 단지 물리적인 의미의 하늘이 아니라 절대적 존재, 즉 신(神)의 의미로 사용했다. 세종이 비를 내려달라고 간절하게 기도한 그 대상이었다. 그런데 유교에서는 '하늘'의 의미가 '백성'이라는 의미로 사용되기도 했다. 민심(民心)이 천심(天心)이라는 말이 있듯이, 천심 즉 민심이 노하는 것은, 임금이 정치를 잘못하여 백성이 고통을 받고 있는데, 임금이 그것을 알아주지 못하기 때문이라고 해석할 수 있다. 임금이 천심 즉 민심을 잘 파악하여 정치를 해야 하는데, 정치를 잘못하여 백성이 고통을 받고 있다는 비판적인 말, 즉 바르고 충성스러운 말을 가로막고 있기 때문이라는 것이다.

그래서 세종은 가뭄으로 죽어가고 있는 백성을 다 살리기 위해, 모든 신료와 백성에게 각각 마음에 생각하는 바를 다 말하라고 주문했다. 정사의 잘못된 것과 백성의 고통을 숨김없이 다 말하라 했다. 그 말이 비록 사리(임금의 뜻)에 맞지 않아도 벌주지 않겠다고 했다.

백성을 다 살리려면, 백성에게 다 말하게 해야 한다. 다 말하게 해야 다 살릴 수 있다. 언뜻 보면 인과관계가 어색하다. 그때는 언론의 자유라는 말이 없었겠지만, 세종은 언론의 자유를 말했다. 언로(言路)를 막지 않는 것이 백성을 다 살리는 정치라는 것이다.

"어찌해서 할 말이 없겠는가. 더구나, 대간(臺諫)은 언책(言責)을 직임으로 삼는 것이니, 해야 할 말이 있으면 반드시 다 말하라."(세종실록 7년 12월 8일)

"간원은 직책이 말하는 길[言路]에 있으므로, 이제 그 들은 바의 사실을 자세히 진술했으니, 내가 깊이 아름답게 여겨 받아들이노라."(세종실록 12년 5월 15일)

다 말하게 하여 다 살리는 것을 '다사리'라고 한다. 이런 관점에서 세종은 다사리 정치를 했다. 다 말하게 하여 다 살린 '다사리 정치'의 대표적인 사례가, 파저강 전투이다. 여진족 약탈에 대응하여 파저강 토벌을 위한 전략회의에서, 세종은 23명 참석자에게 다 말하게 했다. 전략의 핵심은 아군은 다 살리면서 최대의 결과를 내는 것이었다. 집단지성에 의한 전략으로 전쟁을 수행하여, 아군 1만 5천 명 중 4명의 희생으로, 적군 183명 참살, 248명 생포, 소 110두, 말 67필 및 수많은 무기를 획득하는 대승을 거뒀다.

세종은 다 말하도록 주문만 하지 않았다. 다 말하게 하려고, 끊임없이 질문했다. 세종은 왕이 배우는 〈경연〉에서 끊임없이 질문했다. 경연관은 사전에 열심히 배우고 강론 연습까지 해야 했다. 그러다 보니 자기도 모르게 엄청난 학문적 성장을 했다. 경연관은 주로 집현전 학자였고, 세종이 창의 인재를 교육하는 다사리 방식이었다. '플립러닝 (flipped-learning)' 즉 거꾸로 교실의 원조는 세종 시대의 경연이었다.

세종은 〈경연〉에서 다 말하게 하여 생각을 다 살리는 '다사리'를 했다. 세종 시대 〈경연〉 방식을 창조적으로 계승한 것이 '다사리 교육'이다.

Ⅳ

다사리 교육 토론

1 대입 논술평가와 IB 평가

(1) 발제

오늘 교육청에서 IB 프로그램 추진 기본계획이 왔다. IB 도입을 위한 로드맵이 제시되었다. IB 기초학교 및 관심/후보/인증학교 운영 계획이 있다. 어제는 학교 교육과정 운영위원회에서 1학년 자유학기제 생각하는 힘을 키우는 학기 도입 여부에 대한 논의가 있었다.

회의 과정에서 IB 교육 도입에 대한 선생님들의 불안감과 두려움을 읽을 수 있다. 지필평가가 없던 1학년 자유학년에 생각의 힘을 키우는 학기 도입으로 계량화된 논술평가를 해야 된다니 주저했다. 평가의 주관성에 대한 학생과 학부모의 불신으로 이의 제기가 빗발칠 것이 뻔하니, 총대 매지 말고 기다리자는 의견이 있었다. 반면에 2028년에 논서술형 수능에 현재 1학년 재학생부터 적용되니, 도전적으로 교육과정의 변화를 시도하는 것이 필요하다는 의견도 있었다.

우리학교는 성적에는 반영하지 않지만, 일부 교과는 다사리교육을 통해 생각하는 힘을 키우는 수업과 동료와의 협업을 통한 자기생각 만들기 논술평가를 하고 있다. 계량화하여 채점하고 이를 공개했음에도 별다른 이의 제기가 없었다. 다음 주에 열리는 교직원회의에서 선생님들의 의견을 모아 생각하는 힘을 키우는 학기 도입 여부를 결정하기로 했다.

정부는 2028학년도 수능에 논/서술형 평가를 전면 도입하겠다고 발표했다. 이번 경기도교육청에서 도입하려고 하는 IB 교육시스템 역시 같은 맥락에서 보아야 할 것 같다. IB 대입평가는 논/서술평가의 성격을 지니기 때문이다.

우리나라는 1990년대 말에 대입 논술평가를 도입한 경험이 있다. 생각하는 힘을 키우는 세계교육의 흐름에 맞는 제도였음에도 많은 부작용으로 2017년에 폐지되었다. 우선 논제가 너무 어려웠다. 대부분 자료제시형이었는데, 제시되는 자료가 난해한 동서양 고전이었다. 어렵다고 아우성을 치니 SKY에서 고전100선을 제시하고 논술 문제 해설집을 만들어 배포하기도 했다. 학교 수업에서 배우지 않는 어려운 제시문 때문에, 논술 보충시간을 따로 만들었다. 교육부에서는 학원논술강사를 학교에서 활용하도록 예산 지원하는 촌극이 벌어지고, 강남의 고액 논술 학원과 과외가 횡행했다. 그러다 보니 일반 학생들은 논술을 기피하고, 돈 많고 공부 잘하는 학생들만 지원하는 소위 명문대만의 신양반 사회의 과거시험으로 전락했다.

미래 교육의 화두로 등장한 IB 평가는 과거의 대입 논술평가로 회귀해서는 안 된다. IB 평가와 기존의 논술평가는 다르다고 한다. IB 평가는 수험생의 다양한 생각을 평가한 데 비해, 논술평가는 출제자의 의도에 맞는지를 평가한다고 한다. 서울대 재학생들이 보는 논/서술시험에서 학점 A+을 받으려고 교수의 강의 내용을 완벽히 암기한다고 한다. 교수 생각과 다른 자기 생각을 표현한 학생은 낮은 점수를 받는다고 했다.

지성인의 상징 서울대도 이러니, 일반 중고는 어떠하겠는가. 지금도 모든 교과에 논/서술형 평가를 의무적으로 40% 이상 반영하도록 하고 있다. 그러나 점수에 예민한 지필평가 반영은 피하고, 대부분 수행평가에 반영한다. 말이 논술평가이지 모범답안을 만들어놓고 거기에 얼마나 가까운지에 따라 배점을 달리하도록 하고 있다. 그러니 열심히 외워 답을 내는 것이 고득점의 길이다. 자기 생각을 표현하는 것을 어렵게 하고 있다.

IB 논술평가는 기존의 대입 논술평가와 달라야 한다. 난해한 고전을 제시문으로 제시하는 자료제시형이 아니라 일반적인 가치관을 묻는 단독 제시형이 수험생의 확장된 생각을 평가하는데 적절하다. 가령 '철학이 세상을 바꿀 수 있는가'라는 프랑스 바칼로레아 문제는 참으로 막연할 수 있겠지만, 평소 수업 시간에 자기 생각을 만들어 표현하는 학습을 한 학생이라면, 논제와 연관되는 지금껏 수업 시간에 배운 내용, 읽은 책, 영화나 연극, 사회 체험, 봉사활동, TV 드라마나 유튜브 등을 떠올리게 되어 자기 생각을 풍부하게 서술할 수 있을 것이다. 따로 학원이나 과외를 통해 학교에서 접하지 않는 동서양 고전을 배워 논술시험 연습하지 않아도 될 것이다.

사교육 도움 없이 성실한 학교 수업과 다양한 체험활동만으로도 IB 대입 논술평가 준비가 가능하게 해야 한다. 시험이 바뀌어야 수업이 바뀐다.

(2) 발문

프랑스 바칼로레아의 경우 점수 편차가 적은 것으로 압니다. 철학은 세상을 바꾸느냐는 문제는 수업 시간에 다루기는 적합해도, 평가 목적에는 부합하기 어렵죠. 1, 2등과 꼴등은 구분 가능한데, 인접 등수는 설명이 어렵기 때문입니다. 도입해도 300자 이내의 짧은 단문으로 쓰게 하는 식으로 가야 할 것입니다. 그래도 출제자의 의도를 벗어나기 어렵죠. 저런 식의 문제는.

이 문제의 핵심적인 평가 기준은 무엇일까에 대한 컨센서스를 확보하기 어렵습니다. 그러면 평가도구로서 기능은 그만큼 약화한 것입니다.

(3) 답변

예, 맞습니다. 대입 시험이라는 것이 변별력을 확보해야 하는 것은 당연합니다. 잘은 모르지만, 프랑스 바칼로레아는 선발 가능보다는 자격시험의 성격을 지니고 있다고 들었습니다. 선발 기능은 대학별 고사를 통해 가능하겠죠. 과거에 예비고사가 자격시험이었고, 대학별 본고사를 통해 신입생을 선발한 적이 있습니다. 대학에서 공부하려면 자기 생각을 만들어 조리 있게 표현할 수 있는 기초 역량은 갖추도록 초중등 과정에서 준비해야겠죠.

평가 기준은 문제 상황을 접할 때, 자기 생각을 만들어, 논리적으로 표현할 수 있는 기본 능력을 갖추었느냐의 여부일 것입니다. 그것이 안 되면 대학에서의 수학능력이 없다고 보아야 할 것입니다. 현 선택형 수능 체제와 그에 대비하는 초중고 교육으로는 그러한 능력을 갖추게 하는데, 충분하지 않다고 봅니다. 대학에 들어가지 않더라도 사회구성원 모두가 이러한 능력을 갖추어야 사회가 수준이 높게 발전할 것입니다. 선생님의 좋은 의견 감사드립니다.

(4) 부연

그리고, 제 의견 한 가지 덧붙인다면, 프랑스의 철학 문제는 인문학적 소양을 평가하기에는 적합한 것이지만, 기술 분야, 전산 분야의 인력들까지 포괄하기는 어렵습니다. 전산 분야 인력들은 저런 주제로 글 쓰라 하면 간략하고 핵심적인 코딩 쓰듯이 짧고 핵심만 담는 경향이 있지요. 교수님들이 질색하는 문장 기술 방식입니다.

문장에 감성과 서사가 없고, 정서가 메말라 있고, 냉정하거든요. 그러나, 그런 인력들은 사회성도 별로 없고, 가끔은 매정하기도 한데, 코딩은 잘합니다. 가치평가의 문제인데. 저는 그런 부분 수용해야 한다고 보거든요. 전산 코딩이라는 것이 외롭고, 오타쿠적 성향을 지니지 않으면 업무수행이 어려운데, 그런 분들에게 서사적 글쓰기와 사회성/의사소통 능력까지 기대해서는 안 되지요.

2 정순신 학폭 무엇이 문제인가

(1) 발제

학폭 가해자가 잘못을 인정하지 않고, 생기부 기재를 막기 위해 끝없이 소송을 걸어 처벌을 지연시키는 경우

1) 생기부에 "학폭위에서 학폭 가해자로 확인됐으나, 학교를 상대로 몇 년째 소송 중"이라고 기재하도록 하자. 그건 사실이니까.
2) 대학은 그런 학생을 입학시험 응시 자격에서 제외하도록 하자. 범죄자로 확정될 가능성이 많은 학생을 받아들이는 것은 신중해야 하니까.
3) 졸업한 뒤에 법원에서 학폭 사실이 유죄로 확인되면 졸업생 생활기록부에 추가로 기재해서 그 학생이 입학한 대학에 보내도록 하자. 대학은 당연히 입학을 취소하고.
4) 또 학폭 가해자가 끝내 잘못을 인정하지도 않고, 피해자로부터 용서도 받지 못하면
5) 그런 학생은 공무원 임용시험 자격에서 제외하고, 특히 의사 교수 교사 판사 검사 변호사 등 타인의 삶에 깊이 간여하는 직종에는 종사하지 못하게 하자. 네 삶부터 챙기세요.
6) 그런 사람은 국회의원, 지자체장, 지자체 의원 등 모든 선출직 공직에 출마하지 못하게 하자. 사람이 부끄러움을 알아야지. 앞가림도 못하면서 대표는 무슨….

그래야 엉덩이에 뿔 난 못된 송아지와 그 송아지를 제 새끼라고 귀여워하는 못된 부모들이 세상 무서운 줄 알 것 같다.

(2) 발문

이번 사태는 개인 능력보다 인성이나 사회 가치가 우선해야 한다는 것을 말해 줍니다. 그러함에도 학교폭력이라는 것이 상대적일 수도 있고 경중이 있을 수 있으며 판단의 오류도 있을 수 있기 때문에, 여러 단계의 판단 과정을 두고 다툼의 기회를 주는 것입니다.

소송 당사자의 부모가 유력자인 검사라는 이유로 사회적 공분을 사고는 있으나, 1심과 2심에서 모두 패소했다고 하니 그래도 우리 사회가 건강하다는 증거이기도 하지요.

누구나 자기를 방어하거나 구제할 권리를 매도하는 대중적 인민재판식의 규탄은 위험하다는 생각입니다. 그것은 진정으로 인권을 존중해서가 아니라 이해관계에 따른 선동으로 또 다른 인권 침해가 발생할 가능성이 있기 때문입니다.

(3) 답변

가해자를 혼내주자는 얘기가 아닙니다. 가해자는 법이 부여한 소송의 권리를 행사하고, 학교도 절차에 따라 사실관계를 생활기록부 기록으로 남겨 균형을 맞추자는 얘깁니다. 오해 없으시길 바랍니다.

(4) 발문

처음에는 단순한 언어폭력으로 생각했습니다. '빨갱이'라는 언어폭력은 '적폐'라는 말의 대응에서 우발적으로 튀어나온 것으로 생각했습니다. 학생 간 의견 충돌이 세련되지 못한 언어로 드러난 사소한 것으로, 혐오 표현을 자제하는 언어교육으로 해결할 수 있지 않았을까도 생각했습니다. 언어폭력의 맥락을 살펴야 했다면 변호사 부모로서 다투어 볼 필요성을 느꼈겠다고 생각했습니다. 더구나 자식의 대학 진학에 문제가 생긴다는데 변호사 부모가 아니라도 누구나 그렇지 않겠냐고 생각했습니다.

그런데 이후 밝혀지는 여러 정황으로 보았을 때, 그렇게 단순하지 않다는 것을 알았습니다. 언어폭력은 지속되었고 반성의 기미가 보이지 않았다고 했습니다. 특히 가해자의 가치 의식이 문제였습니다. 시비나 선악의 공정한 판단을 기대하는 것이 아니라 부모의 두둑한 배경에 의지하고 있다는 것을 알았습니다. 이러한 왜곡된 가치 의식이 부모로부터 영향을 받았고, 그런 부모가 사정기관 수장으로 임명되었을 때의 사회 불공정성의 위험을 사전에 차단했다는 점에서 다행함도 느꼈습니다. 그리고 2심까지 갔음에도 가해자 부모의 영향력이 사법기관에 미치지 못했다는 점에서 우리 사회의 건강함을 확인하였습니다.

그러함에도 제가 우려하는 것은,

첫째, 학교폭력에서 가해자와 피해자의 관계를 맺은 자와 못 가진 자에 대응시키고 여기에 선악의 이분법적 잣대를 들이대는 것에 있습니다. 실제로 학교 현장에서 학교폭력의 가해자 학생 대부분이 못 가진 자의 자녀들입니다. 이전에 근무했던 학교는 여건이 어려운 곳으로, 사안이 끊이지 않았습니다. 보호처분 받는 학생도 있었고, 소년원에 있다가 출소한 학생도 있었습니다. 학교나 선생님들은 그 학생들을 졸업시키기 위해서 정말 정성을 다했습니다. 깊이 보면 심성이 착한 아이들이었습니다. 가슴으로 안아주면 좋아하던 아이들이었습니다.

둘째, 가해자는 악이고 피해자는 선이라는 단순 의식이 만연되고 있다는 것입니다. 지금 근무하는 학교는 여건이 좋은 곳으로 사안이 거의 없습니다. 한두 건 있는 것도 사이버폭력입니다. 쌍방과실도 있어 보이고 정도도 가벼워 학교장 자체 종결로 처리하려 했으나, 피해 학생 부모 요구로 교육청 심의로 갔습니다. 맞고소가 이루어지고 피해 학생 부모의 과도한 치유비 청구로, 지금도 민사가 진행되고 있습니다. 가해자와 피해자의 구도가 단순히 선악의 이분법적인 구조가 아니더군요.

셋째, 학교폭력을 교육적으로 해결하여 건강한 사회인으로 길러내는 것이 아니라, 생활기록부에 기록하여 사회적 낙인을 찍는 응보적 조치에 문제가 있습니다. 10여 년 전 학교폭력의 생활기록부 기록 문제로 갈등이 있었을 때, 우리가 지키려 했던 것은 가해 학생의 인권도 중요하다는 인식이었습니다. 잘못하면 벌을 받아야 하는 것이 정의에 부합하지만, 생활기록부 기록으로 대학 진학에 그리고 사회활동에 제약을 가하는 평생 멍에의 무기징역을 삽니다.

넷째, 학교폭력이 교육적으로 해결되지 못하고 학부모의 갈등으로 법정 다툼으로 가게 만드는 요인은 학교폭력의 생활기록부 기록 때문입니다. 여기에 법조브로커와 법조인들의 이권이 사업화하면, 가해 학생과 피해 학생 간의 관계 회복이라는 교육적 해결은 요원해진다는 것입니다.

다섯째, 이번 정순신 변호사 사태는 교육이 정치의 수단화되었다는 것을 보여 주고 있다는 생각입니다. 이번 사태의 발단은 특정인의 고위직 임명을 두고 벌어졌던 정치권력간 갈등에서 비롯되었습니다. 검증 과정에서 자녀 학폭이 문제가 되었던 것으로 특정 정치세력에 대한 공격 수단으로 사용되고 있습니다. 여기에 교육자의 목소리는 어디에도 찾아볼 수 없다는 것입니다.

이번 사태에서 놓친 제일 중요한 것은,

최근 10여 년 동안 우리의 학교들에서 이루어진 생활 인권 교육을 통해 학교폭력을 현저히 감소시켰다는 사실입니다. 최근에 화제가 된 〈더 글로리〉라는 드라마의 배경은 15년 전의 일입니다. 지금은 학교에서 그런 일은 꿈도 꾸지 못합니다.

1980년대 소설 〈우리들의 일그러진 영웅〉은 당시 학교의 현실이었습니다.

당시는 학교에서 학교폭력을 조장한 면이 있었습니다. 엄석대와 같은 깡패 아이를 반장으로 임명하여 학생들을 통제하던 시대가 있었습니다. 우리 학창 시절에는 이런 반장이 학생들을 대상으로 줄빠따를 때렸습니다. 담임선생님의 묵인하에 학교폭력이 합법적으로 이루어졌습니다.

선생님이 학생들을 대상으로 줄빠따를 때리고 원산폭격을 시키는 것은 다반사였습니다. 젊은 교사 시절의 제자들을 만났을 때, 선생님께 사랑의 매를 맞은 숫자가 일기장에 기록되어 있다는 반농담 말을 듣고 뜨끔합니다. 저같이 착한 분? 도 그런데 다른 분은 어떻겠습니까? 학부모들이 학년 초에 목재소에 가서 사랑의 매를 제작하던 때가 불과 15년 전 일입니다.

그때는 정말 몰랐습니다. 그것이 우리 조상들의 전통적 교육방식이 아니라는 것을. 그것은 일본 식민지의 통제적 교육방식의 하나였다는 것을 정말 몰랐습니다. 조선의 율곡이 지은 일종의 학교 교칙인 〈학교 모범〉을 보니, 조선시대의 선생들은 학생들이 잘못된 행동을 하면, 가벼운 것은 학생들에게 토론시켜 일깨워주더군요. 더욱 심각한 사안은 학생회가 주관하는 청문회를 여는데, 여기서 반성의 기미가 없으면 비로소 학교 당국에 조치를 요구하여 장부에 기록하고 과거시험 등에 제약을 두었습니다.

학생들의 잘못된 행동은 교육적으로 해결해 보려는 노력이 우선되어야 합니다. 학교폭력을 바라보는 교육자 입장은 정치인과 달라야 한다고 생각합니다.

(5) 발문

학폭에 대한 온정주의적 접근의 위험성을 경고하면, 가해 학생의 인권을 들고나오는 사람이 꼭 있다. 그분들에게 묻고 싶다.

※ 가해 학생의 인권과 피해 학생의 인권 중 어느 쪽을 우선하여 보호해야

하는가?

※ 이미 발생한 피해자의 피해와 앞으로 발생할지도 모르는 가해자의 피해 중, 어느 쪽에 주목해야 하는가?

※ 청소년은 잘못을 저질러도 처벌하지 않는 것이 교육적인가? 아니면 처벌하되 정상을 참작하고 잘못을 바로잡도록 돕는 게 교육적인가?

※ 소송을 남발하는 가해자를 피하려고 생활기록부에 기재하지 않는 것이 정당한가? 그것은 가해자의 승리 아닌가?

※ 잘못을 저지르고도 반성하지 않는 가해자를 청소년이라는 이유로 용서해야 하는가?

※ 청소년은 과연 선악 구분 능력과 감정 조절 능력이 없는 미숙한 존재인가? 그것은 지적 존재인 인간에 대한 모욕 아닌가?

※ 청소년이라는 이유로 가해자가 온당한 처벌을 받지 않는 현실은 정의로운가?

※ 소수의 못된 송아지로 인한 규칙과 상식의 붕괴는 다른 학생들에게 어떤 교육적 효과를 미치는가?

원칙을 바로 세워야 변칙을 허용해도 기둥이 흔들리지 않는 법이다. 내가 보기엔, 지금은 너무 많은 변칙이 기둥 노릇을 하겠다고 원칙을 흔드는 형국이다. 인권이 고생한다.

(6) 답변

인권이란 사람이라는 존재 이유만으로 부여되는 권리입니다. 학교폭력에서 피해 학생뿐만 아니라 가해 학생에게도 부여된 권리가 있기 마련입니다. 법률과 규범이 존재하는 이유는 스스로 방어할 수 없는 폭력적 상황에서 공적인 폭력 즉 공권력이 개입하여 약자를 구제하는 것입니다. 그런 점에서 피해 학생이 우선합니다. 그 말은 더 큰 공적 폭력이 가해 학생에게 비합법적으로 개입할 가능성이 있으므로 가해 학생에게도 스스로 방어할 수 있도록 또 다른 공적인 힘을 부여하게 됩니다. 그것이 학교폭력에서 가해 학생이 할 수 있는 행정심판이나 행정소송 등 제소권입니다. 이것을 비난하고 것 역시 인권 침해입니다.

다산 정약용의 말처럼 옳은 것을 지켜 이익을 얻고 그른 것을 좇아 해를 입는 것이 정의입니다. 타인에게 폭력을 행사한 것은 그를 가능성이 크지만, 가해자가 무조건 그르고 피해자가 무조건 옳다고 기계적으로 판단할 수 없기에, 시비를 가리는 재판을 하는 것입니다. 정의의 신인 디케는 저울질을 통해서 누가 더 상대적으로 옳고 그른지를 판단하게 됩니다. 디케를 대신하는 사람이 전문성을 갖춘 학폭 심의위원이나 판검사입니다. 그것을 대중이 선불리 감정이나 선동으로 판단할 때 마녀사냥이나 인민재판이 되어 정의롭지 못한 상황이 야기될 수 있습니다.

예측력과 판단력이 성인보다 미숙한 어린 학생들을 대상으로 하는 교육법은 사회법보다 더 유연하게 해석하고 적용할 필요가 있습니다. 가령 일반성인이 빨갱이나 적폐, 토착 왜구나 오랑캐 등의 특정 대상에 대한 혐오 표현을 썼다고 해서, 기소되어 유죄 판결이 나지 않는 이상 범죄기록에 남지 않습니다. 페북이나 신문 기사의 악플들을 보면, 범죄자가 넘쳐납니다. 그런데 학교폭력 법은 이러한 혐오 표현 등으로도 생활기록부에 기록되어 사회적 낙인을 찍고 있습니다.

학교폭력을 저지르는 가해 학생에 대해서 무조건 용서하라는 것은 아닙니다. 가해 학생에 대한 처벌은 교육적인 방법에 따라 피해자와 가해자의 관계 회복을 위한 프로그램이 우선되어야 한다는 것입니다. 그 단계를 벗어난 사안에 대한 응보적 조치는 민주적 원칙에 따르고, 가해 학생에 대해 변론권 등 자기방어를 위한 권리를 존중해야 한다는 것입니다. 물론 피해 학생을 보호하는 조치가 최우선입니다.

청소년들의 판단력이 미숙하다고 하는 것이 청소년들을 모욕한다고 생각하지 않습니다.

인간의 뇌에는 다른 동물에게는 없는 뉴런이 있다고 합니다. '거울 뉴런'이라고 불리는 것으로 공감 능력을 담당하는 부위라고 합니다. 그것은 다른 개체가 느끼는 감정을 자기도 동시에 느끼게 한다는 것입니다. 그것 때문에 인간만이 측은지심이 있다고 합니다. 이것을 인성이라고 하죠.

인간에게는 약 1,000억 개의 뉴런이 갖추어져 있지만 그것들이 모두 활성화되어 점화되지 않는다고 합니다. 자극을 자주 주게 되면 민감도가 높아져 활성화의 빈도가 높아집니다. 청소년들은 뉴런에 주는 자극의 빈도가 성인보다 상대적으로 적을 것이므로 예측력과 판단력, 공감력이 부족할 것이므로 미숙하다는 표현을 쓴 것입니다.

측은지심을 담당하는 '거울 뉴런'에 자극을 주는 것이 인성교육입니다. 인성교육은 생각을 집어넣는 도덕교육과 다른 것으로 인간만이 가진 측은지심을 담당하는 '거울 뉴런'을 자극해 공감 능력을 끌어내는 행위라고 생각합니다. 가해 학생과 피해 학생의 회복탄력성을 높이는 프로그램도 여기에 포함됩니다.

비현실적인 이론일 수 있으나, 제가 생각하는 학교폭력을 교육적으로 해결하는 방법입니다. 그저 동물의 속성인 자기방어 기제만을 끌어내는 응보적 방법보다는 인간적이라는 것입니다.

(7) 발문

먼저 무례하고 건방진 저의 태도를 혜량하소서.

교장 선생님의 말씀에 동의하지 못하는 몇 부분은 다음과 같습니다. 이러한 견해 차이는 아마도 교장 선생님과 제가 바라보는 세상의 차이일 수도 있고 아니면 자라온 환경이나 공부의 방향, 그리고 현재의 터전이나 상황에 기인하는 것 같습니다. 허락해 주심에 먼저 감사드립니다.

먼저 가진 자와 못 가진 자를 구분하신 것에 대한 저의 견해입니다. 교장 선생님 역시 이분법에 정말 동의하시지는 않는 그것으로 생각합니다. 하지만 이렇게 표현하신 것을 보니 수긍하시는 부분도 있는 것처럼 보입니다.

만약에 위에서 말씀하신 이 이분법의 기준으로 학폭을 바라보신다면 저는 그 부분에 동의하지 않습니다. 저도 교직 생활을 통해 다양한 학교에서 학폭을 경험했는데 일견 이런 구분법이 크게 틀리지는 않아 보였습니다. 하지만 조금 깊이 생각해 보면 자산을 기준으로 한 이분법은 우리의 의지와는 무관한 어떤 세력들이 조작해 낸 개념이라는 결론에 도달했습니다. 이를테면 그렇게 보는 것이 편하게 만든 일종의 프레임(틀) 같은 것으로 생각합니다.

교장 선생님께서도 잘 알고 계시다시피 사회현상은 매우 복잡한 과정을 거치게 되고 그 과정에서 나타나는 부분은 정말 일 부분인데 누군가의 불순한 의도로 만들어진 그러한 프레임으로 보기 시작하면 세상의 모든 것이 양분되어 나타나게 되고 그 과정에서 우리는 자연스럽게 선악을 대입시키게 될 것으로 생각됩니다.

우리가 보는 것이 전부라고 생각하는 순간, 우리는 그 현상에 매몰되어 본질과는 멀어질지도 모릅니다. 교장 선생님처럼 영향력 있는 분의 말씀은 더 더욱 그러하리라 생각합니다. 이것이 제가 동의하지 않는 첫째입니다. 이분법을 반대하시는 듯한 글로 시작하셨는데 돌연 "실제로 학교현장에서 학교폭력의 가해자 학생 대부분이 못 가진 자의 자녀들입니다."라고 말씀하신 것에 대한 이야기입니다. 제가 곡해했을 수 있습니다.

다음으로 학생부 기록에 대한 견해입니다.

저 역시 학생부 기록을 반대합니다. 교장 선생님 말씀처럼 낙인이 될 수 있으니까요. 하지만 낙인을 찍겠다는 겁박이 있음에도 학폭은 근절되지 않습니다. 이유는 여러 가지가 있겠지만 근본적으로는 학교폭력보다 수십 배, 수백 배는 더 심한 사회 폭력의 영향이 더 크지 않을까 싶습니다. 학교폭력을 사회 폭력과 분리해서 보는 시각은 전형적인 보수적 시각이라고 저는 생각합니다. 이를테면 학교 역시 사회구조 속에 존재하는 작은 부분일 뿐인데 학교만이 특별한 구역처럼 생각하는 것은 분명 잘못된 시선이라고 생각합니다. 정치, 경제, 사회 전 영역에서 일어나는 폭력적 상황이 학교에 그대로 轉寫되고 있는 마당에 학교만이 달라야 한다는 생각은 참으로 보수적 시각이라고 생각됩니다. "학생들의 잘못된 행동은 교육적으로 해결해 보려는 노력이 우선되어야 합니다. 학교폭력을 바라보는 교육자 입장은 정치인과 달라야 한다고 생각합니다." 이 말씀은 사회와 학교가 아주 분리된 시각에서 나올 수 있는 말씀이라고 사려됩니다. 당연히 교육적 노력이 있어야 하지만 사회의 개선 노력이 병행되거나 혹은 선행되지 않고는 현재의 학교폭력 문제해결은 너무나 멀어 보인다는 것이 저의 생각입니다. 혹 그런 의도로 쓰지 않으셨을 수도 있습니다. 그런데 밑에 달린 댓글은 오로지 학교의 문제로 받아들여야 하는 것처럼 보였습니다.

마지막으로 가장 견해차가 큰 부분이라고 생각합니다.

정치적 견해차에 의한 교육의 정치적 수단화에 관한 생각입니다.

교장 선생님께서는 다사리 교육을 통해 문제의 본질을 파악하는 능력을 아이들에게 길러주고 계시는데 이번 사태를 이렇게 보고 계심에 놀라지 않을 수 없었습니다.

이를테면 그 정도의 문제는 아닌데 정치적 관점에 의해 좀 더 문제가 커지고 논란이 증폭된 것은 아니냐고 생각하시는 것처럼 읽혔습니다. 이 부분에 교육자의 목소리가 들어가지 않았다는 말씀도 매우 의아했습니다. 교육자가 이 상황에서 낼 수 있는 목소리는 무엇일까 생각해 보았습니다. 우리가 사는 세상에는 절대적 사실이나 진실은 이미 없다고 생각합니다. 하지만 제가 보기에 이번 사태의 핵심은 권력을 이용한 학교폭력의 2차 가해일 뿐, 더도 덜도 아니라고 저는 생각합니다. 거기에 교육자나 교육이 개입할 곳은 없다고 생각합니다. 교육적 개입은 정순신이라는 괴물과 그 아들을 키워낸 이 사회, 학교, 제도를 평가할 때 있어야 하고 지금은 오로지 학폭 2차 가해를 가한 권력 있는 자의 부도덕에 대한 (현실적으로는 어렵지만) 법적 사회적 응징이 있을 뿐이라고 생각합니다.

무례하게 생각하실 수도 있습니다. 하지만 평소 제가 존경해 왔던 교장 선생님의 말씀이라 이 글을 처음 읽고 충격이 조금 컸습니다. 밑에 달린 댓글들의 논지는 더욱 놀라웠습니다. 진영논리에 빠지지 않으려고 애를 쓰지만, 저의 견해 역시 진영논리로 생각하실 수도 있습니다. 죄송하고 고맙습니다.

(8) 답변

〈교장 선생님의 고견에 대한 답례 글〉

외람되게도 제가 속 좁은 마음으로 쓴 글에 대하여, 평소 존경하는 교장 선생님께서 정중히 예를 갖추어 성심을 다해 질의를 하신 데 대해, 송구한 마음을 금할 수 없습니다. 교장 선생님께서 주신 글을 읽고 많이 성찰하고, 나름으로 사고의 폭을 넓히는 데도 도움을 얻었습니다.

교장 선생님께서 견해차라고 본 세 가지 관점을 읽어보고, 교장 선생님께서 말씀하신 것과는 다르게, 저는 큰 차이가 아님을 확인하였습니다. 많은 부분에 공감하지만, 다소 오해가 있는 부분에 대해 해명해 드리겠습니다.

첫 번째 말씀하신 학폭의 가해자와 피해자를 가진 자와 못 가진 자에 대응하여 선악의 이분법적 잣대를 들이대는 것은 어떤 세력들에 의해 조작된 프레임으로 동의하지 않는다고 말씀하셨습니다. 그런데 '실제 학교 현장에서 학교폭력 가해 학생의 대부분은 못 가진 자의 자녀들이다'라는 저의 언급에 대해, 이것 역시 학폭에 계급 프레임을 씌운 것 아니냐고 지적하셨습니다. 겸해서 이것이 곡해일 수 있다고 말씀하셨습니다.

맞습니다. 오해이십니다. 저도 그러한 프레임에 대해 동의하지 않으며, 그러한 프레임의 위험성에 대해 경고한 것입니다. 정순신 사태에 대하여, 특정 정치세력이 학폭 가해자는 가진 자이고 피해자는 못 가진 자라고 프레임을 씌우는 듯한 분위기에 대해 지적한 것입니다. 가진 자에 대한 적개심을 부추기기 위해 학폭 가해자를 악마화하는 것을 비판한 것입니다. 그러기 위해 학폭 가해자가 가진 자가 아닌 못 가진 자의 자녀가 될 수 있고, 피해자가 오히려 가진 자의 자녀로서 악의적일 수 있다는 것을 보여 주기 위함이었습니다.

두 번째 의견에서 학폭의 학생부 기록에 대한 관점에 대해서는 저의 의견에 동의해 주셨습니다. 다만 학교폭력의 문제는 사회구조적인 문제일 수 있으므로, 사회와 분리된 학교만의 교육적 해결은 어렵다는 의견을 주셨습니다. 이에 대해 저도 동의합니다. 학교 역시 사회 속에 존재하며, 학교 자체가 사회이기 때문입니다.

다만 제가 말씀드리고자 하는 것은 일반인을 대상으로 하는 형법도 혐오 표현 등 사소한 다툼 등은 기소되지 않고 사회봉사나 특별교육 등을 부여하는 교육적 해결을 모색하고 범죄기록으로 남기지 않는 데 비해, 미성년자를 대상으로 하는 교육기관에서는 이러한 혐오 표현 등으로(전학 조치는 피해 학생 보호를 위해 필요하다고 보이나) 학생부에 기록하여 대학도 못가게 하고, 결국은 이것 때문에 가해 학생이 반성할 기회도 없이, 소송까지 간 것이 아닐까요? 교장 선생님께서는 그런 상황이었을 경우에 자녀에게 깊히 반성하고 대학은 포기하라고 자녀에게 권했겠습니까? 그것은 위선입니다. 저는 그럴 자신이 없습니다.

학폭 문제를 다루는데, 더도 말고 사회법에서 일반인들에게 하는 정도로라도 배려해 달라는 것입니다. 투표권이 없는 미성년자니까 그렇게 가혹했을까요?

세 번째, 교장 선생님 말씀대로 가장 견해차가 큰 부분입니다. 의견 대립이 있을 수 있는 부분입니다. 부디 혜량해 주십시오. 이번 사태의 핵심은 권력을 이용한 학교폭력의 2차 가해라고 말씀하셨습니다. 저도 이에 일정 부분 동의합니다.

그러함에도 제가 우려했던 것은, 학생 간의 의견 충돌이 상대방을 혐오하는 표현으로 드러난 언어폭력을 가지고, 특정 정치세력에 의해 '권력에 의한 학교폭력 가해'라는 프레임이 조작되는 것에 대한 지적이었습니다. 이것은 교장 선생님도 이미 동의하셨습니다.

정치인들은 그렇다고 해도 교육자라면 의견이 다르다고 상대방을 '빨갱이나 혹은 적폐, 토착 왜구나 종북주사파, 쪽발이나 되놈, 혹은 되지나 괴물 등으로 악마화'하여 의사소통에 장애를 일으키는 학생들에 대해 언어순화 교육을 통해 건전하고 민주적인 토론문화를 형성하게 할 수 있는 방법은 없었는지에 대한 교육자의 목소리가 있어야 하지 않겠느냐는 것이었습니다.

일부 교육자분들이 이 사태를 논하면서, 학교폭력에 대한 학생부 기록의 강화, 가해 학생 측의 법적 소송의 제한, 권력 있는 자의 부도덕에 대한 법적 사회적 응징 등을 주장하는 것에 대해 안타까운 마음을 표현한 것이었습니다.

사람은 생각이 다를 수 있습니다. 교장 선생님 말씀대로 소위 말하는 진영이 다를 수 있습니다. 서로 관점과 의견이 다를 수 있지만, 혐오 표현 없이도 서로 상대를 존중하며 건강한 토론을 할 수 있다는 것을 보여 주어야 합니다.

그래서 함께 성장하고 다 살리는 것이어야 합니다. 그것이 이번 사태를 바라보는 교육자의 관점이어야 한다고 생각했습니다.

제가 정순신 변호사 자녀 학폭 문제에 대하여 페북에 포스팅하게 된 것은 평소 좋아하고 존경하여 공감 표현을 많이 해드린 페친 분의 글에 댓글을 달면서였습니다. 그것이 계기가 되어 저의 글에 대해 여러분들이 의견을 주시게 되면서 자연스럽게 토론이 이루어졌습니다. 토론이 여러 차례 진행되면서 생각지도 않았던 생각들이 새롭게 솟아나면서, 보잘것없지만 저의 사고는 폭풍 성장을 하고 있음을 느낍니다.

특히 교장 선생님의 심도 있는 질문에 당혹스럽기도 했으나, 그만큼 배운 정도도 강했음을 고백합니다. 제 분수에 언감생심이나 사단칠정 담론이 이런 것이지 아닐까 하는 생각도 했습니다.

저의 불찰이 선생님의 마음을 불편하게 해드렸다면 죄송합니다. 그리고 감사합니다.

3 교육의 정치적 중립

(1) 발제

"전교조 정치투쟁 MZ 교사들 외면!"

얼마 전 동네 음식점에 갔다가 신문 1면에 커다랗게 적힌 헤드라인에 눈길이 갔다. 김용서 교사노조위원장이 조선일보와 인터뷰한 내용이었는데, 전교조에서 분가한 교사노조가 출범 5년 만에 전교조와 어깨를 나란히 하는 조직으로 성장한 인과관계에 대해 논하고 있다. 논지의 핵심은 정치투쟁을 지향하는 전교조와 달리 교사노조는 실사구시의 노선을 견지함으로써 젊은 교사들의 마음을 사로잡을 수 있었다는 것이다.

보수 언론들은 걸핏하면 전교조에 정치색 올가미를 덮어씌운다. 도대체 '정치적'이란 무엇을 의미하는가? 교사가 어떻게 하면 '정치적'이라는 비판으로부터 자유로울 수 있을까? 이에 대한 상투적인 답으로 '정치적 중립' 운운하곤 한다. 하지만 정치적으로 중립적인 입장이란 존재하지 않는다. 중대한 정치적 이슈 앞에서 침묵하는 것은 권력의 편을 드는 것일 뿐 중립적인 입장이 아니다. 이를테면 박근혜 정부가 역사 교과서 국정화를 강행했을 때 역사학계에서 찬반양론이 들끓었지만 침묵했던 학자들도 있었다. 이들의 입장이 정치적으로 중립이었을까? 또한 교사들은 진실이 왜곡되건 말건 권력이 시키는 대로 가르쳐야만 하는 것일까? 이를 거부하고 문제를 제기하는 교사는 '정치적'이라는 낙인을 감수해야 하는데, 정치적이란 과연 무엇을 의미하는가?

독일의 법학자 카를 슈미트는 명저 〈정치적인 것의 개념〉에서 "정치적이라 함은 적과 동지를 구별하는 것"이라 했다. 슈미트는 도덕적 영역에서 선과 악, 미학에서 미와 추에 대한 분별이 주된 이슈가 되듯이, 정치적인 문제는 적과 동지에 대한 구분을 본질로 한다고 봤다. 이 단호한 관점을 슈미트가 택한 것은 법학의 영역에서 '정치적인 것'을 배제하려 한 자유주의 사상에 맞서기 위해서였다. 정치적인 것에 대한 슈미트의 개념은 앞서 살펴본 '정치적 중립의 허구성'과 일맥상통한다. 슈미트의 정치 성향은 우익보수주의였지만, '정치적인 것'에 대한 적확하고 통렬한 그의 개념은 우파와 좌파 사상가 모두에게 큰 영향을 미친 것으로 평가되고 있다.

슈미트의 시대에 법과 정치의 분리를 주장한 자유주의자들의 관점은 일제강점기의 순수문학론을 연상케 한다. 순수문학론자들은 일제의 착취와 폭압에 신음하는 민중의 삶을 외면한 채 자연과 전원생활의 아름다움을 노래했다. 이들은 정치적 색채를 드러내는 참여문학가들을 비판하며 예술가들이 정치성을 배제한 순수한 창작 활동을 해야 한다고 주장했다. 하지만 한 송이 국화꽃의 숭고미를 노래하던 입으로 가미가제를 찬양한 서정주나 독재자 전두환에게 다가가 그의 꽃이 된 김춘수에서 보듯, 이들의 삶은 순수와 매우 거리가 멀었다. 물론 선한 삶을 살다 간 순수문학론자들이 있을 수도 있겠지만, 이들도 정치적으로 중립이었던 것은 아니다. 사회적 영향력을 지닌 예술가가 일제 침탈이라는 명백히 불의한 현실 앞에서 침묵함으로써 일본 제국주의를 이롭게 했기 때문이다. 요컨대 예술가들이 정치색을 드러내지 말아야 한다는 주장 자체가 정치적인 것이다.

마찬가지로 "교사는 정치적 중립을 지켜야 한다"는 논리 또한 정치적이다. 유신헌법을 미화하고 광주민주화항쟁을 왜곡하는 교과서를 그대로 가르친 과거의 교사들이 정치적으로 중립이었던 것이 아니다. 왜곡된 진실을 무비판적으로 가르치면 정치적 중립이고 문제제기를 하면 정치적인 교사로 몰아가는 것은 말이 아니다. 지금 그런 시대는 가고 없다고? 아니다. 역사교과서 국정화 사태가 불과 몇 년 전의 일이다. 그리고 지금도 교사에게 정치적 중립을 강요하는 현실 자체가 교사노동조합에 교사의 정치기본권 보장을 위한 정치 투쟁 명분을 부여하고 있다.

끝으로 정치적으로 중립적인 문학과 교육이 존재하지 않듯이 중립적인 언론도 존재하지 않는다. 김용서 위원장은 수구언론과의 인터뷰를 통해 그들이 가장 싫어하고 두려워하는 전교조를 폄훼하는 기사를 생산하게 한 자신의 행위가 정치적으로 중립적인 처신이었는지 성찰하기 바란다. 김 위원장의 이러한 정치적 행보는 교사노조가 전교조의 벗인지 동지인지, 심각하게 회의하게 한다. (출처: [이성우 칼럼] '정치적 중립'이라는 정치성-교육 희망)

(2) 발문

중대한 정치적 이슈 앞에서 침묵하는 것은 권력의 편을 드는 것일 뿐 중립적인 입장이 아니라는 의견에 동의합니다. 그렇다고 중대한 정치적 이슈 앞에서 자기 의사를 표현하는 것도 정치적인 행위라 할 것입니다. 슈미트의 말대로 적과 동지를 구별하는 행위입니다.

교사가 정치적 중립을 지켜야 한다는 것은 학생들 앞에서 특정한 정치 이슈나 이념 혹은 세력에 대해 교사가 저콰 동지를 구별함으로써, 학생들이 그것에 대해 선악과 시비, 혹은 적과 동지를 구별하는데 영향을 주지 말아야 한다는 것입니다.

그 어떤 것도 절대적인 선이나 정의는 없는 법입니다. 선악이나 시비를 구별하는 기준이라는 것도 자신의 입장이나 신념 혹은 이해관계에 따라 달라지는 것이기 때문입니다.

(3) 답변

교사가 정치적 이슈나 이념에 대해 침묵하는 것이 정치적 중립일 수 없죠.

이를테면, 박정희정권이 유신헌법의 정당성을 학생들에게 가르치라고 주문할 때 그대로 따르는 것이 정치적 중립인가요? 그리고 이념이 뭘 말씀하시는지 모르지만, ideology를 의미한다면, 교과서 자체가 일정한 이데올로기를 담고 있는데, 그걸 그대로 가르치는 것 또한 정치적 중립일 수 없습니다.

교육과 이데올로기가 불가분의 관계에 있다는 것이 교육사회학의 기본이죠.

(4) 발문

선생님. 토론에 응해 주셔서 감사합니다. 문제제기는 사고의 확장을 위한 불가분의 요소라는 것을 더 잘 아실 것입니다.

침묵은 정치적 중립일 수 없습니다. 묵인은 암묵적으로 동조하는 것이고, 묵비권은 침묵으로 거부하는 것입니다. 법리에서도 의사표현의 하나로 간주합니다. 다만 침묵은 소극적 의사표현이라면, 표시는 적극적 의사표현이라는 점에서 차이가 있습니다. 교사의 침묵은 학생들에게 동조인지 거부인지에 대한 판단의 여지를 남기지만, 표시는 판단의 여지를 남기지 않는다는 점에서 학생에게 미치는 영향력은 보다 크다 할 수 있습니다. 학생들은 교사를 진리의 전달자로 착각하기 때문에, 사고의 확장을 방해하는 위험성이 클 수밖에 없습니다.

박정희정권이 주문하는 유신헌법의 정당성을 그대로 가르치는 것은 정치적 중립이 아닙니다. 교사가 학생들 앞에서 유신철폐를 주장하는 것도 정치적 중립이 될 수 없고 위험하다는 생각입니다. 그렇다고 침묵하는 것은 교육과정을 운영하는 교사 입장에서 있을 수 없습니다. 제가 생각하는 교사의 정치적 중립이란 유신헌법과 더불어 다른 나라의 헌법제도도 부교재로 하여 학생들에게 소개할 수 있어야 했다는 것입니다. 교육과정의 재구성이 필요했다는 것입니다.

교과서 자체가 일정한 이데올르기를 담고 있다는 선생님의 견해에 동의합니다. 결국은 국정교과서나 교학사 파동이라는 것도 정치 진영 간의 이념 싸움이었다는 것을 잘 아실 것입니다. 이런 점에서 저는 개인적으로 교과서의 자유발행제를 지지합니다. 선생님이 자신의 정치적 신념과는 관계없이 이쪽 저쪽 자료 모두를 활용하여 교육했으면 좋겠습니다.

사고의 다양성과 진리의 상대성을 인정한다면 교사는 가급적 정치적 중립성을 지켜야 된다는 생각입니다. 그렇지 않고 교사들이 특정한 정치적 관점을 표현한다면 학생들은 사고의 터널 혹은 블랙홀에 빠질 가능성이 있습니다. 독일 나치가 그렇고 중국의 문혁이 그렇습니다. 북한이 그렇고 '나는 신이다'가 그랬다는 생각입니다.

(5) 답변

아침에 급하게 적어 올린 뒤, 교장 선생님께서 읽으시기에 불편하셨겠다는 반성이 들었습니다. 그럼에도 제 생각을 너그러이 수용해 주시고 차분한 어조로 깊이 있는 답글 주셔서 고맙습니다.

'교육의 정치적 중립'이라는 주제는 무척 민감한 이슈일 뿐만 아니라 온전한 이해를 위해 전문적인 식견이 요구되는 난해한 주제입니다. 전교조 신문에 글 분량(A4 1쪽)의 제한이 있어서 제 생각을 설득력 있게 펼치기가 어려웠습니다. 그래서 차후 이 문제를 보다 심도 있게 다뤄보고 싶었는데 마침 교장 선생님께서 좋은 토론 거리를 주셔서 안성맞춤하다 하겠습니다.

교장 선생님의 의견, 대부분 공감합니다. 저는 '정치적 중립'이라는 것이 관념 속에서 허구적으로 존재할 뿐, 현실적으로 불가능하다는 입장입니다. 단, 그렇다고 해서 교사가 학생들에게 편향된 관점을 전하는 것은 문제가 있다고 봅니다. 이 점에서 교장선생님과 같은 생각입니다.

요컨대, 제가 말하는 '정치적 중립의 허구성', 슈미트의 '정치적인 것'의 개념은… 사실적 측면에서 그러하다는 것일 뿐, 현실적으로 교사는 1)자신의 안위를 위해 2)학생의 건강한 성장을 위해 정치적 문제에 조심스레 접근해야 한다고 생각합니다.

1)의 문제는, 카멜레온이 되라는 것이 아니라 성서적 의미로 '비둘기처럼 순결하고 뱀처럼 영리한' 교육자가 되라는 것입니다. 그런 점에서 만약 우리가 유신 시대에 교단에 섰더라도 우리의 스승들과 크게 다르지 않았으리라 생각합니다. 부끄러운 줄 아는가 모르는가의 차이는 있겠지만 말입니다.

2)의 문제는 특히 미성숙한 어린 학생의 경우 정치 문제에 대한 판단력이 없기에 교사의 한마디 말이나 관점이 그대로 학생의 뇌리에 꽂힐 것이기에 교사는 최대한 신중해야 한다는 겁니다. 더욱이 현금의 정치 상황에서 특정 정당이나 정치인에 대한 호불호 혹은 비판-지지의 관점을 피력하는 것은 문제가 있다고 봅니다.

이런저런 어려움을 생각할 때 제가 생각하는 최선의 방책 역시 교장 선생님의 관점과 같습니다. 어떤 정치적 이슈에 대해, 좌와 우, 진보와 보수, 급진과 온건의 다양한 대립적 관점을 동시에 제시함으로써 학생들이 균형 있는 사고를 품게 하는 것이 바람직한 교육일 겁니다.

그러함에도 저는 이러한 최선의 교육조차 '정치적 중립'은 아니라 봅니다. 이 말은 제가 본문에서 쓰고 싶었지만, 지면이 허락하지 않아 못 썼는데, '정치적인 것'을 '적과 동지'로 접근하는 슈미트의 개념은 마르크스주의 철학에서 말하는 '당파성'의 개념입니다. 당파성이란, 갈등 사태에서 누구든 이편 아니면 저편을 들게 되어 있지 중간적 입장은 없다는 겁니다. 이를테면, 고부간의 갈등에서 남편 혹은 아들은 중간적 입장을 취할 수 없습니다.

단적인 예로, 이재용이 심각한 중죄를 저지르고 감옥에 수감되어 있었고,

더구나 더 심각한 여죄에 대한 사법적 판단을 기다리고 있었는데 국가경제를 위한답시고 대통령(국힘당 아닌 민주당)이 풀어줬습니다. 도대체 이런 말도 안 되는 국가 지도자의 '정치적 결단'에 침묵하고 따르는 것이 정치적 중립일까요? 이런 현실을 묵과하면서 우리가 사회 혹은 도덕 수업에서 학생들에게 "법 앞에 만인은 평등하다."는 명제를 설파한다면 우리는 학생들에게 사기를 치는 겁니다. 이건 거짓 교육인 거죠. 도대체 교육이라는 것이 진리 문제를 비껴가면서 어떻게 정당성이 담보되겠습니까? 이 명제가 거짓이라고, 이 부조리한 현실이 문제가 있다고 가르치는 교사도 정치적이고, 아무렇지 않게 교과서 대로 가르치는 교사도 정치적이긴 마찬가지라는 겁니다. 슈미트의 논법으로 말하면, 소신 있는 전자의 교사는 지배계급의 적이고 후자는 동지인 겁니다.

이처럼, '교사(혹은 교육)의 정치적 중립' 문제에서 '정치적'의 외연을 정치 문제뿐만 아니라 우리 일상 전반의 문제로 넓게 해석해야 합니다. 우리 생활에서 '정치'는 공기와도 같습니다. 우리가 숨을 쉬듯이, 우리의 모든 일상은 정치와 연관되어 있습니다. 이를테면, 국가 예산이나, 지자체 예산, 학교 예산을 집행할 때 어떤 예산 덩어리를 소수의 엘리트를 위해 쓸 수도 있고 사회적 약자층을 위해 쓸 수도 있는 겁니다. 어떻게 결정하든, 한쪽을 이롭게 하고 다른 쪽을 소외시킬 뿐 둘 다를 이롭게 할 수 없습니다.

정치적인 문제를 적과 동지라는 개념으로 접근하는 슈미트의 관점이나 당파성 개념을 흑백 논리 혹은 이분법적 논점으로 오해하기 쉬운데, 그렇지 않습니다. 사실, 정치적 이슈는 종국적으로 '경제 문제'로 귀결되기 때문에, 정치적 갈등은 계급갈등으로 환원된다 하겠습니다. 앞서 언급한 "법 앞에 만인은 평등하다"는 명제가 좋은 예입니다. 일견 지당한 말처럼 여겨지고 더구나 정치색과 무관한 것처럼 보이지만, 이 이슈에 대한 판단은 어느 계급을 위해

복무하느냐 하는 문제일 뿐입니다. 안또니오 그람씨가 말한 '유기적 지식인'의 개념이 이런 거죠. 교사는 가장 보편적인 지식인입니다.

아무튼, 진지하게 토론에 임하시는 교장 선생님께 깊은 감사의 말씀 드립니다. 제 글에 동의와 지지를 보내시는 벗들이 10만큼 반갑다면, 따뜻한 배려와 함께 조심스레 이견을 주시는 댓글은 100만큼 반갑습니다. 화이부동! 많은 부분 생각을 공유하면서 작은 차이를 품고 있는 것은 좋은 일입니다. 가타리의 말을 인용하면, 차이는 축복입니다!

(6) 발문

선생님 감사합니다. 평소 존경하고 있으며, 많이 배우고 있습니다. 평소 올리시는 글을 아주 유익하게 읽고 있습니다. 특히 비고츠키에 대해 서너 차례 올리신 글을 인상 깊게 읽고 나중에 써먹을까 싶어 복사하여 저장했습니다. 그 글에서 소개해 주신 〈비고츠키 교육학〉과 〈관계의 교육학 비고츠키〉를 구매하였으나, 천성적 게으름으로 아직 미루고 있습니다. 특히 모 방송사 대담 프로그램에 출연하신 선생님을 화면으로 뵙게 되어 반가웠습니다.

우선 저의 부족한 소견에 대하여 일정 부분 동의를 해 주시어 감사합니다. 인간의 삶은 정치에서 벗어날 수 없고 그런 점에서 정치적 중립이라는 것은 단지 허구에 불과하다는 선생님의 의견에 동의합니다. 다른 동물과 달리 인간에게는 시비지심을 가지고 있어 옳고 그름과 선악을 구별하는 것은 인간의 존재론적 속성입니다. 엄격히 말해 인간의 삶은 가치중립적일 수 없습니다.

정치란 가치판단과 가치배분의 문제를 다루고 있다는 점에서 인간을 정치적 존재라고도 합니다. 정치란 정치인만 하는 것이 아니라 우리의 일상생활 자체가 정치라고 할 수 있겠습니다. 선생님의 말씀대로 완전한 중도란 존재할 수 없다는 것도 인정합니다. 정치적 의사표현은 모두가 공존하기 위해 꼭 필요한 것입니다.

그러함에도 제가 말씀드리는 교육의 정치적 중립은 특정 정치세력의 이해에 봉사하는 가치 판단이 아니라 학생의 교육적 가치를 기준으로 하는 판단이어야 한다는 것입니다. 예를 들어 표창장이 입시의 당락에 큰 영향을 주지 않았다고 판단하는 아니라, 표창장을 위조한 것은 교육적 관점에서 옳지 않다고 판단할 수 있다는 것입니다. 왜냐하면 정직이나 정의 혹은 공정성이라는 교육적 가치에 크게 위배되기 때문입니다.

우리는 학교에서 반장선거를 할 때 특정 학생을 당선시키기 위해 담심(?)이라는 것을 드러내는 담임선생님을 찾아볼 수 없습니다. 그러데 최근 어떤 정당에서 대표를 선출하는데 윤심(?)이 있느냐 없느냐의 정치적 논란에 대해 교사는 학생들에게 가치판단을 할 수 있다고 봅니다. 왜냐하면 우리는 민주주의가 무엇인지 교육하는데 도움이 되기 때문입니다.

그러나 선생님이 언급하신 재벌기업 총수의 사면에 대한 판단은 교육적 가치 기준에 의한 판단이라고 생각하지 않습니다. 그것은 선생님의 정치적 신념을 기준으로 한 것입니다. 아울러 그 사면이 정당하다고 하는 것 역시 교육적 가치 기준에 의한 것이 아님은 물론입니다. 우리 국민 90% 이상이 선생님의 의견에 동의한다고 해도 그것은 보편적 가치기준으로 보기 어렵다고 생각합니다.

정치적 선동으로 큰 곤욕을 치렀던 독일은 각 정파가 모여 보이 스텔스 바흐 협약을 체결했습니다. 저는 독서량이 부족하고 사고의 깊이가 얇아 아주 조심스럽지만, 이것이 제가 생각하는 교육의 정치적 중립입니다.

(7) 답변

교장 선생님, 따뜻하고 깊이 있는 댓글 고맙습니다.

교육의 정치성에 관한 저의 관점은 브라질의 진보적 교육사상가 파울로 프레이리에게서 영향을 많이 받았습니다. 이분은 "교육은 정치다!" "모든 교육은 정치적 문제로 귀결된다!"고 역설했습니다. 교육과 정치가 따로 가지 않는다는 거죠. 제가 예로 든, "법 앞에 만인이 평등하다"는 명제를 학생들에게 어떻게 가르칠 것인가 하는 것은 다분히 교사의 정치적 신념과 직결되는 문제라는 것이 저의 생각입니다.

약간의 차이에 불구하고, 큰 관점에서 서로 의견을 공유하는 점, 무엇보다 상대를 배려하고 겸허하고 진지한 자세로 토론에 임해 주신 교장선생님께 경의를 표합니다. 큰 배움이 있었습니다. 고맙습니다.

(8) 답례

같은 시대를 살았던 교육동지로서, 선생님의 고민에 공감합니다. 80년대 젊은 교사 시절 왜곡되고 고착화된 억압의 구조를 깨는데 의식화 교육이 필요했습니다. 사회의 민주화는 교육의 민주화로부터 시작되어야 함을 절실하게 느끼던 시대였습니다. 속된 말로 노예 근성에 젖어 있는 대중을 깨어 있는 시민으로 성장하게 하여 사회변혁의 에너지로 분출하던 시대가 있었습니다.

우리 교사들도 자생적 학습공동체를 구성하여 학습하면서, 탈춤과 마당극 등 민중 문화 체득을 통해 비판의식을 심화하였습니다. 이것을 학생 교육으로 연결하여 깨어 있는 민주시민을 양성한 것이 지금의 민주시민 사회를 만들었다고 자부합니다.

20세기 계몽시대의 의식화 교육은 생각을 만들어주는 시대라면, 21세기 창의시대의 미래 교육은 생각을 만들어가는 시대입니다. 인류 역사상 최초로 자녀가 부모보다, 학생이 교사보다 더 많이 알고 똑똑할 수 있는 시대에, 부모와 교사가 자녀와 학생에게 생각을 강요할 수 없습니다. 그 생각이 설사 절대적 진리이고 정의라도 말입니다.

이것이 저의 교육관이라고 감히 말씀드리고 싶습니다. 선생님과 저의 교육관에 차이가 있더라도 우열이나 선악으로 차별할 수 없습니다. 이렇게 다양한 교육관을 가진 분들이 존재한다는 것은 우리교육에 희망이 있다는 것입니다.

그런 점에서 저는 선생님을 존경하며, 이번 토론을 통해 저의 교육관을 수정하고 보완할 수 있는 계기가 되어 기쁘게 생각합니다. 선생님과 대화하고 토론한 것이 무척 유익했고 큰 기회였다고 생각합니다. 앞으로도 좋은 인연 지속되기를 기대합니다.

감사합니다.

4 티칭에서 코칭으로, 생각 만들기 미래 교육

(1) 발제

과거의 교육은 남이 만든 생각을 습득하는 것이었다. 교사는 그것을 가르치는 사람이었다. 최근에 이 기능이 인공지능으로 대체되고 있다. 그러나 인공지능은 남이 만든 생각을 가르칠 수 있어도, 생각을 만들지 못한다. 생각은 인공지능이 아닌 인간의 지능이 만든다.

미래의 교육은 새로운 생각을 만들어가는 것이어야 한다. 미래의 교사는 남의 생각을 가르치는 것이 아니라, 자기 생각을 만들어가도록 도와주는 사람이다. 대한민국 미래 교육이 티칭이 아닌 코칭이어야 하는 이유다.

(2) 발문

그 많은 교사 분들이 코칭 수업을 해낼 수 있을까 싶어요. 단순암기식 수업이야 평범한 교사도 가능합니다. 그리고 고3까지의 수업도 필요할 것입니다.

그런데, 생각하는 수업은 더 짧아도 되고 뛰어난 교사와 뛰어난 학생을 전제로 합니다.

(3) 답변

선생님들이 지식 전달과 지식 암기 교육에 익숙하다보니 수업 방식의 변화에 어려워하는 것도 사실입니다.

1995년 5.31 교육개혁과 2010년대의 혁신 교육 바람이 불면서, 선생님들에게 기존 수업 방식을 바꿀 것을 요구하고 있습니다. 많은 어려움이 있었지만, 교실 문화가 정말 많이 바뀌었습니다. 다만 수업혁신을 어렵게 하는 것은 평가방식에 큰 변화가 없다는 것입니다. 현실적으로 선생님은 학생들의 평가, 특히 대학입학을 위한 평가방식을 의식하지 않을 수 없습니다. 수시 정시, 혹은 수능 학종 논쟁이 여기에 포함됩니다. 학생들의 생각을 키우는 형태의 수업을 하기 위해서는 학생들의 자기 생각을 표현할 수 있는 평가방식으로 바뀌어야 했는데 아직은 그렇지 못합니다. 그래서 IB를 도입하겠다고 하고, 논술형 수능을 이야기하지만 요원한 이야기입니다.

(4) 발문

모든 학생이 뛰어날 수 없다는 것에 기초하여 수업방식이 짜져야 하지 않나 싶어서요.

지적으로 뛰어난 학생들은 생각하는 수업이 의미가 있는 것이 그렇게 해도 암기할 사항은 알아서 기억을 합니다.

그런데, 평범한 학생들이라면 꼭 필요한 지식을 〈단순 암기〉 시키는 것도 그 학생들에게는 더 나을 수 있지 않나 하는 생각도 종종 듭니다.

모든 학생이 자라서 연구자가 되는 것이 아니고, 될 수도 없습니다.

(5) 답변

저는 약간 다른 의견을 말씀드리니, 양해해 주세요.

제가 1980년대 후반기에 오산여종고에 근무한 적이 있습니다. '종고'란 종합고등학교로 실업계와 인문계 과정이 함께 있는 고등학교를 말합니다. 오산여종고는 상과와 보통과가 있었어요. 당시 오산에 공부 잘하는 여학생은 수원 인문계고에 연합고사를 보아 들어갔지요. 그러기에 오산여종고 보통과는 수원 연합고사에 들어갈 수 없는 공부 못하는 여학생들이 들어왔습니다. 반면에 상과반은 공부는 잘하지만 가난하여 대학갈 없는 여학생들이 입학하여 고교를 졸업 후 바로 기업체에 취직했어요. 상과반 여학생들이 우수한 아이들었죠. 그리고 기업체에서 회계업무를 맡도록 부기와 같은 전문교육을 받았어요.

그런데 기업체 인사담당자들이 상과반 학생들이 아닌 보통반 졸업생을 보내달라고 하는데 놀랐습니다. 상과반 학생들은 시키는 일은 잘하는데, 스스로 생각해서 처리해야 하는 일들은 보통과 졸업생들이 순발력도 빠르고 업무처리 능력에 더 뛰어나다는 것이었습니다. 보통과 아이들은 상과에 비해, 수학이나 과학, 영어 등을 더 많이 배워야 했습니다. 생각하는 능력은 연구자뿐만 아니라 일반 사무직, 아니 생산직에서도 필요하며, 생산성을 높인다는 것을 알 수 있습니다.

박제가는 〈북학의〉에서 우리나라의 소위 '늙은 농부'를 신랄하게 비판합니다. 조선을 가난하게 만드는 사람들이라는 것입니다. 조선의 늙은 농부들은 '아는 것' 없이 오직 체력에만 의지에서 근면성실하게만 일한다고 했습니다. 반면에 청나라 농부들은 생각하면서 농사를 짓기 때문에 농기술이 발전하게 되어, 같은 넓이의 토지에서 힘들이지 않고도 우리나라 농부보다 두세 배의 수확을 걷어들인다고 했습니다. 농사하나 짓는데 생각하는 능력이 얼마나 생산성을 높이는지 알 수 있을 것입니다.

저는 〈명심보감〉에 '하늘은 재능 없는 사람을 내지 않고, 땅은 이름 없는 풀을 기르지 않는다'라는 의미를, 요즘 뇌과학을 배우면서 실감합니다. 사람은 누구나 천억 개 정도의 뉴런을 가지고 있다고 했습니다. 그중 몇 퍼센트 정도의 뉴런을 활성화하느냐의 문제라는 것입니다. 뉴런의 활성화는 뉴런에 자극을 가해 점등하는 것이라 했습니다. 뉴런에 자극을 주는 것이 생각하기 교육이라고 생각합니다. 인간이라면 누구나 생각하는 능력을 얼마든지 키워나갈 수 있다는 것입니다.

삼성의 이건희 회장이 한 사람의 인재가 만 명을 먹여 살린다는 '핵심 인재론'을 이야기했습니다. 저는 이것은 이미 고전이고, 영웅의 시대는 지났다고 생각합니다. 가능하다면 모두를 인재로 키워야 한다고 생각합니다. 제가 말하는 인재란 각자의 분야에서 생각하며 일하는 사람입니다.

(6) 발문

네, 좋은 말씀입니다. 공감도 합니다. 연구직은 특성을 말한 것인데, 일반 사무직에도 말씀하신 대로 생각해서 문제를 풀어가는 능력이 매우 필요합니다. 저희만 해도 그렇고요.

그러나, 생각하는 힘은 교육한다고 해서 늘어나는 것은 아닌 측면도 있지 않나 싶을 때도 있습니다. 어려운 문제입니다.

(7) 답변

예. 어려운 문제입니다.

여러 심리학자가 생각은 어떻게 만들어지는 지에 관해 연구를 했습니다. 그중에 저는 러시아의 교육심리학자인 비고츠키라는 사람을 주목합니다. 비고츠키는 우리가 어떤 난관이나 문제에 부딪혔을 때, 그것을 해결하기 위해 조용히 혼자 하는 생각(말로 하는 생각, 속말, 내적 말)에서 사고가 탄생한다고 했습니다.

학교수업에서 학생들이 그러한 경험을 모두 할 수 있도록 디자인하기도 합니다. 토론에 응해 주시어 감사드립니다.

5 교권의 해석, 교사 인권 그리고 교사 권한

(1) 발제

한국의 한 교사의 자살로 "교권"이 도마에 올려 있다. 무력해지는 교단의 모습의 문제가 봇물 터지듯 분출하고 있고 벌써 정치권은 또 입법의 움직임마저 있다. 지금도 한국에서는 한 해에 1만 4천여 명이 이렇게 자기의 죽음을 결정한다. 우리는 그들을 이해할 수 없다. 우리 사회는 타인의 죽음을 정치적 아젠다에 활용하는 일에 너무 익숙하다. 나는 한 교사의 자진을 통해 우리 사회가 또 급하게 사회적 아젠다에 매몰되는 것에 우려한다.

특히 나 자신 교육자로서 "교권"이라는 단어에 회의적이다.

교육자는 서비스업에 종사하는 사람들이다. 조금 직설적으로 말하면 다른 서비스업 종사자들처럼 감정 노동자들이다. 서비스업은 사람을 상대로 한다. 진상 고객도 있고 감사하는 천사 같은 고객도 있다. 교사의 서비스에 대해 고객들은 부족한 경우 고객들은 불만을 제기할 권리가 있다. 교사의 고객은 학생이다. 교사와 학생 중에 누가 일반적으로 우월적 지위에 있는가? 또 다른 고객은 학부모들이다. 일부 권력층이 있어도 자녀의 평가 권한과 자식이 학교생활에 막대한 영향력을 가진 교사와 학부모 중에 누가 우월적 지위를 갖고 있는가?

일부 정신병적이고 악질적인 고객은 어느 직종이라도 직면하는 일이다. 그렇다고 직종마다 그런 서비스를 제공하는 사람들을 보호하는 특별한 권리와 권위가 법적으로 주어지는가? 환자들 불평 때문에 의사들을 위한 "의권"이 주어지고, 창구에서 횡포를 부리는 졸부들로부터 특별법을 만들어 금융종사자들을 보호하는 "금권"을 정의하고 구청에 가서 고래고래 소리 지르는 민원인으로부터 공무원을 특별히 보호하는 "공권"의 법을 만들어야 하는가?

교육자라고 다 성실하거나 교육적이지 않다. 교육 소비자도 교육 서비스 제공자의 부당함에 항의할 권리를 제한할 수 없다. 의료 사고에 대해 환자들이 피해를 예방하고 발생한 피해로부터 구제 받을 권리를 포기할 수 없고 공무원들의 부당한 처사로부터 국민이 항변할 권리를 포기할 수는 없다.

그래서 교육자들에게만 왜 교권이 필요하고 그것은 도대체 무엇인가? 어느 직업이든 정신질환이고 폭력적인 상황은 즉각 제어되고 통제되어야 한다. 학생의 폭력이든, 교사의 폭력이든, 학부모의 폭력이든 이런 상황은 청원 경찰이 되든 경찰이 되든, 교장이 되든 통제되고 회피되어야 한다. 권력이나 법을 악용해서 교사들을 괴롭힌다면 그것은 학교나 교원의 노조가 자구책을 내놓아야 한다. 교원 노조가 정치적 투쟁과 교육의 이념화에 몰두할 것이 아니라 부당한 공격에 교원이 노출되면 노조가 고용한 변호사 등 법률 전문가들이 조력에 나서야 된다. 어느 직장이나 직원이 부당한 공격을 받고 심리적 스트레스가 도가 넘으면 관리자와 조직이 직원을 보호해야 한다.

이는 어느 직종이나 마찬가지다. 소비자는 기대와 어긋난 서비스에 항의하고 피해를 구제받을 권리가 있어야 하고 서비스 제공자도 부당하고 폭력적이고 제도를 악용하는 고객으로부터 보호받아야 한다. 그것은 모든 인간이 폭력으로부터 보호받을 기본권이지 특수한 직업군에게 특별한 권리가 아니다. 그러므로 교육자라는 이유로 특별한 권리를 선언할 이유는 없다. 그런 규제와 보호는 소비자의 권리를 침해하고 이해 집단을 과보호한다.

크게 보면 그래도 한국 사회에서나 어느 나라나 교육자가 우월적 지위에 있다. 식당 종업원을 위한 특별한 권리 법제화를 할 것이 아니라면 교사들을 위한 교권이라는 추상적이고 권위적인 언어는 폐기되어야 한다.

교사들이 교육자로서 권위를 잃었다면 그것은 공부를 학교가 아닌 학원에서 하는 공교육의 붕괴가 근본 원인이지 학생과 학부모가 더 사악해져서도, 학생 인권 조례 때문이 아니다. 우리는 교사들의 권위주의 폭력을 감내하며 자라왔다. 당연히 자구 능력을 결여한 미성년자인 학생들의 인권은 더 보호받아야 한다. 교사들이 학생들을 "교육적으로" 징계할 권리도 유지되어야 한다.

교실과 교사의 시간을 교란하는 진상 고객들을 신속히 제압하고 격리할 수 있는 학교 내 절차와 수단을 갖추면 될 일이다. 다른 나라도 별별 학생과 학부모가 다 있다. 그런데 보편적 직장에서의 안전을 넘는 특별한 교권을 보호하는 법이 있지 않다. 학생과 직원 모두를 폭력에서 보호하는 보편적 법들이 적용되고 교장들이 골칫덩어리들을 주도적으로 상대하는 제도가 있을 뿐이다.

그리고 한 사람의 죽음을 자신들의 이해를 위해 정치화하고 활용하는 이 나쁜 습관은 빨리 끊어야 한다. 우리는 그들이 왜 죽었는지 진짜 이유는 영원히 모른다.

(2) 발문

교수님의 말씀에 공감합니다. 그러함에도 오해의 소지가 있어, 제 의견을 드립니다.

교사의 교권은 권리와 권한으로 나뉩니다.

권리는 교사의 인권입니다. 인권은 거래의 대상이 될 수 없으며, 교사뿐 아니라 누구의 인권도 침해당할 수 없습니다. 이번 서이초 사건은 교사의 인권이 학부모에 의해 침해당한 성격이 강합니다. 예의를 갖춰 불만의 표시나 정당한 항의가 아닌, 모멸적인 언어를 사용한 폭력의 성격이 짙었습니다. 물론 교사가 우월적인 위치에서 학생과 학부모의 인권을 침해했다면 책임을 면할 수 없습니다. 교권에 과거와 같은 반인권적인 체벌이 허용되지 않는 이유입니다.

다음의 권한입니다. 교사는 공인으로서, 교권은 교사 개인의 이익이 아닌 학생들 전체의 이익을 위해 부여된 권한입니다. 거래와 계약의 성격이 짙은 사교육과 달리 공교육은 그 학부모의 자녀만이 아니라 전체 학생들의 공익을 위해 권한을 부여받은 것이기 때문에 시장의 원리로 해석하는 것은 무리가 있습니다. 교육할 권한으로서의 교권은 단지 서비스가 아니라 공인으로서의 업무집행권의 성격으로, 강제성이 가미되어 있습니다.

교육은 단지 권리만이 아닌 의무로서 사회적인 책임이 따르는 것으로, 사적 영역과 공적 영역이 혼재되어 있다는 것을 간과해서는 안될 것입니다.

(3) 답변

그런 것은 모든 사람에게 해당되는 것으로 그래서 보편적인 법이면 되지 교사들을 위한 특별한 권리나 법이 필요하지 않다는 것이 제 주장입니다. 그럼 식당 종업원은 모욕당해도 되고 교사는 안 되나요? 왜 특별한 권리와 법이 "따로" 필요하냐는 게 제 요점입니다.

(4) 부연

교사의 인권 침해는 보편적인 법규범으로 가능합니다.

그런데 일반인과는 달리 교사는 학생들에게 인권 침해를 당해도 그것을 당당하게 주장하지 못합니다. 사회서 교사를 보는 것이 그렇고, 그러한 것은 부모가 자녀에게 당하는 인권 침해에 대해 보편적인 법규범에 호소할 수 없듯이, 사회나 학부모는 그것을 교사에게도 동일하게 요구합니다. 제가 근무하는 학교에서 덩치가 큰 자폐학생이 식사 시간에 조금 어긋났다고 난동을 부리는 바람에 특수선생님의 눈자위가 찢어졌어요. 학부모가 치료해 주지 않으니, 학교안전공제회를 통해 치료해 주었지요. 교육활동 중이라지만 특정인에 의한 상해는 안전공제회의 해당 사항이 아니지만, 불가피하게 그렇게 처리했어요. 그렇다고 그 자폐학생이나 학부모를 고소할 수 없습니다. 우리의 문화로는 그것을 허용 안 합니다. 그래서 교권보호위원회를 만들었습니다.

그리고 교육할 권한인 교권에 대해서는 대통령과 국회의원의 권한을 별도의 법률로 정하듯이 교사의 권한도 별도의 법률로 정하는 것입니다. 개인의 이익을 구하는 식당 종업원의 권리와는 달리, 교사는 공익을 추구하는 권한으로 그 성격을 달리합니다.

V

다사리 교육 시평

1 임금과 스승과 부모는 같다는 의미

(2018년 5월 15일)

오늘이 스승의 날입니다. 야단스럽지 않아 좋군요. 과거 스승의 날을 돌이켜보면 하루 내내 불편하고 어색하기도 했지요.

흔히 쓰는 말로 군사부일체(君師父一體)라는 말이 있습니다. 임금과 스승과 부모는 같다. 맞는 말입니다. 모두 리더라는 측면에서 일치하지요. 자고로 리더는 임금의 책임, 스승의 모범, 부모의 사랑을 모두 갖추어야 한다고 했습니다. 교육자의 리더십 뭐 별거 있습니까? 아이들의 공부 책임지고, 아이들이 따르게 모범을 보이며 아이들에게 사랑을 베풀면 되는 것 아닐까요?

존경을 구걸하지 맙시다. 세종은 어른이 아이에게 가까이 다가가야 아이에게 어른을 섬기는 마음이 생긴다 했습니다. 꼰대방지 5계명에 존경은 권리가 아니라 성취라고 했습니다.

자존심과 자존감은 차이가 있다지요. 자존심은 남에게 구하는 것이고, 자존감은 자기에게 구하는 것이라네요. 내가 선생님으로서 아이들에게 책임과 모범과 사랑을 다해 주고 있다면 그만이지요. 내가 나를 존경하면 되는 것이지요. 그래도 아직은 학생들의 희망 직업 중에 교사가 1등이랍니다. 여러 이유가 있겠지만 선생질이 그래도 우리 사회에서 할 만한 직업이지요.

우리 선생님들 마음 깊이 존경하고 사랑합니다. 그리고 행복합니다.

스승의 날을 축하드립니다.

2 배우는 즐거움을 가르친다는 것

(2018년 6월 21일)

파주 율곡교육연수원에서 2박 3일의 혁신 공감 리더 양성 관리자 연수를 받고 왔다. 21시간의 연수 중 2시간을 제외하고 모두 실행학습이었다. 50대 후반의 허연 머리에 팔짱 끼고 편하게 생각했던 연수가 4명 모둠을 이루어 쉼 없이 말하고 포스트잇 붙이느라 정신없던 힘든 연수였다. 그러나 함께 배우는 것이 이렇게 즐거울 수도 있다는 것을 체감한 연수였다.

홀로 즐김형을 자처하고 혼자 책 몇 권 읽고 혼자 잘난 멋에 살았으면서, 학생들에게는 동료와 함께 공부하는 것이 좋다고 역설한 내가 부끄러웠다. 학습공동체를 이루어 나를 열어 놓고 높은 수준의 사고와 실천하는 모습들을 보았다.

선생님들이 함께 배우는 즐거움을 알아야 학생들에게 함께 배우는 즐거움을 알려줄 수 있으며, 이것이 전문적 학습공동체의 이유임을 확인한 연수였다.

3 학생이 도와 달라는데 선생은 행복하지

(2018년 12월 20일)

오늘 오후에 학생 9명이 교장실을 찾았다. 4명은 밴드부 개설 문제로, 5명은 스터디그룹 운영과 관련하여 대화를 나누었다.

엊그제 페북 메시지를 통해 한 학생이 나와 대화하고 싶다고 요청이 들어왔다. 친구들과 자율동아리 밴드부를 만들고 싶은데, 교장이 협조할 수 있냐는 것이었다. 나도 바라던 일로 친구들과 교장실로 오면 함께 의논하자고 답신을 보냈다. 그러던 것이 부리나케 오늘 들른 것이다. 교장이 악기도 사주고 연습장소도 만들어 준다는 소문이 있어 들렀단다. 학생들이 배우고 싶다고 도와달라는데 가만히 있을 교장이 어디에 있나. 내년 예산에 최우선으로 반영하여 드럼, 키보드, 기타, 앰프 및 제반 도구를 구입하고, 방음이 잘 되어 있는 반지하 시청각실을 연습장소로 제공하기로 약속했다. 1명은 보컬, 1명은 드럼, 1명은 통기타와 베이스기타가 가능하고, 1명은 키보드를 다룬단다.

나는 호박이 넝쿨 채 들어온 느낌을 받으며 4명의 학생을 보냈다. 학생들이 무엇을 해 보겠다고 도와달라는데, 그것보다 더 행복한 교장이 어디 있을까?

4 딴따라 학교를 만들고 싶다

(2019년 7월 16일)

오늘 점심시간에 학생회에서 주관하는 숲속 미니콘서트 '우리가 만드는 아모르파티'가 열렸다.

학생이 만들어 가는 꿈의 학교 록밴드 학생들의 오프닝 연주, 1학년 자유학년제 예술활동을 통해 익힌 신명나는 사물놀이, 플룻과 전자피아노의 오묘한 조화, 전통부채춤을 현대적 댄스안무로 소화한 학생, 그리고 실력파 댄스팀들의 군무 등 숲속 무대에서 나름의 재능들을 마음껏 펼쳤다.

요즘은 잘 노는 아이들이 공부를 잘한다. 역으로 공부를 잘하는 학생들이 잘 논다. 내 교직 경험으로, 점심시간에 운동장 주변을 보면, 그 학교가 공부를 잘하는지 그렇지 못한지를 알 수 있다. 교실밖에 학생들이 많으면 공부 잘하는 학교이고, 실내에서 뛰어다니며 장난치는 학생들이 많으면 공부 못하는 학교이다.

공부 잘하는 학생들이 모인 학교는 체육활동이나 예술 활동이 활성화되어 있다. 내가 여주에 근무할 때 확인한 하나가 있다. 전교 학생 60명이 채 안 되는 면 소재지 중학교에 오케스트라가 있는데, 모든 학생이 오케스트라 단원이었다. 연주실력이 뛰어나 대소 행사에 자주 불려 다녔다. 그런데 놀라운 것은 그 학교가 당시 학업성취도 평가에서 가장 높았다는 사실이다.

일부 사람들은 예술교육이 활성화된 학교를 딴따라 학교라고 놀린다. 진짜 교육을 하고 싶은 부모는 자녀들에게 하나의 악기라도 다루게 한다는 것을 잘 모르는 사람들이다.

5 자녀에게 좋은 교육이란

(2019년 9월 7일)

> 더불어민주당에는 '민주'가 없고, 자유한국당에는 '자유'가 없고, 바른미래당에는 '미래'가 없고, 정의당에는 '정의'가 없는 위선의 시대다.
>
> (칼럼 내용 중에서)

20년 전 아이들이 초등학교 다닐 때, 방학 과제물에 독서신문 만들기가 있었는데, 국어 선생의 전문성과 편집 기술을 동원하여 남다르게 만들어 주었더니 상을 받아왔다. 좋은 아빠로서 아이 교육에 대한 자부심이 컸었는데, 지금 생각하니 아이들 교육을 망쳤다. 가끔은 아이들 교육을 잘못시켰다고 느끼는 것이 다 이유가 있었다.

나도 86세대인데, 앞으로만 뛰다 보니 놓친 것이 참 많았다는 생각이 든다.

교육에서 '정직'은 변하지 않는 가치요, 자녀에게 남겨주어야 할 평생의 자산이다.

6 학생들의 노력으로 만들었던 꿈의 학교

(2019년 11월 9일)

오늘 만꿈 수원밴드써클BB가 성장발표회에 참가하여 성공적으로 공연을 마쳤다. 우리공연이 끝나자 탄성, 우뢰와 같은 박수와 함께 앵콜을 외칠 정도이니, 내가 경험한 꿈의학교 공연 중에 가장 수준이 높았다.

원래 자기들끼리 돈을 모아 음악을 하고 진로가 분명한 학생이 많아 실력이 튼튼한데다, 강사비도 다 드리지 못하는데도 자원봉사식으로 지도해 주신 강사님의 정성이 이루어낸 성과이기도하다. 아울러 주말에 집에서 쉬셔야하는데 학생들을 끝까지 보살펴주신 음악선생님과 학교 악기들을 큰 차로 옮겨주신 학생부장선생님, 그리고 준비했다던 앰프가 없는 황당한 상황에서 성능이 좋고 비싼 앰프를 선뜻 가져다주신 어느 학생의 삼촌분. 어떤 대가도 없이 우리들을 위해 무료봉사해 주셨다.

그러함에도 꿈지기로서 눈물겹게 고맙고 감사한 사람은 원일초 7명, 원일중 5명, 매원고 6명 등 오늘의 히로인 18명의 아티스트이다. 초중고 3개 팀을 지원하는데 300만 원은 턱없이 모자라고 음악이라곤 아는 것도 없어 도움을 주지 못했는데, 단지 음악을 좋아하고 꿈을 키워 나가는 학생들이 스스로의 노력으로 만들어갔던 꿈의 학교였다. 아울러 오늘 학생들에게 소중한 기회를 마련해 준 성장발표회 운영진과 공연팀에 감사를 드린다.

7 학교 민주주의와 공명지조

(2019년 12월 18일)

오늘 학교 민주주의와 학교 자치 활성화 토론회에 다녀왔다. 토론주제인 학교 민주주의와 관련하여 공존, 존엄 등의 말이 있었다. 상대편을 죽이고 나만 살려고 하면 함께 죽는다는 공명지조란 말도 있었다.

오늘 특히 새겨들은 말은 '표현의 자유시장화'이다. 학교는 하고 싶은 이야기를 자유롭게 표출할 수 있는 광장이 되어야 한다는 것이다.

워킹그룹 활동보고에서 어느 학교 선생님의 사례 발표를 인상 깊게 들었다. 흡연에 대해 토론하는데 어느 학생이 흡연은 기호이고 내 건강은 내가 챙기는 것으로 남이 간섭할 바가 아니라고 하더라는 것이다. 이런 생각까지도 교사는 적극적으로 수용해 존중해 주고 다른 학생들의 의견을 들었다고 했다. 그리고 흡연으로 건강을 해쳐 불행해지면 본인뿐만 아니라 부모 친구들은 더욱 마음이 아프고 불행해질 것이란 말에 그 학생의 생각이 바뀌더라는 것이다.

교육의 정치적 중립성도 이런 것이어야 한다. 정치적 이슈가 되는 사회현상을 가지고 학생들이 토론할 수 있다. 여기에 교사는 자신의 정치 성향이나 의견을 내어서는 안 된다. 그래야만 학생들이 옳고 그르든 하고 싶은 이야기를 자유롭게 표출할 수 있다.

학생들에게도 좌파가 있고 우파가 있어야 한다. 좌의 존재 근거는 우이고, 우의 존재적 근거는 좌이다. 좌파가 우파를, 우파가 좌파를 부정하면 함께 죽는다. 이것이 공명지조요 민주주의다.

8 동서양 지성들의 끊임없는 질문과 대답

(2021년 7월 30일)

10년 전 경기혁신교육의 트렌드는 창의지성 교육이었다. 창의는 자기 생각(지식) 만들기였고 그것을 지성적 방법으로 하자는 것이다. 그 지성적 방법이라는 것이 학자들의 연구방법이었는데, 그래서 소논문 프로젝트가 유행했다. 창의지성 교육은 보통학생에게 먼 나라 이야기였다.

그때 접했던 책이 비고츠키의 〈생각과 말〉이었다. 말을 하며 생각이 만들어진다는 것이다. 결국 창의 활동은 말을 하는 누구에게나 이루어지고 있다는 것이다.

세종의 경연, 소크라테스의 산파술, 공자의 문답법 등을 보면, 동서양 지성들의 생각을 확장하는 방법은 끊임없는 질문과 답이었다.

다사리 교육은 누구나 말하는 창의 활동이고 모두가 질문하고 답을 하는 지성 활동으로, 명실상부한 창의지성 교육이다.

9 한 명도 포기하지 않는 E등급 제로화

(2022년 1월 4일)

오늘 진급 및 졸업 사정회를 맞이하여 그동안 학생 교육에 애쓴 선생님들 노고에 심심한 위로와 감사의 말씀을 드립니다.

올해 역시 단 한 명의 학생도 낙오하지 않고 모두 진급이나 졸업을 하게 되니, 다행입니다. 단 한 명의 아이도 포기하지 않겠다는 우리 책무를 다한 것이기 때문입니다.

다만 아쉬운 것은 모든 학생을 다 살리겠다는 다사리 교육을 비전으로 'E등급 제로화'를 목표를 삼은 우리학교가 아직 평균 10%대 후반의 E등급 학생들이 잔존하고 있고 교과에 따라서는 30-40%대의 학생들이 있는데 우리가 책무를 다했는지 의문을 제기하지 않을 수 없습니다. 물론 작년에는 20%대였는데, 줄어들기는 했지만 말입니다.

잘 알다시피 0점도 E등급입니다. 우리가 과연 단 한 명의 아이도 포기하지 않은 것인가요? 경우에 따라 2/3, 교과에 따라 절반 이상이 E등급인데 말입니다. 학생들은 중학교 때부터 절반 가까이 수학을 포기하고, 과학을 포기하고 공부를 포기해도, 진급하고 졸업하고 진학하는데 문제없습니다. 포기가 습관화되다 보면 취업도, 결혼도, 승진도, 집 사는 것도, 포기들이 일상화되고, 포기를 자기 탓이 아닌 남 탓으로 돌리는 무책임으로 발전할 위험성이 있다고 생각합니다.

그래서 조심스럽게 제안합니다. 다사리 교육을 비전으로 삼은 우리 학교만이라도 다음 해부터는 사정안에 E등급 비율 자료를 넣자고 말입니다. 그리고 단 한 명의 아이도 포기하지 않겠다는 우리 모두의 약속을 지켰는지 반성하자고 제안합니다.

10 명실상부한 과정 중심 평가의 가능성

(2022년 1월 27일)

교사 중심 수업을 들은 학생들에게 배움이 일어났는지에 대한 평가는 결과 중심 지필평가를 통해서 한다. 그러나 그것이 수업 과정에서 배움이 있었던 것인지, 시험공부라는 개별학습 과정에서 얻은 배움인지는 모르겠지만 후자의 가능성이 더욱 크다.

반면에 토의와 토론, 프로젝트 수업, 문제 해결 수업 같은 학생 중심 수업 받은 학생들에게 배움이 일어났는지에 대한 평가는 과정 중심 평가를 통해서 한다고 한다. 과정 중심 평가는 말 그대로 수업 과정을 통한 배움을 평가해야 하지만, 대부분 교과의 수행평가는 수업 과정이 아닌 학기 중 일정한 시간을 정해놓고 하는 것이 일반적이다. 말로는 과정 중심 평가라고 하지만 결국은 결과 중심 평가이고, 수업 과정 속의 배움의 평가가 아닌 개별적으로 수행평가를 준비하는 과정에서 이루어진 학습 결과에 대한 평가가 되는 것이다.

왜 이런 일이 생기는 것인가. 학생 중심 수업이라는 토의와 토론수업에서는 주로 공동활동을 강조하기 때문에 개별적인 배움을 표시하는 산출물이 거의 없어 개별 평가가 불가능하다. 그렇다고 공동산출물을 가지고 집단평가를 하는 것은 획일화된 배움이라는 것은 있을 수 없기에 과정 중심 평가라고 할 수 없다.

우리는 구호만 난무하고 실제로는 그 구호의 본질과는 괴리된 현실을 너무 많이 보아왔다. 5공 시대의 사회정의 실현이라는 구호가 대표적이겠으나 작금의 정치 현실뿐만 아니라 교육 세태도 이에서 크게 벗어나 보이지 않는다.

그렇다면 과정 중심 평가는 불가능한 것인가?

나는 그 방법을 '다사리 교육'에서 찾았다. 다사리 교육에서는 교사 중심 강의를 전제로 한다. 강의를 듣고 들은 내용을 개별학습지에 마인드맵을 통해 그려 보고 그것을 동료에게 말로 표현한다. 아울러 모둠 내의 동료 말도 개별학습지에 기록한다. 다음으로 동료에게 반드시 질문하여 응답한 내용도 기록하게 한다. 마지막으로 강의를 통해 자신이 배운 것과 동료들을 통해 배운 것을 통합하여 최종적인 자신의 앎과 생각을 개별학습지에 기록하게 한다. 이러한 개별학습지를 평가한다면 명실상부한 과정 중심 평가가 이루어진다는 것이 현장경험이었다.

중요한 것은 교사 중심 수업을 악마화하고 학생 중심 수업만이 천사라는 극단적인 선악 이분법에서 벗어나는 것이다.

11 보이텔스바흐 협약과 교사의 참정권

(2022년 2월 16일)

보이텔스바흐 협약은 1976년 독일의 바덴-뷔르템베르크 주(州)에서 보수와 진보 등 정치적인 입장을 달리하는 서독의 정치교육학자들이 모여 만든 교육지침이다.

이 교육지침에서는 바람직한 정치교육의 원칙으로, 첫째 일방적인 주입식 교화 교육을 금지하며, 둘째 학문과 정치에서 일어나는 논쟁을 교육에서도 그대로 재현하고, 셋째 학생들이 정치적 상황과 자신들의 이해관계를 제대로 이해하고 그에 따라 정치적인 행위 능력을 기르게끔 해야 한다는 것을 제시하고 있다.

교육의 정치적 중립의 핵심이 첫 번째 원칙이다. 교사가 아이들에게 특정한 결론을 강요해서는 안 된다는 점이다. 교사들로부터 방해 받지 않고 학생들의 독립적인 판단이 가능하도록, 교사가 자신의 신념을 아이들에게 노출하는 것 역시 금지된다.

교사의 정치적 중립은 보이텔스바흐의 첫 번째 원칙을 준수하는 것만으로 충분하다고 본다. 특정 교사가 이 원칙에 어긋나면 학생과 학부모가 문제를 제기할 수 있고, 합리적 판단 기구에서 심의하여 해당 교사를 제약하면 된다.

그 이외에는 교사의 참정권은 자유롭게 보장되어야 한다. 교사도 자신의 정치적 신념을 실현하고자 하는 정당 활동을 보장해야 한다.

교육도 사회현상 중의 하나이므로 교육에 대한 관점이나 신념도 다분히 사회적이고 정치적이다. 교사는 자신의 교육적 신념을 그것에 부응하는 정파의 정당 활동을 통해서 실현하면 된다.

12 권리에 따른 의무를 강조하는 교육

(2022년 3월 9일)

자치란 남의 간섭 없이 의사를 결정하는 권한을 말한다, 지방자치는 지방정부가 중앙정부의, 교육자치는 학생 교육이 정치권력의, 학교 자치는 학교가 교육청의, 학생자치는 학생회가 학교의 간섭 없이 의사를 결정하는 것이다. 자치란 이러한 집단적인 것만이 아니라 개인적인 차원의 문제이기도 하다.

민주주의 사회에서는 남의 간섭 없이 의사를 결정할 수 있는 권리를 가진다. 그러나 이러한 권리에는 책임을 져야 한다는 의무가 전제되어야 한다. 권리와 의무가 자치역량 강화 교육의 핵심이다.

우리나라 민주시민 교육, 혹은 자치역량 교육 등은 권리에만 초점이 맞추어져 있다. 각 시도교육청에서 제정한 학생인권조례가 대표적이다. 그러니 남의 간섭 없이 의사를 결정하는 권리만 주장하고 책임은 지지 않으려고 한다. 교육청에서 내려오는 학교생활인권 지침에는 학생들의 권리만 강조하고 학생들의 행위에 책임을 지우는 교육을 제한하는 경우가 대다수이다. 이것들이 정상적인 민주시민 교육을 방해하고 있다.

12년 전 미국 연수 중 한 지역의 교육청을 방문했다. 관계자께서 요즘 한국에서 유학 오는 중고학생들이 많아서 한국어로 제작한 학교생활 안내자료가 있다고 하여 받아왔다. 모든 학교생활 규정에는 어김없이 권리와 함께 의무가 병기되어 있었다. 학교 단위가 아니라 지역 차원의 교육이사회 차원에서 정책화되었다.

13 학교를 감옥으로 인식하는 이유

(2022년 3월 17일)

다음은 평소 공감하는 선생님이 소개한 수업 장면의 일부다. 초등 6학년 국어 '비유하는 표현'이라는 단원이었는데, 학생과의 자연스러운 질문과 응답을 통해서 비유적 표현을 이해시키는 아주 좋은 수업이었다. 역시 많은 분의 공감과 공유가 있었고 나도 공감을 표시했다. 학습 목표에 도달하는 성공적인 수업이었음에도 관점을 달리하여 수업 비평을 적어 보았다.

- 학교 하면 생각나는 것은 무엇일까?

- 감옥이요!

- 감옥? 학교와 감옥은 어떤 공통점이 있어?

- 학생은 교복을 입고, 죄수는 죄수복을 입어요.

- 또?

- 콩밥을 줘요!

- 급식?

- 네!

- 학교에는 교사가 있고, 감옥에는 교도관이 있어요.

- 또 없어?

- 음. 학교에도, 감옥에도 복도에서 감시하는 사람이 있어요.

- 학교 복도에 감시하는 사람이 있어?

- 교장, 교감 선생님이요.

- 어디? 어. 정말 교감 선생님 지나가시네.

- 어, 진짜다! (이후 생략함)

학교를 감옥에 비유한 학생들의 대답에 놀랍네요. 진짜 학교가 감옥 같은 곳으로 여겼다면 문제입니다. 대부분은 코로나 상황에서 집에 갇혀 있던 학생들이 학교에 가고 싶어 안달했다는데 말입니다.

그 학교는 급식이 부실한가요? 우리 학교는 콩밥도 맛있다고 난리입니다. 그 학교 교장, 교감은 학생들을 직접 감시하나요? 아니죠. 선생님들을 감시하겠죠. 요즘답지 않게 학교 민주주의가 실현되지 못했나 봅니다.

교복은 진짜 문제입니다, 통제의 수단이자 상징물인 교복이 없어져야 하겠지요. 그것을 없애지 못하는 이유는 교복 제작 업체와 결탁한 지자체의 포퓰리즘 정책에 있을지도 모릅니다. 교복은 없어도 학교에서 공부하는 데 지장이 없습니다. 사실 체육 시간에는 체육복이 필요하죠. 공짜로 주고 싶으면 학습준비물의 성격이 짙은 체육복을 무상으로 지원해 주면 좋겠습니다. 거꾸로 된 것은 진정으로 교육을 위한 배려가 없었기 때문입니다.

그런데 선생님 학교는 초등학교이기 때문에 교복 없지 않나요? 그리고 제가 알기로는 선생님 학교는 아주 좋은 학교로 알고 있습니다.

그렇다면 학생들이 학교를 감옥으로 인식하는 것은 현실을 왜곡하여 사고하고 있다는 것입니다. 자기 생각을 솔직하게 표현하지 못하는 것인지도 모릅니다. 남에게 들은 생각을 자기 생각으로 착각한 것은 아닐까요? 여기서 남이 선생님들이었다면.

14 기초학력 미달자도 지원을 요구해야

(2022년 4월 10일)

올해 우리 학교 기초학력 진단평가 결과,

1학년 5명에 7과목,

2학년 14명에 20과목,

3학년 15명에 30과목의 학생이

최소한의 성취기준을 충족하지 못했다.

학년이 오를수록 비율이 높아지는 것은 예년과 비슷하다. 매년 이러한 학습지원 대상 학생들을 대상으로 보충수업 계획을 세우고 실행하지만, 강제성이 없어 참여율이 저조하다. 기초학력을 확보했는지 검증도 안 되어 실효성도 의심된다.

2022년 3월부터 기초학력보장법과 같은 법 시행령이 시행되지만, 내용을 살펴보아도 새로운 것이 없다. 올해도 작년 대책을 답습하는데, 대상 학생들은 작년보다 더 부정적이다. 기초학력 진단 결과를 인정하지 않고 부모에게 알리지 말 것을 요구한다. 방과 후에 수업하는데, 만 오천 원 수당임에도 6개 강좌를 만들었지만 희망하는 학생들이 없어 1개 강좌라도 만들어질지 의문이다. 작년에는 4개 강좌를 운영했다.

교사의 열정이 있어도 학생들이 안 따라온다. 학습지원 대상 학생들이 보충학습에 참여하지 않는 것이 가장 현실적인 문제이다. 낙인을 찍는다고 강제성이 없어 설득에도 한계가 있다.

대상 학생들의 기초학력을 보장하기 위해 실효성 있는 대책이 필요하다.

첫째, 교사 수당을 방과후학교 강사 수준으로 현실화해야 한다.

둘째, 대상 학생들에게 보충학습이나, 기초학력 보정 프로그램 참여에 강제성을 부여해야 한다.

셋째, 대상 학생 중 열심히 노력하여, 10~11월경 기초학력 진단 평가를 다시 실시하여 기초학력을 확보한 학생에게 과목당 3만-5만 원 정도 기초학력 확보 보상금을 지급해도 대단한 효과가 있을 것이다.

기초학력에 미달한 것도 권리로서, 기초학력을 확보하도데 지원을 요구할 수 있는 학습문화가 조성되었으면 좋겠다. 정부나 지자체에서 기초생활비를 지원해 주듯이 말이다. 코로나에서는 오든 국민에게 수십만 원씩 지급하듯이, 어려운 학생들이 당당하게 공부하도록 도와주자.

기초학력보장법에 자치단체의 장은 기초학력 확보를 위한 예산을 수립해야 한다고 명시했다.

어디에다 쓸려는가. 또다시 교육권력과 결탁한 교육장사치에게 들어가지 않았으면 한다.

15 낙제는 안 했지만 낙제자라는 낙인

(2022년 4월 12일)

과목 :	A / B / C / D / E
문학	6.5 / 13.5 / 17.5 / 16.5 / 45.5
수학	1.6 / 7.5 / 10.9 / 10.6 / 69.5
영어	11.5 / 11.8 / 10.0 / 10.9 / 55.8
세계지리	5.3 / 4.6 / 7.6 / 9.9 / 72.5
세계사	6.9 / 1.7 / 5.2 / 3.4 / 82.8
정치	3.7 / 4.9 / 12.3 / 9.9 / 69.1
윤리	15.8 / 4.8 / 10.3 / 7.5 / 61.6
물리	8.3 / 10.0 / 15.0 / 15.0 / 51.7
화학	7.3 / 13.5 / 8.3 / 14.6 / 56.3
생물	7.4 / 10.6 / 18.1 / 11.7 / 52.1
지학	4.5 / 9.0 / 14.6 / 18.0 / 53.9

학교알리미에 공개된 어느 고교 2학년의 교과별 학업성취 사항이다. 여기서 E등급은 최하 수준의 학업성취 기준에 미달한 비율이다. 세계사는 82.8%가 낙제로, 교과 이수 기준에 미달하지만 모두가 학년 진급하고 졸업한다. 낙제시키자니, 어린 학생들이 마음이 다칠까 봐 걱정되고, 한 명의 아이도 포기하지 말아야 하는데 어찌 80% 이상을 포기한단 말인가?

문제는 2025년부터 고교학점제 전면 실행을 위한 선결 조건으로 이수 기준을 마련해야 하는데(김성천 외. 고교학점제란 무엇인가?) 이수 기준에 못 미치는 이 학생들을 어찌 처리할 것인가이다.

고교학점제를 실행하려면 성취도별 학업성취율을 조정할 필요가 있다. 현재 교육부 훈령에는 A 90% 이상, B 80-90, C 70-80, D 60-70, E 60 미만으로 되어 있다. 교과 최소 이수 기준인 E등급을 40%, 아니 내 생각으로는 20%까지 낮추어, 낙제자를 최소화하고 낙제자의 기초학력을 확보하기 위한 행정적 재정적 지원대책을 강구해야 한다. 그것이 모두가 성공하는 교육, 단 한 명의 아이도 포기하지 않는 교육이다.

마음의 상처를 주지 않겠다고 했지만, 이미 80% 이상의 학생들은 마음의 상처를 받았고 방치되었다. 낙제는 안 했지만 나는 낙제자라는 예리한 송곳에 찔렸다. 이들을 위한다고 하지만 이들을 버렸다. 위선이었다.

점수 따기 교육하지 않겠다는 사람들이 자기와 자녀는 고득점으로 SKY를 갔다. 특목고를 욕하는 대부분 인사들이 특목고를 보낸 사실도 목도한다.

당장 사회에 나와 운전면허라도 따려면 최소 점수를 얻어야 한다. 각종 취직에 점수 없이 가능한 것이 있던가. 현대사회에서 점수 없이 생존할 수 있는 사람이 있기나 하던가.

조선 골통 성리학자들은 정치의 모범, 지치의 시대로 요순시대를 말한다. 솔직히 요순시대라는 것이 원시공동체 사회이고 왕이라는 것이 마을 추장 정도였을 텐데 무슨 경쟁이 있었겠는가. 이 사회는 점수와 경쟁이 엄연히 존재하는데 점수경쟁 없는 교육으로 사회무능력자를 양산하려는가. 자기 자녀를 사회무능력자로 만들 자신이 있는가 말이다.

16 김홍도의 서당과 제자에 대한 사랑

(2022년 4월 16일)

단원 김홍도의 〈서당〉은 보는 사람에게 다양한 상상을 가능하게 한다. 가운데 울고 있는 학동은 훈장에게 회초리를 맞은 아픔에 운 것이 아니다. 자세히 보면, 회초리를 맞기 위해 바지 대님을 풀고 있는 모습이 보이기 때문이다. 훈장 앞에서 치른 '강경' 시험에 통과하지 못한 부끄러움에 울고 있다는 것이 나의 생각이다.

조선시대의 초중등 학교 시험은 필기시험인 '제술'보다 구두시험인 '강경'이 먼저였다. 한문 경전을 음독하고 직역하며 삶이나 현실과 관련짓는 의역까지 하는 것이 '강경'이다. 현재 학교의 수행평가 성격으로 성장 중심 과정평가이다.

평가단계는 대통, 통, 약통, 조통, 불통 등 5단계이다. 대통은 직역이 정확하고 창의적인 의역까지 가능한 단계이다. 통은 직역이 정확하고 평범한 의역까지 가능한 경우라 하겠다. 약통은 직역까지 할 수 있지만 의역까지 연결하지 못한 경우이며, 조통은 음독과 대략적인 직역이 가능한 경우로 최소한의 과목 이수 기준이다. 불통은 음독이나 직역이 안 되는 경우로, 낙제이고 '벌한다'고 했다. 그 '벌'이 회초리였다.

훈장이 내리는 벌은 회초리로 맞는 그 자체가 아니다. 동료들 앞에서 수치감을 느끼게 하여, 공부에 매진하도록 배려하는 교육 행위이다. 훈장은 불통 학생에게 나머지 공부나 보충학습을 하게 한 후에 재응시의 기회를 주되, 최소한의 과목 이수 기준에 이를 때까지 계속한다.

훈장이 회초리를 드는 것은 요즘 개념의 체벌이 아니다. 훈장의 표정을 보면, 화난 것이 아니라 안타까움이 섞인 안쓰러움이다. 애틋함이 느껴지고 단한 명의 아이도 놓지 않는 사랑이다. 왼쪽에 있는 세 명의 동료들의 표정 역시 의미심장하다. 훈장 바로 옆 아이는 손으로 입을 가리고, 중간의 아이는 책장을 살짝 들여 보이고, 바깥쪽 아이는 책의 특정 부분을 손으로 짚어주며 무엇인가를 알려 주려 노력한다. 훈장은 이들을 다 보면서도 모른 체 하는 모습이 우습다.

17 성장과 사랑은 놓칠 수 없는 교육의 가치

(2022년 5월 11일)

인간은 신과 짐승 사이에 끼어 있는 중간자이다. 인간은 자기 욕구를 채워 가는 이기적인 존재이기에 신이 아니다. 반면에 남의 욕구를 배려하는 이타적인 존재이기에 짐승도 아니다. 인간은 신성(神性)과 수성(獸性)을 동시에 지니는 이중적인 존재이기에 존재적 갈등을 겪는다.

인간의 이기적인 속성에 의한 경제활동을 강조하는 것이 자본주의다. 인간의 이기심이라는 보이지 않는 손에 의해 욕구의 충족뿐만 아니라 절제도 가능하다고 보았다. 절제 없는 욕구 추구가 자기의 이익을 침해할 수도 있기 때문이다. 인간의 이기적인 속성을 전제하는 것이 경쟁교육이다. 인간은 어쩔 수 없이 약육강식의 정글에서 살아가야 하는 존재이기에 살아남으려면 경쟁력을 길러야 한다는 관점이다.

인간의 이타적인 속성에 의한 경제활동을 강조하는 것이 사회주의다. 인간의 이타심이라는 도덕적 배려가 자기 욕구를 절제하게 하여 남과 더불어 욕구 충족이 가능하다고 보았다. 그래서 될 수 있는 대로 가치를 공유하고 나누려 한다. 인간의 이타적인 속성을 전제하는 것이 공동체 교육이다. 인간은 어쩔 수 없이 약육강식의 정글에서 살아가야 하는 존재이기에 살아남으려면 오히려 협력과 연대가 필요하다는 관점이다.

이렇게 인간 존재에 대한 관점의 차이는 교육에 대한 관점의 차이로 이어졌고 갈등했다. 그러나 인간은 이기심이 있기에 에너지가 생기고 성장할 수 있으며, 이타심이 있기에 애틋함이 생기고 사랑할 수 있다. 성장과 사랑은 교육에서 놓칠 수 없는 가치이며, 어느 하나라도 빠지면 교육이 아니다.

18 생활지도가 아닌 생활교육의 관점에서

(2022년 5월 21일)

이순신의 〈난중일기〉 번역본(장계 포함)에 '약속'이라는 말이 47회 정도 등장한다. 특히 전투를 수행할 때 집중적으로 나타난다. 지휘관인 이순신은 참모들과 전략을 짤 때 '지시'보다는 '약속'의 방법을 사용했음을 보여 준다.

약속이란 미래에 할 일을 정하여 지키도록 다짐하는 것이다. 약속은 참여자들의 합의를 전제로 하여 스스로 구속하는 행위이다. 약속은 자신이 해야 할 행위들을 신념화하여 스스로에 책임지게 한다. 쌍방향 의사소통 방법이다. 반면에 지시는 참모들의 동의를 전제하지 않고 지휘관의 생각을 전달하는 일방적인 의사소통 방법이다.

이순신이 전투를 수행하는 일종의 메뉴얼격인 〈전수기의 10조〉에 '약속'은 네 번째이다. 첫째가 '척후'로 정보를 폭 게 수집하는 단계이다. 둘째가 '장단'으로, 아군의 장점은 강점(strength) 단점은 약점(weakness), 적군 장점은 위협(threat) 단점은 기회(opportunity)로 삼아 SWOT분석을 통해 전략을 짰다. 셋째가 '속오'로 전투에서 전략을 구사하기에 적합하도록 부대를 재구조화하여 조직했다. 넷째가 '약속'으로 전투 중에 각 소속 부대가 할 일을 합의하여 정하고 다짐하여 군령을 세우는 단계이다.

신립과 원균은 용장이었지만 지휘관의 지시에 의존했다. 참모들의 만류를 무시하고 전투를 수행하여 필패했다. 이순신은 참모들의 합의를 전제한 약속에 의존하여 23전 23승 했다. 적함 수백 척을 격침하는데 아군의 함정은 단한 척도 잃지 않았다.

어제 부장교사 기획회의에서 최종적으로 지시사항을 듣고자 교장을 바라보고 있었다. 이에 이순신의 '약속'을 언급하면서 이 자리에서 토론을 통해 계획한 것들은 우리들의 약속이라 했다. 아울러 교장의 지시는 없으며, 부장님들이 옳다고 여기는 대로 업무를 추진하신다면 교장은 적극적으로 지지하고 지원하겠다는 멋진 지시(?)로 끝을 맺었다.

아직 학교에서는 생활지도라는 말을 쓴다. 학교생활에 대한 학생들의 합의를 끌어내는 생활교육이 아니라 선생님의 생각을 일방적으로 지시하는 생활지도에 익숙해 있다. 선생님들이 생활지도가 아닌 생활교육의 관점에서 민주적인 리더십을 발휘할 수 있을 때, 진정한 의미의 민주시민교육을 통한 학교민주주의가 실현된다.

4.16 세월호에 선장의 지시만을 바라보던 참모들의 모습이 참극을 가져왔다. 민주적인 리더십이 참으로 아쉬웠다.

19 재능 없는 아이는 없다

(2022년 6월 9일)

> 天不生無祿之人 地不長無名之草
> 하늘은 재능 없는 사람을 내지 않고
> 땅은 이름 없는 풀을 기르지 않는다

어제 교무회의에서 학교생활기록부 작성과 지필평가 관리 연수를 했다. 생활기록부 작성 연수 중에 교과 세부능력 및 특기사항 기재에서 수강 학생 대비 연간 50% 이상 기록하라는 내용이 있었다. 이것도 30% 이상이었는데 얼마 전 학업성적관리위원회에서 논의를 거쳐 상향 조정한 것이었다.

여러 논란이 있었다. 한 명의 교사가 기재해야 할 대상자가 수백 명이 되는데 모두 기재해 주는 것은 시간상으로 어렵다는 것이다. 방학 전에 기재하여 3차에 걸쳐 교내에서 자체점검을 해야 교육청에 제출하고 방학 중에 점검받을 수 있다는 것이다. 더구나 담임교사는 기재할 다른 항목도 많으니 학기 말에는 생활기록부 기재로 전쟁을 치르고 있는 것도 사실이었다. 수업도 들어가야 하는 선생님들에게 말을 거는 것도 미안했다.

그리고 모두 기록해 주고 싶어도 특기할 만한 사항이 없다는 것이다. 그리고 교육부 훈령에도 고등학교는 모든 학생에 대해 입력하지만, 중학교는 특기할 만한 사항이 있는 과목 및 학생에 대하여 입력하라고 되어 있다는 것이다.

그러니 소수의 필요한(?) 학생들만 매번 빽빽하게 기록하고 다수의 학생은 허전하게 비워둔다. 하늘은 재능 없는 사람을 내지 않았다라는 말을 차치하고서라도 선생님에게 학생으로서 주목받지도 인정받지도 못하는 학생들이 겪을 심리적 공허감과 실망감을 간과해서는 안 된다. 그러고도 학생들이 학교에서 행복한 배움이 가능할 것인지를 심각하게 고민해야 한다. 설사 재능이 없으면 찾아주고 만들어 주어야 하는 것이 학교의 교육이어야 한다.

그래서 제안했다. 1학기는 도저히 시간을 낼 수 없으니, 방학 중 41조 연수 중에 기록되지 못한 학생들을 분석하여 2학기에는 모든 학생의 재능이 드러나거나 찾도록 하는 과정평가로써 수행평가를 하고 그 결과를 모든 학생에게 기록해 주자고 제안했다.

제안하기는 했으나 여전히 선생님들에게 미안하다. 여건도 조성해 주지 못하면서 원칙만 강조했으니 말이다. 중학교의 수업시수는 고등학교에 비해 현저히 많다. 교원 수가 적다 보니 모두 담임이나 보직을 맡아야 하고, 행정업무도 폭증한다. 사실상 무리한 요구임이 틀림없다.

이에 모든 학생에 대한 개별화 교육이 실현되려면 국가 차원의 제도적 개선이 이루어져야 한다. 교원 정원을 늘려 수업시수를 줄여주어야 한다. 아울러 학교의 행정지원 인원을 늘려 선생님들이 행정업무 부담에서 벗어나 학생 교육에 전념하도록 해야 한다. 주당 10시간도 안 되는 대학 교수들은 평가만 하지 학생부 기록이나 행정업무를 맡지 않고 있다.

학생 수가 줄어드니 교육재정도 교원의 수도 줄여야 한다고 궤변을 늘어놓는 분이 정치를 하면 교육의 질은 하락할 것이 뻔하다. 그러고도 대한민국 미래에 희망을 바라겠는가?

20 일반 학생도 귀족 교육을 받게 해야

(2022년 6월 15일)

7년 전 딸아이가 대학에 들어갈 때다. 지방의 평범한 일반고에서 손가락 안에 든다는 내신성적으로 그래도 알아준다는 서울의 사립명문대 수시 교과 중심 학생부 전형에 지원했었다. 말만 교과 중심이지 합격 여부를 결정하는 것은 자기소개서와 논술 면접이었다.

딸아이는 내신과 자기소개서 등 1차 서류전형을 통과하고 2차 논술 면접에 부푼 꿈을 안고 응시했으나, 머리가 백지가 되어 버벅거리다 나왔다고 했다. 특목고나 자사고 출신 학생들은 논리적으로 유창하게 자기 생각을 표현하더란다. 일반고에서는 특목고나 자사고처럼 생각을 끌어내는 교육을 받지 못했다. 논술은 소위 명문대라는 소수 상위권 대학만의 전형이다. 보통 이하의 중하위권 대학들은 내신과 수능 점수를 가지고 전형했기 때문에 보통의 일반고는 생각을 집어넣는 교육을 했다. 반면에 상위권 대학에 초점을 맞춘 특목고나 자사고는 평소에 바칼로레아를 흉내 내는 생각을 끌어내는 교육을 받았다. 이들이 받는 사교육도 그러했다. 일반학생들이 받는 사교육과 달랐다. 소위 귀족 교육은 달랐다.

원래 우리의 전통 교육은 생각을 끌어내는 교육이었다. 세종 때 과거 시험 문제 중에는 '노비 또한 하늘의 백성인데 그처럼 대대로 천한 일을 해서 되겠는가'에 대해 논하라는 것이 있었다. 당시 토지의 조세 정책인 공법의 입법 방향에 대해 논하라는 것도 있었다. 오늘날 논술 면접이라면 최근의 이슈인 차별금지법이나 부동산세에 대해 논해 보라는 문제였을 것이다.

이러한 과거 시험에 대비해 생각을 끌어내는 초중등교육이 있었다. 김홍도의 〈서당〉이라는 그림에서 회초리를 맞을 아이는 구두 논술 성격인 '강경'에서 불통, 즉 지금으로 말하면 E등급을 받은 학동이었다. 생각을 끌어내는 교육의 생동감 넘치는 교육 현장이 포착되었다.

그러던 것이 일제 식민 시대로 접어들면서 생각을 집어넣는 노예교육으로 바뀌었다. 일제의 식민교육 체제는 공장을 가동하기 위해 노동자를 양성하기 위한 교육을 했다. 시키는 대로 말 잘 듣는 교육을 했다. 서구 유럽의 식민지 교육 시스템을 도입했다. 우리의 초중등교육 시스템은 여기서 아직 헤어나지 못하고 있다.

의기소침한 딸을 태우고 그 대학을 떠나면서, '특목고나 자사고 아이들은 최소 중학교부터 생각을 끌어내는 귀족 교육받았으니, 생각을 집어넣는 노예 교육을 받은 일반고 학생인 내 딸은~'이라는 생각을 하니 서글펐다. 교사였던 나는 속내로 딸은 명문대를 나와 교수로 신분 상승했으면 하고 바라던 터였다. 결국 딸은 그 명문대에 못 가고 정말 교과 내신 중심이었던 교대에 진학하여, 교사를 한다. 교사 동지들에게 미안하지만, 신분의 벽은 그만큼 높았다.

그 신분의 벽을 무너뜨리기 위해 일반 학생들에게도 생각을 끌어내는 귀족 교육을 받도록 해야 한다. 모든 학교에서 그런 교육이 이루어지려면 일부 상위권 대학만이 아니라 국가 차원의 대입 논술시험이 있어야 한다. 그것이 바칼로레아다. IB는 아니라도 이참에 한국형 바칼로레아, 즉 KB를 개발했으면 좋겠다. 그것이 4차산업 미래사회에 대비한 교육혁신이었으면 좋겠다.

21 다사리 수업을 통한 아가페의 실천

(2022년 6월 19일)

지난주에 2학년 국어 다사리 수업했다. 중학교 국어2-1 교과서에 실려 있는 한용운의 시 〈나룻배와 행인〉이 있어 콩트 '애꾸눈 엄마'를 보조자료로 하여, '사랑'에 대한 자기 생각을 만들어가는 수업이었다.

다섯 단계로 구성된 활동지를 3~5명으로 짜인 모둠원끼리 협력하에 작성해야 했다. 이 수업에서 모둠원은 공동운명체이다. 같이 살고 같이 죽는 공동체이다. 그래서 활동지를 개방하고 공유하지 않으면 안 되었다.

모둠원 중 하나라도 작성하지 못한 학생이 있으면 다음 단계로 진행할 수 없다. 그래서 기다려 주어야 할 뿐만 아니라 작성을 마칠 수 있도록 모둠원들의 활동지를 보여 주며 도와주어야 했다. 특히 생각 말하기와 생각 나누기 단계는 남의 활동지에 채워야 한다. 다른 모둠원이 채워 주지 않으면 점수를 얻을 수 없다.

그래서인지 학습에 참여한 100% 학생이 활동지를 작성했다. 그것도 다섯 단계를 다 채웠다. 활동지 뒷면에 제시한 평가척도의 기준으로 보아도 60점 이하는 없었다. 단 한 명도 포기하지 않는 E등급 제로화를 실현했다.

수업 중에 평소 껄렁거리던 학생이 자기 활동지와 남의 활동지를 번갈아 가며 정신없이 써가면서 하는 말이 'IC 손 아파 죽겠네. 그래도 선생님. 다사리라는 것 너무 좋아요. 재미있어요.'라고 한다. 이 수업의 주제가 '헌신적인 사랑' 즉 '아가페'인데, 이 녀석은 자신이 아가페를 실천하고 있다는 것을 알기나 할까?

22 다사리 교육의 베끼기와 기초학력 확보

(2022년 6월 26일)

얼마 전에 다사리 수업을 참관한 선생님들께 불편한 진실(?)을 들킨 것 같아 순간 뜨끔했다. 다사리 수업은 모든 학생이 자기 생각을 만들어간다고 하였는데, 어떤 학생은 학습자료만 보고 열심히 베끼더라는 것이다.

솔직히 맞는 말이다. 학습자료뿐만 아니라 남의 활동지를 보고 베끼는 학생들도 있었을 터였다. 사실 그것은 내가 시켰다. 골치 아프게 머리 써가며 공부하지 말라고 했다. 공부는 쉽게 하는 것이라 했다. 공부 천재인 다산 선생도 공부할 때 머리를 믿지 말고 손을 믿으라 했다는 말도 덧붙였다. 독서를 하며 책 내용을 낙서하듯 베껴대니 공부가 되더라는 것이다.

우리 베이비붐 세대가 학교 다닐 때는, 선생님이 칠판에 빼곡히 써대면 정신없이 베꼈다. 암기식 지식교육이었다. 나라를 망칠 교육이었다. 그러나 우리는 나라를 망치지 않았다. 오히려 남을 부러워하던 나라에서 남이 부러워하는 나라로 만들었다. 생각 없이 베끼는 교육이 생각하는 힘을 키웠기 때문이다. 물론 공부에 관심 없던 녀석들은 죽어도 베끼지 않았다.

어떤 것이든 무에서 유가 만들어지지 않는다. 자기 생각은 남의 생각을 베끼는 과정에서 만들어졌다. 남의 생각을 그대로 베끼는 과정에서 남의 생각이 자기 생각으로 변환되는 것이다. 그것이 되풀이되며 남의 생각을 넘어서는 자기의 생각이 만들어진다. 그것이 창의력교육이다.

다사리 수업에서는 때에 따라 학습자료를 베낄 수 있다. 그렇다고 하여 학습자료를 그대로 베끼는 것이 아니라 학습자료에서 베낄 내용을 선택하거나 요약하여 베껴야 한다. 혹은 동료의 활동지를 보고 베낄 수도 있다. 동료 생각을 자기 생각으로 만드는 과정이다.

중요한 것은 베이비붐 세대와 달리 공부에 관심 없는 녀석들도 베껴야 했다. 내가 동료의 활동지에 베껴 주지 않으면 동료가 점수를 얻을 수 없다. 내가 베껴 주지 않아도 동료들은 내 활동지를 채워줄 것이기에 모른 척할 수도 없다. 그러니 100% 학생들이 활동지를 작성했다.

100% 학생들이 자기 생각을 만들어갔다는 것이며 배움이 있었다는 것을 의미한다. 그런데 그것이 싫지 않고 재미가 있단다. 선생이 시켰으면 죽어도 하기 싫었을 텐데, 동료와 함께하니 즐거웠다고 했다. 즐겁게 공부하며 자기도 모르게 기초학력이 확보되는 순간이었다.

기초학력 확보는 평소 수업 시간에 모든 학생을 참여하게 하는 것으로부터 시작되어야 한다. 공부에 관심 없는 녀석들을 어떻게 수업에 끌어들일 것인가에 대한 전략이 필요하다. 그러려면 수업이 고통스럽지 않고 재미있어야 한다.

그래서 생각한 것이 베끼기 수업이었다. 육신은 고달파도 머리는 아프지 않게 했다. 육신의 고통도 동료와 함께하니 재미가 있다. 동료에게 일방적으로 도움을 받는 것이 아니라, 내가 할 수 있는 것(베끼는 것)으로도 동료에게 도움을 주는 일이니, 자존심 상할 것도 없었다. 당당하게 동료 것을 보고 베낄 수 있으니 자연스럽게 동료에게 배웠다. 자신도 모르게 학력이 형성되었다.

기초학력 확보는 이런 것이어야 했다.

23 주인과 노예 변증법과 에듀테크 활용 교육

(2022년 8월 11일)

헤겔의 정신현상학에 나온다는 '주인과 노예의 변증법'은 너무 어려워 잘 모르겠지만, 내가 아는 언어로 표현한다면, 주인과 노예의 위치가 바뀔 수 있는 정신 현상을 말한다.

주인은 사물과의 관계 속에서 자립 의식을 형성하고, 사물을 자기 욕망대로 활용할 수 있는 자이다. 그러나 욕망을 채울 수 있는 사물의 지배권은 한정되어 있어 다른 사람과의 투쟁에서 자립 의식이 투철한 자가 승리하여 주인이 된다. 실패한 자는 노예가 되어 주인의 욕망을 채워 주는 대상 즉 객관적 사물로 전락하게 된다.

주인은 육체 혹은 정신의 고통이 따르는 사물의 지배권을 노예에게 맡기고 편리함을 추구한다. 노예는 주인이 맡긴 사물의 지배까지 처리해야 하는 고통을 감수해야 하지만, 많은 사물과 직접 관계하며, 투철한 자립 의식이 형성된다고 한다. 반면에 주인은 나태해져 사물과의 직접적인 관계를 꺼리게 되어, 자립 의식이 저하된다. 초기는 주인이 자기 의지대로 노예에게 시키는 존재였지만, 점차로 노예가 시키는 대로 살아야 하는 존재로 전락하게 된다는 논리다. 주인과 노예의 위치가 역전되는 논리다.

주인과 노예의 변증법은 교육에 시사하는 바가 크다. 교육에서 AI와 같은 에듀테크에 지나친 의존은 생각하는 힘을 저하할 개연성이 높다. 왜냐하면 육체 혹은 정신적 고통이 따르는 사물과의 직접관계를 에듀테크가 대신할 것이기 때문이다. 그래서 4차산업 미래 교육에 대한 세계교육의 관심은 생각하는 힘을 기르는 데 있다. 설명과 토론이 양립하는 거꾸로 교실 혹은 학생끼리 짝을 이뤄 묻고 답하는 하브루타 교육이 주목받는 이유다.

현재의 우리의 문제는 정답을 요구하는 평가시스템에 맞추기 위해 남의 생각만을 받아들이는 교육에 있다. 진전된 미래 교육은 평가시스템도 바꿔야 하겠지만 그에 맞춰 모든 학생에게 자기 생각을 만들어내는 방법을 찾아 똑똑한 인재로 기르는 교육이어야 한다.

4차산업 미래 교육을 논함에 에듀테크에 대한 지나친 강조는 교육에 대한 문제의식의 결여와 교육철학의 부재에서 나온다.

이번에 경기도교육청 인수위 백서에 나타난 미래학교의 성격은 에듀테크에 대한 지나친 강조와 의존성에 있다. 무엇인지도 모를 미래역량을 키우겠다고 에듀테크를 활용하겠다고 한다. 지나치게 말하면 모든 학생을 바보로 만들려고 하는지 모르겠다. 수학 시간에 사칙연산을 배우지 않고 계산기를 활용하도록 하면 된다. TV가 바보상자이고, 내비게이션이 모든 운전자를 바보로 만들었으며, 휴대폰이 부모의 전번도 기억 못하는 바보 아들을 양산했다. 디지털이 편리한 만큼 정신적 역량은 저하되고 있었다.

4차산업 미래 교육에서 에듀테크 활용은 결코 무시할 수 없다. 그러나 에듀테크는 수단이지 목적이어서는 안 되었다. 에듀테크가 어떠한 미래 교육을 위한 수단으로 활용되어야 하는지가 언급되어야, 4차산업 미래사회 교육은 모든 학생에게 자기 생각을 만들어가도록 하는 교육으로 바꾸어가는 것이다.

그것을 위해 IB라는 평가시스템을 도입하는 것이다. 이제는 생각하는 힘을 키우는 교육을 위해서 대입 평가시스템을 바꾸어야 한다. 그런 관점에서 생각하는 힘을 키우는 미래 교육의 비전을 제시하는 것이 먼저였다.

24 수업을 방해하는 학생들에 대하여

(2022년 8월 29일)

한 중학교에서 남학생이 교단에 드러누워 수업 중인 여교사를 조롱하듯 촬영하는 모습이 공개돼 논란이다. (중략) 교실에는 다른 학생들이 많았지만, 제지하는 이는 없었다. 촬영을 당하는 교사도 학생을 말리지 못하고 수업을 진행했다. 일부 학생들은 재미있다며 웃고 떠들기도 한다. (한국경제, 2022년 8월 29일)

학생들의 SNS에 올라온 충격적 영상이라 하여 기사로 올라온 글이다. 일반인들에게는 충격적이겠으나, 요즘 선생님들이 경험하는 일반적인 상황일 수 있다.

교장인 내가 간혹 교실에 들어가 수업할 때도 겪었기 때문이다. 교단은 아니라도 피곤하다고 교실 뒤에 드러눕거나 친구랑 떠들어댄다. 수업 시작 전부터 엎드려 있거나 화장실 간다고 손 흔들며 나가서 들어오지 않는 행위는 그래도 고마운 편이다.

두려운 것은 그 학생이 아니라 그릇된 행동에 동조하는 학생들이다. 수업을 중단하고 훈계하려고 하면, 수업 안 하느냐, 진도 안 나가느냐고 비아냥거리는 아이들이다. 진짜 열 받쳐 욕이 목구멍까지 올라온다. 40년 교직 생활이 한순간에 날아갈 수 있다.

그런 학생들은 참으로 영악했다. 절대 혼자 그런 짓을 하지 못한다. 패거리를 만들고 그 패거리가 그 집단문화를 주도했다. 더구나 학급회장이었다. 선악의 전도현상이 여기에서 나왔다. 그런 학생들은 그 학부모도 비슷한 경향을 보일 가능성이 크다. 잘못 걸리면 큰 낭패다. 법리에 밝고 배경이 두텁기 때문이다.

수업 방해 현상을 교권 침해라는 관점에서 해결하거나 생활 지도법이라는 과거 정책으로의 회귀에 대해 우려한다. 이는 정상적인 시민문화가 발동하는 사회정의 차원에서 해결할 일이다.

수업을 방해하고 기분 내키는 대로 행동하는 학생이 패거리를 만들어 학급 회장이 되는 사회가 잘못된 사회이다. 그른 행동을 하는 학생들이 손해를 보게 하는 정책이 나왔으면 좋겠다. 여기서 손해란 교내외봉사, 특별교육이나 등교정지, 학급교체나 전학 권유 등의 행정적 손해가 아닌 직접적인 경제적 손해가 가도록 했으면 좋겠다.

외국에서는 이렇게 심각하게 교육활동을 방해하는 학생들은 학교에서 수업에서 배제하여 지도한 후에도 변화가 없으면, 법원에 통고하고, 법원은 학생과 법률대리인인 학부모를 소환하여 즉결심판을 통해 과태료 혹은 벌금을 부과한다고 들었다. 이것이 교사의 교수권뿐만 아니라 학생들의 학습권을 보호하기 위한 시민사회의 민주적 메커니즘이다. 그런데 이것을 교권 보호의 차원에서 논의한다면 상대적으로 학생 인권을 침해한다는 논란에 휩싸일 가능성이 크다.

교육은 교사뿐만 아니라 학부모, 더 나아가 마을과 지역이 그 책임을 다해야 한다. 학생들의 비윤리적 행위에 대한 책임을 교사나 학생에게만 지우는 것은 잘못이다. 학부모가 자녀의 인성교육에 대한 권리와 함께 책임도 져야 하는데, 학부모의 권리만 강조하는 사회분위기가 정상적인 인성교육을 방해하고 있다.

학생들의 비윤리적인 행위에 대한 학부모의 책임을 묻는 제도적 장치가 필요하다.

25 우리 학생들의 교장 선생님 심기 경호

(2022년 9월 20일)

며칠 전, 한 학생이 교장실에 들어왔다. 3학년 학생이라면서, 1학년 학생이 종이비행기를 창밖으로 날리기에 저지했다고 했다. 그 종이비행기는 학생훈화용으로 교장 선생님이 써준 유인물로 접어 만들었다고 했다. 그래서 그 학생에게 이것을 교장 선생님이 보시면 얼마나 기분 나쁘겠냐며 잘 타일렀다고 자랑했다. 일단 잘했다고 칭찬하고, 교장 마음을 헤아려주어 고맙다고 했다.

심기 경호라는 말이 있다. 윗사람 기분이 언짢아지지 않게 주변 환경을 맞춘다는 뜻이다. 심기 경호는 사람을 위아래로 구분하는 수직적 인간관에서 나온다. 반민주적이고 봉건적 사고다. 민주적 사고는 수평적 인간관을 바탕으로 한다.

과거 시험에서 세종의 사리각 수리의 그릇됨을 비판한 하위지의 답안을 장원으로 선발한 황희나, 그러한 하위지의 책문을 강직하다 칭찬한 세종은 민주적 사고를 지닌 사람이었다. 반면에 이 학생은 민주주의 시대를 살고 있으면서도 봉건적 사고를 지닌 셈이다. 종이비행기를 접어 날린 학생이나, 이를 비판한 학생 역시 제대로 된 민주시민교육을 받지 못했기 때문이다.

그래서 그 학생에게 다시 이야기했다. “참 잘했고 고맙다. 다만 아쉬운 것은 그 학생에게 교장 한 사람의 기분을 배려하기보다는 그 종이비행기를 바라보는 여러 사람의 불쾌한 기분을 고려하도록 했다면 더 좋았을 텐데 말이다. 민주주의란 특정한 누구의 행복을 위해 여러 사람을 불행하게 하는 것이 아니라, 모두가 함께 행복하기 위해 노력하는 사회이지 않겠니?”

26 꿈을 키우며 성장하는 우리 학생들

(2022년 10월 2일)

4년 전 가을에 학생들이 찾아와 밴드 반을 만들어 달라고 했다. 아이들이 하고 싶다는데, 물불 가리지 않고 6백만 원 예산으로 기본 악기와 앰프를 구매했다. 강사비 등 운영비는 '학생이 만들어 가는 꿈의 학교'를 만들어 확보하기로 했다. 그리고 꿈지기가 되었다.

지원비 3백만으로는 강사비와 연습장 대여비, 약간의 간식비로도 빠듯했다. 현직 교원은 꿈지기를 맡지 말라는 권고에 따라, 2년 차부터 강사 선생님에게 억지로 떠넘기고 나왔다.

올 1학기에 꿈의 학교 운영지원단에 지원했다. 점검 대상 꿈의 학교로 〈수원밴드써클〉을 신청했음은 물론이다. 9월 초에 현 꿈지기인 강사님과 연락하여, 방문 일정을 잡고 어제 다녀왔다.

수원시청역 근처 지하연습실을 대여하여 운영하고 있었다. 강사님과 11명의 학생이 연습하고 있다. 4기가 운영되고 있으니, 강사님과 1명 학생 외에는 생소했다. 3년이 지나니 멤버가 대부분 교체되었다. 초등과 고등학생이 없이 모두 중학생이다. 9개 중학교에서 왔다. 처음에는 만들어 주다시피 했으나, 이제는 각 학교에서 소문난 실력파들을 수소문하여 자기들끼리 만들었다. 명실공히 학생들이 만들어가는 꿈의 학교가 되었다. 스스로 움직이는 자생력을 갖추었다. 세 곡을 연습했다. 졸지에 1인 관객이 되어 호강했다. 실력파들로 구성되었으니 더 말하여 무엇하겠는가. 관람료는 통닭 2마리다. 연주 내내 그 통닭이 어찌 작아 보이던지~. 11월 6일 아주대에서 성과발표회를 하는데, 10분으로 줄어, 두 곡만이 가능하겠단다.

연습을 끝내고 바로 옆 수원 예술공원에 갔다. 내가 사 온 치킨을 먹는데 10명 이상이 대들어 한두 점씩 먹으니, 두 마리 치킨이 사라졌다. 나는 쫌생이였다.

자연스럽게 즉석 버스킹이 만들어졌다. 통기타가 시작하니 플롯과 템버린이 가세하고, 아름다운 보컬이 오묘한 조화를 이룬다. 다리가 움직여지고 어깨가 들썩였다. 지나가는 사람이 신기한 듯 쳐다보았다. 흥이 넘치고 끊임없이 이어진다. 정말 잘 노는 아이들이다.

얼마 전에 '나는 노는 여자가 좋다'라는 강의를 들은 적이 있다. 요즘 젊은 이들은 예쁘거나 잘생긴 사람보다 잘 놀 줄 아는 사람을 배우자로 선택한다고 한다. 자기를 평생 행복하게 해 줄 것이기 때문이다. 직장에서도 지적 능력보다 남들과 잘 노는 능력을 갖춘 사람을 선호한다고 했다. 성과를 더 내기 때문이다.

요즘은 잘 노는 학생들이 공부도 잘한다. 좋은 호로몬이 분비되어 뇌가 유연하도록 윤활유 역할을 하기 때문이다. 내가 아는 꿈의학교 〈수원밴드써클〉 멤버들은 모두 공부를 잘한다. 그리고 인성도 바르다. 현재 꿈지기이신 강사 선생님은 학생들에게 선한 영향력을 행사하는 좋은 분이시다. 믿고 따르며, 예의도 바르고, 예쁘게들 성장한다.

27 학교폭력의 교육적 해결이란

(2022년 12월 15일)

오늘 학교안전공제회에서 학교폭력 피해지원 결정 통보받았다. 피해 학생의 심리치료비로 약 1,500만 원 정도를 지급했다는 것이고, 이 금액은 학폭법의 규정에 따라 가해 학생의 보호자에게 구상권을 행사하게 된다. 작년 3~4월 SNS에서의 대화가 문제가 되었던 사건으로, 전담 기구 협의를 통해 학교 내 자체 해결을 권했으나 피해 학생의 보호자가 학폭 심의를 원하여, 가해자에게 교내 및 사회봉사, 특별교육이 부과되었던 사건이다.

학교폭력에서 아무리 경미한 사건이라도, 피해자가 원하지 않으면 학교장 자체 해결을 강제할 수 없다. 학교 내에서 교육적으로 해결할 방도가 없는 것이다. 가해 학생 입장에서 자기 잘못을 인정하고 관계를 회복하여 향후 서로를 존중하며 더불어 살아가도록 하는 것이 학교폭력의 교육적 해결이어야 함에도, 피해 학생은 고액을 들였지만 완전한 심리 치유로 행복한 삶을 이어갈 수 있을지 의문이며, 가해 학생 역시 피해 학생에 대해 혹은 우리 사회에 대한 좋은 감정을 가지고 살아갈 수 있을지는 더더욱 의문이다. 가해 학생과 피해 학생 모두 평생 깊은 원한을 가지고 세상을 원망하며 살아갈 것이 분명하다. 참으로 암담하며, 교육자로서 아무것도 할 수 없는 것이 아이들에게 미안하고 자괴감만 들 뿐이다.

학교폭력의 교육적 해결의 핵심은 학생들 간의 관계 회복이다. 그런데 이것은 어른들이나 교육자가 나설 일이 아니다. 학생들 동료들 간에 자체적으로 해결하려고 나섰을 때 그 실효성은 크다고 하겠다.

28 미래 학습의 모델, 다사리 학습동아리

(2022년 12월 19일)

유럽위원회 합동연구소(IPTS)는 2030년 미래사회의 모습을 예측하여, 2030년 미래교육과 미래학교를 상상했다.

- 학교에는 관심이 같은 동료들과 그룹을 지어 학습할 수 있는 시스템과 서비스가 개발될 것이다.
- 학교의 역할은 학습자 각자가 어떤 학습경로를 선택하고, 어떤 학습 유형과 필요한 자원을 선택하며, 학습한 내용을 어떻게 평가할지에 대해 안내하는 역할이 될 것이다.
- 교사의 역할은 학습 중재자, 공동학습자가 되는 것일 것이다.
- 학생들은 학습에서 동료를 가르치는 것이 보편화될 것이다.
- 교육은 학교 교실을 떠나게 될 것이다.

우리 학교의 다사리 학습 자율독서동아리 '시나브로'가 있다. 얼마 전에 활동 자료를 제출했는데, 2030 미래 교육 / 미래학교와 유사한 모습을 지녔다. 8회차 활동 중 과학 분야 4회, 수학 1회, 문학 1회, 사회 1회, 역사 1회인 점으로 미루어 과학 분야에 관심이 같은 동료들과 그룹을 지었다.

학교는 활동 방법과 이수 기준을 안내하고, 교사는 다사리 학습과 평가 방법을 교육하였다. 학생들은 방과 후 시간을 활용하여 학교 도서관이나 마을 스터디카페 등에서 활동하며, 학습 일자나 시간을 합의하여 계획하도록 했다. 학생들이 학습 주제와 자료를 선정하고, 동료 간에 가르치고 배우는 다사리 학습 방법으로 활동했다.

과학 분야 중 생물학의 '소화기관', 화학의 '이온', 물리학의 '밀도'에 대한 지식을 교과수업과 교과서를 통해 학습한 후에, 학습한 지식의 내용을 학생마다 창의적으로 구조화하고 중요 개념을 돌아가며 동료에게 설명했다. 시험에 대비하여 예상 문제를 출제하여 동료에게 풀어보게 하고, 마지막으로 학습한 과학 지식을 정리하여 삶이나 현실과 관련지어 자기 생각을 서술했다. 특히 물리학의 관성의 법칙과 질량 보존의 법칙을 교과서가 아닌 〈미식예찬〉이라는 청소년 과학소설을 통해 학습한 것은 아주 특이하고도 가치 있는 경험이었다.

문학 분야는 모파상의 단편소설 〈목걸이〉를 같이 읽어보고, 진정한 가치와 행복한 삶에 대한 자기 생각을 만들었다. 사회 교과서에 나오는 '세계의 기후'를 함께 학습한 후 토론했다. 수학 분야는 '이상한 나라의 수학자'라는 유튜브 영상을 시청한 후, 수학을 배우는 이유와 태도, 방법 등에 대해 토론했다. 역사 분야는 산업혁명의 전개 과정과 사회적 문제, 이의 해결 방법으로서의 자본주의와 사회주의를 배우고 토론했다.

우리 학교의 다사리 학습 자율독서동아리 '시나브로'는 미래사회 학습의 전형적인 유형을 보여 주었다. 관심이 같은 학생들로 학습공동체를 구성하여, 자율적인 계획에 의해, 학생 주도적인 학습을 했다. 학급이나 학년의 경계를 허물고, 교과서와 수업, 유튜브와 관련 도서, 문학 작품 등 다양한 매체를 통해 학습하고 토론했다. 서로 잘하려고 경쟁하지만 서로 도와가며 함께 성장하는 학습공동체로 묶였다. 에듀테크를 활용하는 지식교육과 사람과 사람이 만나는 토론학습으로 하이테크(HT) 하이터치(HT)라는 미래 교육을 구현했다.

29 〈더 글로리〉를 통해 본 학교폭력

(2023년 1월 9일)

송혜교의 차가운 매력에 하루 만에 8회차 시청했다. 다만 이것이 학교폭력 문제를 해결하는 데 도움을 줄지, 연기 모방의 부작용으로 이어질지는 의심이다. 악역이 거부감보다는 매력으로 보이는 것이 우려되고, 우리 청소년들에게 무방비 노출 가능성에 걱정이 앞선다.

빈부로 된 선악 구도도 학교폭력의 현실을 왜곡할 가능성이 크다. 현실은 부모 캐어가 부족한 학생이 가해자일 개연성이 높다. 피해자도 마찬가지다. 사회정의가 서지 못한 부패한 사회 현실을 비판하고자 하는 의도를 읽을 수 있으나, 문제 핵심을 벗어나게 하여 학교폭력의 문제 해결을 더 어렵게 할 수 있다.

폭력의 근본 원인은 빈부가 아니라 인간을 대하는 인성에 있다. 폭력은 인간을 인간으로 대하지 않는 데에서 나온다.

드라마 속 인물인 별명 '개새끼'인 송명오가 전재준의 반려견을 보고 '개새끼'라 하자, 전재준이 '개새끼라 부르지 마. 개새끼야'라는 대사에서 전재준의 폭력성을 엿볼 수 있다. 물론 손명오 역시 인간다움이 아닌 개새끼 같은 행위를 보임으로써 다분히 폭력적이고 인간성이 희박하다. 박연진 역시 문동은을 친구나 인간이 아닌 '고데기 열 체크기' 정도로 여긴다.

결국 학교폭력의 본질적 해결은 인간의 본성인 인간성을 불러일으켜 금수의 속성인 욕망을 조절하고 절제하도록 하는 인성교육에서 답을 찾도록 해야 한다.

30 학교폭력 가해 학생의 인권

(2023년 3월 5일)

인권이란 사람이라는 존재 이유만으로 부여되는 권리입니다. 학교폭력에서 피해 학생뿐만 아니라 가해 학생에게도 부여된 권리가 있기 마련입니다. 법률과 규범이 존재하는 이유는 스스로 방어할 수 없는 비대칭적 폭력적 상황에서 공적인 폭력 즉 공권력이 개입하여 약자를 구제하는 것입니다. 그런 점에서 피해 학생이 우선합니다. 그 말은 더 큰 공적 폭력이 가해 학생에게 비대칭적으로 개입할 가능성이 있으므로 가해 학생에게도 스스로 방어할 수 있도록 또 다른 공적인 힘을 부여하게 됩니다. 그것이 학폭에서 가해 학생이 할 수 있는 행정심판이나 행정소송 등 제소권입니다. 이것을 비난하고 것 역시 인권 침해입니다.

타인에게 폭력을 행사한 것은 잘못일 가능성이 크지만, 가해자가 무조건 잘못하고 피해자가 무조건 잘했다고 기계적으로 판단할 수 없기에, 시비를 가리는 재판을 하는 것입니다. 정의의 여신인 '디케'는 저울질을 통해서 누가 더 상대적으로 잘하고 잘못했는지를 판단하게 됩니다. 디케를 대신하는 사람이 전문성을 갖춘 학폭 심의위원이나 판검사입니다. 그것을 대중이 선불리 감정이나 선동으로 판단할 때 마녀사냥이나 인민재판이 되어 정의롭지 못한 상황이 야기될 수 있습니다.

학교폭력을 저지르는 가해학생에 대해서 무조건 용서하라는 것은 아닙니다. 가해학생에 대한 처벌은 교육적인 방법에 따라 피해자와 가해자의 관계 회복을 위한 프로그램이 우선해야 한다는 것입니다.

31 교육의 질은 교육정책의 질

(2023년 3월 30일)

2023학년도 교과 보충 집중 프로그램 운영 예산을 배정받았다. 신청 금액보다 20%가 더 나왔다. 새 정부 들어 기초학력 보장에 대한 의지가 확고하다더니 지원액이 늘었다.

대상은 학습결손이 있는 학생 중 희망 학생이다. 프로그램 운영반은 1~20명인데, 1명 학생이 신청해도 운영할 수 있다고 했다. 방과후 주말 방학을 이용하여 운영하되, 대입 보충수업 등 수익자 부담 방과후학교 운영에는 쓸 수 없다.

작년에도 교과 보충 프로그램을 운영했다. 20개 프로그램에 프로그램당 3~4명이 주를 이루고 1~2명에 8명도 있었다. 학습결손 학생이 희망하지 않아 일반 학생들로 채웠다. 그나마 출석률이 저조해, 선생님의 사기를 떨어뜨렸다. 작년 1,800만 원에 올해는 1,200만 원만 배정받았다. 우리 관내 평균 배정액이 중학교 2,600만, 고등학교 5,000만 원이다. 학습결손이 있는 학생 중 희망하는 학생이 그렇게 많은지 궁금하다.

정책의 취지와는 달리, 고등학교는 학습결손이 아닌 일반학생을 교과 보충에 투입하겠다는 의도가 보인다. 모두가 알다시피 학습결손 학생이 희망하는 경우는 아주 드물다. 기초학력 보장이라는 명분에 일반학생의 대입 준비 과외 수업을 무료로 해 줄 것이 뻔하다.

돈 잔치는 벌이는데, 기초학력 보장에 실효성이 있을지 의심스럽다. 재탕 삼탕에 맹탕 정책이 분명하다. 이 정책이 또다시 실패할 수밖에 없는 이유는,

그 대상을 학습결손 학생 중 희망자라 했기 때문이다. 학습결손 학생 중에 나머지 공부를 희망할 자가 얼마나 있겠는가. 그것이 가능할 것이라고 정책을 입안했을까. 돈을 쓰자니 만든 정책이다. 정책의 진정성이 없었다.

정책의 진정성이 있었다면, 학습결손 학생들은 희망이 아니라 이 프로그램 참여를 제도적으로 강제해야 했다. 교과별 학업성취에서 낙제등급인 E등급을 받았거나, 기초학력 진단평가에서 미달에 해당하는 학생들에게 참여를 강제해야 했다.

솔직히 말하면, 이 방법이 모든 학생에게 기초학력을 보장하는데 실효성 있는 방법이다. 그러함에도 정책 입안자들은 민원이나 사회적 파문, 혹은 정치인들 표 떨어지는 일이기에 애써 외면한다.

기초학력 보장의 최선은 보충수업이 아닌 정규교과교육 시간에 실현되는 것이다. 정규교과교육 시간에 모든 학생을 수업에 몰입하게 하여 모든 학생이 학습 목표에 도달하게 하는 것이 기초학력을 보장하는 가장 확실한 방법이다. 어렵다고 하지만, 현장의 많은 선생님이 이것을 고민하고 시도하고 있다.

정책 입안자는 학교 현장에서 문제 해결 방법을 찾고 정책을 입안해야 한다. 학습결손이 있는 학생들이 교과 보충에 희망하지 않을 것임을 뻔히 알면서도, 눈 가리고 아웅 하려 한다. 예산이나 참여 수 등 실적 위주가 아니라, 기초학력 보장에 실효성이 있는 성과 위주로 정책을 추진해야 한다.

280조들이고도 세계 최고의 저출산을 막지 못하는 정책 오류가 교육 현장에 있어서는 안 된다. 교육의 질은 교육정책의 질을 넘지 못한다.

32 튜터링과 티칭 그리고 코칭과 멘토링

(2023년 5월 30일)

인공지능 튜터라는 말도 있더군요. 보조라는 의미입니다. 선생님이 티처이고, 티칭의 본질은 선생님이 해야 합니다. AI는 그저 보조 수단입니다. 다만 지식 전달과 같은 일부 영역은 기계의 보조를 받을 수 있다는 시대가 되었다는 것입니다. 티칭의 영역 중 생각을 키우는 부분은 사람이 해야 합니다.

그런데 지식 전달은 선생님이나 기계가 할 수 있어도, 생각을 만들어가는 것은 구성주의 심리학으로 보건대, 학생들 스스로 해야 한다고 합니다. 선생님은 학생들이 생각을 만들어가도록 도와주는 역할을 합니다. 그래서 티칭의 영역 중 생각을 키우는 부분은 코칭의 성격이 강하다고 합니다. 선생님 생각의 개입을 최소화해야 하는 영역입니다.

멘토링은 정서에 영향을 주는 심리적인 영향력을 말하는 것이며, 학생들의 성장에 깊은 영향을 미칩니다. 결국 교육은 사람이, 선생님이 하는 것입니다.

33 학교 교육에 교권이 특별한 이유

(2023년 7월 31일)

학교의 교사에게는 '교권'이라는 특별법이 필요합니다. 똑같이 학생을 교육하는 학원의 강사에게는 '교권'이라는 것이 필요하지 않습니다.

학원 강사는 학생, 혹은 학생을 대리하는 학부모와 계약을 맺은 거래관계입니다. 자유시장 원리가 작동하는 관계입니다. 교육 서비스의 공급자와 수요자라는 시장 관계입니다. 학원 강사에게 서비스 질에 상당하는 거래금액을 제공한 학부모는 그에 상응하는 채무를 이행하지 않을 때, 학원 강사에 대해 항변권을 행사할 수 있습니다. 반대로 학원 강사는 자기의 교육 서비스의 질에 상응하는 학원비를 내지 않는 학생이나 학부모에 대해 거래하지 않을 권리가 있습니다. 특히 진상 학부모에 대해서는 더하겠지요.

학교의 교사는 자기의 교육 서비스에 해당하는 교육비를 가져온 학생들을 대상으로 교육하는 것이 아닙니다. 교육비를 가져오지 않았다고 교육에서 배제할 수 없습니다.

학원 강사는 학부모가 제공한 교육비에 상응하는 교육서비스를 제공하기 위해 수업 시간에 잠을 자는 학생들을 깨우거나 혹은 공부를 하지 않는 학생에게 벌을 주어도 아동 학대법을 어겼다고 고소하지 않습니다. 그랬다가는 그 학원 강사의 질 높은 교육 서비스를 받지 못할 것이기 때문입니다. 오히려 때려서라도 가르쳐달라고 더 많은 돈을 제공할 수도 있습니다.

학원 강사는 알아서 '교권'을 세워주기 때문에 특별법을 만들어 교권을 세울 필요가 없습니다. 반면에 학교의 교사가 질 높은 교육 서비스를 제공하기 위해 수업 시간에 잠을 자는 학생을 깨우거나 혹은 공부하지 않는 학생에게 벌을 주게 되면 어떤 학생과 학부모들은 아동 학대법을 어겼다고 고소합니다.

학교의 교사들에게는 교육 서비스 공급자로서 수요자인 학생과 학부모를 선택할 수 없습니다. 반대로 학생과 학부모 역시 교육 서비스를 제공할 공급자를 선택할 수 없습니다. 학교의 교사들은 학생 혹은 학생을 대리하는 학부모와 교육 서비스의 공급자와 수요자로 만나는 것이 아닙니다.

한때 수요자 중심 교육 혹은 학생 중심 교육이라는 풍조가 교육계를 휩쓸면서, 학교 교사들은 큰 어려움에 봉착하고 '교권'이 추락했습니다. 물론 과거의 교사 갑질에 의한 권위적인 교육풍토, 학생 인권을 무시하는 과도한 체벌 등의 문제점을 해소하는데 긍정적인 효과가 있었습니다.

그러나 지금의 학교는 비대칭적 권력관계에 따른 갑을관계가 바뀌었습니다. 학생인권조례와 아동학대 금지법 등에 의해 기울어진 운동장의 방향이 바뀌었습니다. 일부 학생과 학부모의 갑질에 따라 교사들의 정상적인 교육활동이 불가능하게 되었습니다.

작금의 교권 회복 운동이 과거로 돌리자는 것이 아니고, 관련 제도를 보완하여 기울어진 운동장에 균형을 찾아주자는 것입니다. 그것을 자유시장의 공급자와 수요자의 관계로 해석하는 것에 대한 위험성을 지적한 것입니다.

학교는 학원과 달리 자유시장 원리가 작동하지 않는 시스템입니다. 학교교육의 문제를 시장의 원리로 주장할 수 없는 이유입니다.

34 학생의 권리와 의무에 관한 조례 제안

(2023년 8월 11일)

현재 몇몇 시도에서 시행하고 있는 〈학생인권조례〉는 학생들이 정상적인 민주시민으로 성장하게 하기 위해서라도 개정해야 한다. 최근의 교권 침해가 전적으로 〈학생인권조례〉에서 귀인 한 것은 아니지만, 정상적인 민주시민 교육활동을 방해하고 있는 것이 사실이다.

나는 외국 교육에 문외한이지만, 13년 전 미국의 중고등학교 6개를 방문하면서 느낀 것이, 학교 시설은 우리보다 못하지만 학교 교육 시스템에 많은 부러움이 있었다. 대표적인 예로, 한여름에 고등학교를 방문했을 때, 학생들이 자유복을 입고 있었음에도 모든 학생의 단정한 복장과 용모를 보고 놀랐었다. 여학생 대부분이 바지를 입고 있었으며, 치마도 무릎 위로 올라가는 학생이 한 명도 없었다. 얼굴은 화장기 없이 화기롭고 밝은 모습이었다. 남학생 역시 요란한 문양의 복장이 아닌 아주 평범한 복장을 하고 있었다. 나중에 교육청에서 제공한 「중등교육학생핸드북」 한국어판을 받고 나서야 알았다. 그들은 학생의 권리와 함께 의무를 병행했다. 특히 단정한 용모와 복장은 학생과 학부모의 책임이라면서, 예를 들어 과도하게 속살이나 속옷이 보이는 복장 등은 갈아입히도록 조치하도록 하고 있었다. 훈육을 거부하면 처벌했다. 교복을 입히면서도 난잡한 복장으로 쳐다보기 민망한 우리 학생들과 달랐다. 교문에서 아침맞이 하면서도 성희롱에 문제가 될까 두려워 짧은 치마를 애써 눈길을 피해야 하는 우리나라 교육 현장에서 민주시민 교육은 불가능했다.

이에 미국 지역교육청의 「중등교육학생핸드북」를 보면서 〈경기도학생인권조례〉를 〈경기도학생의권리와의무에관한조례〉로 제정하는 것을 가정하여, 몇 개 조문을 만들어 보았다. 미국의 교육제도가 가장 이상적인 것은 아니다. 그러함에도 학생들에게 진정한 민주시민을 양성하기 위해서는 〈학생인권조례〉는 개정할 필요가 있고, 그 방향성을 찾는 데 참고했다.

권리만 있고 의무가 없는 현행 〈학생인권조례〉 하에서 배운 세대들이, '내 새끼 지상주의'와 '왕의 DNA'를 만들어냈다. 민주시민은 권리와 의무를 동시에 갖는다. 권리를 누린 만큼 의무를 다하며, 의무를 다한 만큼 권리를 주장한다. 행동의 자율을 보장하지만 자율 속의 책임을 지는 것이 민주시민 교육 원칙이다. 현행 〈학생인권조례〉는 이 원칙을 무시하는 비민주, 반시민적 규범으로, 정상적인 민주시민교육을 위해 개정하는 것이 마땅하다.

〈경기도 학생의 권리와 의무에 관한 조례〉로의 개정 예시

대한민국 국민의 권리와 의무는 「대한민국헌법」에 근거한 각종 법령과 조례, 규칙과 규정 등에 의해 보장되어 있다. 개인의 권리는 타인의 권리를 보호하고 보존할 때만 보호되는 것이다. 학생들은 다양성과 공통성에 가치를 두는 안전하고 면학적인 학교 환경에서 학습할 권리가 있다. 학생의 권리는 타인이 준수해야 하는 의무 사항과 폭넓은 법적 권리의 체제 안에서만 고려될 수 있다.

학생은 본 조례에 따라 자신의 권리를 행사하는 방법 및 자신의 행동에 대한 훈육 조치를 받아들일 책임이 있다. 이 조례는 경기도 학생들이 학교부지 내에 있을 때나, 학교 관련 행사, 그리고 학교장의 권한 안에 있을 때의, 학생의 권리 및 의무 사항을 규정한다.

제5조(차별받지 않을 권리) ① 학생은 성별, 종교, 나이, 사회적 신분, 출신지역, 출신국가, 출신민족, 언어, 장애, 용모 등 신체조건, 임신 또는 출산, 가족형태 또는 가족상황, 인종, 피부색, 사상 또는 정치적 의견, 성적 지향, 병력, 징계, 성적 등을 이유로 정당한 사유 없이 차별받지 않을 권리를 가진다.

제5조의2(차별하지 않을 의무) 학생은 학생, 교사, 기타 직원을 포함한 타인의 권리를 차별하지 않을 의무가 있다.

제6조(폭력으로부터 자유로울 권리) ① 학생은 학교 내외 및 사이버 공간 등에서 모든 물리적 및 언어적 폭력으로부터 자유로울 권리를 가진다.

제6조의2(폭력을 행사하지 않을 의무) 학생은 학생, 교사, 기타 직원을 포함한 타인에게 폭력을 행사하지 않을 의무가 있다.

제8조(학습에 관한 권리) ① 학생은 법령과 학칙에 근거한 정당한 사유 없이 학습에 관한 권리를 침해받지 아니한다.

제8조의2(학습에 관한 권리) 학생은 학습에 관한 타인의 권리를 침해하지 않을 의무가 있다.

제9조(정규교과 이외의 교육활동 선택의 권리) ① 학생은 야간자율학습, 보충수업 등 정규교과 이외의 교육활동과 관련하여 자유롭게 선택하여 학습할 권리를 가진다.

제9조의2(정규교과 이외의 교육활동 선용의 의무) 학생은 학교에서 제공된 교육 기회를 선용할 의무가 있다.

제10조(휴식을 취할 권리) ① 학생은 건강하고 개성 있는 자아의 형성·발달을 위하여 과중한 학습 부담에서 벗어나 적절한 휴식을 취할 권리를 가진다.

제10조의2(휴식을 취할 의무) ① 학생은 학생, 교사, 기타 직원을 포함한 타인의 권리를 참해하지 않는 범위 내에서 휴식을 취할 의무가 있다.

제11조(개성을 실현할 권리) ① 학생은 복장, 두발 등 용모에 있어서 자신

의 개성을 실현할 권리를 가진다.

제11조의2(단정한 복장과 용모에 대한 책임) 단정한 복장과 용모는 학생과 학부모의 책임이다.

제12조(사생활의 자유) ① 학생은 부당한 간섭 없이 개인 물품을 소지·관리하는 등 사생활의 자유를 가진다.

제12조의2(사생활을 존중할 의무) 학생은 학생, 교사, 기타 직원을 포함한 타인의 사생활을 존중할 의무)

제13조(개인정보를 보호받을 권리) ① 학생은 가족, 교우관계, 성적, 징계기록, 교육비 납부여부, 동의하지 않은 사진 및 동영상 촬영 등 개인정보를 보호받을 권리를 가진다.

제13조의2(개인정보를 보호할 의무) 학생은 학생, 교사, 기타 직원을 포함한 타인의 개인정보를 보호할 의무가 있다.

제16조(의사 표현의 자유) ① 학생은 자신에게 영향을 미치는 문제에 대하여 자유롭게 의사를 표현할 수 있는 권리를 가진다.

제16조의2(타인의 의사를 존중할 의무) 학생은 타인이 자신의 관점과 다를 수 있는 저마다의 관점을 가질 권리가 있음을 알아야 한다.

35 학생 인권 조례의 위헌성과 위법성

(2023년 8월 13일)

경기도 학생 인권 조례는 다음과 같은 이유로 위헌과 위법의 소지가 농후하다.

첫째, 경기도 학생 인권 조례는 대한민국헌법 '전문'의 '우리 대한 국민은 자유와 권리에 따르는 책임과 의무를 완수하게 한다'라는 헌법 정신을 위배한다.

둘째, 경기도 학생 인권 조례는 교육기본법 제12조 제3항의 '학생은 학습자로서의 윤리의식을 확립하고, 학교의 규칙을 준수하여야 하며, 교원의 교육·연구 활동을 방해하거나 학내의 질서를 문란하게 하여서는 아니 된다.'라는 규정을 위배한다.

셋째, 경기도 학생 인권 조례는 초·중등교육법 제18조의4 제2항의 '학생은 교직원 또는 다른 학생의 인권을 침해하는 행위를 하여서는 아니 된다.'라는 규정을 위배한다.

경기도 학생 인권 조례는 제1조 목적에서, 대한민국헌법, 교육기본법, 초·중등교육법 등의 상위법을 근거로 한다고 하면서, 해당 상위법의 규정을 위배함으로써, 자기모순에 빠졌다.

경기도교육청은 해마다 관련 상위법이나 도 교육청 지침이 바뀌면, 그에 부합하도록 학교의 학생 생활 규정을 개정하도록 지도·감독하고 있다. 그런데 이미 경기도 학생 인권 조례는 상위법의 규범에 부합하지 않는 법규범으로 법리적으로 모순에 빠졌다. 초·중등 학생의 연령대는 자기 행동에 대해 책임을 지지 않는 연령대와 책임을 져야 하는 연령대가 혼재되어 있다. 책임을 지지 않는 연령대의 학생도 대리인인 부모 등이 의무와 책임을 지도록 한다.

모든 국민은 자유와 권리에 따르는 책임을 져야 하는 의무에서 벗어날 수 없다. 학생이라도 국민인 이상 마찬가지이다. 경기도 학생인권 조례는 학생들에게 잘못된 시그널을 주어서는 안 된다. 수업 시간에 휴식을 취할 권리를 행사하겠다고 잠을 자게 해서는 안 된다.

더구나 상벌점제 등 특정 교육프로그램을 금지하는 법률을 가진 나라가 있는가? 상벌점제의 시행이 이적행위라도 되는가? 아니면 너무나 가혹한 인권 침해의 소지가 있는가?

경기도 학생 인권 조례는 학생들이 겪는 열악한 인권 상황에서 만들어졌다. 강제적으로 이루어지는 보충학습과 야간 자율학습, 교사에 의한 가혹한 체벌 등의 문제를 해결하기 위해 만들어진 시대적 타당성이 있었다. 시대가 바뀌어 학생 인권 침해 풍조는 거의 소멸되고 있음에도 존치의 필요성이 있다. 다만 학생 인권은 그대로 살리면서 책임과 의무를 부과하는 것은 현 시대의 요청이다.

경기도 학생 인권 조례의 개정을 애써 외면하는 것은, 학생 인권을 수호하자는 진정성이 아닌 또 다른 진영 논리에 불과할 것이다.

36 교육의 절대적 가치와 상대적 가치

(2023년 8월 16일)

교육에서 인권이라는 가치는 절대적입니다. 교육이라는 것이 인간다운 삶을 살도록 하는 것이 목적이라고 해도 과언이 아닐 정도로 인간의 존엄과 가치는 교육에서 절대적 가치라 할 수 있습니다. 그런 점에서 학생 인권도 교육에서 중요한 가치입니다. 인권이 교육에서 절대적 가치임은 분명하지만, 학생 인권까지 절대적 가치이어야 한다고 생각하지 않습니다.

이것은 완전히 제 생각이지만, 학생 인권은 교권과 비례관계 있는 상대적인 가치라고 말씀드리고 싶습니다. 교권이 보장되어야 학생 인권도 살고, 학생 인권이 보장되어야 교권도 살 수 있다고 생각합니다. 어떤 선생님은 학생 중심 교육을, '학생이 나의 이데올로기'라고까지 표현합니다. 학생의 가치를 절대적으로 여기는 것이죠. 저는 단언하건대 그러한 선생님으로부터 배우는 학생들은 인권을 제대로 보장받을 수 없다고 생각합니다. 학생들의 가치는 교사의 가치로부터 나온다는 것이 저의 생각입니다.

교육은 일방적으로 이루어지지 않습니다. 교사와 학생이 조화를 이루고 어울릴 때 진정한 교육의 열매가 맺는다는 것이 저의 생각입니다. 학생 인권 조례가 나오기 전까지의 교육은 너무 교사 중심으로 인해 교육이 제대로 이루어지지 않았다면, 학생 인권 조례 이후는 학생 중심이 지나치게 강조되다 보니 교육이 제대로 이루어지지 못하고 있습니다. 경기도 학생 인권 조례는 그 기울기가 더욱 심각하다는 것이 저의 진단입니다.

37 아동 학대 금지법의 적용 모순

(2023년 9월 12일)

아동의 발달과 성장을 위한 교사의 훈육 등 정상적인 교육활동을 아동 학대로 신고하는 학부모들은 자기의 경제적 이득을 노리고 아동(자기 자식)을 수단화하는 자로 오히려 아동의 정상적인 성장을 방해하는 아동학대범으로 고발되어야 할 것이다.

해당 학생들은 학급 내에서 스스로 학습권만 포기하는 것이 아니라, 주변 친구들을 때리고 수업을 방해하거나 친구의 얼굴 바로 앞에서 가위질을 하는 등 위험천만한 행동을 반복적으로 해 왔습니다.

때문에 학급 내 모든 학생을 보호해야 할 의무가 있는 담임교사는 이러한 잘못된 행동을 제지하거나 지도해야만 했습니다. 또한 해당 학생들은 선생님의 지도에도 불구하고 반복적으로 계속하여 같은 잘못된 행동을 해왔기 때문에 단호하고 분명한 어조로 해당 학생들에게 거듭 주의를 주었던 것일 뿐, 다른 학생들이 느끼기에도 선생님에게 꾸중을 들은 것 그 이상도 이하도 아닙니다. 이는 오히려 ●●●선생님이 정서적 학대를 가한 것이 아니라 교사로서 해야 할 소임을 다한 것입니다.

(과거 대전 ○○초 1학년 □반 담임교사의 명예회복을 위해 동료교사들이 검사에게 제출한 탄원서 내용 중에서)

(수정) 오히려 아동들의 정상적인 성장을 방해하는 아동학대범은 선생님도 학부모도 아닌, 세밀하게 고려하지 않고 자기들의 정치적인 입맛에 맞게 아동 보호법을 만든 분들이 아닐까?

38 보수적 자유주의 대입제도 제안

(2024년 1월 23일)

개혁신당 이준석 대표는 지난 2021년에 〈공정한 경쟁〉이라는 책에서 치열한 수시와 정시 비율 문제를 사립대와 국공립대의 차이를 통해 해결하는 새로운 대안을 제시했었다. 국공립대는 공정성 위해 정시 100%로 선발하되, 사립대는 다양성을 위해 수시 100%로 선발하자는 것이다.

먼저, 이 대표는 공정성 시비가 전혀 나오지 않도록 국공립대는 철저하게 수능으로 선발해야 한다고 주장했다. 그리고 등록금을 가능한 최저 수준으로 낮춰서 지방 학생들이 자기 지역의 대학에 진학할 수 있도록 유도해야 한다고 덧붙였다. 여기에 정부에서 지방 국공립 지원을 대폭 늘리면 지방대학 활성화는 물론이고 지역균형 발전에도 큰 도움이 될 것이라고 보았다.

(이건주 선생님의 페북 글)

경험으로 말씀드려 보겠습니다.

저는 해발 500m의 깊은 산골에서 조실부모하고, 초등학교도 제대로 나오지 못한 형들에 의지해 초중교를 다닐 수 있었습니다. 읍내 실업고에 들어가야 했는데, 참고서나 문제지는 선배들이 쓰던 것을 빌려 사용했어도 청주 시내 일반고에 합격해 통학할 수 있었습니다. 거기까지였습니다.

대학은 꿈도 꾸지 못했으므로 공부를 소홀히 하여, 1학년 성적이 480명 중 440등 정도였습니다. 대학진학과 관계없이 자존심이 상했으므로, 형님께 눈물로 하소연하여, 독서실 이용권을 끊고, 참고서와 문제지를 가지고 파고들었습니다. 2학년 1학기에 200등, 2학기에 100등 이내로 진입하고, 3학년에 들어 50등 이내로 들어왔습니다.

예비고사 고득점으로 서울 사립대 합격권에 들었으나 형님들은 지방 국립대도 보낼 형편도 못되었으므로 이불만 뒤집어쓰고 있었습니다. 이를 보다 못한 큰 형수님이 형들을 소집해, 힘들더라도 조금씩 돈을 모아, 사립대의 절반인 지방국립대, 그리고 그 절반의 등록금인 사범대를 보내자고 제안하여, 지방국립대 사범대학을 다닐 수 있었죠. 본고사 문제지와 정답해설집을 번갈아보며 본고사를 준비했고 합격했습니다. 과외는 물론 학원도 다니지 못했습니다. 그것이 저를 40년 교직을 교장으로 마무리하게 만들었습니다.

저를 이렇게 만든 것은 제가 열심히 공부한 것과 형님들이 도와주신 것도 있지만, 당시의 대학입시 제도 덕분이었습니다. 당시 대입은 수시는 물론 내신성적도 반영되지 않았습니다. 내신이라도 반영되었더라면, 대학에 합격할 수 없었겠죠. 예비고사(지금의 수능) 점수의 영향이 크고, 본고사 점수를 합산하여, 합격 여부를 갈랐습니다. 지금의 학종과 수시, 내신이 있었다면, 부모 없이 가난한 내 형편에 꿈도 꾸지 못할 것입니다.

제가 정치활동이 금지된 교직을 마무리하고, 개혁신당에 입당한 것은, 저 같이 '노력하는 자에게 더 나은 미래를 약속'하는 개혁신당의 지향에 있습니다. 개혁신당이 지향하는 대학 입시제도는, 저 같은 사람에게 사다리를 제공하는 현실적 대안 같아 보여서, 제가 살아온 경험을 장황하게 설명했습니다.

39 맹자의 역자교지와 학교폭력 전담 조사관

(2024년 2월 2일)

> 공자도 하나밖에 없는 아들을 다른 사람에게 맡겨 가르쳤다고 했다.
> 맹자의 제자 공손추가 맹자에게 물었다.
> "군자들이 자식을 직접 가르치지 않는 것은 무엇입니까?"
> 맹자가 대답했다.
> "형편이 그렇지 못하기 때문이다. 가르치는 자는 반드시 올바른 길로 가르치게 마련이다. 그런데 올바른 길로 가르치다가 실천이 안 되면 화내게 되고 화내면 자식의 마음을 상하게 한다. 이때 자식이 부모가 나를 바른길로 가르치시지만, 부모도 바른길로 가는 것이 아니라고 생각하게 되며, 부자지간에 의를 상하게 하는 길이다. 부자간에 서로 의를 상하는 것은 좋은 일이 아니다. 그래서 옛날에도 아들을 서로 바꾸어 가르쳤었다(易子而敎之). 부자간에 질책하지 않는 법이다. 질책하게 되면 정이 떨어진다. 정이 떨어지면 상서롭지 않은 것이, 이보다 더 큰 것이 없다."(〈맹자〉 '이루 상')

나도 학교 선생으로 학생들을 가르치지만 내 아이는 가르치기 어려웠다. 조금이라도 못하다 싶으면 손부터 올라가고 평정심을 잃었다. 학교에서 있을 수 없는 일이다. 아이에 대해 잘 아는 만큼 편견이 개입되고 감정이 섞였다. 부모의 부족함만 드러내고 신뢰를 잃었다.

아이들 잘되라고 라지만 큰소리로 꾸짖기 일색이다. 그런데 꾸짖고 화낼 때, 잘되라는 마음은 어느새 사라지고 감정의 배설 즉 화풀이 수단으로 변했다. 괜한 거리감만 생겼다. 부모와 자식 간에는 거리감이 없어야 하는데도 말이다. 자식을 가르치는 데 화를 내는 등 감정을 실으면 올바르지 않은 것이고, 이는 오히려 자식에게도 나쁜 영향을 준다는 의미다. 사랑으로 포장된 폭력일 수 있다는 것이다.

〈예기〉에 보면 부모는 자식에게 자애롭게 대하고 자식은 부모에게 효를 다하는 것이 올바른 예절이라 했다. 항상 화내고 꾸짖는 부모의 공격적 태도에서 자식들은 자기도 모르게 방어기제가 작동하여 다가가기 꺼리는데 어떻게 부모에 대해 올바른 예절을 다할 수 있겠는가

옛날부터 자식을 서로 바꾸어 가르쳤다(易子敎之)고 했다. 남의 자식에게는 쉽게 화내거나 꾸짖지 않을 것이기 때문이다. 세종실록의 소헌왕후 졸기에도 이와 유사한 장면이 나온다.

> '낳으신 여러 아들을 모두 후궁들에게 기르게 하시니, 후궁이 또한 마음을 다하여 받들어 길러서 자기가 낳은 아들보다 낫게 하였으며, 또 일을 위임하여 의심하지 않고 맡기시니, 후궁이 또한 지성껏 받들어 순하게 하여 감히 게을리함이 없었다. 아울러 후궁들의 자식 보기를 모두 자기가 낳은 아들과 같이 대하였다.'(세종 28년 6월 6일)

오히려 남의 자식을 가르칠 때 자기가 낳은 아들과 같이 대하였다는 것은 평정심을 유지해 자애로움으로 교육할 수 있었음을 말해 준다. 요즘 일부 학부모의 '내 새끼 지상주의'가 문제를 일으킨다. 남의 자식에게 모질게 대하는 학부모는 집에서도 자기 자식에게도 모질게 대할 개연성이 높다. 화내고 꾸짖음이 일상화된 공격적이고 폭력적인 부모 환경에서 자라난 아이는 다른 아이

들이나 선생님들에게 공격적이고 폭력적으로 대한다. 자식을 올바로 키우고 싶다는 과욕이 가르침이 아닌 그르침을 만들어낸다. 사랑으로 크지 못한 아이들은 부모에 대한 정을 잃어버리고 결국은 부모에 대한 효를 다하기 어렵다.

교육지원청에서 학교폭력 화해 중재 위원으로 위촉받아, 학교폭력의 교육적 해결을 위해 학교 현장을 지원했다. 학교폭력 사안이 발생했을 때 학교가 관련 학생과 학부모의 동의를 얻어 교육지원청에 화해 중재를 요청하면, 우리가 나간다. 아직은 전체 사안 중에 20%에도 미치지 않는다. 학교나 학부모가 우리를 바라보는 시선이 미덥지만은 않아 보였다.

"학교에서 해결할 문제를 역량이 부족해, 외부에 의탁해야 해서 자괴감을 느낍니다."

지원하러 나간 학교의 교장 선생님께서 하신 말씀이다.

"학교 선생님들보다 역량이 나아서가 아니라, 우리들의 관여가 학교폭력의 교육적 해결에 효과적일 수 있다는 생각에서 저희가 왔습니다."라고 말씀드렸다.

실제로 화해 중재단 활동이 본격화된 작년 하반기 이후 학교폭력 사안이 교육지원청의 학교폭력 대책 심의위원회(학폭심)까지 올라오는 비율이 현저히 줄었다고 했다. 학교 내의 자체적 해결보다 외부 중재단의 개입이 화해 중재의 성공률을 높였다는 것이다. 나는 이것을 역자교지(易子敎之)의 효과라고 생각한다.

학교 선생님은 물론 남의 자식을 가르친다. 그런데 오랜 시간 학생들과 함께 생활하다 보면 남의 자식이 아닌 자기 자식들처럼 여겨지기 마련이다. 교육적으로는 좋은 의미일 수 있겠으나 학생들에 대해 너무 잘 알다 보니 선입견과 감정이 실린다. 이것은 학교폭력과 같은 학생 간의 갈등 구조를 객관적으로 정확하게 보는 시야를 가린다. 학생들 역시 부모에게 거짓말을 하듯이 선생님에게도 하고 싶은 말을 감추게 된다. 왜냐하면 선생님들 역시 학교폭력의 당사자일 수 있기 때문이다. 학부모들은 이런 점을 놓치지 않고 자기 아이만을 위해 선생님을 공격의 대상으로 삼는다. 학교 내 선생님들이 시도하는 화해 중재가 자칫 당사자로 휘말려 고통을 당하게 되는 이유이다.

지난해 서이초 선생님의 죽음을 비롯한 여러 선생님의 비극은 학부모의 갑질에 의한 것이라지만 근본 원인은 학교폭력에 따른 갈등을 해결하지 못한 데 있었다. 학교폭력을 교육적으로 해결하려던 선생님들이 오히려 아동 학대 등 당사자로 말리면서 고통을 겪고, 학교폭력 관련 업무 부담이 지나치게 과중하다 보니, 전국의 교원들이 들고일어나 대책을 요구했다.

이에 정부는 학교폭력 사안 처리 개선 방안을 발표하였다. 기존에 학교에서 하던 사안 조사를 퇴직 경찰·교사로 구성된 전담 조사관이 대신하기로 했다. 아울러 학교폭력 사안 발생 시 외부 기관이 즉시 개입하도록 했다. 그런데 학교폭력의 조사는 범죄자 대상의 수사가 아니다. 학생을 대상으로 하는 교육이다. 수사는 범죄 사실을 규명하여 처벌을 목적으로 하지만, 학교폭력 조사는 학생을 건전한 사회구성원으로 육성함을 목적으로 한다. 교사 출신 전담 조사관이 교육적 관점에서 학교폭력의 사안 조사를 주도해야 하는 이유이다. 아울러 가·피해 학생 간의 관계 회복을 위한 화해 중재도 병행되어야 한다.

많은 학생이 생활하는 학교에서 학생 간의 갈등은 상존한다. 이는 생활교육 차원에서 교사가 해결해 주는 것이 바람직하다. 그러나 학교폭력 신고가 접수되어 학생 간의 문제에서 학부모와 교사들이 갈등의 당사자로 확대되는 경우는 역자교지(易子敎之)의 차원에서, 남들에게 우리의 학생들을 맡겨 보는 것도 교육적으로 나쁘지 않다.

40 보수적 자유주의에 기반한 교육정책

(2024년 2월 16일)

민주주의 가치 중 진보 성향은 평등의 가치를, 보수는 자유의 가치를 중시한다. 개혁신당 이준석 대표는 개혁신당의 이념적 포지션을 보수주의 중 자유주의라고 규정했다. 보수주의보다 자유주의에 주안점을 둔다는 점에서 보수적 자유주의라 하는 것이 맞을 것이다.

(1) 자유 가치의 회복

우선은 평등 가치에 기울어져 있는 현행 교육정책에 자유 가치를 회복하는 정책 시행으로 자유민주주의를 실현해야 한다.

첫째, 교복자유화이다. 학생들에게 똑같은 옷을 입히는 것은 자유 가치에 어긋난다. 교복은 통제와 구속의 상징이다. 교복업체는 여분 없이 신입생 수만큼 교복을 제작한다. 신체 성장에 비해 작아진 교복 대신 청바지를 입었다는 이유로 지적받고 자살한 순천의 중3학생(2022년 6월)은 프로크루스테스 침대의 비극이 현실화한 사건이었다. 일반 학생들 역시 3-4번 정도 입고 버리는 것이 교복이다. 차라리 학습준비물의 성격이 강한 체육복이나 수요자 부담으로 되어 있는 방과후 학습비와 체험학습비 등을 지원하는 것이 책임교육에 걸맞다.

둘째, 교과서 자유발행제이다. 국정 제도는 물론 검인정 제도 역시 자유 가치에 어긋난다. 교육 내용을 통제하겠다는 것이다. 보수정권 시절에 국정 교과서를 의도한 것은 자유 가치를 부정하는 큰 패착이었다. 검인정 교과서 역시 정권에 의한 이념의 통제 수단으로 사용될 가능성이 크다. 보수적 교육 권력이 진보적 교육 권력을 향해 비판했던 것이 편향된 이념교육이었다. 이념 편향적 교과서는 민주주의 방식에 의해 퇴출해야 한다.

셋째, 고교학점제의 수용이다. 진보적 교육 권력이 추진하던 정책이라고 재검토하겠다지만 고교학점제는 학생 선택의 자유를 포괄적으로 보장한다는 점에서 오히려 자유 가치의 확대이다. 대부분 교육선진국이 시행하는 제도이다.

(2) 평등 가치의 존중

자유 가치를 중시하는 보수성향의 교육 권력이라 하여 평등 가치를 무시해서는 안 된다. 자유는 평등이 전제될 때 가능하다.

첫째, 지역 여건이 조성된다면 고교평준화는 확대해야 한다. 외고나 예고, 자사고의 폐지를 주장하는 것이 아니라, 국민의 세금으로 운영되는 국가나 지자체의 재정이 불평등하게 지원되는 것에 문제를 제기하는 것이다. 특히 지자체는 유권자의 표를 의식하여 특목고나 자사고의 유치에 혈안이 되고, 일반 학생들이 누려야 할 교육적 수혜를 이들 학교에 편중되게 지원하고 있다. 일부 특목고나 자사고의 교육 성과는 선발효과에 기인한 바가 크다. 영재성은 일반학생과의 관계에서 더 발달한다.

둘째, 초중학교 입학 배정제도이다. 학생이나 학부모의 희망보다 학군내 무작위 추첨으로 배정해야 한다. 인기학교는 과대 과밀로 몸살을 앓고 있고, 비인기 학교는 죽어가고 있다. 비인기 학교를 좋은 학교로 살려내어 모든 학생들이 좋은 여건에서 교육을 받도록 하는 것이 중요하다.

셋째, 영재교육과 더불어 기초학력 미달 학생에 대한 지원이 필요하다. 별로 효과가 없는 학교내 보충수업 강사비 차원의 대책뿐만 아니라 보다 혁신적인 지원 정책이 필요하다. 필요하다면 사교육비 지원 제도도 필요하다. 물론 기초학력 확보를 증명해 보인 학생에 한정한다면 그 효과성을 제고할 수 있을 것이다.

(3) 미래교육 혁신의 지속

미래교육의 트렌드는 혁신이다. 지금은 혁신이 시대정신이다. 삼성은 다 바꾸자는 혁신으로 초일류기업이 되었고, 보수세력도 뼈를 깎는 혁신을 통해 집권했다. 진보보다 혁신을 더 잘해야 보수에게 미래교육을 맡길 수 있다.

첫째, 모든 학교를 좋은 학교로 만들어야 한다. 교육 권력이 바뀔 때마다 그들은 홍보용 학교 유형을 만들어 편중되게 지원했다. 자사고나 자공고가 그렇고 혁신학교도 마찬가지다. 입맛에 맞는 학교를 만들어 놓고 편애하면서 정권이 바뀌면 버려진다. 모든 학교를 자율학교, 혁신학교, 미래학교, 그린스마트학교로 만드는 것이 필요하다.

둘째, 생각하는 힘을 키우는 수업혁신이 필요하다. 초등학교의 생각과 감정의 초보적 표현능력으로부터 중학교 이상의 논리를 갖추어 서술하는 논술역량으로 성장하게 하는 훈련이 교과수업을 통해 꾸준하게 이루어져야 한다. 문제 기반 혹은 주제통합 프로젝트 등의 수업으로는 학생들의 개별적인 논술능력을 기르는 데 한계가 있다. 인생이나 사회현상 혹은 자연현상을 대하는 자기 생각을 만들어가고 표현하는 논술 역량을 기르는 수업뿐만 아니라 이와 연계하는 논술평가가 학교나 국가적 차원에서 이루어져야 한다.

셋째, 학생의 성장 정도를 측정할 수 있는 평가가 이루어지도록 학교 시험 규제를 풀어야 한다. 물리적 성장 정도를 측정하는데도 수량화된 측정 도구를 사용한다. 보이지 않는 역량을 측정하는 데 수량화된 측정 도구 즉 지필평가를 규제하면서 성장 중심의 교육과 평가를 하라는 것은 어불성설이다. 초등학교 고학년부터라도 지필평가가 가능하도록 규제를 풀어야 한다. 학교 시험을 정기 평가와 수시 평가로 나누고, 교사별 성장 중심 과정평가가 실제로 가능하도록 학업성적 관리지침의 개정이 필요하다.

(4) 권리와 의무가 상응하는 민주시민교육

민주시민 사회에서 누리는 권리는 책임을 져야 한다는 의무가 전제되어야 한다. 권리와 의무가 민주시민 교육의 핵심이다. 우리나라 민주시민 교육은 권리에만 초점이 맞추어져 있다. 〈학생인권조례〉가 대표적이다. 교육청에서 내려오는 학교생활인권 지침에도 학생의 권리만 강조하고 학생의 행위에 책임을 지우는 교육을 제한하는 경우가 대다수이다. 이것이 정상적인 민주시민 교육을 방해하고 있다.

첫째, 〈학생인권조례〉를 〈학생의권리와의무에관한조례〉로 바꾸어야 한다. 교육기본법에 근거하여 학생이 교사의 교육활동이나 연구활동을 심각하게 방해할 경우에는 학생의 학습권도 제한할 수 있어야 한다.

둘째, 학생이 〈학생의권리와의무에관한조례〉에 위반하는 심각한 행위에는 학생뿐만 아니라 법률대리인인 학부모에게도 과태료 등의 방법으로 법적 책임을 물어야 한다.

셋째, 민주시민 교육은 보이텔스바흐 협약을 준수하여 정치적 중립을 지켜야 하며, 이를 위반하여 편향된 교육을 하는 교사에게 책임을 물어야 한다. 다만 학생교육이 아닌 교원의 정치활동의 자유는 보장되어야 한다.

| 부록 |

다사리 교육 학습 활동지

1. 다사리 교과 교육

(1) 문학 교과

생각 살리기 다사리수업 학습 활동지(전면)

구분	모둠 이름: 다사리 203 / 학년 반 번호: (2)-(3)-(14) / 성명:
교과목명	교장특강 / 단원명: 헌신과 인내의 절대적 사랑 / 소단원명: 나룻배와 행인, 애꾸눈 엄마
성취 기준	나룻배와 행인의 관계를 통해 예수님과 부처님, 그리고 부모님의 무조건적 사랑에 대해 말한다.
생각 띄우기 (7분) 각자 자유롭게 메모함	※ 학습자료에 나오는 지식과 정보를 마인드맵 등 창의적 방법으로 정리하세요 사랑 – 부모님 – 가족, 친구 – 우정 – 행복 – 친밀감, 예수 [illegible]
평점	
생각 말하기 (10분) 개별 구상 3분, 말하기 각 1분	※ 학습자료에서 중요하다고 생각하는 구절(문장)을 제시하고 이유를 말하세요 - 내가 제시한 구절(문장): [illegible] (이유) - 모둠 동료들이 제시한 구절(문장) [illegible]
평점	
생각 구하기 (5분) 각자 출제함	※ 학습자료 안에 있는 지식과 정보, 생각에 대한 가치를 묻는 문제를 만드세요 (단답형, 서술형, 논술형 문항 출제 모두 가능함) [illegible]
평점	
생각 나누기 (10분) 짝별 대화 각 1.5분	※ 동료들과 짝을 이뤄 묻고 대답하고, 나의 질문에 답한 내용을 정리하세요 자신이 너무 싫고, 마음 속으로는 [illegible] 것 같다. [illegible] 것 같다.
평점	
생각 살리기 (8분) 각자 자유롭게 논술함	※ 자료와 동료 생각을 바탕으로 어떻게 살 것인가에 대한 자기 생각을 논술하시오 [illegible]
평점	

생각 살리기 다사리수업 학습 활동지(전면)

구분	모둠 이름: Bee 조 / 학년 반 번호: (2)-( )-( ) / 성명: 시윤
교과목명	교장특강 / 단원명: 헌신과 인내의 절대적 사랑 / 소단원명: 나룻배와 행인, 애꾸눈 엄마
성취 기준	나룻배와 행인의 관계를 통해 예수님과 부처님, 그리고 부모님의 무조건적 사랑에 대해 말한다.
생각 띄우기 (7분) 각자 자유롭게 메모함	※ 학습자료에 나오는 지식과 정보를 마인드맵 등 창의적 방법으로 정리하세요 〈나룻배가 행인을 사랑하는 방식〉 — 사랑 — 〈엄마가 자식을 사랑하는 방식〉 "만일 당신이 아니 오시면 나는 바람을 쐬고 눈비를 맞으며 밤에서 낮까지 당신을 기다리고 있습니다." 헌신적인 사랑의 방식 (아가페) "엄마는 네가 너무 밉고 싫구나. 하지만 학교에 찾아가지 않았어. 너를 생각해서."
평점	
생각 말하기 (10분) 개별 구상 3분, 말하기 각 1분	※ 학습자료에서 중요하다고 생각하는 구절(문장)을 제시하고 이유를 말하세요 - 내가 제시한 구절(문장): "당장 나가요!!" 그러자 엄마는 "죄송합니다. 제가 집을 잘못 찾아왔나 봐요." (이유) 자식은 엄마에게 "당장 나가요!!"라며 [illegible] 사과밖에 하지 못한다는 것이 [illegible] 감동적이었다. - 모둠 동료들이 제시한 구절(문장) 민성: 당신은 나를 돌아 보지도 않고 가십니다그려 영아: 그러나 당신이 언제든지 오실 줄만은 알아요. 상민: 나는 당신을 기다리면서 날마다 날마다 낡아 갑니다. 태오: 나는 밤에서 낮까지 당신을 기다리고 있습니다.
평점	
생각 구하기 (5분) 각자 출제함	※ 학습자료 안에 있는 지식과 정보, 생각에 대한 가치를 묻는 문제를 만드세요 (단답형, 서술형, 논술형 문항 출제 모두 가능함) 엄마가 죽을 때까지 자식을 미워하지 않은 이유(까닭)는 무엇인가요?
평점	
생각 나누기 (10분) 짝별 대화 각 1.5분	※ 동료들과 짝을 이뤄 묻고 대답하고, 나의 질문에 답한 내용을 정리하세요 민성: 엄마는 아들을 사랑한다 그러므로 엄마는 아들을 미워하지 않는다. 면아: 자식을 사랑하고 자식도 자신을 사랑한다고 믿기 때문에. 상민: 엄마는 아무리 자식이 미워도 그래도 내가 낳은 자식이니까 끝까지 책임지고 태오: 자기가 낳은 자식이고 엄마이기 때문이다.
평점	
생각 살리기 (8분) 각자 자유롭게 논술함	※ 자료와 동료 생각을 바탕으로 어떻게 살 것인가에 대한 자기 생각을 논술하시오 나룻배는 행인을 사랑한다. 그러기에 당신(행인)이 언제 올지 몰라도 기다려준다. 엄마도 자식을 사랑한다. 그러기에 [illegible] 싫어하는 아들(자식)을 죽을 때까지 사랑하는 모습을 보여준다. 이처럼 사랑의 힘은 강하다. 사랑하는 상대가 저지른 잘못을 눈감아 줄 수 있는 것이 사랑의 힘이다. 그렇기에 사랑은 아름다운 가치이다. 나는 아름다운 가치인 사랑을 하며 [illegible] 삶을 살고 싶다
평점	

생각 살리기 다사리수업 학습 활동지(전면)

구분	모둠 이름: 깡반조? / 학년 반 번호: ( ) / 성명:
교과목명	교장특강 / 단원명: 헌신과 인내의 절대적 사랑 / 소단원명: 나룻배와 행인, 애꾸눈 엄마
성취 기준	나룻배와 행인의 관계를 통해 예수님과 부처님, 그리고 부모님의 무조건적 사랑에 대해 말한다.
생각 띄우기 (7분) 각자 자유롭게 메모함	※ 학습자료에 나오는 지식과 정보를 마인드맵 등 창의적 방법으로 정리하세요 행인, 아들, 사랑, 희생, 나룻배, 어머니 [illegible]
평점	
생각 말하기 (10분) 개별 구상 3분, 말하기 각 1분	※ 학습자료에서 중요하다고 생각하는 구절(문장)을 제시하고 이유를 말하세요 - 내가 제시한 구절(문장): 난 너를 한번도 미워한 적이 없단다. [illegible] (이유) [illegible] 잘 나타내는 것 같다. - 모둠 동료들이 제시한 구절(문장) 그러나 당신이 언제든지 오실 줄만은 알아요 [illegible]
평점	
생각 구하기 (5분) 각자 출제함	※ 학습자료 안에 있는 지식과 정보, 생각에 대한 가치를 묻는 문제를 만드세요 (단답형, 서술형, 논술형 문항 출제 모두 가능함) 내가 어머니였다면 찾아온 나에게 화를 내는 아들에게 어떠한 말을 했을까요?
평점	
생각 나누기 (10분) 짝별 대화 각 1.5분	※ 동료들과 짝을 이뤄 묻고 대답하고, 나의 질문에 답한 내용을 정리하세요 [illegible]
평점	
생각 살리기 (8분) 각자 자유롭게 논술함	※ 자료와 동료 생각을 바탕으로 어떻게 살 것인가에 대한 자기 생각을 논술하시오 나는 평소 사랑의 이유를 생각해 본 적이 없다. 그러나 이 글을 읽고나니 사랑엔 이유가 없다는 것을 알았다. 나룻배와 어머니도 그런 일을 묻고 자신이 왜 아들과 행인을 계속 기다리고, 사랑하는지 모를 것이다. 합리화를 하며 이유없이 사랑했을 것이다. 내 주변에도 나를 이유없이 사랑해 주는 사람들이 분명히 존재할 것이다. 그 사람들을 생각해 보고 나도 잘해 줘야겠다.
평점	

생각 살리기 다사리수업 학습 활동지(전면)

구분	모둠 이름: Bee 조 / 학년 반 번호: / 성명:
교과목명	교장특강 / 단원명: 헌신과 인내의 절대적 사랑 / 소단원명: 나룻배와 행인, 애꾸눈 엄마
성취 기준	나룻배와 행인의 관계를 통해 예수님과 부처님, 그리고 부모님의 무조건적 사랑에 대해 말한다.
생각 띄우기 (7분) 각자 자유롭게 메모함	※ 학습자료에 나오는 지식과 정보를 마인드맵 등 창의적 방법으로 정리하세요 〈나룻배와 행인〉 어떤 상황에서도 행인을 기다리는 나룻배 ⇩ 나룻배가 행인을 사랑하는 방식 ⇩ 예수님의 인간에 대한 사랑 (아가페) 〈애꾸눈 엄마〉 [illegible] 예전 살던 집을 찾다가 엄마의 편지를 발견함 [illegible] 엄마가 자식에 대한 사랑을 [illegible] (아가페) 사랑 — 건강, 실력, 헌신 에로스(육체적 사랑), 필리아(현실적인 사랑), 아가페(헌신적인 사랑)
평점	
생각 말하기 (10분) 개별 구상 3분, 말하기 각 1분	※ 학습자료에서 중요하다고 생각하는 구절(문장)을 제시하고 이유를 말하세요 - 내가 제시한 구절(문장): 그러나 당신이 언제든지 오실 줄만은 알아요 (이유) 어떤 상황에서도 기다리는 [illegible] - 모둠 동료들이 제시한 구절(문장) 나는 당신을 기다리면서 날마다 날마다 낡아 갑니다. "당장 나가요!!" 그러자 엄마는 "죄송합니다. 제가 집을 잘못 찾아왔나 봐요." 당신은 물만 건너면 나를 돌아 보지도 않고 가십니다그려 밤에서 낮까지 당신을 기다리고 있지.
평점	
생각 구하기 (5분) 각자 출제함	※ 학습자료 안에 있는 지식과 정보, 생각에 대한 가치를 묻는 문제를 만드세요 (단답형, 서술형, 논술형 문항 출제 모두 가능함) 내가 만약 '애꾸눈 엄마'의 주인공이라면 엄마가 집에 찾아왔을때 어떻게 해줬을까요?
평점	
생각 나누기 (10분) 짝별 대화 각 1.5분	※ 동료들과 짝을 이뤄 묻고 대답하고, 나의 질문에 답한 내용을 정리하세요 나는 아내에게 사실대로 말할 것이다 [illegible] 나라면 그 [illegible] 엄마를 사랑하고 아내에게 사실대로 말할 것이다 [illegible]
평점	
생각 살리기 (8분) 각자 자유롭게 논술함	※ 자료와 동료 생각을 바탕으로 어떻게 살 것인가에 대한 자기 생각을 논술하시오 사랑에는 다양한 방법이 있다. 건강한 사랑 에로스, 현실적인 [illegible] 필리아, 헌신하는 사랑 아가페 등... 위 자료 2가지를 읽으면서 나는 아가페가 정말 멋있고 대단한 사랑인 것 같다. 서로를 믿고 진심으로 사랑해야 [illegible] 사랑이라고 생각하기 때문이다. 나도 사랑할 때 건강하고 실력있고 헌신하는 사랑을 할 것이라고 생각했고 사랑이란 정말 대단하다는 생각이 들었다.
평점	

생각 살리기 다사리수업 학습 활동지(전면)

구분	모둠 이름	운 이웃	학년 반 번호	( )	성명	
교과목명	교장특강	단원명	헌신과 인내의 절대적 사랑	소단원명	나룻배와 행인, 애꾸눈 엄마	
성취 기준	나룻배와 행인의 관계를 통해 예수님과 부처님, 그리고 부모님의 무조건적 사랑에 대해 말한다.					

생각 띄우기 (7분) 각자 자유롭게 메모함

※ 학습자료에 나오는 지식과 정보를 마인드맵 등 창의적 방법으로 정리하세요.

아들을 위해 눈을 준 것 — 아들을 위해 희생 / 조건 없는 사랑 / 애꾸눈 엄마 / 아들은 엄마를 부끄러워함 / 나룻배와 행인 / 남을 위해 헌신하는 사랑 / 당신을 기다림 / 조건 없이 헌신과 인내를 하는 절대적인 사랑

평점

생각 말하기 (10분) 개별 구상 3분, 말하기 각 1분

※ 학습자료에서 중요하다고 생각하는 구절(문장)을 제시하고 이유를 말하세요.

- 내가 제시한 구절(문장): 어릴 때 나는 아들이 내가 교통사고가 나서 한쪽 눈을 잃었다.

(이유) 아들을 위해 자신의 눈을 희생한 모습이 감동적이었고 이유도 모르고 엄마를

- 모둠 동료들이 제시한 구절(문장): 무시한 아들이 안타까웠기 때문이다

나는 당신을 안으면 깊으나 얕으나 급한 여울이나 건너갑니다.

당신은 물만 건너면 나를 돌아보지도 않고 가십니다. 그려

평점

생각 구하기 (5분) 각자 출제함

※ 학습자료 안에 있는 지식과 정보, 생각에 대한 가치를 묻는 문제를 만드세요.
(단답형, 서술형, 논술형 문항 출제 모두 가능함)

어머니가 아들을 위해 눈을 준 이유는?

평점

생각 나누기 (10분) 짝별 대화 각 1.5분

※ 동료들과 짝을 이뤄 묻고 대답하고, 나의 질문에 답한 내용을 정리하세요.

사랑하기 때문이다

조건없이 사랑하기 때문에

평점

생각 살리기 (8분) 각자 자유롭게 논술함

※ 자료와 동료 생각을 바탕으로 어떻게 살 것인가에 대한 자기 생각을 논술하시오.

<나룻배와 행인>과 <애꾸눈 엄마> 둘 다 조건이 없는 사랑에 관한 소설이다. <나룻배와 행인>에서는 나룻배는 '당신'을 위해 날마다 기다리고 헌신하였다. 애꾸눈 엄마 역시 자신을 희생해서 아들이 더 나은 세상을 살 수 있게 자신의 눈을 주었다. 엄마는 아들을 진심으로 사랑했기 때문에 아들을 위해 희생했다. 나의 부모님도 나를 위해 헌신하신다. 과연 나도 부모님처럼 나중에 나의 자식에게 사랑을 줄 수 있을까? 라는 생각이 들었다. 또 나도 만약에 사랑하는 사람이 생긴다면 나도 나를 희생해서라도 헌신할 것 같다.

평점

생각 살리기 다사리수업 학습 활동지(전면)

구분	모둠 이름	진시황	학년 반 번호	( )	성명	
교과목명	교장특강	단원명	헌신과 인내의 절대적 사랑	소단원명	나룻배와 행인, 애꾸눈 엄마	
성취 기준	나룻배와 행인의 관계를 통해 예수님과 부처님, 그리고 부모님의 무조건적 사랑에 대해 말한다.					

생각 띄우기 (7분) 각자 자유롭게 메모함

※ 학습자료에 나오는 지식과 정보를 마인드맵 등 창의적 방법으로 정리하세요.

기다림 / 짓밟힘 / 도움 - 희생, 헌신 / 나룻배와 행인 — 헌신적 사랑 — 애꾸눈 엄마 - 계속 기다림 / 돌아오지 않는 사랑 / 헌신 - 원망 X / 돌아보지 않음 / 일방적인 사랑 / 나룻배, 엄마 — ♡ → 행인, 아들 / 눈을 내어줌

평점

생각 말하기 (10분) 개별 구상 3분, 말하기 각 1분

※ 학습자료에서 중요하다고 생각하는 구절(문장)을 제시하고 이유를 말하세요.

- 내가 제시한 구절(문장): 당신은 물만 건너면 나를 돌아보지도 않고 가십니다 그려. 나는 당신을 기다리면서 날마다 날마다 낡아갑니다.

(이유) 이 구절이 가장 헌신적인 사랑을 돌려받지 않고 나는 당신을 기다린다는 것으로 알 수 있다

- 모둠 동료들이 제시한 구절(문장)

난 너를 단 한번도 미워한 적이 없단다

엄마에게서 자신 눈에서 눈물이 흐르고 있었다.

평점

생각 구하기 (5분) 각자 출제함

※ 학습자료 안에 있는 지식과 정보, 생각에 대한 가치를 묻는 문제를 만드세요.
(단답형, 서술형, 논술형 문항 출제 모두 가능함)

내가 만약 '엄마'면 다면 아들이 교통사고를 당했을 때 눈을 줄 수 있을까?
(짧은 이유도)

평점

생각 나누기 (10분) 짝별 대화 각 1.5분

※ 동료들과 짝을 이뤄 묻고 대답하고, 나의 질문에 답한 내용을 정리하세요.

나중으로 줄 것 같다

내 아들이라면 줄 것 같다. 아들을 위해서라면 내 몸을 희생할 수 있을 것 같다

평점

생각 살리기 (8분) 각자 자유롭게 논술함

※ 자료와 동료 생각을 바탕으로 어떻게 살 것인가에 대한 자기 생각을 논술하시오.

'나룻배와 행인'과 '애꾸눈 엄마'를 읽으면서 그저 헌신적인 사랑 그 단어 자체로 기억하던 것에 대한 예시와 어떤 것인지 알게 되어 좋았다. 헌신적인 사랑은 자신에게 상처를 주고 힘들게 하더라도 계속 도움을 주고 사랑하며 떠나가도 무한정으로 돌아올 수 있게 기다려 주며 희생하는 것 같다. 그래서 이렇게 헌신적인 사랑을 배우며 나도 나중에 누군가의 배우자가 되거나 나의 배우자가 생기면 이런 헌신적인 사랑을 해주고 받고 싶다는 생각이 들었다. 이런 활동을 통해서 이렇게 여러 생각을 할 수 있어서 좋았다.

평점

생각 살리기 다사리수업 학습 활동지(전면)

구분	모둠 이름	이시팰로우	학년 반 번호	( )	성명	
교과목명	교장특강	단원명	헌신과 인내의 절대적 사랑	소단원명	나룻배와 행인, 애꾸눈 엄마	
성취 기준	나룻배와 행인의 관계를 통해 예수님과 부처님, 그리고 부모님의 무조건적 사랑에 대해 말한다.					

생각 띄우기 (7분) 각자 자유롭게 메모함

※ 학습자료에 나오는 지식과 정보를 마인드맵 등 창의적 방법으로 정리하세요.

사랑 / 헌신 / 도움 / 위로 - 존중 - 희생 / 의의 - 다른사람의 행복통해 나를 행복하게 함 / 기다림 / 공감 / 방식 / 헌신 - 방식 - 나룻배와 행인 / 애꾸눈 엄마 / 방식 - 헌신 / 우리들의 연관 / 엄마 = 나룻배 / 나 = 행인

평점

생각 말하기 (10분) 개별 구상 3분, 말하기 각 1분

※ 학습자료에서 중요하다고 생각하는 구절(문장)을 제시하고 이유를 말하세요.

- 내가 제시한 구절(문장): 그럼 이대로 영원히 신경쓰지 않고 살려고 생각했다

(이유) 엄마의 헌신적인 사랑을 잊고 무시하는 주인공의 생각이 드러나는 문장

- 모둠 동료들이 제시한 구절(문장)

나는 당신을 기다리면서 날마다 날마다 낡아갑니다.

평점

생각 구하기 (5분) 각자 출제함

※ 학습자료 안에 있는 지식과 정보, 생각에 대한 가치를 묻는 문제를 만드세요.
(단답형, 서술형, 논술형 문항 출제 모두 가능함)

아들이 엄마에게 쪽팔린다고 했을때, 엄마는 어떤 생각을 했을까요?

평점

생각 나누기 (10분) 짝별 대화 각 1.5분

※ 동료들과 짝을 이뤄 묻고 대답하고, 나의 질문에 답한 내용을 정리하세요.

너무 속상하고 가슴이 무너져내리는 기분이였을 것이다

평점

생각 살리기 (8분) 각자 자유롭게 논술함

※ 자료와 동료 생각을 바탕으로 어떻게 살 것인가에 대한 자기 생각을 논술하시오.

사랑이란 사람과 사람 사이를 연결해주는 연결고리이다 그 연결고리가 풀려 서로를 오해하며 사랑이 부족해지면 우리는 신뢰감을 잃거나 실망할 수 있다 사랑은 꼭 남녀 간의 감정이 아니라 모든 사람들과의 감정, 즉 연결고리 이므로 우리는 그 연결고리를 지속적인 관심과 애정으로 돌보아야 한다고 생각한다 사랑을 표현하는 방법에는 여러가지가 있지만, 나는 자신을 희생하는 사랑보다는 서로 발전하며 신뢰를 쌓을 수 있는 사랑이 더 좋다고 생각한다.

평점

생각 살리기 다사리수업 학습 활동지(전면)

구분	모둠 이름	짱받조7	학년 반 번호	( )	성명	
교과목명	교장특강	단원명	헌신과 인내의 절대적 사랑	소단원명	나룻배와 행인, 애꾸눈 엄마	
성취 기준	나룻배와 행인의 관계를 통해 예수님과 부처님, 그리고 부모님의 무조건적 사랑에 대해 말한다.					

생각 띄우기 (7분) 각자 자유롭게 메모함

※ 학습자료에 나오는 지식과 정보를 마인드맵 등 창의적 방법으로 정리하세요.

엄마 / 8세시

평점

생각 말하기 (10분) 개별 구상 3분, 말하기 각 1분

※ 학습자료에서 중요하다고 생각하는 구절(문장)을 제시하고 이유를 말하세요.

- 내가 제시한 구절(문장): 그러나 당신이 언제든지 오실 줄만 알아요

(이유) 앞에서 행인은 나룻배에게 관심조차 주지 않지만 나룻배의 사랑에 것이 보였기 때문이다

- 모둠 동료들이 제시한 구절(문장)

난 너를 한번도 미워한 적이 없단다 네가 나에게 가끔씩 짜증을 냈던건, 난 사랑해

그러나 당신이 언제든지 오실 줄만은 알아요

평점

생각 구하기 (5분) 각자 출제함

※ 학습자료 안에 있는 지식과 정보, 생각에 대한 가치를 묻는 문제를 만드세요.
(단답형, 서술형, 논술형 문항 출제 모두 가능함)

엄마와 나룻배는 고마 관심은 커녕 무시를하는 행인과 아들을 미워하거나 싫어하지 않고 사랑해주었을까요?

평점

생각 나누기 (10분) 짝별 대화 각 1.5분

※ 동료들과 짝을 이뤄 묻고 대답하고, 나의 질문에 답한 내용을 정리하세요.

그만큼 너무 그 대상이 좋았기 때문인 것 같다.

자신이 꼭 사랑해 주어야 한다고 생각했기 때문인것 같다

너무 사랑 했기 때문이

평점

생각 살리기 (8분) 각자 자유롭게 논술함

※ 자료와 동료 생각을 바탕으로 어떻게 살 것인가에 대한 자기 생각을 논술하시오.

나는 스스로 나를 매우 솔직한 사람이라고 생각한다. 그게 언제가 거짓말을 안했다는 것이 아니라 사람들에게 내 마음을 잘 표현한다고 생각한다는 것이다. 특히 나는 성장기임에도 불구하고 엄마에게 솔직한 감정과 마음을 털어놓는다. 나는 이 두 작품의 한 사람의 헌신적 사랑을 비판한다. 그 이유는 사람은 항상 시간이 부족하다. 많은 사람들 중 나를 좋아해주는 사람도 있지만 나를 싫어하는 사람도 있다. 나는 그런 이들 중 나를 싫어하는 사람까지 사랑해 줄 수는 없다고 생각한다.

평점

생각 살리기 다사리수업 학습 활동지(전면)

구분	모둠 이름	나룻배	학년 반 번호	( )	성명	
교과목명	교장특강	단원명	헌신과 인내의 절대적 사랑	소단원명	나룻배와 행인, 애꾸눈 엄마	
성취 기준	나룻배와 행인의 관계를 통해 예수님과 부처님, 그리고 부모님의 무조건적 사랑에 대해 말한다.					
생각 띄우기 (7분) 각자 자유롭게 메모함	※ 학습자료에 나오는 지식과 정보를 마인드맵 등 창의적 방법으로 정리하세요. [illegible] 사랑 [illegible]					
평점						
생각 말하기 (10분) 개별 구상 3분, 말하기 각 1분	※ 학습자료에서 중요하다고 생각하는 구절(문장)을 제시하고 이유를 말하세요. - 내가 제시한 구절(문장): [illegible] (이유) [illegible] - 모둠 동료들이 제시한 구절(문장) 만일 당신이 아니 오시면 나는 바람을 쐬고 눈비 맞으며 밤에서 낮까지 당신을 기다리고 있습니다. 나는 당신을 기다리면서 날마다 날마다 낡아 갑니다. 언제든지 오실 줄만은 알아요. [illegible] 나는 당신을 기다리면서 날마다 날마다 낡아갑니다.					
평점						
생각 구하기 (5분) 각자 출제함	※ 학습자료 안에 있는 지식과 정보, 생각에 대한 가치를 묻는 문제를 만드세요. (단답형, 서술형, 논술형 문항 출제 모두 가능함) [illegible]					
평점						
생각 나누기 (10분) 짝별 대화 각 1.5분	※ 동료들과 짝을 이뤄 묻고 대답하고, 나의 질문에 답한 내용을 정리하세요. [illegible] 희생적인 사랑, 헌신적인 사랑 희생적인 사랑, 아들을 위한 헌신적인 사랑을 보여준다. 아들의 구박에도 사랑으로 보는 엄마의 헌신적이고 희생적인 사랑.					
평점						
생각 살리기 (8분) 각자 자유롭게 논술함	※ 자료와 동료 생각을 바탕으로 어떻게 살 것인가에 대한 자기 생각을 논술하시오. [illegible]					
평점						

생각 살리기 다사리수업 학습 활동지(전면)

구분	모둠 이름	[illegible]	학년 반 번호	( )	성명	
교과목명	교장특강	단원명	헌신과 인내의 절대적 사랑	소단원명	나룻배와 행인, 애꾸눈 엄마	
성취 기준	나룻배와 행인의 관계를 통해 예수님과 부처님, 그리고 부모님의 무조건적 사랑에 대해 말한다.					
생각 띄우기 (7분) 각자 자유롭게 메모함	※ 학습자료에 나오는 지식과 정보를 마인드맵 등 창의적 방법으로 정리하세요. 나룻배와 행인 (한용운) [illegible]					
평점						
생각 말하기 (10분) 개별 구상 3분, 말하기 각 1분	※ 학습자료에서 중요하다고 생각하는 구절(문장)을 제시하고 이유를 말하세요. - 내가 제시한 구절(문장): [illegible] (이유) [illegible] - 모둠 동료들이 제시한 구절(문장) [illegible] 엄마는 왜 한쪽 눈이 없어? 진짜 창피해 죽겠어 갑자기 말 수 없는 게 내 마음 한쪽을 조여왔다.					
평점						
생각 구하기 (5분) 각자 출제함	※ 학습자료 안에 있는 지식과 정보, 생각에 대한 가치를 묻는 문제를 만드세요. (단답형, 서술형, 논술형 문항 출제 모두 가능함) 자신의 눈을 주고도 아들에게 무시를 받는 어머니의 심정은 어땠을까요? 그리고 당신이라면 눈을 줄 것이 대해 후회하실 건가요?					
평점						
생각 나누기 (10분) 짝별 대화 각 1.5분	※ 동료들과 짝을 이뤄 묻고 대답하고, 나의 질문에 답한 내용을 정리하세요. 심정은 자신을 무시하는 아들이 미웠을 것 같다. 만약 나였음 후회하지는 않았을 것 같다. 단 심정은 버림받은 것에 대해 마음이 아팠겠다. 그리고 나라면 사랑하는 아들이므로 눈을 준 것에 대해 후회하지 않을 것 같다.					
평점						
생각 살리기 (8분) 각자 자유롭게 논술함	※ 자료와 동료 생각을 바탕으로 어떻게 살 것인가에 대한 자기 생각을 논술하시오. 두 자료를 보고 내가 느낀 점은 자신이 정말 사랑하는 사람이라면 자신을 헌신할 수 있다는 것이 정말 가치있고 대단하다고 느꼈다. 만약 나라면 헌신적 사랑에 대해 고민을 많이 할 텐데 2번째 소설의 내용과 같이 아들에게 신체적 한 부위를 준다는 것이 정말 존경스러웠다. 나룻배와 행인같이 나도 더 철이 든다면 누군가의 편의를 위해 내가 희생할 수 있도록 할 것이다.					
평점						

생각 살리기 다사리수업 학습 활동지(전면)

구분	모둠 이름	Bee조	학년 반 번호	( )	성명	
교과목명	교장특강	단원명	헌신과 인내의 절대적 사랑	소단원명	나룻배와 행인, 애꾸눈 엄마	
성취 기준	나룻배와 행인의 관계를 통해 예수님과 부처님, 그리고 부모님의 무조건적 사랑에 대해 말한다.					
생각 띄우기 (7분) 각자 자유롭게 메모함	※ 학습자료에 나오는 지식과 정보를 마인드맵 등 창의적 방법으로 정리하세요. 사랑 (love) 사랑이란? 1) 내가 사랑하는 사람이 행복하면 나도 행복한 것 2) 그리고 서로 지지하는 것 가족 — 자신이 가족을 사랑하는 이유는 무엇인가? 가족은 서로 지지해주고 함께 힘들 때 행복한 것 종교 — 예수님이 아무조건 없는 사랑을 주십니다 우리의 죄를 십자가에 [illegible] 나룻배가 행인을 사랑하는 법 (아가페) 남을 생각하고 [illegible]					
평점						
생각 말하기 (10분) 개별 구상 3분, 말하기 각 1분	※ 학습자료에서 중요하다고 생각하는 구절(문장)을 제시하고 이유를 말하세요. - 내가 제시한 구절(문장): 당신은 물만 건너면 나를 돌아보지도 않고 가십니다 그려 (이유) 내가 평소 가족에게 받기만 하고 돌려주지 않는 것이 이 구절에 나와 있 - 모둠 동료들이 제시한 구절(문장) 그러나 당신이 언제든지 오실 줄만은 알아요. 나는 당신을 기다리면서 날마다 날마다 낡아 갑니다. [illegible] "엄마 나가요!" 그러자 엄마는 "공부 열심히 해!" [illegible]					
평점						
생각 구하기 (5분) 각자 출제함	※ 학습자료 안에 있는 지식과 정보, 생각에 대한 가치를 묻는 문제를 만드세요. (단답형, 서술형, 논술형 문항 출제 모두 가능함) 나룻배는 자신에게 이익이 없지만 왜 행인을 사랑하나요?					
평점						
생각 나누기 (10분) 짝별 대화 각 1.5분	※ 동료들과 짝을 이뤄 묻고 대답하고, 나의 질문에 답한 내용을 정리하세요. 사랑하는 것은 물질적인 이익을 얻는 것보다 더한 가치가 있기 때문이다. 행인이 행복하면 나도 행복하고 보람이 있기 때문에! 자신이 이익이 없어도 오직 그냥 행인을 사랑하기 때문에 이익만을 바라며 사랑하는 것이 아닌 그저 행인을 [illegible]					
평점						
생각 살리기 (8분) 각자 자유롭게 논술함	※ 자료와 동료 생각을 바탕으로 어떻게 살 것인가에 대한 자기 생각을 논술하시오. 앞으로 주변 사람들을 사랑하고 배려하며 존중해 줄 것이다. 현대 사회에는 사랑이 많이 부족한 것 같다. 그 부족한 사랑을 채우기 위해서 우선 나 먼저 그들을 사랑하고 그 사랑을 넓혀감으로써 나머지 사람들도 사랑할 수 있도록 도울 것이다.					
평점						

생각 살리기 다사리수업 학습 활동지(전면)

구분	모둠 이름	[illegible]	학년 반 번호	( )-( )-( )	성명	
교과목명	교장특강	단원명	헌신과 인내의 절대적 사랑	소단원명	나룻배와 행인, 애꾸눈 엄마	
성취 기준	나룻배와 행인의 관계를 통해 예수님과 부처님, 그리고 부모님의 무조건적 사랑에 대해 말한다.					
생각 띄우기 (7분) 각자 자유롭게 메모함	※ 학습자료에 나오는 지식과 정보를 마인드맵 등 창의적 방법으로 정리하세요. 사랑 — 가족인연, 종교적인 인연, 연인인연, 친구인연					
평점						
생각 말하기 (10분) 개별 구상 3분, 말하기 각 1분	※ 학습자료에서 중요하다고 생각하는 구절(문장)을 제시하고 이유를 말하세요. - 내가 제시한 구절(문장): [illegible] (이유) [illegible] - 모둠 동료들이 제시한 구절(문장) [illegible] 그러나 당신이 언제든지 오실 줄만은 알아요. 나는 당신을 기다리면서 날마다 날마다 낡아 갑니다. [illegible]					
평점						
생각 구하기 (5분) 각자 출제함	※ 학습자료 안에 있는 지식과 정보, 생각에 대한 가치를 묻는 문제를 만드세요. (단답형, 서술형, 논술형 문항 출제 모두 가능함) 나룻배는 언제든지 행인이 올 거라 예상했나요?					
평점						
생각 나누기 (10분) 짝별 대화 각 1.5분	※ 동료들과 짝을 이뤄 묻고 대답하고, 나의 질문에 답한 내용을 정리하세요. [illegible] 자신이 사랑하니까 왔으면 [illegible] [illegible]					
평점						
생각 살리기 (8분) 각자 자유롭게 논술함	※ 자료와 동료 생각을 바탕으로 어떻게 살 것인가에 대한 자기 생각을 논술하시오. 나룻배가 언제든지 날마다 행인을 기다리는 이유는 헌신적인 사랑 이라고 생각한다. 사랑에 헌신이 없다면 무의미하기 때문에 나는 헌신하는 사랑을 하고 싶고 나룻배는 행인을 기다리지 않겠지만 자신이 낡아가도 행인을 기다리기 때문이다. 나룻배와 같이 어머니도 아들에게 자신이 상처받는 말을 들어도 계속 사랑하고 아들을 위하는 헌신적인 사랑을 가지고 있기 그려다고 생각한다.					
평점						

(2) 역사 교과

생각 살리기 다사리수업 학습 활동지(전면)

구분	모둠 인원수	4	학년 반 번호	(3)-( )-( )	성명	
교과목명	•교장특강	단원명	모두가 잘살고 행복한 세상	소단원명	정약용의 여전제와 정전제	
성취 기준	여전제와 정전제에 대하여 설명하고, 모두가 잘살고 행복한 세상을 위한 자기 생각을 만든다.					
생각 띄우기 (7분) 각자 자유롭게 메모함	※ 학습자료에 나오는 지식과 정보를 마인드맵 등 창의적 방법으로 정리하세요.					
평점	100					
생각 말하기 (10분) 개별 구상 3분, 말하기 각 1분	※ 자료를 보고 여전제/정전제/토지공개념 중 하나를 선택하여, 개념을 설명하시오. ※ 자기의 활동지에 작성한 내용을 요약하여, 서로 돌아가며 동료의 활동지에 채워 주세요.					
평점	100					
생각 구하기 (5분) 각자 출제함	※ 학습자료 안에 있는 지식과 정보, 생각에 대한 가치를 묻는 문제를 만드세요. (낱말로 답하는 단답형, 구절이나 문장으로 답하는 서술형, 생각을 묻는 논술형)					
	정전제의 문제점은 무엇이 있을까?					
평점	100					
생각 나누기 (10분) 짝별 대화 각 1.5분	※ 동료가 제시한 문제를 읽어보고, 서로 돌려가며 다양한 답으로 채워 주세요.					
평점	100					
생각 살리기 (8분) 각자 자유롭게 논술함	※ 자료와 동료 생각을 바탕으로 모두 행복한 세상에 대한 자기 생각을 논술하시오.					
평점	100					

생각 살리기 다사리수업 학습 활동지(전면)

구분	모둠 인원수	4	학년 반 번호	(3)-( )-( )	성명	
교과목명	•교장특강	단원명	모두가 잘살고 행복한 세상	소단원명	정약용의 여전제와 정전제	
성취 기준	여전제와 정전제에 대하여 설명하고, 모두가 잘살고 행복한 세상을 위한 자기 생각을 만든다.					
생각 띄우기 (7분) 각자 자유롭게 메모함	※ 학습자료에 나오는 지식과 정보를 마인드맵 등 창의적 방법으로 정리하세요.					
평점	100					
생각 말하기 (10분) 개별 구상 3분, 말하기 각 1분	※ 자료를 보고 여전제/정전제/토지공개념 중 하나를 선택하여, 개념을 설명하시오. ※ 자기의 활동지에 작성한 내용을 요약하여, 서로 돌아가며 동료의 활동지에 채워 주세요.					
평점	100					
생각 구하기 (5분) 각자 출제함	※ 학습자료 안에 있는 지식과 정보, 생각에 대한 가치를 묻는 문제를 만드세요. (낱말로 답하는 단답형, 구절이나 문장으로 답하는 서술형, 생각을 묻는 논술형)					
평점	100					
생각 나누기 (10분) 짝별 대화 각 1.5분	※ 동료가 제시한 문제를 읽어보고, 서로 돌려가며 다양한 답으로 채워 주세요.					
평점	100					
생각 살리기 (8분) 각자 자유롭게 논술함	※ 자료와 동료 생각을 바탕으로 모두 행복한 세상에 대한 자기 생각을 논술하시오.					
평점	100					

생각 살리기 다사리수업 학습 활동지(전면)

구분	모둠 인원수	5명	학년 반 번호	(3)-( )-( )	성명	
교과목명	•교장특강	단원명	모두가 잘살고 행복한 세상	소단원명	정약용의 여전제와 정전제	
성취 기준	여전제와 정전제에 대하여 설명하고, 모두가 잘살고 행복한 세상을 위한 자기 생각을 만든다.					
생각 띄우기 (7분) 각자 자유롭게 메모함	※ 학습자료에 나오는 지식과 정보를 마인드맵 등 창의적 방법으로 정리하세요.					
평점	100					
생각 말하기 (10분) 개별 구상 3분, 말하기 각 1분	※ 자료를 보고 여전제/정전제/토지공개념 중 하나를 선택하여, 개념을 설명하시오. ※ 자기의 활동지에 작성한 내용을 요약하여, 서로 돌아가며 동료의 활동지에 채워 주세요.					
평점	100					
생각 구하기 (5분) 각자 출제함	※ 학습자료 안에 있는 지식과 정보, 생각에 대한 가치를 묻는 문제를 만드세요. (낱말로 답하는 단답형, 구절이나 문장으로 답하는 서술형, 생각을 묻는 논술형)					
	토지공개념의 문제점은?					
평점	100					
생각 나누기 (10분) 짝별 대화 각 1.5분	※ 동료가 제시한 문제를 읽어보고, 서로 돌려가며 다양한 답으로 채워 주세요.					
평점	100					
생각 살리기 (8분) 각자 자유롭게 논술함	※ 자료와 동료 생각을 바탕으로 모두 행복한 세상에 대한 자기 생각을 논술하시오.					
평점	100					

생각 살리기 다사리수업 학습 활동지(전면)

구분	모둠 인원수	5	학년 반 번호	(3)-( )-( )	성명	
교과목명	•교장특강	단원명	모두가 잘살고 행복한 세상	소단원명	정약용의 여전제와 정전제	
성취 기준	여전제와 정전제에 대하여 설명하고, 모두가 잘살고 행복한 세상을 위한 자기 생각을 만든다.					
생각 띄우기 (7분) 각자 자유롭게 메모함	※ 학습자료에 나오는 지식과 정보를 마인드맵 등 창의적 방법으로 정리하세요.					
평점	A+					
생각 말하기 (10분) 개별 구상 3분, 말하기 각 1분	※ 자료를 보고 여전제/정전제/토지공개념 중 하나를 선택하여, 개념을 설명하시오. ※ 자기의 활동지에 작성한 내용을 요약하여, 서로 돌아가며 동료의 활동지에 채워 주세요.					
평점	A					
생각 구하기 (5분) 각자 출제함	※ 학습자료 안에 있는 지식과 정보, 생각에 대한 가치를 묻는 문제를 만드세요. (낱말로 답하는 단답형, 구절이나 문장으로 답하는 서술형, 생각을 묻는 논술형)					
평점	A					
생각 나누기 (10분) 짝별 대화 각 1.5분	※ 동료가 제시한 문제를 읽어보고, 서로 돌려가며 다양한 답으로 채워 주세요.					
평점	A+					
생각 살리기 (8분) 각자 자유롭게 논술함	※ 자료와 동료 생각을 바탕으로 모두 행복한 세상에 대한 자기 생각을 논술하시오.					
평점	C					

생각 살리기 다사리수업 학습 활동지(전면)

구분	모둠 인원수	5	학년 반 번호	(3)-( )-( )	성명
교과목명	*교장특강	단원명	모두가 잘살고 행복한 세상	소단원명	정약용의 여전제와 정전제
성취 기준	여전제와 정전제에 대하여 설명하고, 모두가 잘살고 행복한 세상을 위한 자기 생각을 만든다.				
생각 띄우기 (7분) 각자 자유롭게 메모함	※ 학습자료에 나오는 지식과 정보를 마인드맵 등 창의적 방법으로 정리하세요.				
평점					
생각 말하기 (10분) 개별 구상 3분, 말하기 각 1분	※ 자료를 보고 여전제/정전제/토지공개념 중 하나를 선택하여, 개념을 설명하시오. ※ 자기의 활동지에 작성한 내용을 요약하여, 서로 돌아가며 동료의 활동지에 채워 주세요.				
평점					
생각 구하기 (5분) 각자 출제함	※ 학습자료 안에 있는 지식과 정보, 생각에 대한 가치를 묻는 문제를 만드세요. (낱말로 답하는 단답형, 구절이나 문장으로 답하는 서술형, 생각을 묻는 논술형)				
평점					
생각 나누기 (10분) 짝별 대화 각 1.5분	※ 동료가 제시한 문제를 읽어보고, 서로 돌려가며 다양한 답으로 채워 주세요.				
평점					
생각 살리기 (8분) 각자 자유롭게 논술함	※ 자료와 동료 생각을 바탕으로 모두 행복한 세상에 대한 자기 생각을 논술하시오.				
평점					

생각 살리기 다사리수업 학습 활동지(전면)

구분	모둠 인원수	4	학년 반 번호	(3)-( )-( )	성명
교과목명	*교장특강	단원명	모두가 잘살고 행복한 세상	소단원명	정약용의 여전제와 정전제
성취 기준	여전제와 정전제에 대하여 설명하고, 모두가 잘살고 행복한 세상을 위한 자기 생각을 만든다.				
생각 띄우기 (7분) 각자 자유롭게 메모함	※ 학습자료에 나오는 지식과 정보를 마인드맵 등 창의적 방법으로 정리하세요.				
평점					
생각 말하기 (10분) 개별 구상 3분, 말하기 각 1분	※ 자료를 보고 여전제/정전제/토지공개념 중 하나를 선택하여, 개념을 설명하시오. ※ 자기의 활동지에 작성한 내용을 요약하여, 서로 돌아가며 동료의 활동지에 채워 주세요.				
평점					
생각 구하기 (5분) 각자 출제함	※ 학습자료 안에 있는 지식과 정보, 생각에 대한 가치를 묻는 문제를 만드세요. (낱말로 답하는 단답형, 구절이나 문장으로 답하는 서술형, 생각을 묻는 논술형) 완전 사유제에 대한 자신의 생각은 ?				
평점					
생각 나누기 (10분) 짝별 대화 각 1.5분	※ 동료가 제시한 문제를 읽어보고, 서로 돌려가며 다양한 답으로 채워 주세요.				
평점					
생각 살리기 (8분) 각자 자유롭게 논술함	※ 자료와 동료 생각을 바탕으로 모두 행복한 세상에 대한 자기 생각을 논술하시오.				
평점					

생각 살리기 다사리수업 학습 활동지(전면)

구분	모둠 인원수	4	학년 반 번호	(3)-( )-( )	성명
교과목명	*교장특강	단원명	모두가 잘살고 행복한 세상	소단원명	정약용의 여전제와 정전제
성취 기준	여전제와 정전제에 대하여 설명하고, 모두가 잘살고 행복한 세상을 위한 자기 생각을 만든다.				
생각 띄우기 (7분) 각자 자유롭게 메모함	※ 학습자료에 나오는 지식과 정보를 마인드맵 등 창의적 방법으로 정리하세요.				
평점					
생각 말하기 (10분) 개별 구상 3분, 말하기 각 1분	※ 자료를 보고 여전제/정전제/토지공개념 중 하나를 선택하여, 개념을 설명하시오. ※ 자기의 활동지에 작성한 내용을 요약하여, 서로 돌아가며 동료의 활동지에 채워 주세요.				
평점					
생각 구하기 (5분) 각자 출제함	※ 학습자료 안에 있는 지식과 정보, 생각에 대한 가치를 묻는 문제를 만드세요. (낱말로 답하는 단답형, 구절이나 문장으로 답하는 서술형, 생각을 묻는 논술형) 토지공개념에 대한 나의 생각은?				
평점					
생각 나누기 (10분) 짝별 대화 각 1.5분	※ 동료가 제시한 문제를 읽어보고, 서로 돌려가며 다양한 답으로 채워 주세요.				
평점					
생각 살리기 (8분) 각자 자유롭게 논술함	※ 자료와 동료 생각을 바탕으로 모두 행복한 세상에 대한 자기 생각을 논술하시오.				
평점					

생각 살리기 다사리수업 학습 활동지(전면)

구분	모둠 인원수	4	학년 반 번호	(3)-( )-( )	성명
교과목명	*교장특강	단원명	모두가 잘살고 행복한 세상	소단원명	정약용의 여전제와 정전제
성취 기준	여전제와 정전제에 대하여 설명하고, 모두가 잘살고 행복한 세상을 위한 자기 생각을 만든다.				
생각 띄우기 (7분) 각자 자유롭게 메모함	※ 학습자료에 나오는 지식과 정보를 마인드맵 등 창의적 방법으로 정리하세요.				
평점					
생각 말하기 (10분) 개별 구상 3분, 말하기 각 1분	※ 자료를 보고 여전제/정전제/토지공개념 중 하나를 선택하여, 개념을 설명하시오. ※ 자기의 활동지에 작성한 내용을 요약하여, 서로 돌아가며 동료의 활동지에 채워 주세요.				
평점					
생각 구하기 (5분) 각자 출제함	※ 학습자료 안에 있는 지식과 정보, 생각에 대한 가치를 묻는 문제를 만드세요. (낱말로 답하는 단답형, 구절이나 문장으로 답하는 서술형, 생각을 묻는 논술형)				
평점					
생각 나누기 (10분) 짝별 대화 각 1.5분	※ 동료가 제시한 문제를 읽어보고, 서로 돌려가며 다양한 답으로 채워 주세요.				
평점					
생각 살리기 (8분) 각자 자유롭게 논술함	※ 자료와 동료 생각을 바탕으로 모두 행복한 세상에 대한 자기 생각을 논술하시오.				
평점					

생각 살리기 다사리수업 학습 활동지(전면)

구분	모둠 인원수	4명	학년 반 번호	(3)-( )-( )	성명	
교과목명	교장특강	단원명	모두가 잘살고 행복한 세상	소단원명	정약용의 여전제와 정전제	
성취 기준	여전제와 정전제에 대하여 설명하고, 모두가 잘살고 행복한 세상을 위한 자기 생각을 만든다.					

구분	내용
생각 띄우기 (7분) 각자 자유롭게 메모함	※ 학습자료에 나오는 지식과 정보를 마인드맵 등 창의적 방법으로 정리하세요 1. 완전 사유제(자본주의) - 강한 자가 차지하고 약한 자는 땅이 넘어감 (토지 겸병의 폐해) 2. 완전 공유제(여전제 - 공산주의) - 모든 것을 공유하고 여장의 명령에 따름. ↳ 노력 [illegible] 3. 사유와 공유의 혼합제(정전제 - 사회민주주의) 사사사/사공사/사사사 ① 농업 종사자에게만 토지 분배 ② 가족 노동력을 기준으로 토지 ③ 공전 1구역은 국가가 정[illegible] 4. 대한민국 제도(토지공개념) - 재산권의 행사는 공공복리에 적합하도록 해야 함!!
평점	100
생각 말하기 (10분) 개별 구상 3분, 말하기 각 1분	※ 자료를 보고 여전제/정전제/토지공개념 중 하나를 선택하여, 개념을 설명하시오 정전제: 평등한 사유를 중시하는 사회민주주의 (사사사/사공사/사사사) ↳ 8개의 사적 토지가 있고, 1개의 공적 토지가 있다. ↳ 농업 종사자에게만 토지를 분배해야 하고, 공전 1구역은 국가가 경비를 지출해 매입해야 한다. ※ 자기의 활동지에 작성한 내용을 요약하여, 서로 돌아가며 동료의 활동지에 채워 주세요 사유하지 않는 공동생산과 공동분배의 공산주의 농사O 토지O 농사X 토지X 토지공개념은 현재 대한민국의 제도이고, 공리에 적합한 사유의 자유를 인정한다. 사유하되 하나는 나눠쓴다
평점	100
생각 구하기 (5분) 각자 출제함	※ 학습자료 안에 있는 지식과 정보, 생각에 대한 가치를 묻는 문제를 만드세요 (낱말로 답하는 단답형, 구절이나 문장으로 답하는 서술형, 생각을 묻는 논술형) 여전제의 한계점을 논술하시오
평점	100
생각 나누기 (10분) 짝별 대화 각 1.5분	※ 동료가 제시한 문제를 읽어보고, 서로 돌려가며 다양한 답으로 채워 주세요 사유는 [illegible] 자유가 발달되고, 일하지 않고 놀며는 여장, 혹은 [illegible] 일을 하지 않고 놀며는 여장, 혹은 여장에게 잘 보여서 살수에 조작 가능성이 있다. 공동체가 발전하지 않는다
평점	100
생각 살리기 (8분) 각자 자유롭게 논술함	※ 자료와 동료 생각을 바탕으로 모두 행복한 세상에 대한 자기 생각을 논술하시오 우리 세상에는 자원이 한정되어 있기 마련이다. 그래서 그 한정된 자원을 서로 가지려 경쟁하거나 모두가 공평하게 가질 수 있는 방안을 고려해 보면서 다양한 경제 체제가 생겼났다. 자원을 정당한 방법으로 나누어 모두가 행복하게 살 수 있는 방법에는 당시 조선 시대에 여전제, 정전제, 토지공개념이 있었다. 여전제는 공동생산과 공동분배의 제도인데, 너무 공평하면 아무도 노력하지 않을 거라는 한계점이 있다. 정전제는 사유 재산이 평등해야 한다는 것인데, 농업 종사자에게만 토지를 분배해야 하고, 공전 1구역은 국가가 경비를 지출해 매입해야 한다. 이는 기존의 토지 소유 문제를 해결할 방안이 결핍되었다는 문제점이 있다. 이를 보완한 체제가 토지공개념인데, 토지공개념은 공리에 적합한 사유의 자유를 인정하는 제도로 현재 대한민국의 혼합 경제 체제와 비슷하다. 모두가 잘살고 행복하기 위한 어떤 제도를 만들어도 부족한 점이 있어 무리일 테지만, 그래도 여전제와 정전제의 단점을 보완한 토지공개념이 가장 합리적인 제도라고 생각한다.
평점	100

생각 살리기 다사리수업 학습 활동지(전면)

구분	모둠 인원수	4	학년 반 번호	(3)-( )-( )	성명	
교과목명	교장특강	단원명	모두가 잘살고 행복한 세상	소단원명	정약용의 여전제와 정전제	
성취 기준	여전제와 정전제에 대하여 설명하고, 모두가 잘살고 행복한 세상을 위한 자기 생각을 만든다.					

구분	내용
생각 띄우기 (7분) 각자 자유롭게 메모함	※ 학습자료에 나오는 지식과 정보를 마인드맵 등 창의적 방법으로 정리하세요 여전제: 사유하지 않는 공동생산과 공동분배의 공산주의 / 백성의 재산이 풍부해지면 풍속이 순후해지고 도덕이 행해지게 된다. / 토지를 다스리는 가장 좋은 방법 정약용 - 여전제 / 정전제 토지겸병: 사유의 무제한 인정, 자유방임적 자본주의 토지공개념: 공리에 적합한 사유의 자유 인정, 자유민주주의(대한민국 제도). 정전제: 중국 하·은·주 삼대의 유제이다. / 평등한 사유를 중시하는 사회민주주의. / 9등전자로 구역을 나누고 경작해 그 수확물을 국가에 조세로 바침. / 가족 노동력을 기준으로 토지 분배
평점	100
생각 말하기 (10분) 개별 구상 3분, 말하기 각 1분	※ 자료를 보고 여전제/정전제/토지공개념 중 하나를 선택하여, 개념을 설명하시오 사유와 공유의 혼합제(정전제, 평등한 사유를 중시하는 사회민주주의). 토지의 한 구역을 9등전자로 9등분해 8호의 농가가 주위의 여덟 구역을 각각 경작해 자급하고, 중앙의 1구는 8가가 공동 경작해 그 수확물을 국가에 조세로 바치는 것이다. ※ 자기의 활동지에 작성한 내용을 요약하여, 서로 돌아가며 동료의 활동지에 채워 주세요 토지공개념이란, 공리에 적합한 사유의 자유인정 자유민주주의로서 재산권의 행사는 공공복리에 적합해야 완전 사유제 - 사유의 무제한 인정 자유방임적 자본주의 완전 공유제 - 농사 짓는 사람 전지(토지) 얻음 공동생산 공산주의
평점	100
생각 구하기 (5분) 각자 출제함	※ 학습자료 안에 있는 지식과 정보, 생각에 대한 가치를 묻는 문제를 만드세요 (낱말로 답하는 단답형, 구절이나 문장으로 답하는 서술형, 생각을 묻는 논술형) 정전제에 대한 나의 생각은?
평점	100
생각 나누기 (10분) 짝별 대화 각 1.5분	※ 동료가 제시한 문제를 읽어보고, 서로 돌려가며 다양한 답으로 채워 주세요 평등한 사유를 중시하는 사회민주주의여서 긍정적으로 생각한다. 평등한 기준으로 사유를 인정하는 민주주의여서 다른 토지의 제도보다 가장 나은 방안인 것 같다. 평등한 걸 기준으로 하는 민주주의여서 긍정적으로 생각한다.
평점	100
생각 살리기 (8분) 각자 자유롭게 논술함	※ 자료와 동료 생각을 바탕으로 모두 행복한 세상에 대한 자기 생각을 논술하시오 모두 행복하기 위해서는 자신이 열심히 일한 만큼의 대가를 받고 일하지 않는 사람들은 받지 않고 사유에 대해 국가가 명령하는 대로만 따르지 않고 자신의 생각과 뜻대로 행동하면서 그 행동에 스스로 책임진다면 더 노력하게 될 것이다. 따라서 모두 행복한 세상이 되기 위해서는 토지공개념과 정전제 토지법 [illegible] 적절히 섞여야 된다고 생각한다.
평점	100

생각 살리기 다사리수업 학습 활동지(전면)

구분	모둠 인원수	4명	학년 반 번호	(3)-( )-( )	성명	
교과목명	교장특강	단원명	모두가 잘살고 행복한 세상	소단원명	정약용의 여전제와 정전제	
성취 기준	여전제와 정전제에 대하여 설명하고, 모두가 잘살고 행복한 세상을 위한 자기 생각을 만든다.					

구분	내용
생각 띄우기 (7분) 각자 자유롭게 메모함	※ 학습자료에 나오는 지식과 정보를 마인드맵 등 창의적 방법으로 정리하세요 1. 완전 사유제(자본주의) - 강한 자가 차지하고 약한 자는 땅이 넘어감 (토지 겸병의 폐해) 2. 완전 공유제(여전제 - 공산주의) - 모든 것을 공유하고 여장의 명령에 따름. ↳ 노력 [illegible] 3. 사유와 공유의 혼합제(정전제 - 사회민주주의) 사사사/사공사/사사사 ① 농업 종사자에게만 토지 분배 ② 가족 노동력을 기준으로 토지 ③ 공전 1구역은 국가가 정[illegible] 4. 대한민국 제도(토지공개념) - 재산권의 행사는 공공복리에 적합하도록 해야 함!!
평점	100
생각 말하기 (10분) 개별 구상 3분, 말하기 각 1분	※ 자료를 보고 여전제/정전제/토지공개념 중 하나를 선택하여, 개념을 설명하시오 정전제: 평등한 사유를 중시하는 사회민주주의 (사사사/사공사/사사사) ↳ 8개의 사적 토지가 있고, 1개의 공적 토지가 있다. ↳ 농업 종사자에게만 토지를 분배해야 하고, 공전 1구역은 국가가 경비를 지출해 매입해야 한다. ※ 자기의 활동지에 작성한 내용을 요약하여, 서로 돌아가며 동료의 활동지에 채워 주세요 사유하지 않는 공동생산과 공동분배의 공산주의 농사O 토지O 농사X 토지X 토지공개념은 현재 대한민국의 제도이고, 공리에 적합한 사유의 자유를 인정한다. 사유하되 하나는 나눠쓴다
평점	100
생각 구하기 (5분) 각자 출제함	※ 학습자료 안에 있는 지식과 정보, 생각에 대한 가치를 묻는 문제를 만드세요 (낱말로 답하는 단답형, 구절이나 문장으로 답하는 서술형, 생각을 묻는 논술형) 여전제의 한계점을 논술하시오
평점	100
생각 나누기 (10분) 짝별 대화 각 1.5분	※ 동료가 제시한 문제를 읽어보고, 서로 돌려가며 다양한 답으로 채워 주세요 사유는 [illegible] 자유가 발달되고, 일하지 않고 놀며는 여장, 혹은 [illegible] 일을 하지 않고 놀며는 여장, 혹은 여장에게 잘 보여서 살수에 조작 가능성이 있다. 공동체가 발전하지 않는다
평점	100
생각 살리기 (8분) 각자 자유롭게 논술함	※ 자료와 동료 생각을 바탕으로 모두 행복한 세상에 대한 자기 생각을 논술하시오 우리 세상에는 자원이 한정되어 있기 마련이다. 그래서 그 한정된 자원을 서로 가지려 경쟁하거나 모두가 공평하게 가질 수 있는 방안을 고려해 보면서 다양한 경제 체제가 생겼났다. 자원을 정당한 방법으로 나누어 모두가 행복하게 살 수 있는 방법에는 당시 조선 시대에 여전제, 정전제, 토지공개념이 있었다. 여전제는 공동생산과 공동분배의 제도인데, 너무 공평하면 아무도 노력하지 않을 거라는 한계점이 있다. 정전제는 사유 재산이 평등해야 한다는 것인데, 농업 종사자에게만 토지를 분배해야 하고, 공전 1구역은 국가가 경비를 지출해 매입해야 한다. 이는 기존의 토지 소유 문제를 해결할 방안이 결핍되었다는 문제점이 있다. 이를 보완한 체제가 토지공개념인데, 토지공개념은 공리에 적합한 사유의 자유를 인정하는 제도로 현재 대한민국의 혼합 경제 체제와 비슷하다. 모두가 잘살고 행복하기 위한 어떤 제도를 만들어도 부족한 점이 있어 무리일 테지만, 그래도 여전제와 정전제의 단점을 보완한 토지공개념이 가장 합리적인 제도라고 생각한다.
평점	100

생각 살리기 다사리수업 학습 활동지(전면)

구분	모둠 인원수	4	학년 반 번호	(3)-( )-( )	성명	
교과목명	교장특강	단원명	모두가 잘살고 행복한 세상	소단원명	정약용의 여전제와 정전제	
성취 기준	여전제와 정전제에 대하여 설명하고, 모두가 잘살고 행복한 세상을 위한 자기 생각을 만든다.					

구분	내용
생각 띄우기 (7분) 각자 자유롭게 메모함	※ 학습자료에 나오는 지식과 정보를 마인드맵 등 창의적 방법으로 정리하세요 우물정(井) 가족노동력을 기준으로 토지 분배 농지균전 — 농사종사자에게만 토지를 분배하는 것. 평등한 사유를 중시하는 사회민주주의 사유와 공유의 혼합제 — 정전제 — 정약용 — 여전제 — 완전 공유제 사유하지 않는 공동생산과 공동분배의 공산주의 — 여에는 여장을 두고 1여의 전지는 1여의 사람들로 하여금 경작해 전지를 다스린다(공동복리) [illegible] 토지공개념 — 공리에 적합한 사유의 자유 인정 자유민주주의
평점	100
생각 말하기 (10분) 개별 구상 3분, 말하기 각 1분	※ 자료를 보고 여전제/정전제/토지공개념 중 하나를 선택하여, 개념을 설명하시오 여전제 사유하지 않는 공동생산과 공동분배의 공산주의 : 농사를 짓는 사람에게는 토지를 얻도록 하고 농사를 짓지 않는 사람에게는 전지를 얻지 못하도록 하는 것. ※ 자기의 활동지에 작성한 내용을 요약하여, 서로 돌아가며 동료의 활동지에 채워 주세요 정전제는 8개의 사전과 1개의 공전으로 구성되어 있어, 평등한 사유를 중시하는 제도이다. 정전제는 평등과 사유를 공존하는 것이다 토지공개념은 현재 대한민국의 제도이고, 공리에 적합한 사유의 자유를 인정한다.
평점	100
생각 구하기 (5분) 각자 출제함	※ 학습자료 안에 있는 지식과 정보, 생각에 대한 가치를 묻는 문제를 만드세요 (낱말로 답하는 단답형, 구절이나 문장으로 답하는 서술형, 생각을 묻는 논술형) 당시 정전제를 정책으로 실행하지 못한 이유는? ~~양반 지배층의~~
평점	100
생각 나누기 (10분) 짝별 대화 각 1.5분	※ 동료가 제시한 문제를 읽어보고, 서로 돌려가며 다양한 답으로 채워 주세요 토지개혁 사상이 기존의 토지 소유 문제를 해결할 수 있는 구체적인 실현 방안이 결핍된 개혁안이었기 때문이다 양반층의 반발 구체적인 실현 방안이 결핍된 개혁안이었기 때문이다.
평점	100
생각 살리기 (8분) 각자 자유롭게 논술함	※ 자료와 동료 생각을 바탕으로 모두 행복한 세상에 대한 자기 생각을 논술하시오 행복한 세상이란 여전제, 정전제가 아니라 토지공개념이라고 생각한다. 왜냐하면 여전제, 정전제는 결국 누군가는 피해를 받아 피해받는 사람들이 생기는데 토지공개념 같은 경우는 그렇지 않고 공공복리 실현을 잘해서 행복한 세상이 될 수 있을 것 같다. 그리고 여전제나 정전제를 섞는다면 서로의 단점은 축소되고 장점은 더욱 극대화되고 될 것 같아 더욱 세상이 행복해질 것 같다.
평점	100

(3) 국어 교과

생각 살리기 다사리수업 학습 활동지

구분	학년 반 번호	(3)-(6)-(1)	성명	
교과목명	국어	단원명: 2. 문제해결과정으로서의 읽기와 쓰기	소단원명	(2) 문제해결과정으로서의 읽기
성취 기준	[9국02-01] 읽기는 글에 나타난 정보와 독자의 배경지식을 활용하여 문제를 해결하는 과정임을 이해하고 글을 읽는다.			
생각 띄우기	※ 본문(60~64쪽)의 내용을 자신만의 방법으로 정리하세요. 공업사회 – 인위적인 생산, 환경 – 자연파괴 / 시간 / (과거) 달력 – 농업사회 – 자연의 변화를 중요하게 알아야 함. / 시간에 따른 생산을 중요시 함. – 시계 (현재) / 자연과 절기를 중요시 함. – 자연에 맞춰 살아가감.			
평점				
생각 말하기	※ 본문에서 중요하다고 생각하는 구절(문장)을 제시하고 이유를 말하세요. – 내가 제시한 구절(문장): 저 아무리 욕심부려도, 인간이 계절을 바꿀 수는 없다. – (이유) [illegible] 와 맞는 말이다. 인간은 많은 것을 바꾸게 되었지만 계절만큼은 바꿀 수 없다.			
평점				
생각 구하기	※ 본문을 읽고 질문을 만드세요.(생각을 묻거나 가치있는 지식, 정보와 관련된 질문) 옛 조상들은 자연의 변화를 잘 읽는 사람이 좋은 대접을 받았다 하는데, 현대에는 어떠한 사람들이 좋은 대접을 받을까?			
평점				
생각 나누기	※ 친구들과 짝을 이뤄 묻고 대답하고, 답한 내용을 간략하게 정리하세요. 태: 돈 많고 잘생긴 사람 현: 현실의 변화를 잘 읽고 실천하는 사람 석: 시간을 효율적으로 쓰는 사람			
평점				
생각 살리기	※ 생각 나누기 결과를 바탕으로 자신의 생각을 논술하세요. 현대 사회에서의 사람들의 모습, 그리고 나의 모습을 생각해 볼 수 있었다. 아무리 따뜻하게 입어도 겨울은 오고 에어컨을 틀어도 여름은 [illegible] 모든 것을 바꾸어 왔는 인간들도 자연만큼은 바꿀 수 없다. 현대 사회에서 하루라는 24시간에 얽매여 쫓기고 있는 대신 내 모습이 더 넓은 365일 24절기를 바라보기도 하였으면 좋겠다. 자연의 리듬을 잃은 인간에 대한 자연의 복수가 위기는 많이 현재도 나타나고 있기 때문에 더욱 심각하게 받아들여야 하는 것 같다.			
평점				

생각 살리기 다사리수업 학습 활동지

구분	학년 반 번호	(3)-(6)-(2)	성명	
교과목명	국어	단원명: 2. 문제해결과정으로서의 읽기와 쓰기	소단원명	(2) 문제해결과정으로서의 읽기
성취 기준	[9국02-01] 읽기는 글에 나타난 정보와 독자의 배경지식을 활용하여 문제를 해결하는 과정임을 이해하고 글을 읽는다.			
생각 띄우기	※ 본문(60~64쪽)의 내용을 자신만의 방법으로 정리하세요. 시계 – 20세기 초반에만 해도 귀한 물건 – [illegible] 값의 절반 – 농사꾼은 시간 맞춰 끝내야 하는 이유가 없어서 필요하지 않았다 – 공업의 발달로 시계가 중요해짐 ㄴ 공장을 한 시간 더 돌리고, 덜 돌리는 데에 따라 생산량의 차이 ㄴ 그러나 공업은 자연을 더럽혀 재앙 같은 것을 야기했음 달력 – 농사를 잘 지으려면 계절의 흐름이 중요했다. – 자연의 흐름을 따라가는 마음이 담겨 있다. – 절기는 농사 전도표 구실 (조상들은 절기가 기록된 달력을 매우 중시) – 자연의 리듬을 담고 있는 달력의 의미를 곱씹어 봐야 한다.			
평점				
생각 말하기	※ 본문에서 중요하다고 생각하는 구절(문장)을 제시하고 이유를 말하세요. – 내가 제시한 구절(문장): 그러나 우리는 멈추어 서서 조급한 마음을 가라앉히고, 자연의 리듬을 담고 있는 달력의 의미를 – (이유) 곱씹어 봐야 한다.			
평점				
생각 구하기	※ 본문을 읽고 질문을 만드세요.(생각을 묻거나 가치있는 지식, 정보와 관련된 질문) 시계는 언제부터 많이 쓰이게 되었을까?			
평점				
생각 나누기	※ 친구들과 짝을 이뤄 묻고 대답하고, 답한 내용을 간략하게 정리하세요. 두: 공업사회가 발전하며 시계의 사용량이 증가 진: 공업이 발달하면서 많이 쓰였다 준: 공업이 발달되게 되면서.			
평점				
생각 살리기	※ 생각 나누기 결과를 바탕으로 자신의 생각을 논술하세요. 현재까지도 우리나라가 달력을 보는 시대였다면 공업이 발전하지 않아 농사만 하는 시대였을 것 같다. 그리고 조상들이 왜 달력을 중요하게 생각했는지 알게 되었고, 글의 마지막 문장과 같이 우리도 멈추어서 조급한 마음을 가라앉히고 자연의 리듬을 담고 있는 달력의 의미를 다시 한번 되돌아봐야 된다고 생각합니다.			
평점				

생각 살리기 다사리수업 학습 활동지

구분	학년 반 번호	(3)-(6)-(3)	성명	
교과목명	국어	단원명: 2. 문제해결과정으로서의 읽기와 쓰기	소단원명	(2) 문제해결과정으로서의 읽기
성취 기준	[9국02-01] 읽기는 글에 나타난 정보와 독자의 배경지식을 활용하여 문제를 해결하는 과정임을 이해하고 글을 읽는다.			
생각 띄우기	※ 본문(60~64쪽)의 내용을 자신만의 방법으로 정리하세요. 시계가 달력을 이기는 과정 계절이 중요했던 과거 → 달력을 중요시 여김 ↓ 공업의 발달 → ·자연의 질서와 관계없이 농사 가능 ·땅을 만들기 위해 산을 깎고 바다를 메움 ·석유와 석탄을 사용 [illegible] ·들판을 없애 사탕수수와 커피나무 등을 기름. → 자연 파괴 → 자연을 살리는 마음이 필요 → 달력의 의미를 곱씹어 봐야 한다 ↓ 계절보다 시간이 훨씬 중요 ↓ 달력보다 시계를 중요시 여김			
평점				
생각 말하기	※ 본문에서 중요하다고 생각하는 구절(문장)을 제시하고 이유를 말하세요. – 내가 제시한 구절(문장): 지금 인류에게 필요한 것은 자연을 살리는 마음이다 – (이유) 사람들의 욕심 때문에 자연이 파괴되고 지구온난화가 발생하고 있기 때문에 자연을 보호해야 한다고 생각한다			
평점				
생각 구하기	※ 본문을 읽고 질문을 만드세요.(생각을 묻거나 가치있는 지식, 정보와 관련된 질문) 지금 인류에게 '자연을 살리는 마음'이 필요한 이유는 무엇일까?			
평점				
생각 나누기	※ 친구들과 짝을 이뤄 묻고 대답하고, 답한 내용을 간략하게 정리하세요. 현: 현재 지구온난화가 심해졌다. [illegible] 민: [illegible] 훈: 자연이 파괴되는 것을 막고 생태계를 지키기 위해 필요			
평점				
생각 살리기	※ 생각 나누기 결과를 바탕으로 자신의 생각을 논술하세요. 현대 사회는 기술이 발전되어 왔다. 기술의 발전은 우리를 편리하게 하지만 자연을 파괴한다. 그러므로 우리는 자연을 살리는 마음을 길러 지구온난화를 조금이라도 늦춘다면 자연에게 도움이 될 것이다. 과거에는 현대 사회의 [illegible] 발전하기 위해 노력해왔다. 지금부터는 자연을 살리는 마음을 길러 자연을 훼손하지 않고 보전하기 위해 노력해야 한다.			
평점				

생각 살리기 다사리수업 학습 활동지

구분	학년 반 번호	(3)-(6)-(4)	성명	
교과목명	국어	단원명: 2. 문제해결과정으로서의 읽기와 쓰기	소단원명	(2) 문제해결과정으로서의 읽기
성취 기준	[9국02-01] 읽기는 글에 나타난 정보와 독자의 배경지식을 활용하여 문제를 해결하는 과정임을 이해하고 글을 읽는다.			
생각 띄우기	※ 본문(60~64쪽)의 내용을 자신만의 방법으로 정리하세요. 시계 / 달력 [illegible] – 공업 – 공장 – 생산량 – 시계 – 시간 – 농사의 – 해의 움직임 – 절기 – 춘분 – 망종 – 입추 – 추분 [illegible] – 농사 신호등 – [illegible] – 기우제 – 철 – 자연 – 달력의 의미 석유 석탄 – 지구온난화			
평점				
생각 말하기	※ 본문에서 중요하다고 생각하는 구절(문장)을 제시하고 이유를 말하세요. – 내가 제시한 구절(문장): 지금 인류에게 필요한 것은 '자연을 살리는 마음'이다. – (이유) 사실 자연에 관심이 많지 않고 기후변화, 지구온난화가 되고 있다는 [illegible] 이 구절을 보고 [illegible] 때문이다.			
평점				
생각 구하기	※ 본문을 읽고 질문을 만드세요.(생각을 묻거나 가치있는 지식, 정보와 관련된 질문) 달력보다 시계를 더 중시여기는 것에 대해서 어떻게 생각하나요?			
평점				
생각 나누기	※ 친구들과 짝을 이뤄 묻고 대답하고, 답한 내용을 간략하게 정리하세요.			
평점				
생각 살리기	※ 생각 나누기 결과를 바탕으로 자신의 생각을 논술하세요. 달력보다 시계가 더 중요한 세상인데 사실 생각해보면 달력이 더 중요할 수도 있다는 생각이 들었다. 시계가 더 중요해진 이유는 공업 때문이다. 하지만 지구온난화가 더욱 심해진다면 자연으로 돌아가기 위해 노력하다 보면 다시 농사를 하게 될 것이다. 그러므로 달력이 더 중요한데 시간에 쫓겨 달력의 중요함을 잊은 게 아닐까 하는 생각이다.			
평점				

생각 살리기 다사리수업 학습 활동지

구분	학년 반 번호	(3)-(6)-(5)	성명	
교과목명	국어	단원명	2. 문제해결과정으로서의 읽기와 쓰기	소단원명 (2) 문제해결과정으로서의 읽기
성취 기준	[9국02-01] 읽기는 글에 나타난 정보와 독자의 배경지식을 활용하여 문제를 해결하는 과정임을 이해하고 글을 읽는다.			

생각 띄우기 ※ 본문(60~64쪽)의 내용을 자신만의 방법으로 정리하세요.

달력: 20세기 초: 농사 [illegible] 이유: 농사 시기를 [illegible]
20세기 후: [illegible]

시계 20세기 초: [illegible] 이유: [illegible]
20세기 후: 공업에서 [illegible]
이유: [illegible]
-> [illegible]

평점

생각 말하기 ※ 본문에서 중요하다고 생각하는 구절(문장)을 제시하고 이유를 말하세요.

- 내가 제시한 구절(문장): 자연의 리듬을 잃은 인간에 대한 자연의 복수는 무섭다
- (이유) [illegible]

평점

생각 구하기 ※ 본문을 읽고 질문을 만드세요.(생각을 묻거나 가치있는 지식, 정보와 관련된 질문)

시계만을 바라보는 미래는 어떠한 모습일까?

평점

생각 나누기 ※ 친구들과 짝을 이뤄 묻고 대답하고, 답한 내용을 간략하게 정리하세요.

[illegible]	뭐가 바뀔지 모르는 SF 같은 모습
[illegible]	자연환경이 망가지고 자연에 관심이 없는 사회
[illegible]	자연환경을 욕심껏 변화시키게 된다.

평점

생각 살리기 ※ 생각 나누기 결과를 바탕으로 자신의 생각을 논술하세요.

시계만을 바라보며 발전하려는 [illegible] 자연환경이 [illegible] 파괴되며 [illegible] 인간의 모습이 보이기에 시계만을 바라보지 않고 자연을 [illegible] 함께 바라보며 [illegible] 시계 [illegible] 발전해 나가야 한다고 생각한다.

평점

생각 살리기 다사리수업 학습 활동지

구분	학년 반 번호	(3)-(6)-(6)	성명	
교과목명	국어	단원명	2. 문제해결과정으로서의 읽기와 쓰기	소단원명 (2) 문제해결과정으로서의 읽기
성취 기준	[9국02-01] 읽기는 글에 나타난 정보와 독자의 배경지식을 활용하여 문제를 해결하는 과정임을 이해하고 글을 읽는다.			

생각 띄우기 ※ 본문(60~64쪽)의 내용을 자신만의 방법으로 정리하세요.

〈시계는 어떻게 달력을 이겼을까?〉

농사 진도표 : 절기 → 중요시되던 때
춘분 / 망종 / 입추
추분 / 추석
수확하는 작물 양은 한정되었으므로
"욕심을 줄이고 자연에 맞춰 살자"
철을 아는 인간 : 무리 X → 세상 온전

과거 달력 — 현대 시계
(농업) → (공업)

"시간 = 돈"
공장은 계속됨, 더 필요하면 자연 닦달
(사막화, 자원부족, 기온상승, 홍수나 가뭄 등)
[지구의 변화]
"여의치 않으면 자연환경을 바꾸자"
세상 어지럽힘 ← 욕심 : 철을 모르는 인간

평점

생각 말하기 ※ 본문에서 중요하다고 생각하는 구절(문장)을 제시하고 이유를 말하세요.

- 내가 제시한 구절(문장): 옛사람들은 이 사실을 잘 알기에 욕심을 줄이고 자연에 맞춰 살고자 했다.
- (이유) 현대인들의 삶은 과거에 비해 훨씬 더 편리해 졌지만, 불안, 무기력, 중독 등 마음의 병들도 갈수록 많이 나타난다. 과거와 다르게 욕심이 너무 많고 자연질서를 거스르는 현대인들의 사고방식이 많은 문제의 원인인 것 같단 생각이 들었다.

평점

생각 구하기 ※ 본문을 읽고 질문을 만드세요.(생각을 묻거나 가치있는 지식, 정보와 관련된 질문)

자연의 질서와 더 많은 이익 중 무엇이 우선되어야 한다고 생각하나요? 그 이유는?

평점

생각 나누기 ※ 친구들과 짝을 이뤄 묻고 대답하고, 답한 내용을 간략하게 정리하세요.

[illegible]	이익, 돈으로 다른 자연의 질서를 지킬 수 있기 때문이다.
[illegible]	자연의 질서가 [illegible]
[illegible]	더 많은 이익 [illegible] 인간이 이익을 위해서 자연의 희생 [illegible]
[illegible]	둘 다 중요한 건 모두 알 것이다. 하지만 더 우선되어야 하는 것은 자연의 질서이다. 우리는 욕심으로 자연을 파괴시킨 대가를 치르고 있고, 자연은 항상 우리보다 거대했다.

평점

생각 살리기 5줄 ※ 생각 나누기 결과를 바탕으로 자신의 생각을 논술하세요.

"시간은 돈이다"라는 말의 의미를 원래 알고 있던 의미와 다른 의미까지 같이, 더 깊게 생각해 보게 되었다. 단순히 열심히 하라는 명언이 아니라, 시대가 바뀌고 언제나 공장을 돌려 시간을 많이 들일수록 돈을 더 벌 수 있게 된 사회적 배경이 담겨 있었던 것이다. 어쩌면 그 말과 그 의미가 결국엔 우리에게 자연의 복수로 돌아올 수 있겠다. 시간을 더 들여 돈을 벌려는 욕심을 줄이고 달력의 절기, 철을 알고 자연의 질서를 따랐던 옛사람들을 본받아야 한다.

평점

생각 살리기 다사리수업 학습 활동지

구분	학년 반 번호	(3)-(6)-(7)	성명	
교과목명	국어	단원명	2. 문제해결과정으로서의 읽기와 쓰기	소단원명 (2) 문제해결과정으로서의 읽기
성취 기준	[9국02-01] 읽기는 글에 나타난 정보와 독자의 배경지식을 활용하여 문제를 해결하는 과정임을 이해하고 글을 읽는다.			

생각 띄우기 ※ 본문(60~64쪽)의 내용을 자신만의 방법으로 정리하세요.

옛날 달력은 편리하게 쓰였다. 20세기 초반만 해도 시계는 아주 귀한 것이었다. 공업이 발전하면서 시계가 중요해졌다. [illegible]

평점

생각 말하기 ※ 본문에서 중요하다고 생각하는 구절(문장)을 제시하고 이유를 말하세요.

- 내가 제시한 구절(문장): 자연의 리듬을 잃은 인간에 대한 복수는 무섭다.
- (이유) 자신의 이득만을 위해서는 자연의 리듬을 [illegible] 때문

평점

생각 구하기 ※ 본문을 읽고 질문을 만드세요.(생각을 묻거나 가치있는 지식, 정보와 관련된 질문)

[illegible]

평점

생각 나누기 ※ 친구들과 짝을 이뤄 묻고 대답하고, 답한 내용을 간략하게 정리하세요.

[illegible]	시간은 돈 이라며 조급하게 살아가는 것이 아닌 자연의 리듬을 보며 지켜 나가야 한다.
[illegible]	지금이라도 작은 행동을 실천하여 지구 온난화를 늦춰야 한다고 생각한다.
[illegible]	작은 행동이라도 실천하며 지구를 위해 자원을 아끼고 절약하며 살아가는 행동이 필요하다

평점

생각 살리기 ※ 생각 나누기 결과를 바탕으로 자신의 생각을 논술하세요.

점점 더워지는 지구를 위해서 우리가 해야 할 것은 시간은 돈이라고 생각하면서 조급하게, 자신의 이익을 위해서 [illegible] 자연을 [illegible] 자연의 리듬을 파괴하지 말고 지금이라도 작은 행동들을 실천하면서 지구온난화의 가속을 멈추고, 복구해야 한다고 생각한다.

평점

생각 살리기 다사리수업 학습 활동지

구분	학년 반 번호	(3)-(6)-(8)	성명	
교과목명	국어	단원명	2. 문제해결과정으로서의 읽기와 쓰기	소단원명 (2) 문제해결과정으로서의 읽기
성취 기준	[9국02-01] 읽기는 글에 나타난 정보와 독자의 배경지식을 활용하여 문제를 해결하는 과정임을 이해하고 글을 읽는다.			

생각 띄우기 ※ 본문(60~64쪽)의 내용을 자신만의 방법으로 정리하세요.

농사를 하기 때문에 계절을 알 수 있는 달력이 더 중요했다.
조선
옛날 - 시계 - 현재
공업발달
공장을 돌리는 데에는 계절보다 시간이 더 중요했다 점점 시계가 중요해진다.
과일의 대부분이 비닐하우스에서 길러진다. 계절에 상관없이 재배가 가능하니 달력이 필요없다.
시간이 돈이 되며 시계는 사람의 마음을 조급하게 만들고

평점

생각 말하기 ※ 본문에서 중요하다고 생각하는 구절(문장)을 제시하고 이유를 말하세요.

- 내가 제시한 구절(문장): 추워지는 10월에 볍씨를 뿌렸다가는 낭패를 볼것이다
- (이유) 조선시대 사람들이 시계보다 달력을 중시한 이유를 알수 있다.

평점

생각 구하기 ※ 본문을 읽고 질문을 만드세요.(생각을 묻거나 가치있는 지식, 정보와 관련된 질문)

자연의 변화를 살피던 과거보다 자연을 변화시키는 현재가 더 나은 사회일까?

평점

생각 나누기 ※ 친구들과 짝을 이뤄 묻고 대답하고, 답한 내용을 간략하게 정리하세요.

[illegible]	무엇이 더 낫다고 할 수는 없는 것 같다. 각각 장단점이 있다.
[illegible]	지금이 [illegible] 더 좋으니 현재가 더 낫다
[illegible]	지구의 수명이 짧아지는 결과를 낳았으므로 좋지 않다

평점

생각 살리기 ※ 생각 나누기 결과를 바탕으로 자신의 생각을 논술하세요.

과거에는 자연의 변화를 살피고 욕심을 줄이며 살아갔지만 현대에는 욕심에 따라 새로운 기술을 만들고 자연환경을 변화시킨다. 새로운 기술이 개발되는 만큼 자연은 파괴되고 지구는 더 뜨거워진다. 인간의 욕심이 자연을 파괴시키는 현재보다 자연에 맞춰 살아가던 과거가 더 나은 사회다.

평점

생각 살리기 다사리수업 학습 활동지

구분	학년 반 번호	(3)-(1)-(7)	성명	
교과목명	국어	단원명	2. 문제해결과정으로서의 읽기와 쓰기	소단원명: (2) 문제해결과정으로서의 읽기
성취 기준	[9국02-01] 읽기는 글에 나타난 정보와 독자의 배경지식을 활용하여 문제를 해결하는 과정임을 이해하고 글을 읽는다.			
생각 띄우기	※ 본문(60~64쪽)의 내용을 자신만의 방법으로 정리하세요. 달력 - 계절의 흐름 알수있음. - 예전에 농사지을 때 필수적 - 자연의 리듬 시계. - 조급하게 함. - 현대 공장을 돌릴 때 필수적. - 비닐하우스로 인한 철 없는 과일들 그리고 [illegible] 사용 옛 조상들은 욕심을 줄이고 자연에 맞춰서 살아갔음 하지만 현대 사람들이 자연환경을 바꿔버림 우리는 멈춰서 조급한 마음을 가라앉히고 달력의 의미를 생각해야함.			
평점				
생각 말하기	※ 본문에서 중요하다고 생각하는 구절(문장)을 제시하고 이유를 말하세요. - 내가 제시한 구절(문장): 우리는 멈추어 서서 조급한 마음을 가라앉히고, 자연의 리듬을 담고 있는 달력의 의미를 곰곰이 음미해보아야 한다. - (이유) 조금 어려워도 자연환경을 바꾸려 하지 말고 자연에 맞춰서 살아가라는 이야기로 들려서.			
평점				
생각 구하기	※ 본문을 읽고 질문을 만드세요.(생각을 묻거나 가치있는 지식, 정보와 관련된 질문) 우리는 비닐하우스로 언제나 다양한 과일을 먹을수 있게 되었다. 좋은 일일까?			
평점				
생각 나누기	※ 친구들과 짝을 이뤄 묻고 대답하고, 답한 내용을 간략하게 정리하세요. 좋은 일이다. 내가 먹고 싶은 과일을 언제나 먹을 수 있기 때문이다. 좋은 일이다. 날씨의 변화와 상관없이 언제나 먹을 수 있기 때문이다. 좋은 일이 아니다. 언제나 먹을 수 있기 때문에 제철 과일이라는 단어가 사라지기 때문이다			
평점				
생각 살리기	※ 생각 나누기 결과를 바탕으로 자신의 생각을 논술하세요. 나는 좋은 일이 맞다고 생각한다. 언제나 철이 아닌 과일을 먹는다는 것은 틀림없는 장점이라고 생각한다. 이 것으로 [illegible] 맛이 없을 수는 있지만 먹을 수는 있다. 그게 너무 신기하고 어떻게 보면 이상하다고 느껴진다. 이것으로 지구가 아프다니 너무 슬픈 일이다.			
평점				

생각 살리기 다사리수업 학습 활동지

구분	학년 반 번호	(3)-(6)-(10)	성명	
교과목명	국어	단원명	2. 문제해결과정으로서의 읽기와 쓰기	소단원명: (2) 문제해결과정으로서의 읽기
성취 기준	[9국02-01] 읽기는 글에 나타난 정보와 독자의 배경지식을 활용하여 문제를 해결하는 과정임을 이해하고 글을 읽는다.			
생각 띄우기	※ 본문(60~64쪽)의 내용을 자신만의 방법으로 정리하세요. 과거 / 현재: 농업 중심, 시간<계절 / 공업 중심, 계절<시간 과거 / 현재: 자연에 적응 / 자연을 바꿈; 달력이 중요 / 시계가 중요 달력: 계절을 알려줌 / 시계: 시간을 알려줌 글쓴이의 생각: 달력이 담고있는 의미를 알아야한다.			
평점				
생각 말하기	※ 본문에서 중요하다고 생각하는 구절(문장)을 제시하고 이유를 말하세요. - 내가 제시한 구절(문장): 그러나 우리는 멈추어 서서 조급한 마음을 가라앉히고, 자연의 리듬을 담고있는 달력의 의미를 곰곰이 곱씹어봐야 한다. - (이유) 글쓴이의 주장이 나타나는 문장이기 때문이다.			
평점				
생각 구하기	※ 본문을 읽고 질문을 만드세요.(생각을 묻거나 가치있는 지식, 정보와 관련된 질문) 글쓴이는 독자가 이 글을 보고 무슨 생각을 하길 바랐을까			
평점				
생각 나누기	※ 친구들과 짝을 이뤄 묻고 대답하고, 답한 내용을 간략하게 정리하세요. 달력의 가치를 독자가 깨닫길 바랐을 것 같다. 우리의 옛 조상들처럼 달력의 중요성을 [illegible] 자연을 파괴시키는 욕심을 그만 부리고, 철을 아는 사람이 되어 세상을 온전하게 해야겠다는 생각.			
평점				
생각 살리기	※ 생각 나누기 결과를 바탕으로 자신의 생각을 논술하세요. 공업이 발달하면서 농업보다 공업이 중요해지면서 계절보다 시간이 중요해지면서 사람들은 달력보다 시계를 더 중요시 하게 되었다. 이 글의 글쓴이는 이러한 사람들을 보면서 사람들이 달력에 담긴 의미를 알아야 한다고 한다. 난 이 생각에 어느정도 동의를 한다. 하지만 시간이 지남에 따라 바뀌는 것이 있듯이 자연의 리듬을 잃은 사람도 바뀌는 것일 수도 있지 않을까?			
평점				

생각 살리기 다사리수업 학습 활동지

구분	학년 반 번호	(3)-(6)-(13)	성명	
교과목명	국어	단원명	2. 문제해결과정으로서의 읽기와 쓰기	소단원명: (2) 문제해결과정으로서의 읽기
성취 기준	[9국02-01] 읽기는 글에 나타난 정보와 독자의 배경지식을 활용하여 문제를 해결하는 과정임을 이해하고 글을 읽는다.			
생각 띄우기	※ 본문(60~64쪽)의 내용을 자신만의 방법으로 정리하세요. 달력 > 시계 농부들은 언제 씨를 뿌리고 언제 물길을 대야하는지 [illegible] [illegible] 시계 > 달력 공업사회가 오며 공장이 만들어짐 → 계절의 변동을 받지 않기에 달력은 중요치 않음 시간에 따른 공장에서의 생산량이 달라지기에 시간이 훨씬 중요해짐 ⇨ 결국 더욱더 많은 재료 필요 → 자연을 해침 → 지구의 온도 상승(온실 가스, 석유, 석탄 사용) → 홍수, 가뭄↑			
평점				
생각 말하기	※ 본문에서 중요하다고 생각하는 구절(문장)을 제시하고 이유를 말하세요. - 내가 제시한 구절(문장): '시간은 돈'이라며 재깍거리는 시계는 우리 마음도 조급하게 한다 - (이유) 시대가 재깍거릴수록 인간의 욕심은 점점 늘어나고 환경은 파괴된다는 것을 잘 표현한 문장이어서			
평점				
생각 구하기	※ 본문을 읽고 질문을 만드세요.(생각을 묻거나 가치있는 지식, 정보와 관련된 질문) 만약 달력식을 사용해왔더라면 어떤 모습이었을까?			
평점				
생각 나누기	※ 친구들과 짝을 이뤄 묻고 대답하고, 답한 내용을 간략하게 정리하세요. 지금처럼 발전하지 못했을 것이다. 시간은 [illegible] 공업이 발전하지 못했을 것 같습니다.			
평점				
생각 살리기	※ 생각 나누기 결과를 바탕으로 자신의 생각을 논술하세요. 오늘날 우리는 조상들의 생활방식과는 다른 삶을 선택하며 살고있다. 계절, 기후의 영향을 받지 않고 공업을 이어나갈 수 있게 되었다. 이러한 우리의 발전은 우리의 삶의 질을 좋게 만들어 주었다. 나는 달력보다는 시계가 중요한 것 같다.			
평점				

생각 살리기 다사리수업 학습 활동지

구분	학년 반 번호	(3)-(6)-(14)	성명	
교과목명	국어	단원명	2. 문제해결과정으로서의 읽기와 쓰기	소단원명: (2) 문제해결과정으로서의 읽기
성취 기준	[9국02-01] 읽기는 글에 나타난 정보와 독자의 배경지식을 활용하여 문제를 해결하는 과정임을 이해하고 글을 읽는다.			
생각 띄우기	※ 본문(60~64쪽)의 내용을 자신만의 방법으로 정리하세요. 과거 / 현재 • 농업 • 자연환경과 [illegible] • 계절의 변화 알림 • [illegible] • 공업 • 자연환경 바꾸려함 • 공장돌릴 때 계절 < 시간 중요			
평점				
생각 말하기	※ 본문에서 중요하다고 생각하는 구절(문장)을 제시하고 이유를 말하세요. - 내가 제시한 구절(문장): 농산물은 비닐과 전기로 난방을 해서 만들어 낸다. 자연의 질서와 상관없이 농사를 지을 수 있으니 달력을 크게 필요로하지 않다 - (이유) 인간의 욕심은 끝이 없다고 느껴지지만. 자연의 질서를 무시하고 [illegible] 인간들은 반성해야 한다고 생각해서			
평점				
생각 구하기	※ 본문을 읽고 질문을 만드세요.(생각을 묻거나 가치있는 지식, 정보와 관련된 질문) 옛 우리 조상들이 시계보다 달력을 더 중요하다 생각한 이유는? 그리고 지금은 달력과 시계 중 [illegible]			
평점				
생각 나누기	※ 친구들과 짝을 이뤄 묻고 대답하고, 답한 내용을 간략하게 정리하세요. 달력을 통해 자연을 읽을 수 있어서다. 시계가 훨씬 중요하다. 달력에 절기가 담겨 있는데, 농업사회에서 더 중요했다. 나는 달력이 지닌 의미가 현대 사회에 필요하다고 생각한다 과거엔 현재 시각보다 계절이 더 중요했기 때문이다. 현재는 시계가 더 중요하다.			
평점				
생각 살리기	※ 생각 나누기 결과를 바탕으로 자신의 생각을 논술하세요. 과거 우리의 조상들은 계절의 변화를 알기 위해 달력을 사용하였다. 그리고 오늘날 우리는 시간에 민감해졌다. 사람들은 자신의 편의를 위해 더 빠르게를 강요했다. 심지어 자연의 질서를 어겼다. 나는 달력과 시계 중 달력을 더 원하는 편이다. 달력이 지니고 있는 의미와 가치가 현대사회에 필요하다고 생각하기 때문이다.			
평점				

생각 살리기 다사리수업 학습 활동지

구분	학년 반 번호 (3)-(6)-(15) / 성명
교과목명	국어 / 단원명: 2. 문제해결과정으로서의 읽기와 쓰기 / 소단원명: (2) 문제해결과정으로서의 읽기
성취 기준	[9국02-01] 읽기는 글에 나타난 정보와 독자의 배경지식을 활용하여 문제를 해결하는 과정임을 이해하고 글을 읽는다.
생각 띄우기	※ 본문(60~64쪽)의 내용을 자신만의 방법으로 정리하세요. 과거: • 농사를 지음 (주 수입원) • 시간이 그다지 필요없음 (달 [illegible]) • 생산량이 한정됨 • 계절에 영향을 받음 ㄴ 시간보다 달, 계절이 중요 현재: • 공장을 돌림 (주 수입원) • 시간에 따라 양이 바뀜 (분 단위) • 시간만 있으면 무한히 생산가능 • 계절의 영향을 받지 않음 ㄴ 달, 계절보다 분 단위의 시계가 중요
평점	
생각 말하기	※ 본문에서 중요하다고 생각하는 구절(문장)을 제시하고 이유를 말하세요. - 내가 제시한 구절(문장): 시간은 정말 돈이 되었다 62p 세 번째 줄 - (이유) 과거엔 농사를 해 시간 단위가 아닌, 달 계절 단위로 사용했지만, 공장이 생기면서 시간 마다 물품을 생산하고 돈이 되기 때문에 중요하다고 생각했다.
평점	
생각 구하기	※ 본문을 읽고 질문을 만드세요.(생각을 묻거나 가치있는 지식, 정보와 관련된 질문) '잘 쓰인 세월'은 무슨 뜻으로 사용되었을까.
평점	
생각 나누기	※ 친구들과 짝을 이뤄 묻고 대답하고, 답한 내용을 간략하게 정리하세요. 전 1: 계절에 따라 나오는 과일이 아니라 아무 계절이나 가리지 않고 나오는 과일 이 2: 과일이 계절에 나오는게 아니라는 뜻 하 11: 제철에만 나오는 게 아니라 아무 계절이나 재배가 가능한 과일을 보고 한 말 호 [illegible]: 철에 맞지 않게 인위적으로 나온 재배한 과일을 의미하는 것 같다.
평점	
생각 살리기	※ 생각 나누기 결과를 바탕으로 자신의 생각을 논술하세요. 현대로 넘어오면서 농사가 아닌 공장이 일을 하기에 달, 계절이 아닌 시간으로 생산량과 돈이 결정이 지는 것이 '시간은 금이다'라는 말에 가장 정확한 말이라고 생각한다. 자연의 소중함을 잃고 공장을 늘려 [illegible] 풍족해 지고 편리해 졌지만, 환경파괴라는 대가를 치룰 것 같다.
평점	

생각 살리기 다사리수업 학습 활동지

구분	학년 반 번호 (3)-(6)-(16) / 성명
교과목명	국어 / 단원명: 2. 문제해결과정으로서의 읽기와 쓰기 / 소단원명: (2) 문제해결과정으로서의 읽기
성취 기준	[9국02-01] 읽기는 글에 나타난 정보와 독자의 배경지식을 활용하여 문제를 해결하는 과정임을 이해하고 글을 읽는다.
생각 띄우기	※ 본문(60~64쪽)의 내용을 자신만의 방법으로 정리하세요. 시계. [illegible] 시계보다 달력이 더 중요함. (옛날사람들) 공업이 발달한 시기. 농사일은 [illegible] (산업사회) 하지만 공업은 계절 상관없이 [illegible] 공장을 한시간 돌리느냐 안 돌리느냐 [illegible] 그래서 정확 시간에 [illegible] 공장에서는 시계가 절대적인 역할이 됨 (현재) 시계가 달력을 이김.
평점	
생각 말하기	※ 본문에서 중요하다고 생각하는 구절(문장)을 제시하고 이유를 말하세요. - 내가 제시한 구절(문장): [illegible] - (이유) [illegible]
평점	
생각 구하기	※ 본문을 읽고 질문을 만드세요.(생각을 묻거나 가치있는 지식, 정보와 관련된 질문) 시계가 더 중요한지 아니면 달력이 더 중요한가요?
평점	
생각 나누기	※ 친구들과 짝을 이뤄 묻고 대답하고, 답한 내용을 간략하게 정리하세요. 구: 시계가 더 중요하다. 약속시간을 지키는 것이 중요하다 송 선: 시계가 중요하다. 시계가 없을 때, 달력이 없을 때를 생각한다면 시계가 없을 때가 더 힘들 것 같다. c 1윤: 상황에 따라 다른것 같다
평점	
생각 살리기	※ 생각 나누기 결과를 바탕으로 자신의 생각을 논술하세요. 나는 시계와 달력 중에서 뭐가 더 중요하냐면 둘 다 매우 중요하다. 하지만 현대의 생활을 따지면 시계가 더 필요하다고 생각한다. 왜냐하면 요즘에는 사람들이 모두 바쁘거나 빠르게 생활하기 때문에 하루에 많은 일을 하려면 시간을 잘 활용해야 되기 때문에 사람들이 대부분 [illegible] 시계나 스마트워치 등을 차고 다닌다. 옛날사람들은 달력을 보고 때를 [illegible] 있을 것이다.
평점	

생각 살리기 다사리수업 학습 활동지

구분	학년 반 번호 (3)-(6)-(17) / 성명
교과목명	국어 / 단원명: 2. 문제해결과정으로서의 읽기와 쓰기 / 소단원명: (2) 문제해결과정으로서의 읽기
성취 기준	[9국02-01] 읽기는 글에 나타난 정보와 독자의 배경지식을 활용하여 문제를 해결하는 과정임을 이해하고 글을 읽는다.
생각 띄우기	※ 본문(60~64쪽)의 내용을 자신만의 방법으로 정리하세요. 과거에는 시계보다 달력이 훨씬 중요했었다. 옛사람들은 달력을 통해 계절의 변화를 읽었다. 달력은 농사를 해야 하는 옛날 사람들에게 중요한 것이었다. 그 사람들에게 [illegible] 하지만 달력에 적힌 날짜를 [illegible] 그동안의 농사가 망한다 그렇기에 조상들은 달력을 지켰다. 그러나 공업이 발달하면서 달력보다는 시계가 중요해졌다. 공업에서 시간은 돈이 되었다. 공장은 [illegible] 농사에서도 자연의 질서를 [illegible] 인간은 자연의 리듬을 [illegible] 달력의 의미를 [illegible]
평점	
생각 말하기	※ 본문에서 중요하다고 생각하는 구절(문장)을 제시하고 이유를 말하세요. - 내가 제시한 구절(문장): 시간은 정말 돈이 되었다 - (이유) 과거에는 중요하지 않던 시간이 현대에 와서는 생산량과 수익을 좌지우지 할 수 있다는 사실이 인상깊고 이 구절이 과거와 현재의 차이를 보여주는 중요한 구절이라고 생각했기 때문이다.
평점	
생각 구하기	※ 본문을 읽고 질문을 만드세요.(생각을 묻거나 가치있는 지식, 정보와 관련된 질문) 자연의 리듬을 담고 있는 달력을 중요하게 [illegible] 현대사회의 모습에 대해 어떻게 생각하는가?
평점	
생각 나누기	※ 친구들과 짝을 이뤄 묻고 대답하고, 답한 내용을 간략하게 정리하세요. 우 표: [illegible] 민 가: 욕심의 결과를 다음이 기후에게로 겪고 있는 것 같다. 바꿔야 하는 부분이다. 신c: 시간이 지남에 따라 어느정도는 바뀔수 있다고 생각한다
평점	
생각 살리기	※ 생각 나누기 결과를 바탕으로 자신의 생각을 논술하세요. 글쓴이는 자연의 리듬 즉 달력의 의미를 곱씹어보자고 했다. 하지만 나는 시간만을 추구하는 현대사회의 모습을 긍정적으로 본다. 비록 달력을 중요하게 생각하지 않자 기후위기 같은 부작용 현상이 생기게 되었지만 우리 인간은 시계를 중요시 함으로써 공업을 발달시켰고 큰부를 축적하게 되었다. 인간의 부축적과 발전에 의해 생기는 자연의 희생은 정당하고 괜찮다고 생각한다. 이 희생들이 [illegible] 인간이 크게 발전했기 때문이다. 그러므로 나는 글쓴이와 다르게 달력의 의미를 곱씹는 것은 필요 없는 것 같다.
평점	

생각 살리기 다사리수업 학습 활동지

구분	학년 반 번호 (3)-(6)-(18) / 성명
교과목명	국어 / 단원명: 2. 문제해결과정으로서의 읽기와 쓰기 / 소단원명: (2) 문제해결과정으로서의 읽기
성취 기준	[9국02-01] 읽기는 글에 나타난 정보와 독자의 배경지식을 활용하여 문제를 해결하는 과정임을 이해하고 글을 읽는다.
생각 띄우기	※ 본문(60~64쪽)의 내용을 자신만의 방법으로 정리하세요. 달력: • 옛 사람들에게는 제일 중요했던 것은 계절의 변화를 읽는 것 (농사를 잘 지으려면 자연의 흐름을 따라야 함.) "농업 중심" → 시간의 변화 → 시계: • 공장을 한 시간 더 돌리고 덜 돌리는 데 많은 차이 → 사람들은 시간에 민감해짐 "공업 중심" ∴ 우리는 자연의 리듬을 담고 있는 달력의 의미를 곰곰이 곱씹어 보아야 함.
평점	
생각 말하기	※ 본문에서 중요하다고 생각하는 구절(문장)을 제시하고 이유를 말하세요. - 내가 제시한 구절(문장): 그러나 우리는 멈추어 서서 조급한 마음을 가라앉히고, 자연의 리듬을 담고 있는 달력의 의미를 곰곰이 곱씹어 보아야 한다. - (이유) 이 문장은 필자의 중심 내용이 담겨 있고 필자가 하고 싶은 말이기 때문에 중요하다고 생각했다.
평점	
생각 구하기	※ 본문을 읽고 질문을 만드세요.(생각을 묻거나 가치있는 지식, 정보와 관련된 질문) 달력의 의미를 곱씹어 보고 중요하게 생각하는 것이 꼭 필요할까?
평점	
생각 나누기	※ 친구들과 짝을 이뤄 묻고 대답하고, 답한 내용을 간략하게 정리하세요. 달력의 의미는 자연의 리듬과 관련이 있으므로 지구 환경을 지키는 것에 꼭 필요한 과제라고 생각 하 i: 자연과 관련이 있는 달력. 달력의 의미는 자연을 한번 돌아보고 생각하는 의미가 [illegible] 홍: 이것을 원하고 [illegible] 때문이라고 생각합니다
평점	
생각 살리기	※ 생각 나누기 결과를 바탕으로 자신의 생각을 논술하세요. 나는 무조건적으로 달력을 중요하게 여기면 안 된다고 생각한다. 물론 계절을 보고 느끼는 것도 중요하겠지만 현실적으로 생각하면 시간이 더 중요하다고 생각한다. 우리 사회가 변했기 때문에 그에 따른 우리의 변화도 필요하다. 돈을 벌려면 공장을 돌려야하기 때문에 어쩔 수 없이 달력보다 시계를 더 중요하게 여길 수밖에 없다고 생각한다.
평점	

생각 살리기 다사리수업 학습 활동지

구분	학년 반 번호	(3)-(6)-(19)		성명	
교과목명	국어	단원명	2. 문제해결과정으로서의 읽기와 쓰기	소단원명	(2) 문제해결과정으로서의 읽기
성취 기준	[9국02-01] 읽기는 글에 나타난 정보와 독자의 배경지식을 활용하여 문제를 해결하는 과정임을 이해하고 글을 읽는다.				

구분	내용
생각 띄우기	※ 본문(60~64쪽)의 내용을 자신만의 방법으로 정리하세요. 달력: 옛날에는 농업 위주 사회 → 시간 중요X, 시기 중요O / 제철 과일을 수확 가능 (철을 알 수 있음) VS 시계: 현재는 공업 위주의 사회 → 시기보다 시간이 중요 / 제철 과일이라는 것이 없어짐 (철을 모름) → 우리, 무실 ⇒ 자연의 질서를 무너뜨림, 인간에게 해가 됨 결론: 달력의 의미를 곱씹어 봐야 함. (자연을 신경쓰자)
평점	
생각 말하기	※ 본문에서 중요하다고 생각하는 구절(문장)을 제시하고 이유를 말하세요. - 내가 제시한 구절(문장): 땅이 없으면 산을 깎고 바다를 메워 건설한다. 그래서 지구는 어떻게 바뀌어 버렸을까? - (이유) 현재 사람들의 모습을 보여주며 반성하게 한 것 같아
평점	
생각 구하기	※ 본문을 읽고 질문을 만드세요.(생각을 묻거나 가치있는 지식, 정보와 관련된 질문) 다양한 기술이 이렇게 발전한 것은 좋은 일인가?
평점	
생각 나누기	※ 친구들과 짝을 이뤄 묻고 대답하고, 답한 내용을 간략하게 정리하세요. 좋은 일이다. 맛있는 음식 또한 발전함에 따라 더 많이 (바나나) [illegible] 좋은 일이다. 농작물보다 더 좋은 게 많음 좋지 않다. 많은 기술이 생겨난 만큼 자연은 더 파괴될 것이다.
평점	
생각 살리기	※ 생각 나누기 결과를 바탕으로 자신의 생각을 논술하세요. 농업사회에서 공업사회로 바뀌어 여러 기술이 발전한 것은 좋은 일일 수 있다. 하지만 이런 기술이 발전하면서 자연을 파괴하고 자연의 섭리를 어기게 된다. 이 변화로 인해 우리 지구의 수명을 줄인다면, 발전이 무조건 좋은 일은 아니라고 생각된다. 나는 기술이 발전한 것은 좋지 않다고 생각한다
평점	

생각 살리기 다사리수업 학습 활동지

구분	학년 반 번호	(3)-(6)-(20)		성명	
교과목명	국어	단원명	2. 문제해결과정으로서의 읽기와 쓰기	소단원명	(2) 문제해결과정으로서의 읽기
성취 기준	[9국02-01] 읽기는 글에 나타난 정보와 독자의 배경지식을 활용하여 문제를 해결하는 과정임을 이해하고 글을 읽는다.				

구분	내용
생각 띄우기	※ 본문(60~64쪽)의 내용을 자신만의 방법으로 정리하세요. 시계 — 시간, 돈, 정확, 달력, 절기, 씨, [illegible]
평점	
생각 말하기	※ 본문에서 중요하다고 생각하는 구절(문장)을 제시하고 이유를 말하세요. - 내가 제시한 구절(문장): 시계는 점차 쓸모 있게 사용되었다 - (이유) 그만큼 발달하면서 시계는 사람한테 중요한 물품
평점	
생각 구하기	※ 본문을 읽고 질문을 만드세요.(생각을 묻거나 가치있는 지식, 정보와 관련된 질문) 자연 리듬을 잃은 인간에게 대한 자연 복수는 무엇인가 우는 뜻일까?
평점	
생각 나누기	※ 친구들과 짝을 이뤄 묻고 대답하고, 답한 내용을 간략하게 정리하세요. 자연을 파괴한 인간에게 자연 재해 같은 피해가 고스란히 돌아온다는 뜻. 현재 세계는 자주 일어나는 자연 재해에 대한 뜻 같다. 자연의 리듬을 거역한 인간에게 전에 없던 자연재해가 오고 있기 때문이다. 자연을 파괴해서 자연재해가 생겨 인간에게 피해를 주는 뜻
평점	
생각 살리기	※ 생각 나누기 결과를 바탕으로 자신의 생각을 논술하세요. 자연환경을 인간이 바꾸고 있다 사람들이 나무를 베고 건축을 만들어 환경을 파괴한다 그렇게 계속 자연환경을 바꾸고 있어 자연재해가 일어나고 있다는 걸 얘기하는 거다 자연 환경을 파괴한 만큼 그만한 대가가 온다 지금이라도 자연 환경을 다시 돌려내야 한다
평점	

생각 살리기 다사리수업 학습 활동지

구분	학년 반 번호	(3)-(6)-(21)		성명	전
교과목명	국어	단원명	2. 문제해결과정으로서의 읽기와 쓰기	소단원명	(2) 문제해결과정으로서의 읽기
성취 기준	[9국02-01] 읽기는 글에 나타난 정보와 독자의 배경지식을 활용하여 문제를 해결하는 과정임을 이해하고 글을 읽는다.				

구분	내용
생각 띄우기	※ 본문(60~64쪽)의 내용을 자신만의 방법으로 정리하세요. (옛사람들이 시계에 관심이 없는 이유) 1. 아주 귀한 물건이었다. (기와집 한 채 값의 절반) 2. 시계 보는 방법을 몰랐다. 3. 필요가 없었다. (대부분의 사람들은 같은 일을 함) 4. 자연의 흐름이 더 중요함. 결과: 달력이 더 요긴함 (달력을 이기는 시간의 힘) 시계 — 공업의 발달 (계절 관계 X) → 시간을 지키는 것이 경쟁력 = 즉 달력 < 시계 시계는 어떻게 달력을 이겼는가? → 시간은 = 돈 과거: 자연에 맞춰 살아가야 함 / 현재: 자연을 내 마음대로 하는 사람의 입장 → 자연의 리듬을 잃음 (지구온난화) 절기 = 농사 진도표 (우리 조상은 절기에 따라 농사 따라서 달력에 더 많은 관심을 가짐) 결론! 자연의 의미를 알고 자연의 리듬을 담고 있는 달력의 의미를 곱씹어야 함
평점	
생각 말하기	※ 본문에서 중요하다고 생각하는 구절(문장)을 제시하고 이유를 말하세요. - 내가 제시한 구절(문장): 달력의 의미를 곱씹어야 한다. - (이유): 지금 가장 심각한 고민거리가 바로 (지구온난화)이다. 달력의 의미를 알고 자연의 리듬에 맞춰서 살아가면 문제 (지구온난화)가 해결될 것이다.
평점	
생각 구하기	※ 본문을 읽고 질문을 만드세요.(생각을 묻거나 가치있는 지식, 정보와 관련된 질문) "자연을 살피는 마음"은 왜? 중요한가?
평점	
생각 나누기	※ 친구들과 짝을 이뤄 묻고 대답하고, 답한 내용을 간략하게 정리하세요. 자연이 파괴되면 그 피해는 인간이 감당해야 한다. 그런 일이 발생하기 전에 [illegible] 자연을 살피지 않고 자신의 이익대로 살면 자연이 파괴될 수 있기 때문이다 조금이라도 더 생각하고 살아가는 것이다 여유로이 자연을 바라보며 쉬는 것도 중요하다고 [illegible]
평점	
생각 살리기	※ 생각 나누기 결과를 바탕으로 자신의 생각을 논술하세요. 자연을 살피는 마음이란 결국 지구와 그에 따른 많은 동식물과 생태계 또한 우리들을 지키는 인류 모두에 공통된 숙제라고 생각한다. 그 숙제를 얼마나 잘 해결하는가에 따라 우리들의 삶이 달라질 것이다. 그러므로 '자연을 살피는 마음'으로 자연과 지구를 사랑하고 나아가 자연을 살피는 방법들을 생각하여 자연의 리듬을 잃을 수 있는 인류로 발전했으면 좋겠다고 생각하였다.
평점	

생각 살리기 다사리수업 학습 활동지

구분	학년 반 번호	(3)-(6)-(23)		성명	
교과목명	국어	단원명	2. 문제해결과정으로서의 읽기와 쓰기	소단원명	(2) 문제해결과정으로서의 읽기
성취 기준	[9국02-01] 읽기는 글에 나타난 정보와 독자의 배경지식을 활용하여 문제를 해결하는 과정임을 이해하고 글을 읽는다.				

구분	내용
생각 띄우기	※ 본문(60~64쪽)의 내용을 자신만의 방법으로 정리하세요. 옛날 사람들은 왜 시계에 관심이 없었을까? [illegible]
평점	
생각 말하기	※ 본문에서 중요하다고 생각하는 구절(문장)을 제시하고 이유를 말하세요. - 내가 제시한 구절(문장): 자연의 리듬을 잃고 [illegible] - (이유) 달력의 의미를 중요시했던 옛날에는 자연의 이치를 거스르지 않으며 자연을 중요시 여겼지만, 현재는 자연도 자신의 소유라고 생각하는 [illegible]
평점	
생각 구하기	※ 본문을 읽고 질문을 만드세요.(생각을 묻거나 가치있는 지식, 정보와 관련된 질문) 옛 사람들은 왜 시계를 중요시 않았는가?
평점	
생각 나누기	※ 친구들과 짝을 이뤄 묻고 대답하고, 답한 내용을 간략하게 정리하세요. '자연의 전체적인 흐름을 타기 때문에 농사가 중요했기 때문이다. 자연의 변화를 더 잘 알 수 있기 때문에
평점	
생각 살리기	※ 생각 나누기 결과를 바탕으로 자신의 생각을 논술하세요. 옛날 사람들은 자연을 거스르지 않으며 자연을 중요시 여기고 자연의 질서를 존중하였지만 현대인들은 자연의 이치를 중요시 하지 않으며 공업이 발달하면서 절기를 나타내는 달력은 가치가 점점 내려가게 되었고 이로써 시계의 가치는 높아지게 되었다. [illegible] 옛날 농업 중심 [illegible] 때문에 [illegible]
평점	

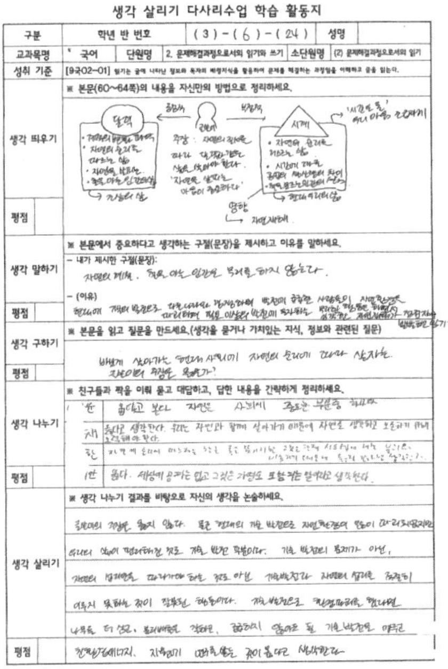

생각 살리기 다사리수업 학습 활동지

구분	학년 반 번호	(3)-(6)-(24)	성명	
교과목명	국어	단원명	2. 문제해결과정으로서의 읽기와 쓰기	소단원명 (2) 문제해결과정으로서의 읽기
성취 기준	[9국02-01] 읽기는 글에 나타난 정보와 독자의 배경지식을 활용하여 문제를 해결하는 과정임을 이해하고 글을 읽는다.			
생각 띄우기	※ 본문(60~64쪽)의 내용을 자신만의 방법으로 정리하세요. 달력 ← 긍정적 — 글쓴이 — 부정적 → 시계 ('시간은 돈' 어디 마음 조급하게) 달력: · 계절의 변화를 파악 · 자연의 순리를 따르는 삶 · 자연을 보존 · 착한 마음 인간 [illegible] → 전통적 삶 주장: 자연의 질서를 따라 달력과 같은 삶을 살아야 한다. '자연을 살피는 마음이 중요하다' 시계: · 자연의 순리를 거스르는 삶 · 시간에 따라 공업의 생산량의 차이 · [illegible] → 현대의 시대의 삶 영향 → 자연재해			
평점				
생각 말하기	※ 본문에서 중요하다고 생각하는 구절(문장)을 제시하고 이유를 말하세요. – 내가 제시한 구절(문장): 자연의 계획. 적어도 아는 인간은 복귀를 하지 않는다. – (이유) [illegible]			
평점				
생각 구하기	※ 본문을 읽고 질문을 만드세요.(생각을 묻거나 가치있는 지식, 정보와 관련된 질문) 바쁘게 살아가는 현대 사회에서 자연의 순리에 따라 산다는 [illegible]?			
평점				
생각 나누기	※ 친구들과 짝을 이뤄 묻고 대답하고, 답한 내용을 간략하게 정리하세요. 옳다고 본다. 자연은 사회에 중요한 부분을 차지하고 [illegible] 옳다고 생각한다. 우리는 자연과 함께 살아가기 때문에 자연을 생각하고 보존하기 위해 노력해야 한다. [illegible] 옳다. 세상에 공짜는 없고 그것은 자연도 포함되는 얘기라고 생각한다.			
평점				
생각 살리기	※ 생각 나누기 결과를 바탕으로 자신의 생각을 논술하세요. 글쓴이의 주장은 옳지 않다. 물론 현대의 기술 발전으로 자연환경이 많이 파괴되었지만 우리의 삶이 편리해진 것도 기술 발전 덕분이다. 기술 발전이 문제가 아닌, 자연의 섭리만을 따라가야 하는 것도 아닌 기술발전과 자연의 섭리를 적절히 어우르지 못하는 것이 잘못된 행동이다. 기술 발전으로 환경파괴를 했다면 나무를 더 심고, 쓰레기를 줄이고, [illegible] 기술 발전으로 이루어진 친환경에너지, 자동차 [illegible] 것이 옳다고 생각한다.			
평점				

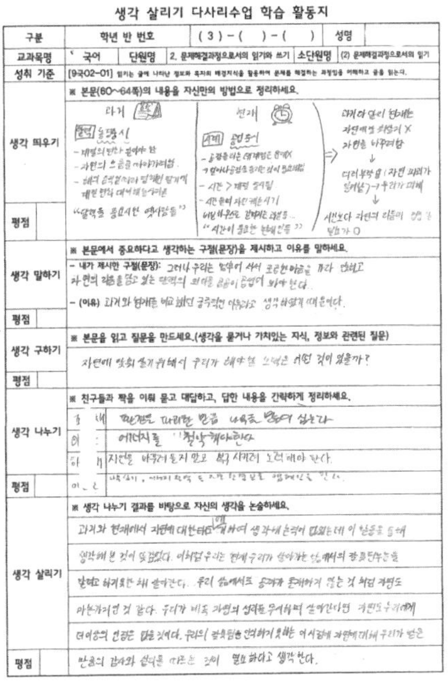

생각 살리기 다사리수업 학습 활동지

구분	학년 반 번호	(3)-( )-( )	성명	
교과목명	국어	단원명	2. 문제해결과정으로서의 읽기와 쓰기	소단원명 (2) 문제해결과정으로서의 읽기
성취 기준	[9국02-01] 읽기는 글에 나타난 정보와 독자의 배경지식을 활용하여 문제를 해결하는 과정임을 이해하고 글을 읽는다.			
생각 띄우기	※ 본문(60~64쪽)의 내용을 자신만의 방법으로 정리하세요. 과거 [달력] 농경사회 - 계절의 변화가 중요한 - 자연의 흐름을 따라가려 함 - [illegible] "달력을 중요시한 옛사람들" 현재 [시계] 공업사회 - [illegible] - 시간 > 계절 중시됨 - 시간을 더 자세히 계산하기 [illegible] "시간이 중요한 현대인들" ⇒ 과거와 달리 현재는 자연에게 의존하기 X 자연을 바꾸려함 ↓ 더러 부작용(자연 파괴가 일어남)→우리가 피해 ↓ 시간보다 자연의 리듬이 [illegible] 필요가 O			
평점				
생각 말하기	※ 본문에서 중요하다고 생각하는 구절(문장)을 제시하고 이유를 말하세요. – 내가 제시한 구절(문장): 그러나 우리는 일부러 서서 조용한 마음을 가라 앉히고 자연의 리듬을 담고 있는 달력의 의미를 곰곰이 음미해 봐야 한다. – (이유) 과거와 현재를 비교했던 궁극적인 이유라고 생각하였기 때문이다.			
평점				
생각 구하기	※ 본문을 읽고 질문을 만드세요.(생각을 묻거나 가치있는 지식, 정보와 관련된 질문) 자연에 맞춰 살기 위해서 우리가 해야 할 노력은 어떤 것이 있을까?			
평점				
생각 나누기	※ 친구들과 짝을 이뤄 묻고 대답하고, 답한 내용을 간략하게 정리하세요. 화학제품 따위한 만큼 나무를 많이 심는다 에너지를 절약해야한다 자연을 바꾸려 들지 말고 보존 시키려 노력해야 한다. [illegible]			
평점				
생각 살리기	※ 생각 나누기 결과를 바탕으로 자신의 생각을 논술하세요. 과거와 현재에서 자연에 대한 태도에 대하여 생각해 본 적이 없었는데 이 활동을 통해 생각해 본 것이 뜻깊었다. 이처럼 우리는 현재 우리가 살아가는 삶에서의 잘못된 부분을 알려고 하지 않은 채 살아간다. 우리 삶에서도 중요하게 존재하지 않는 것처럼 자연도 마찬가지인 것 같다. 우리가 계속 자연의 섭리를 무시하며 살아간다면 자연도 우리에게 더 이상의 선물은 없을 것이다. 우리의 잘못됨을 인식하지 못하는 이 시점에 자연에 대해 우리가 받은 만큼의 감사와 섭리를 따르는 것이 필요하다고 생각한다.			
평점				

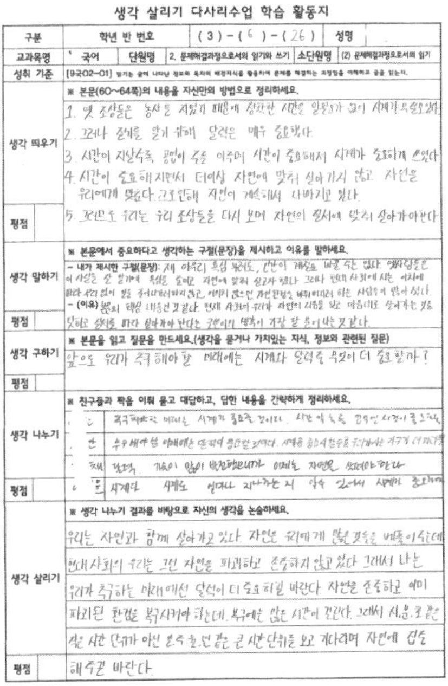

생각 살리기 다사리수업 학습 활동지

구분	학년 반 번호	(3)-(6)-(26)	성명	
교과목명	국어	단원명	2. 문제해결과정으로서의 읽기와 쓰기	소단원명 (2) 문제해결과정으로서의 읽기
성취 기준	[9국02-01] 읽기는 글에 나타난 정보와 독자의 배경지식을 활용하여 문제를 해결하는 과정임을 이해하고 글을 읽는다.			
생각 띄우기	※ 본문(60~64쪽)의 내용을 자신만의 방법으로 정리하세요. 1. 옛 조상들은 농사를 지었기 때문에 정확한 시간을 알 필요가 없이 시계가 무용지물이었다. 2. 그러나 절기를 알기 위해 달력은 매우 중요했다. 3. 시간이 지날수록 공업이 주를 이루며 시간이 중요해져서 시계가 중요하게 쓰였다. 4. 시간이 중요해지면서 더이상 자연에 맞춰 살아가지 않고 자연을 우리에게 맞췄다. 그로인해 자연이 계속해서 나빠지고 있다. 5. 그러므로 우리는 우리 조상들을 다시 보며 자연의 질서에 맞춰 살아가야한다.			
평점				
생각 말하기	※ 본문에서 중요하다고 생각하는 구절(문장)을 제시하고 이유를 말하세요. – 내가 제시한 구절(문장): 제 아무리 욕심 부려도, 인간이 계절을 바꿀 수는 없다. 옛사람들은 이 사실을 잘 알기에 욕심을 줄이고 자연에 맞춰 살고자 했다. 그러나 현대 사회에 사는 [illegible] – (이유) 본문의 핵심 내용인 것 같다. 현재 사회에 우리가 자연의 리듬을 잃고 마음대로 살아가는 것을 [illegible]하고 섭리를 따라 살아가야 한다는 글쓴이의 생각이 가장 잘 드러나는 것 같다.			
평점				
생각 구하기	※ 본문을 읽고 질문을 만드세요.(생각을 묻거나 가치있는 지식, 정보와 관련된 질문) 앞으로 우리가 추구해야 할 미래에는 시계와 달력 중 무엇이 더 중요할까?			
평점				
생각 나누기	※ 친구들과 짝을 이뤄 묻고 대답하고, 답한 내용을 간략하게 정리하세요. 추구해야 할 미래는 시계가 중요할 것이다. [illegible] 추구해야 할 미래에는 달력이 더 중요할 것이다. [illegible] 달력, 기술이 많이 발전했으니까 이제는 자연을 살려야 한다 시계다. 시계도 얼마나 지나가는지 알 수 있어서 시계가 중요하다			
평점				
생각 살리기	※ 생각 나누기 결과를 바탕으로 자신의 생각을 논술하세요. 우리는 자연과 함께 살아가고 있다. 자연은 우리에게 많은 것들을 베풀어주는데 현대 사회의 우리는 그런 자연을 파괴하고 존중하지 않고 있다. 그래서 나는 우리가 추구하는 미래에선 달력이 더 중요하길 바란다. 자연을 존중하고 이미 파괴된 환경을 복구시켜야 하는데, 복구에는 많은 시간이 걸린다. 그래서 시,분,초 같은 작은 시간 단위가 아닌 월,주,일,년 같은 큰 시간 단위를 보고 기다리며 자연에 집중해주길 바란다.			
평점				

생각 살리기 다사리수업 학습 활동지

구분	학년 반 번호	(3)-(6)-(27)	성명	
교과목명	국어	단원명	2. 문제해결과정으로서의 읽기와 쓰기	소단원명 (2) 문제해결과정으로서의 읽기
성취 기준	[9국02-01] 읽기는 글에 나타난 정보와 독자의 배경지식을 활용하여 문제를 해결하는 과정임을 이해하고 글을 읽는다.			
생각 띄우기	※ 본문(60~64쪽)의 내용을 자신만의 방법으로 정리하세요. 시계 < 달력 농사할 때는 달력이 중요. 딱히 시간이 중요하다는 개념X 절기가 매우 중요, 달력에 절기가 있어 달력이 중요 그러나 공업이 발달하며 시계가 중요, 공장은 제작 상관X 시간이 더 중요해지고 시계가 점점 많아짐 공업이 발달하며 환경이 파괴, 시간보다 돈이 더 < 자연을 살피는 마음.			
평점				
생각 말하기	※ 본문에서 중요하다고 생각하는 구절(문장)을 제시하고 이유를 말하세요. – 내가 제시한 구절(문장): 지금 인류에게 필요한 건 자연을 살피는 마음 – (이유) 파괴된 자연 환경을 살리고 [illegible]			
평점				
생각 구하기	※ 본문을 읽고 질문을 만드세요.(생각을 묻거나 가치있는 지식, 정보와 관련된 질문) 인류에게는 왜 자연을 살피는 마음이 필요할까.			
평점				
생각 나누기	※ 친구들과 짝을 이뤄 묻고 대답하고, 답한 내용을 간략하게 정리하세요. 과도하게 돈과 자원만 생각하는 것보다 자연을 살피며 [illegible] 필요하다는 생각 지나치게 경제성장과 돈 만을 추구하는 현대 사회에서 자연을 생각하여 지키는 마음이 필요하다고 생각함 자연을 살피는 마음을 가지면 나도 편안해지고 자연도 좋아지기 때문이다.			
평점				
생각 살리기	※ 생각 나누기 결과를 바탕으로 자신의 생각을 논술하세요. 공업이 발달하며 우리 생활은 더 편리해지고 윤택한 [illegible] 자연이 파괴되고 있다는 사실은 제대로 인지하지 못하는 것 같다. 막상 환경파괴에 대해 [illegible] 어쩌면 조금 늦었을지도 모르지만 지금부터라도 '자연을 살피는 마음'을 가지고 환경보호를 진지하게 생각해 봐야 할 것 같다.			
평점				

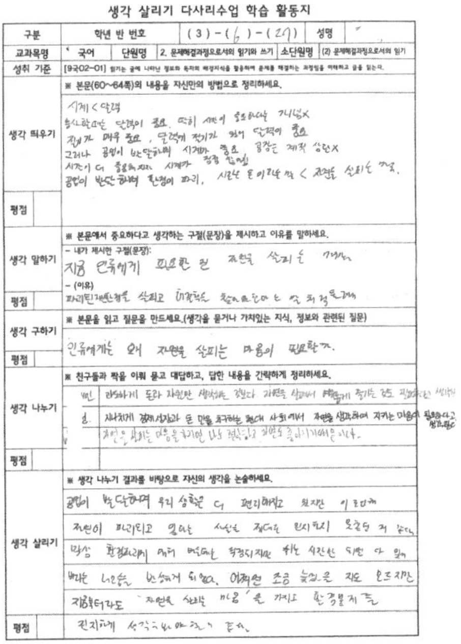

2. 다사리 학습동아리

(1) 과학교과서 · 과학소설 · 수학유튜브

다사리학습 자율동아리 활동지(개별 작성)

구분	동아리 명	사니브로	학년 반 번호	(2)-( )-( )	성명	
			활동 일자	2022.08.24	횟수	6 회차
학습 자료	과학 교과서		학습 부분	(156)쪽 ~ (159)쪽		

생각 키우기 (7분) 자료를 읽거나 강의를 들으며 자유롭게 메모	※ 학습 자료에 나오는 지식과 정보를 마인드맵 등 창의적 방법으로 정리하세요. 소화: 영양소가 세포 안으로 흡수될 수 있도록 크기 작은 크기로 분해되는 과정 소화 기관: ① 입 ② 위 ③ 십이지장 ④ 소장 [illegible]
평점	A
생각 말하기 (10분) 개별 구상 3분, 말하기 각 1분	※ 중요하거나 인상적이라고 생각하는 구절(문장)을 제시하고 이유를 말하세요. - 내가 제시한 구절(문장) [illegible] - 동료들이 제시한 구절(문장) [illegible]
평점	A
생각 구하기 (5분)	※ 자료를 활용하여, 가치 있는 지식과 정보, 생각을 묻는 질문을 만드세요. (단답형, 서술형, 논술형 문항 출제 모두 가능함) 단백질은 어떤 소화기관에서 어떤 순서로 소화되는가?
평점	A
생각 나누기 (10분) 짝별 대화 각 1.5분	동료 이름 / ※ 동료들이 나의 질문에 대답해 준 내용을 간략하게 쓰세요. [illegible]
평점	B
생각 살리기 (8분)	※ 학습자료와 동료들이 말해 준 지식과 생각들을 섞어 자기 생각을 만들어 보세요. <선생님이 중요하다고 언급하신 개념?> 1) [illegible] 2) [illegible] 3) [illegible] 4) [illegible] 5) [illegible]
평점	

다사리학습 자율동아리 활동지(개별 작성)

구분	동아리 명	사니브로	학년 반 번호	(2)-( )-( )	성명	
			활동 일자	22.08.28	횟수	6 회차
학습 자료	과학 교과서		학습 부분	(156)쪽 ~ (159)쪽		

생각 키우기 (7분) 자료를 읽거나 강의를 들으며 자유롭게 메모	※ 학습 자료에 나오는 지식과 정보를 마인드맵 등 창의적 방법으로 정리하세요. [illegible]
평점	A
생각 말하기 (10분) 개별 구상 3분, 말하기 각 1분	※ 중요하거나 인상적이라고 생각하는 구절(문장)을 제시하고 이유를 말하세요. - 내가 제시한 구절(문장) [illegible] - 동료들이 제시한 구절(문장) [illegible]
평점	A
생각 구하기 (5분)	※ 자료를 활용하여, 가치 있는 지식과 정보, 생각을 묻는 질문을 만드세요. (단답형, 서술형, 논술형 문항 출제 모두 가능함) [illegible]
평점	A
생각 나누기 (10분) 짝별 대화 각 1.5분	동료 이름 / ※ 동료들이 나의 질문에 대답해 준 내용을 간략하게 쓰세요. [illegible]
평점	A
생각 살리기 (8분)	※ 학습자료와 동료들이 말해 준 지식과 생각들을 섞어 자기 생각을 만들어 보세요. [illegible]
평점	B

다사리학습 자율동아리 활동지(개별 작성)

구분	동아리 명	사니브로	학년 반 번호	(2)-( )-( )	성명	
			활동 일자	22.08.28	횟수	6 회차
학습 자료	과학책		학습 부분	( )쪽 ~ ( )쪽		

생각 키우기 (7분) 자료를 읽거나 강의를 들으며 자유롭게 메모	※ 학습 자료에 나오는 지식과 정보를 마인드맵 등 창의적 방법으로 정리하세요. [illegible]
평점	
생각 말하기 (10분) 개별 구상 3분, 말하기 각 1분	※ 중요하거나 인상적이라고 생각하는 구절(문장)을 제시하고 이유를 말하세요. - 내가 제시한 구절(문장) [illegible] - 동료들이 제시한 구절(문장) [illegible]
평점	
생각 구하기 (5분)	※ 자료를 활용하여, 가치 있는 지식과 정보, 생각을 묻는 질문을 만드세요. (단답형, 서술형, 논술형 문항 출제 모두 가능함) [illegible]
평점	
생각 나누기 (10분) 짝별 대화 각 1.5분	동료 이름 / ※ 동료들이 나의 질문에 대답해 준 내용을 간략하게 쓰세요. [illegible]
평점	
생각 살리기 (8분)	※ 학습자료와 동료들이 말해 준 지식과 생각들을 섞어 자기 생각을 만들어 보세요. [illegible]
평점	

다사리학습 자율동아리 활동지(개별 작성)

구분	동아리 명	사니브로	학년 반 번호	(2)-( )	성명	
			활동 일자	22/8/28	횟수	6 회차
학습 자료	과학 교과서		학습 부분	(156)쪽 ~ (159)쪽		

생각 키우기 (7분) 자료를 읽거나 강의를 들으며 자유롭게 메모	※ 학습 자료에 나오는 지식과 정보를 마인드맵 등 창의적 방법으로 정리하세요. [illegible] 입 / 위 / 소장 / 대장
평점	B
생각 말하기 (10분) 개별 구상 3분, 말하기 각 1분	※ 중요하거나 인상적이라고 생각하는 구절(문장)을 제시하고 이유를 말하세요. - 내가 제시한 구절(문장) [illegible] - 동료들이 제시한 구절(문장) [illegible]
평점	A
생각 구하기 (5분)	※ 자료를 활용하여, 가치 있는 지식과 정보, 생각을 묻는 질문을 만드세요. (단답형, 서술형, 논술형 문항 출제 모두 가능함) [illegible]
평점	A
생각 나누기 (10분) 짝별 대화 각 1.5분	동료 이름 / ※ 동료들이 나의 질문에 대답해 준 내용을 간략하게 쓰세요. [illegible]
평점	A
생각 살리기 (8분)	※ 학습자료와 동료들이 말해 준 지식과 생각들을 섞어 자기 생각을 만들어 보세요. [illegible]
평점	C

다사리학습 자율동아리 활동지(개별 작성)

구분	동아리 명	시나브로	학년 반 번호	(2) - (	성명	
			활동 일자	2022 04 06	횟수	1 회차
학습 자료	과학 교과서		학습 부분	(31)쪽 ~ (37)쪽		

생각 띄우기 (7분) 자료를 읽거나 강의를 들으며 자유롭게 메모	※ 학습 자료에 나오는 지식과 정보를 마인드맵 등 창의적 방법으로 정리하세요. 이온 — (정의) 원자가 전자를 잃거나 얻어 만들어진 전하를 띠는 입자 / (양이온) (음이온) / 이온식: 원소기호를 사용하여 이온을 나타낸 것 (예) Cu^{2+}, Ba^{2+}, Zn^{2+}, Fe^{2+}, Pb^{2+}, I^-, O^{2-}, F^- …. / 앙금 — (이온 존재 확인법) / [illegible]
평점 A	
생각 말하기 (10분) 개별 구상 3분, 말하기 각 1분	※ 중요하거나 인상적이라고 생각하는 구절(문장)을 제시하고 이유를 말하세요. - 내가 제시한 구절(문장) 과망가니즈산 이온(MnO_4^-)에 의해 보라색을 나타낸다 - 동료들이 제시한 구절(문장) ( ) 이온은 전하를 띠고 있다 / 이온은 원자의 종류에 따라 원자가 전자를 잃거나 얻어 전하를 띤다 / [illegible]
평점 A	
생각 구하기 (5분)	※ 자료를 활용하여, 가치 있는 지식과 정보, 생각을 묻는 질문을 만드세요. (단답형, 서술형, 논술형 문항 출제 모두 가능함) 수산화 이온과 칼슘 이온이 결합하여 [illegible] 화학식으로 표현하시오.
평점 A	
생각 나누기 (10분) 짝별 대화 각 1.5분	동료 이름 / ※ 동료들이 나의 질문에 대답해 준 내용을 간략하게 쓰세요. K_2OH X $Ca(OH)_2$ O $CaOH_2$ X $CaOH_2$ X
평점 A	
생각 살리기 (8분)	※ 학습자료와 동료들이 말해 준 지식과 생각들을 섞어 자기 생각을 만들어 보세요. (문제) 질산칼륨 수용액이 담긴 페트리 접시에 전류를 흘려보낸 다음 접시 가운데에 황산 구리를 떨어뜨렸을 때 (-)극과 (+)극으로 이동하는 이온을 각각 모두 쓰시오. (답) (-)극 쪽으로는 칼륨 이온, 구리 이온이 이동하고, (+)극 쪽으로는 질산 이온, 황산 이온이 이동한다 / 교과서만 없어도 중요한 개념: 앙금이 생성되려면 전기적으로 중성이 되어야 하므로 양이온과 음이온으로만 결합할 수 있다 / 많이 틀린 질문의 핵심 포인트: 다원자 이온
평점 A	

다사리학습 자율동아리 활동지(개별 작성)

구분	동아리 명	시나브로	학년 반 번호	(2) -	성명	
			활동 일자	22.04.06 수	횟수	1 회차
학습 자료	과학교과서, 과학 완자		학습 부분	(31)쪽 ~ (37)쪽		

생각 띄우기 (7분) 자료를 읽거나 강의를 들으며 자유롭게 메모	※ 학습 자료에 나오는 지식과 정보를 마인드맵 등 창의적 방법으로 정리하세요. 이온 — 뜻: 원자가 전자를 잃거나 얻어 만들어진 전하를 띠는 입자. / 이온식: 원소기호를 이용하여 이온을 나타낸 것 / 이온이 전하를 띠고 있다. / 양이온 / 음이온 / [illegible]
평점 B	
생각 말하기 (10분) 개별 구상 3분, 말하기 각 1분	※ 중요하거나 인상적이라고 생각하는 구절(문장)을 제시하고 이유를 말하세요. - 내가 제시한 구절(문장) 이온은 전하를 띠고 있다. - 동료들이 제시한 구절(문장) 과망가니즈산 이온에 의해 보라색을 나타낸다. / 이온은 원자의 종류에 따라 원자가 전자를 잃거나 얻어 전하를 띤다 / [illegible]
평점 A	
생각 구하기 (5분)	※ 자료를 활용하여, 가치 있는 지식과 정보, 생각을 묻는 질문을 만드세요. (단답형, 서술형, 논술형 문항 출제 모두 가능함) [illegible] 어떤 이온이 남아있을까? 답: NO_3^-, 양이온
평점 A	
생각 나누기 (10분) 짝별 대화 각 1.5분	동료 이름 / ※ 동료들이 나의 질문에 대답해 준 내용을 간략하게 쓰세요. NO_3^-, 양이온 질산이온, 양이온 질산이온, 양이온 질산이온, 양이온
평점 A	
생각 살리기 (8분)	※ 학습자료와 동료들이 말해 준 지식과 생각들을 섞어 자기 생각을 만들어 보세요. • 수산화 이온과 칼슘 이온이 결합된 물질을 화학식으로 표현하시오 ([illegible]) ⇒ $Ca(OH)_2$ • 질산칼륨 수용액이 담긴 페트리 접시에 전류를 흘려보냈을 때 접시 가운데에 황산구리 수용액을 떨어뜨렸을 때 +극과 -극으로 이동하는 이온을 각각 모두 쓰시오 ([illegible]) • 어떤 수용액에 질산은 수용액을 넣었을 때 흰색 앙금이 생성되었을 때 어떤 이온이 포함되어 있을까? ⇒ 질산이온, 양이온
평점 A	

다사리학습 자율동아리 활동지(개별 작성)

OH^- Ca $CaOH_2$

구분	동아리 명	시나브로	학년 반 번호	(2) -)	성명	
			활동 일자	2022.04.06	횟수	1 회차
학습 자료	과학 교과서		학습 부분	(31)쪽 ~ (37)쪽		

생각 띄우기 (7분) 자료를 읽거나 강의를 들으며 자유롭게 메모	※ 학습 자료에 나오는 지식과 정보를 마인드맵 등 창의적 방법으로 정리하세요. 이온 — 이온 표시: 원소기호 오른쪽 위에 전하의 종류, 잃거나 얻은 전자수 표시 예) H^+, CO_3^{2-} / 양이온(+) / 음이온(-) / 앙금생성 반응 / 원자가 전자를 잃거나 얻어 만들어진 전하를 띠는 입자 / [illegible]
평점	
생각 말하기 (10분) 개별 구상 3분, 말하기 각 1분	※ 중요하거나 인상적이라고 생각하는 구절(문장)을 제시하고 이유를 말하세요. - 내가 제시한 구절(문장) (+)는 (-), (-)는 (+)와만 결합 가능 → 전기적으로 중성이어야 하기 때문 - 동료들이 제시한 구절(문장) 이온은 전하를 띠고 있다 / 과망가니즈산 이온에 의해 보라색을 띤다 / [illegible]
평점	
생각 구하기 (5분)	※ 자료를 활용하여, 가치 있는 지식과 정보, 생각을 묻는 질문을 만드세요. (단답형, 서술형, 논술형 문항 출제 모두 가능함) 교과서 p.34~35 참고 / 질산칼륨 수용액이 담긴 페트리 접시에 전류를 흘려보낸 다음 페트리 접시 가운데에 황산구리를 떨어뜨렸을 때, (-)극과 (+)극으로 이동하는 이온을 각각 [illegible]
평점	
생각 나누기 (10분) 짝별 대화 각 1.5분	동료 이름 / ※ 동료들이 나의 질문에 대답해 준 내용을 간략하게 쓰세요. +: 질산 이온, 황산 이온 / -: 칼륨 이온, 구리 이온 +: 질산 이온, 황산 이온 / -: 칼륨 이온, 구리 이온 +: 질산 이온, 황산 이온 / -: 칼륨 이온, 구리 이온 +: 질산 이온, 질산 이온 / -: 칼륨 이온, 구리 이온
평점	
생각 살리기 (8분)	※ 학습자료와 동료들이 말해 준 지식과 생각들을 섞어 자기 생각을 만들어 보세요. 이온은 원자가 전자를 잃거나 얻어 만들어진 전하를 띠는 입자이다 이온은 양이온과 음이온이 있는데, 양이온은 원자가 전자를 잃어 생성되는 이온으로 (+)극을 띠고, 음이온은 원자가 전자를 얻어 생성되는 이온으로 (-)극을 띤다. 수용액에 든 이온끼리 반응하면 앙금이 생성되기도 한다. 이온은 전하를 띠고 있고, 이온이 든 용액은 전류가 흐른다.
평점	

다사리학습 자율동아리 활동지(개별 작성)

구분	동아리 명	시나브로	학년 반 번호	(2) - ( )	성명	
			활동 일자	2022 - 04 - 06	횟수	1 회차
학습 자료	과학 교과서		학습 부분	(31)쪽 ~ (37)쪽		

생각 띄우기 (7분) 자료를 읽거나 강의를 들으며 자유롭게 메모	※ 학습 자료에 나오는 지식과 정보를 마인드맵 등 창의적 방법으로 정리하세요. 이온: 원자가 전자를 잃거나 얻어 만들어진 전하를 띠는 입자 원자가 전자를 잃으면? ([illegible]) 양이온 원자가 전자를 얻으면? ([illegible]) 음이온 앙금생성반응: [illegible] / 이온 / 전하 / 앙금생성반응 / 이온식 / [illegible]
평점 A	
생각 말하기 (10분) 개별 구상 3분, 말하기 각 1분	※ 중요하거나 인상적이라고 생각하는 구절(문장)을 제시하고 이유를 말하세요. - 내가 제시한 구절(문장) 이온은 원자의 종류에 따라 원자가 전자를 잃거나 얻어 전하를 띤다. [illegible] - 동료들이 제시한 구절(문장) [illegible]: 이온은 전하를 띠고 있다. / [illegible]: 과망가니즈산 이온에 의해 보라색을 나타낸다 / [illegible]
평점 A	
생각 구하기 (5분)	※ 자료를 활용하여, 가치 있는 지식과 정보, 생각을 묻는 질문을 만드세요. (단답형, 서술형, 논술형 문항 출제 모두 가능함) 무엇이 들어있는지 모르는 수용액에 질산은 수용액을 떨어뜨리니 흰색 앙금이 생성되었다. [illegible] 어떤 이온이 [illegible]?
평점 C	
생각 나누기 (10분) 짝별 대화 각 1.5분	동료 이름 / ※ 동료들이 나의 질문에 대답해 준 내용을 간략하게 쓰세요. 염화이온, 양이온 염화이온, 양이온 염화이온, 양이온 염화이온, 양이온
평점 A	
생각 살리기 (8분)	※ 학습자료와 동료들이 말해 준 지식과 생각들을 섞어 자기 생각을 만들어 보세요. 원자가 전자를 잃게되면 양전하를 띠는 양이온이 형성된다. 반대로 원자가 전자를 얻으면 음전하를 띠는 음이온이 형성된다. 공부를 하기 전까지는 왜 전자를 잃는데 '양'이 되는지 확실히 이해되지 않았는데 [illegible] 확실히 알게 된 것 같다.
평점 B	

다사리학습 자율동아리 활동지(개별 작성)

구분	동아리 명	시나브로	학년 반 번호	(2) - (6))	성명	
			활동 일자	22. 11. 05 토	횟수	7 회차
학습 자료	과학교과서		학습 부분	(194)쪽 ~ (199)쪽		

생각 피우기 (7분) 자료를 읽거나 강의를 들으며 자유롭게 메모

※ 학습 자료에 나오는 지식과 정보를 마인드맵 등 창의적 방법으로 정리하세요.

밀도: 질량을 부피로 나눈 값, 단위 부피당 질량

밀도 = 질량/부피

용해도: 한 용매에 녹는 용질의 최대 양 [illegible]

밀도-부피: 좀 [illegible] / 밀도-질량: 부피 [illegible]

① [illegible] ② 용해도 [illegible] ③ [illegible] ④ 용해도: 어떤 온도에서 용매 100g에 최대로 녹을 수 있는 용질의 g수

평점 A

생각 말하기 (10분) 개별 구상 3분, 말하기 각 1분

※ 중요하거나 인상적이라고 생각하는 구절(문장)을 제시하고 이유를 말하세요.

- 내가 제시한 구절(문장)

용해도는 같은 온도, 용매에서 물질마다 고유한 값을 나타내므로 물질의 특성이다.

- 동료들이 제시한 구절(문장)

질량을 부피로 나눈 값, 즉 단위 부피당 질량을 밀도라고 한다. 밀도 = 질량/부피

기체는 온도가 높고 압력이 낮을수록 용해도 감소한다.

평점 A

생각 구하기 (5분)

※ 자료를 활용하여, 가치 있는 지식과 정보, 생각을 묻는 질문을 만드세요. (단답형, 서술형, 논술형 문항 출제 모두 가능함)

[illegible] 50g에 녹은 염화나트륨 질량이 16g일 때, 물 100g에 최대로 녹을 수 있는 염화나트륨의 양은? 답: 32g

평점 A

생각 나누기 (10분) 짝별 대화 각 1.5분

동료 이름	※ 동료들이 나의 질문에 대답해 준 내용을 간략하게 쓰세요.
	32g
	32g
	32g.

평점 A

생각 살리기 (8분)

※ 학습자료와 동료들이 말해 준 지식과 생각들을 섞어 자기 생각을 만들어 보세요.

오늘 주제는 과학(물질의 특성) 부분이다. 이 부분에서 밀도와 용해도 파트가 중요하여 이 부분을 정리하였다. 기본으로 외워두어야 할 개념은 밀도는 부피당의 질량이다. 밀도와 용해도는 물질의 특성이다. 용해도는 어떤 온도에서 용매 100g에 최대로 녹을 수 있는 용질의 수이라는 것이다. 나의 [illegible] 온도에 영향을 받아 밀도가 가장 크게 변하는 [illegible] 기체일 것이다. 왜냐하면 입자 사이의 거리가 가장 멀기 때문이다.

평점 A

다사리학습 자율동아리 활동지(개별 작성)

구분	동아리 명	시나브로	학년 반 번호	(2) - (4) -	성명	
			활동 일자	2022 11 05	횟수	7 회차
학습 자료	과학 교과서		학습 부분	(194)쪽 ~ (199)쪽		

생각 피우기 (7분) 자료를 읽거나 강의를 들으며 자유롭게 메모

※ 학습 자료에 나오는 지식과 정보를 마인드맵 등 창의적 방법으로 정리하세요.

물질의 특성 — 밀도 / 용해도

단위 부피당 질량 (정의) g/cm³, g/mL, kg/m³ (단위) → 밀도 = 질량/부피

물에 뜨고 가라앉는 현상 설명 가능

(정의) 어떤 온도에서 용매 100g에 최대로 녹을 수 있는 용질의 g수

(특징) 1) 고체의 용해도는 온도가 높을수록 증가 2) [illegible] 3) 기체 [illegible] → 용해도 변화

평점

생각 말하기 (10분) 개별 구상 3분, 말하기 각 1분

※ 중요하거나 인상적이라고 생각하는 구절(문장)을 제시하고 이유를 말하세요.

- 내가 제시한 구절(문장) 예를 들어 탄산음료에 녹아 있는 이산화 탄소는 온도가 높을수록, 압력이 낮을수록 용해도가 감소하므로 음료에 녹아 있던 이산화 탄소가 기포로 빠져나온다.

- 동료들이 제시한 구절(문장)

용해도는 같은 온도의 용매에서 일정하고 물질마다 고유한 값을 나타내므로 물질의 특성이다.

질량을 부피로 나눈 값, 즉 단위 부피당 질량을 밀도라고 하며

밀도 = 질량/부피

평점

생각 구하기 (5분)

※ 자료를 활용하여, 가치 있는 지식과 정보, 생각을 묻는 질문을 만드세요. (단답형, 서술형, 논술형 문항 출제 모두 가능함)

용해도 곡선 아래에 있는 점이 나타내는 용액을 포화 용액으로 만들기 위한 방법 두 가지는 무엇일까?

평점

생각 나누기 (10분) 짝별 대화 각 1.5분

동료 이름	※ 동료들이 나의 질문에 대답해 준 내용을 간략하게 쓰세요.
	온도를 낮춘다 / 용질 더 넣는다 (△)
	용액 냉각하기 / 용질 추가하기 (○)
	모르겠다 (x)

평점

생각 살리기 (8분)

※ 학습자료와 동료들이 말해 준 지식과 생각들을 섞어 자기 생각을 만들어 보세요.

	큰 알루미늄 조각		작은 알루미늄 조각		큰 구리 조각		작은 구리 조각
질량	8.10	↔	2.70	↔	26.88	↔	8.96
부피	(3.0	↔	1.0)		(3.0	↔	1.0)
밀도	2.7	=	2.7		8.96	=	8.96

같은 물질이라도 질량과 부피는 일정하지 ×, and 다른 물질의 그것과 같을 수 있다. 하지만 밀도는 물질의 양에 관계 없이 일정하며, 물질마다 고유한 값을 나타낸다. 따라서 밀도는 물질의 특성이다.

평점

용해도는 조금 더 까다롭다. - 5 - 용해도는 기본적으로 용매의 종류, 양, 온도가 달라지면, 함께 변한다. 하지만 용매의 종류, 양, 온도가 각각 같을 때 용해도는 일정하며, [illegible]

다사리학습 자율동아리 활동지(개별 작성)

구분	동아리 명	시나브로	학년 반 번호	(2) - (6) -)	성명	
			활동 일자	22/11/5	횟수	7 회차
학습 자료	과학교과서		학습 부분	(194)쪽 ~ (199)쪽		

생각 피우기 (7분) 자료를 읽거나 강의를 들으며 자유롭게 메모

※ 학습 자료에 나오는 지식과 정보를 마인드맵 등 창의적 방법으로 정리하세요.

밀도 = 질량/부피

밀도 ↑ : 가라앉음

밀도 ↓ : 뜬다

용해도 : 어떤 온도에서 용매 100g에 최대로 녹을 수 있는 용질의 g수.

고체 용해도 : 온도 ↑ 용해도 ↑

기체 〃 : 온도 ↑, 압력 ↓ 용해도 ↓ / 온도 ↓, 압력 ↑ 용해도 ↑

평점 B

→ 밀도는 물질의 모양이나 크기에 관계 × 일정 (물질의 특성) → 용해도는 같은 온도, 용매 일정 (물질의 특성)

생각 말하기 (10분) 개별 구상 3분, 말하기 각 1분

※ 중요하거나 인상적이라고 생각하는 구절(문장)을 제시하고 이유를 말하세요.

- 내가 제시한 구절(문장) 질량을 부피로 나눈 값, 즉 단위 부피당 질량을 밀도라고 한다.

- 동료들이 제시한 구절(문장)

용해도는 같은 온도 용매에서 일정, 물질마다 고유한 값 → 물질의 특성

탄산음료에 녹은 CO_2는 온도 ↑ 압력 ↓ 용해도 ↓ [illegible] CO_2가 기포로 빠져나온다.

평점 A 밀도 = 질량/부피

생각 구하기 (5분)

※ 자료를 활용하여, 가치 있는 지식과 정보, 생각을 묻는 질문을 만드세요. (단답형, 서술형, 논술형 문항 출제 모두 가능함)

온도에 영향을 받아 밀도가 가장 크게 [illegible] 상태와 이유는 무엇인가?

평점 A

생각 나누기 (10분) 짝별 대화 각 1.5분

동료 이름	※ 동료들이 나의 질문에 대답해 준 내용을 간략하게 쓰세요.
	입자 사이의 거리가 가장 먼 기체 상태일 때 온도의 영향을 가장 크게 받는다.
	기체, 입자 사이의 거리가 멀어서 줄 [illegible] 때문이다
	기체이다. 입자 사이의 거리가 가장 멀기 때문이다.

평점 A

생각 살리기 (8분)

※ 학습자료와 동료들이 말해 준 지식과 생각들을 섞어 자기 생각을 만들어 보세요.

물질의 특성은 물질의 모양, 크기, 질량에 관계없이 항상 일정한 것을 말한다. 단위 부피당 질량인 밀도는 물질의 특성에 속한다. 또한 같은 온도의 100g 용매에 용질이 녹는 최대 g수인 용해도도 물질의 특성이다. 온도에 따라 바뀌어서 물질의 특성이 아니라고 생각할 수 있지만 일정한 온도를 언제든 맞추기만 하면 일정한 g수를 [illegible] 때문에 물질의 특성에 포함된다. 물질의 특성은 물질마다 다르고 고유한 값을 나타낸다는 특징도 있다.

평점 A

다사리학습 자율동아리 활동지(개별 작성)

구분	동아리 명	시나브로	학년 반 번호	(2) - (6) -	성명	
			활동 일자	2022-05.01.일	횟수	3 회차
학습 자료	미술관 책		학습 부분	(46)쪽 ~ (85)쪽		

생각 피우기 (7분) 자료를 읽거나 강의를 들으며 자유롭게 메모

※ 학습 자료에 나오는 지식과 정보를 마인드맵 등 창의적 방법으로 정리하세요.

나 — 상대 — 과학자가 꿈

엄마, 아빠 이혼 / 할머니와 함께 사는 삶

상대를 보며 중혁이도 위안을 삼음

한결같은 상대는 함께 가게 [illegible]

하지만 상대가 자신의 꿈을 위해서 할머니가 없이 가능하지 않음

평점 A

생각 말하기 (10분) 개별 구상 3분, 말하기 각 1분

※ 중요하거나 인상적이라고 생각하는 구절(문장)을 제시하고 이유를 말하세요.

- 내가 제시한 구절(문장) [illegible]

- 동료들이 제시한 구절(문장)

[illegible]

그 순간 내게서 멀어졌던 별에서 빛나기 시작했다. - 나연

평점 A

[illegible] — 수경 → 〃 — 현준

생각 구하기 (5분)

※ 자료를 활용하여, 가치 있는 지식과 정보, 생각을 묻는 질문을 만드세요. (단답형, 서술형, 논술형 문항 출제 모두 가능함)

내가 만약 중혁이라면 과학공부를 포기하라는 상대의 말을 듣고 어떤 생각이 들었을까요?

평점 A

생각 나누기 (10분) 짝별 대화 각 1.5분

동료 이름	※ 동료들이 나의 질문에 대답해 준 내용을 간략하게 쓰세요.
	어이없었을 것 같다. 과학 공부를 [illegible] 이해가 안 됐을 것 같다.
	꿈이 생겼는데 무너졌을 것 같다.
	상대가 [illegible] 같다. [illegible]
	열심히 공부해야겠다 같다.

평점 A

생각 살리기 (8분)

※ 학습자료와 동료들이 말해 준 지식과 생각들을 섞어 자기 생각을 만들어 보세요.

일중독 아빠와, 불만을 저지르는 엄마, 관성의 법칙에 충실한 부모님 사이에서 외로움을 느끼는 중혁이와 중혁이가 동질감을 느끼는 상대와 친해지며 우정을 쌓아가는데 과학자라는 꿈이 있는 상대는 꿈을 위해 노력하려고 기절을 하지 않기로 한다. 그 후 중혁이가 사고를 당하고 현실의 두 명이 재회하여 중혁이가 꿈을 위해 노력할 것이라고 말하자 중혁이는 생각을 한다. 이 책은 과학 용어가 정말 많이 나오지만 비유적인 표현으로 잘 사용한 것 같다. 또한 꿈을 찾아 열심히 노력하는 상대를 보며 중혁이도 더 노력하고 희망을 가질 것 같다. 이 책을 읽으면서 노력을 하며 나에게는 힘이 된다는 말이 인상 깊었다.

평점 B

다사리학습 자율동아리 활동지(개별 작성)

구분	동아리 명	시나브로	학년 반 번호	(2) - (4) - ( )	성명	
			활동 일자	2022 05 01	횟수	3 회차
학습 자료	상대의 법칙 (단편소설)		학습 부분	(48)쪽 ~ (85)쪽		

생각 피우기 (7분) 자료를 읽거나 강의를 들으며 자유롭게 메모

※ 학습 자료에 나오는 지식과 정보를 마인드맵 등 창의적 방법으로 정리하세요.

아빠 – 엄마 – 종혁 – (친구) – 상대 – 과학 – 법칙 – 할아버지 – 속도 [illegible]

평점 A

생각 말하기 (10분) 개별 구상 3분, 말하기 각 1분

※ 중요하거나 인상적이라고 생각하는 구절(문장)을 제시하고 이유를 말하세요.

- 내가 제시한 구절(문장)
  네가 진짜로 하고 싶고 원하는 꿈이 생기면 그 무게들이 오히려 큰 힘이 되어 줄지도 몰라.
- 동료들이 제시한 구절(문장) 이유: 이 문장이 나한테도 응원이 됐다?

내 노력은 사라지지 않을거야. 다른 형태로 존재하여 언젠가는 힘이 되어줄거야.	그 순간 내게서 멀어졌던 빛에서 벗어나기 시작했다.
생각이 안 되고 돈이 없어서 대학조차 갈 수 있을지 몰라도 내 노력은 사라지지 않을거야. 다른 형태로 존재하여	→ " 언젠가는 힘이 되어줄거야.

평점 B

생각 구하기 (5분)

※ 자료를 활용하여, 가치 있는 지식과 정보, 생각을 묻는 질문을 만드세요.
(단답형, 서술형, 논술형 문항 출제 모두 가능함)

종혁이는 왜 상대가 [illegible] 자신을 추월한 느낌을 받았을까요?

평점 A

생각 나누기 (10분) 짝별 대화 각 1.5분

동료 이름	※ 동료들이 나의 질문에 대답해 준 내용을 간략하게 쓰세요.
	꿈을 위해 노력한다는 상대가 자신보다 나은 것 같았기 때문일 것이다.
	자신보다 좋지 못한 환경에서도 명확한 목표를 가진 것이 자신보다 뛰어나다고 느꼈기 때
	비슷한 상황 속에서도 앞서 나가는 상대와 자신이 달라보여 박탈감이 느껴졌기 때문
	[illegible] 우주 과학자가 되려고 노력하려는 상대의 모습 때문일 것이다.

평점 A

생각 살리기 (8분)

※ 학습자료와 동료들이 말해 준 지식과 생각들을 섞어 자기 생각을 만들어 보세요.

상대는 초등학교 때는 공부도 잘하고 착한 아이였지만 중학교 1학년 때는 싸움과 사고로 유명했고, 2학년 때는 내내 엎드려 잤다고 한다. 학교에 그런 아이가 있으면 다들 이상한 애라고 생각하고 피하게 되는 것 같다. 하지만 상대는 이상한 아이가 아니라 자신 나름대로의 열정과 꿈이 있는 사람이었다. 그래서 진짜 사람이 겉으로 보는 모습만으로는 알 수가 없는 것 같다는 생각이 들었다. 내 가치관과 맞지 않는 행동을 하는 사람이라고 해서 함부로 판단하지 말아야 겠다.

평점 B

다사리학습 자율동아리 활동지(개별 작성)

구분	동아리 명	시나브로	학년 반 번호	(2) - (6) - ( )	성명	
			활동 일자	22.05.01	횟수	3 회차
학습 자료	미식 예찬 - 상대의 법칙 (단편소설집)		학습 부분	(48)쪽 ~ (85)쪽		

생각 피우기 (7분) 자료를 읽거나 강의를 들으며 자유롭게 메모

※ 학습 자료에 나오는 지식과 정보를 마인드맵 등 창의적 방법으로 정리하세요.

나 (종혁) – 상대 – 엄마 – 아빠 – 할아버지 – 과학을 좋아함 [illegible]

평점

생각 말하기 (10분) 개별 구상 3분, 말하기 각 1분

※ 중요하거나 인상적이라고 생각하는 구절(문장)을 제시하고 이유를 말하세요.

- 내가 제시한 구절(문장) [illegible]
- 동료들이 제시한 구절(문장) [illegible]

[illegible]	수정 "
[illegible]	[illegible]

평점

생각 구하기 (5분)

※ 자료를 활용하여, 가치 있는 지식과 정보, 생각을 묻는 질문을 만드세요.
(단답형, 서술형, 논술형 문항 출제 모두 가능함)

[illegible] 상대에게 이런 반응을 보였을까

평점

생각 나누기 (10분) 짝별 대화 각 1.5분

동료 이름	※ 동료들이 나의 질문에 대답해 준 내용을 간략하게 쓰세요.
	[illegible] 관심과 응원을 해주었을 것이다
	응원해주고 격려해 줬을 것 같다
	응원해 주었을 것이다.
	자랑스럽게 생각해 주고 응원해 주었을 것 같다

평점

생각 살리기 (8분)

※ 학습자료와 동료들이 말해 준 지식과 생각들을 섞어 자기 생각을 만들어 보세요.

'상대의 법칙'에는 여러 [illegible]
[illegible] 법칙이 비유에 사용되었다
'나'와 상대는 모두 두 부모님의 사이가 좋지 않다
상대에게는 할아버지가 있고 [illegible], '나'에게는 할아버지 [illegible]
[illegible] 부유한 편이다.
함께 떠나기로 했음에도 결국 상대가 가지 않았다 [illegible]
[illegible]

평점

다사리학습 자율동아리 활동지(개별 작성)

구분	동아리 명	시나브로	학년 반 번호	(2) - (2) - ( )	성명	
			활동 일자	5/1	횟수	3 회차
학습 자료	책「미식 예찬」		학습 부분	( )쪽 ~ ( )쪽		

생각 피우기 (7분) 자료를 읽거나 강의를 들으며 자유롭게 메모

※ 학습 자료에 나오는 지식과 정보를 마인드맵 등 창의적 방법으로 정리하세요.

중학교 3학년 – 주혁 – 주인공 – 미식 예찬 – 상대 – 종혁이와 같은 반 – 종혁이를 구해줌. 부모님이 이혼하심 – 할아버지와 산다. 상대가 구해줌. 아버지 엄마 [illegible]

평점

생각 말하기 (10분) 개별 구상 3분, 말하기 각 1분

※ 중요하거나 인상적이라고 생각하는 구절(문장)을 제시하고 이유를 말하세요.

- 내가 제시한 구절(문장) 성적이 안 되고 돈이 없어서 대학조차 갈 수 있을 지 몰라도 내 노력은 사라지지 않을 거야. 다른 형태로 존재하여 언젠가는 힘이 되어 줄 거야.
- 동료들이 제시한 구절(문장)

[illegible]: 네가 진짜로 하고 싶고 원하는 일이 생기면 그 무게들이 오히려 큰 힘이 되어 줄 지도 몰라.	[illegible]: 내 노력은 사라지지 않을 거야. 다른 형태로 존재하여 언젠가는 힘이 되어 줄 거야.
[illegible]: 그 순간 내게서 멀어져간 별에서 빛이 나기 시작했다.	[illegible]: 성적이 안 되고 돈이 없어서 대학조차 갈 수 있을지 몰라도 내 노력은 사라지지 않을 거야. 다른 형태로 존재하여 언젠가는 힘이 되어 줄 거야.

평점

생각 구하기 (5분)

※ 자료를 활용하여, 가치 있는 지식과 정보, 생각을 묻는 질문을 만드세요.
(단답형, 서술형, 논술형 문항 출제 모두 가능함)

나는 달리고 상대는 멈췄는데 왜 상대가 날 추월한 느낌이 드는 걸까. 라는 문장이 있는데 종혁이는 왜 그런 느낌이 들었을까요?

평점

생각 나누기 (10분) 짝별 대화 각 1.5분

동료 이름	※ 동료들이 나의 질문에 대답해 준 내용을 간략하게 쓰세요.
	자신의 행동이 부끄럽다고 느껴져서.
	비슷한 상황 속에 있지만 나가는 상대와 자신이 달라 박탈감이 느껴져서.
	자신보다 좋지 못한 환경에 있어도 명확한 꿈을 가진 것이 자신보다 뛰어나다고 생각했기 때문인 것
	자신보다 좋지 않은 상황이지만 꿈을 위해 노력하는 것이 자신보다 앞서간다고 느껴져서.

평점

생각 살리기 (8분)

※ 학습자료와 동료들이 말해 준 지식과 생각들을 섞어 자기 생각을 만들어 보세요.

평점

다사리학습 자율동아리 활동지(개별 작성)

구분	동아리 명	시나브로	학년 반 번호	(2) - (6) - ( )	성명	
			활동 일자	22.04.16	횟수	2 회차
학습 자료	영화 「이상한 나라의 수학자」 예고편		학습 부분	( )쪽 ~ ( )쪽		

생각 피우기 (7분) 자료를 읽거나 강의를 들으며 자유롭게 메모

※ 학습 자료에 나오는 지식과 정보를 마인드맵 등 창의적 방법으로 정리하세요.

한지우 – 리학성 – 탈북자 – 북한에서 엄청난 수학자 – 명문고에서 일하는 경비 – 수학을 가르쳐줌 – 교사 – 명문고에서 공부 못하는 학생 [illegible]

평점 A

생각 말하기 (10분) 개별 구상 3분, 말하기 각 1분

※ 중요하거나 인상적이라고 생각하는 구절(문장)을 제시하고 이유를 말하세요.

- 내가 제시한 구절(문장)
  답을 맞추는 것보다 질문이 무엇인지 아는 것이 중요하다.
- 동료들이 제시한 구절(문장)

[illegible]: 답을 맞추는 것보다 답을 찾는 과정이 더 중요함.	[illegible]: 수학을 잘하려면 가장 중요한 것은 용기이다.
[illegible]	[illegible] 중요한 것은 답을 찾는 과정이다.

평점 A

생각 구하기 (5분)

※ 자료를 활용하여, 가치 있는 지식과 정보, 생각을 묻는 질문을 만드세요.
(단답형, 서술형, 논술형 문항 출제 모두 가능함)

왜 박보람은 시험을 보다 뛰쳐 나갔을까요? (영화내용 예상문제)

평점 A

생각 나누기 (10분) 짝별 대화 각 1.5분

동료 이름	※ 동료들이 나의 질문에 대답해 준 내용을 간략하게 쓰세요.
	자신에게 시험지가 유출된 것을 깨달아서
	시험문제가 말도 안되서
	선생님이 안 나온다고 했던 문제가 나와서
	시험지가 유출되서

평점 A

생각 살리기 (8분)

※ 학습자료와 동료들이 말해 준 지식과 생각들을 섞어 자기 생각을 만들어 보세요.

우리나라에서는 '답'을 찾는 것을 중요하게 여기고 그것을 중심으로 등급을 나누고 하는데 이 영화에서는 수학에 대한 이야기 뿐만 아니라 '답'만을 중요하게 여기는 우리 사회를 비판하는 것 같다. 나도 생각해보면 수학을 좋아하는 이유가 답이 있어서 이었는데 이 영화를 보고 예를 나누어 보니 답만을 찾는 것은 중요한 것이 아니라 답을 찾는 그 과정이 중요하고 문제가 풀리지 않더라도 계속 문제를 풀려고 하는 수학적 용기가 참 중요한 것 같다.

평점 B

다사리학습 자율동아리 활동지(개별 작성)

구분	동아리 명	시나브로	학년 반 번호	(2) - (4) -	성명	
			활동 일자	2022 04 16 토	횟수	2 회차
학습 자료	'이상한 나라의 수학자' 영화 토론		학습 부분	( )쪽 ~ ( )쪽		

생각 피우기 (7분) 자료를 읽거나 강의를 들으며 자유롭게 메모	※ 학습 자료에 나오는 지식과 정보를 마인드맵 등 창의적 방법으로 정리하세요.
	한지우 – 리학성 – 파이송 [illegible]
평점 A	
생각 말하기 (10분) 개별 구상 3분, 말하기 각 1분	※ 중요하거나 인상적이라고 생각하는 구절(문장)을 제시하고 이유를 말하세요.
	- 내가 제시한 구절(문장)
	니가 답을 맞추는데만 욕심을 내기 때문에 눈에 아무것도 안 보이는 거야.
	- 동료들이 제시한 구절(문장)
	답을 맞히는 것보다 답을 찾는 과정이 중요하다. / 답을 맞히는 것보다 질문을 아는 것이 더 중요하다.
평점 A	수학을 잘하려면 가장 중요한 것은 용기이다. / 정답보다 중요한 것은 과정이다.
생각 구하기 (5분)	※ 자료를 활용하여, 가치 있는 지식과 정보, 생각을 묻는 질문을 만드세요. (단답형, 서술형, 논술형 문항 출제 모두 가능함)
평점 B	자신이 수학을 좋아하는 이유, 싫어하는 이유는 무엇인가요?
생각 나누기 (10분) 짝별 대화 각 1.5분	동료 이름 / ※ 동료들이 나의 질문에 대답해 준 내용을 간략하게 쓰세요.
	좋아하는 이유는 답이 정해져 있기 때문이고, 싫어하는 이유는 어려운 문제 풀 때 힘들기 때문.
	좋아하는 이유는 답이 정해져 있기 때문이고, 싫어하는 이유는 에러가 나오기 때문이다.
	좋아하는 이유는 문제 풀이의 쾌감이 있기 때문이고, 어렵고 복잡해서 싫다.
평점 A	좋아하는 이유는 천천히 답을 찾는 과정이 재밌어서고, 싫은 이유는 과정없이 결과로 평가해
생각 살리기 (8분)	※ 학습자료와 동료들이 말해 준 지식과 생각들을 섞어 자기 생각을 만들어 보세요.
	영화를 감상하면서는 수학에 대한 압박 없이 수학에 대해 생각해 볼 수 있었던 것 같고,
	친구들과 이야기를 나누면서는 애들이 수학에 스트레스가 많구나라는 생각이 들었다. 한 친구가
	수학이 결과만 보고 평가하는 느낌이라 싫다고 했고, 영화에서도 답이 아니라 과정이 중요하다는
	얘기가 당연히 많이 나온다. 그렇지만 이 사회는 결과를 중시한다. 이것이 잘못된 것은 맞고 언젠가는
	바뀌길 바란다. 하지만 지금 당장 바뀔 수 있는 부분은 아닌 것 같다. 학교에서뿐만이 아니라 정말
	세상이 그렇기 때문이다. 그러니까 내신만큼은 결과를 중요히 여기되, 내가 선택할 수 있는 부분을
평점 A	에서는 과정에 집중하는 태도를 가져봐야 겠다. 그렇게 하다보면, 결과에 집착하는 세상이 조금은

과정을 보게 되지 않을까 싶다. - 5 - 지금은 어쩔 수 없지만, 결과에 대한 압박이 나중에는

다사리학습 자율동아리 활동지(개별 작성)

구분	동아리 명	시나브로	학년 반 번호	(2) - (6) -	성명	
			활동 일자	22.04.16.토	횟수	2 회차
학습 자료	이상한 나라의 수학자 (목요일 점심 회의 영상)		학습 부분	( )쪽 ~ ( )쪽		

생각 피우기 (7분) 자료를 읽거나 강의를 들으며 자유롭게 메모	※ 학습 자료에 나오는 지식과 정보를 마인드맵 등 창의적 방법으로 정리하세요.
	수학을 잘하려면 가장 중요한 것 └용기 - 틀리는 것을 두려워하지 않고 틀린 것을 휴식 후 다시한번 풀 수 있는 여유 [illegible]
평점	리학성 – [illegible]
생각 말하기 (10분) 개별 구상 3분, 말하기 각 1분	※ 중요하거나 인상적이라고 생각하는 구절(문장)을 제시하고 이유를 말하세요.
	- 내가 제시한 구절(문장)
	수학을 잘하려면 가장 중요한 용기는 틀리는 것을 두려워하지 않고 다시 풀어볼 수 있는 여유를 가지기 위한 용기
	- 동료들이 제시한 구절(문장)
	나연: 답을 맞히는 것보다 답을 찾는 과정이 중요하다. / 진아: 답을 맞히는 것보다 묻제 아는 것이 더 중요하다
평점	준아: 니가 답을 맞히는 데만 욕심을 내기 때문에 눈에 [illegible] / 수정: 정답보다 중요한 것은 답을 찾는 과정이다.
생각 구하기 (5분)	※ 자료를 활용하여, 가치 있는 지식과 정보, 생각을 묻는 질문을 만드세요. (단답형, 서술형, 논술형 문항 출제 모두 가능함)
	리학성이 증명한 가설의 이름은?
평점	(정답: 리만 가설)
생각 나누기 (10분) 짝별 대화 각 1.5분	동료 이름 / ※ 동료들이 나의 질문에 대답해 준 내용을 간략하게 쓰세요.
	리만 가설
	리만 가설
	리만 가설
평점	리만 가설
생각 살리기 (8분)	※ 학습자료와 동료들이 말해 준 지식과 생각들을 섞어 자기 생각을 만들어 보세요.
	수학을 잘 하려면 수학을 두려워 하지 않아야 한다.
	실패를 너무 두려워 하지 않고, 정답을 찾지 못한것에 대하여 너무 괴로워해서는
	안된다. 용기를 가지고, 틀린것을 휴식 후에 다시한번 풀어 볼수 있는 여유가
	필요하다 무조건 정답을 찾는 것 보다는 시간이 들더라도 이해하고,
	내것으로 만드는 것이 중요하다.
평점	

다사리학습 자율동아리 활동지(개별 작성)

구분	동아리 명	시나브로	학년 반 번호	(2) - (6) - ( )	성명	
			활동 일자	2022 - 4 - 16	횟수	2 회차
학습 자료	유튜브 [illegible] 영상		학습 부분	( )쪽 ~ ( )쪽		

생각 피우기 (7분) 자료를 읽거나 강의를 들으며 자유롭게 메모	※ 학습 자료에 나오는 지식과 정보를 마인드맵 등 창의적 방법으로 정리하세요.
	리학성 – 탈북자 – 수학 천재 – 리만 가설 증명 / 한지우 – 사립자사고 [illegible]
평점 B	
생각 말하기 (10분) 개별 구상 3분, 말하기 각 1분	※ 중요하거나 인상적이라고 생각하는 구절(문장)을 제시하고 이유를 말하세요.
	- 내가 제시한 구절(문장) 답을 맞히는 것보다 답을 찾는 과정이 중요하다.
	- 동료들이 제시한 구절(문장)
	민아: 답을 맞히는 것보다 문제를 아는 것이 더 중요하다. / 가은: 수학을 잘하려면 가장 중요한 것은 용기이다.
평점 A	준아: 니가 답을 맞히는 데만 욕심을 내기 때문에 눈에 아무것도 안 보이는 거야. / 수정: 정답보다 중요한 건 답을 찾는 과정이다.
생각 구하기 (5분)	※ 자료를 활용하여, 가치 있는 지식과 정보, 생각을 묻는 질문을 만드세요. (단답형, 서술형, 논술형 문항 출제 모두 가능함)
평점 A	리학성은 왜 자신이 알아낸 것을 숨기려 했을까요?
생각 나누기 (10분) 짝별 대화 각 1.5분	동료 이름 / ※ 동료들이 나의 질문에 대답해 준 내용을 간략하게 쓰세요.
	자신의 아들의 사망이 공개될까 두려워서
	과거의 일에 소문날까 싫어서
	아들에 대한 트라우마가 떠올라 힘들어서
평점 A	탈북이후 상황에 얽히는 것이 싫어서
생각 살리기 (8분)	※ 학습자료와 동료들이 말해 준 지식과 생각들을 섞어 자기 생각을 만들어 보세요.
	영화에서 리학성은 답을 찾는 과정이 정답보다 중요하다고 말했다. 사실 나는 어떻게 해도
	정답만 맞으면 된다고 생각한 적이 많아 나를 반성했다. 그래서 앞으로 이것은 수학문제에만
	적용되는 것이 아니라 우리의 끝없는 답을 찾는 과정에게도 관한 얘기인 것 같다. 수학을 잘하고
	싶다면 동료들 내린 말을 따라 선택의 연속인 과정 속에서도 용기를 낼 수 있다면
	우리가 좀더 가치 있는 선택을 할 수 있을 것 같다.
평점 A	

(2) 세계지리 · 세계사 · 세계문학

다사리학습 자율동아리 활동지(개별 작성)

구분	동아리 명	시나브로	학년 반 번호	(2)-(6)-( )	성명	
			활동 일자	22.06.18	횟수	4 회차
학습 자료	사회 교과서		학습 부분	(30)쪽 ~ (47)쪽		
생각 피우기 (7분) 자료를 읽거나 강의를 들으며 자유롭게 메모	※ 학습 자료에 나오는 지식과 정보를 마인드맵 등 창의적 방법으로 정리하세요. [illegible]					
평점	A					
생각 말하기 (10분) 개별 구상 3분, 말하기 각 1분	- 내가 제시한 구절(문장): 온대기후는 중위도에서 나타나며, 이 기후 지역은 기온 [illegible] 인구가 많다. - 동료들이 제시한 구절(문장): [illegible]					
평점	A					
생각 구하기 (5분)	※ 자료를 활용하여, 가치 있는 지식과 정보, 생각을 묻는 질문을 만드세요. (단답형, 서술형, 논술형 문항 출제 모두 가능함) 온대계절풍에서 나타나는 계절풍 기후의 특징은 무엇인가요?					
평점	A → 고온다습, 한랭건조					
생각 나누기 (10분) 짝별 대화 각 1.5분	동료 이름	※ 동료들이 나의 질문에 대답해 준 내용을 간략하게 쓰세요.				
		여름 고온다습 겨울 한랭건조				
		고온다습, 한랭건조				
		고온다습, 한랭건조				
평점	A					
생각 살리기 (8분)	※ 학습자료와 동료들이 말해 준 지식과 생각들을 섞어 자기 생각을 만들어 보세요. [인간 거주에 유리한 지역] 냉온대기후, 냉대기후, [illegible] / [인간 거주에 불리한 지역] 냉대기후, 사막기후, 빙설기후 (← 따뜻한 달 평균기온이 0℃ 미만 지역)					
평점	[온대기후] ⇒ 지중해성 / 서안해양성 / 온대계절풍					

다사리학습 자율동아리 활동지(개별 작성)

구분	동아리 명	시나브로	학년 반 번호	(2)-(4)-( )	성명	
			활동 일자	2022/06/18	횟수	4 회차
학습 자료	사회 학습지 & 교과서		학습 부분	(30)쪽 ~ (47)쪽		
생각 피우기 (7분) 자료를 읽거나 강의를 들으며 자유롭게 메모	※ 학습 자료에 나오는 지식과 정보를 마인드맵 등 창의적 방법으로 정리하세요. 인간 거주에 유리한 지역: 온대 기후, 냉대 기후, 열대 기후, 고산 기후 지역 / 인간 거주에 불리한 지역: 건조 기후, 사막 기후, 빙설 기후 (← 따뜻한 달 평균 기온이 0℃ 미만) 지역 [illegible]					
평점	A					
생각 말하기 (10분) 개별 구상 3분, 말하기 각 1분	- 내가 제시한 구절(문장): [illegible] 유목민 중에서 정착 생활을 하는 사람들이 [illegible] 건조 기후 지역은 관계 없이 점차 줄어들었다. - 동료들이 제시한 구절(문장): 온대 기후는 중위도에서 나타나며 이 기후 지역은 [illegible] 인구가 많다. / 기후는 어떤 지역에서 오랜 기간에 걸쳐 나타나는 기온, 강수, 바람 등을 평균한 기후 [illegible]					
평점	A					
생각 구하기 (5분)	※ 자료를 활용하여, 가치 있는 지식과 정보, 생각을 묻는 질문을 만드세요. (단답형, 서술형, 논술형 문항 출제 모두 가능함) 툰드라 기후 지역에서 여름은 몇 개월 동안 지속되며 그때 나타나는 현상은 무엇인가?					
평점	C					
생각 나누기 (10분) 짝별 대화 각 1.5분	동료 이름	※ 동료들이 나의 질문에 대답해 준 내용을 간략하게 쓰세요.				
		여름은 2~3개월 동안 지속되고 그때에서 이끼류가 자라 순록들이 뜯어먹음, 백야 현상이 나타남				
		2~3개월 간 지속되며 백야 현상이 일어난다.				
		2~3개월 / 백야현상				
평점						
생각 살리기 (8분)	※ 학습자료와 동료들이 말해 준 지식과 생각들을 섞어 자기 생각을 만들어 보세요. <세계의 기후 지역> 고위도로 갈수록 [illegible] / (1) 열대 기후: 적도 부근 [illegible] / (2) 건조 기후: [illegible] 강수량 <500mm [illegible] / (3) 온대 기후: 중위도 [illegible] / (4) 냉대 기후: [illegible] / (5) 한대 기후: [illegible] / (6) 고산 기후: 적도에 가까운 [illegible] 해발 고도↑ / 1년 내내 봄의 온화 (=상춘 기후)					
평점						

다사리학습 자율동아리 활동지(개별 작성)

구분	동아리 명	시나브로	학년 반 번호	(2)-(6)-( )	성명	
			활동 일자	22-06-8	횟수	4 회차
학습 자료	사회 교과서, 학습지		학습 부분	(30)쪽 ~ (47)쪽		
생각 피우기 (7분) 자료를 읽거나 강의를 들으며 자유롭게 메모	※ 학습 자료에 나오는 지식과 정보를 마인드맵 등 창의적 방법으로 정리하세요. 기후: 어떤 지역에서 오랜 기간에 걸쳐 나타나는 기온, 강수, 바람 등을 평균한 것 [illegible]					
평점						
생각 말하기 (10분) 개별 구상 3분, 말하기 각 1분	- 내가 제시한 구절(문장): 기후는 어떤 지역에서 오랜 기간에 걸쳐 나타나는 기온, 강수, 바람 등을 평균한 것 [illegible] - 동료들이 제시한 구절(문장): [illegible]					
평점						
생각 구하기 (5분)	※ 자료를 활용하여, 가치 있는 지식과 정보, 생각을 묻는 질문을 만드세요. (단답형, 서술형, 논술형 문항 출제 모두 가능함) [illegible] ① 온대 ② 열대 ③ 한대 ④ 건조 ⑤ 냉대 → ④					
평점						
생각 나누기 (10분) 짝별 대화 각 1.5분	동료 이름	※ 동료들이 나의 질문에 대답해 준 내용을 간략하게 쓰세요.				
		④				
		④				
		④				
평점						
생각 살리기 (8분)	※ 학습자료와 동료들이 말해 준 지식과 생각들을 섞어 자기 생각을 만들어 보세요. 기후는 어떤 지역에서 오랜 기간에 걸쳐 나타나는 기온, 강수, 바람 등을 평균한 것으로, 인간의 생활에 큰 영향을 준다. 기후에는 열대기후, 건조기후, 온대기후, 냉대기후, 한대기후, 고산기후가 있는데, 그중 중위도에서 나타나는 온대기후는 기온, 강수량이 적당하여 인구가 많다. 우리나라 또한 온대기후에 속해있다.					
평점						

다사리학습 자율동아리 활동지(개별 작성)

구분	동아리 명	시나브로	학년 반 번호	(2)-(6)-( )	성명	
			활동 일자	22.6.18	횟수	4 회차
학습 자료	사회 교과서		학습 부분	(30)쪽 ~ (47)쪽		
생각 피우기 (7분) 자료를 읽거나 강의를 들으며 자유롭게 메모	※ 학습 자료에 나오는 지식과 정보를 마인드맵 등 창의적 방법으로 정리하세요. 열대기후: 적도 근처 / 온대기후: 지중해성 / 서안해양성 / 온대계절풍 / 냉대기후: 기온 [illegible] / 한대기후: 기온 [illegible] / 인간 거주에 불리 [illegible]					
평점						
생각 말하기 (10분) 개별 구상 3분, 말하기 각 1분	- 내가 제시한 구절(문장): 기후는 어떤 지역에서 오랜 기간에 걸쳐 나타나는 기온, 강수, 바람 등을 [illegible] - 동료들이 제시한 구절(문장): 온대기후는 중위도에서 나타나며, 이 지역은 [illegible]					
평점						
생각 구하기 (5분)	※ 자료를 활용하여, 가치 있는 지식과 정보, 생각을 묻는 질문을 만드세요. (단답형, 서술형, 논술형 문항 출제 모두 가능함) 인간 거주에 불리한 기후를 모두 말하세요.					
평점						
생각 나누기 (10분) 짝별 대화 각 1.5분	동료 이름	※ 동료들이 나의 질문에 대답해 준 내용을 간략하게 쓰세요.				
		건조, 사막, 빙설기후				
		건조기후, 한대기후				
		건조기후, 한대기후				
평점						
생각 살리기 (8분)	※ 학습자료와 동료들이 말해 준 지식과 생각들을 섞어 자기 생각을 만들어 보세요. 온대기후는 지중해성, 서안해양성, 온대계절풍이 있습니다. 지중해성기후는 [illegible]					
평점						

다사리학습 자율동아리 활동지(개별 작성)

구분	동아리 명	시나브로	학년 반 번호	(2)-(6)-(	성명	
			활동 일자	22.11.13.	횟수	8 회차
학습 자료	역사교과서		학습 부분	(146)쪽 ~ (152)쪽		

생각 띄우기 (7분) 자료를 읽거나 강의를 들으며 자유롭게 메모
※ 학습 자료에 나오는 지식과 정보를 마인드맵 등 창의적 방법으로 정리하세요.
산업혁명: 18세기 후반 유럽/근대 사회 경제에 큰 변화 나타남 [illegible]
평점 A

생각 말하기 (10분) 개별 구상 3분, 말하기 각 1분
※ 중요하거나 인상적이라고 생각하는 구절(문장)을 제시하고 이유를 말하세요.
- 내가 제시한 구절(문장): 실업자와 소녀가 시장에 의해 결정되는 자본주의 체제가 자리 잡음.
- 동료들이 제시한 구절(문장): [illegible]
평점 A

생각 구하기 (5분)
※ 자료를 활용하여, 가치 있는 지식과 정보, 생각을 묻는 질문을 만드세요. (단답형, 서술형, 논술형 문항 출제 모두 가능함)
산업혁명이 가능했을 때 무엇이 발달하였나요? (이유는? 간단하게)
평점 A

생각 나누기 (10분) 짝별 대화 각 1.5분

동료 이름	※ 동료들이 나의 질문에 대답해 준 내용을 간략하게 쓰세요.
	교통과 통신의 발달
	교통과 통신의 발달하였다
	교통 / 통신

평점 A

생각 살리기 (8분)
※ 학습자료와 동료들이 말해 준 지식과 생각들을 섞어 자기 생각을 만들어 보세요.
19세기 후반 기계발달(기술의 혁신으로 경제와 사회구조에 나타난 큰 변화를 산업혁명이라고 한다.
긍정적 ⇒ 교통/통신 수단이 발달함 (삶이 풍요로워짐 시간거리 상승)
부정적 ⇒ 빈부격차가 커짐 / 열악한 환경에서 저임금 장시간 노동 / 여성/아동 노동 시킴
해결방안 ⇒ 제도를 만든다 (최저임금 / 나이제한)
평점 A

다사리학습 자율동아리 활동지(개별 작성)

구분	동아리 명	시나브로	학년 반 번호	(2)-(4)-	성명	
			활동 일자	2022. 11. 13	횟수	8 회차
학습 자료	역사 교과서		학습 부분	(146)쪽 ~ (152)쪽		

생각 띄우기 (7분) 자료를 읽거나 강의를 들으며 자유롭게 메모
※ 학습 자료에 나오는 지식과 정보를 마인드맵 등 창의적 방법으로 정리하세요.
〈산업 혁명〉 배경 - 18세기 후반부터 유럽에서 기계의 발명과 기술의 혁신으로 경제와 사회 구조에 큰 변화가 나타남 ⇒ 산업혁명 / 전개 / 결과 [illegible]
평점 A

생각 말하기 (10분) 개별 구상 3분, 말하기 각 1분
※ 중요하거나 인상적이라고 생각하는 구절(문장)을 제시하고 이유를 말하세요.
- 내가 제시한 구절(문장): 경제 구조가 커지고 일자리와 삶의 기회가 늘었지만, 그 혜택이 모두에게 돌아가지 못하여 빈부격차가 커졌다.
- 동료들이 제시한 구절(문장): [illegible]
평점 A

생각 구하기 (5분)
※ 자료를 활용하여, 가치 있는 지식과 정보, 생각을 묻는 질문을 만드세요. (단답형, 서술형, 논술형 문항 출제 모두 가능함)
자본주의와 사회주의의 장단점을 비교하시오.
평점 A

생각 나누기 (10분) 짝별 대화 각 1.5분

동료 이름	※ 동료들이 나의 질문에 대답해 준 내용을 간략하게 쓰세요.
	[illegible]
	모르겠다
	[illegible]

평점 B

생각 살리기 (8분)
※ 학습자료와 동료들이 말해 준 지식과 생각들을 섞어 자기 생각을 만들어 보세요.
산업 혁명을 통해 발달하고 발전된 것들은 굉장히 많다. 그러나 그것의 피해가 없지 않다. 오늘날까지도 이어지고 있는 빈부격차, 환경의 오염, 노동자들의 비참한 삶, 산업재해 등이 있다. 특히 노동자들에 대한 대우는 상상보다 더했다. 19시간 노동, [illegible] … 그들이 이렇게 쉬지도 않고 일하고 있을 때 그 많은 노동자들의 노동으로 모인 돈은 자본가가 독차지하게 되는 것이다. 인류 대부분의 삶이 더 고통스러워졌는데, 과연 이것이 성장일까? 빈부격차를 해결하기 위해 무엇을 할 수 있을까? 나는 자본이 많은 이들에게서 더 많이 세금을 걷어 기본적인 생활권이 보장되는 생활이 어려운 사람들을 지원해주는 데에 쓰는 제도가 확립되는 것이 필요하다고 생각한다. 이런 제도들이 잘 실행된다면 빈부 격차가 줄 것이다.
평점 A

다사리학습 자율동아리 활동지(개별 작성)

구분	동아리 명	시나브로	학년 반 번호	(2)-(6)-	성명	
			활동 일자	22.11.13	횟수	8 회차
학습 자료	역사 교과서		학습 부분	(146)쪽 ~ (152)쪽		

생각 띄우기 (7분) 자료를 읽거나 강의를 들으며 자유롭게 메모
※ 학습 자료에 나오는 지식과 정보를 마인드맵 등 창의적 방법으로 정리하세요.
사회주의 / 사회 문제의 발생 / 산업혁명 전개 / 교통·통신 [illegible]
평점

생각 말하기 (10분) 개별 구상 3분, 말하기 각 1분
※ 중요하거나 인상적이라고 생각하는 구절(문장)을 제시하고 이유를 말하세요.
- 내가 제시한 구절(문장): 산업혁명 초기에 노동자들은 비위생적이고 위험한 노동환경에서 낮은 임금과 장시간 노동에 시달려야 했다.
- 동료들이 제시한 구절(문장): [illegible]
평점

생각 구하기 (5분)
※ 자료를 활용하여, 가치 있는 지식과 정보, 생각을 묻는 질문을 만드세요. (단답형, 서술형, 논술형 문항 출제 모두 가능함)
산업혁명이 일어난 원인을 쓰시오. [illegible] 탄생한 이유는?
평점

생각 나누기 (10분) 짝별 대화 각 1.5분

동료 이름	※ 동료들이 나의 질문에 대답해 준 내용을 간략하게 쓰세요.
	인클로저 운동
	인클로저 운동
	인클로저 운동

평점

생각 살리기 (8분)
※ 학습자료와 동료들이 말해 준 지식과 생각들을 섞어 자기 생각을 만들어 보세요.
19세기에 영국에서 산업혁명이 일어났고, 증기기관이 발명되어 산업혁명이 일어났다. 기계 수공업에서 공장제 기계공업으로 발전되며 [illegible] … 사회주의가 등장하고, 그로 인해 [illegible] … 산업혁명으로 자본주의 체제가 발전되며 [illegible] … 빈부격차 등의 사회적 문제가 발생하여 사회주의 사상이 등장하였다.
평점

다사리학습 자율동아리 활동지(개별 작성)

구분	동아리 명	시나브로	학년 반 번호	(2)-(4)-( )	성명	
			활동 일자	20220827	횟수	5 회차
학습 자료	목걸이(5대) - 기드 모파상		학습 부분	(12)쪽 ~ (29)쪽		

생각 띄우기 (7분) 자료를 읽거나 강의를 들으며 자유롭게 메모
※ 학습 자료에 나오는 지식과 정보를 마인드맵 등 창의적 방법으로 정리하세요.
[illegible]
평점 A

생각 말하기 (10분) 개별 구상 3분, 말하기 각 1분
※ 중요하거나 인상적이라고 생각하는 구절(문장)을 제시하고 이유를 말하세요.
- 내가 제시한 구절(문장): [illegible]
- 동료들이 제시한 구절(문장): [illegible]
평점 A

생각 구하기 (5분)
※ 자료를 활용하여, 가치 있는 지식과 정보, 생각을 묻는 질문을 만드세요. (단답형, 서술형, 논술형 문항 출제 모두 가능함)
[illegible]
평점 A

생각 나누기 (10분) 짝별 대화 각 1.5분

동료 이름	※ 동료들이 나의 질문에 대답해 준 내용을 간략하게 쓰세요.
	친구에게 [illegible] 미안한 마음이 [illegible] 것이다.
	친구에게 목걸이 [illegible] 자존심이 [illegible]
	마음이 급했기 때문이다.

평점 A

생각 살리기 (8분)
※ 학습자료와 동료들이 말해 준 지식과 생각들을 섞어 자기 생각을 만들어 보세요.
[illegible]
평점 A

다사리학습 자율동아리 활동지(개별 작성)

구분	동아리 명	시나브로	학년 반 번호	(2) - (6) - ( )	성명	
			활동 일자	22.08.27	횟수	5 회차
학습 자료	목걸이		학습 부분	( )쪽 ~ ( )쪽		

생각 띄우기 (7분) 자료를 읽거나 강의를 들으며 자유롭게 메모	※ 학습 자료에 나오는 지식과 정보를 마인드맵 등 창의적 방법으로 정리하세요. [illegible]
평점	
생각 말하기 (10분) 개별 구상 3분, 말하기 각 1분	※ 중요하거나 인상적이라고 생각하는 구절(문장)을 제시하고 이유를 말하세요. - 내가 제시한 구절(문장) [illegible] - 동료들이 제시한 구절(문장) [illegible]
평점	
생각 구하기 (5분)	※ 자료를 활용하여, 가치 있는 지식과 정보, 생각을 묻는 질문을 만드세요. (단답형, 서술형, 논술형 문항 출제 모두 가능함) [illegible]
평점	
생각 나누기 (10분) 짝별 대화 각 1.5분	동료 이름 / ※ 동료들이 나의 질문에 대답해 준 내용을 간략하게 쓰세요. [illegible]
평점	
생각 살리기 (8분)	※ 학습자료와 동료들이 말해 준 지식과 생각들을 섞어 자기 생각을 만들어 보세요. [illegible]
평점	

다사리학습 자율동아리 활동지(개별 작성)

구분	동아리 명	시나브로	학년 반 번호	(2) - (6) - ( )	성명	
			활동 일자	22.08.27	횟수	5 회차
학습 자료	목걸이(책)		학습 부분	(12)쪽 ~ (29)쪽		

생각 띄우기 (7분) 자료를 읽거나 강의를 들으며 자유롭게 메모	※ 학습 자료에 나오는 지식과 정보를 마인드맵 등 창의적 방법으로 정리하세요. 목걸이 - 주인공 : 르와젤 부인 [illegible]
평점	B
생각 말하기 (10분) 개별 구상 3분, 말하기 각 1분	※ 중요하거나 인상적이라고 생각하는 구절(문장)을 제시하고 이유를 말하세요. - 내가 제시한 구절(문장) 그녀는 주제의 모든 것을 잊고 구름속에 떠 있었다. - 동료들이 제시한 구절(문장) [illegible]
평점	A
생각 구하기 (5분)	※ 자료를 활용하여, 가치 있는 지식과 정보, 생각을 묻는 질문을 만드세요. (단답형, 서술형, 논술형 문항 출제 모두 가능함) 내가 만약 르와젤 부인이라면 목걸이를 잃어버렸을 때 어떻게 할것인가요?
평점	A
생각 나누기 (10분) 짝별 대화 각 1.5분	동료 이름 / ※ 동료들이 나의 질문에 대답해 준 내용을 간략하게 쓰세요. 사실대로 말하면서 빌것같다. 속이는게 X / 정직하다가 사실대로 말할것같다 / 사실대로 말한다. / [illegible]
평점	A
생각 살리기 (8분)	※ 학습자료와 동료들이 말해 준 지식과 생각들을 섞어 자기 생각을 만들어 보세요. 르와젤 부인은 자신의 재산과 관련하여 자신의 처지에 만족하지 못하고 지냈다. 그러던 어느날, 친구의 목걸이를 빌려 무도회를 갔을때 화려한 귀족의 기분을 느꼈다. 그러다가 목걸이를 잃어버리게 되어 친구에게 말하지 않고 비싼 목걸이를 갚기위해 10년동안 힘들게 일했다. [illegible] 르와젤 부인이 사실대로 말하고 친구에게 용서를 빌었다면 더 좋았지 않았을까 하는 생각이 든다.
평점	B

다사리학습 자율동아리 활동지(개별 작성)

구분	동아리 명	시나브로	학년 반 번호	(2) - (6) - ( )	성명	
			활동 일자	22/8/27	횟수	5 회차
학습 자료	목걸이		학습 부분	(12)쪽 ~ (29)쪽		

생각 띄우기 (7분) 자료를 읽거나 강의를 들으며 자유롭게 메모	※ 학습 자료에 나오는 지식과 정보를 마인드맵 등 창의적 방법으로 정리하세요. 르와젤 부인 [illegible]
평점	A
생각 말하기 (10분) 개별 구상 3분, 말하기 각 1분	※ 중요하거나 인상적이라고 생각하는 구절(문장)을 제시하고 이유를 말하세요. - 내가 제시한 구절(문장) [illegible] - 동료들이 제시한 구절(문장) [illegible]
평점	A
생각 구하기 (5분)	※ 자료를 활용하여, 가치 있는 지식과 정보, 생각을 묻는 질문을 만드세요. (단답형, 서술형, 논술형 문항 출제 모두 가능함) [illegible]
평점	B
생각 나누기 (10분) 짝별 대화 각 1.5분	동료 이름 / ※ 동료들이 나의 질문에 대답해 준 내용을 간략하게 쓰세요. [illegible]
평점	A
생각 살리기 (8분)	※ 학습자료와 동료들이 말해 준 지식과 생각들을 섞어 자기 생각을 만들어 보세요. [illegible]
평점	A

- 5 -

3. 다사리 인성교육

(1) 뇌과학 연계 사단칠정 인성교육

생각하는 힘을 키우는 다사리 인문학 학습 활동지(전면)

구분	모둠 인원	4	학년 반 번호	(3)-(3)-(1)	성명	
교과목명	인문학	주제	인성	제목	뇌과학을 활용한 사단칠정 인성교육	
성취 기준	인문학 강의를 듣고 동료들과 생각을 나누며, 어떻게 살 것인가에 대한 자기 생각을 만들 수 있다.					
생각 띄우기 (7분) 각자 자유롭게 메모함	※ 학습자료에 나오는 지식과 정보를 마인드맵 등 창의적 방법으로 정리하세요. 인성 – 정의 – 사람이 가지는 성질 / 사랑은 사랑답게 만드는 것 (뇌) / 전두엽(이성) / 공존이라는 생존전략 / 인성교육 – 퇴계 이황, 율곡 이이 / 사단칠정 – 사람이 동물과 차이나는 본성, 사람과 동물의 공통적인 감정 / 희.노.애.구.애.오.욕 / 전두엽의 뉴런을 자극함 / 공감. 도덕. 예절. 자제교육 / 시비 수오 측은 사양					
평점	B					
생각 말하기 (10분) 개별 구상 3분, 말하기 각 1분	※ 학습자료에서 중요하다고 생각하는 구절(문장)을 제시하고 이유를 말하세요. - 내가 제시한 구절(문장): 성현 등 타인의 삶을 통해 (자기 삶을 [illegible], 인욕을 [illegible], 선한 천성이 드러나도록) 생각을 정성스럽게 하는 공부를 강조한다 (이유) 나는 내 삶에만 관심있고 다른 사람의 삶을 통해 나의 생각을 발전시킬 생각을 하지 않았기 때문에 - 모둠 동료들이 제시한 구절(문장) 공존하지 못한 인간은 살아남을 수 없고 그것이 인간의 속성이고 인성이다. 이성적 사고에 의해 통제된 감정과 행동이 사회적 [illegible]한다. 사람은 사회 일원이 되는 것이, 인성이 [illegible]. 공존하지 못한 인간은 살아남지 못한다.					
평점	A					
생각 구하기 (5분) 각자 출제함	※ 학습자료 안에 있는 지식과 정보, 생각에 대한 가치를 묻는 문제를 만드세요. (단답형도 가능하나, 다양한 생각을 알아보는 서술/논술형 문항으로 만드세요) 자신이 부족하다고 생각하는 사단은 무엇인가? 이유는?					
평점	A					
생각 나누기 (10분) 짝별 대화 각 1.5분	※ 동료들과 짝을 이뤄 묻고 대답하고, 나의 질문에 답한 내용을 정리하세요. 측은지심. 이유: 다른 사람의 고통을 잘 공감 못해서. 수오지심. 남의 잘못을 [illegible] 그냥 넘어가며 고쳐주지 않아서 시비지심 나의 잘못에 [illegible], 하며 내 스스로의 잘잘못을 가리지 못해서.					
평점	A					
생각 살리기 (8분) 각자 자유롭게 논술함	※ 자료와 동료 생각을 바탕으로 현실과 관련지어 자기 생각을 정리하여 논술하시오. 내가 스스로 부족하다고 생각하는 사단은 '사양지심'이다. 그렇게 생각하는 이유는 지금까지 나는 깨끗하고 편리한 환경에서 살아와서 그것은 당연시하는 경향이 있었다. 하지만 얼마 전 내가 이런 환경에서 살 수 있는 것은 부모님과 환경미화원 같은 분들의 노고 덕분이지, 당연한 게 아니라는 것을 깨달았다. 따라서 내가 '사양지심'이 부족했음을 인정하고, 앞으로 고쳐나가기 위해 노력할 것이다.					
평점	B					

생각하는 힘을 키우는 다사리 인문학 학습 활동지(전면)

구분	모둠 인원	4명	학년 반 번호	(3)-(3)-(2)	성명	
교과목명	인문학	주제	퇴계와 율곡의 사단칠정 인성교육	제목	뇌과학을 활용한 사단칠정 인성교육	
성취 기준	인문학 강의를 듣고 동료들과 생각을 나누며, 어떻게 살 것인가에 대한 자기 생각을 만들 수 있다.					
생각 띄우기 (7분) 각자 자유롭게 메모함	※ 학습자료에 나오는 지식과 정보를 마인드맵 등 창의적 방법으로 정리하세요. 인간의 3대 욕구 / 전두엽 / "크다이성" / 편도 / 연수(생명유지) / 칠정 / 사단 – 측은지심 시비지심, 수오지심 사양지심 *교장선생님이 말씀하시는 인성이란 사람이 같이 살면서 생긴 거고, 지켜야만 하는 것. 뉴런(약 1000억개. 인간의 대뇌) 퇴계 이황 – 恭敬 (마음가짐) / 율곡 이이 – 精誠 (공부)					
평점	B					
생각 말하기 (10분) 개별 구상 3분, 말하기 각 1분	※ 학습자료에서 중요하다고 생각하는 구절(문장)을 제시하고 이유를 말하세요. - 내가 제시한 구절(문장): 모든 사람은 천리를 지니므로, 하늘을 대하듯 공경한다. (이유) 인성교육에서 가장 중요하게 여길 부분이 배려하는 것이라고 생각하기 때문에 - 모둠 동료들이 제시한 구절(문장) 사람은 머리가 둥글고 발은 모난 [illegible] 사람은 머리가 둥글고 발은 모난 형상으로 서 있다. 뉴런은 [illegible]					
평점	A					
생각 구하기 (5분) 각자 출제함	※ 학습자료 안에 있는 지식과 정보, 생각에 대한 가치를 묻는 문제를 만드세요. (단답형도 가능하나, 다양한 생각을 알아보는 서술/논술형 문항으로 만드세요) 율곡은 성의 인성교육을 중요시 하여 학문에 정성을 다한다고 했는데 그의 인성교육의 장점 혹은 단점이 무엇이라고 생각하나요?					
평점	A					
생각 나누기 (10분) 짝별 대화 각 1.5분	※ 동료들과 짝을 이뤄 묻고 대답하고, 나의 질문에 답한 내용을 정리하세요. 장점: [illegible] 장점은 인성을 잘 기를 수 있고 단점은 없다. 장점은 [illegible] 단점은 [illegible] 수 있다					
평점	A					
생각 살리기 (8분) 각자 자유롭게 논술함	※ 자료와 동료 생각을 바탕으로 현실과 관련지어 자기 생각을 정리하여 논술하시오. 율곡의 인성교육은 배움을 중요시 하는 것이다. '아는 것이 힘이다'라는 명언과 잘 맞는 교육사상이라고 생각한다. 외모지상주의를 비판하는 요즘이지만, 난 깔끔한 용모만큼은 중요하다고 생각한다. 예쁘고 잘생긴 것은 태어남의 운이지만, 깔끔한 용모와 충실한 자기관리는 자신의 성격을 드러냄으로써 자신 그 자체를 보여주기 때문이다. 그리고 학문을 배움으로써 두뇌를 회전시키고 이는 자신의 개발에 큰 도움이 된다. 반면에 이러한 교육의 단점은 늦게 습득한다면 반발심이 생겨버릴					
평점	B					

생각하는 힘을 키우는 다사리 인문학 학습 활동지(전면)

구분	모둠 인원		학년 반 번호	(3)-(3)-(3)	성명	
교과목명	인문학	주제	학교폭력 예방의 뇌과학적 접근	제목	뇌과학과 사단칠정 인성교육	
성취 기준	인문학 강의를 듣고 동료들과 생각을 나누며, 어떻게 살 것인가에 대한 자기 생각을 만들 수 있다.					
생각 띄우기 (7분) 각자 자유롭게 메모함	※ 학습자료에 나오는 지식과 정보를 마인드맵 등 창의적 방법으로 정리하세요. 인간은 생존을 위해 [illegible] 방법으로 발달하여 전두엽 발달 인성: 인간의 생존을 위해 발달 이황: 사단과 칠정은 별개, 사단은 칠정을 자기제어 이이: 사단과 칠정은 별개가 아님, 사단이 통제를 벗어난 차이 측은지심, 수오지심, 사양지심, 시비지심 / 희, 노, 애, 구, 애, 오, 욕 / 칠정: 사람과 공통적인 감정 서양: 이성 / 동양: 사단 → 사람이 동물과 차이나는 본성 인성(사람다운 기준으로 행하는 마음이 있어서 그에 따라 행동하는 것은 사람이 가지는 본성)					
평점	A					
생각 말하기 (10분) 개별 구상 3분, 말하기 각 1분	※ 학습자료에서 중요하다고 생각하는 구절(문장)을 제시하고 이유를 말하세요. - 내가 제시한 구절(문장): 사단이란 사람과 동물이 차이나는 본성으로, 이는 사람에게 [illegible] 발생하는 마음이 있어 그에 따라 행동하는 것. (이유) 사회에서 살아가기 위해 [illegible] 그를 조절하는 사단에 대한 것이 중요하다 생각했기 때문. - 모둠 동료들이 제시한 구절(문장) [illegible] 공존은 사람만이 가지는 능력이다. 공존 능력이 곧 인성이다 공존하지 못한 인간은 살아남을 수 없다. 그것이 인간의 속성이고 인성이다.					
평점	A					
생각 구하기 (5분) 각자 출제함	※ 학습자료 안에 있는 지식과 정보, 생각에 대한 가치를 묻는 문제를 만드세요. (단답형도 가능하나, 다양한 생각을 알아보는 서술/논술형 문항으로 만드세요) 율곡 이이의 <학교모범>중 가장 중요하다 생각하는 항목과, 그렇게 생각하는 이유를 서술하시오.					
평점	A					
생각 나누기 (10분) 짝별 대화 각 1.5분	※ 동료들과 짝을 이뤄 묻고 대답하고, 나의 질문에 답한 내용을 정리하세요. 치지, 토론 단계에서 [illegible] (생활교육위원회) 고쳐지지 않을 때 꾸짖는다 기회를 주고 안될시 벌을 준다 출석경계, 자치토론에서 여지를 주고, 그래도 해결이 안 될시 강하게 대응을 하겠다는 걸 보여주는 단계이기 때문이다.					
평점	A					
생각 살리기 (8분) 각자 자유롭게 논술함	※ 자료와 동료 생각을 바탕으로 현실과 관련지어 자기 생각을 정리하여 논술하시오. 사람은 칠정(감정/본능)이 따르며 사단(이성)을 바탕으로 살아가야 한다. 사단을 바탕으로, 칠정을 조절한다면 사람들이 더불어 살아가기 더없이 좋을 것이다. 하지만, 모든 이들이 그렇게 행동하지는 않는다. 그러니 나는 사단을 바탕으로 칠정을 조절하여 살아가기 위해 노력하면서도 필요하다면 타인에게 어느정도 솔직하게 나의 감정을 표현할 필요가 있다고 생각한다. 그렇게 행동한다면 서로간에 오해가 생기거나 갈등이 발생하는 일이 줄어들 것이다. 다만 표현할 때에는 공감과 사고하는 과정이 꼭 필요할 것이다. 이들이 잘 지켜진다면 학교폭력들의 사회 문제가 현저히 줄어들 것이다.					
평점	A.					

생각하는 힘을 키우는 다사리 인문학 학습 활동지(전면)

구분	모둠 인원	4명	학년 반 번호	(3)-(3)-(4)	성명	
교과목명	인문학	주제	인성교육	제목	뇌과학을 이용한 사단 칠정 인성교육.	
성취 기준	인문학 강의를 듣고 동료들과 생각을 나누며, 어떻게 살 것인가에 대한 자기 생각을 만들 수 있다.					
생각 띄우기 (7분) 각자 자유롭게 메모함	※ 학습자료에 나오는 지식과 정보를 마인드맵 등 창의적 방법으로 정리하세요. 인성이란 – (사람을 사람답게 만드는 것): 뇌 > 머리 > 전두엽(이마엽) 사단 칠정 인성교육 퇴계의 인성교육: 모든 사람은 天理를 지니므로 하늘을 대하듯 恭敬한다. 율곡의 인성교육: 학문을 [illegible], 배운 대로 실천해 精誠을 다한다. 인성 – 사람이 가지는 성질 (사단칠정) 사단: 사람이 동물과 차이나는 본성 칠정: 사람과 동물의 공통적인 감정.					
평점	A					
생각 말하기 (10분) 개별 구상 3분, 말하기 각 1분	※ 학습자료에서 중요하다고 생각하는 구절(문장)을 제시하고 이유를 말하세요. - 내가 제시한 구절(문장): 사람은 머리가 둥글고 발은 모난 형상으로 바로 서있다. (이유): 사람의 머리와 발을 하늘과 땅으로 비유한 것이 신기했다. - 모둠 동료들이 제시한 구절(문장) [illegible] 모든 사람은 천리를 지니므로 하늘을 대하듯 공경한다. [illegible]					
평점	A					
생각 구하기 (5분) 각자 출제함	※ 학습자료 안에 있는 지식과 정보, 생각에 대한 가치를 묻는 문제를 만드세요. (단답형도 가능하나, 다양한 생각을 알아보는 서술/논술형 문항으로 만드세요) 인성교육이 필요한 이유는 무엇일까요?					
평점	A					
생각 나누기 (10분) 짝별 대화 각 1.5분	※ 동료들과 짝을 이뤄 묻고 대답하고, 나의 질문에 답한 내용을 정리하세요. [illegible] 사람은 혼자 사는 것이 아니라 공동체이므로 서로 배려해나가는 것이 필요하기 때문이다 [illegible]					
평점	A					
생각 살리기 (8분) 각자 자유롭게 논술함	※ 자료와 동료 생각을 바탕으로 현실과 관련지어 자기 생각을 정리하여 논술하시오. 퇴계의 인성교육과 율곡의 인성교육 모두 좋은 방법인 것 같고 모든 사람이 인성교육을 받아서 좋아하는 사회를 만들어야 한다. 인성교육이 필요한 이유는 사람은 혼자 사는 것이 아니라 공동체이기 때문에 서로 배려해야 하기 때문이고 인성을 길러서 자랑하는 삶을 [illegible] 필요하다. 우리 모두 인성교육을 받고 성장하자!					
평점						

생각하는 힘을 키우는 다사리 인문학 학습 활동지(전면)

구분	모둠 인원		학년 반 번호	(3)-(3)-(5)	성명	[illegible]
교과목명	인문학	주제		제목		
성취 기준	인문학 강의를 듣고 동료들과 생각을 나누며, 어떻게 살 것인가에 대한 자기 생각을 만들 수 있다.					

생각 띄우기 (7분) 각자 자유롭게 메모함

※ 학습자료에 나오는 지식과 정보를 마인드맵 등 창의적 방법으로 정리하세요.

[illegible] 관심없는 분야에는 빛이 [illegible] 관심없는 분야의 놀라운 빛이 꺼진다

평점 C

생각 말하기 (10분) 개별 구상 3분, 말하기 각 1분

※ 학습자료에서 중요하다고 생각하는 구절(문장)을 제시하고 이유를 말하세요.

- 내가 제시한 구절(문장): 살아있는 모든 생물은 살아남기 위해 몸부림 친다

(이유) 본능 이여서

- 모둠 동료들이 제시한 구절(문장)

인성이란 사람을 [illegible] 안 된다

인간이 [illegible] 거부하고 [illegible] 살아남을 수 없다.

평점 B

생각 구하기 (5분) 각자 출제함

※ 학습자료 안에 있는 지식과 정보, 생각에 대한 가치를 묻는 문제를 만드세요. (단답형도 가능하나, 다양한 생각을 알아보는 서술/논술형 문항으로 만드세요)

생물은 왜 살아남기 위해 움직이는가?

생물이 살아남기 위한 본능을 가지고 있다면 그것이 본능인지 말하시오

평점 A

생각 나누기 (10분) 짝별 대화 각 1.5분

※ 동료들과 짝을 이뤄 묻고 대답하고, 나의 질문에 답한 내용을 정리하세요.

생물이 가지고 있는 본능이기 때문에

생물의 본능이니까!

평점 B

생각 살리기 (8분) 각자 자유롭게 논술함

※ 자료와 동료 생각을 바탕으로 현실과 관련지어 자기 생각을 정리하여 논술하시오.

여러 분야에 관심을 가지고 그 분야에서 해볼 수 있는 활동을 해본다. 재미를 가지고 하며 재미가 없어도 한 번 노력한다. 진짜 재미가 없어도 그 결과로 노력한다면 그 [illegible] 포기해선 안 된다. 살아남기 위해 [illegible] 포기할 줄 알아야 하며 모든 걸 할 수는 없다

평점 B

생각하는 힘을 키우는 다사리 인문학 학습 활동지(전면)

구분	모둠 인원	4명	학년 반 번호	(3)-(3)-(6)	성명	
교과목명	인문학	주제	사단칠정 인성교육	제목	[illegible]	
성취 기준	인문학 강의를 듣고 동료들과 생각을 나누며, 어떻게 살 것인가에 대한 자기 생각을 만들 수 있다.					

생각 띄우기 (7분) 각자 자유롭게 메모함

※ 학습자료에 나오는 지식과 정보를 마인드맵 등 창의적 방법으로 정리하세요.

인성이란: 사람을 사람답게 만드는 것 (뇌)

뇌 > 대뇌 > 전두엽 (이마엽)

뉴런(신경세포): 뇌를 구성하는 기본 단위. 자극을 받아들이고 전기신호(정보)를 전달함.

사람이 가지는 성질 (사단칠정) 1. 무의식적 계층: A (감각뉴런) → F(척수뉴런) → E (운동뉴런)

사단: 사람이 동물과 차이나는 본성 2. 감정적인 계층: A → B → D(변연계뉴런) → E

이성적 사고의 틀에서 감정대로 행동 3. 이성적인 계층: A → B → C(전전두엽뉴런) → D → E

평점 B

생각 말하기 (10분) 개별 구상 3분, 말하기 각 1분

※ 학습자료에서 중요하다고 생각하는 구절(문장)을 제시하고 이유를 말하세요.

- 내가 제시한 구절(문장): 공감하지 못하는 인간은 살아남을 수 없다.

(이유) 공감이 사라진다는 것은 [illegible] 때문에.

- 모둠 동료들이 제시한 구절(문장)

인성교육은 사람의 본성인 [illegible] 측은지심, 수오지심, 사양지심, 시비지심을 [illegible]

사단, 인간과 동물이 차이나는 본성

[illegible]

평점 A

생각 구하기 (5분) 각자 출제함

※ 학습자료 안에 있는 지식과 정보, 생각에 대한 가치를 묻는 문제를 만드세요. (단답형도 가능하나, 다양한 생각을 알아보는 서술/논술형 문항으로 만드세요)

학교폭력문제는 처벌이 아닌, 공감능력 상실하는 방법을 교육해야 하는 이유는?

평점 A

생각 나누기 (10분) 짝별 대화 각 1.5분

※ 동료들과 짝을 이뤄 묻고 대답하고, 나의 질문에 답한 내용을 정리하세요.

처벌보단 공감하며 교육하면 학교폭력 없을 때 클 것이라고 생각한다.

처벌보단 공감하는 걸 교육한다면 재발을 예방할 수 있다

가해자와 피해자가 서로 생각할 수 있기 때문이다

평점 A

생각 살리기 (8분) 각자 자유롭게 논술함

※ 자료와 동료 생각을 바탕으로 현실과 관련지어 자기 생각을 정리하여 논술하시오.

인간은 [illegible] 감정을 공유하게 되는데 이것이 공감이다. 공감은 사람만이 가지는 능력이다. [illegible] 사람답게 한다. 공감하는 사고가 없으면 [illegible] 공감이 없다면 공존은 깨진다. 공감하지 못하는 인간은 살아남을 수 없다. 우리는 공존하여 살아가는 방법을 배워야 한다.

평점 A

생각하는 힘을 키우는 다사리 인문학 학습 활동지(전면)

구분	모둠 인원		학년 반 번호	(3)-(3)-(7)	성명	[illegible]
교과목명	인문학	주제		제목	사단칠정 인성교육	
성취 기준	인문학 강의를 듣고 동료들과 생각을 나누며, 어떻게 살 것인가에 대한 자기 생각을 만들 수 있다.					

생각 띄우기 (7분) 각자 자유롭게 메모함

※ 학습자료에 나오는 지식과 정보를 마인드맵 등 창의적 방법으로 정리하세요.

인성이란

① 사람을 사람 답게 만드는 것: 뇌 > 대뇌 > 전두엽 - 옳고 그름, 계획하기, 감정조절, 윤리적

② 사람이 가지는 성질 (사단칠정)

- 사단: 사람이 동물과 차이나는 본성, 자기행동에 대해 잘잘 옳은 가리는 마음
- 칠정: 사람과 동물의 공통적인 감정, 배우지 않아도 저절로 하는 것.

인성교육

① 퇴계의 인성교육: 마음의 공부 함양, 모든 사람은 천리를 지니므로, 가능한 대하듯 공경한다.

② 이황의 인성교육: 사람이 저마다의 상황에 [illegible] 선한 감정이 발휘하도록 사람의 본성을 일깨운다

평점 A

생각 말하기 (10분) 개별 구상 3분, 말하기 각 1분

※ 학습자료에서 중요하다고 생각하는 구절(문장)을 제시하고 이유를 말하세요.

- 내가 제시한 구절(문장): 사람이라면 자동으로 생기는 마음이 있어서 그에 따라 행동하는 것은 사람만의 가치를 본성이 있기 때문

(이유) 사람은 누구나 본성을 가지고 있어 자동으로 생기는 마음 때문에 본성에 따라 행동하는 것에 동의하기 때문

- 모둠 동료들이 제시한 구절(문장)

인성이란 사람을 사람 답게 만드는 것

살아있는 모든 생물은 살아남기 위해 몸부림 친다.

인간의 속성을 거부하고 인성을 거스르는 학교폭력은 가해자건 피해자건 살아남을 수 없다

평점 A

생각 구하기 (5분) 각자 출제함

※ 학습자료 안에 있는 지식과 정보, 생각에 대한 가치를 묻는 문제를 만드세요. (단답형도 가능하나, 다양한 생각을 알아보는 서술/논술형 문항으로 만드세요)

퇴계의 [illegible] 인성교육과 [illegible] 인성교육은 어떤 차이가 있을까?

평점 A

생각 나누기 (10분) 짝별 대화 각 1.5분

※ 동료들과 짝을 이뤄 묻고 대답하고, 나의 질문에 답한 내용을 정리하세요.

퇴계는 제사를 [illegible] 배움을 실천한다

퇴계는 제사를 [illegible] 배움을 [illegible]

[illegible] / 퇴계는 모든 사람을 공경하도록 가르쳤고 [illegible]

퇴계는 사람을 공경하듯이 대하는 것을 추구하고 [illegible] 추구해 [illegible] 다양한다.

평점 A

생각 살리기 (8분) 각자 자유롭게 논술함

※ 자료와 동료 생각을 바탕으로 현실과 관련지어 자기 생각을 정리하여 논술하시오.

인성교육은 성장하면서 남의 감정을 같이 느끼고 선하고 악한 것을 상황에 따라 옳고 그름을 판단하며 남의 양보 친절에 대해 고마움을 느끼고 나의 이익과 손해를 생각하며 참과 거짓을 구별하여 도덕, 예절, 지혜를 쌓아 갈 수 있어 사단칠정 인성교육은 좋은 교육이라고 생각한다. 인성교육을 통해 나의 잘못된 면 나의 잘못을 인정할 수 있어야 하고 상황을 판단하며 남의 감정을 같이 느낄 수 있어야 한다고 생각한다.

평점 A

생각하는 힘을 키우는 다사리 인문학 학습 활동지(전면)

구분	모둠 인원	4명 [illegible]	학년 반 번호	(3)-(3)-(8)	성명	
교과목명	인문학	제목	뇌과학을 이용한 사단칠정 인성교육	주제	다사리교육의 인성적 영향	
성취 기준	인문학 강의를 듣고 동료들과 생각을 나누며, 어떻게 살 것인가에 대한 자기 생각을 만들 수 있다.					

생각 띄우기 (7분) 각자 자유롭게 메모함

※ 학습자료에 나오는 지식과 정보를 마인드맵 등 창의적 방법으로 정리하세요.

사람은 1, 2층으로 이루어진 동물과 다르게 3층으로 이루어져 있고 공감을 할 수 있다. 그리고 공감과 인성은 사람을 사람답게 하는 것이다

[illegible]

[illegible] 공부하는 인성교육 (퇴계이황) → 다사리교육

사단: 측은지심, 사양지심, 수오지심, 시비지심 | 칠정: 희, 노, 애, 구, 애, 오, 욕

평점 A

생각 말하기 (10분) 개별 구상 3분, 말하기 각 1분

※ 학습자료에서 중요하다고 생각하는 구절(문장)을 제시하고 이유를 말하세요.

- 내가 제시한 구절(문장): 학교폭력 문제는 처벌이 아닌, [illegible]

(이유) [illegible] 가지고 있어서

- 모둠 동료들이 제시한 구절(문장)

사단: 사람이 동물과 차이나는 본성

공감하지 못하는 인간은 살아남을 수 없다.

인성교육은 사람의 본성인 [illegible] 측은지심, 수오지심, 사양지심, 시비지심을 [illegible]

평점 A

생각 구하기 (5분) 각자 출제함

※ 학습자료 안에 있는 지식과 정보, 생각에 대한 가치를 묻는 문제를 만드세요. (단답형도 가능하나, 다양한 생각을 알아보는 서술/논술형 문항으로 만드세요)

[illegible] 인류는 살아남을 수 있을 [illegible] 공감능력이 떨어질까? 아니라면 그 이유는?

평점 A

생각 나누기 (10분) 짝별 대화 각 1.5분

※ 동료들과 짝을 이뤄 묻고 대답하고, 나의 질문에 답한 내용을 정리하세요.

공감능력이 떨어지게 될 것이다, 혼자서도 살아갈 수 있는 사회이기 때문

떨어질 것이다. [illegible] 살아갈 수 있는 사회이기 때문이다.

떨어질 것이다. 인류가 살아남을 수 없는 환경이 되기 때문에 당연히 [illegible]

평점 A

생각 살리기 (8분) 각자 자유롭게 논술함

※ 자료와 동료 생각을 바탕으로 현실과 관련지어 자기 생각을 정리하여 논술하시오.

코로나라는 세계적 재난이 오면서 수업을 zoom으로 하게 되었고 그렇게 우리는 서로 얼굴 맞대기 못하며 그로 인해서 공감 능력이 떨어졌다. 이번 시간에 다사리교육을 고르면서 사단과 칠정을 [illegible] 되었고 [illegible] 다사리교육의 영향으로 [illegible] 공감능력 [illegible] 학교폭력 사건이 비율은 줄어들 것이고 어렵운 [illegible] 시킬 수 있을 것이다.

평점 A

생각하는 힘을 키우는 다사리 인문학 학습 활동지(전면)

구분	모둠 인원		학년 반 번호	(3)-(3)-(9)	성명
교과목명	인문학	주제	인성	제목	[illegible]
성취 기준	인문학 강의를 듣고 동료들과 생각을 나누며, 어떻게 살 것인가에 대한 자기 생각을 만들 수 있다.				
생각 띄우기 (7분) 각자 자유롭게 메모함	※ 학습자료에 나오는 지식과 정보를 마인드맵 등 창의적 방법으로 정리하세요.				
평점	A				
생각 말하기 (10분) 개별 구상 3분, 말하기 각 1분	※ 학습자료에서 중요하다고 생각하는 구절(문장)을 제시하고 이유를 말하세요. - 내가 제시한 구절(문장): (이유) - 모둠 동료들이 제시한 구절(문장)				
평점	A				
생각 구하기 (5분) 각자 출제함	※ 학습자료 안에 있는 지식과 정보, 생각에 대한 가치를 묻는 문제를 만드세요 (단답형도 가능하나, 다양한 생각을 알아보는 서술/논술형 문항으로 만드세요)				
평점	B				
생각 나누기 (10분) 짝별 대화 각 1.5분	※ 동료들과 짝을 이뤄 묻고 대답하고, 나의 질문에 답한 내용을 정리하세요.				
평점	A				
생각 살리기 (8분) 각자 자유롭게 논술함	※ 자료와 동료 생각을 바탕으로 현실과 관련지어 자기 생각을 정리하여 논술하시오.				
평점	B				

생각하는 힘을 키우는 다사리 인문학 학습 활동지(전면)

구분	모둠 인원	4명	학년 반 번호	(3)-(3)-(10)	성명
교과목명	인문학	주제	인성교육	제목	[illegible]
성취 기준	인문학 강의를 듣고 동료들과 생각을 나누며, 어떻게 살 것인가에 대한 자기 생각을 만들 수 있다.				
생각 띄우기 (7분) 각자 자유롭게 메모함	※ 학습자료에 나오는 지식과 정보를 마인드맵 등 창의적 방법으로 정리하세요.				
평점	A				
생각 말하기 (10분) 개별 구상 3분, 말하기 각 1분	※ 학습자료에서 중요하다고 생각하는 구절(문장)을 제시하고 이유를 말하세요. - 내가 제시한 구절(문장): (이유) - 모둠 동료들이 제시한 구절(문장)				
평점	A				
생각 구하기 (5분) 각자 출제함	※ 학습자료 안에 있는 지식과 정보, 생각에 대한 가치를 묻는 문제를 만드세요 (단답형도 가능하나, 다양한 생각을 알아보는 서술/논술형 문항으로 만드세요)				
평점	A				
생각 나누기 (10분) 짝별 대화 각 1.5분	※ 동료들과 짝을 이뤄 묻고 대답하고, 나의 질문에 답한 내용을 정리하세요.				
평점	A				
생각 살리기 (8분) 각자 자유롭게 논술함	※ 자료와 동료 생각을 바탕으로 현실과 관련지어 자기 생각을 정리하여 논술하시오.				
평점	A				

생각하는 힘을 키우는 다사리 인문학 학습 활동지(전면)

구분	모둠 인원	4명	학년 반 번호	(3)-(3)-(11)	성명
교과목명	인문학	주제	인성교육	제목	사단칠정 인성교육
성취 기준	인문학 강의를 듣고 동료들과 생각을 나누며, 어떻게 살 것인가에 대한 자기 생각을 만들 수 있다.				
생각 띄우기 (7분) 각자 자유롭게 메모함	※ 학습자료에 나오는 지식과 정보를 마인드맵 등 창의적 방법으로 정리하세요.				
평점	B				
생각 말하기 (10분) 개별 구상 3분, 말하기 각 1분	※ 학습자료에서 중요하다고 생각하는 구절(문장)을 제시하고 이유를 말하세요. - 내가 제시한 구절(문장): (이유) - 모둠 동료들이 제시한 구절(문장)				
평점	A				
생각 구하기 (5분) 각자 출제함	※ 학습자료 안에 있는 지식과 정보, 생각에 대한 가치를 묻는 문제를 만드세요 (단답형도 가능하나, 다양한 생각을 알아보는 서술/논술형 문항으로 만드세요)				
평점	A				
생각 나누기 (10분) 짝별 대화 각 1.5분	※ 동료들과 짝을 이뤄 묻고 대답하고, 나의 질문에 답한 내용을 정리하세요.				
평점	B				
생각 살리기 (8분) 각자 자유롭게 논술함	※ 자료와 동료 생각을 바탕으로 현실과 관련지어 자기 생각을 정리하여 논술하시오.				
평점	B				

생각하는 힘을 키우는 다사리 인문학 학습 활동지(전면)

구분	모둠 인원	4명	학년 반 번호	(3)-(3)-(12)	성명
교과목명	인문학	주제	다사리 인성	제목	[illegible]
성취 기준	인문학 강의를 듣고 동료들과 생각을 나누며, 어떻게 살 것인가에 대한 자기 생각을 만들 수 있다.				
생각 띄우기 (7분) 각자 자유롭게 메모함	※ 학습자료에 나오는 지식과 정보를 마인드맵 등 창의적 방법으로 정리하세요.				
평점	A				
생각 말하기 (10분) 개별 구상 3분, 말하기 각 1분	※ 학습자료에서 중요하다고 생각하는 구절(문장)을 제시하고 이유를 말하세요. - 내가 제시한 구절(문장): (이유) - 모둠 동료들이 제시한 구절(문장)				
평점	A				
생각 구하기 (5분) 각자 출제함	※ 학습자료 안에 있는 지식과 정보, 생각에 대한 가치를 묻는 문제를 만드세요 (단답형도 가능하나, 다양한 생각을 알아보는 서술/논술형 문항으로 만드세요)				
평점	A				
생각 나누기 (10분) 짝별 대화 각 1.5분	※ 동료들과 짝을 이뤄 묻고 대답하고, 나의 질문에 답한 내용을 정리하세요.				
평점	A				
생각 살리기 (8분) 각자 자유롭게 논술함	※ 자료와 동료 생각을 바탕으로 현실과 관련지어 자기 생각을 정리하여 논술하시오.				
평점	A				

생각하는 힘을 키우는 다사리 인문학 학습 활동지(전면)

구분	모둠 인원 3	학년 반 번호 (3)-(3)-(13)	성명
교과목명	인문학	주제	제목
성취 기준	인문학 강의를 듣고 동료들과 생각을 나누며, 어떻게 살 것인가에 대한 자기 생각을 만들 수 있다.		
생각 띄우기 (7분) 각자 자유롭게 메모함	※ 학습자료에 나오는 지식과 정보를 마인드맵 등 창의적 방법으로 정리하세요. 인간 / 동물		
평점	A		
생각 말하기 (10분) 개별 구상 3분, 말하기 각 1분	※ 학습자료에서 중요하다고 생각하는 구절(문장)을 제시하고 이유를 말하세요. - 내가 제시한 구절(문장) (이유) - 모둠 동료들이 제시한 구절(문장)		
평점	A		
생각 구하기 (5분) 각자 출제함	※ 학습자료 안에 있는 지식과 정보, 생각에 대한 가치를 묻는 문제를 만드세요. (단답형도 가능하나, 다양한 생각을 알아보는 서술/논술형 문항으로 만드세요)		
평점	A		
생각 나누기 (10분) 짝별 대화 각 1.5분	※ 동료들과 짝을 이뤄 묻고 대답하고, 나의 질문에 답한 내용을 정리하세요.		
평점	A		
생각 살리기 (8분) 각자 자유롭게 논술함	※ 자료와 동료 생각을 바탕으로 현실과 관련지어 자기 생각을 정리하여 논술하시오.		
평점	A		

생각하는 힘을 키우는 다사리 인문학 학습 활동지(전면)

구분	모둠 인원 4	학년 반 번호 (3)-(3)-(14)	성명
교과목명	인문학	주제	제목 사단칠정, 인성교육
성취 기준	인문학 강의를 듣고 동료들과 생각을 나누며, 어떻게 살 것인가에 대한 자기 생각을 만들 수 있다.		
생각 띄우기 (7분) 각자 자유롭게 메모함	※ 학습자료에 나오는 지식과 정보를 마인드맵 등 창의적 방법으로 정리하세요. 인간		
평점	A		
생각 말하기 (10분) 개별 구상 3분, 말하기 각 1분	※ 학습자료에서 중요하다고 생각하는 구절(문장)을 제시하고 이유를 말하세요. - 내가 제시한 구절(문장) (이유) - 모둠 동료들이 제시한 구절(문장)		
평점	A		
생각 구하기 (5분) 각자 출제함	※ 학습자료 안에 있는 지식과 정보, 생각에 대한 가치를 묻는 문제를 만드세요. (단답형도 가능하나, 다양한 생각을 알아보는 서술/논술형 문항으로 만드세요) 맹자는 사람만이 가지는 본성을 몇 가지라고 했나요? 그것에는 어떤것들이 있나요?		
평점	A		
생각 나누기 (10분) 짝별 대화 각 1.5분	※ 동료들과 짝을 이뤄 묻고 대답하고, 나의 질문에 답한 내용을 정리하세요.		
평점	A		
생각 살리기 (8분) 각자 자유롭게 논술함	※ 자료와 동료 생각을 바탕으로 현실과 관련지어 자기 생각을 정리하여 논술하시오.		
평점	A		

생각하는 힘을 키우는 다사리 인문학 학습 활동지(전면)

구분	모둠 인원 4명	학년 반 번호 (3)-(3)-(15)	성명
교과목명	인문학	주제	제목 인성
성취 기준	인문학 강의를 듣고 동료들과 생각을 나누며, 어떻게 살 것인가에 대한 자기 생각을 만들 수 있다.		
생각 띄우기 (7분) 각자 자유롭게 메모함	※ 학습자료에 나오는 지식과 정보를 마인드맵 등 창의적 방법으로 정리하세요.		
평점	B		
생각 말하기 (10분) 개별 구상 3분, 말하기 각 1분	※ 학습자료에서 중요하다고 생각하는 구절(문장)을 제시하고 이유를 말하세요. - 내가 제시한 구절(문장) (이유) - 모둠 동료들이 제시한 구절(문장)		
평점	A		
생각 구하기 (5분) 각자 출제함	※ 학습자료 안에 있는 지식과 정보, 생각에 대한 가치를 묻는 문제를 만드세요. (단답형도 가능하나, 다양한 생각을 알아보는 서술/논술형 문항으로 만드세요)		
평점	B		
생각 나누기 (10분) 짝별 대화 각 1.5분	※ 동료들과 짝을 이뤄 묻고 대답하고, 나의 질문에 답한 내용을 정리하세요.		
평점	A		
생각 살리기 (8분) 각자 자유롭게 논술함	※ 자료와 동료 생각을 바탕으로 현실과 관련지어 자기 생각을 정리하여 논술하시오.		
평점	D		

생각하는 힘을 키우는 다사리 인문학 학습 활동지(전면)

구분	모둠 인원 4	학년 반 번호 (3)-(3)-(16)	성명
교과목명	인문학	주제	제목 인성
성취 기준	인문학 강의를 듣고 동료들과 생각을 나누며, 어떻게 살 것인가에 대한 자기 생각을 만들 수 있다.		
생각 띄우기 (7분) 각자 자유롭게 메모함	※ 학습자료에 나오는 지식과 정보를 마인드맵 등 창의적 방법으로 정리하세요. 인성 / 사단		
평점	B		
생각 말하기 (10분) 개별 구상 3분, 말하기 각 1분	※ 학습자료에서 중요하다고 생각하는 구절(문장)을 제시하고 이유를 말하세요. - 내가 제시한 구절(문장) (이유) - 모둠 동료들이 제시한 구절(문장)		
평점	B		
생각 구하기 (5분) 각자 출제함	※ 학습자료 안에 있는 지식과 정보, 생각에 대한 가치를 묻는 문제를 만드세요. (단답형도 가능하나, 다양한 생각을 알아보는 서술/논술형 문항으로 만드세요) 사람의 본성과 동물의 본성의 차이는 뭘까?		
평점	A		
생각 나누기 (10분) 짝별 대화 각 1.5분	※ 동료들과 짝을 이뤄 묻고 대답하고, 나의 질문에 답한 내용을 정리하세요.		
평점	A		
생각 살리기 (8분) 각자 자유롭게 논술함	※ 자료와 동료 생각을 바탕으로 현실과 관련지어 자기 생각을 정리하여 논술하시오. 인성은 사람이 가지는 성질이다. 동물과 사람이 차이 중 하나가 인성인 것 같다. 이 인성이 없다면 사람과 동물은 차이가 없게 될 것이다.		
평점	B		

생각하는 힘을 키우는 다사리 인문학 학습 활동지(전면)

구분	모둠 인원	3	학년 반 번호	(3) - (3) - (19)	성명	
교과목명	인문학	주제	인성교육	제목	뇌과학을 활용한 사단칠정 인성교육	
성취 기준	인문학 강의를 듣고 동료들과 생각을 나누며, 어떻게 살 것인가에 대한 자기 생각을 만들 수 있다.					

생각 띄우기 (7분) 각자 자유롭게 메모함	※ 학습자료에 나오는 지식과 정보를 마인드맵 등 창의적 방법으로 정리하세요. 감각계 → 감각뉴런 → 연합뉴런 → 운동뉴런 → 반응뉴런 ↳ 신경 세포 : 인간의 욕구 조절 인성 교육을 통해 발달 가능 ↳ 희·노·애·구(락)·애·오·욕 ↳ 율곡의 <학교모범(...)> ~ [illegible] 사단칠정 ~ 사단 : 동물과 다른 인간의 본성 / 칠정 : 동물과 인간의 공통적 감정
평점 B	
생각 말하기 (10분) 개별 구상 3분, 말하기 각 1분	※ 학습자료에서 중요하다고 생각하는 구절(문장)을 제시하고 이유를 말하세요. - 내가 제시한 구절(문장): 공감 없는 감정의 [illegible] [illegible] 한다. (이유) [illegible] - 모둠 동료들이 제시한 구절(문장) 인성이란 사람을 사람답게 만드는 것 [illegible]
평점 A	
생각 구하기 (5분) 각자 출제함	※ 학습자료 안에 있는 지식과 정보, 생각에 대한 가치를 묻는 문제를 만드세요. (단답형도 가능하나, 다양한 생각을 알아보는 서술/논술형 문항으로 만드세요) 학교폭력을 처벌하는 것보다 인성교육을 통해 예방해야하는 이유는?
평점 A	
생각 나누기 (10분) 짝별 대화 각 1.5분	※ 동료들과 짝을 이뤄 묻고 대답하고, 나의 질문에 답한 내용을 정리하세요. 공감을 하며 공존하며 상생하는 방법을 교육해야하기 때문이다. [illegible]
평점 A	
생각 살리기 (8분) 각자 자유롭게 논술함	※ 자료와 동료 생각을 바탕으로 현실과 관련지어 자기 생각을 정리하여 논술하시오. 학교폭력은 상대방에 대한 공감이 사고 없이 감정을 표출할 때 발생한다. 이러한 학교 폭력은 공존을 해치게 된다. 폭력적인 결과를 불러오는 학교폭력을 처벌하는 것도 중요하지만, 예방하는 것이 더 중요한 문제이다. 학교폭력은 가해자건 피해자건 벗어날 수 있게 해야 하기 때문이다. 이것이 인간의 책임이자 인성이므로, 이를 사전에 막기 위해 공존하여 상생하는 방법을 교육하는 인성교육이 필요한 것이다.
평점 A	

생각하는 힘을 키우는 다사리 인문학 학습 활동지(전면)

구분	모둠 인원	나연, 나영, 지현	학년 반 번호	(3) - (3) - (18)	성명	
교과목명	인문학	주제	인성	제목	뇌과학을 활용한 사단 칠정 인성교육	
성취 기준	인문학 강의를 듣고 동료들과 생각을 나누며, 어떻게 살 것인가에 대한 자기 생각을 만들 수 있다.					

생각 띄우기 (7분) 각자 자유롭게 메모함	※ 학습자료에 나오는 지식과 정보를 마인드맵 등 창의적 방법으로 정리하세요. 인성 ─ 사람을 사람답게 만드는 것 / : 공감능력 / : 사람이 가지는 성격(사단칠정) ↳ 사단: 사람이 [illegible] 본성. 칠정: 사람과 동물의 공통적인 감정. 인성교육은 전두엽 능력을 자극하는 학습. - 공감교육, 도덕교육, 예절교육, 자제력교육. 퇴계 이황: 사단은 하늘의 이치에서 발생하고 칠정은 (기)의 [illegible] / 사단과 칠정은 별개 / 인성교육: 사단을 일깨워 칠정을 [illegible] 율곡 이이: 사단과 칠정은 별개× 사단과 칠정은 [illegible] / 인성교육은 사람의 본성인 [illegible] / [illegible]
평점 A	
생각 말하기 (10분) 개별 구상 3분, 말하기 각 1분	※ 학습자료에서 중요하다고 생각하는 구절(문장)을 제시하고 이유를 말하세요. - 내가 제시한 구절(문장): [illegible] 사람을 사람답게 하는 것이, 인성이다. (이유) 인성이 [illegible] - 모둠 동료들이 제시한 구절(문장) 성현 등 타인들의 삶을 통해 사단이 드러나도록, 생각을 정성스럽게 하는 공부를 강조한다 공존하지 못한 인간은 살아남지 못한다. 공존하지 못한 인간은 살아남을 수 없다. 그것이 인간의 속성이고 인성이다.
평점 A	
생각 구하기 (5분) 각자 출제함	※ 학습자료 안에 있는 지식과 정보, 생각에 대한 가치를 묻는 문제를 만드세요. (단답형도 가능하나, 다양한 생각을 알아보는 서술/논술형 문항으로 만드세요) 퇴계 이황과 율곡 이이가 서로 다르게 생각하는 사단과 칠정의 관계에서 어떤 의견에 더 동의하나요?
평점 A	
생각 나누기 (10분) 짝별 대화 각 1.5분	※ 동료들과 짝을 이뤄 묻고 대답하고, 나의 질문에 답한 내용을 정리하세요. 율곡이이. 사단과 칠정은 관련이 있기 때문에 사람의 본성은 [illegible] 퇴계이황. 퇴계이황: 사단을 일깨우며 칠정을 제거해야한다, 왜냐하면 사단과 칠정은 별개의 것이기 때문이다. 율곡 이이, 관련 있어서
평점 A	
생각 살리기 (8분) 각자 자유롭게 논술함	※ 자료와 동료 생각을 바탕으로 현실과 관련지어 자기 생각을 정리하여 논술하시오. 퇴계 이황과 율곡 이이는 사단과 칠정의 관계를 서로 다르게 생각했다. 퇴계 이황은 사단과 칠정은 별개의 것으로, 사단을 통해 칠정을 없애는 것이 인성교육이라 했고 율곡 이이는 사단과 칠정은 별개가 아니고 사단이 의해 [illegible] 선한 칠정과 [illegible] 않는 악한 칠정이 있다고 생각한다. 나는 율곡이이의 의견에 더 동의한다. 왜냐하면 나는 율곡이이처럼 사단과 칠정은 연관있기 때문이다.
평점 A	

생각하는 힘을 키우는 다사리 인문학 학습 활동지(전면)

구분	모둠 인원		학년 반 번호	(3) - (3) - (19)	성명	
교과목명	인문학	주제	인성	제목		
성취 기준	인문학 강의를 듣고 동료들과 생각을 나누며, 어떻게 살 것인가에 대한 자기 생각을 만들 수 있다.					

생각 띄우기 (7분) 각자 자유롭게 메모함	※ 학습자료에 나오는 지식과 정보를 마인드맵 등 창의적 방법으로 정리하세요. 인성교육 — 뉴런자극, 전두엽, 사람답게 만드는 것, 전두엽, 감정조절, 사단, 율곡이이, 퇴계이황, 칠정, 제거, 사단, 일깨움, 사람이 가지는 성격, 사단칠정, 사람과 동물의 [illegible] 본성, 측은지심, 수오지심, 사양지심, 시비지심, 칠정, 기쁨, 노여움, 슬픔, 사람과 동물의 공통적인 감정, 두려움, 사랑, 미움, 욕망
평점 A	
생각 말하기 (10분) 개별 구상 3분, 말하기 각 1분	※ 학습자료에서 중요하다고 생각하는 구절(문장)을 제시하고 이유를 말하세요. - 내가 제시한 구절(문장): 공존하지 못한 인간은 살아남을 수 없다. (이유) [illegible] - 모둠 동료들이 제시한 구절(문장) 성현 등 타인들의 삶을 통해 사단이 드러나도록 생각을 정성스럽게 하는 공부를 강조한다 [illegible] 사람을 사람답게 [illegible] 공존하지 못한 인간은 살아남을 수 없다 그것이 인간의 [illegible] 인성이다.
평점 A	
생각 구하기 (5분) 각자 출제함	※ 학습자료 안에 있는 지식과 정보, 생각에 대한 가치를 묻는 문제를 만드세요. (단답형도 가능하나, 다양한 생각을 알아보는 서술/논술형 문항으로 만드세요) 인성교육을 받아야하는 이유는 무엇인가?
평점 A	
생각 나누기 (10분) 짝별 대화 각 1.5분	※ 동료들과 짝을 이뤄 묻고 대답하고, 나의 질문에 답한 내용을 정리하세요. 사람답게 살기위해선 인성이 바탕이 되어야 하기 때문에 인성교육이 필요하다 공감능력을 키워 사람답게 살기 위해. 다른 사람의 경험과 지식을 통해 나의 인성을 발전시킬 수 있기 때문이다
평점 A	
생각 살리기 (8분) 각자 자유롭게 논술함	※ 자료와 동료 생각을 바탕으로 현실과 관련지어 자기 생각을 정리하여 논술하시오. 사람들이 동물과 다른 이유는 동물은 본능만 있고 사람은 이성과 감정, 인성이 있기에 다른 사람의 고통에 함께 고통스러워하고, 자신의 잘못에 부끄러워하며 남의 호의와 친절에 사양하며 예를 갖추고, 남의 잘못을 미워하는 마음이 있기에 사람은 사람다울 것이다. 인성교육은 뉴런을 자극하여 더욱 민감하게 작동하게 해주고 이로 인해 여러 학습에도 좋은 효과를 보이기에 우리는 인성교육을 배워야 한다.
평점 A	

생각하는 힘을 키우는 다사리 인문학 학습 활동지(전면)

구분	모둠 인원		학년 반 번호	(3) - (3) - (20)	성명	
교과목명	인문학	주제	인성교육	제목	퇴계와 율곡의 사단칠정 인성교육	
성취 기준	인문학 강의를 듣고 동료들과 생각을 나누며, 어떻게 살 것인가에 대한 자기 생각을 만들 수 있다.					

생각 띄우기 (7분) 각자 자유롭게 메모함	※ 학습자료에 나오는 지식과 정보를 마인드맵 등 창의적 방법으로 정리하세요. 인성이란 : 사람을 사람답게 만드는 것 뇌 → 대뇌 → 전두엽 전두엽의 뉴런을 자극함 뉴런: 뇌를 구성하는 기본단위 자극 받고 전기 신호 전달 1000억개 누구나 비슷함 사단칠정 : 측은지심 수오지심, 사양지심, 시비지심 인성 교육: 퇴계에 있어 마음의 공부방법
평점 B	
생각 말하기 (10분) 개별 구상 3분, 말하기 각 1분	※ 학습자료에서 중요하다고 생각하는 구절(문장)을 제시하고 이유를 말하세요. - 내가 제시한 구절(문장): 공감은 사람만이 가지는 능력이다 공감 능력이 곧 인성이다 (이유) 공감은 사람이 살아가면서 필요하기 때문에 중요해서 - 모둠 동료들이 제시한 구절(문장) [illegible] [illegible] 공존하지 못한 인간은 살아남을 수 없다. 그것이 인간의 속성이고 인성이다.
평점 A	
생각 구하기 (5분) 각자 출제함	※ 학습자료 안에 있는 지식과 정보, 생각에 대한 가치를 묻는 문제를 만드세요. (단답형도 가능하나, 다양한 생각을 알아보는 서술/논술형 문항으로 만드세요) 사단이 왜 필요할까?
평점 B	
생각 나누기 (10분) 짝별 대화 각 1.5분	※ 동료들과 짝을 이뤄 묻고 대답하고, 나의 질문에 답한 내용을 정리하세요. 사단이 없으면 동물과 공통되는 칠정만이 남아 진정한 사람이라하기 어렵기 때문이다. 사단이 없다면 동물과의 차이가 사라지는 [illegible] 다름 없기 때문이다. 사단이 있기 때문에 [illegible] 살아갈 수 있기 때문이다.
평점 A	
생각 살리기 (8분) 각자 자유롭게 논술함	※ 자료와 동료 생각을 바탕으로 현실과 관련지어 자기 생각을 정리하여 논술하시오. 공감 능력은 사람이 살아가면서 꼭 필요하고 공감이 곧 인성이 된다 공감 없이 감정을 표출하면 공존을 해친다 공존하지 못하면 인간은 살아 남을 수 없다 사단 칠정이 인간에게 필요한 인성이라 생각된다 사람 답게 살려면 인성을 필요하다
평점 A	

생각하는 힘을 키우는 다사리 인문학 학습 활동지(전면)

구분	모둠 인원		학년 반 번호	(3)-(3)-(21)	성명	
교과목명	인문학	주제	[illegible]	제목		
성취 기준	인문학 강의를 듣고 동료들과 생각을 나누며, 어떻게 살 것인가에 대한 자기 생각을 만들 수 있다.					

생각 띄우기 (7분) 각자 자유롭게 메모함 — ※ 학습자료에 나오는 지식과 정보를 마인드맵 등 창의적 방법으로 정리하세요.
[illegible]
평점 B

생각 말하기 (10분) 개별 구상 3분, 말하기 각 1분 — ※ 학습자료에서 중요하다고 생각하는 구절(문장)을 제시하고 이유를 말하세요.
- 내가 제시한 구절(문장): [illegible]
(이유) [illegible]
- 모둠 동료들이 제시한 구절(문장): [illegible]
평점 A

생각 구하기 (5분) 각자 출제함 — ※ 학습자료 안에 있는 지식과 정보, 생각에 대한 가치를 묻는 문제를 만드세요 (단답형도 가능하나, 다양한 생각을 알아보는 서술/논술형 문항으로 만드세요)
[illegible]
평점 B

생각 나누기 (10분) 짝별 대화 각 1.5분 — ※ 동료들과 짝을 이뤄 묻고 대답하고, 나의 질문에 답한 내용을 정리하세요.
[illegible]
평점 A

생각 살리기 (8분) 각자 자유롭게 논술함 — ※ 자료와 동료 생각을 바탕으로 현실과 관련지어 자기 생각을 정리하여 논술하시오.
[illegible]
평점 B

생각하는 힘을 키우는 다사리 인문학 학습 활동지(전면)

구분	모둠 인원	4	학년 반 번호	(3)-(3)-(22)	성명	
교과목명	인문학	주제	인성	제목	[illegible]	
성취 기준	인문학 강의를 듣고 동료들과 생각을 나누며, 어떻게 살 것인가에 대한 자기 생각을 만들 수 있다.					

생각 띄우기 (7분) 각자 자유롭게 메모함 — ※ 학습자료에 나오는 지식과 정보를 마인드맵 등 창의적 방법으로 정리하세요.
인간을 인간답게 만드는 뇌의 핵심부위: 전두엽 / 퇴계 이황과 율곡 이이의 인성교육 / F=ma / 자극 / 사단칠정 [illegible]
평점 A

생각 말하기 (10분) 개별 구상 3분, 말하기 각 1분 — ※ 학습자료에서 중요하다고 생각하는 구절(문장)을 제시하고 이유를 말하세요.
- 내가 제시한 구절(문장): [illegible]
(이유) [illegible]
- 모둠 동료들이 제시한 구절(문장): [illegible]
사람은 어디까 동물로 받는 본반 현상의 [illegible]
[illegible]
영 모든 사람은 천리를 지니므로 하늘을 대하듯 공경한다.
평점 A

생각 구하기 (5분) 각자 출제함 — ※ 학습자료 안에 있는 지식과 정보, 생각에 대한 가치를 묻는 문제를 만드세요 (단답형도 가능하나, 다양한 생각을 알아보는 서술/논술형 문항으로 만드세요)
율곡의 인성교육의 효과는 무엇인가요
평점 B

생각 나누기 (10분) 짝별 대화 각 1.5분 — ※ 동료들과 짝을 이뤄 묻고 대답하고, 나의 질문에 답한 내용을 정리하세요.
[illegible]
승우 인성은 살 거 [illegible]
나영 움기짐과 행동을 바르게 하여 참된 인간의 모습을 갖출 수 있다.
평점 A

생각 살리기 (8분) 각자 자유롭게 논술함 — ※ 자료와 동료 생각을 바탕으로 현실과 관련지어 자기 생각을 정리하여 논술하시오.
인성교육은 전두엽의 자극을 통한 뉴런의 발달을 위한 것으로, 사람을 사람답게 만드어준다. 사단칠정에서 말하는 감정은 율곡과 퇴계 이황의 인성교육에서 핵심 가치를 지닌다. 현대 사회에서 이러한 인성교육의 가치는 자연스럽게 반영되어 있으나, 우리는 이 사실을 알지 못하여 이러한 가치를 배우지 못한 것 같다.
평점 A

생각하는 힘을 키우는 다사리 인문학 학습 활동지(전면)

구분	모둠 인원	3	학년 반 번호	(3)-(3)-(25)	성명	
교과목명	인문학	주제	학교폭력 예방의 인문학적 접근	제목	뇌과학과 사단칠정, 인성교육	
성취 기준	인문학 강의를 듣고 동료들과 생각을 나누며, 어떻게 살 것인가에 대한 자기 생각을 만들 수 있다.					

생각 띄우기 (7분) 각자 자유롭게 메모함 — ※ 학습자료에 나오는 지식과 정보를 마인드맵 등 창의적 방법으로 정리하세요.
인성: 사람이 가지는 성질
- 사람을 사람답게 만든다
- 공감의 사고
사단: 사람이 동물과 차이나는 본성
칠정: 사람과 동물의 공통적 감정
퇴계의 인성교육
-어린 제자를 대할 때도 벗을 대하듯 경의 자세를
율곡의 인성교육
- 성인이 되겠다는 뜻을 세운 이상 오로지 학문을 지향하여 몸가짐과 행동을 다잡아야 한다.
평점 D

생각 말하기 (10분) 개별 구상 3분, 말하기 각 1분 — ※ 학습자료에서 중요하다고 생각하는 구절(문장)을 제시하고 이유를 말하세요.
- 내가 제시한 구절(문장): 공존하지 못하는 인간은 살아남을 수 없다. 그것이 인간의 속성이고 인성이다.
(이유) 다사리 교육을 하는 이유를 담은 구절이라 생각했기 때문이다. 우리는 인성을 기르고 공존
- 모둠 동료들이 제시한 구절(문장): 해야 살아남을 수 있기 때문에 이 교육을 하는거나 싶었기 때문이다.
사단은 인간과 동물이 차이나는 본성으로 사람에게 사람으로서 생각과 마음으로 행동하는 사람의 본성이다.
[illegible]
희경 공감은 사람들이 가지는 능력이다 공감 능력이 곧 인성이다
평점 A

생각 구하기 (5분) 각자 출제함 — ※ 학습자료 안에 있는 지식과 정보, 생각에 대한 가치를 묻는 문제를 만드세요 (단답형도 가능하나, 다양한 생각을 알아보는 서술/논술형 문항으로 만드세요)
사단칠정, 다사리 인성 교육은 어떤 효과를 가지고 있을까?
평점 B

생각 나누기 (10분) 짝별 대화 각 1.5분 — ※ 동료들과 짝을 이뤄 묻고 대답하고, 나의 질문에 답한 내용을 정리하세요.
사단과 칠정에 대해 생각하며, 자신이 어떤 태도로 행동해야 할지 생각할 계기를 제공.
다양한 의견과 생각을 나눌 수 있으며, 사단과 칠정의 의미를 배울 수 있다.
은영 사단 칠정에 대해 배우고 공감능력을 기를 수 있다
평점 A

생각 살리기 (8분) 각자 자유롭게 논술함 — ※ 자료와 동료 생각을 바탕으로 현실과 관련지어 자기 생각을 정리하여 논술하시오.
사람에게는 동물과 차이나는 본성인 사단이 있다. 그리고, 동물과 공통적인 감정인 칠정 또한 존재한다. 우리는 힘을 모으기 위해 공감을 하고 그 능력은 곧 이성적 사고, 인성으로 이어진다. 사단이 없으면 사람이라 할 수 없고, 공감하지 않으면 살아남을 수 없다. 이는 조선 시대부터 존재하던 이야기이지만, 요즘 현실을 바라보면 이를 어기는 사람들을 어렵지 않게 볼 수 있다. 학교폭력의 경우도 그 중 하나이다. 우리는 인성 교육을 하며 사단을 지키고, 학교폭력과 같은 어긋나는 일을 멈춰야 한다.
평점 B

생각하는 힘을 키우는 다사리 인문학 학습 활동지(전면)

구분	모둠 인원	3명	학년 반 번호	(3)-(3)-(23)	성명	
교과목명	인문학	주제	인성교육	제목	퇴계와 율곡의 사단칠정 인성교육	
성취 기준	인문학 강의를 듣고 동료들과 생각을 나누며, 어떻게 살 것인가에 대한 자기 생각을 만들 수 있다.					

생각 띄우기 (7분) 각자 자유롭게 메모함 — ※ 학습자료에 나오는 지식과 정보를 마인드맵 등 창의적 방법으로 정리하세요.
인성: 사람을 사람답게 만드는 것 / 인성: 사람이 가지는 성질
→ 뇌 > 대뇌 > 전두엽 → 사단, 칠정
인성교육: 전두엽의 이마를 자극함 / 퇴계이황: 경은 퇴계에 있어 마음의 공부 방법이다.
율곡이이: 사람이 저마다의 상황에 봉착했을 때, 선한 감정이 발동하도록 사람의 본성을 일깨운다.
평점 A

생각 말하기 (10분) 개별 구상 3분, 말하기 각 1분 — ※ 학습자료에서 중요하다고 생각하는 구절(문장)을 제시하고 이유를 말하세요.
- 내가 제시한 구절(문장): 인성이란 사람을 사람답게 만드는 것
(이유) 평소 생활할 때에도 인성이 좋지 못한 사람들을 꺼려하게 되므로 인성은
- 모둠 동료들이 제시한 구절(문장): 사회생활에도 필수적이라는 것이 떠올랐기 때문이다.
[illegible]
공감 없는 감정의 표출은 혼란을 해친다.
평점 B

생각 구하기 (5분) 각자 출제함 — ※ 학습자료 안에 있는 지식과 정보, 생각에 대한 가치를 묻는 문제를 만드세요 (단답형도 가능하나, 다양한 생각을 알아보는 서술/논술형 문항으로 만드세요)
퇴계이황과 율곡이이의 인성교육 중 무엇이 더 좋다고 생각하나요?, 그 이유는?
평점 A

생각 나누기 (10분) 짝별 대화 각 1.5분 — ※ 동료들과 짝을 이뤄 묻고 대답하고, 나의 질문에 답한 내용을 정리하세요.
[illegible]
율곡이이의 인성교육. 인성은 철저한 교육 아래서 만들어가야 하기 때문이다.
평점 A

생각 살리기 (8분) 각자 자유롭게 논술함 — ※ 자료와 동료 생각을 바탕으로 현실과 관련지어 자기 생각을 정리하여 논술하시오.
인성이란 사람을 사람답게 만드는 것이라는 것에 굉장히 공감한다. 인성교육을 통해 사람의 사회생활이 잘 이루어지고 옳지 않은 일을 판단하기 쉬워지기 때문이다. 특히 율곡 이이의 인성교육은 나와 잘 맞는다고 생각한다. 성인이 되었을 때를 위해 철저한 교육으로 옳고 그른 일을 판단하고 옳지 않은 일을 금지하며 ~~[illegible]~~ 예방할 수 있다고 생각했다.
평점 B

생각하는 힘을 키우는 다사리 인문학 학습 활동지(전면)

구분	모둠 인원	4명	학년 반 번호	(3)-(3)-(24)	성명	
교과목명	인문학	주제	인성교육	제목	사단 칠정 인성교육	
성취 기준	인문학 강의를 듣고 동료들과 생각을 나누며, 어떻게 살 것인가에 대한 자기 생각을 만들 수 있다.					

생각 띄우기 (7분) 각자 자유롭게 메모함	※ 학습자료에 나오는 지식과 정보를 마인드맵 등 창의적 방법으로 정리하세요. 사람을 사람답게 만드는 것 (뇌) 자극 → 이성(전두엽) → 감정(변연계) → 인성 [illegible] 〈퇴계와 율곡의 사단칠정〉 퇴계 (하늘을 대하듯): [illegible] 율곡 (배움의 실천): 성인이 되겠다는 뜻, [illegible]
평점	A
생각 말하기 (10분) 개별 구상 3분, 말하기 각 1분	※ 학습자료에서 중요하다고 생각하는 구절(문장)을 제시하고 이유를 말하세요. - 내가 제시한 구절(문장): 사람이 저 어떠한 상황에 봉착했을 때, 선한 감정이 발동하도록, 사람의 본성을 [illegible] (이유) 인성교육을 왜 하는지, 인성교육이 무엇인지 알게 해주는 문장이기 때문 - 모둠 동료들이 제시한 구절(문장) [illegible] 공감이 없는 감정이 표출은 공존을 해친다 [illegible] 인간의 특성을 만들었다
평점	B
생각 구하기 (5분) 각자 출제함	※ 학습자료 안에 있는 지식과 정보, 생각에 대한 가치를 묻는 문제를 만드세요. (단답형도 가능하나, 다양한 생각을 알아보는 서술/논술형 문항으로 만드세요) 뉴런은 일상생활 어느 부분에서 많이 활성화 될까요?
평점	B
생각 나누기 (10분) 짝별 대화 각 1.5분	※ 동료들과 짝을 이뤄 묻고 대답하고, 나의 질문에 답한 내용을 정리하세요. 공부할 때, 머리 쓰는 일을 할 때 게임할 때, 자신에게 관심 있는 일을 할 때 더 생긴다. 자기가 좋아하는 활동을 할 때
평점	A
생각 살리기 (8분) 각자 자유롭게 논술함	※ 자료와 동료 생각을 바탕으로 현실과 관련지어 자기 생각을 정리하여 논술하시오. 인성이란 사람을 사람답게 만드는 것인데 내가 사람으로 태어나면서 가지는 기본적인 생각, 인성을 [illegible]
평점	B

생각하는 힘을 키우는 다사리 인문학 학습 활동지(전면)

구분	모둠 인원	4(4개)	학년 반 번호	(3)-(3)-(25)	성명	
교과목명	인문학	주제	인성	제목	[illegible]	
성취 기준	인문학 강의를 듣고 동료들과 생각을 나누며, 어떻게 살 것인가에 대한 자기 생각을 만들 수 있다.					

생각 띄우기 (7분) 각자 자유롭게 메모함	※ 학습자료에 나오는 지식과 정보를 마인드맵 등 창의적 방법으로 정리하세요. 인성 : 사람을 사람답게 만드는 것 [illegible]
평점	A
생각 말하기 (10분) 개별 구상 3분, 말하기 각 1분	※ 학습자료에서 중요하다고 생각하는 구절(문장)을 제시하고 이유를 말하세요. - 내가 제시한 구절(문장): [illegible] (이유) [illegible] - 모둠 동료들이 제시한 구절(문장) [illegible] 모든 사람은 천리를 지니므로 하늘을 대하듯 공경한다. [illegible]
평점	[illegible]
생각 구하기 (5분) 각자 출제함	※ 학습자료 안에 있는 지식과 정보, 생각에 대한 가치를 묻는 문제를 만드세요. (단답형도 가능하나, 다양한 생각을 알아보는 서술/논술형 문항으로 만드세요) 사단에서 [illegible]
평점	A
생각 나누기 (10분) 짝별 대화 각 1.5분	※ 동료들과 짝을 이뤄 묻고 대답하고, 나의 질문에 답한 내용을 정리하세요. 시비지심 시비지심 시비지심 시비지심
평점	A
생각 살리기 (8분) 각자 자유롭게 논술함	※ 자료와 동료 생각을 바탕으로 현실과 관련지어 자기 생각을 정리하여 논술하시오. [illegible]
평점	A

생각하는 힘을 키우는 다사리 인문학 학습 활동지(전면)

구분	모둠 인원	[illegible]	학년 반 번호	(3)-(3)-(26)	성명	
교과목명	인문학	주제	사단칠정	제목	사단칠정이 왜 중요할까?	
성취 기준	인문학 강의를 듣고 동료들과 생각을 나누며, 어떻게 살 것인가에 대한 자기 생각을 만들 수 있다.					

생각 띄우기 (7분) 각자 자유롭게 메모함	※ 학습자료에 나오는 지식과 정보를 마인드맵 등 창의적 방법으로 정리하세요. [illegible] 자극 → 이성(전두엽) → 감정(변연계) → 인성 사람은 사람답게 만드는 것 뉴런 / 뇌 / 사람 [illegible]
평점	B
생각 말하기 (10분) 개별 구상 3분, 말하기 각 1분	※ 학습자료에서 중요하다고 생각하는 구절(문장)을 제시하고 이유를 말하세요. - 내가 제시한 구절(문장): [illegible] (이유) [illegible] - 모둠 동료들이 제시한 구절(문장) [illegible]
평점	A
생각 구하기 (5분) 각자 출제함	※ 학습자료 안에 있는 지식과 정보, 생각에 대한 가치를 묻는 문제를 만드세요. (단답형도 가능하나, 다양한 생각을 알아보는 서술/논술형 문항으로 만드세요) [illegible]
평점	B
생각 나누기 (10분) 짝별 대화 각 1.5분	※ 동료들과 짝을 이뤄 묻고 대답하고, 나의 질문에 답한 내용을 정리하세요. [illegible]
평점	C
생각 살리기 (8분) 각자 자유롭게 논술함	※ 자료와 동료 생각을 바탕으로 현실과 관련지어 자기 생각을 정리하여 논술하시오. [illegible]
평점	B

(2) 벗들이 깨우치는 학교폭력 인성토론

벗들이 깨우쳐 주는 사단칠정 다사리 인성 토론 활동지(전면)

구분	모둠 이름 / 학년 반 번호 (3)-(4)-( ) / 성명
교과목명	인성 토론 / 주제 / 학교 폭력 / 사이버 폭력 / 교육활동 침해 / 자료
성취 기준	학생들의 문제 행동을 사단칠정의 관점에서 분석하고, 문제 해결을 위한 자기 생각을 만들어낸다.
생각 띄우기 (7분) 각자 자유롭게 메모함	※ 사례로 제시된 문제 상황을 분석하여 창의적인 여러 방법으로 구조화하세요.
평점	
생각 말하기 (10분) 개별 구상 3분, 말하기 각 1분	※ 사례로 제시된 문제 상황의 인물에게 드러나는 칠정(七情)과 이유를 말하세요. - 내가 제시한 인물이 느낀 칠정(여러 인물 혹은 한 인물이 느낀 여러 칠정의 제시도 가능함) - 동료가 제시한 인물이 느낀 칠정(할 수 있으면 한 인물을 선정하여 느낀 칠정과 이유도 제출 것)
평점	
생각 구하기 (5분) 각자 출제함	※ 사례로 제시된 문제 상황에서 문제 인물에게 깨우쳐 줄 사단(四端)을 제시하고 그 이유를 구체적으로 설명하세요. (복수의 문제 인물에 대해 서술도 가능함)
평점	
생각 나누기 (10분) 짝별 대화 각 1.5분	※ 동료에게 문제 인물에 깨우쳐 줄 사단과 이유를 내 활동지에 채우게 하세요.
평점	
생각 살리기 (8분) 각자 자유롭게 논술함	※ 사례와 동료 생각을 바탕으로 현실 문제 해결을 위한 자기 생각을 논술하시오.
평점	

벗들이 깨우쳐 주는 사단칠정 다사리 인성 토론 활동지(전면)

구분	모둠 이름 / 학년 반 번호 (3)-(3)- / 성명
교과목명	인성 토론 / 주제 / 학교 폭력 / 사이버 폭력 / 교육활동 침해 / 자료
성취 기준	학생들의 문제 행동을 사단칠정의 관점에서 분석하고, 문제 해결을 위한 자기 생각을 만들어낸다.
생각 띄우기 (7분) 각자 자유롭게 메모함	※ 사례로 제시된 문제 상황을 분석하여 창의적인 여러 방법으로 구조화하세요.
평점	
생각 말하기 (10분) 개별 구상 3분, 말하기 각 1분	※ 사례로 제시된 문제 상황의 인물에게 드러나는 칠정(七情)과 이유를 말하세요. - 내가 제시한 인물이 느낀 칠정(여러 인물 혹은 한 인물이 느낀 여러 칠정의 제시도 가능함) - 동료가 제시한 인물이 느낀 칠정(할 수 있으면 한 인물을 선정하여 느낀 칠정과 이유도 제출 것)
평점	
생각 구하기 (5분) 각자 출제함	※ 사례로 제시된 문제 상황에서 문제 인물에게 깨우쳐 줄 사단(四端)을 제시하고 그 이유를 구체적으로 설명하세요. (복수의 문제 인물에 대해 서술도 가능함)
평점	
생각 나누기 (10분) 짝별 대화 각 1.5분	※ 동료에게 문제 인물에 깨우쳐 줄 사단과 이유를 내 활동지에 채우게 하세요.
평점	
생각 살리기 (8분) 각자 자유롭게 논술함	※ 사례와 동료 생각을 바탕으로 현실 문제 해결을 위한 자기 생각을 논술하시오.
평점	

벗들이 깨우쳐 주는 사단칠정 다사리 인성 토론 활동지(전면)

구분	모둠 이름 / 학년 반 번호 (3)-(3)-) / 성명
교과목명	인성 토론 / 주제 / 학교 폭력 / 사이버 폭력 / 교육활동 침해 / 자료
성취 기준	학생들의 문제 행동을 사단칠정의 관점에서 분석하고, 문제 해결을 위한 자기 생각을 만들어낸다.
생각 띄우기 (7분) 각자 자유롭게 메모함	※ 사례로 제시된 문제 상황을 분석하여 창의적인 여러 방법으로 구조화하세요.
평점	
생각 말하기 (10분) 개별 구상 3분, 말하기 각 1분	※ 사례로 제시된 문제 상황의 인물에게 드러나는 칠정(七情)과 이유를 말하세요. - 내가 제시한 인물이 느낀 칠정(여러 인물 혹은 한 인물이 느낀 여러 칠정의 제시도 가능함) - 동료가 제시한 인물이 느낀 칠정(할 수 있으면 한 인물을 선정하여 느낀 칠정과 이유도 제출 것)
평점	
생각 구하기 (5분) 각자 출제함	※ 사례로 제시된 문제 상황에서 문제 인물에게 깨우쳐 줄 사단(四端)을 제시하고 그 이유를 구체적으로 설명하세요. (복수의 문제 인물에 대해 서술도 가능함)
평점	
생각 나누기 (10분) 짝별 대화 각 1.5분	※ 동료에게 문제 인물에 깨우쳐 줄 사단과 이유를 내 활동지에 채우게 하세요.
평점	
생각 살리기 (8분) 각자 자유롭게 논술함	※ 사례와 동료 생각을 바탕으로 현실 문제 해결을 위한 자기 생각을 논술하시오.
평점	

벗들이 깨우쳐 주는 사단칠정 다사리 인성 토론 활동지(전면)

구분	모둠 이름 / 학년 반 번호 (3)-(4)- / 성명
교과목명	인성 토론 / 주제 / 학교 폭력 / 사이버 폭력 / 교육활동 침해 / 자료
성취 기준	학생들의 문제 행동을 사단칠정의 관점에서 분석하고, 문제 해결을 위한 자기 생각을 만들어낸다.
생각 띄우기 (7분) 각자 자유롭게 메모함	※ 사례로 제시된 문제 상황을 분석하여 창의적인 여러 방법으로 구조화하세요.
평점	
생각 말하기 (10분) 개별 구상 3분, 말하기 각 1분	※ 사례로 제시된 문제 상황의 인물에게 드러나는 칠정(七情)과 이유를 말하세요. - 내가 제시한 인물이 느낀 칠정(여러 인물 혹은 한 인물이 느낀 여러 칠정의 제시도 가능함) - 동료가 제시한 인물이 느낀 칠정(할 수 있으면 한 인물을 선정하여 느낀 칠정과 이유도 제출 것)
평점	
생각 구하기 (5분) 각자 출제함	※ 사례로 제시된 문제 상황에서 문제 인물에게 깨우쳐 줄 사단(四端)을 제시하고 그 이유를 구체적으로 설명하세요. (복수의 문제 인물에 대해 서술도 가능함)
평점	
생각 나누기 (10분) 짝별 대화 각 1.5분	※ 동료에게 문제 인물에 깨우쳐 줄 사단과 이유를 내 활동지에 채우게 하세요.
평점	
생각 살리기 (8분) 각자 자유롭게 논술함	※ 사례와 동료 생각을 바탕으로 현실 문제 해결을 위한 자기 생각을 논술하시오.
평점	

벗들이 깨우쳐 주는 사단칠정 다사리 인성 토론 활동지(전면)

구분	모둠 이름		학년 반 번호	(3) - (3) - (	성명	
교과목명	인성 토론	주제	학교 폭력 / 사이버 폭력 / 교육활동 침해	자료		
성취 기준	학생들의 문제 행동을 사단칠정의 관점에서 분석하고, 문제 해결을 위한 자기 생각을 만들어간다.					
생각 띄우기 (7분) 각자 자유롭게 메모함	※ 사례로 제시된 문제 상황을 분석하여 창의적인 여러 방법으로 구조화하세요.					
평점						
생각 말하기 (10분) 개별 구상 3분, 말하기 각 1분	※ 사례로 제시된 문제 상황의 인물에게 드러나는 칠정(七情)과 이유를 말하세요. - 내가 제시한 인물이 느낄 칠정(여러 인물 혹은 한 인물이 느낄 여러 칠정의 제시도 가능함) - 동료가 제시한 인물이 느낄 칠정(될 수 있으면 한 인물을 선정하여 느낄 칠정과 이유로 채울 것)					
평점						
생각 구하기 (5분) 각자 출제함	※ 사례로 제시된 문제 상황에서 문제 인물에게 깨우쳐 줄 사단(四端)을 제시하고 그 이유를 구체적으로 설명하세요. (복수의 문제 인물에 대해 서술도 가능함)					
평점						
생각 나누기 (10분) 짝별 대화 각 1.5분	※ 동료에게 문제 인물에 깨우쳐 줄 사단과 이유를 내 활동지에 채우게 하세요.					
평점						
생각 살리기 (8분) 각자 자유롭게 논술함	※ 사례와 동료 생각을 바탕으로 현실 문제 해결을 위한 자기 생각을 논술하시오					
평점						

벗들이 깨우쳐 주는 사단칠정 다사리 인성 토론 활동지(전면)

구분	모둠 이름		학년 반 번호	(3) - (3) - (	성명	
교과목명	인성 토론	주제	학교 폭력 / 사이버 폭력 / 교육활동 침해	자료		
성취 기준	학생들의 문제 행동을 사단칠정의 관점에서 분석하고, 문제 해결을 위한 자기 생각을 만들어간다.					
생각 띄우기 (7분) 각자 자유롭게 메모함	※ 사례로 제시된 문제 상황을 분석하여 창의적인 여러 방법으로 구조화하세요.					
평점						
생각 말하기 (10분) 개별 구상 3분, 말하기 각 1분	※ 사례로 제시된 문제 상황의 인물에게 드러나는 칠정(七情)과 이유를 말하세요. - 내가 제시한 인물이 느낄 칠정(여러 인물 혹은 한 인물이 느낄 여러 칠정의 제시도 가능함) - 동료가 제시한 인물이 느낄 칠정(될 수 있으면 한 인물을 선정하여 느낄 칠정과 이유로 채울 것)					
평점						
생각 구하기 (5분) 각자 출제함	※ 사례로 제시된 문제 상황에서 문제 인물에게 깨우쳐 줄 사단(四端)을 제시하고 그 이유를 구체적으로 설명하세요. (복수의 문제 인물에 대해 서술도 가능함)					
평점						
생각 나누기 (10분) 짝별 대화 각 1.5분	※ 동료에게 문제 인물에 깨우쳐 줄 사단과 이유를 내 활동지에 채우게 하세요.					
평점						
생각 살리기 (8분) 각자 자유롭게 논술함	※ 사례와 동료 생각을 바탕으로 현실 문제 해결을 위한 자기 생각을 논술하시오					
평점						

벗들이 깨우쳐 주는 사단칠정 다사리 인성 토론 활동지(전면)

구분	모둠 이름		학년 반 번호	(3) - (3) -	성명	
교과목명	인성 토론	주제	학교 폭력 / 사이버 폭력 / 교육활동 침해	자료		
성취 기준	학생들의 문제 행동을 사단칠정의 관점에서 분석하고, 문제 해결을 위한 자기 생각을 만들어간다.					
생각 띄우기 (7분) 각자 자유롭게 메모함	※ 사례로 제시된 문제 상황을 분석하여 창의적인 여러 방법으로 구조화하세요.					
평점						
생각 말하기 (10분) 개별 구상 3분, 말하기 각 1분	※ 사례로 제시된 문제 상황의 인물에게 드러나는 칠정(七情)과 이유를 말하세요. - 내가 제시한 인물이 느낄 칠정(여러 인물 혹은 한 인물이 느낄 여러 칠정의 제시도 가능함) - 동료가 제시한 인물이 느낄 칠정(될 수 있으면 한 인물을 선정하여 느낄 칠정과 이유로 채울 것)					
평점						
생각 구하기 (5분) 각자 출제함	※ 사례로 제시된 문제 상황에서 문제 인물에게 깨우쳐 줄 사단(四端)을 제시하고 그 이유를 구체적으로 설명하세요. (복수의 문제 인물에 대해 서술도 가능함)					
평점						
생각 나누기 (10분) 짝별 대화 각 1.5분	※ 동료에게 문제 인물에 깨우쳐 줄 사단과 이유를 내 활동지에 채우게 하세요.					
평점						
생각 살리기 (8분) 각자 자유롭게 논술함	※ 사례와 동료 생각을 바탕으로 현실 문제 해결을 위한 자기 생각을 논술하시오					
평점						

벗들이 깨우쳐 주는 사단칠정 다사리 인성 토론 활동지(전면)

구분	모둠 이름		학년 반 번호	(3) - (3) - (	성명	
교과목명	인성 토론	주제	학교 폭력 / 사이버 폭력 / 교육활동 침해	자료		
성취 기준	학생들의 문제 행동을 사단칠정의 관점에서 분석하고, 문제 해결을 위한 자기 생각을 만들어간다.					
생각 띄우기 (7분) 각자 자유롭게 메모함	※ 사례로 제시된 문제 상황을 분석하여 창의적인 여러 방법으로 구조화하세요.					
평점						
생각 말하기 (10분) 개별 구상 3분, 말하기 각 1분	※ 사례로 제시된 문제 상황의 인물에게 드러나는 칠정(七情)과 이유를 말하세요. - 내가 제시한 인물이 느낄 칠정(여러 인물 혹은 한 인물이 느낄 여러 칠정의 제시도 가능함) - 동료가 제시한 인물이 느낄 칠정(될 수 있으면 한 인물을 선정하여 느낄 칠정과 이유로 채울 것)					
평점						
생각 구하기 (5분) 각자 출제함	※ 사례로 제시된 문제 상황에서 문제 인물에게 깨우쳐 줄 사단(四端)을 제시하고 그 이유를 구체적으로 설명하세요. (복수의 문제 인물에 대해 서술도 가능함)					
평점						
생각 나누기 (10분) 짝별 대화 각 1.5분	※ 동료에게 문제 인물에 깨우쳐 줄 사단과 이유를 내 활동지에 채우게 하세요.					
평점						
생각 살리기 (8분) 각자 자유롭게 논술함	※ 사례와 동료 생각을 바탕으로 현실 문제 해결을 위한 자기 생각을 논술하시오					
평점						

벗들이 깨우쳐 주는 사단칠정 다사리 인성 토론 활동지(전면)

구분	모둠 이름		학년 반 번호		성명
교과목명	인성 토론	주제	학교 폭력 / 사이버 폭력 / 교육활동 침해	자료	
성취 기준	학생들의 문제 행동을 사단칠정의 관점에서 분석하고, 문제 해결을 위한 자기 생각을 만들어간다.				
생각 띄우기 (7분) 각자 자유롭게 메모함	※ 사례로 제시된 문제 상황을 분석하여 창의적인 여러 방법으로 구조화하세요.				
평점					
생각 말하기 (10분) 개별 구상 3분, 말하기 각 1분	※ 사례로 제시된 문제 상황의 인물에게 드러나는 칠정(七情)과 이유를 말하세요. - 내가 제시한 인물이 느낄 칠정(여러 인물 혹은 한 인물이 느낄 여러 칠정의 제시도 가능함) - 동료가 제시한 인물이 느낄 칠정(될 수 있으면 한 인물을 선정하여 느낄 칠정과 이유로 채울 것)				
평점					
생각 구하기 (5분) 각자 출제함	※ 사례로 제시된 문제 상황에서 문제 인물에게 깨우쳐 줄 사단(四端)을 제시하고 그 이유를 구체적으로 설명하세요. (복수의 문제 인물에 대해 서술도 가능함)				
평점					
생각 나누기 (10분) 짝별 대화 각 1.5분	※ 동료에게 문제 인물에 깨우쳐 줄 사단과 이유를 내 활동지에 채우게 하세요.				
평점					
생각 살리기 (8분) 각자 자유롭게 논술함	※ 사례와 동료 생각을 바탕으로 현실 문제 해결을 위한 자기 생각을 논술하시오.				
평점					

벗들이 깨우쳐 주는 사단칠정 다사리 인성 토론 활동지(전면)

구분	모둠 이름		학년 반 번호		성명
교과목명	인성 토론	주제	학교 폭력 / 사이버 폭력 / 교육활동 침해	자료	
성취 기준	학생들의 문제 행동을 사단칠정의 관점에서 분석하고, 문제 해결을 위한 자기 생각을 만들어간다.				
생각 띄우기 (7분) 각자 자유롭게 메모함	※ 사례로 제시된 문제 상황을 분석하여 창의적인 여러 방법으로 구조화하세요.				
평점					
생각 말하기 (10분) 개별 구상 3분, 말하기 각 1분	※ 사례로 제시된 문제 상황의 인물에게 드러나는 칠정(七情)과 이유를 말하세요. - 내가 제시한 인물이 느낄 칠정(여러 인물 혹은 한 인물이 느낄 여러 칠정의 제시도 가능함) - 동료가 제시한 인물이 느낄 칠정(될 수 있으면 한 인물을 선정하여 느낄 칠정과 이유로 채울 것)				
평점					
생각 구하기 (5분) 각자 출제함	※ 사례로 제시된 문제 상황에서 문제 인물에게 깨우쳐 줄 사단(四端)을 제시하고 그 이유를 구체적으로 설명하세요. (복수의 문제 인물에 대해 서술도 가능함)				
평점					
생각 나누기 (10분) 짝별 대화 각 1.5분	※ 동료에게 문제 인물에 깨우쳐 줄 사단과 이유를 내 활동지에 채우게 하세요.				
평점					
생각 살리기 (8분) 각자 자유롭게 논술함	※ 사례와 동료 생각을 바탕으로 현실 문제 해결을 위한 자기 생각을 논술하시오.				
평점					

벗들이 깨우쳐 주는 사단칠정 다사리 인성 토론 활동지(전면)

구분	모둠 이름		학년 반 번호		성명
교과목명	인성 토론	주제	학교 폭력 / 사이버 폭력 / 교육활동 침해	자료	
성취 기준	학생들의 문제 행동을 사단칠정의 관점에서 분석하고, 문제 해결을 위한 자기 생각을 만들어간다.				
생각 띄우기 (7분) 각자 자유롭게 메모함	※ 사례로 제시된 문제 상황을 분석하여 창의적인 여러 방법으로 구조화하세요.				
평점					
생각 말하기 (10분) 개별 구상 3분, 말하기 각 1분	※ 사례로 제시된 문제 상황의 인물에게 드러나는 칠정(七情)과 이유를 말하세요. - 내가 제시한 인물이 느낄 칠정(여러 인물 혹은 한 인물이 느낄 여러 칠정의 제시도 가능함) - 동료가 제시한 인물이 느낄 칠정(될 수 있으면 한 인물을 선정하여 느낄 칠정과 이유로 채울 것)				
평점					
생각 구하기 (5분) 각자 출제함	※ 사례로 제시된 문제 상황에서 문제 인물에게 깨우쳐 줄 사단(四端)을 제시하고 그 이유를 구체적으로 설명하세요. (복수의 문제 인물에 대해 서술도 가능함)				
평점					
생각 나누기 (10분) 짝별 대화 각 1.5분	※ 동료에게 문제 인물에 깨우쳐 줄 사단과 이유를 내 활동지에 채우게 하세요.				
평점					
생각 살리기 (8분) 각자 자유롭게 논술함	※ 사례와 동료 생각을 바탕으로 현실 문제 해결을 위한 자기 생각을 논술하시오.				
평점					

벗들이 깨우쳐 주는 사단칠정 다사리 인성 토론 활동지(전면)

구분	모둠 이름		학년 반 번호		성명
교과목명	인성 토론	주제	학교 폭력 / 사이버 폭력 / 교육활동 침해	자료	
성취 기준	학생들의 문제 행동을 사단칠정의 관점에서 분석하고, 문제 해결을 위한 자기 생각을 만들어간다.				
생각 띄우기 (7분) 각자 자유롭게 메모함	※ 사례로 제시된 문제 상황을 분석하여 창의적인 여러 방법으로 구조화하세요.				
평점					
생각 말하기 (10분) 개별 구상 3분, 말하기 각 1분	※ 사례로 제시된 문제 상황의 인물에게 드러나는 칠정(七情)과 이유를 말하세요. - 내가 제시한 인물이 느낄 칠정(여러 인물 혹은 한 인물이 느낄 여러 칠정의 제시도 가능함) - 동료가 제시한 인물이 느낄 칠정(될 수 있으면 한 인물을 선정하여 느낄 칠정과 이유로 채울 것)				
평점					
생각 구하기 (5분) 각자 출제함	※ 사례로 제시된 문제 상황에서 문제 인물에게 깨우쳐 줄 사단(四端)을 제시하고 그 이유를 구체적으로 설명하세요. (복수의 문제 인물에 대해 서술도 가능함)				
평점					
생각 나누기 (10분) 짝별 대화 각 1.5분	※ 동료에게 문제 인물에 깨우쳐 줄 사단과 이유를 내 활동지에 채우게 하세요.				
평점					
생각 살리기 (8분) 각자 자유롭게 논술함	※ 사례와 동료 생각을 바탕으로 현실 문제 해결을 위한 자기 생각을 논술하시오.				
평점					

벗들이 깨우쳐 주는 사단칠정 다사리 인성 토론 활동지(전면)

구분	모둠 이름	학년 반 번호 (3)-(5)-	성명
교과목명	인성 토론	주제: 학교 폭력 / 사이버 폭력 / 교육활동 침해	자료
성취 기준	학생들의 문제 행동을 사단칠정의 관점에서 분석하고, 문제 해결을 위한 자기 생각을 만들어간다.		
생각 띄우기 (7분) 각자 자유롭게 메모함	※ 사례로 제시된 문제 상황을 분석하여 창의적인 여러 방법으로 구조화하세요.		
평점			
생각 말하기 (10분) 개별 구상 3분, 말하기 각 1분	※ 사례로 제시된 문제 상황의 인물에게 드러나는 칠정(七情)과 이유를 말하세요 - 내가 제시한 인물이 느낄 칠정(여러 인물 혹은 한 인물이 느낄 여러 칠정의 제시도 가능함) - 동료가 제시한 인물이 느낄 칠정(될 수 있으면 한 인물을 선정하여 느낄 칠정과 이유로 채울 것)		
평점			
생각 구하기 (5분) 각자 출제함	※ 사례로 제시된 문제 상황에서 문제 인물에게 깨우쳐 줄 사단(四端)을 제시하고 그 이유를 구체적으로 설명하세요. (복수의 문제 인물에 대해 서술도 가능함)		
평점			
생각 나누기 (10분) 짝별 대화 각 1.5분	※ 동료에게 문제 인물에 깨우쳐 줄 사단과 이유를 내 활동지에 채우게 하세요.		
평점			
생각 살리기 (8분) 각자 자유롭게 논술함	※ 사례와 동료 생각을 바탕으로 현실 문제 해결을 위한 자기 생각을 논술하시오.		
평점			

벗들이 깨우쳐 주는 사단칠정 다사리 인성 토론 활동지(전면)

구분	모둠 이름	학년 반 번호 (3)-(5)-	성명
교과목명	인성 토론	주제: 학교 폭력 / 사이버 폭력 / 교육활동 침해	자료
성취 기준	학생들의 문제 행동을 사단칠정의 관점에서 분석하고, 문제 해결을 위한 자기 생각을 만들어간다.		
생각 띄우기 (7분) 각자 자유롭게 메모함	※ 사례로 제시된 문제 상황을 분석하여 창의적인 여러 방법으로 구조화하세요.		
평점			
생각 말하기 (10분) 개별 구상 3분, 말하기 각 1분	※ 사례로 제시된 문제 상황의 인물에게 드러나는 칠정(七情)과 이유를 말하세요 - 내가 제시한 인물이 느낄 칠정(여러 인물 혹은 한 인물이 느낄 여러 칠정의 제시도 가능함) - 동료가 제시한 인물이 느낄 칠정(될 수 있으면 한 인물을 선정하여 느낄 칠정과 이유로 채울 것)		
평점			
생각 구하기 (5분) 각자 출제함	※ 사례로 제시된 문제 상황에서 문제 인물에게 깨우쳐 줄 사단(四端)을 제시하고 그 이유를 구체적으로 설명하세요. (복수의 문제 인물에 대해 서술도 가능함)		
평점			
생각 나누기 (10분) 짝별 대화 각 1.5분	※ 동료에게 문제 인물에 깨우쳐 줄 사단과 이유를 내 활동지에 채우게 하세요.		
평점			
생각 살리기 (8분) 각자 자유롭게 논술함	※ 사례와 동료 생각을 바탕으로 현실 문제 해결을 위한 자기 생각을 논술하시오.		
평점			

벗들이 깨우쳐 주는 사단칠정 다사리 인성 토론 활동지(전면)

구분	모둠 이름	학년 반 번호 (3)-(5)-	성명
교과목명	인성 토론	주제: 학교 폭력 / 사이버 폭력 / 교육활동 침해	자료
성취 기준	학생들의 문제 행동을 사단칠정의 관점에서 분석하고, 문제 해결을 위한 자기 생각을 만들어간다.		
생각 띄우기 (7분) 각자 자유롭게 메모함	※ 사례로 제시된 문제 상황을 분석하여 창의적인 여러 방법으로 구조화하세요.		
평점			
생각 말하기 (10분) 개별 구상 3분, 말하기 각 1분	※ 사례로 제시된 문제 상황의 인물에게 드러나는 칠정(七情)과 이유를 말하세요 - 내가 제시한 인물이 느낄 칠정(여러 인물 혹은 한 인물이 느낄 여러 칠정의 제시도 가능함) - 동료가 제시한 인물이 느낄 칠정(될 수 있으면 한 인물을 선정하여 느낄 칠정과 이유로 채울 것)		
평점			
생각 구하기 (5분) 각자 출제함	※ 사례로 제시된 문제 상황에서 문제 인물에게 깨우쳐 줄 사단(四端)을 제시하고 그 이유를 구체적으로 설명하세요. (복수의 문제 인물에 대해 서술도 가능함)		
평점			
생각 나누기 (10분) 짝별 대화 각 1.5분	※ 동료에게 문제 인물에 깨우쳐 줄 사단과 이유를 내 활동지에 채우게 하세요.		
평점			
생각 살리기 (8분) 각자 자유롭게 논술함	※ 사례와 동료 생각을 바탕으로 현실 문제 해결을 위한 자기 생각을 논술하시오.		
평점			

벗들이 깨우쳐 주는 사단칠정 다사리 인성 토론 활동지(전면)

구분	모둠 이름	학년 반 번호 (3)-(5)-	성명
교과목명	인성 토론	주제: 학교 폭력 / 사이버 폭력 / 교육활동 침해	자료
성취 기준	학생들의 문제 행동을 사단칠정의 관점에서 분석하고, 문제 해결을 위한 자기 생각을 만들어간다.		
생각 띄우기 (7분) 각자 자유롭게 메모함	※ 사례로 제시된 문제 상황을 분석하여 창의적인 여러 방법으로 구조화하세요.		
평점			
생각 말하기 (10분) 개별 구상 3분, 말하기 각 1분	※ 사례로 제시된 문제 상황의 인물에게 드러나는 칠정(七情)과 이유를 말하세요 - 내가 제시한 인물이 느낄 칠정(여러 인물 혹은 한 인물이 느낄 여러 칠정의 제시도 가능함) - 동료가 제시한 인물이 느낄 칠정(될 수 있으면 한 인물을 선정하여 느낄 칠정과 이유로 채울 것)		
평점			
생각 구하기 (5분) 각자 출제함	※ 사례로 제시된 문제 상황에서 문제 인물에게 깨우쳐 줄 사단(四端)을 제시하고 그 이유를 구체적으로 설명하세요. (복수의 문제 인물에 대해 서술도 가능함)		
평점			
생각 나누기 (10분) 짝별 대화 각 1.5분	※ 동료에게 문제 인물에 깨우쳐 줄 사단과 이유를 내 활동지에 채우게 하세요.		
평점			
생각 살리기 (8분) 각자 자유롭게 논술함	※ 사례와 동료 생각을 바탕으로 현실 문제 해결을 위한 자기 생각을 논술하시오.		
평점			

(3) 학교폭력 갈등 조정 화해 중재 대화모임

가해 학생 1

관계 회복을 위한 갈등 조정 다사리 대화록

※ 이 대화록은 말할 내용을 미리 정리해 보기 위한 것으로, 관계 회복을 위한 갈등 조정과 사례 연구자료로만 사용하며, 비밀을 유지합니다. (단 피상담자가 원하는 경우 비공개할 수 있습니다.)

피상담자	학교 [illegible] · 학년 반 번호 (1)-(6)-(11) · 성명 [illegible]	
	이 부분은 원하지 않을 경우, 작성하지 않으셔도 됩니다.	
생각 띄우기 (사건 이해)	※ 무슨 일이 있었나요? 그 일이 왜 일어났나요? (마인드맵 등 방법으로 구조화)	
	나 → → → [illegible] → 그 뒤 다른 친구 애들도 / 시작 / → 학교에 친구 통해 일본 소문이 돌기 시작 → 1학년 전체가 (대부분) 알게 됨	
생각 말하기 (감정 이해)	※ 그 일이 있을 때, 어떤 감정이었나요? 상대방은 어떤 감정이었을까요?	
	자기의 마음(고백)	상대방 마음(추측)
	처음에는 주예와 싸우고 그런 말을 하였기 때문에 내가 미안함을 가지고 생각했었다. 하지만 막상 지내고 나서 나도 모르는 사이에 학교에 소문이 나 있어서 당황했었다.	상당히 당황하고 억울했을 거 같다. 학교에 소문이 퍼졌을 때 힘들었을 거 같다.
생각 구하기 (입장 이해)	※ 내가 상대방에게 바라는 것은? 상대방은 나에게 무엇을 바랄까요?	
	자기가 바라는 것(요구)	상대방이 바라는 것(추측)
	진정한 입장에서 바라는 것은 없다.	앞으로는 이상한 소문 [illegible] 다른 애들한테 전달, 말하지 않고

가해 학생 2

관계 회복을 위한 갈등 조정 다사리 대화록

※ 이 대화록은 말할 내용을 미리 정리해 보기 위한 것으로, 관계 회복을 위한 갈등 조정과 사례 연구자료로만 사용하며, 비밀을 유지합니다. (단 피상담자가 원하는 경우 비공개할 수 있습니다.)

피상담자	학교 [illegible] · 학년 반 번호 (1)-(5)-(1) · 성명 [illegible]	
	이 부분은 원하지 않을 경우, 작성하지 않으셔도 됩니다.	
생각 띄우기 (사건 이해)	※ 무슨 일이 있었나요? 그 일이 왜 일어났나요? (마인드맵 등 방법으로 구조화)	
	처음 주아가 나의 뒷담을 했다는 사실을 알고 나는 주아랑 멀어지려 했다. 멀어지고 나서 서로 오해가 쌓여 이 일이 일어나게 되었다.	
생각 말하기 (감정 이해)	※ 그 일이 있을 때, 어떤 감정이었나요? 상대방은 어떤 감정이었을까요?	
	자기의 마음(고백)	상대방 마음(추측)
	신뢰가 깨졌고 너무 믿었어서 실망을 크게 했고 화도 났다.	하루아침에 친구와 멀어지니까 많이 심란하고 불안했을 거 같다. 억울하기도 했을 거 같다.
생각 구하기 (입장 이해)	※ 내가 상대방에게 바라는 것은? 상대방은 나에게 무엇을 바랄까요?	
	자기가 바라는 것(요구)	상대방이 바라는 것(추측)
	화해하고 싶다. 오해도 풀고 싶다.	화해하고 싶다.

가해 학생 3

관계 회복을 위한 갈등 조정 다사리 대화록

※ 이 대화록은 말할 내용을 미리 정리해 보기 위한 것으로, 관계 회복을 위한 갈등 조정과 사례 연구자료로만 사용하며, 비밀을 유지합니다. (단 피상담자가 원하는 경우 비공개할 수 있습니다.)

피상담자	학교 [illegible] · 학년 반 번호 (1)-(5)-(6) · 성명 [illegible]	
	이 부분은 원하지 않을 경우, 작성하지 않으셔도 됩니다.	
생각 띄우기 (사건 이해)	※ 무슨 일이 있었나요? 그 일이 왜 일어났나요? (마인드맵 등 방법으로 구조화)	
	친구가 이주아랑 싸웠을 때 "뒷담"을 하고 다녔다며 이야기를 했고 또 그것 때문에 거리를 어느 정도 두었다가 (오랜 시간은 두고) 말이 조금 심하게 했던 부분들이 있었던 것 같다.	
생각 말하기 (감정 이해)	※ 그 일이 있을 때, 어떤 감정이었나요? 상대방은 어떤 감정이었을까요?	
	자기의 마음(고백)	상대방 마음(추측)
	사과를 하려고 했는데 타이밍을 놓쳤다.	슬펐을 것 같다.
생각 구하기 (입장 이해)	※ 내가 상대방에게 바라는 것은? 상대방은 나에게 무엇을 바랄까요?	
	자기가 바라는 것(요구)	상대방이 바라는 것(추측)
	없음.	사과와 그런 일이 다신 없었음 하는 바람.

가해 학생 4

관계 회복을 위한 갈등 조정 다사리 대화록

※ 이 대화록은 말할 내용을 미리 정리해 보기 위한 것으로, 관계 회복을 위한 갈등 조정과 사례 연구자료로만 사용하며, 비밀을 유지합니다. (단 피상담자가 원하는 경우 비공개할 수 있습니다.)

피상담자	학교 [illegible] · 학년 반 번호 (1)-(5)-(15) · 성명 [illegible]	
	이 부분은 원하지 않을 경우, 작성하지 않으셔도 됩니다.	
생각 띄우기 (사건 이해)	※ 무슨 일이 있었나요? 그 일이 왜 일어났나요? (마인드맵 등 방법으로 구조화)	
	이주아 – 서윤지 – 박서윤 – 김가현 / [illegible] / 미술부 / 전자담배 / 다툼 / [illegible]	
생각 말하기 (감정 이해)	※ 그 일이 있을 때, 어떤 감정이었나요? 상대방은 어떤 감정이었을까요?	
	자기의 마음(고백)	상대방 마음(추측)
	주아랑 학기초 반에는 엄청 친했고 반에서 항상 같이 다녔다. 그러다가 사이가 틀어지고 [illegible] 그리고 [illegible] 다른 친구들과 친해져 주아랑 친하게 지내는 척도 하지 않았다 그러다가 서로 [illegible]	주아도 저랑 싸우고 틀어졌을 때 많이 속상하고 힘들었을 거 같아요 제가 이거 또 했을 거고
생각 구하기 (입장 이해)	※ 내가 상대방에게 바라는 것은? 상대방은 나에게 무엇을 바랄까요?	
	자기가 바라는 것(요구)	상대방이 바라는 것(추측)
	주아랑 예전처럼은 지내지 못하겠지만서도 악감정이 아니고 싸운 친구가 아닌 반 친구로서 잘 지내고 싶어요 다시 사이가 좋아지도록 같이 노력해 봤으면 좋겠어요	주아가 저랑 싸우면서 제가 생각 없이 한 말, 행동으로 인해 상처를 받았다면 사과를 원하는 거 같아요

가해 학생 5

관계 회복을 위한 갈등 조정 다사리 대화록 6/25.(수)

※ 이 대화록은 말할 내용을 미리 정리해 보기 위한 것으로, 관계 회복을 위한 갈등 조정과 사례 연구자료로만 사용하며, 비밀을 유지합니다. (단 피상담자가 원하는 경우 비공개할 수 있습니다.)

피상담자	학교 [illegible] · 학년 반 번호 (1)-(5)-(18) · 성명 [illegible]	
	이 부분은 원하지 않을 경우, 작성하지 않으셔도 됩니다.	
생각 띄우기 (사건 이해)	※ 무슨 일이 있었나요? 그 일이 왜 일어났나요? (마인드맵 등 방법으로 구조화)	
	친구 – 1-5반 / 친구 – 매향 – 선도 – 술 / 선도 – 담배 – 전자담배 – 그날 주아가 담배 꽂고 화장실 갔었던 것을 / 담배 안 주면 쌤한테 말하라는	
생각 말하기 (감정 이해)	※ 그 일이 있을 때, 어떤 감정이었나요? 상대방은 어떤 감정이었을까요?	
	자기의 마음(고백)	상대방 마음(추측)
	술이나 담배 이런걸 걸리면 선도에 간다고 했고 알게 되면 학교에서 신고한다해서 별생각 없이 [illegible] 얘기만 듣고 말함	내 눈으로 본 게 아니고 그렇게 말했으니 주아가 그걸 들었을 때 불쾌했을 것이다.
생각 구하기 (입장 이해)	※ 내가 상대방에게 바라는 것은? 상대방은 나에게 무엇을 바랄까요?	
	자기가 바라는 것(요구)	상대방이 바라는 것(추측)
	혹시 또 주아에게 실수를 하게 된다면 이래서 기분이 안 좋았다고 나에게 또는 담임선생님에게 먼저 말해줬으면 좋겠다	그때 반에서 전담 안 주면 쌤한테 일러 이렇게 말한 걸 사과받고 싶은 것 같다.

피해 학생

관계 회복을 위한 갈등 조정 다사리 대화록

※ 이 대화록은 말할 내용을 미리 정리해 보기 위한 것으로, 관계 회복을 위한 갈등 조정과 사례 연구자료로만 사용하며, 비밀을 유지합니다. (단 피상담자가 원하는 경우 비공개할 수 있습니다.)

피상담자	학교 [illegible] · 학년 반 번호 (1)-(5)-(12) · 성명 [illegible]	
	이 부분은 원하지 않을 경우, 작성하지 않으셔도 됩니다.	
생각 띄우기 (사건 이해)	※ 무슨 일이 있었나요? 그 일이 왜 일어났나요? (마인드맵 등 방법으로 구조화)	
	뒷담 – 친구 – 배신 – 상대에 – 거짓소문 / [illegible] / 싸움 / [illegible] / 나락	
생각 말하기 (감정 이해)	※ 그 일이 있을 때, 어떤 감정이었나요? 상대방은 어떤 감정이었을까요?	
	자기의 마음(고백)	상대방 마음(추측)
	살고 싶지 않았고 정말 많이 힘들고 자존감이 많이 떨어짐	재밌다, 넌 나한테 안돼
생각 구하기 (입장 이해)	※ 내가 상대방에게 바라는 것은? 상대방은 나에게 무엇을 바랄까요?	
	자기가 바라는 것(요구)	상대방이 바라는 것(추측)
	뒷담에 대한 사과, 소문 내고 다닌다면 아니라고 말해주기	

가해 학생 공감 대화록

관계 회복을 위한 갈등 조정 다사리 대화록

※ 이 대화록은 말할 내용을 미리 정리해 보기 위한 것으로, 관계 회복을 위한 갈등 조정과 사례 연구자료로만 사용하며, 비밀을 유지합니다. (단 피상담자가 원하는 경우 비공개할 수 있습니다.)

피상담자	학교	학년 반 번호 (2) - (1) - (3)	성명
	이 부분은 원하지 않을 경우, 작성하지 않으셔도 됩니다.		
생각 띄우기 (사건 이해)	※ 무슨 일이 있었나요? 그 일이 왜 일어났나요? (마인드맵 등 방법으로 구조화) [illegible]		
생각 말하기 (감정 이해)	※ 그 일이 있을 때, 어떤 감정이었나요? 상대방은 어떤 감정이었을까요? 자기의 마음(고백): [illegible]	상대방 마음(추측): [illegible]	
생각 구하기 (입장 이해)	※ 내가 상대방에게 바라는 것은? 상대방은 나에게 무엇을 바랄까요? 자기가 바라는 것(요구): 1. [illegible] 2. [illegible]	상대방이 바라는 것(추측): [illegible]	

피해 학생 공감 대화록

관계 회복을 위한 갈등 조정 다사리 대화록

※ 이 대화록은 말할 내용을 미리 정리해 보기 위한 것으로, 관계 회복을 위한 갈등 조정과 사례 연구자료로만 사용하며, 비밀을 유지합니다. (단 피상담자가 원하는 경우 비공개할 수 있습니다.)

피상담자	학교	학년 반 번호 (2) - (1) - (27)	성명
	이 부분은 원하지 않을 경우, 작성하지 않으셔도 됩니다.		
생각 띄우기 (사건 이해)	※ 무슨 일이 있었나요? 그 일이 왜 일어났나요? (마인드맵 등 방법으로 구조화) [illegible]		
생각 말하기 (감정 이해)	※ 그 일이 있을 때, 어떤 감정이었나요? 상대방은 어떤 감정이었을까요? 자기의 마음(고백): [illegible]	상대방 마음(추측): [illegible]	
생각 구하기 (입장 이해)	※ 내가 상대방에게 바라는 것은? 상대방은 나에게 무엇을 바랄까요? 자기가 바라는 것(요구): 1. [illegible] 2. [illegible]	상대방이 바라는 것(추측): 1. [illegible]	

피해 학생 공감 대화록

관계 회복을 위한 갈등 조정 다사리 대화록

※ 이 대화록은 말할 내용을 미리 정리해 보기 위한 것으로, 관계 회복을 위한 갈등 조정과 사례 연구자료로만 사용하며, 비밀을 유지합니다. (단 피상담자가 원하는 경우 비공개할 수 있습니다.)

피상담자	학교	학년 반 번호 (2) - ( ) - ( )	성명
	이 부분은 원하지 않을 경우, 작성하지 않으셔도 됩니다.		
생각 띄우기 (사건 이해)	※ 무슨 일이 있었나요? 그 일이 왜 일어났나요? (마인드맵 등 방법으로 구조화) 12/3 [illegible] 12/7 [illegible]		
생각 말하기 (감정 이해)	※ 그 일이 있을 때, 어떤 감정이었나요? 상대방은 어떤 감정이었을까요? 자기의 마음(고백): 12/3 [illegible] 12/7 [illegible]	상대방 마음(추측): 12/3 [illegible]	
생각 구하기 (입장 이해)	※ 내가 상대방에게 바라는 것은? 상대방은 나에게 무엇을 바랄까요? 자기가 바라는 것(요구): [illegible]	상대방이 바라는 것(추측): [illegible]	
생각 나누기 (갈등 조정)	※ 상대방이 실제 요구한 내용에 대해 자기가 해줄 수 있는 것은 무엇인가요? 상대방이 실제 요구한 내용: [illegible]	상대방의 요구에 내가 해줄 수 있는 내용: [illegible]	
생각 살리기 (관계 회복)	※ 이번 일을 해결하기 위해 무슨 일을 어떻게 하기로 합의하였나요? [illegible]		

가해 학생 공감 대화록

관계 회복을 위한 갈등 조정 다사리 대화록

※ 이 대화록은 말할 내용을 미리 정리해 보기 위한 것으로, 관계 회복을 위한 갈등 조정과 사례 연구자료로만 사용하며, 비밀을 유지합니다. (단 피상담자가 원하는 경우 비공개할 수 있습니다.)

피상담자	학교 상촌중	학년 반 번호 (2) - ( ) - ( )	성명
	이 부분은 원하지 않을 경우, 작성하지 않으셔도 됩니다.		
생각 띄우기 (사건 이해)	※ 무슨 일이 있었나요? 그 일이 왜 일어났나요? (마인드맵 등 방법으로 구조화) 장난 – 카드 – 욕 / 12월 3일 – 당구 / 당구장에 갔다 끝나고 또 물어볼 건 같은데 / 여러 번 물어봄 / 발로 참 – 몸싸움 – 12월 7일 – 전화 – 욕 – 카드 – 전달 – 폰 – 컴퓨터		
생각 말하기 (감정 이해)	※ 그 일이 있을 때, 어떤 감정이었나요? 상대방은 어떤 감정이었을까요? 자기의 마음(고백): 장난치고 싶었다 / 재미있었어 / 욕을 먹었을 때 화났다 / 폰을 가져가고 외치고 컴퓨터를 꺼서 화가 남	상대방 마음(추측): 불안하고 걱정됨 배신감 화가 남 억울하고 짜증남 속상하고 당황스러움	
생각 구하기 (입장 이해)	※ 내가 상대방에게 바라는 것은? 상대방은 나에게 무엇을 바랄까요? 자기가 바라는 것(요구): 미안하고 다음부터는 걱정됨 / 태권도가 바라는 점 / 장난을 적당히 하고 형답게 하는 것	상대방이 바라는 것(추측): 욕 안 하고 형처럼 잘 대해 주면	
생각 나누기 (갈등 조정)	※ 상대방이 실제 요구한 내용에 대해 자기가 해줄 수 있는 것은 무엇인가요? 상대방이 실제 요구한 내용: 폭력과 놀리기 같은 장난 안 쳤으면 좋겠음	상대방의 요구에 내가 해줄 수 있는 내용: 태권도를 놀리거나 폭력하거나 같은 장난을 치지 않겠음	
생각 살리기 (관계 회복)	※ 이번 일을 해결하기 위해 무슨 일을 어떻게 하기로 합의하였나요? 예기 하는 곳에서 사람과 사람 사이의 올바른 관계 맺기를 위해 사람 사이에 지켜야 할 예의에 관해 설명했음 동생에 대한 넓은 마음 형에 대한 동생의 공손한 마음 이라는 말이 나왔음 이번 일에서 난 동생에게 넓은 마음을 베풀지 못했음 나는 앞으로는 동생과 모든 사람들에게 넓은 마음을 베풀기로 하겠음		

(4) 공감 역량 향상 관계 회복 프로그램

관계 회복을 위한 갈등 조정 다사리 대화록

※ 이 대화록은 말할 내용을 미리 정리해 보기 위한 것으로, 관계 회복을 위한 갈등 조정과 사례 연구자료로만 사용하며, 비밀을 유지합니다. (단 피상담자가 원하는 경우 비공개할 수 있습니다.)

피상담자	학교 [illegible]	학년 반 번호 (3) - ( ) - ( )	성명
	이 부분은 원하지 않을 경우, 작성하지 않으셔도 됩니다.		

생각 띄우기 (사건 이해)
※ 무슨 일이 있었나요? 그 일이 왜 일어났나요? (마인드맵 등 방법으로 구조화)
[illegible]

생각 말하기 (감정 이해)
※ 그 일이 있을 때, 어떤 감정이었나요? 상대방은 어떤 감정이었을까요?

자기의 마음(고백)	상대방 마음(추측)
[illegible]	[illegible]

생각 구하기 (입장 이해)
※ 내가 상대방에게 바라는 것은? 상대방은 나에게 무엇을 바랄까요?

자기가 바라는 것(요구)	상대방이 바라는 것(추측)
[illegible]	[illegible]

생각 나누기 (갈등 조정)
※ 상대방이 실제 요구한 내용에 대해 자기가 해줄 수 있는 것은 무엇인가요?

~~상대방이 실제 요구한 내용~~	상대방의 ~~요구에 내가 해줄 수 있는 내용~~
[illegible]	[illegible]

생각 살리기 (관계 회복)
※ 이번 일을 해결하기 위해 무슨 일을 어떻게 했으면 좋겠나요?
[illegible]

관계 회복을 위한 갈등 조정 다사리 대화록

※ 이 대화록은 말할 내용을 미리 정리해 보기 위한 것으로, 관계 회복을 위한 갈등 조정과 사례 연구자료로만 사용하며, 비밀을 유지합니다. (단 피상담자가 원하는 경우 비공개할 수 있습니다.)

피상담자	학교 [illegible]	학년 반 번호 (3) - ( ) - ( )	성명
	이 부분은 원하지 않을 경우, 작성하지 않으셔도 됩니다.		

생각 띄우기 (사건 이해)
※ 무슨 일이 있었나요? 그 일이 왜 일어났나요? (마인드맵 등 방법으로 구조화)
같은 반 친구와 말다툼 / 마음의 혼란이 찾아옴 / 친구가 나에게 먼저 기분나쁜 발언 / 반대침 / 친구가 맞음 / 친구와 나는 그 시간 이후 대화 단절 / SNS에 친구가 나를 저격함 [illegible]

생각 말하기 (감정 이해)
※ 그 일이 있을 때, 어떤 감정이었나요? 상대방은 어떤 감정이었을까요?

자기의 마음(고백)	상대방 마음(추측)
걱정되는, 답답한, [illegible], 근심하는, 신경쓰이는, 섭섭한, 겁나는, [illegible], 불안한, 조바심 나는, 불편한, 거북한, [illegible], 난처한, 곤혹스러운	걱정되는, 근심하는, [illegible], 섭섭한, 우울한, 서운한, 답답한, 안타까운, 안스러운, [illegible], 속이 애는, 난처한

생각 구하기 (입장 이해)
※ 내가 상대방에게 바라는 것은? 상대방은 나에게 무엇을 바랄까요?

자기가 바라는 것(요구)	상대방이 바라는 것(추측)
진정한 사과와 갈등이 풀리기를 간절한 마음으로 바라고 있음. 서로 관계를 회복했으면 좋겠다	진정한 사과와 친구를 잃게 될까봐 두려운 기분이 사로잡힌 모습을 떨쳐내고 싶어함. 관계 회복을 바라고 있음

생각 나누기 (갈등 조정)
※ 상대방이 실제 요구한 내용에 대해 자기가 해줄 수 있는 것은 무엇인가요?

~~상대방이 실제 요구한 내용~~ 내가 상대방에게 ~~해줄 수 있는 것~~	~~상대방의 요구에 내가 해줄 수 있는 내용~~ ~~상대방이 나에게 해주길 바라는 것~~
진심어린 사과와 화해 제안하기	진심어린 사과와 화해를 제안해 주었으면

생각 살리기 (관계 회복)
※ 이번 일을 해결하기 위해 무슨 일을 어떻게 했으면 좋겠나요?
~~바람직한~~ 친구관계를 위해서 서로를 위해 편안하고 안정된 환경에서 우정을 회복할 수 있도록 친구에게 진심어린 조언과 화해를 나누면 이전보다 더 좋은 교우관계가 될 수 있을 것으로 보아 이번일은 잘 해결되길 바란다. 걱정되고 속상하[illegible] 답답하고 염려되는 마음을 잘 가라앉히고 이야기를 나누는 것이 서로에게 긍정적인 영향을 줄 수 있을 거[illegible]

관계 회복을 위한 갈등 조정 다사리 대화록

※ 이 대화록은 말할 내용을 미리 정리해 보기 위한 것으로, 관계 회복을 위한 갈등 조정과 사례 연구자료로만 사용하며, 비밀을 유지합니다. (단 피상담자가 원하는 경우 비공개할 수 있습니다.)

피상담자	학교 [illegible]	학년 반 번호 (3) - ( ) - ( )	성명
	이 부분은 원하지 않을 경우, 작성하지 않으셔도 됩니다.		

생각 띄우기 (사건 이해)
※ 무슨 일이 있었나요? 그 일이 왜 일어났나요? (마인드맵 등 방법으로 구조화)
부모님 / 내가 항상 늦게 들어옴 / [illegible]

생각 말하기 (감정 이해)
※ 그 일이 있을 때, 어떤 감정이었나요? 상대방은 어떤 감정이었을까요?

자기의 마음(고백)	상대방 마음(추측)
[illegible]	'나'가 항상 늦게 들어와 [illegible]

생각 구하기 (입장 이해)
※ 내가 상대방에게 바라는 것은? 상대방은 나에게 무엇을 바랄까요?

자기가 바라는 것(요구)	상대방이 바라는 것(추측)
약속시간을 너무 빠르게도 늦게도 않게 [illegible] 외출금지 풀어주기	약속시간이 다 되어서 집에 온다고 연락이라도 남겨주기 최대한 집에 빨리 오기

생각 나누기 (갈등 조정)
※ 상대방이 실제 요구한 내용에 대해 자기가 해줄 수 있는 것은 무엇인가요?

~~상대방이 실제 요구한 내용~~ 내가 상대방에게 해줄수 있는것	~~상대방의 요구에 내가 해줄 수 있는 내용~~ 상대방이 나에게 [illegible]
약속시간 정하고 그 시간에 오기 집에 오고 싶을때 연락이라도 남겨두기	외출금지를 풀어주기 [illegible]

생각 살리기 (관계 회복)
※ 이번 일을 해결하기 위해 무슨 일을 어떻게 했으면 좋겠나요?
엄마와 다시 이야기를 나눠볼 [illegible] 대화해보기 [illegible] 진심으로 사과하기. 서로를 존중하며 [illegible] 약속 시간을 정해보고 상대방의견을 꼭 들어보기! 일주일에 한번이라도 마주 앉아 얘기 나누기

관계 회복을 위한 갈등 조정 다사리 대화록

※ 이 대화록은 말할 내용을 미리 정리해 보기 위한 것으로, 관계 회복을 위한 갈등 조정과 사례 연구자료로만 사용하며, 비밀을 유지합니다. (단 피상담자가 원하는 경우 비공개할 수 있습니다.)

피상담자	학교 [illegible]중학교	학년 반 번호 (3) - ( ) - ( )	성명
	이 부분은 원하지 않을 경우, 작성하지 않으셔도 됩니다.		

생각 띄우기 (사건 이해)
※ 무슨 일이 있었나요? 그 일이 왜 일어났나요? (마인드맵 등 방법으로 구조화)
부모님과 싸웠다. 왜냐하면 학교 시험을 보고 성적이 나오는데 너무 낮게 나와서 부모님이 혼냈었다. 하지만 나는 내가 할 수 있는 만큼 해서 공부를 한건데 내 성적 가지고 혼내는 부모님이 미웠다. 공부를 못했다고 혼냈던 것들이 나는 너무 짜증났다.

생각 말하기 (감정 이해)
※ 그 일이 있을 때, 어떤 감정이었나요? 상대방은 어떤 감정이었을까요?

자기의 마음(고백)	상대방 마음(추측)
공부를 안해도 망하는 건 난데 나에게 혼내니까 슬프고 짜증나고 미웠다.	내 미래를 위해서 해준 말들이었겠지만 성적이 그렇게나와, 짜증도 나고 혼내서 미안했을 것 같다.

생각 구하기 (입장 이해)
※ 내가 상대방에게 바라는 것은? 상대방은 나에게 무엇을 바랄까요?

자기가 바라는 것(요구)	상대방이 바라는 것(추측)
나도 학원을 꾸준히 다니고싶은데 성적 안나오면 그냥 공부 포기하고 학원도 다 끊으라고 하거나 점수 가지고 혼내는건 안했으면 좋겠다.	제발 공부 좀 열심히 해서 좋은 성적을 받아왔으면 좋겠고, 말대답을 하지않길 바란다.

생각 나누기 (갈등 조정)
※ 상대방이 실제 요구한 내용에 대해 자기가 해줄 수 있는 것은 무엇인가요?

상대방이 실제 요구한 내용	상대방의 요구에 내가 해줄 수 있는 내용
~~[illegible]~~ "공부 좀 해라." "말대답하지 마라."	나도 학원을 다니면서 열심히 하고있고 시험에선 항상 노력한 것보다 안나와서 속상하다. 그리고 내가 싫어하는 과목은 정말 공부하기싫다. 말대답은 어쩔수없음

생각 살리기 (관계 회복)
※ 이번 일을 해결하기 위해 무슨 일을 어떻게 했으면 좋겠나요?
학원을 보내주는 것, 부족함 없이 키워주는 것들은 고마우나... 성적에 대해서 너무 나무라지 않았으면 좋겠다. 내가 공부를 안해서 점수가 안나오는 것도 당연히 있지만 내가 공부를 안하고 싫어하는 과목은 애초에 내가 잘 이해가 안되고 너무 어렵다. 그리고 나도 열심히 하자고 마음을 잡았던 건 수백번이지만 잘 지켜지지 않는다. 나도 내 귀찮음과 게으름은 어떻게 하는지 모르겠다. 그래도 내게 신경은 써줬으면 좋겠다..........

관계 회복을 위한 갈등 조정 다사리 대화록

※ 이 대화록은 말할 내용을 미리 정리해 보기 위한 것으로, 관계 회복을 위한 갈등 조정과 사례 연구자료로만 사용하며, 비밀을 유지합니다. (단 피상담자가 원하는 경우 비공개할 수 있습니다.)

피상담자	학교: ○○중학교 / 학년 반 번호: (3)-( )-( ) / 성명:	
	이 부분은 원하지 않을 경우, 작성하지 않으셔도 됩니다.	
생각 띄우기 (사건 이해)	※ 무슨 일이 있었나요? 그 일이 왜 일어났나요? (마인드맵 등 방법으로 구조화)	
	아빠와 진로 얘기를 하다가 난 대학을 갈 지 않을지 모르겠다고 하였는데 아빠는 무조건 대학을 가라고 나한테 말씀하시는 모습을 보고 서운하고 섭섭하였다. (대학 – 진로 – 상담 – 꿈)	
생각 말하기 (감정 이해)	※ 그 일이 있을 때, 어떤 감정이었나요? 상대방은 어떤 감정이었을까요?	
	자기의 마음(고백)	상대방 마음(추측)
	답답하고 뭔가에 눌린 듯한 기분이 들었다.	아빠는 내가 미래가 안되고 답답해했을 거 같다.
생각 구하기 (입장 이해)	※ 내가 상대방에게 바라는 것은? 상대방은 나에게 무엇을 바랄까요?	
	자기가 바라는 것(요구)	상대방이 바라는 것(추측)
	날 강요하지 않고 날 믿고 존중해주셨으면 좋겠다.	대학을 가서 사회적 위치를 높였으면 좋겠다.
생각 나누기 (갈등 조정)	※ 상대방이 실제 요구한 내용에 대해 자기가 해줄 수 있는 것은 무엇인가요?	
	상대방이 실제 요구한 내용	상대방의 요구에 내가 해줄 수 있는 내용
	대학을 가고 공부를 열심히 하고 대학에 들어가 사회적 위치를 높이면서 존중받는 사람이 되고 금전적으로 [illegible] 좋겠다.	최대한 노력해서 대학에 들어가 내 꿈은 이루면서 상대방이 조금도 들어줄 수 있도록 노력할 것이다.
생각 살리기 (관계 회복)	※ 이번 일을 해결하기 위해 무슨 일을 어떻게 했으면 좋겠나요?	
	나도 대학에 가서 꿈을 이루고 최대한 노력하겠지만 아빠도 나에 대한 기대감을 낮춰주셨으면 좋겠다. 아빠의 기대감이 높아지면 높아질수록 부담감을 느껴 잘했었던 것들도 못할 수 있으니 아빠가 날 좀 더 믿고 존중해주시면 나도 그에 따라 적절한 성과를 낼 수 있지 않을까 라는 생각이 든다. 둘 다 만족할 수 있는 성과가 나오길 기대한다.	

관계 회복을 위한 갈등 조정 다사리 대화록

※ 이 대화록은 말할 내용을 미리 정리해 보기 위한 것으로, 관계 회복을 위한 갈등 조정과 사례 연구자료로만 사용하며, 비밀을 유지합니다. (단 피상담자가 원하는 경우 비공개할 수 있습니다.)

피상담자	학교: ○중학교 / 학년 반 번호: (3)-( )-( ) / 성명:	
	이 부분은 원하지 않을 경우, 작성하지 않으셔도 됩니다.	
생각 띄우기 (사건 이해)	※ 무슨 일이 있었나요? 그 일이 왜 일어났나요? (마인드맵 등 방법으로 구조화)	
	갈등 – 가족과의 갈등 / 친구와의 갈등 / 선생님과의 갈등. 서로서로를 이해하지 못 함. 자신의 기분과 '자'가 잘못 했다고 생각함.	
생각 말하기 (감정 이해)	※ 그 일이 있을 때, 어떤 감정이었나요? 상대방은 어떤 감정이었을까요?	
	자기의 마음(고백)	상대방 마음(추측)
	억울하고, 화도 나고 이해도 안 가고, 친구와 갈등이 생겨서 슬프기도 했다.	상대방도 속상하고 기분이 좋지 않았을 것 같다.
생각 구하기 (입장 이해)	※ 내가 상대방에게 바라는 것은? 상대방은 나에게 무엇을 바랄까요?	
	자기가 바라는 것(요구)	상대방이 바라는 것(추측)
	'나를 이해해 줬으면 좋겠고.' '나의 얘기를 잘 들어줬으면 좋겠다.' 서로의 잘못을 인정해 줬으면 좋겠다.	자신의 잘못을 먼저 사과해 주고 앞으로 이런 일이 일어나지 않게 하는 것.
생각 나누기 (갈등 조정)	※ 상대방이 실제 요구한 내용에 대해 자기가 해줄 수 있는 것은 무엇인가요?	
	상대방이 실제 요구한 내용	상대방의 요구에 내가 해줄 수 있는 내용
	먼저 사과해 주기. 자신의 잘못 인정하기. 서로의 얘기 귀기울여 들어주기. 서로 이해하기.	나의 잘못 인정하기. 서로서로의 입장을 생각해보며 이해하기. 상대방의 입장과 얘기 귀기울여 들어주기 등을 내가 해 줄 수 있다.
생각 살리기 (관계 회복)	※ 이번 일을 해결하기 위해 무슨 일을 어떻게 했으면 좋겠나요?	
	상대방의 기분이 상하지 않게 서로 조심하며 생활했으면 좋겠고, 우리는 성격, 가치관 등등이 다르니 이런 일이 생길 수 있다며 서로 이해해 줬으면 좋겠다. 또 각자의 잘못은 바로 바로 인정하고 사과 했으면 좋겠다. 사과를 할 때에도 자신의 잘못을 뉘우치며 정중하게, 진지하게 서로서로 사과 했으면 좋겠다. 서로 사과를 한 후 그 일로 다시 상대방을 놀리지 않았으면 좋겠다. 또 다음에 이런 일이 생기면 그때 생각나 더 성숙하게 서로의 잘못을 인정했으면 좋겠다. 다음에 갈등이 생기더라도 서로 기분 좋은 마지막이길 바란다!	

관계 회복을 위한 갈등 조정 다사리 대화록

※ 이 대화록은 말할 내용을 미리 정리해 보기 위한 것으로, 관계 회복을 위한 갈등 조정과 사례 연구자료로만 사용하며, 비밀을 유지합니다. (단 피상담자가 원하는 경우 비공개할 수 있습니다.)

피상담자	학교: ○중학교 / 학년 반 번호: (3)-( )-( ) / 성명:	
	이 부분은 원하지 않을 경우, 작성하지 않으셔도 됩니다.	
생각 띄우기 (사건 이해)	※ 무슨 일이 있었나요? 그 일이 왜 일어났나요? (마인드맵 등 방법으로 구조화)	
	나는 나름대로 공부 열심히 하고 있다고 생각했는데 아빠는 그냥 [illegible] 아빠는 아직 부족하다고 좋은 대학 나오는게 중요하다고 생각하시고 [illegible] 내 공부량이 부족하다고 생각하신다. (나 – 공부 – 대학)	
생각 말하기 (감정 이해)	※ 그 일이 있을 때, 어떤 감정이었나요? 상대방은 어떤 감정이었을까요?	
	자기의 마음(고백)	상대방 마음(추측)
	짜증났었고 억울했다	안쓰럽다
생각 구하기 (입장 이해)	※ 내가 상대방에게 바라는 것은? 상대방은 나에게 무엇을 바랄까요?	
	자기가 바라는 것 (요구)	상대방이 바라는 것(추측)
	더 공부하라고 안했으면 좋겠고 내가 할 수 있는 선까지 했으니까 봐주었으면 좋겠다.	지금보다 더 공부해서 좋은 대학 나와서 많이 더 편하게 생활했으면 좋겠다.
생각 나누기 (갈등 조정)	※ 상대방이 실제 요구한 내용에 대해 자기가 해줄 수 있는 것은 무엇인가요?	
	~~상대방이 실제 요구한 내용~~ 내가 생각한 말	~~상대방의 요구에 내가 해줄 수 있는 내용~~ 상대방이 원한 말
	아빠마음 이해해서 더 열심히 공부해서 좋은 대학 나오기	[illegible]
생각 살리기 (관계 회복)	※ 이번 일을 해결하기 위해 무슨 일을 어떻게 했으면 좋겠나요?	
	아빠랑 진지하게 얘기해서 서로 속마음 털어놓고 나는 아빠에게 내 최대한 진지하게 "나는 공부에 크게 스트레스 받고 싶지 않아 나는 대학이 크게 중요하지 않다"를 이렇게 얘기하고 아빠는 나에게 그런 마음을 이해해줘서 갈등이 원만하게 풀렸으면 좋겠다.	

관계 회복을 위한 갈등 조정 다사리 대화록

※ 이 대화록은 말할 내용을 미리 정리해 보기 위한 것으로, 관계 회복을 위한 갈등 조정과 사례 연구자료로만 사용하며, 비밀을 유지합니다. (단 피상담자가 원하는 경우 비공개할 수 있습니다.)

피상담자	학교: ○○중학교 / 학년 반 번호: (3)-( )-( ) / 성명:	
	이 부분은 원하지 않을 경우, 작성하지 않으셔도 됩니다.	
생각 띄우기 (사건 이해)	※ 무슨 일이 있었나요? 그 일이 왜 일어났나요? (마인드맵 등 방법으로 구조화)	
	친구와의 갈등 – [illegible]	
생각 말하기 (감정 이해)	※ 그 일이 있을 때, 어떤 감정이었나요? 상대방은 어떤 감정이었을까요?	
	자기의 마음(고백)	상대방 마음(추측)
	내가 그전까지 친구에게 했던 행동에 대해 [illegible] 좀 죄송했었다. 그리고 나는 사과를 했지만 친구는 [illegible]	자신이 [illegible] 사과를 받고 싶어했을 것 같다. [illegible]
생각 구하기 (입장 이해)	※ 내가 상대방에게 바라는 것은? 상대방은 나에게 무엇을 바랄까요?	
	자기가 바라는 것(요구)	상대방이 바라는 것(추측)
	나도 잘한 것이 없으니까 그것에 대해 사과하고 다시 관계를 회복했으면 좋겠다. [illegible]	나에게 진심으로 사과하고 다시 나와 대화하지 않으면 좋겠다. 그리고 귀찮게 나에게 사과를 요구하지 않았으면 좋겠다.
생각 나누기 (갈등 조정)	※ 상대방이 실제 요구한 내용에 대해 자기가 해줄 수 있는 것은 무엇인가요?	
	상대방이 실제 요구한 내용	상대방의 요구에 내가 해줄 수 있는 내용
	친구가 받은 마음의 상처에 대해 진심 어린 사과를 요구했고 다시는 자신과 대화하지 말자고 했다.	내가 진심으로 사과하고 [illegible] 상태로 생활하고 있다.
생각 살리기 (관계 회복)	※ 이번 일을 해결하기 위해 무슨 일을 어떻게 했으면 좋겠나요?	
	[illegible] 나는 진심으로 친구와 화해하고 싶고 편안한 대화를 하고 싶다. 친구도 나와 같은 마음이면 좋겠다.	

관계 회복을 위한 갈등 조정 다사리 대화록

※ 이 대화록은 말할 내용을 미리 정리해 보기 위한 것으로, 관계 회복을 위한 갈등 조정과 사례 연구자료로만 사용하며, 비밀을 유지합니다. (단 피상담자가 원하는 경우 비공개할 수 있습니다.)

피상담자	학교: [illegible]중학교 / 학년 반 번호: (3) - ( ) - / 성명:	
	이 부분은 원하지 않을 경우, 작성하지 않으셔도 됩니다.	
생각 띄우기 (사건 이해)	※ 무슨 일이 있었나요? 그 일이 왜 일어났나요? (마인드맵 등 방법으로 구조화)	
	밤 늦게까지 게임을 함 – 감정 – 이유 – 갈등 – 나 / 엄마	
생각 말하기 (감정 이해)	※ 그 일이 있을 때, 어떤 감정이었나요? 상대방은 어떤 감정이었을까요?	
	자기의 마음(고백)	상대방 마음(추측)
	밤 늦게까지 친구와 재밌게 게임 하고 싶다.	밤 늦게까지 게임하는 걸 보면 마음이 아프다.
생각 구하기 (입장 이해)	※ 내가 상대방에게 바라는 것은? 상대방은 나에게 무엇을 바랄까요?	
	자기가 바라는 것(요구)	상대방이 바라는 것(추측)
	낮이나 저녁, 이른 시간에 게임을 하고 밤늦게까지는 하지 않는다	밤늦게 까지 게임 하지 않고 게임을 줄이기.
생각 나누기 (갈등 조정)	※ 상대방이 실제 요구한 내용에 대해 자기가 해줄 수 있는 것은 무엇인가요?	
	~~상대방이 실제 요구한 내용~~ 내가 실천할 일	상대방의 ~~요구에 내가 해줄 수 있는 내용~~ 상대방이 실천할 일
	실제로 게임을 줄이고 밤늦게는 게임하지 않기.	밤늦게 까지 하지 않으면 잔소리 하기 않기
생각 살리기 (관계 회복)	※ 이번 일을 해결하기 위해 무슨 일을 어떻게 했으면 좋겠나요?	
	이번 일을 해결하기 위해 나도 밤늦게까지 게임하지 않고 게임을 줄이고 게임을 하고 싶은 욕구가 들어도 참고 게임을 하지 않고 엄마도 게임을 할 때 잔소리를 줄이고 내가 게임을 많이 하거나 밤늦게 까지 하면 그때 잔소리 하고 그 이외에는 잔소리 하지 않았으면 좋겠고 서로 진심성 있게 약속하고 약속을 지켰으면 좋겠다	

관계 회복을 위한 갈등 조정 다사리 대화록

※ 이 대화록은 말할 내용을 미리 정리해 보기 위한 것으로, 관계 회복을 위한 갈등 조정과 사례 연구자료로만 사용하며, 비밀을 유지합니다. (단 피상담자가 원하는 경우 비공개할 수 있습니다.)

피상담자	학교: [illegible]중학교 / 학년 반 번호: (3) - ( ) - ( ) / 성명:	
	이 부분은 원하지 않을 경우, 작성하지 않으셔도 됩니다.	
생각 띄우기 (사건 이해)	※ 무슨 일이 있었나요? 그 일이 왜 일어났나요? (마인드맵 등 방법으로 구조화)	
	화 – 갈등 – 오빠 – 눈초 – 짜증 – 말투	오빠한테 살짝 짜증 섞인 목소리로 얘기를 했더니 왜 짜증나는 목소리로 얘기하냐고 큰소리고 화를 냈다.
생각 말하기 (감정 이해)	※ 그 일이 있을 때, 어떤 감정이었나요? 상대방은 어떤 감정이었을까요?	
	자기의 마음(고백)	상대방 마음(추측)
	그런 의도로 이야기한게 아닌데 오해를 받아서 속이 상했다.	화가나고, 오히려 서운해 했다.
생각 구하기 (입장 이해)	※ 내가 상대방에게 바라는 것은? 상대방은 나에게 무엇을 바랄까요?	
	자기가 바라는 것(요구)	상대방이 바라는 것(추측)
	왜 이렇게 이야기 했냐고 물어봤으면 좋겠다.	짜증나는 목소리로 얘기하지 말고 착한 목소리로 이야기를 해줬으면 좋겠다.
생각 나누기 (갈등 조정)	※ 상대방이 실제 요구한 내용에 대해 자기가 해줄 수 있는 것은 무엇인가요?	
	상대방이 실제 요구한 내용	상대방의 요구에 내가 해줄 수 있는 내용
	말투를 착하게 해주었으면 좋겠다.	말투랑 목소리를 착하고 좀 상냥한 목소리로 이야기를 하겠다
생각 살리기 (관계 회복)	※ 이번 일을 해결하기 위해 무슨 일을 어떻게 했으면 좋겠나요?	
	오빠와 갈등은 작은 일에 사이가 불편해지고 어색한 사이가 되었는데 내가 말투를 상냥하게 하고 갈등을 끊기 않도록 말투를 상냥하게 착하게 오빠가 화가나지 않도록 대화를 고쳐보겠다. 그리고 오빠도 내가 말투가 착하게 하지 않았더라도 왜 짜증나게 말하지 않았냐고 먼저 물어보고 화를 내지 않고 차분하게 이야기를 해주고 싸우지 않도록 갈등을 만들지 않도록 해결했으면 좋겠다.	

관계 회복을 위한 갈등 조정 다사리 대화록

※ 이 대화록은 말할 내용을 미리 정리해 보기 위한 것으로, 관계 회복을 위한 갈등 조정과 사례 연구자료로만 사용하며, 비밀을 유지합니다. (단 피상담자가 원하는 경우 비공개할 수 있습니다.)

피상담자	학교: [illegible]중학교 / 학년 반 번호: (3) - ( ) - ( ) / 성명:	
	이 부분은 원하지 않을 경우, 작성하지 않으셔도 됩니다.	
생각 띄우기 (사건 이해)	※ 무슨 일이 있었나요? 그 일이 왜 일어났나요? (마인드맵 등 방법으로 구조화)	
	그림을 그릴려고 아이패드를 하나 삼 (가격은 [illegible] 내가 씀) / 오빠의 핸드폰이 액정이 깨져서 자기가 좋아하는 게임이 잘 돌아가지 않음 / 패드를 빌리고 싶다 (요청) / 한번 만 빌려주기로 했지만 그 이후 [illegible] 빌려가지고 감. → 결국 오빠가 패드를 [illegible] 가져감 → 근데 [illegible] 나한테 패드가 필요한 날.	
생각 말하기 (감정 이해)	※ 그 일이 있을 때, 어떤 감정이었나요? 상대방은 어떤 감정이었을까요?	
	자기의 마음(고백)	상대방 마음(추측)
	말도 없이 갑자기 가져가니까 화나고, 어이없고, 오빠에게 실망했다.	[illegible] 답답했을 것이다. ([illegible])
생각 구하기 (입장 이해)	※ 내가 상대방에게 바라는 것은? 상대방은 나에게 무엇을 바랄까요?	
	자기가 바라는 것(요구)	상대방이 바라는 것(추측)
	아이패드는 내가 [illegible] 사용하는 것인데, [illegible] (속상함)	· [illegible] · [illegible]
생각 나누기 (갈등 조정)	※ 상대방이 실제 요구한 내용에 대해 자기가 해줄 수 있는 것은 무엇인가요?	
	상대방이 실제 요구한 내용	상대방의 요구에 내가 해줄 수 있는 내용
	· 앞으로는 내가 패드를 다 쓴 뒤에 말을 하고 빌릴 것이다.	· 필요한 이유가 합당할 경우에만 빌려줄 수 있다.
생각 살리기 (관계 회복)	※ 이번 일을 해결하기 위해 무슨 일을 어떻게 했으면 좋겠나요?	
	일단 오빠가 내 패드를 빌리고 [illegible] 오빠는 나에게 진심으로 사과하고 나와 한 약속을 지키려는 노력을 해 주었으면 함. 나 역시 오빠에게 한 나쁜 말에 [illegible] 사과 하고 [illegible] 패드를 빌려줄 것임. 그리고 서로 [illegible] 생각함.	

관계 회복을 위한 갈등 조정 다사리 대화록

※ 이 대화록은 말할 내용을 미리 정리해 보기 위한 것으로, 관계 회복을 위한 갈등 조정과 사례 연구자료로만 사용하며, 비밀을 유지합니다. (단 피상담자가 원하는 경우 비공개할 수 있습니다.)

피상담자	학교: [illegible]중학교 / 학년 반 번호: (3) - ( ) - ( ) / 성명:	
	이 부분은 원하지 않을 경우, 작성하지 않으셔도 됩니다.	
생각 띄우기 (사건 이해)	※ 무슨 일이 있었나요? 그 일이 왜 일어났나요? (마인드맵 등 방법으로 구조화)	
	○○○ 과의 갈등 – 합창대회 연습중 제대로 참여하지 않는 ○○○에 화가 남 – ○○○ 또한 화를 냄 – '나'는 감정을 주체하지 못하고 화를 냄	
생각 말하기 (감정 이해)	※ 그 일이 있을 때, 어떤 감정이었나요? 상대방은 어떤 감정이었을까요?	
	자기의 마음(고백)	상대방 마음(추측)
	제대로 참여하지 않는 ○○○의 행동에 화가나고 답답했다. 화가 나서 눈물이 나올 것 같았다	흥미가 없는 합창대회에 왜 참여해야 하는지 모르는 것 같다
생각 구하기 (입장 이해)	※ 내가 상대방에게 바라는 것은? 상대방은 나에게 무엇을 바랄까요?	
	자기가 바라는 것(요구)	상대방이 바라는 것(추측)
	협동이 필요한 합창대회에 [illegible] 빠짐 없이 열심히 참여하길 원함 -합창대회 연습에 열심히 임하길 원함	합창대회 연습에 참여하기 싫은 자신에게 [illegible] 주길 바람
생각 나누기 (갈등 조정)	※ 상대방이 실제 요구한 내용에 대해 자기가 해줄 수 있는 것은 무엇인가요?	
	상대방이 실제 요구한 내용	상대방의 요구에 내가 해줄 수 있는 내용
	합창대회에 참여하고 싶지 않다 열심히 안할 것이다	열심히 하도록 도와준다 어려운 부분을 알려준다
생각 살리기 (관계 회복)	※ 이번 일을 해결하기 위해 무슨 일을 어떻게 했으면 좋겠나요?	
	○○○이 조금 더 교양있고 성숙한 사고를 갖춰 합창대회에 임해주었으면 좋겠으며 ○○○이 어려워하는 부분을 내가 보완해주기 위해 노력하는 만큼 ○○○도 같이 노력해주었으면 좋겠다 그리고 서로 기분이 상하지 않도록 포용하고 갈등을 해결하여 ○○○이 자신이 잘못하고 미성숙했던 행동을 반성하고 사과를 해주었으면 좋겠다	

관계 회복을 위한 갈등 조정 다사리 대화록

※ 이 대화록은 말할 내용을 미리 정리해 보기 위한 것으로, 관계 회복을 위한 갈등 조정과 사례 연구자료로만 사용하며, 비밀을 유지합니다. (단 피상담자가 원하는 경우 비공개할 수 있습니다.)

피상담자	학교 [illegible] 학년 반 번호 (3) - ( ) - ( ) 성명	
	이 부분은 원하지 않을 경우, 작성하지 않으셔도 됩니다.	
생각 띄우기 (사건 이해)	※ 무슨 일이 있었나요? 그 일이 왜 일어났나요? (마인드맵 등 방법으로 구조화)	
	친구와 갈등 [illegible]	
생각 말하기 (감정 이해)	※ 그 일이 있을 때, 어떤 감정이었나요? 상대방은 어떤 감정이었을까요?	
	자기의 마음(고백)	상대방 마음(추측)
	[illegible]	[illegible]
생각 구하기 (입장 이해)	※ 내가 상대방에게 바라는 것은? 상대방은 나에게 무엇을 바랄까요?	
	자기가 바라는 것(요구)	상대방이 바라는 것(추측)
	[illegible] 사과를 [illegible] 것	[illegible] 사과를 받아주는 것
생각 나누기 (갈등 조정)	※ 상대방이 실제 요구한 내용에 대해 자기가 해줄 수 있는 것은 무엇인가요?	
	상대방이 실제 요구한 내용	상대방의 요구에 내가 해줄 수 있는 내용
	[illegible]	[illegible]
생각 살리기 (관계 회복)	※ 이번 일을 해결하기 위해 무슨 일을 어떻게 했으면 좋겠나요?	
	[illegible]	

관계 회복을 위한 갈등 조정 다사리 대화록

※ 이 대화록은 말할 내용을 미리 정리해 보기 위한 것으로, 관계 회복을 위한 갈등 조정과 사례 연구자료로만 사용하며, 비밀을 유지합니다. (단 피상담자가 원하는 경우 비공개할 수 있습니다.)

피상담자	학교 [illegible] 학년 반 번호 (3) - ( ) - ( ) 성명	
	이 부분은 원하지 않을 경우, 작성하지 않으셔도 됩니다.	
생각 띄우기 (사건 이해)	※ 무슨 일이 있었나요? 그 일이 왜 일어났나요? (마인드맵 등 방법으로 구조화)	
	친구 - 우리반 - 갈등 [illegible]	
생각 말하기 (감정 이해)	※ 그 일이 있을 때, 어떤 감정이었나요? 상대방은 어떤 감정이었을까요?	
	자기의 마음(고백)	상대방 마음(추측)
	[illegible]	[illegible]
생각 구하기 (입장 이해)	※ 내가 상대방에게 바라는 것은? 상대방은 나에게 무엇을 바랄까요?	
	자기가 바라는 것(요구)	상대방이 바라는 것(추측)
	[illegible]	[illegible]
생각 나누기 (갈등 조정)	※ 상대방이 실제 요구한 내용에 대해 자기가 해줄 수 있는 것은 무엇인가요?	
	상대방이 실제 요구한 내용	상대방의 요구에 내가 해줄 수 있는 내용
	[illegible]	[illegible]
생각 살리기 (관계 회복)	※ 이번 일을 해결하기 위해 무슨 일을 어떻게 했으면 좋겠나요?	
	이번일은 [illegible] 해결되었지만, 서로서로 먼저 [illegible] 정말 좋았습니다. 또, 우리가 한 잘못을 인정하고 사과하며 반성을 해야한다. 상대방 또한 더 [illegible] 상대방의 잘못을 인정하고 또 반성해야 합니다. 또 진심어린 사과를 해야합니다. 자신의 잘못을 뉘우치고 상대방에게 용서를 구해야 합니다. 앞으로 이런 갈등이 또다시 생긴다면 나는 더 현명하게 대처할 방법을 이번 학습을 통해 알게되었습니다.	

관계 회복을 위한 갈등 조정 다사리 대화록

※ 이 대화록은 말할 내용을 미리 정리해 보기 위한 것으로, 관계 회복을 위한 갈등 조정과 사례 연구자료로만 사용하며, 비밀을 유지합니다. (단 피상담자가 원하는 경우 비공개할 수 있습니다.)

피상담자	학교 중학교 학년 반 번호 (3) - ( ) - ( ) 성명	
	이 부분은 원하지 않을 경우, 작성하지 않으셔도 됩니다.	
생각 띄우기 (사건 이해)	※ 무슨 일이 있었나요? 그 일이 왜 일어났나요? (마인드맵 등 방법으로 구조화)	
	놀러가거나 여행을 갈 때 친구와 내가 노는 방식(?)이 달라서 갈등이 생긴적있다. 친구 : 어디에서 놀건지, 몇시에 놀건지 같은 부분을 다 어디어디에 갈 것인지 미리 계획하는 편. 계획이 체계가 생기면 실행할 때 계획한 대로 가야한다. 나 : 계획도 중요하지만 즉흥적으로 놀 때도 있음. 너무 계획 [illegible]하는건 싫어함.	
생각 말하기 (감정 이해)	※ 그 일이 있을 때, 어떤 감정이었나요? 상대방은 어떤 감정이었을까요?	
	자기의 마음(고백)	상대방 마음(추측)
	너무 계획한 대로만 움직여서 조금 답답하다..? 자유롭지 못한 것 같은 느낌을 받았다.	너무 자유로워서 불안하다..? 계획은 세워서 이동하는 것이 더 편하고 시간을 알차게 보낼 수 있다.
생각 구하기 (입장 이해)	※ 내가 상대방에게 바라는 것은? 상대방은 나에게 무엇을 바랄까요?	
	자기가 바라는 것(요구)	상대방이 바라는 것(추측)
	계획을 세우는것도 중요하지만, 너무 계획대로만 움직이는것은 조금 힘들다. 유연할 필요가 있다.	너무 즉흥적인게 힘들다. 어느정도 계획에서 피해가 가지 않는 선으로 의견을 내주면 좋겠다.
생각 나누기 (갈등 조정)	※ 상대방이 실제 요구한 내용에 대해 자기가 해줄 수 있는 것은 무엇인가요?	
	상대방이 실제 요구한 내용	상대방의 요구에 내가 해줄 수 있는 내용
	계획 세운것을 어느정도 잘 따라와라.	계획을 잘 따라가고, 피해가 가지 않는 선에서 의견을 낸다.
생각 살리기 (관계 회복)	※ 이번 일을 해결하기 위해 무슨 일을 어떻게 했으면 좋겠나요?	
	갈등이 일어났을 때 원인을 파악하고, 이를 해결하기 위해서 해결방안을 제시한다. 상대방과 대화를 나눌 때 감정이 격해지면 안 되고 잘 추스리며 이야기한다. 자신이 맞고 상대방이 틀린것이 아닌, 상대방의 의견도 잘 수용하고 존중해준다. 자신의 의견을 제시할 때 이 의견이 상대방에게 상처가 되진 않는지 한 번더 생각해보고 말한다.	

관계 회복을 위한 갈등 조정 다사리 대화록

※ 이 대화록은 말할 내용을 미리 정리해 보기 위한 것으로, 관계 회복을 위한 갈등 조정과 사례 연구자료로만 사용하며, 비밀을 유지합니다. (단 피상담자가 원하는 경우 비공개할 수 있습니다.)

피상담자	학교 [illegible] 학년 반 번호 (3) - ( ) - ( ) 성명	
	이 부분은 원하지 않을 경우, 작성하지 않으셔도 됩니다.	
생각 띄우기 (사건 이해)	※ 무슨 일이 있었나요? 그 일이 왜 일어났나요? (마인드맵 등 방법으로 구조화)	
	갈등 — 누구와? [illegible] 친구 / 언제? 중학교 2학년때 / 왜? [illegible] / 무슨 일이? [illegible]	
생각 말하기 (감정 이해)	※ 그 일이 있을 때, 어떤 감정이었나요? 상대방은 어떤 감정이었을까요?	
	자기의 마음(고백)	상대방 마음(추측)
	[illegible]	[illegible]
생각 구하기 (입장 이해)	※ 내가 상대방에게 바라는 것은? 상대방은 나에게 무엇을 바랄까요?	
	자기가 바라는 것(요구)	상대방이 바라는 것(추측)
	[illegible]	[illegible]
생각 나누기 (갈등 조정)	※ 상대방이 실제 요구한 내용에 대해 자기가 해줄 수 있는 것은 무엇인가요?	
	~~상대방이 실제 요구한 내용~~	~~상대방의 요구에 내가 해줄 수 있는 내용~~
	[illegible]	[illegible]
생각 살리기 (관계 회복)	※ 이번 일을 해결하기 위해 무슨 일을 어떻게 했으면 좋겠나요?	
	[illegible]	

4. 다사리 학습 방법

(1) 다사리 교육의 개념과 학습 방법

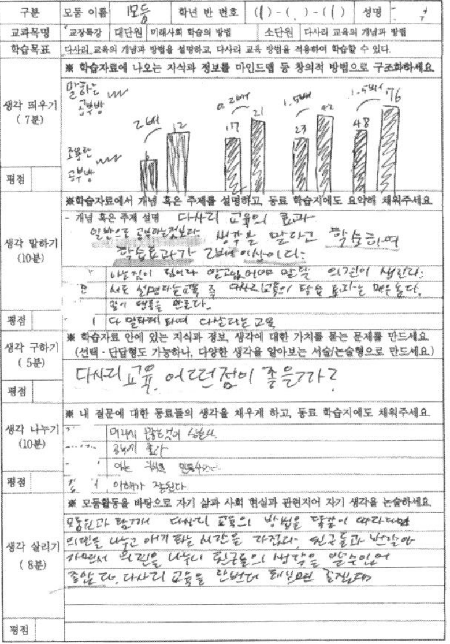
다 말하게 하여 생각을 다 살리는 다사리 학습 활동지(전면)

구분 | 모둠 이름 1모둠 | 학년 반 번호 (1)-( )-(1) | 성명
교과목명 교장특강 | 대단원 미래사회 학습의 방법 | 소단원 다사리 교육의 개념과 방법
학습목표 다사리 교육의 개념과 방법을 설명하고, 다사리 교육 방법을 적용하여 학습할 수 있다.
생각 띄우기 (7분) ※ 학습자료에 나오는 지식과 정보를 마인드맵 등 창의적 방법으로 구조화하세요.

평점
생각 말하기 (10분) ※학습자료에서 개념 혹은 주제를 설명하고, 동료 학습지에도 요약해 채워주세요.
- 개념 혹은 주제 설명 다사리 교육의 효과
학습효과가 2배 이상이다.
다 말하게 하여 다살리는 교육
평점
생각 구하기 (5분) ※ 학습자료 안에 있는 지식과 정보, 생각에 대한 가치를 묻는 문제를 만드세요. (선택·단답형도 가능하나, 다양한 생각을 알아보는 서술/논술형으로 만드세요.)
다사리 교육, 어떤점이 좋을까?
평점
생각 나누기 (10분) ※ 내 질문에 대한 동료들의 생각을 채우게 하고, 동료 학습지에도 채워주세요.
이해가 잘된다.
평점
생각 살리기 (8분) ※ 모둠활동을 바탕으로 자기 삶과 사회 현실과 관련지어 자기 생각을 논술하세요.
평점

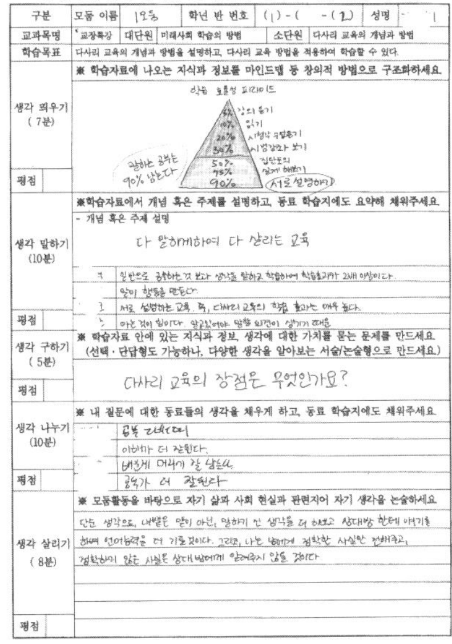
다 말하게 하여 생각을 다 살리는 다사리 학습 활동지(전면)

구분 | 모둠 이름 1모둠 | 학년 반 번호 (1)-( )-(2) | 성명
교과목명 교장특강 | 대단원 미래사회 학습의 방법 | 소단원 다사리 교육의 개념과 방법
학습목표 다사리 교육의 개념과 방법을 설명하고, 다사리 교육 방법을 적용하여 학습할 수 있다.
생각 띄우기 (7분) ※ 학습자료에 나오는 지식과 정보를 마인드맵 등 창의적 방법으로 구조화하세요.

평점
생각 말하기 (10분) ※학습자료에서 개념 혹은 주제를 설명하고, 동료 학습지에도 요약해 채워주세요.
- 개념 혹은 주제 설명
다 말하게하여 다 살리는 교육
일반으로 공부하는 것 보다 생각을 말하고 학습하여 학습효과가 2배 이상이다.
앎이 행동을 만든다.
서로 설명하는 교육, 즉, 다사리 교육의 학습 효과는 매우 높다.
아는 것이 힘이다. 알고있어야 말할 의견이 생기기 때문
평점
생각 구하기 (5분) ※ 학습자료 안에 있는 지식과 정보, 생각에 대한 가치를 묻는 문제를 만드세요. (선택·단답형도 가능하나, 다양한 생각을 알아보는 서술/논술형으로 만드세요.)
다사리 교육의 장점은 무엇인가요?
평점
생각 나누기 (10분) ※ 내 질문에 대한 동료들의 생각을 채우게 하고, 동료 학습지에도 채워주세요.
이해가 더 잘된다.
배운게 머리에 잘 남는다.
공부가 더 잘된다
평점
생각 살리기 (8분) ※ 모둠활동을 바탕으로 자기 삶과 사회 현실과 관련지어 자기 생각을 논술하세요.
평점

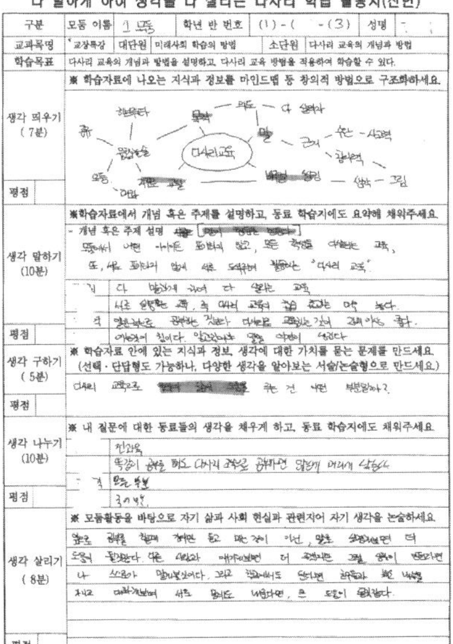
다 말하게 하여 생각을 다 살리는 다사리 학습 활동지(전면)

구분 | 모둠 이름 1모둠 | 학년 반 번호 (1)-( )-(3) | 성명
교과목명 교장특강 | 대단원 미래사회 학습의 방법 | 소단원 다사리 교육의 개념과 방법
학습목표 다사리 교육의 개념과 방법을 설명하고, 다사리 교육 방법을 적용하여 학습할 수 있다.
생각 띄우기 (7분) ※ 학습자료에 나오는 지식과 정보를 마인드맵 등 창의적 방법으로 구조화하세요.

평점
생각 말하기 (10분) ※학습자료에서 개념 혹은 주제를 설명하고, 동료 학습지에도 요약해 채워주세요.
- 개념 혹은 주제 설명
평점
생각 구하기 (5분) ※ 학습자료 안에 있는 지식과 정보, 생각에 대한 가치를 묻는 문제를 만드세요. (선택·단답형도 가능하나, 다양한 생각을 알아보는 서술/논술형으로 만드세요.)
평점
생각 나누기 (10분) ※ 내 질문에 대한 동료들의 생각을 채우게 하고, 동료 학습지에도 채워주세요.
평점
생각 살리기 (8분) ※ 모둠활동을 바탕으로 자기 삶과 사회 현실과 관련지어 자기 생각을 논술하세요.
평점

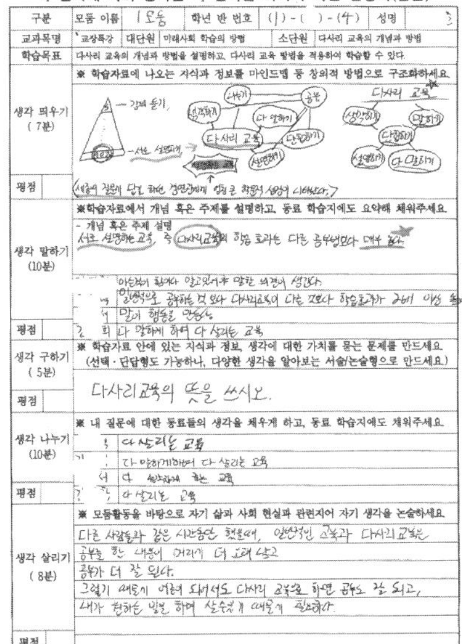
다 말하게 하여 생각을 다 살리는 다사리 학습 활동지(전면)

구분 | 모둠 이름 1모둠 | 학년 반 번호 (1)-( )-(4) | 성명
교과목명 교장특강 | 대단원 미래사회 학습의 방법 | 소단원 다사리 교육의 개념과 방법
학습목표 다사리 교육의 개념과 방법을 설명하고, 다사리 교육 방법을 적용하여 학습할 수 있다.
생각 띄우기 (7분) ※ 학습자료에 나오는 지식과 정보를 마인드맵 등 창의적 방법으로 구조화하세요.

평점
생각 말하기 (10분) ※학습자료에서 개념 혹은 주제를 설명하고, 동료 학습지에도 요약해 채워주세요.
- 개념 혹은 주제 설명
서로 설명하는 교육, 즉 다사리교육의 학습 효과는 다른 공부법보다 매우 높다.
말이 행동을 만든다
다 말하게 하여 다 살리는 교육
평점
생각 구하기 (5분) ※ 학습자료 안에 있는 지식과 정보, 생각에 대한 가치를 묻는 문제를 만드세요. (선택·단답형도 가능하나, 다양한 생각을 알아보는 서술/논술형으로 만드세요.)
다사리교육의 뜻을 쓰시오.
평점
생각 나누기 (10분) ※ 내 질문에 대한 동료들의 생각을 채우게 하고, 동료 학습지에도 채워주세요.
다 살리는 교육
다 말하게하며 다 살리는 교육
다 살리는 교육
평점
생각 살리기 (8분) ※ 모둠활동을 바탕으로 자기 삶과 사회 현실과 관련지어 자기 생각을 논술하세요.
다른 사람들과 같은 시간동안 했을때, 일반적인 교육과 다사리 교육은
공부를 한 내용이 머리에 더 오래 남고
공부가 더 잘 된다.
평점

다 말하게 하여 생각을 다 살리는 다사리 학습 활동지(전면)

구분	모둠 이름	1	학년 반 번호	(1)-( )-(5)	성명	
교과목명	교장특강	대단원	미래사회 학습의 방법	소단원	다사리 교육의 개념과 방법	
학습목표	다사리 교육의 개념과 방법을 설명하고, 다사리 교육 방법을 적용하여 학습할 수 있다.					
생각 띄우기 (7분)	※ 학습자료에 나오는 지식과 정보를 마인드맵 등 창의적 방법으로 구조화하세요. 다사리 / 세종대왕 / 훈민정음 / 말하면서 배우는 교육 / 다사리 교육 / 다살리는 교육					
평점						
생각 말하기 (10분)	※학습자료에서 개념 혹은 주제를 설명하고, 동료 학습지에도 요약해 채워주세요. - 개념 혹은 주제 설명 아는 것이 힘이다. 알고있어야 말할 의견이 생기기 때문. 다 말하게 하여 다 살리는 교육					
평점						
생각 구하기 (5분)	※ 학습자료 안에 있는 지식과 정보, 생각에 대한 가치를 묻는 문제를 만드세요. (선택·단답형도 가능하나, 다양한 생각을 알아보는 서술/논술형으로 만드세요.) 다사리 교육은 무엇이 좋을까?					
평점						
생각 나누기 (10분)	※ 내 질문에 대한 동료들의 생각을 채우게 하고, 동료 학습지에도 채워주세요. 학습효과가 2배가 되어 공부에 좋다. 공부를 잘 할 수 있다 이해력이 좋다. 모두의 생각을 들을 수 있다.					
평점						
생각 살리기 (8분)	※ 모둠활동을 바탕으로 자기 삶과 사회 현실과 관련지어 자기 생각을 논술하세요. 다사리 교육은 배우면서 새로운 아이디어를 제시하고 더욱 풍부하게 생각을 할 수 있을 것 같다. 또한 일상생활에서 학습 능력을 상승시킨 것으로 유용하게 사용할 수 있을 것 같다.					
평점						

다 말하게 하여 생각을 다 살리는 다사리 학습 활동지(전면)

구분	모둠 이름	모둠워킹(4명)	1학년1반6번호	(1)-( )-(6)	성명	
교과목명	교장특강	대단원	미래사회 학습의 방법	소단원	다사리 교육의 개념과 방법	
학습목표	다사리 교육의 개념과 방법을 설명하고, 다사리 교육 방법을 적용하여 학습할 수 있다.					
생각 띄우기 (7분)	※ 학습자료에 나오는 지식과 정보를 마인드맵 등 창의적 방법으로 구조화하세요. 다사리교육 / 방법 / 1생각띄우기 / 2생각말하기 / 3생각구하기 / 생각나누기 / 생각살리기 / 다말하기 / 다살리기 / 토론 / 협동력 키우기 / 민주적을 높인다 / 다 살리는 교육					
평점						
생각 말하기 (10분)	※학습자료에서 개념 혹은 주제를 설명하고, 동료 학습지에도 요약해 채워주세요. - 개념 혹은 주제 설명 다사리교육 다말하고 다 공부한다. 다 말하게 하여 생각을 다 살리는 교육 다 말하고, 다 살리는 수업 다 살리는 교육, 다 말하는 자유로운 교육					
평점						
생각 구하기 (5분)	※ 학습자료 안에 있는 지식과 정보, 생각에 대한 가치를 묻는 문제를 만드세요. (선택·단답형도 가능하나, 다양한 생각을 알아보는 서술/논술형으로 만드세요.) 다사리 교육은 무엇인가					
평점						
생각 나누기 (10분)	※ 내 질문에 대한 동료들의 생각을 채우게 하고, 동료 학습지에도 채워주세요. 교장선생님께서 만드신 혁명적인 교육 서로를 살리는 교육 모두 말하게 하는 교육					
평점						
생각 살리기 (8분)	※ 모둠활동을 바탕으로 자기 삶과 사회 현실과 관련지어 자기 생각을 논술하세요. 사회생활가 미숙적인 을 높여 사회에서 잘 살아갈 수 있게 한다. 친구와 얘기할 때 자신감을 될 수 있게 한다. 다사리 교육을 하면 기억에 더욱 더 기억이 잘 된다.					
평점						

다 말하게 하여 생각을 다 살리는 다사리 학습 활동지(전면)

구분	모둠 이름	모둠워킹(4명)	학년 반 번호	(1)-( )-(7)	성명	
교과목명	교장특강	대단원	미래사회 학습의 방법	소단원	다사리 교육의 개념과 방법	
학습목표	다사리 교육의 개념과 방법을 설명하고, 다사리 교육 방법을 적용하여 학습할 수 있다.					
생각 띄우기 (7분)	※ 학습자료에 나오는 지식과 정보를 마인드맵 등 창의적 방법으로 구조화하세요. ① 생각 띄우기 (비주얼 씽킹) ② 생각 말하기 (거꾸로 교실) ③ 생각 구하기 (신화론) ④ 생각 나누기 (하브루타) ⑤ 생각 살리기 (융합논술) 다사리교육 · 다 말하게 하여 다 살리는 교육 · 비고츠키의 (생각과 말의 관계) · 대한민국 미래교육 브랜드 · 다사리교육의 핵심 역량 - 창의적 사고 역량 - 공동체 역량 - 의사소통 역량					
평점						
생각 말하기 (10분)	※학습자료에서 개념 혹은 주제를 설명하고, 동료 학습지에도 요약해 채워주세요. - 개념 혹은 주제 설명 다 말하게 하여 생각을 다 살리는 교육 다 말하고, 다 살리는 수업 다 살리는 교육, 다 말하는 자유로운 교육 다 공부하고 다 살리는 교육					
평점						
생각 구하기 (5분)	※ 학습자료 안에 있는 지식과 정보, 생각에 대한 가치를 묻는 문제를 만드세요. (선택·단답형도 가능하나, 다양한 생각을 알아보는 서술/논술형으로 만드세요.) 다사리교육의 특징과 핵심역량은 무엇인가요?					
평점						
생각 나누기 (10분)	※ 내 질문에 대한 동료들의 생각을 채우게 하고, 동료 학습지에도 채워주세요. 다 살리는 교육 다 말하는 자유로운 교육 다살리는교육					
평점						
생각 살리기 (8분)	※ 모둠활동을 바탕으로 자기 삶과 사회 현실과 관련지어 자기 생각을 논술하세요. 지난번에 다사리 교육에 대해서 강의만 들었을 때는 다사리 교육에 대해서 그리 이해가 잘 되진 않았는데 이렇게 모둠친구과 생각을 나누어 보니 다사리 교육에 대해서 이해가 꽤 되는 것 같다.					
평점						

다 말하게 하여 생각을 다 살리는 다사리 학습 활동지(전면)

구분	모둠 이름	모둠워킹(4명)	학년 반 번호	(1)-( )-(8)	성명	
교과목명	교장특강	대단원	미래사회 학습의 방법	소단원	다사리 교육의 개념과 방법	
학습목표	다사리 교육의 개념과 방법을 설명하고, 다사리 교육 방법을 적용하여 학습할 수 있다.					
생각 띄우기 (7분)	※ 학습자료에 나오는 지식과 정보를 마인드맵 등 창의적 방법으로 구조화하세요. 다사리교육 / 생각나누기 / 서로 만든 질문의 대답 / 생각 말하기 / 배운내용 설명 / 생각살리기					
평점						
생각 말하기 (10분)	※학습자료에서 개념 혹은 주제를 설명하고, 동료 학습지에도 요약해 채워주세요. - 개념 혹은 주제 설명 다 말하고, 다살리는 수업 다살리고 공부하게 하는 교육 다 말하게 하여 생각을 다 살리는 교육 다 살리는 교육, 다 말하는 자유로운 교육					
평점						
생각 구하기 (5분)	※ 학습자료 안에 있는 지식과 정보, 생각에 대한 가치를 묻는 문제를 만드세요. (선택·단답형도 가능하나, 다양한 생각을 알아보는 서술/논술형으로 만드세요.) 다사리교육의 장점은 무엇인가요?					
평점						
생각 나누기 (10분)	※ 내 질문에 대한 동료들의 생각을 채우게 하고, 동료 학습지에도 채워주세요. 모두가 다 말하게 한다~ 자유롭게 내 생각을 말할 수 있고 지식을 얻을 수 있다. 모두의 생각을 알 수 있다.					
평점						
생각 살리기 (8분)	※ 모둠활동을 바탕으로 자기 삶과 사회 현실과 관련지어 자기 생각을 논술하세요. 모둠 원과 함께 다사리교육을 생각하며, 자신의 의견을 얘기하는 시간을 가졌다. 친구들의 생각을 차근 차근 알 수 있어서 좋다. 그리고, 다사리교육에 대해서 한번더 돌아볼 수 있었다.					
평점						

다 말하게 하여 생각을 다 살리는 다사리 학습 활동지(전면)

구분	모둠 이름 [illegible]	학년 반 번호 (1) - ( ) - (10)	성명
교과목명	교장특강 / 대단원: 미래사회 학습의 방법	소단원: 다사리 교육의 개념과 방법	
학습목표	다사리 교육의 개념과 방법을 설명하고, 다사리 교육 방법을 적용하여 학습할 수 있다.		

구분	내용
생각 띄우기 (7분)	※ 학습자료에 나오는 지식과 정보를 마인드맵 등 창의적 방법으로 구조화하세요. 다사리교육 – 모둠활동, 토론, 미래교육, 다 살리다, 다 말하다, 인공지능, 협동, 소통, 자신감, 의견, 토의, 편리함, AI, IQ, EQ, 자유로움, 대화, 소통, 친화력, 부담감이 없음
평점	
생각 말하기 (10분)	※학습자료에서 개념 혹은 주제를 설명하고, 동료 학습지에도 요약해 채워주세요. - 개념 혹은 주제 설명 다 살리는 교육, 다 말하는 자유로운 교육 다 말하고, 다 살리는 수업 다 말하게 하며 생각을 다 살리는 교육 다 살리고 다 공부하게 하는 교육
평점	
생각 구하기 (5분)	※ 학습자료 안에 있는 지식과 정보, 생각에 대한 가치를 묻는 문제를 만드세요. (선택·단답형도 가능하나, 다양한 생각을 알아보는 서술/논술형으로 만드세요.) 다사리 교육은 무엇이 좋나요?
평점	
생각 나누기 (10분)	※ 내 질문에 대한 동료들의 생각을 채우게 하고, 동료 학습지에도 채워주세요. 공부에 도움을 줍니다. 모두 말하게 한다 모두 말하게 하는 것이 학습 효과가 더 좋다.
평점	
생각 살리기 (8분)	※ 모둠활동을 바탕으로 자기 삶과 사회 현실과 관련지어 자기 생각을 논술하세요. 다사리 교육을 통해 많은 학생들이 학습 능률을 높이고 자신의 생각과 의견을 말하는 데에 큰 자신감을 얻을 수 있다. 그리고 나만 나의 생각을 말하는 것이 아닌 친구들의 의견과 생각을 듣고 토의를 하여 의견을 나누는 학습 활동을 통해서 서로에 대한 신뢰, 배려, 존중 능력을 키울 수 있는 정말 효율적이고 자유로운 학습이다.
평점	

다 말하게 하여 생각을 다 살리는 다사리 학습 활동지(전면)

구분	모둠 이름 민강모둠	학년 반 번호 (1) - ( ) - (11)	성명
교과목명	교장특강 / 대단원: 미래사회 학습의 방법	소단원: 다사리 교육의 개념과 방법	
학습목표	다사리 교육의 개념과 방법을 설명하고, 다사리 교육 방법을 적용하여 학습할 수 있다.		

구분	내용
생각 띄우기 (7분)	※ 학습자료에 나오는 지식과 정보를 마인드맵 등 창의적 방법으로 구조화하세요. 다사리교육 – 다 살리는 교육, 대화하는 교육, 사랑, 배려, 세종대왕, 재능, 생각
평점	
생각 말하기 (10분)	※학습자료에서 개념 혹은 주제를 설명하고, 동료 학습지에도 요약해 채워주세요. - 개념 혹은 주제 설명 다사리 교육은 말하면서 공부하는 것이 훨씬 효율적이다. 다사리교육은 말하면서 공부하는 게 좋다. 다사리 교육은 특정주제에 대한 생각을 잘 논술할 수 있게 하는 교육 학생들이 서로 이야기하며 생각을 키우는 교육 다 살리려 하는 교육이다.
평점	
생각 구하기 (5분)	※ 학습자료 안에 있는 지식과 정보, 생각에 대한 가치를 묻는 문제를 만드세요. (선택·단답형도 가능하나, 다양한 생각을 알아보는 서술/논술형으로 만드세요.) 다사리 교육은 왜? 필요한가?
평점	
생각 나누기 (10분)	※ 내 질문에 대한 동료들의 생각을 채우게 하고, 동료 학습지에도 채워주세요. 다사리교육은 공부할 때 효율이 좋아서다. 주제에 대한 나의 생각을 잘 논술 학생들의 사고력을 키우기 위해 좋은 교육으로 학생들을 바른 길로 인도함.
평점	
생각 살리기 (8분)	※ 모둠활동을 바탕으로 자기 삶과 사회 현실과 관련지어 자기 생각을 논술하세요. 다사리 교육은 주제에 대한 나의 생각을 잘 나타내는 교육이고 학생들에게 사고력을 키워주고 학생들이 서로 이야기하며 생각을 키우는 교육
평점	

다 말하게 하여 생각을 다 살리는 다사리 학습 활동지(전면)

구분	모둠 이름 민강모둠	학년 반 번호 (1) - ( ) - (12)	성명
교과목명	교장특강 / 대단원: 미래사회 학습의 방법	소단원: 다사리 교육의 개념과 방법	
학습목표	다사리 교육의 개념과 방법을 설명하고, 다사리 교육 방법을 적용하여 학습할 수 있다.		

구분	내용
생각 띄우기 (7분)	※ 학습자료에 나오는 지식과 정보를 마인드맵 등 창의적 방법으로 구조화하세요. 다사리교육 – 조용한 공부방보다 말하는 공부방이 효능에 좋다라고 나옴 / 이제는 선생님에게 배우는 시대 / 이제는 시가 학생에게 가르치는 시대 / 공부할 때는 집단토의가 50%, 실제 해보기가 75%, 서로 설명하기가 90%, 서로 설명하기가 가장 좋다
평점	
생각 말하기 (10분)	※학습자료에서 개념 혹은 주제를 설명하고, 동료 학습지에도 요약해 채워주세요. - 개념 혹은 주제 설명 시가 설명하고 말하는 미래교육 말하면서 공부하는 것이 더 효율적이다 주제에 대한 생각을 잘 논술할 수 있게 하는 교육 학생들이 돌아가며 서로 이야기하여 생각을 키우는 교육 다 살리려 하는 교육
평점	
생각 구하기 (5분)	※ 학습자료 안에 있는 지식과 정보, 생각에 대한 가치를 묻는 문제를 만드세요. (선택·단답형도 가능하나, 다양한 생각을 알아보는 서술/논술형으로 만드세요.) 다사리교육은 무엇인가?
평점	
생각 나누기 (10분)	※ 내 질문에 대한 동료들의 생각을 채우게 하고, 동료 학습지에도 채워주세요. 다 살리는 교육 주제에 대한 생각을 잘 논술 서로 이야기하여 학생의 사고력과 생각을 키우는 교육 다 살리는 교육.
평점	
생각 살리기 (8분)	※ 모둠활동을 바탕으로 자기 삶과 사회 현실과 관련지어 자기 생각을 논술하세요. 친구들과 협력하고 이야기를 하면서 좋았고 그리고 다사리교육의 효능 다사리교육은 무엇인지 등을 알 수 있었다. 다른 친구들 걸 보면서 이렇게 하는 거구나 라는 걸 깨달았다. 앞으로 다사리교육을 알아서 제일 좋은 게 바로 서로 설명하기였다. 너무 재미있었다.
평점	

다 말하게 하여 생각을 다 살리는 다사리 학습 활동지(전면)

구분	모둠 이름 민강모둠	학년 반 번호 (1) - (- (17)	성명
교과목명	교장특강 / 대단원: 미래사회 학습의 방법	소단원: 다사리 교육의 개념과 방법	
학습목표	다사리 교육의 개념과 방법을 설명하고, 다사리 교육 방법을 적용하여 학습할 수 있다.		

구분	내용
생각 띄우기 (7분)	※ 학습자료에 나오는 지식과 정보를 마인드맵 등 창의적 방법으로 구조화하세요. 다사리교육 – 생각 말하기, 생각 살리기, 생각 구하기, 생각 띄우기, 나의 생각
평점	
생각 말하기 (10분)	※학습자료에서 개념 혹은 주제를 설명하고, 동료 학습지에도 요약해 채워주세요. - 개념 혹은 주제 설명 다사리 교육이란: 어느 특정 주제에 대한 나의 생각과 남의 생각을 잘 합쳐서 논술할 수 있게 하는 교육 학생들이 돌아가며 서로 이야기하여 생각을 키우는 교육 조용한 공부방보다 서로 설명하는 게 더 좋다. 말하면서 공부하는 것이 더 효율적이다 다 살리려 하는 교육이다.
평점	
생각 구하기 (5분)	※ 학습자료 안에 있는 지식과 정보, 생각에 대한 가치를 묻는 문제를 만드세요. (선택·단답형도 가능하나, 다양한 생각을 알아보는 서술/논술형으로 만드세요.) 다사리 교육으로 인한 효과는 어느 정도일까?
평점	
생각 나누기 (10분)	※ 내 질문에 대한 동료들의 생각을 채우게 하고, 동료 학습지에도 채워주세요. 서로 얘기하는 교육은 90% 이상 남는다. 강의보다 85% 이상 서로 얘기하며 90% 살릴 수 있다. 서로 얘기하며 교육하면 90% 이상 남는다고 한다 아주 좋은 정도.
평점	
생각 살리기 (8분)	※ 모둠활동을 바탕으로 자기 삶과 사회 현실과 관련지어 자기 생각을 논술하세요. 다사리교육은 어느 특정 주제에 대하여 나의 생각과 남의 생각을 잘 합쳐 논술할 수 있게 하는 교육이고 그의 효과는 강의를 그냥 듣는 것보다 18배 이상이다. 그러니 우리 교육 방법을 다사리 교육으로 바꾸면 더 발전할 것이다.
평점	

다 말하게 하여 생각을 다 살리는 다사리 학습 활동지(전면)

구분	모둠 이름 민강 모둠 / 학년 반 번호 (1)-( )(14) / 성명
교과목명	교장특강 / 대단원 미래사회 학습의 방법 / 소단원 다사리 교육의 개념과 방법
학습목표	다사리 교육의 개념과 방법을 설명하고, 다사리 교육 방법을 적용하여 학습할 수 있다.
생각 띄우기 (7분)	※ 학습자료에 나오는 지식과 정보를 마인드맵 등 창의적 방법으로 구조화하세요. 다사리교육이란? - 다섯단계로 이루어짐 - 다사리→"다 말하게 하다", "다 살리다" 라는 뜻 - 말로 설명해 학생들이 서로 이해하고 배우는 공부법 - 세종대왕의 철학과 이념이 담긴 공부법 - 자신의 생각을 뒤로 다른 생각들을 이해하며 성장하는 공부법 - 결론: 학생 스스로 의논하며 자신의 생각을 키워나가는 교육
평점	
생각 말하기 (10분)	※학습자료에서 개념 혹은 주제를 설명하고, 동료 학습지에도 요약해 채워주세요. - 개념 혹은 주제 설명 학생들이 돌아가며 서로 이야기하며 생각을 키우는 공부법 조용한 공부보다 학생들과 말하는게 더 좋다 다 말하게 하는 교육이다 다사리교육은 나의 생각을 더 논리적으로 표현할 수 있는 교육 말하면서 공부하는 것이 더 효율적이다
평점	
생각 구하기 (5분)	※ 학습자료 안에 있는 지식과 정보, 생각에 대한 가치를 묻는 문제를 만드세요 (선택·단답형도 가능하나, 다양한 생각을 알아보는 서술/논술형으로 만드세요.) 다사리교육은 어떤 점이 좋은가요? (3개 이상)
평점	
생각 나누기 (10분)	※ 내 질문에 대한 동료들의 생각을 채우게 하고, 동료 학습지에도 채워주세요. 1. 지식과 다스림. 더 많이 살 수 있다. 1. 잘 모르는걸 친구에게 알려준다. 2. 발표 등을 자유로 해준다. 1. 더 효율적이고 논리적으로 공부 가능 1. 더 효율적이다. 2. 좋은 공부방법을 알려준다.
평점	
생각 살리기 (8분)	※ 모둠활동을 바탕으로 자기 삶과 사회 현실과 관련지어 자기 생각을 논술하세요. 대한민국의 교육현실은 최악입니다. 사교육의 경쟁심 때문에 학생들은 매일 밤늦게 돌아온다. 하지만 다사리교육은 학생들이 스스로 토론하며 사고력을 키워준다. 이렇게 학생들 스스로 생각을 키운다면 다사리교육 2시간이 학원에 가는 10시간보다 훨씬 귀중할 것이다
평점	

다 말하게 하여 생각을 다 살리는 다사리 학습 활동지(전면)

구분	모둠 이름 민강모둠 / 학년 반 번호 (1)-( )(14) / 성명
교과목명	교장특강 / 대단원 미래사회 학습의 방법 / 소단원 다사리 교육의 개념과 방법
학습목표	다사리 교육의 개념과 방법을 설명하고, 다사리 교육 방법을 적용하여 학습할 수 있다.
생각 띄우기 (7분)	※ 학습자료에 나오는 지식과 정보를 마인드맵 등 창의적 방법으로 구조화하세요. 핵심 / 다사리교육 / 목표 목표: 수업, 평가에 연계해서 수업, 교육의 일체화 실현 미래사회 인재 역량
평점	
생각 말하기 (10분)	※학습자료에서 개념 혹은 주제를 설명하고, 동료 학습지에도 요약해 채워주세요. - 개념 혹은 주제 설명 다 살리려 하는 교육 말하면서 공부하는게 조용한것보다 결과가 좋다 다사리 교육은 자신의 생각을 더 논리적으로 서술할 수 있게 해준다 말하면서 공부하는 것이 더 효율적이다 학생들이 서로 이야기하며 생각을 키우는 교육
평점	
생각 구하기 (5분)	※ 학습자료 안에 있는 지식과 정보, 생각에 대한 가치를 묻는 문제를 만드세요 (선택·단답형도 가능하나, 다양한 생각을 알아보는 서술/논술형으로 만드세요.) 다사리 교육을 만든 이유?
평점	
생각 나누기 (10분)	※ 내 질문에 대한 동료들의 생각을 채우게 하고, 동료 학습지에도 채워주세요. 학생들의 사고력을 키우기 위해서 더 많은 지식을 쌓을 수 있다 효과적으로 더 많은 나의 생각을 논할 수 있다 더 효율적이게 공부할 수 있다
평점	
생각 살리기 (8분)	※ 모둠활동을 바탕으로 자기 삶과 사회 현실과 관련지어 자기 생각을 논술하세요. 점점 학생들의 태도와 개념이 줄어들고 있는데 같은 생각이 많아서 다사리 교육과 모둠활동이 필요할 것 같다.
평점	

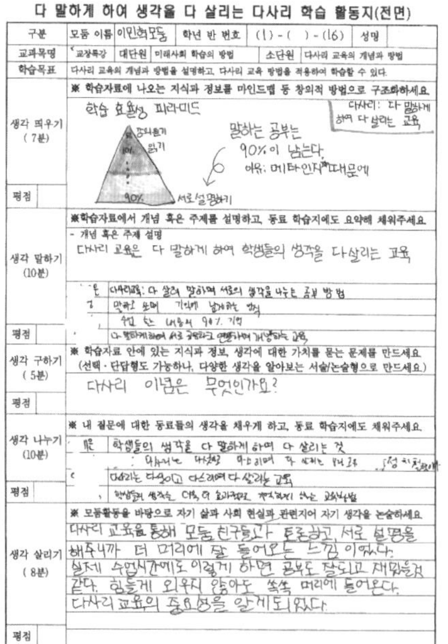

다 말하게 하여 생각을 다 살리는 다사리 학습 활동지(전면)

구분	모둠 이름 이민혁모둠 / 학년 반 번호 (1)-( )-(16) / 성명
교과목명	교장특강 / 대단원 미래사회 학습의 방법 / 소단원 다사리 교육의 개념과 방법
학습목표	다사리 교육의 개념과 방법을 설명하고, 다사리 교육 방법을 적용하여 학습할 수 있다.
생각 띄우기 (7분)	※ 학습자료에 나오는 지식과 정보를 마인드맵 등 창의적 방법으로 구조화하세요. 학습 효율성 피라미드 강의 듣기 / 읽기 / 90% 서로 설명하기 말하는 공부는 90%이 남는다. 이유: 메타인지 때문에 다사리: 다 말하게 하여 다 살리는 교육
평점	
생각 말하기 (10분)	※학습자료에서 개념 혹은 주제를 설명하고, 동료 학습지에도 요약해 채워주세요. - 개념 혹은 주제 설명 다사리 교육은 다 말하게 하여 학생들의 생각을 다 살리는 교육 다사리교육: 다 살려 말하며 서로의 생각을 나누는 공부 방법 말하고 보며 기억에 남게하는 방식 수업 중 90% 기억 다 말하게 하여 서로 공유하고 연결하여 개념화하는 교육
평점	
생각 구하기 (5분)	※ 학습자료 안에 있는 지식과 정보, 생각에 대한 가치를 묻는 문제를 만드세요 (선택·단답형도 가능하나, 다양한 생각을 알아보는 서술/논술형으로 만드세요.) 다사리 이념은 무엇인가요?
평점	
생각 나누기 (10분)	※ 내 질문에 대한 동료들의 생각을 채우게 하고, 동료 학습지에도 채워주세요. 학생들의 생각을 다 말하게 하여 다 살리는 것 다사리는 다 살고 다 살려내는 교육
평점	
생각 살리기 (8분)	※ 모둠활동을 바탕으로 자기 삶과 사회 현실과 관련지어 자기 생각을 논술하세요. 다사리 교육을 통해 모둠 친구들과 토론하고, 서로 설명을 해주니까 더 머리에 잘 들어오는 느낌이었다. 실제 수업시간에도 이렇게 하면 공부도 잘되고 재밌을것 같다. 힘들게 외우지 않아도 쏙쏙 머리에 들어온다. 다사리 교육의 중요성을 알게되었다.
평점	

다 말하게 하여 생각을 다 살리는 다사리 학습 활동지(전면)

구분	모둠 이름 이민혁모둠 / 학년 반 번호 (1)-( )-(17) / 성명
교과목명	교장특강 / 대단원 미래사회 학습의 방법 / 소단원 다사리 교육의 개념과 방법
학습목표	다사리 교육의 개념과 방법을 설명하고, 다사리 교육 방법을 적용하여 학습할 수 있다.
생각 띄우기 (7분)	※ 학습자료에 나오는 지식과 정보를 마인드맵 등 창의적 방법으로 구조화하세요. 조용한 공부방 VS 말하는 공부방 / 48 / 96 / 전체평균 *말하는 공부의 효과가 더 뛰어남 다사리: 토론, 활동, 모둠, 생각, 교육, 말하기, 살리다, 의사소통, 공부 완전 연결형
평점	
생각 말하기 (10분)	※학습자료에서 개념 혹은 주제를 설명하고, 동료 학습지에도 요약해 채워주세요. - 개념 혹은 주제 설명 다사리 교육: 다 살려 말하며 공부하는 방법 각자의 생각을 나누고 활용함 다사리 교육은 다 말하게 하여 학생들의 생각을 다 살리는교육 다사리 교육은 조용히 있는 공부법보다 더욱 효과적 말하고 보며 기억에 남게하는 방식 다 말하게하여 서로 공유하고 연결하여 개념화하는 교육
평점	
생각 구하기 (5분)	※ 학습자료 안에 있는 지식과 정보, 생각에 대한 가치를 묻는 문제를 만드세요 (선택·단답형도 가능하나, 다양한 생각을 알아보는 서술/논술형으로 만드세요.) 다사리 교육을 하면 좋은점
평점	
생각 나누기 (10분)	※ 내 질문에 대한 동료들의 생각을 채우게 하고, 동료 학습지에도 채워주세요. 다른 교육법보다 수업효과, 수업 내용이 더 기억이 남음 말하면 기억에 잘 남고 잘 설명할 수 있음 말하면 공부가 더 잘된다 사고력 향상에 도움이 된다
평점	
생각 살리기 (8분)	※ 모둠활동을 바탕으로 자기 삶과 사회 현실과 관련지어 자기 생각을 논술하세요. 다사리교육은 하며 생각하는 힘을 구할 수 있으며 말하는 공부법은 90%나 남기 때문에 오용과 서로의 생각을 구하고 말하는 공부가 도움이 될 것 같다. 사회에서도 자신의 생각을 잘 말하고 구할 수 있을 것 같으며 더 능수능란하게 말하는 능력이 높아질 것 같고, 생활에 도움이 될 것 같다.
평점	

다 말하게 하여 생각을 다 살리는 다사리 학습 활동지(전면)

구분	모둠 이름		학년 반 번호	(1)-( )-(18)	성명	
교과목명	교양특강	대단원	미래사회 학습의 방법	소단원	다사리 교육의 개념과 방법	
학습목표	다사리 교육의 개념과 방법을 설명하고, 다사리 교육 방법을 적용하여 학습할 수 있다.					
생각 띄우기 (7분)	※ 학습자료에 나오는 지식과 정보를 마인드맵 등 창의적 방법으로 구조화하세요. 다사리 교육 … Design Of All … Speech All Live Education					
평점						
생각 말하기 (10분)	※학습자료에서 개념 혹은 주제를 설명하고, 동료 학습지에도 요약해 채워주세요. - 개념 혹은 주제 설명 다사리 교육: 다 살려 말하여 서로 생각을 나누는 공부법 다사리 교육은 읽고 쓰는 교육방식보다 더 효과적 다사리교육은 다 말하게 하여 학생들의 생각을 다 살리는 교육 말하고 쓰며 기억에 남게하는 방식					
평점						
생각 구하기 (5분)	※ 학습자료 안에 있는 지식과 정보, 생각에 대한 가치를 묻는 문제를 만드세요. (선택·단답형도 가능하나, 다양한 생각을 알아보는 서술/논술형으로 만드세요.) 다사리의 뜻은?					
평점						
생각 나누기 (10분)	※ 내 질문에 대한 동료들의 생각을 채우게 하고, 동료 학습지에도 채워주세요. 다 말하게 하며 다 살리는 교육 다 살려 다스리는 교육 Design of All Speak All Live Instruction = DASALi 다 살리다, 다 말하게 하다 라는 뜻이 있다.					
평점						
생각 살리기 (8분)	※ 모둠활동을 바탕으로 자기 삶과 사회 현실과 관련지어 자기 생각을 논술하세요. [illegible]					
평점						

다 말하게 하여 생각을 다 살리는 다사리 학습 활동지(전면)

구분	모둠 이름		학년 반 번호	(1)-(1)-(19)	성명	
교과목명	교양특강	대단원	미래사회 학습의 방법	소단원	다사리 교육의 개념과 방법	
학습목표	다사리 교육의 개념과 방법을 설명하고, 다사리 교육 방법을 적용하여 학습할 수 있다.					
생각 띄우기 (7분)	※ 학습자료에 나오는 지식과 정보를 마인드맵 등 창의적 방법으로 구조화하세요. 다사리 교육 — 모둠 활동 — 설명 — 질문 — 개념 Design of All Speak All Live Instruction					
평점						
생각 말하기 (10분)	※학습자료에서 개념 혹은 주제를 설명하고, 동료 학습지에도 요약해 채워주세요. - 개념 혹은 주제 설명 다사리 교육의 목적과 핵심 내용 다 살려 말하며 서로 생각을 나누는 공부법 다사리교육 다사리 교육은 읽고 쓰는 교육방법보다 더욱 효과적 말하고 쓰며 기억에 남게하는 방식					
평점						
생각 구하기 (5분)	※ 학습자료 안에 있는 지식과 정보, 생각에 대한 가치를 묻는 문제를 만드세요. (선택·단답형도 가능하나, 다양한 생각을 알아보는 서술/논술형으로 만드세요.) 다사리 교육은 어떻게 하는 걸까?					
평점						
생각 나누기 (10분)	※ 내 질문에 대한 동료들의 생각을 채우게 하고, 동료 학습지에도 채워주세요. 학생들의 생각을 말하게 하며 더 잘 기억하게 함 학생들의 생각을 다 살려 교육 서로의 생각을 구하며 말하는 교육 학생들과 말하고 토론하는 것					
평점						
생각 살리기 (8분)	※ 모둠활동을 바탕으로 자기 삶과 사회 현실과 관련지어 자기 생각을 논술하세요. [illegible]					
평점						

다 말하게 하여 생각을 다 살리는 다사리 학습 활동지(전면)

구분	모둠 이름		학년 반 번호	(1)-( )-(20)	성명	
교과목명	교양특강	대단원	미래사회 학습의 방법	소단원	다사리 교육의 개념과 방법	
학습목표	다사리 교육의 개념과 방법을 설명하고, 다사리 교육 방법을 적용하여 학습할 수 있다.					
생각 띄우기 (7분)	※ 학습자료에 나오는 지식과 정보를 마인드맵 등 창의적 방법으로 구조화하세요. 다사리 교육 — 활동 — 말하다 — 다스리다 — 토론 — 생각 — 지식					
평점						
생각 말하기 (10분)	※학습자료에서 개념 혹은 주제를 설명하고, 동료 학습지에도 요약해 채워주세요. - 개념 혹은 주제 설명 말하고 쓰며 기억에 남게하는 방식 다사리교육은 다 말하게 하여 학생들의 생각을 다 살리는 교육 다사리 교육은 읽고 쓰는 교육방법보다 더 효과적 다사리교육: 다 살려 말하며 서로 생각을 나누는 공부법					
평점						
생각 구하기 (5분)	※ 학습자료 안에 있는 지식과 정보, 생각에 대한 가치를 묻는 문제를 만드세요. (선택·단답형도 가능하나, 다양한 생각을 알아보는 서술/논술형으로 만드세요.) 다사리 교육은 왜 해야 할까?					
평점						
생각 나누기 (10분)	※ 내 질문에 대한 동료들의 생각을 채우게 하고, 동료 학습지에도 채워주세요. 말을 하면 공부가 더 잘되기 때문이다 서로의 생각을 구하며 말하는 공부를 하면 효과가 좋기 때문이다 읽고 쓰는 공부방법보다 더욱 효과적이어서 학생들의 생각을 공유하며 다 살리기 위해서					
평점						
생각 살리기 (8분)	※ 모둠활동을 바탕으로 자기 삶과 사회 현실과 관련지어 자기 생각을 논술하세요. 다사리 교육을 해서 기억에 잘 남았고 대화를 많이 해서 친구들과 친해지고 [illegible] 교육이 있어 나중에 또 하고싶다.					
평점						

다 말하게 하여 생각을 다 살리는 다사리 학습 활동지(전면)

구분	모둠 이름		학년 반 번호	(1)-( )-(21)	성명	
교과목명	교양특강	대단원	미래사회 학습의 방법	소단원	다사리 교육의 개념과 방법	
학습목표	다사리 교육의 개념과 방법을 설명하고, 다사리 교육 방법을 적용하여 학습할 수 있다.					
생각 띄우기 (7분)	※ 학습자료에 나오는 지식과 정보를 마인드맵 등 창의적 방법으로 구조화하세요. 다사리 교육 — 공유 — 연결 — 개방 — 서로 설명하기 — 생각 — 학습 — 이해 — 말 — 대화 — 미래사회 — 스스로 가르치기					
평점						
생각 말하기 (10분)	※학습자료에서 개념 혹은 주제를 설명하고, 동료 학습지에도 요약해 채워주세요. - 개념 혹은 주제 설명 다사리 교육으로 생각을 키우고 개념을 알게 된다 생각과 기억력 집중력을 키워주는 교육이라 생각한다 [illegible]					
평점						
생각 구하기 (5분)	※ 학습자료 안에 있는 지식과 정보, 생각에 대한 가치를 묻는 문제를 만드세요. (선택·단답형도 가능하나, 다양한 생각을 알아보는 서술/논술형으로 만드세요.) 다사리 교육을 배워야 하는 이유는?					
평점						
생각 나누기 (10분)	※ 내 질문에 대한 동료들의 생각을 채우게 하고, 동료 학습지에도 채워주세요. 효율적인 공부를 위해 생각하는 능력을 키우기 위해서 사회성 활동을 잘하기 위해서 다 살리기 위해서					
평점						
생각 살리기 (8분)	※ 모둠활동을 바탕으로 자기 삶과 사회 현실과 관련지어 자기 생각을 논술하세요. 서로 생각은 다사리 교육을 받으므로서 개념을 배울 수 있고 대화로 나누며 자신의 능력을 키울 수 있게 때문 입니다.					
평점						

다 말하게 하여 생각을 다 살리는 다사리 학습 활동지(전면)

구분	모둠 이름 1모둠	학년 반 번호 (1)-( )-(22)	성명
교과목명	'교장특강 대단원 미래사회 학습의 방법	소단원 다사리 교육의 개념과 방법	
학습목표	다사리 교육의 개념과 방법을 설명하고, 다사리 교육 방법을 적용하여 학습할 수 있다.		
생각 띄우기 (7분)	※ 학습자료에 나오는 지식과 정보를 마인드맵 등 창의적 방법으로 구조화하세요.		
평점			
생각 말하기 (10분)	※학습자료에서 개념 혹은 주제를 설명하고, 동료 학습지에도 요약해 채워주세요. - 개념 혹은 주제 설명 (다사리교육: 다말하게 하면 생각을 다살릴수 있다.)(말을 해야 생각이 만들어진다) 집중력과 기억력을 키우는 교육이라 생각한다 말하기 교육은 얻는 것이 많다 다사리 교육으로 생각을 키우고 개념을 알게 된다. 말하는 교육이 곧 성공할 것이다.		
평점			
생각 구하기 (5분)	※ 학습자료 안에 있는 지식과 정보, 생각에 대한 가치를 묻는 문제를 만드세요. (선택·단답형도 가능하나, 다양한 생각을 알아보는 서술/논술형으로 만드세요.) 다사리 교육의 단점		
평점			
생각 나누기 (10분)	※ 내 질문에 대한 동료들의 생각을 채우게 하고, 동료 학습지에도 채워주세요. 졸리다 방대한 내용으로 배우기 어렵다 복잡한 내용이 많다. 이해 못 하는 내용이 있다.		
평점			
생각 살리기 (8분)	※ 모둠활동을 바탕으로 자기 삶과 사회 현실과 관련지어 자기 생각을 논술하세요. 다사리교육을 하며 서로 자기와 남의 의견의 많이 생각을 나눌 수도 있고 대화도 많이 할수있고 이것처럼 다사리교육을 하며 소통 생각 말하기 등을 얻는 다사리교육입니다.		
평점			

다 말하게 하여 생각을 다 살리는 다사리 학습 활동지(전면)

구분	모둠 이름 1모둠	학년 반 번호 (1)-( )-(23)	성명
교과목명	'교장특강 대단원 미래사회 학습의 방법	소단원 다사리 교육의 개념과 방법	
학습목표	다사리 교육의 개념과 방법을 설명하고, 다사리 교육 방법을 적용하여 학습할 수 있다.		
생각 띄우기 (7분)	※ 학습자료에 나오는 지식과 정보를 마인드맵 등 창의적 방법으로 구조화하세요.		
평점			
생각 말하기 (10분)	※학습자료에서 개념 혹은 주제를 설명하고, 동료 학습지에도 요약해 채워주세요. - 개념 혹은 주제 설명 말하기 교육, 뇌를 발전시키는 교육 다사리 교육으로 생각을 키우고 개념을 알게된다 다말하게 하면 생각을 다살릴수있다. 말을 해야 생각이 만들어진다. 말하기 교육은 얻는 것이 많다. 학생의 기억력과 집중력을 키워주는 교육이라 생각한다		
평점			
생각 구하기 (5분)	※ 학습자료 안에 있는 지식과 정보, 생각에 대한 가치를 묻는 문제를 만드세요. (선택·단답형도 가능하나, 다양한 생각을 알아보는 서술/논술형으로 만드세요.) 다사리 교육을 왜 꼭 들어야 하는가? (1가지만)		
평점			
생각 나누기 (10분)	※ 내 질문에 대한 동료들의 생각을 채우게 하고, 동료 학습지에도 채워주세요. 조금 더 효율적으로 공부하기 위해 좀 더 좋은 생각을 할 수 있다 개념을 알기 위해서 생각하는 능력을 올리기 위해		
평점			
생각 살리기 (8분)	※ 모둠활동을 바탕으로 자기 삶과 사회 현실과 관련지어 자기 생각을 논술하세요. 다사리교육을 들으면 졸리기도 하지만 다사리교육을 들으면 뇌도 발전할수 있고 말하기교육을 해서 나의 생각을 발전시킬수 있다		
평점			

다 말하게 하여 생각을 다 살리는 다사리 학습 활동지(전면)

구분	모둠 이름 1모둠	학년 반 번호 (1)-( )-(24)	성명
교과목명	'교장특강 대단원 미래사회 학습의 방법	소단원 다사리 교육의 개념과 방법	
학습목표	다사리 교육의 개념과 방법을 설명하고, 다사리 교육 방법을 적용하여 학습할 수 있다.		
생각 띄우기 (7분)	※ 학습자료에 나오는 지식과 정보를 마인드맵 등 창의적 방법으로 구조화하세요.		
평점			
생각 말하기 (10분)	※학습자료에서 개념 혹은 주제를 설명하고, 동료 학습지에도 요약해 채워주세요. - 개념 혹은 주제 설명 다사리 교육이란? 생각을 살리며 말하게 하고 집중력과 기억력을 키워주는 교육 다말하게 하면 생각을 다살릴수있다. 말을 해야 생각이 만들어진다. 말하기 교육은 얻는 것이 많다 다사리 교육으로 생각을 키우고 개념을 알게된다. 말하는교육이 곧 성공한다.		
평점			
생각 구하기 (5분)	※ 학습자료 안에 있는 지식과 정보, 생각에 대한 가치를 묻는 문제를 만드세요. (선택·단답형도 가능하나, 다양한 생각을 알아보는 서술/논술형으로 만드세요.) 다사리 교육에 장점을 무엇이라 생각하나요?		
평점			
생각 나누기 (10분)	※ 내 질문에 대한 동료들의 생각을 채우게 하고, 동료 학습지에도 채워주세요. 뇌가 발전한다 생각이 잘 생각해 낸다 개념을 알 수 있다 생각하는 능력을 키울 수 있다		
평점			
생각 살리기 (8분)	※ 모둠활동을 바탕으로 자기 삶과 사회 현실과 관련지어 자기 생각을 논술하세요. 모둠활동으로 많은걸 배울수 있었고, 친구들의 생각을 엿볼수 있어 재미있었다. 서로에 알아가고 관심을 가져 평소보다 재미 있었다.		
평점			

다 말하게 하여 생각을 다 살리는 다사리 학습 활동지(전면)

구분	모둠 이름 1모둠	학년 반 번호 (1)-( )-(25)	성명
교과목명	'교장특강 대단원 미래사회 학습의 방법	소단원 다사리 교육의 개념과 방법	
학습목표	다사리 교육의 개념과 방법을 설명하고, 다사리 교육 방법을 적용하여 학습할 수 있다.		
생각 띄우기 (7분)	※ 학습자료에 나오는 지식과 정보를 마인드맵 등 창의적 방법으로 구조화하세요.		
평점			
생각 말하기 (10분)	※학습자료에서 개념 혹은 주제를 설명하고, 동료 학습지에도 요약해 채워주세요. - 개념 혹은 주제 설명 말하기 교육은 얻는 것이 많다 생각과 집중력 기억력을 키우는 교육이다 생각한다 다사리 교육으로 생각을 키우고 개념을 알게된다. 다말하게 하면 생각을 다살릴수 있다. 말을 해야 생각이 만들어진다. 말하는 교육이 곧 성공한다.		
평점			
생각 구하기 (5분)	※ 학습자료 안에 있는 지식과 정보, 생각에 대한 가치를 묻는 문제를 만드세요. (선택·단답형도 가능하나, 다양한 생각을 알아보는 서술/논술형으로 만드세요.) 다사리교육이 중요한 이유?		
평점			
생각 나누기 (10분)	※ 내 질문에 대한 동료들의 생각을 채우게 하고, 동료 학습지에도 채워주세요. 생각을 키우지 못하면 창의력이 떨어지기 때문에 생각을 키우고 대화를 나누며 실력을 키울 수 있어서 생각이 길러진다 뇌가 발전하기 때문에		
평점			
생각 살리기 (8분)	※ 모둠활동을 바탕으로 자기 삶과 사회 현실과 관련지어 자기 생각을 논술하세요. 공부 할때 강의를 듣거나, 읽기를 많이 활용했었는데 이제는 다른 사람 한테 설명하는 능력을 키워서 학습을 늘리고 싶다는 생각이 들었다. 생각하는 능력도 더 키우고 싶다.		
평점			

다 말하게 하여 생각을 다 살리는 다사리 학습 활동지(전면)

구분	모둠 이름: 와 썬즈 팀 (4명) / 학년 반 번호: (1)-( )-(26) / 성명:
교과목명	교장특강 / 대단원: 미래사회 학습의 방법 / 소단원: 다사리 교육의 개념과 방법
학습목표	다사리 교육의 개념과 방법을 설명하고, 다사리 교육 방법을 적용하여 학습할 수 있다.
생각 띄우기 (7분)	※ 학습자료에 나오는 지식과 정보를 마인드맵 등 창의적 방법으로 구조화하세요. 다사리 교육 / 다사리 이름 / 다 말하게 하고 '다 살리다' / 하브루타 / 많이 생각을 떠오르게
평점	
생각 말하기 (10분)	※학습자료에서 개념 혹은 주제를 설명하고, 동료 학습지에도 요약해 채워주세요. - 개념 혹은 주제 설명 다 말하게 하고 다 살리는 다사리 교육 다 말해서 생각 살리는 교육법 다사리 교육은 한 아이도 포기하지 않고 모든 학생을 다 살리는 교육이다. 다사리 교육은 우주최강 교육 브랜드이다 (4명)
평점	
생각 구하기 (5분)	※ 학습자료 안에 있는 지식과 정보, 생각에 대한 가치를 묻는 문제를 만드세요. (선택·단답형도 가능하나, 다양한 생각을 알아보는 서술/논술형으로 만드세요.) 다사리 교육은 뭐가 좋을까?
평점	
생각 나누기 (10분)	※ 내 질문에 대한 동료들의 생각을 채우게 하고, 동료 학습지에도 채워주세요. 다사리 교육은 생각을 다 살려 주어서 좋다 다사리 교육은 한 아이도 포기하지 않고 모든 학생을 다 살리는 교육이 가장 좋다 다사리 교육은 말하면서 효율적인 교육이다. (4명)
평점	
생각 살리기 (8분)	※ 모둠활동을 바탕으로 자기 삶과 사회 현실과 관련지어 자기 생각을 논술하세요. 다사리 교육이 정말로 다 말하고 다 살리게 하는 이유가 내가 예전에 친구들과 동물원 폐지에 대한 논술을 했었는데 아직도 논술했던 내용이 생각난다. 이처럼 다사리 교육은 학습 내용을 계속 기억하게 해준다. 초등에는 그냥 선생님이 말씀하는 것을 듣고 글을 읽으며 공부한다. 하지만 이제는 서로 의견을 말하며 다 기억하게 해주는 다사리 교육을 공부해야 한다.
평점	

다 말하게 하여 생각을 다 살리는 다사리 학습 활동지(전면)

구분	모둠 이름: 와 썬즈 팀 (4명) / 학년 반 번호: (1)-(-) / 성명:
교과목명	교장특강 / 대단원: 미래사회 학습의 방법 / 소단원: 다사리 교육의 개념과 방법
학습목표	다사리 교육의 개념과 방법을 설명하고, 다사리 교육 방법을 적용하여 학습할 수 있다.
생각 띄우기 (7분)	※ 학습자료에 나오는 지식과 정보를 마인드맵 등 창의적 방법으로 구조화하세요. 다사리교육 / 대한민국 미래 교육 브랜드 / Design of All Speech All Live Education / 다 말해서 생각을 살리는 교육
평점	
생각 말하기 (10분)	※학습자료에서 개념 혹은 주제를 설명하고, 동료 학습지에도 요약해 채워주세요. - 개념 혹은 주제 설명 다 말해서 생각을 살리는 교육 다사리교육은 우주최강 교육브랜드이다 다 말하고 다 살리는 다사리교육 다사리 교육은 한 아이도 포기하지 않고 모든 학생을 다 살리는 교육이다 (4명)
평점	
생각 구하기 (5분)	※ 학습자료 안에 있는 지식과 정보, 생각에 대한 가치를 묻는 문제를 만드세요. (선택·단답형도 가능하나, 다양한 생각을 알아보는 서술/논술형으로 만드세요.) 다사리 교육은 무엇을 살려주나요?
평점	
생각 나누기 (10분)	※ 내 질문에 대한 동료들의 생각을 채우게 하고, 동료 학습지에도 채워주세요. 다사리 교육은 다 말하게 해서 생각을 다 살리는 교육이다. 다사리 교육은 사람의 모든 것을 살린다. 다사리 교육은 기억이 없어지지 않게 계속 기억을 살린다. (4명)
평점	
생각 살리기 (8분)	※ 모둠활동을 바탕으로 자기 삶과 사회 현실과 관련지어 자기 생각을 논술하세요. 다사리 교육은 다 말하게 해서 생각을 다 살리는 교육이므로 미래교육으로도 정말 좋은 교육법이고 사회에서는 생각을 표출해야 하는 상황도 많은데 다사리 교육을 미리 해보면 나중에 생각을 표출하기 수월하고 편하다. 그리고 다사리 교육은 한 아이도 포기하지 않고 모든 학생들을 다 살리는 교육이므로 공부하는 데도 좋다
평점	

다 말하게 하여 생각을 다 살리는 다사리 학습 활동지(전면)

구분	모둠 이름: 와썬즈팀 / 학년 반 번호: (1)-( )-(28) / 성명:
교과목명	교장특강 / 대단원: 미래사회 학습의 방법 / 소단원: 다사리 교육의 개념과 방법
학습목표	다사리 교육의 개념과 방법을 설명하고, 다사리 교육 방법을 적용하여 학습할 수 있다.
생각 띄우기 (7분)	※ 학습자료에 나오는 지식과 정보를 마인드맵 등 창의적 방법으로 구조화하세요. - US 말하는 공부방 시험 결과 말하는 공부 / 조용한 공부방 / 단답형 / 서술형 / 전체평균
평점	
생각 말하기 (10분)	※학습자료에서 개념 혹은 주제를 설명하고, 동료 학습지에도 요약해 채워주세요. - 개념 혹은 주제 설명 학생이 가르치며 배우는 교육, 모두를 위한 교육 '다사리 교육' 다 말하고 다 살리는 다사리 교육 다 말해서 생각을 살리는 교육방법 '다사리교육은 우주최강 교육브랜드이다' (4명)
평점	
생각 구하기 (5분)	※ 학습자료 안에 있는 지식과 정보, 생각에 대한 가치를 묻는 문제를 만드세요. (선택·단답형도 가능하나, 다양한 생각을 알아보는 서술/논술형으로 만드세요.) '다사리 교육을 하면 어떤 점이 좋은가?'
평점	
생각 나누기 (10분)	※ 내 질문에 대한 동료들의 생각을 채우게 하고, 동료 학습지에도 채워주세요. 생각이 살아난다. 학습한 내용을 오래 기억할 수 있다. 학생이 가르치며 배우는 교육으로 한 아이도 포기하지 않는다. (4명)
평점	
생각 살리기 (8분)	※ 모둠활동을 바탕으로 자기 삶과 사회 현실과 관련지어 자기 생각을 논술하세요. 다사리 교육은 학생이 가르치며 배우는 교육, 모두를 위한 교육인 미래 교육 트렌드에 맞고 또 학생에게 널리 이익이 되는 교육. 또 한 아이도 포기하지 않고 모든 학생을 다 살리는 교육이다. 또, 위 그래프에 따르면 듣기만 해서 지식을 집어넣는 것과 달리 말로 설명하면 내가 아는 것과 모르는 것, 필요한 것과 필요 없는 것이 생각으로 정리된다는 것을 알 수 있다. 이처럼 다사리 교육은 우리 미래를 위해 꼭 필요한 교육이며, 우리 후손에게 남겨 주어야 하는 교육이다. '모든 생각을 다 살리는'
평점	

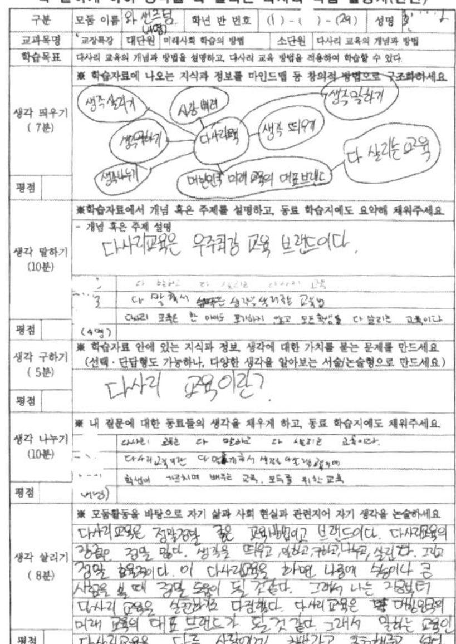

다 말하게 하여 생각을 다 살리는 다사리 학습 활동지(전면)

구분	모둠 이름: 와 썬즈 팀 (4명) / 학년 반 번호: (1)-( )-(29) / 성명:
교과목명	교장특강 / 대단원: 미래사회 학습의 방법 / 소단원: 다사리 교육의 개념과 방법
학습목표	다사리 교육의 개념과 방법을 설명하고, 다사리 교육 방법을 적용하여 학습할 수 있다.
생각 띄우기 (7분)	※ 학습자료에 나오는 지식과 정보를 마인드맵 등 창의적 방법으로 구조화하세요. 다사리교육 / 생각 살리기 / 사랑 배려 / 생각 말하기 / 생각 구하기 / 생각 띄우기 / 생각 나누기 / 다 살리는 교육 / 대한민국 미래 교육의 대표브랜드
평점	
생각 말하기 (10분)	※학습자료에서 개념 혹은 주제를 설명하고, 동료 학습지에도 요약해 채워주세요. - 개념 혹은 주제 설명 다사리교육은 우주최강 교육 브랜드이다. 다 말하고 다 살리는 다사리 교육 다 말해서 생각을 살려주는 교육법 다사리 교육은 한 아이도 포기하지 않고 모든 학생을 다 살리는 교육이다 (4명)
평점	
생각 구하기 (5분)	※ 학습자료 안에 있는 지식과 정보, 생각에 대한 가치를 묻는 문제를 만드세요. (선택·단답형도 가능하나, 다양한 생각을 알아보는 서술/논술형으로 만드세요.) 다사리 교육이란?
평점	
생각 나누기 (10분)	※ 내 질문에 대한 동료들의 생각을 채우게 하고, 동료 학습지에도 채워주세요. 다사리 교육은 다 말하고 다 살리는 교육이다. 다사리교육이란 다 말하게 해서 생각을 다 살리는 교육이다 학생이 가르치며 배우는 교육, 모두를 위한 교육 (4명)
평점	
생각 살리기 (8분)	※ 모둠활동을 바탕으로 자기 삶과 사회 현실과 관련지어 자기 생각을 논술하세요. 다사리교육은 정말정말 좋은 교육방법이고 브랜드이다. 다사리교육의 장점은 정말 많다. 생각을 띄우고, 말하고, 구하고, 나누고, 살린다. 그리고 정말 효율적이다. 이 다사리교육을 하면 나중에 사회생활을 할 때 정말 도움이 될 것 같다. 그래서 나는 지금부터 다사리 교육을 실천하기로 다짐했다. 다사리교육은 대한민국의 미래 교육의 대표 브랜드가 될 것 같다. 그래서 말하는 교육인 다사리교육을 다른 사람에게 해보라고 추천해주고 싶다.
평점	

다 말하게 하여 생각을 다 살리는 다사리 학습 활동지(전면)

구분	모둠 이름	1모둠	학년 반 번호	(1)-( )-(1)	성명	
교과목명	교장특강	대단원	미래사회 학습의 방법	소단원	다사리 교육의 개념과 방법	
학습목표	다사리 교육의 개념과 방법을 설명하고, 다사리 교육 방법을 적용하여 학습할 수 있다.					

생각 띄우기 (7분) ※ 학습자료에 나오는 지식과 정보를 마인드맵 등 창의적 방법으로 구조화하세요.

다사리 교육 — 다 살리는 교육 / 미래 교육 트렌드

평점

생각 말하기 (10분) ※학습자료에서 개념 혹은 주제를 설명하고, 동료 학습지에도 요약해 채워주세요.

- 개념 혹은 주제 설명

미래 학생과 같이 떠들고 소리내 하는 수업 방식

모든 학생의 생각을 살려 모든학생의 발전을 뒷받침하는 교육
모든학생의 생각을 살리게끔하는 교육
직접 설명하게 하여 이해가 잘되게 하는 교육
말을 많이 해서 생각을 살리는 교육

평점

생각 구하기 (5분) ※ 학습자료 안에 있는 지식과 정보, 생각에 대한 가치를 묻는 문제를 만드세요. (선택·단답형도 가능하나, 다양한 생각을 알아보는 서술/논술형으로 만드세요.)

다사리 교육이 필요한 이유는 무엇일까요?

평점

생각 나누기 (10분) ※ 내 질문에 대한 동료들의 생각을 채우게 하고, 동료 학습지에도 채워주세요.

학생들의 발전에 도움이 되어요
학생들이 더 잘 떠올리고 이해력도 기를 수 있는 좋은 시간이어서.
다사리 교육을 하면 학생들과 얘기를 나누며 잘 이해...
다사리교육을 하면 사회력이 늘어서

평점

생각 살리기 (8분) ※ 모둠활동을 바탕으로 자기 삶과 사회 현실과 관련지어 자기 생각을 논술하세요.

친구들과 모둠활동을 하여 나 혼자는 하기 힘든 것이 있기도 하고 ... 사회 현실에서 "우리" 라는 것이 ... 것들을 깨달았다. 나 혼자 하는 것보다 서로 협력해서 하는 것이 중요하다고 생각한다.

평점

다 말하게 하여 생각을 다 살리는 다사리 학습 활동지(전면)

구분	모둠 이름	1모둠	학년 반 번호	(1)-( )-(2)	성명	
교과목명	교장특강	대단원	미래사회 학습의 방법	소단원	다사리 교육의 개념과 방법	
학습목표	다사리 교육의 개념과 방법을 설명하고, 다사리 교육 방법을 적용하여 학습할 수 있다.					

생각 띄우기 (7분) ※ 학습자료에 나오는 지식과 정보를 마인드맵 등 창의적 방법으로 구조화하세요.

미래교육 트렌드
다사리 교육
에듀테크 기반 미래교육
생각을 다 살리는 교육
비고츠키의 <생각과 말)

평점

생각 말하기 (10분) ※학습자료에서 개념 혹은 주제를 설명하고, 동료 학습지에도 요약해 채워주세요.

- 개념 혹은 주제 설명

말을 많이 해서, 생각을 살리는 교육.

메타 학습과 함께 떠들고 쓰는 학습
학생들의 생각을 살려 모든학생의 발전을 뒷받침하는 교육
모든 학생들의 생각을 살리게끔하는 교육
다 말하게 해서 이해를 잘 시키는 교육

평점

생각 구하기 (5분) ※ 학습자료 안에 있는 지식과 정보, 생각에 대한 가치를 묻는 문제를 만드세요. (선택·단답형도 가능하나, 다양한 생각을 알아보는 서술/논술형으로 만드세요.)

다사리 교육을 하면 무엇이 좋아지나요?

평점

생각 나누기 (10분) ※ 내 질문에 대한 동료들의 생각을 채우게 하고, 동료 학습지에도 채워주세요.

학생들의 자기개발가능, 자신감 가질수있다
듣는 것보다 확실한 ... 기억
말로 이야기하며 참고자료로 복습 가능함
좋은 점이 ... 길러지고 친구의 생각에 대해 알 수 있다.

평점

생각 살리기 (8분) ※ 모둠활동을 바탕으로 자기 삶과 사회 현실과 관련지어 자기 생각을 논술하세요.

모둠끼리 다사리교육에 관하여 쓰고, 생각하고, 자신의 의견을 이야기는 시간을 가졌다. 친구들의 얘기를 들어보니 ... 이번 다사리교육을 계기로 친구들에게 자신의 의견을 말하며 ... 그리고 다사리 교육에 대해 더 자세하게 ... 알 수 있었다.

평점

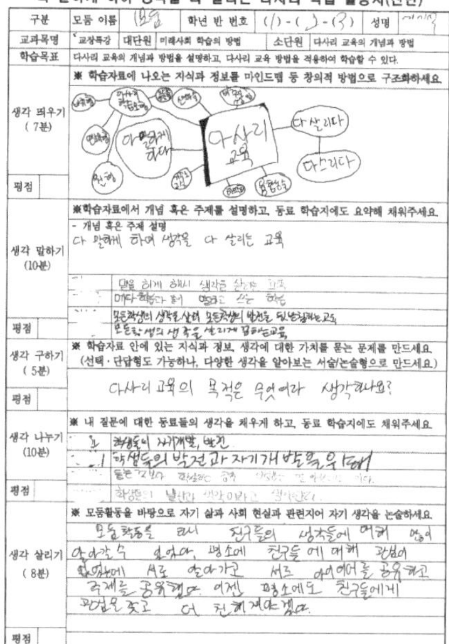

다 말하게 하여 생각을 다 살리는 다사리 학습 활동지(전면)

구분	모둠 이름	1모둠	학년 반 번호	(1)-( )-(3)	성명	
교과목명	교장특강	대단원	미래사회 학습의 방법	소단원	다사리 교육의 개념과 방법	
학습목표	다사리 교육의 개념과 방법을 설명하고, 다사리 교육 방법을 적용하여 학습할 수 있다.					

생각 띄우기 (7분) ※ 학습자료에 나오는 지식과 정보를 마인드맵 등 창의적 방법으로 구조화하세요.

평점

생각 말하기 (10분) ※학습자료에서 개념 혹은 주제를 설명하고, 동료 학습지에도 요약해 채워주세요.

- 개념 혹은 주제 설명

다 말하게 하여 생각을 다 살리는 교육

말을 많이 해서 생각을 살리는 교육
메타 학습과 함께 떠들고 쓰는 학습
모든학생의 생각을 살려 모든학생의 발전을 뒷받침하는 교육
모든학생의 생각을 살리게 끔하는교육

평점

생각 구하기 (5분) ※ 학습자료 안에 있는 지식과 정보, 생각에 대한 가치를 묻는 문제를 만드세요. (선택·단답형도 가능하나, 다양한 생각을 알아보는 서술/논술형으로 만드세요.)

다사리 교육의 목적은 무엇이라 생각하나요?

평점

생각 나누기 (10분) ※ 내 질문에 대한 동료들의 생각을 채우게 하고, 동료 학습지에도 채워주세요.

학생들의 자기개발, 발전
학생들의 발전과 자기개발을 위해
듣는 것보다 확실한 ...
학생들의 발전과 ...

평점

생각 살리기 (8분) ※ 모둠활동을 바탕으로 자기 삶과 사회 현실과 관련지어 자기 생각을 논술하세요.

모둠활동을 하니 친구들의 생각들에 대해 알아갈 수 있었다. 평소에 친구들에 대해 관심이 없었는데 서로 알아가고 서로 아이디어를 공유하고 주제를 공유했다. 이젠 평소에도 친구들에게 관심을 갖고 더 친해져야겠다.

평점

다 말하게 하여 생각을 다 살리는 다사리 학습 활동지(전면)

구분	모둠 이름	1모둠	학년 반 번호	(1)-( )-(4)	성명	
교과목명	교장특강	대단원	미래사회 학습의 방법	소단원	다사리 교육의 개념과 방법	
학습목표	다사리 교육의 개념과 방법을 설명하고, 다사리 교육 방법을 적용하여 학습할 수 있다.					

생각 띄우기 (7분) ※ 학습자료에 나오는 지식과 정보를 마인드맵 등 창의적 방법으로 구조화하세요.

다사리
다 말하게 하다
다 살리다
목적: 자기 생각을 ...

평점

생각 말하기 (10분) ※학습자료에서 개념 혹은 주제를 설명하고, 동료 학습지에도 요약해 채워주세요.

- 개념 혹은 주제 설명

모든 학생의 생각을 살리게끔 하는 교육

다사리 교육을 실행하면 직접 말하고 설명하여 이해가 잘된다.
메타 학습과 함께 떠들고 쓰는 학습
모든 학생들의 생각을 살려 모든 학생의 발전을 뒷받침하는 교육
말을 많이 해서 생각을 살리는 교육

평점

생각 구하기 (5분) ※ 학습자료 안에 있는 지식과 정보, 생각에 대한 가치를 묻는 문제를 만드세요. (선택·단답형도 가능하나, 다양한 생각을 알아보는 서술/논술형으로 만드세요.)

다사리 교육의 장점은 무엇인가?

평점

생각 나누기 (10분) ※ 내 질문에 대한 동료들의 생각을 채우게 하고, 동료 학습지에도 채워주세요.

서로의 생각을 알아가고 직접설명해 이해가 잘된다.
학생들의 생각을 키울수있고, 발전할 수 있다
다사리 교육을 하면, 모두의 실력을 ...
듣는 것 보다 확실한 ...

평점

생각 살리기 (8분) ※ 모둠활동을 바탕으로 자기 삶과 사회 현실과 관련지어 자기 생각을 논술하세요.

사회생활을 하면 모둠활동을 많이 한다 사회는 혼자서가 아닌 사람 여러명이 모인 공동체 이며 사람들 여러명이 어울려 살아가면서 협력하고 공동업무를 해야하므로 사회생활을 하면 자연스럽게 공동체와 어울리며 모둠활동을 많이 하게 되고 성장하는 것이다

평점

다 말하게 하여 생각을 다 살리는 다사리 학습 활동지(전면)

구분	모둠 이름	1모둠	학년 반 번호	(1)-( )-(5)	성명	
교과목명	교장특강	대단원	미래사회 학습의 방법	소단원	다사리 교육의 개념과 방법	
학습목표	다사리 교육의 개념과 방법을 설명하고, 다사리 교육 방법을 적용하여 학습할 수 있다.					

생각 띄우기 (7분) ※ 학습자료에 나오는 지식과 정보를 마인드맵 등 창의적 방법으로 구조화하세요.

다사리교육 (DASALI-Edu) — K-Edu, K-Pop, 미래교육 — 4차산업혁명, 인공지능, 다 살리다 — 다 말하게 하다, 생각을 살리다, 다 말하게 하여 생각을 살리다, 생각 — 지식, 정보, 인공지능 — AI, 기계, 다사리 — 민세 안재홍, 책, 독립운동가

평점

생각 말하기 (10분) ※학습자료에서 개념 혹은 주제를 설명하고, 동료 학습지에도 요약해 채워주세요.

- 개념 혹은 주제 설명

모든 학생의 생각을 살려서 모든학생이 발현하게끔 도와주는 교육.

모든학생의 생각을 살리게끔 도와주는 교육

직접 말하지 않아서 이해를 잘 할 수 없는 교육

[illegible]

말을 하게 해서 생각을 살리는 교육.

평점

생각 구하기 (5분) ※ 학습자료 안에 있는 지식과 정보, 생각에 대한 가치를 묻는 문제를 만드세요. (선택·단답형도 가능하나, 다양한 생각을 알아보는 서술/논술형으로 만드세요.)

"말은 생각에 대해 미리 만들어진 표현이 아니다. 스스로 변하고 변형시키면서 생각은 스스로 재조직화하고 수정한다"라는 비고츠키의 생각에 대해 어떻게 생각하시나요?

평점

생각 나누기 (10분) ※ 내 질문에 대한 동료들의 생각을 채우게 하고, 동료 학습지에도 채워주세요.

동의한다 왜냐하면 더 최적화된 언어를 만들기 때문에

[illegible]

비고츠키의 말에 [illegible]

말을 했어야 많은 사람에게 [illegible]

평점

생각 살리기 (8분) ※ 모둠활동을 바탕으로 자기 삶과 사회 현실과 관련지어 자기 생각을 논술하세요.

친구들과 협력해가며 힘을 합쳐서 활동지를 마무리하니 뿌듯하고 재미있었다. 모둠 활동을 하며 다사리교육의 주장, 생각을 살려서 말하게 하는 교육방식이 마음에 들었고, 학생들의 자기개발, 미래발전에 많이 도움이 될거라고 생각되었다. 앞으로도 다사리교육 방법이 긍정적인 태도를 취할 것이며, 수업 친구들의 모든 생각을 살리게끔 도와주어야 할 것 같다. 그리고 다사리는 사회생활 할 때도 적용이 된다면 좋을 것 같고, 선한 세상을 만들 수 있을 것 같다.

평점

다 말하게 하여 생각을 다 살리는 다사리 학습 활동지(전면)

구분	모둠 이름	2모둠	학년 반 번호	(1)-( )-(6)	성명	
교과목명	교장특강	대단원	미래사회 학습의 방법	소단원	다사리 교육의 개념과 방법	
학습목표	다사리 교육의 개념과 방법을 설명하고, 다사리 교육 방법을 적용하여 학습할 수 있다.					

생각 띄우기 (7분) ※ 학습자료에 나오는 지식과 정보를 마인드맵 등 창의적 방법으로 구조화하세요.

다사리교육 — 의지, 브랜드, 질문 — 발견, 지식, 모둠활동 — 친구, 협동

평점

생각 말하기 (10분) ※학습자료에서 개념 혹은 주제를 설명하고, 동료 학습지에도 요약해 채워주세요.

- 개념 혹은 주제 설명

다사리: 자료를 읽거나 강의를 경청하며 배운 내용을 질문으로 만들어 이야기 한다

다 말하고 다 살리는 교육

좋은 가치를 개방하고 연결하여 공유하는 창의융합교육

생각을 키우는 다사리 교육

모두에게 말할 기회를 주어 모두에게 생각을 만들어주는 학습

평점

생각 구하기 (5분) ※ 학습자료 안에 있는 지식과 정보, 생각에 대한 가치를 묻는 문제를 만드세요. (선택·단답형도 가능하나, 다양한 생각을 알아보는 서술/논술형으로 만드세요.)

다사리를 해야하는 까닭?

평점

생각 나누기 (10분) ※ 내 질문에 대한 동료들의 생각을 채우게 하고, 동료 학습지에도 채워주세요.

말과 지식을 키우기 위해

그래야 똑똑해 지니까

창의성을 기를 수 있다

생각의 힘을 키우기 위해

평점

생각 살리기 (8분) ※ 모둠활동을 바탕으로 자기 삶과 사회 현실과 관련지어 자기 생각을 논술하세요.

사회생활을 하기위해서는 모둠활동도 필요하다 그래야 다른 사람과 말도 하고 사회 생활도 할 수 있기때문이다 나는 그렇기 때문에 다사리 공부를 해야 한다고 생각한다 공부도 잘 하게 해서도 되지만 사회생활에서도 필요한 활동이기 때문이다 그리고 만약 다사리 교육을 하면서 소심한 성격이 밝은 성격으로 날 가질 수 있다

평점

다 말하게 하여 생각을 다 살리는 다사리 학습 활동지(전면)

구분	모둠 이름	2모둠	학년 반 번호	(1)-( )-(17)	성명	
교과목명	교장특강	대단원	미래사회 학습의 방법	소단원	다사리 교육의 개념과 방법	
학습목표	다사리 교육의 개념과 방법을 설명하고, 다사리 교육 방법을 적용하여 학습할 수 있다.					

생각 띄우기 (7분) ※ 학습자료에 나오는 지식과 정보를 마인드맵 등 창의적 방법으로 구조화하세요.

다사리교육 — 다살리는교육, 모둠활동, 자율, 의지, 브랜드

평점

생각 말하기 (10분) ※학습자료에서 개념 혹은 주제를 설명하고, 동료 학습지에도 요약해 채워주세요.

- 개념 혹은 주제 설명

미래교육 트렌드: 좋은 가치를 개방하고 연결하여 공유하는 창의융합교육

자료를 읽거나 배운내용을 질문으로 만들어 이야기한다

생각을 키우는 다사리 교육

모두에게 말할 기회를 주어 모두에게 생각을 만들어주는 교육

다 말하고 다 살리는 교육

평점

생각 구하기 (5분) ※ 학습자료 안에 있는 지식과 정보, 생각에 대한 가치를 묻는 문제를 만드세요. (선택·단답형도 가능하나, 다양한 생각을 알아보는 서술/논술형으로 만드세요.)

다같이 다사리교육을 해야되는가 닭?

평점

생각 나누기 (10분) ※ 내 질문에 대한 동료들의 생각을 채우게 하고, 동료 학습지에도 채워주세요.

창의성을 기를 수 있다

생각에 힘을 키울 수 있어서

그래야 더 공부를 잘 할 수 있으니까

그래야 기억에 더 잘 남기 때문에

평점

생각 살리기 (8분) ※ 모둠활동을 바탕으로 자기 삶과 사회 현실과 관련지어 자기 생각을 논술하세요.

다사리 모둠활동을 하면 친구들과 말하면서 활동할 수 있음으로 공부에 도움이 많이 된다.

그리고 친구와의 관계도 좋아지고

활동을 하면서 다른 친구의 의견에 도움이 된다

그래서 나중에 대학가서도 도움이 많이된다.

평점

다 말하게 하여 생각을 다 살리는 다사리 학습 활동지(전면)

구분	모둠 이름	2모둠	학년 반 번호	(1)-( )-(8)	성명	
교과목명	교장특강	대단원	미래사회 학습의 방법	소단원	다사리 교육의 개념과 방법	
학습목표	다사리 교육의 개념과 방법을 설명하고, 다사리 교육 방법을 적용하여 학습할 수 있다.					

생각 띄우기 (7분) ※ 학습자료에 나오는 지식과 정보를 마인드맵 등 창의적 방법으로 구조화하세요.

다사리 교육 — 다 살리는 것, 다 말하는 것, 교육의 브랜드, 배움 교사 선생님, 모둠 — 협동

평점

생각 말하기 (10분) ※학습자료에서 개념 혹은 주제를 설명하고, 동료 학습지에도 요약해 채워주세요.

- 개념 혹은 주제 설명

다사리 교육

-: 다 말하고 다 살리는 교육

자료를 읽거나 배운내용으로 물게로 만들어 이야기한다

미래교육 트렌드: 좋은 가치를 개방하고 연결하여 공유하는 창의융합교육

모두에게 말할 기회를 주어 모두에게 생각을 만들어주는 학습

생각을 키우는 다사리 교육

평점

생각 구하기 (5분) ※ 학습자료 안에 있는 지식과 정보, 생각에 대한 가치를 묻는 문제를 만드세요. (선택·단답형도 가능하나, 다양한 생각을 알아보는 서술/논술형으로 만드세요.)

교육심리학자 비고츠키가 한 말은?

평점

생각 나누기 (10분) ※ 내 질문에 대한 동료들의 생각을 채우게 하고, 동료 학습지에도 채워주세요.

말(언어)이 생각(사고)을 만든다

말이 생각을 만든다

말이 생각을 만든다

말이 생각을 만든다

평점

생각 살리기 (8분) ※ 모둠활동을 바탕으로 자기 삶과 사회 현실과 관련지어 자기 생각을 논술하세요.

친구들과 같이 토론해서 읽고 쓰고 하면 공부에 도움이 많이 된다. 왜냐하면 도움되니까. 앞으로도 공부할 때 마다 다사리 교육처럼 친구들과 같이 공부하고 쓰고 읽고 해야겠다.

평점

다 말하게 하여 생각을 다 살리는 다사리 학습 활동지(전면)

구분	모둠 이름	2모둠	학년 반 번호	(1)-( )-(9)	성명	
교과목명	교장특강	대단원	미래사회 학습의 방법	소단원	다사리 교육의 개념과 방법	
학습목표	다사리 교육의 개념과 방법을 설명하고, 다사리 교육 방법을 적용하여 학습할 수 있다.					
생각 띄우기 (7분)	※ 학습자료에 나오는 지식과 정보를 마인드맵 등 창의적 방법으로 구조화하세요. 다사리 교육 – 협동, 자율, 용기, 다 살리는 교육, [illegible] 트렌드					
평점						
생각 말하기 (10분)	※학습자료에서 개념 혹은 주제를 설명하고, 동료 학습지에도 요약해 채워주세요. - 개념 혹은 주제 설명 모두에게 말할 기회를 주어 모두에게 생각을 만들어주는 학습 미래트렌드: 주요가치를 개발하고 … 창의융합교육 [illegible] 생각을 키우는 다사리 교육 다 말하고 다 살리는 교육					
평점						
생각 구하기 (5분)	※ 학습자료 안에 있는 지식과 정보, 생각에 대한 가치를 묻는 문제를 만드세요. (선택·단답형도 가능하나, 다양한 생각을 알아보는 서술/논술형으로 만드세요.) 말하기 공부법이 효율에 더 좋은 이유는 무엇일까요?					
평점						
생각 나누기 (10분)	※ 내 질문에 대한 동료들의 생각을 채우게 하고, 동료 학습지에도 채워주세요. 서로 질문하며 공부할 수 있어서 질문을 하면 기억에 더 잘 남기 때문에 말하면서 공부하면 공부가 잘되기 때문 그래야 머리에 더 잘 들어오니까.					
평점						
생각 살리기 (8분)	※ 모둠활동을 바탕으로 자기 삶과 사회 현실과 관련지어 자기 생각을 논술하세요. 모둠원들과 배려하며 소통한 경험을 내 삶에서도 남에게 베푸는 삶을 살고 싶다. 사회에서는 [illegible] … 다사리 교육을 통해 남과 성공해야 내가 성공한다는 게 정말 중요한 것 같다.					
평점						

다 말하게 하여 생각을 다 살리는 다사리 학습 활동지(전면)

구분	모둠 이름	2모둠	학년 반 번호	(1)-( )-(10)	성명	
교과목명	교장특강	대단원	미래사회 학습의 방법	소단원	다사리 교육의 개념과 방법	
학습목표	다사리 교육의 개념과 방법을 설명하고, 다사리 교육 방법을 적용하여 학습할 수 있다.					
생각 띄우기 (7분)	※ 학습자료에 나오는 지식과 정보를 마인드맵 등 창의적 방법으로 구조화하세요. 다사리 교육 – 트렌드, 사랑, 생각 키우기, 배려, 가능					
평점						
생각 말하기 (10분)	※학습자료에서 개념 혹은 주제를 설명하고, 동료 학습지에도 요약해 채워주세요. - 개념 혹은 주제 설명 생각을 키우는 다사리 교육 미래교육 트렌드: 주요가치를 개발하고 … 창의융합교육 [illegible] 다 말하고 다 살리는 교육 모두에게 말할 기회를 주어 모두에게 생각을 만들어주는 학습					
평점						
생각 구하기 (5분)	※ 학습자료 안에 있는 지식과 정보, 생각에 대한 가치를 묻는 문제를 만드세요. (선택·단답형도 가능하나, 다양한 생각을 알아보는 서술/논술형으로 만드세요.) 다사리 교육이 생각을 다 살려주는 까닭은?					
평점						
생각 나누기 (10분)	※ 내 질문에 대한 동료들의 생각을 채우게 하고, 동료 학습지에도 채워주세요. 친구들과 모둠을 만들어 이야기 하기 때문에 모둠활동을 하면서 살려주기 때문에 친구들과 모둠활동하며 [illegible] 계속 생각을 하며 활용할 수 있기 때문에					
평점						
생각 살리기 (8분)	※ 모둠활동을 바탕으로 자기 삶과 사회 현실과 관련지어 자기 생각을 논술하세요. 다사리 활동으로 회의를 할 때나, 모둠활동을 할 때 도움이 된다. 그리고, 사랑과 배려를 할 수 있고 기술이 발달한다. 생각과 관여력이 는다. 다사리 활동을 하면 시험을 볼 때 더 수월해지고 인성교육도 같이 된다. 내 생각으로 다사리 교육 트렌드는 유행 해질 것 같다.					
평점						

다 말하게 하여 생각을 다 살리는 다사리 학습 활동지(전면)

구분	모둠 이름	다사리조	학년 반 번호	(1)-( )-(11)	성명	
교과목명	교장특강	대단원	미래사회 학습의 방법	소단원	다사리 교육의 개념과 방법	
학습목표	다사리 교육의 개념과 방법을 설명하고, 다사리 교육 방법을 적용하여 학습할 수 있다.					
생각 띄우기 (7분)	※ 학습자료에 나오는 지식과 정보를 마인드맵 등 창의적 방법으로 구조화하세요. 다사리 – 대화 – 의사소통, 다 살리는 – 생각 말하기 – 발표, 교육 – 학교 – 수업, 학생 – 우정, 지능 – IQ, EQ, 자신감, 자존감, 배려, 사랑, 토론, 말하기, 글쓰기, 경청, 강의, 강사					
평점						
생각 말하기 (10분)	※학습자료에서 개념 혹은 주제를 설명하고, 동료 학습지에도 요약해 채워주세요. - 개념 혹은 주제 설명 다사리는 다 말하게 되어 자신감을 키우고 서로의 생각을 말하며 의사소통이 되는 교육 같다. 다사리는 다 말하고 생각하며 … 자신감을 키우는 방식이다. 다사리는 다 말해 생각을 나누는 교육이다. 다사리는 의사소통을 통해 생각을 말하는 교육이다. [illegible] 자신의 생각 [illegible]					
평점						
생각 구하기 (5분)	※ 학습자료 안에 있는 지식과 정보, 생각에 대한 가치를 묻는 문제를 만드세요. (선택·단답형도 가능하나, 다양한 생각을 알아보는 서술/논술형으로 만드세요.) 생각을 말하려면 무엇이 필요하다고 생각하나요?					
평점						
생각 나누기 (10분)	※ 내 질문에 대한 동료들의 생각을 채우게 하고, 동료 학습지에도 채워주세요. 자신의 생각을 [illegible] 필요하다 자신만의 생각을 만들어 가야 한다고 생각한다 사고력을 위해서 소통능력을 키워야한다. 다사리 교육, 토론 [illegible]					
평점						
생각 살리기 (8분)	※ 모둠활동을 바탕으로 자기 삶과 사회 현실과 관련지어 자기 생각을 논술하세요. 요즘에 청소년 자살률이 늘고 있어 TV 뉴스 보는 내도 기분이 좋지 않다. 그렇기 때문에 다사리교육이 정말 좋다고 생각한다. 모두의 생각을 스스로 자신있게 말할 수 있고, 생각하는 능력을 키우면서 사고력도 늘려질 것 같다.					
평점						

다 말하게 하여 생각을 다 살리는 다사리 학습 활동지(전면)

구분	모둠 이름	고사리	학년 반 번호	(1)-( )-(12)	성명	
교과목명	교장특강	대단원	미래사회 학습의 방법	소단원	다사리 교육의 개념과 방법	
학습목표	다사리 교육의 개념과 방법을 설명하고, 다사리 교육 방법을 적용하여 학습할 수 있다.					
생각 띄우기 (7분)	※ 학습자료에 나오는 지식과 정보를 마인드맵 등 창의적 방법으로 구조화하세요. 다사리 – 말 – 대화, 비교하기 – 많이 생각을 한다, 생각과 말의 관계, 기억, 생각, [illegible]					
평점						
생각 말하기 (10분)	※학습자료에서 개념 혹은 주제를 설명하고, 동료 학습지에도 요약해 채워주세요. - 개념 혹은 주제 설명 다사리는 다 말하게 하여 다 살리는 교육으로 [illegible] 학생들이 서로 말하고 설명하며 공부하는 교육이다. 자신이 생각을 만들어 가는 수업이며 다 살리는 교육이다 서로 대화하며 두뇌를 발전시키는 교육 배운 내용을 [illegible] 하며 자기생각을 논술 다사리교육은 서로의 생각을 말하며 자신감을 얻는 수업					
평점						
생각 구하기 (5분)	※ 학습자료 안에 있는 지식과 정보, 생각에 대한 가치를 묻는 문제를 만드세요. (선택·단답형도 가능하나, 다양한 생각을 알아보는 서술/논술형으로 만드세요.) 다사리교육의 교육 방식에 대해 어떻게 생각하나요?					
평점						
생각 나누기 (10분)	※ 내 질문에 대한 동료들의 생각을 채우게 하고, 동료 학습지에도 채워주세요. 생각이 더 늘어나는 다고 생각한다. 자신의 생각을 [illegible] 말할 수 있는 점이 좋다. 혁신적이고 좋다고 생각한다. 좋다고 생각합니다.					
평점						
생각 살리기 (8분)	※ 모둠활동을 바탕으로 자기 삶과 사회 현실과 관련지어 자기 생각을 논술하세요. 나는 우리 모둠 친구들과 같이 다사리 교육을 했는데 이 교육을 하니까 [illegible] 이 교육을 듣고 난 후 기억에 더 잘 남아보고 우리나라 사회 현실에 대해서 이 교육이 정말 교육 혁신이라고 생각했고 정말 좋은 교육이라 [illegible] 싶다.					
평점						

다 말하게 하여 생각을 다 살리는 다사리 학습 활동지(전면)

구분	모둠 이름	다사리조	학년 반 번호	(1)-( )-(13)	성명	
교과목명	교장특강	대단원	미래사회 학습의 방법	소단원	다사리 교육의 개념과 방법	
학습목표	다사리 교육의 개념과 방법을 설명하고, 다사리 교육 방법을 적용하여 학습할 수 있다.					

생각 띄우기 (7분)
※ 학습자료에 나오는 지식과 정보를 마인드맵 등 창의적 방법으로 구조화하세요.
다사리 — 말 — 대화 / 학습 / 교육 — 학습 / Dasali

평점

생각 말하기 (10분)
※학습자료에서 개념 혹은 주제를 설명하고, 동료 학습지에도 요약해 채워주세요.
- 개념 혹은 주제 설명: 자신의 생각을 만들어 가는 수업이다.
- 자신의 생각을 키우는 수업
- 배운 내용을 융합하여 자기생각을 표현
- 다사리 교육은 자신의 생각을 말해 자신감을 얻는 수업
- 자신의 생각을 말하는 수업

평점

생각 구하기 (5분)
※ 학습자료 안에 있는 지식과 정보, 생각에 대한 가치를 묻는 문제를 만드세요
(선택·단답형도 가능하나, 다양한 생각을 알아보는 서술/논술형으로 만드세요.)
다사리 교육에 대해서 어떻게 생각 하세요?

평점

생각 나누기 (10분)
※ 내 질문에 대한 동료들의 생각을 채우게 하고, 동료 학습지에도 채워주세요.
- 대화능력과 논술력을 키워 의사소통을 잘 할 수 있게 한다.
- 혁신적이고 논술력을 키우는 선생님의 교육
- 다사리 교육이 생각을 쉬는 논술이 좋다.
- 다사리 교육은 다 말하고 생각 한다.

평점

생각 살리기 (8분)
※ 모둠활동을 바탕으로 자기 삶과 사회 현실과 관련지어 자기 생각을 논술하세요.
다사리 교육을 한 뒤로 나의 삶 미래에는 더 창의력을 키우면서 생각을 할 것 같다 왜냐하면 다사리 교육은 생각을 키우면서 생각을 하는 것이 재미 있었기 때문이고 앞으로도 더 열심히 하면서 열심히 나의 생각을 더 키우면서 활동할 것 같다.

평점

다 말하게 하여 생각을 다 살리는 다사리 학습 활동지(전면)

구분	모둠 이름	다사리조	학년 반 번호	(1)-( )-(14)	성명	
교과목명	교장특강	대단원	미래사회 학습의 방법	소단원	다사리 교육의 개념과 방법	
학습목표	다사리 교육의 개념과 방법을 설명하고, 다사리 교육 방법을 적용하여 학습할 수 있다.					

생각 띄우기 (7분)
※ 학습자료에 나오는 지식과 정보를 마인드맵 등 창의적 방법으로 구조화하세요.
다사리 — 진로 / 교육 — 발전 / 말 — 대화 — 토론 / 생각 — 사고 / DASALI / 인성

평점

생각 말하기 (10분)
※학습자료에서 개념 혹은 주제를 설명하고, 동료 학습지에도 요약해 채워주세요.
- 개념 혹은 주제 설명: 자신의 생각을 만들어가서 창의적에 발전을 돕는 수업.
- 배운 내용을 융합해 자기생각을 표현
- 다사리 교육은 생각을 말하며 자신감을 얻는 수업
- 다사리는 생각을 다 말하며 자신감을 얻는 수업
- 다사리는 생각을 키워서 창의력을 얻는 수업임

평점

생각 구하기 (5분)
※ 학습자료 안에 있는 지식과 정보, 생각에 대한 가치를 묻는 문제를 만드세요
(선택·단답형도 가능하나, 다양한 생각을 알아보는 서술/논술형으로 만드세요.)
다사리의 의미에 대해 어떻게 생각하는가?

평점

생각 나누기 (10분)
※ 내 질문에 대한 동료들의 생각을 채우게 하고, 동료 학습지에도 채워주세요.
- 논술력 키워 주는 교육
- 다양한 의미를 가지고 있어 좋은 것 같다
- 다사리는 다 말하고 다 살리는 의미가 담겨 있다.
- 다살리고 창의력을 키우자는 뜻이 있다.

평점

생각 살리기 (8분)
※ 모둠활동을 바탕으로 자기 삶과 사회 현실과 관련지어 자기 생각을 논술하세요.
다사리교육은 미래의 나의 삶을 편하게 해줄 것이다. 왜냐하면 사회에서는 말을 ● 다해야 하는데 다사리를 통해 자신의 생각을 잘 말 할 수 있다. 오랜 ... 높게 ... 큰 도움을 줘서 일반적인 대화 사회에서도 ... 사용가능하다고 생각한다.

평점

다 말하게 하여 생각을 다 살리는 다사리 학습 활동지(전면)

구분	모둠 이름	다사리조	학년 반 번호	(1)-( )-(15)	성명	
교과목명	교장특강	대단원	미래사회 학습의 방법	소단원	다사리 교육의 개념과 방법	
학습목표	다사리 교육의 개념과 방법을 설명하고, 다사리 교육 방법을 적용하여 학습할 수 있다.					

생각 띄우기 (7분)
※ 학습자료에 나오는 지식과 정보를 마인드맵 등 창의적 방법으로 구조화하세요.
다사리 — 지능 / 생각 / 다사리는 / IQ.CQ.EQ / 대화 / 교육 / 학교 / 창의력 / 융합 / 체험

평점

생각 말하기 (10분)
※학습자료에서 개념 혹은 주제를 설명하고, 동료 학습지에도 요약해 채워주세요.
- 개념 혹은 주제 설명: 생각살리기 — 자신의 생각과 다른 친구의 생각을 섞어 자기생각을 논술화는 것 생각논술
- 다사리 교육은 자신의 생각을 말해 자신감을 얻는 교육 같다
- 다사리 교육은 지식도 창의적으로 ... 교육이라는 ...
- 다사리 교육은 생각을 많이 해가는 것을 교육하는 것이다
- 자신의 생각을 서술하는 논술교육

평점

생각 구하기 (5분)
※ 학습자료 안에 있는 지식과 정보, 생각에 대한 가치를 묻는 문제를 만드세요
(선택·단답형도 가능하나, 다양한 생각을 알아보는 서술/논술형으로 만드세요.)
다사리 교육은 무엇이고 장점은?

평점

생각 나누기 (10분)
※ 내 질문에 대한 동료들의 생각을 채우게 하고, 동료 학습지에도 채워주세요.
- 다사리교육은 잘 그리고 다함께 교육이며, 모두의 생각을 알 수 있어 좋습니다
- 다사리교육은 다 ... 지능 ... 있다
- 다사리 교육은 창의력과 생각을 많이 할 수 있다.
- 대화와 교육 다 살리는 교육이고 의사소통 ... 할 수 있다.

평점

생각 살리기 (8분)
※ 모둠활동을 바탕으로 자기 삶과 사회 현실과 관련지어 자기 생각을 논술하세요.
책을 읽어서 ... 다사리 교육이 ... 다사리 교육이 ... 좋겠다. 다사리 교육을 하면서도 논술력이 ... 있었던 것 같고 ... 다사리 교육 ... 교육 ...

평점

다 말하게 하여 생각을 다 살리는 다사리 학습 활동지(전면)

구분	모둠 이름	2000	학년 반 번호	(1)-( )-(16)	성명	
교과목명	교장특강	대단원	미래사회 학습의 방법	소단원	다사리 교육의 개념과 방법	
학습목표	다사리 교육의 개념과 방법을 설명하고, 다사리 교육 방법을 적용하여 학습할 수 있다.					

생각 띄우기 (7분)
※ 학습자료에 나오는 지식과 정보를 마인드맵 등 창의적 방법으로 구조화하세요.
다사리 교육 — 가치 — 진로 / 다사리 교육의 ... / 니 면 / ...

평점

생각 말하기 (10분)
※학습자료에서 개념 혹은 주제를 설명하고, 동료 학습지에도 요약해 채워주세요.
- 개념 혹은 주제 설명: 두가지 ... 다사리 ...
- 말하게 하는 교육
- 다사리 교육은 ...
- 다사리 교육은 생각 ...

평점

생각 구하기 (5분)
※ 학습자료 안에 있는 지식과 정보, 생각에 대한 가치를 묻는 문제를 만드세요
(선택·단답형도 가능하나, 다양한 생각을 알아보는 서술/논술형으로 만드세요.)
미래가 되면 어떻게 공부할까?

평점

생각 나누기 (10분)
※ 내 질문에 대한 동료들의 생각을 채우게 하고, 동료 학습지에도 채워주세요.
- 다사리 교육이 ... 것이다.
- ...

평점

생각 살리기 (8분)
※ 모둠활동을 바탕으로 자기 삶과 사회 현실과 관련지어 자기 생각을 논술하세요.
나는 ... 말하면서 ... 다사리 교육을 했는데 더 잘 ...

평점

다 말하게 하여 생각을 다 살리는 다사리 학습 활동지(전면)

구분	모둠 이름 2000	학년 반 번호 (1)-( )-(17)	성명
교과목명	교장특강 / 대단원: 미래사회 학습의 방법	소단원: 다사리 교육의 개념과 방법	
학습목표	다사리 교육의 개념과 방법을 설명하고, 다사리 교육 방법을 적용하여 학습할 수 있다.		
생각 띄우기 (7분)	※ 학습자료에 나오는 지식과 정보를 마인드맵 등 창의적 방법으로 구조화하세요. 말하는 공부법		
평점			
생각 말하기 (10분)	※학습자료에서 개념 혹은 주제를 설명하고, 동료 학습지에도 요약해 채워주세요. - 개념 혹은 주제 설명: 말하는 공부법은 듣거나 읽기만 하는 공부법보다 효율적이다.		
평점			
생각 구하기 (5분)	※ 학습자료 안에 있는 지식과 정보, 생각에 대한 가치를 묻는 문제를 만드세요 (선택·단답형도 가능하나, 다양한 생각을 알아보는 서술/논술형으로 만드세요) 말하기 공부법의 장점은 무엇이라고 생각하나요?		
평점			
생각 나누기 (10분)	※ 내 질문에 대한 동료들의 생각을 채우게 하고, 동료 학습지에도 채워주세요. 서로에게 설명해주면서 하기 때문에 기억에 더 오래 남는다. / 친구들과 같이 함께하면서 공부하여 더 재밌게 할 수 있다.		
평점			
생각 살리기 (8분)	※ 모둠활동을 바탕으로 자기 삶과 사회 현실과 관련지어 자기 생각을 논술하세요. 나는 내성적인 성격이어서 공부할 때 친구들과 잘 소통하는 편이 아니다. 하지만 다사리 교육의 장점을 보고 말하는 공부법이 매우 효율적이라는 것을 알게 되었다.		
평점			

다 말하게 하여 생각을 다 살리는 다사리 학습 활동지(전면)

구분	모둠 이름 2000	학년 반 번호 (1)-( )-(18)	성명
교과목명	교장특강 / 대단원: 미래사회 학습의 방법	소단원: 다사리 교육의 개념과 방법	
학습목표	다사리 교육의 개념과 방법을 설명하고, 다사리 교육 방법을 적용하여 학습할 수 있다.		
생각 띄우기 (7분)	※ 학습자료에 나오는 지식과 정보를 마인드맵 등 창의적 방법으로 구조화하세요.		
평점			
생각 말하기 (10분)	※학습자료에서 개념 혹은 주제를 설명하고, 동료 학습지에도 요약해 채워주세요. - 개념 혹은 주제 설명		
평점			
생각 구하기 (5분)	※ 학습자료 안에 있는 지식과 정보, 생각에 대한 가치를 묻는 문제를 만드세요 (선택·단답형도 가능하나, 다양한 생각을 알아보는 서술/논술형으로 만드세요) 부자 나라를 만들려면 어떤 노력이 필요할까?		
평점			
생각 나누기 (10분)	※ 내 질문에 대한 동료들의 생각을 채우게 하고, 동료 학습지에도 채워주세요. 여러 사람들이 같이 협력하여 사회를 발전 / 사회의 문제점을 개선한다. / 노력하여 신기술을 개발함		
평점			
생각 살리기 (8분)	※ 모둠활동을 바탕으로 자기 삶과 사회 현실과 관련지어 자기 생각을 논술하세요.		
평점			

다 말하게 하여 생각을 다 살리는 다사리 학습 활동지(전면)

구분	모둠 이름 2000	학년 반 번호 (1)-( )-(19)	성명
교과목명	교장특강 / 대단원: 미래사회 학습의 방법	소단원: 다사리 교육의 개념과 방법	
학습목표	다사리 교육의 개념과 방법을 설명하고, 다사리 교육 방법을 적용하여 학습할 수 있다.		
생각 띄우기 (7분)	※ 학습자료에 나오는 지식과 정보를 마인드맵 등 창의적 방법으로 구조화하세요. 미래 사회 – 인공지능, 로봇, 연결, 융합, 인재, 창의성, 다사리 교육		
평점			
생각 말하기 (10분)	※학습자료에서 개념 혹은 주제를 설명하고, 동료 학습지에도 요약해 채워주세요. - 개념 혹은 주제 설명: 미래 사회에는 인공 지능이 발달하고 창의 융합형 인재가 주목 받게 될 것이다.		
평점			
생각 구하기 (5분)	※ 학습자료 안에 있는 지식과 정보, 생각에 대한 가치를 묻는 문제를 만드세요 (선택·단답형도 가능하나, 다양한 생각을 알아보는 서술/논술형으로 만드세요) 미래 산업에서는 어떤 것들이 주목 받게 될까?		
평점			
생각 나누기 (10분)	※ 내 질문에 대한 동료들의 생각을 채우게 하고, 동료 학습지에도 채워주세요. 인공지능 산업이 발달할 것 같다.		
평점			
생각 살리기 (8분)	※ 모둠활동을 바탕으로 자기 삶과 사회 현실과 관련지어 자기 생각을 논술하세요. 나는 미래 사회에서 다양한 일이 일어날 것이라고 생각한다. 미래에는 일단 다양한 미래 산업 등이 발달할 것이다. 인공지능 발달해 전자 기기와 같은 것들이 발달할 것이다. 또한, 창의 융합형 인재가 중요해지기에 창의성을 길러야 한다. 그리고 4차 산업은 모두 연결되어 소통을 더욱 잘 해야 한다.		
평점			

다 말하게 하여 생각을 다 살리는 다사리 학습 활동지(전면)

구분	모둠 이름 2000	학년 반 번호 (1)-( )-(20)	성명
교과목명	교장특강 / 대단원: 미래사회 학습의 방법	소단원: 다사리 교육의 개념과 방법	
학습목표	다사리 교육의 개념과 방법을 설명하고, 다사리 교육 방법을 적용하여 학습할 수 있다.		
생각 띄우기 (7분)	※ 학습자료에 나오는 지식과 정보를 마인드맵 등 창의적 방법으로 구조화하세요. 다사리 교육 – 하브루타, 창의성, 사고, 창의적 사고, 다 살리다, 토론, 토의		
평점 B			
생각 말하기 (10분)	※학습자료에서 개념 혹은 주제를 설명하고, 동료 학습지에도 요약해 채워주세요. - 개념 혹은 주제 설명: 다사리 교육이란 다 말하게 하여 다 살리는 교육을 말한다.		
평점 A			
생각 구하기 (5분)	※ 학습자료 안에 있는 지식과 정보, 생각에 대한 가치를 묻는 문제를 만드세요 (선택·단답형도 가능하나, 다양한 생각을 알아보는 서술/논술형으로 만드세요) 자신이 생각하는 다사리 교육만의 좋은 이점은 무엇이라고 생각하는가?		
평점			
생각 나누기 (10분)	※ 내 질문에 대한 동료들의 생각을 채우게 하고, 동료 학습지에도 채워주세요. 말을 하면 아는 것을 더 잘 알 수 있다. / 말을 하면서 아는 것과 모르는 것을 구분할 수 있다. / 많은 토론하면서 내용을 더 정확하게 알 수 있다.		
평점 B			
생각 살리기 (8분)	※ 모둠활동을 바탕으로 자기 삶과 사회 현실과 관련지어 자기 생각을 논술하세요. 다사리 교육을 주제로 삼고 교육 활동을 하면서 다사리 교육에 대해 더 잘 알게 되었고 다른 친구들의 주제를 보고 나의 주제를 친구의 학습지에 써주고, 친구의 질문에 답해주며 질문을 받으면서 나의 생각이 더 발전하는 느낌이 들었다.		
평점 C			

다 말하게 하여 생각을 다 살리는 다사리 학습 활동지(전면)

구분	모둠 이름	전설의 다사리	학년 반 번호	(1)-( )-(21)	성명
교과목명	교장특강	대단원	미래사회 학습의 방법	소단원	다사리 교육의 개념과 방법
학습목표	다사리 교육의 개념과 방법을 설명하고, 다사리 교육 방법을 적용하여 학습할 수 있다.				
생각 띄우기 (7분)	※ 학습자료에 나오는 지식과 정보를 마인드맵 등 창의적 방법으로 구조화하세요. 다사리 교육 ㄴ(학생들을) 다 말하게 하여 생각을 다 살리는 교육 근거: 비고츠키 '말이 생각을 만든다' 다사리 교육의 단계: ①생각 띄우기 ②생각 말하기 ③생각 구하기 ④생각 나누기 ⑤생각 살리기 ⇨ 말을 만든 생각을 중심으로 활동				
평점					
생각 말하기 (10분)	※학습자료에서 개념 혹은 주제를 설명하고, 동료 학습지에도 요약해 채워주세요. - 개념 혹은 주제 설명 = 생각을 말로써 자신을 표현하는 것이 아니라 말로써 생각을 살린다 (예)→ 다사리 교육의 개념이 되는 '말이 생각을 만든다'는 말을 배경으로 한 것이다. 학생이 가르쳐서 배우는 교육 모두를 위한 교육 한 아이도 포기하지 않고, 모든 학생을 다 살리는 교육 다사리 교육은 다 말하게 하여 다 말하게 하여 [illegible] 생각을 말로 표현하는 것이 아니라 말로써 생각을 살린다.				
평점					
생각 구하기 (5분)	※ 학습자료 안에 있는 지식과 정보, 생각에 대한 가치를 묻는 문제를 만드세요. (선택·단답형도 가능하나, 다양한 생각을 알아보는 서술/논술형으로 만드세요) 자신이 왕에게 글의 뜻을 설명해야 한다면 어떻게 [illegible] 할 수 있다				
평점					
생각 나누기 (10분)	※ 내 질문에 대한 동료들의 생각을 채우게 하고, 동료 학습지에도 채워주세요. 내가 아는 지식을 [illegible] 설명하는 것 같다. [illegible] 평소 알아서 나의 지식을 끌어모아서 설명해야겠다! 내가 공부하기 어려웠을 것 같다.				
평점					
생각 살리기 (8분)	※ 모둠활동을 바탕으로 자기 삶과 사회 현실과 관련지어 자기 생각을 논술하세요. [illegible] 내 삶에서도 [illegible] 살고 싶다. [illegible] [illegible] 다사리 교육은 [illegible] 중요한 것 같다.				
평점					

다 말하게 하여 생각을 다 살리는 다사리 학습 활동지(전면)

구분	모둠 이름	전설의 다사리	학년 반 번호	(1)-( )-(22)	성명
교과목명	교장특강	대단원	미래사회 학습의 방법	소단원	다사리 교육의 개념과 방법
학습목표	다사리 교육의 개념과 방법을 설명하고, 다사리 교육 방법을 적용하여 학습할 수 있다.				
생각 띄우기 (7분)	※ 학습자료에 나오는 지식과 정보를 마인드맵 등 창의적 방법으로 구조화하세요. 다사리 교육 / 근거 / 수단 / 목적 / 말 / 다 말하게 하다 / 다 살리다 / [illegible]				
평점					
생각 말하기 (10분)	※학습자료에서 개념 혹은 주제를 설명하고, 동료 학습지에도 요약해 채워주세요. - 개념 혹은 주제 설명 "학생이 가르쳐서 배우는 교육, 모두를 위한 교육" [illegible] 다사리는 다 살리다 하다와 다 말하게 하여 [illegible] 한 아이도 포기하지 않고, 모든 학생을 다 살리는 교육 생각을 말로 표현하는 것이 아니라 말로써 생각을 살린다. 생각을 말로써 자신을 표현하는 것이 아니라 말로써 생각을 살린다.				
평점					
생각 구하기 (5분)	※ 학습자료 안에 있는 지식과 정보, 생각에 대한 가치를 묻는 문제를 만드세요. (선택·단답형도 가능하나, 다양한 생각을 알아보는 서술/논술형으로 만드세요) [illegible]				
평점					
생각 나누기 (10분)	※ 내 질문에 대한 동료들의 생각을 채우게 하고, 동료 학습지에도 채워주세요. [illegible] [illegible] 평소 알아서 나의 지식을 끌어모아서 설명해야겠다! [illegible]				
평점					
생각 살리기 (8분)	※ 모둠활동을 바탕으로 자기 삶과 사회 현실과 관련지어 자기 생각을 논술하세요. [illegible] [illegible] [illegible] [illegible] [illegible]				
평점					

다 말하게 하여 생각을 다 살리는 다사리 학습 활동지(전면)

구분	모둠 이름	전설의다사리	학년 반 번호	(1)-( )-(23)	성명
교과목명	교장특강	대단원	미래사회 학습의 방법	소단원	다사리 교육의 개념과 방법
학습목표	다사리 교육의 개념과 방법을 설명하고, 다사리 교육 방법을 적용하여 학습할 수 있다.				
생각 띄우기 (7분)	※ 학습자료에 나오는 지식과 정보를 마인드맵 등 창의적 방법으로 구조화하세요. 다사리 교육 / 의미 – 다 말하게 하다 – 다 살리다 / 근거 – 교육심리학자 비고츠키 (생각과 말) / 수단 – 토의 학습, 토론 학습, 논술 학습 / 목적 – 다 말하게 하여 생각을 살리는 교육, 생각의 힘을 키우는 교육				
평점					
생각 말하기 (10분)	※학습자료에서 개념 혹은 주제를 설명하고, 동료 학습지에도 요약해 채워주세요. - 개념 혹은 주제 설명 한 아이도 포기하지 않고, 모든 학생을 다 살리는 교육 [illegible] 생각을 말로써 자신을 표현하는 것이 아니라 말로써 생각을 살린다. 다사리는 다 살리게 하다와 다 말하게 하여 개념을 가짐 학생이 가르쳐서 배우는 교육 모두를 위한 교육 생각을 말로써 자신을 표현하는 것이 아니라 말로써 생각을 살리는 교육				
평점					
생각 구하기 (5분)	※ 학습자료 안에 있는 지식과 정보, 생각에 대한 가치를 묻는 문제를 만드세요. (선택·단답형도 가능하나, 다양한 생각을 알아보는 서술/논술형으로 만드세요) 다사리 교육으로 우리가 배울수 있는건 어떤 부분인가?				
평점					
생각 나누기 (10분)	※ 내 질문에 대한 동료들의 생각을 채우게 하고, 동료 학습지에도 채워주세요. 서로 소통하는 법과 다사리 교육법을 알게 된다. [illegible] 말로 설명하여 배운 내용을 아는 지식으로 만들 수 있다. 배운 내용을 설명하면 그 내용을 자세히 알고 배울 수 있다.				
평점					
생각 살리기 (8분)	※ 모둠활동을 바탕으로 자기 삶과 사회 현실과 관련지어 자기 생각을 논술하세요. 말을 안 하고 말하기 전 생각 [illegible] 상대방 한테 얘기를 하며 [illegible] 더 [illegible] 남에게 도움이 될 수 있게 살아가겠다. [illegible] 의견을 생각하고, 조금 [illegible] 나도 남에게 정확한 [illegible] 가지고 [illegible]				
평점					

다 말하게 하여 생각을 다 살리는 다사리 학습 활동지(전면)

구분	모둠 이름	전설의 다사리	학년 반 번호	(1)-( )-(24)	성명
교과목명	교장특강	대단원	미래사회 학습의 방법	소단원	다사리 교육의 개념과 방법
학습목표	다사리 교육의 개념과 방법을 설명하고, 다사리 교육 방법을 적용하여 학습할 수 있다.				
생각 띄우기 (7분)	※ 학습자료에 나오는 지식과 정보를 마인드맵 등 창의적 방법으로 구조화하세요. 5단계 ① 생각 띄우기 ② 생각 말하기 ③ 생각 구하기 ④ 생각 나누기 ⑤ 생각 살리기 다사리 / [illegible]				
평점					
생각 말하기 (10분)	※학습자료에서 개념 혹은 주제를 설명하고, 동료 학습지에도 요약해 채워주세요. - 개념 혹은 주제 설명 다사리는 다 살리다 와 다 말하게 하다의 개념을 가지고 있다. 한 아이도 포기하지 않고, 모든 학생을 다 살리는 교육 생각을 말로 표현하는 것이 아니라 말로써 생각을 살린다. 학생이 가르쳐서 배우는 교육 모두를 위한 교육 생각을 말로써 자신을 표현하는 것이 아니라 말로써 생각을 살린다는 것				
평점					
생각 구하기 (5분)	※ 학습자료 안에 있는 지식과 정보, 생각에 대한 가치를 묻는 문제를 만드세요. (선택·단답형도 가능하나, 다양한 생각을 알아보는 서술/논술형으로 만드세요) 다사리 교육은 무엇인가요?				
평점					
생각 나누기 (10분)	※ 내 질문에 대한 동료들의 생각을 채우게 하고, 동료 학습지에도 채워주세요. 다 말하게 하여 다 살리다 생각을 살리는 교육 다 말하게 하여 생각을 다 살리는 교육 다 살리는 교육				
평점					
생각 살리기 (8분)	※ 모둠활동을 바탕으로 자기 삶과 사회 현실과 관련지어 자기 생각을 논술하세요. 다사리 교육을 하면 서로 소통하는 법을 알게 되고, 그러면서 전보다 더 나은 성적을 얻을 수 있을 것이다. 또한 다사리 교육을 통해 다양한 토론법과 생각을 알게 됨으로써 사고를 넓힐 수 있다. 또한 서로 설명하는 공부법에서 기억에 더 많이 남아 후에도 지식이 필요할 때 생각하고 지식을 사용할 수 있다.				
평점					

다 말하게 하여 생각을 다 살리는 다사리 학습 활동지(전면)

구분	모둠 이름	현철의 다사리	학년 반 번호	(1)-( )-(25)	성명	
교과목명	교장특강	대단원	미래사회 학습의 방법	소단원	다사리 교육의 개념과 방법	
학습목표	다사리 교육의 개념과 방법을 설명하고, 다사리 교육 방법을 적용하여 학습할 수 있다.					

생각 띄우기 (7분)	※ 학습자료에 나오는 지식과 정보를 마인드맵 등 창의적 방법으로 구조화하세요. 다사리 교육 / 생각 / 가르도 교실 / 융합논술 / 말 / 목적 / 다살리다 / 다 말하게 하다 / 창의력 / 사고력
평점	
생각 말하기 (10분)	※학습자료에서 개념 혹은 주제를 설명하고, 동료 학습지에도 요약해 채워주세요. - 개념 혹은 주제 설명 생각을 말로써 표현하는 것이 아니라 말로써 생각을 실현한다. 한 아이도 포기하지 않고, 모든 학생을 다살리는 교육 다사리는 다 살리게 하다와 다 말하게 하다의 뜻을 가짐. 학생이 가르치며 배우는 교육, 모두를 위한 교육 생각을 말로써 자신을 표현하는게 아니라 말로써 생각을 실현하는 교육
평점	
생각 구하기 (5분)	※ 학습자료 안에 있는 지식과 정보, 생각에 대한 가치를 묻는 문제를 만드세요. (선택·단답형도 가능하나, 다양한 생각을 알아보는 서술/논술형으로 만드세요.) 왜 진짜 지식을 얻기 위한 가장 좋은 방법이 '설명'인가?
평점	
생각 나누기 (10분)	※ 내 질문에 대한 동료들의 생각을 채우게 하고, 동료 학습지에도 채워주세요. 말로 하는 것이 가장 기억에 남는데, 서로 말하면 듣는 것과 말하는 것 [illegible] 설명을 하다 보면 내가 아는 지식을 더 쉽게 얘기 할 수 있다 설명을 할 수 있다는 것은 그것에 대해 잘 이해하고 있다는 [illegible] 생각을 설명하는 것이 제일 [illegible]
평점	
생각 살리기 (8분)	※ 모둠활동을 바탕으로 자기 삶과 사회 현실과 관련지어 자기 생각을 논술하세요. 다사리 교육은 생각을 크게 하게 만들고 실력을 높일 수 있다. 다른 친구들에게 수학 문제를 설명한 적이 있었는데 그 문제 푸는 방법이 기억에 많이 남았다. 다른 친구들도 쉽게 이해하고 자신이 모르는 부분을 확실히 알 수 있기 때문에 다사리 교육이 정말 좋은 것 같다.
평점	

다 말하게 하여 생각을 다 살리는 다사리 학습 활동지(전면)

구분	모둠 이름	다교	학년 반 번호	(1)-( )-(26)	성명	
교과목명	교장특강	대단원	미래사회 학습의 방법	소단원	다사리 교육의 개념과 방법	
학습목표	다사리 교육의 개념과 방법을 설명하고, 다사리 교육 방법을 적용하여 학습할 수 있다.					

생각 띄우기 (7분)	※ 학습자료에 나오는 지식과 정보를 마인드맵 등 창의적 방법으로 구조화하세요. 읽기 (10%) → 시청각 수업듣기 (20%) → 시범 강의 듣기 (30%) → 집단 토의 (50%) → 실제 해보기 (75%) → 서로 설명하기 (90%)
평점	
생각 말하기 (10분)	※학습자료에서 개념 혹은 주제를 설명하고, 동료 학습지에도 요약해 채워주세요. - 개념 혹은 주제 설명 학습 피라미드를 보면 읽거나 보는 것은 학습효율이 낮고 말하거나 해보는 학습은 효율이 좋다 종이만 보면서 문제를 풀면 나중에 기억도 잘 안 나고 [illegible]. 이러한 상황에 말하고 풀면 더 좋은 교육이 될것 같다. 서로를 같이 말하며 소통하는 다사리교육은 학습 효율이 좋은 것 같다
평점	
생각 구하기 (5분)	※ 학습자료 안에 있는 지식과 정보, 생각에 대한 가치를 묻는 문제를 만드세요. (선택·단답형도 가능하나, 다양한 생각을 알아보는 서술/논술형으로 만드세요.) 다사리 교육의 핵심 내용
평점	
생각 나누기 (10분)	※ 내 질문에 대한 동료들의 생각을 채우게 하고, 동료 학습지에도 채워주세요. 서로 말하며 할 수 있어서 기억에 더 많이 남아 모두를 평등하게 할 수 있다.
평점	
생각 살리기 (8분)	※ 모둠활동을 바탕으로 자기 삶과 사회 현실과 관련지어 자기 생각을 논술하세요. 미래 사회에서 다사리 교육을 하면 효율이 올라가고 다사리 교육의 효과가 나온다. 다른 사람의 의견도 알 수 있어 자신의 [illegible] 이런 방식으로 하면 공부하는 것도 재미있어지고 효율도 높아 [illegible] 다사리 교육을 다른 [illegible] 하면 지루하지도 않을 것 같다
평점	

다 말하게 하여 생각을 다 살리는 다사리 학습 활동지(전면)

구분	모둠 이름	다교	학년 반 번호	(1)-( )-(27)	성명	
교과목명	교장특강	대단원	미래사회 학습의 방법	소단원	다사리 교육의 개념과 방법	
학습목표	다사리 교육의 개념과 방법을 설명하고, 다사리 교육 방법을 적용하여 학습할 수 있다.					

생각 띄우기 (7분)	※ 학습자료에 나오는 지식과 정보를 마인드맵 등 창의적 방법으로 구조화하세요. 다사리교육 - 다 말하게 하여 생각을 다 살리는 교육 학습효과 6 / 12 / 17 / 21 / 서술형 53 / 42 / 48 / 71
평점	
생각 말하기 (10분)	※학습자료에서 개념 혹은 주제를 설명하고, 동료 학습지에도 요약해 채워주세요. - 개념 혹은 주제 설명 다사리교육의 학습 효과. 말하고 들으면 상상력도 풍부해지고 기억에도 잘 남는다. 학습하는 친구와 함께 같이 실력이 늘 수 있어 시험 준비기간에 친구들과 함께 공부하면 [illegible] 것 같아
평점	
생각 구하기 (5분)	※ 학습자료 안에 있는 지식과 정보, 생각에 대한 가치를 묻는 문제를 만드세요. (선택·단답형도 가능하나, 다양한 생각을 알아보는 서술/논술형으로 만드세요.) 다사리 학습의 효과는?
평점	
생각 나누기 (10분)	※ 내 질문에 대한 동료들의 생각을 채우게 하고, 동료 학습지에도 채워주세요. 같이 하는 동료들과 함께 실력이 늘 수 있어 재미있게 공부할 수 있고 학습효과가 높아
평점	
생각 살리기 (8분)	※ 모둠활동을 바탕으로 자기 삶과 사회 현실과 관련지어 자기 생각을 논술하세요. 시험공부, 그냥 공부를 할 때도 사람들과 관해 이야기하니까 서로의 의견을 [illegible] 앞으로 나의 의견을 얘기하며 공부하면 기억도 더 잘 남고 좋을 것 같다. 앞으로 다사리 방식으로 열심히 공부하는 내가 되겠다. 이번을 계기로 다사리에 대해 더 잘 알게 된 것 같아 좋았다
평점	

다 말하게 하여 생각을 다 살리는 다사리 학습 활동지(전면)

구분	모둠 이름	다교	학년 반 번호	(1)-( )-( )	성명	
교과목명	교장특강	대단원	미래사회 학습의 방법	소단원	다사리 교육의 개념과 방법	
학습목표	다사리 교육의 개념과 방법을 설명하고, 다사리 교육 방법을 적용하여 학습할 수 있다.					

생각 띄우기 (7분)	※ 학습자료에 나오는 지식과 정보를 마인드맵 등 창의적 방법으로 구조화하세요. 다사리 교육 / 모두를 위한 교육 / 학습 목표-수업-평가의 일체화 / 다 살리는 교육 / 다 말하기 / 모둠 학습
평점	
생각 말하기 (10분)	※학습자료에서 개념 혹은 주제를 설명하고, 동료 학습지에도 요약해 채워주세요. - 개념 혹은 주제 설명 다사리 교육은 다 말하여 다 살리는 교육으로 생각 띄우기, 말하기, 구하기, 나누기, 살리기를 통하여 진행한다. 그런 방식으로 교육을 하면 학습 효과가 오를 것 같다 말하기 듣기를 하면 생각이 더 풍부해져 좋을 것 같다
평점	
생각 구하기 (5분)	※ 학습자료 안에 있는 지식과 정보, 생각에 대한 가치를 묻는 문제를 만드세요. (선택·단답형도 가능하나, 다양한 생각을 알아보는 서술/논술형으로 만드세요.) 다사리 교육은 어떤 교육인가요?
평점	
생각 나누기 (10분)	※ 내 질문에 대한 동료들의 생각을 채우게 하고, 동료 학습지에도 채워주세요. 다사리 교육은 다 말하게 하여 각자의 의견을 살리는 교육이다. 각자의 생각을 살려 다른 사람의 의견과 함께 공부하는 방법이다.
평점	
생각 살리기 (8분)	※ 모둠활동을 바탕으로 자기 삶과 사회 현실과 관련지어 자기 생각을 논술하세요. 미래 사회 트렌드를 따라가기 위해 다사리 교육은 꼭 필요한 교육이다. 서로 소통하며 다 같이 실력을 기를 수 있어서 효율이 좋고 [illegible]
평점	

다 말하게 하여 생각을 다 살리는 다사리 학습 활동지(전면)

구분	모둠 이름: 1모둠 / 학년 반 번호: (1)-( )-( ) / 성명:
교과목명	교장특강 / 대단원: 미래사회 학습의 방법 / 소단원: 다사리 교육의 개념과 방법
학습목표	다사리 교육의 개념과 방법을 설명하고, 다사리 교육 방법을 적용하여 학습할 수 있다.
생각 띄우기 (7분)	※ 학습자료에 나오는 지식과 정보를 마인드맵 등 창의적 방법으로 구조화하세요. 다사리 교육 — 생각 말하기 / 생각 살리기 / 생각나누기 / 말 — 근거 — 사고력, 창의력 / 이유
평점	
생각 말하기 (10분)	※학습자료에서 개념 혹은 주제를 설명하고, 동료 학습지에도 요약해 채워주세요. - 개념 혹은 주제 설명 다말하게 하여 다살리게하는 다사리교육 말하는 교육이 가장 효율적이다. 조용한 것보단 다같이 말해서 다살리는 공부법 다 말하게 하면 생각을 다 살릴 수 있다.
평점	
생각 구하기 (5분)	※ 학습자료 안에 있는 지식과 정보, 생각에 대한 가치를 묻는 문제를 만드세요. (선택·단답형도 가능하나, 다양한 생각을 알아보는 서술/논술형으로 만드세요.) 다사리교육은 무엇일까?
평점	
생각 나누기 (10분)	※ 내 질문에 대한 동료들의 생각을 채우게 하고, 동료 학습지에도 채워주세요. 말하는 교육 생각을 말하며 공부하는 방법이다. 서로의 생각을 교류하면 다같이 말하면서 다살리는 교육
평점	
생각 살리기 (8분)	※ 모둠활동을 바탕으로 자기 삶과 사회 현실과 관련지어 자기 생각을 논술하세요. 다사리 교육에 임하여 내가 수업한 내용을 바탕으로 내가 원하고 좋아하는 직업을 갖고 열심히 행복하게 살고 싶다 앞으로 공부할 때 듣고 적는 것이 아니라 설명을 하면서 더 열심히 하여 일상생활에 활용해야겠다
평점	

다 말하게 하여 생각을 다 살리는 다사리 학습 활동지(전면)

구분	모둠 이름: 1모둠 / 학년 반 번호: (1)-( )-(2) / 성명:
교과목명	교장특강 / 대단원: 미래사회 학습의 방법 / 소단원: 다사리 교육의 개념과 방법
학습목표	다사리 교육의 개념과 방법을 설명하고, 다사리 교육 방법을 적용하여 학습할 수 있다.
생각 띄우기 (7분)	※ 학습자료에 나오는 지식과 정보를 마인드맵 등 창의적 방법으로 구조화하세요. 말(낱말)이 생각(사고)를 만든다 -베고츠키- 다사리: '다 말하게 하다', '다 살리다' 두가지 의미의 '다스리다' 다사리 교육 영문 이니셜: DASALE(Design of All Speech All Live Education) 말하기 공부법의 효과 조용한 공부방 / 말하는 공부방 단답형 수능형 서술형 전체 ←(평균)
평점	
생각 말하기 (10분)	※학습자료에서 개념 혹은 주제를 설명하고, 동료 학습지에도 요약해 채워주세요. - 개념 혹은 주제 설명 다 말하게 하면 생각을 다 살릴 수 있다. 말을 해야 생각이 만들어진다. 조용한 것보단 다같이 말해서 다살리는 공부법 말하는 교육이 가장 효율적이다. 다말하게 하여 다살리는 다사리교육
평점	
생각 구하기 (5분)	※ 학습자료 안에 있는 지식과 정보, 생각에 대한 가치를 묻는 문제를 만드세요. (선택·단답형도 가능하나, 다양한 생각을 알아보는 서술/논술형으로 만드세요.) 다사리 교육이 다른 공부법들 보다 더 효율적이고 효과가 좋을까요?
평점	
생각 나누기 (10분)	※ 내 질문에 대한 동료들의 생각을 채우게 하고, 동료 학습지에도 채워주세요. 다사리교육은 서로에게 말하게 하는 교육이기 때문에 효과가 좋다 서로 말해서 더 기억에 잘 남아서 말하는 교육을 해서.
평점	
생각 살리기 (8분)	※ 모둠활동을 바탕으로 자기 삶과 사회 현실과 관련지어 자기 생각을 논술하세요. 다사리 교육을 통해 혼자 조용히 공부하는 방법보다 설명하며 공부하는 방법이 더 좋다는 것을 알게 되었다. 앞에 누가 없더라도 공부한 개념들을 설명하며 머릿속으로 내용을 정리해야겠다. 말하기 공부법을 이용하면 자신이 아는 것과 모르는 것을 확실히 알 수 있기 때문에 효율적으로 학습할 수 있다.
평점	

다 말하게 하여 생각을 다 살리는 다사리 학습 활동지(전면)

구분	모둠 이름: 1모둠 / 학년 반 번호: (1)-( )-(3) / 성명:
교과목명	교장특강 / 대단원: 미래사회 학습의 방법 / 소단원: 다사리 교육의 개념과 방법
학습목표	다사리 교육의 개념과 방법을 설명하고, 다사리 교육 방법을 적용하여 학습할 수 있다.
생각 띄우기 (7분)	※ 학습자료에 나오는 지식과 정보를 마인드맵 등 창의적 방법으로 구조화하세요. 다사리 — 차별화된 교육 / 말하는 교육 90%! / 생각나누기 / 미래교육 / 하브루타 / 말하는 교육 / 90% / 공부법 / 생각의 힘 기르기 / 트렌드 / 인문학 교육
평점	
생각 말하기 (10분)	※학습자료에서 개념 혹은 주제를 설명하고, 동료 학습지에도 요약해 채워주세요. - 개념 혹은 주제 설명 말하면서 교육하는 것이 가장 효율적이다. (말하기 90%) 조용한 것보다 다같이 말해서 다살리는 공부법 다 말하게하여 다 살리는 다사리교육 다 말하게 하면 생각을 다 살릴 수 있다.
평점	
생각 구하기 (5분)	※ 학습자료 안에 있는 지식과 정보, 생각에 대한 가치를 묻는 문제를 만드세요. (선택·단답형도 가능하나, 다양한 생각을 알아보는 서술/논술형으로 만드세요.) 다사리 교육을 해야 하는 이유
평점	
생각 나누기 (10분)	※ 내 질문에 대한 동료들의 생각을 채우게 하고, 동료 학습지에도 채워주세요. 친구들끼리 소통하기 위해서 다같이 말하면 더 효율적인 효과가 나오기 때문 다른 공부법보다 훨씬 효율적이기 때문이다
평점	
생각 살리기 (8분)	※ 모둠활동을 바탕으로 자기 삶과 사회 현실과 관련지어 자기 생각을 논술하세요. 다사리 교육을 하면 서로 소통하는 법을 기를 수 있다. 그리고 내가 아는 지식을 공유할 수 있다. 또 미래의 트렌드를 맞추려면 다사리교육을 해야한다. 다사리 교육은 미래 내 삶을 즐겁게 해줄 것이다.
평점	

다 말하게 하여 생각을 다 살리는 다사리 학습 활동지(전면)

구분	모둠 이름: 1모둠 / 학년 반 번호: (1)-( )-(4) / 성명:
교과목명	교장특강 / 대단원: 미래사회 학습의 방법 / 소단원: 다사리 교육의 개념과 방법
학습목표	다사리 교육의 개념과 방법을 설명하고, 다사리 교육 방법을 적용하여 학습할 수 있다.
생각 띄우기 (7분)	※ 학습자료에 나오는 지식과 정보를 마인드맵 등 창의적 방법으로 구조화하세요. 다사리
평점	
생각 말하기 (10분)	※학습자료에서 개념 혹은 주제를 설명하고, 동료 학습지에도 요약해 채워주세요. - 개념 혹은 주제 설명 조용한 것보단 다같이 말하고 다 살리는 공부법 말하는 교육이 가장 효율적이다. 생각만 해서 공부하는 것보다 설명하면서 공부하면 더 효과적이다. 다말하게하여 다살리는 다사리교육
평점	
생각 구하기 (5분)	※ 학습자료 안에 있는 지식과 정보, 생각에 대한 가치를 묻는 문제를 만드세요. (선택·단답형도 가능하나, 다양한 생각을 알아보는 서술/논술형으로 만드세요.) 다사리교육의 목표는?
평점	
생각 나누기 (10분)	※ 내 질문에 대한 동료들의 생각을 채우게 하고, 동료 학습지에도 채워주세요. 학생들이 자신의 생각을 다 말해서 공부효과를 높일 수 있기 때문이다. 공부효과와 인재가 나올 확률을 높이기 위함. 자신의 생각을 말해서 공부효과를 높이려고
평점	
생각 살리기 (8분)	※ 모둠활동을 바탕으로 자기 삶과 사회 현실과 관련지어 자기 생각을 논술하세요. 다사리교육을 배우면서 서로의 생각을 살리면서 서로가 다 말하게 하는 다사리교육의 전개를 알게되었다 다사리교육 목표인 다 말하게 하고 다 살리는 교육을 친구들과 하니까 서로의 생각을 알 수 있고 [illegible] 공부법이 [illegible] 좋은 것 같다
평점	

다 말하게 하여 생각을 다 살리는 다사리 학습 활동지(전면)

구분	모둠 이름	2모둠	학년 반 번호	(1) - ( ) - (7)	성명	
교과목명	교장특강	대단원	미래사회 학습의 방법	소단원	다사리 교육의 개념과 방법	
학습목표	다사리 교육의 개념과 방법을 설명하고, 다사리 교육 방법을 적용하여 학습할 수 있다.					

생각 띄우기 (7분)	※ 학습자료에 나오는 지식과 정보를 마인드맵 등 창의적 방법으로 구조화하세요. 조용한 VS 말하는 공부방 시험결과 / 6, 12 단원평가 평균 / 17, 24 수능형 평균 / 23, 42 서술형 평균 / 45, 76 전체 평균 / 〈학습 효율성 피라미드〉 서로 설명하기 90
평점	
생각 말하기 (10분)	※학습자료에서 개념 혹은 주제를 설명하고, 동료 학습지에도 요약해 채워주세요. - 개념 혹은 주제 설명 혼자서 조용히 공부하는 것보다는 여럿이 말하며 함께 공부하는 것이 더 좋은 학습효과를 나타내었다. 다사리 수업 방법은 생각 띄우기, 말하기, 구하기, 나누기, 살리기로 나뉜다 말하는 공부법은 듣거나 읽기만 하는 공부법보다 효과적 다 말하는 교육으로 창의력과 기억력을 올려주는 교육
평점	
생각 구하기 (5분)	※ 학습자료 안에 있는 지식과 정보, 생각에 대한 가치를 묻는 문제를 만드세요. (선택·단답형도 가능하나, 다양한 생각을 알아보는 서술/논술형으로 만드세요.) 다사리 교육은 왜 조용한 공부보다 학습효과가 좋을까?
평점	
생각 나누기 (10분)	※ 내 질문에 대한 동료들의 생각을 채우게 하고, 동료 학습지에도 채워주세요. 혼자는 머리 속에서 알게 되지만 같이하면 모르는 걸 알 수 있다. 서로 말로 설명해 뇌에 더 오래, 강하게 남기 때문 자신이 알지 못한 걸 서로 설명하며 모르는 것을 정확히 알 수 있다.
평점	
생각 살리기 (8분)	※ 모둠활동을 바탕으로 자기 삶과 사회 현실과 관련지어 자기 생각을 논술하세요. 앞으로 배운 다사리 교육을 이용하여 학습효과를 더 높일 것이고 다사리에 대해 배울 때는 조금 지루하기도 했지만 막상 실제로 다사리 교육을 실천해보니 혼자 공부하는 것보다 더 도움이 되고 재미있었다. 앞으로도 이 다사리 교육을 잘 실천할 것이다.
평점	

다 말하게 하여 생각을 다 살리는 다사리 학습 활동지(전면)

구분	모둠 이름	2모둠	학년 반 번호	(1) - ( ) - (8)	성명	
교과목명	교장특강	대단원	미래사회 학습의 방법	소단원	다사리 교육의 개념과 방법	
학습목표	다사리 교육의 개념과 방법을 설명하고, 다사리 교육 방법을 적용하여 학습할 수 있다.					

생각 띄우기 (7분)	※ 학습자료에 나오는 지식과 정보를 마인드맵 등 창의적 방법으로 구조화하세요. 메타인지 : 자기 자신이 아는 것에 대해 아는 것 / 다사리교육 학습 모형 / 서로 설명하기 / 생각 띄우기 / 생각 말하기 / 생각 구하기 / 생각 나누기 / 생각 살리기
평점	
생각 말하기 (10분)	※학습자료에서 개념 혹은 주제를 설명하고, 동료 학습지에도 요약해 채워주세요. - 개념 혹은 주제 설명 다사리교육 방법은 생각 띄우기(배운 내용 정리), 생각 말하기(정리한 내용 설명해주기), 생각 구하기(설명에 대한 문제 만들기), 생각 나누기(문제에 대해 풀어주기), 생각 살리기(생각 쓰기) 5개로 나뉨 다 말하게 해 생각을 다 살리는 교육. 다 말하며 창의력과 기억력을 올려주는 공부법 말하는 공부법은 듣거나 읽기만 하는 공부법보다 효과적
평점	
생각 구하기 (5분)	※ 학습자료 안에 있는 지식과 정보, 생각에 대한 가치를 묻는 문제를 만드세요. (선택·단답형도 가능하나, 다양한 생각을 알아보는 서술/논술형으로 만드세요.) 다사리 수업방법 5가지를 하나씩 설명하시오
평점	
생각 나누기 (10분)	※ 내 질문에 대한 동료들의 생각을 채우게 하고, 동료 학습지에도 채워주세요. 생각 나누기는 서로 설명해주고 자신의 의견을 나누는 것 생각 말하기는 자신의 생각을 말해서 공유하는 것 생각 띄우기는 배운 내용을 잘 정리하는 것
평점	
생각 살리기 (8분)	※ 모둠활동을 바탕으로 자기 삶과 사회 현실과 관련지어 자기 생각을 논술하세요. 오늘 이 학습지를 하고 다사리교육에 대한 나의 지식이 좀 더 확실해진 것 같고 처음 다사리교육에 대해 들었을 때보다 다사리교육에 대해 잘 알게 된 것 같다. 앞으로 수업을 할 때 다사리 교육법을 실시한다면 공부 내용이 더 잘 기억에 남을 것 같다
평점	

다 말하게 하여 생각을 다 살리는 다사리 학습 활동지(전면)

구분	모둠 이름	2모둠	학년 반 번호	(1) - ( ) - (9)	성명	
교과목명	교장특강	대단원	미래사회 학습의 방법	소단원	다사리 교육의 개념과 방법	
학습목표	다사리 교육의 개념과 방법을 설명하고, 다사리 교육 방법을 적용하여 학습할 수 있다.					

생각 띄우기 (7분)	※ 학습자료에 나오는 지식과 정보를 마인드맵 등 창의적 방법으로 구조화하세요. 조용한 공부법 VS 말하는 공부법 / 말하는 공부방 / 조용한 공부법 / 6, 12 단답형 평균 / 17, 21 수능형 평균 / 23, 42 서술형 평균 / 48, 76 전체 평균 / 표를 보면 말하는 공부방이 약 2배 더 효과가 있다!
평점	
생각 말하기 (10분)	※학습자료에서 개념 혹은 주제를 설명하고, 동료 학습지에도 요약해 채워주세요. - 개념 혹은 주제 설명 다사리 교육 = 다 말하게 하여 창의력과 기억력을 올려주는 공부법 이다 다 말하게 해 생각을 다 살리는 교육 다사리 수업방법은 생각 띄우기, 말하기, 구하기, 나누기, 살리기로 나뉜다 말하기 공부법은 듣거나 읽기만 하는 공부법보다 효과적.
평점	
생각 구하기 (5분)	※ 학습자료 안에 있는 지식과 정보, 생각에 대한 가치를 묻는 문제를 만드세요. (선택·단답형도 가능하나, 다양한 생각을 알아보는 서술/논술형으로 만드세요.) 다사리 교육 후 나의 변화는?
평점	
생각 나누기 (10분)	※ 내 질문에 대한 동료들의 생각을 채우게 하고, 동료 학습지에도 채워주세요. 다사리 교육을 하고 생각과 공부법이 발달하였다 / 할 것이다. 다사리 교육 후 공부법을 바꿔 성적이 향상 될 것이다. 다사리 교육 나의 생각을 심오하게 하는 능력에 향상됨
평점	
생각 살리기 (8분)	※ 모둠활동을 바탕으로 자기 삶과 사회 현실과 관련지어 자기 생각을 논술하세요. 다사리 교육은 다 말하게 하여 설명하는 것이다. 말하면 더 기억에 오래 남고 더 많은 학습을 할 수 있었다. 나만 잘 되기 보단 남도 잘 되며 같이 성장한다. 이렇게 마음에 들어 나도 앞으로 생각 띄우기, 생각 말하기, 생각 구하기, 생각 나누기, 생각 살리기 등을 활성화 해야지!
평점	

다 말하게 하여 생각을 다 살리는 다사리 학습 활동지(전면)

구분	모둠 이름		학년 반 번호	(1) - ( ) - (10)	성명	
교과목명	교장특강	대단원	미래사회 학습의 방법	소단원	다사리 교육의 개념과 방법	
학습목표	다사리 교육의 개념과 방법을 설명하고, 다사리 교육 방법을 적용하여 학습할 수 있다.					

생각 띄우기 (7분)	※ 학습자료에 나오는 지식과 정보를 마인드맵 등 창의적 방법으로 구조화하세요. 다사리 – 세종대왕 / 지능 / 사람과 배려 / 협동 / 말하면서 배우는 교육 / 생각 / 미래교육 트렌드 / 다살리는 교육 / 5, 10, 20, 30, 50, 75, 90 / 강의듣기 / 읽기 / 실제로 해보기 / 서로설명
평점	
생각 말하기 (10분)	※학습자료에서 개념 혹은 주제를 설명하고, 동료 학습지에도 요약해 채워주세요. - 개념 혹은 주제 설명 말하는 공부법은 듣거나 읽기만 하는 공부법보다 효과적이다 다 말하게 해 생각을 다 살리는 교육 다 말하게 하여 창의력과 기억력을 올려주는 교육 다사리 수업방법은 생각 띄우기, 말하기, 구하기, 나누기, 살리기로 나뉜다
평점	
생각 구하기 (5분)	※ 학습자료 안에 있는 지식과 정보, 생각에 대한 가치를 묻는 문제를 만드세요. (선택·단답형도 가능하나, 다양한 생각을 알아보는 서술/논술형으로 만드세요.) 다사리 교육은 무엇인가?
평점	
생각 나누기 (10분)	※ 내 질문에 대한 동료들의 생각을 채우게 하고, 동료 학습지에도 채워주세요. 다 말하게 해 생각을 다 살리는 교육이다 다 말하게 하여 다 살릴 수 있는 교육 다 말하게 해서 생각을 다 살리는 교육
평점	
생각 살리기 (8분)	※ 모둠활동을 바탕으로 자기 삶과 사회 현실과 관련지어 자기 생각을 논술하세요. 다사리 교육은 생각을 깊게 하게 만들고 성적을 향상시킬 수 있다. 다른 친구들과 소통하며 쉽게 이해하고 자신이 모르는 부분을 정확히 알 수 있어서 다사리 교육은 매우 좋은 교육인 것 같다.
평점	

다 말하게 하여 생각을 다 살리는 다사리 학습 활동지(전면)

구분	모둠 이름	3조	학년 반 번호	(1) - ( ) - (11)	성명	
교과목명	교장특강	대단원	미래사회 학습의 방법	소단원	다사리 교육의 개념과 방법	
학습목표	다사리 교육의 개념과 방법을 설명하고, 다사리 교육 방법을 적용하여 학습할 수 있다.					

생각 띄우기 (7분) / 평점

※ 학습자료에 나오는 지식과 정보를 마인드맵 등 창의적 방법으로 구조화하세요.

학습 효율성 피라미드 / 다 말하여 다 살린다 / 강의듣기 / 협동 / 90% / 서로 설명하기 / 다사리 / 하브루타 / 토의 / 창의력 / 사고력 / 48 / 76 / 전체 평균 / 조용한 vs 말하기 공부방 실험

생각 말하기 (10분) / 평점

※학습자료에서 개념 혹은 주제를 설명하고, 동료 학습지에도 요약해 채워주세요.

- 개념 혹은 주제 설명

조용히 공부하는 것보다 말하면서 공부하는 것이 더 효율적이다

다 말하게 하여 다 살리는 모둠원 전체 미래의 인재로 만드는 교육

다 살리고 다 말하게 하며 창의력을 키워줘서 똑똑해짐

생각의 힘을 기르는 다사리 교육

많이 생각을 만드는 교육

생각 구하기 (5분) / 평점

※ 학습자료 안에 있는 지식과 정보, 생각에 대한 가치를 묻는 문제를 만드세요.
(선택 · 단답형도 가능하나, 다양한 생각을 알아보는 서술/논술형으로 만드세요.)

다사리 교육의 장점은 무엇인가?

생각 나누기 (10분) / 평점

※ 내 질문에 대한 동료들의 생각을 채우게 하고, 동료 학습지에도 채워주세요.

서로 말하게 하여 기억에 모두 남긴다.

서로 다 말하고 다 살려서 창의력을 키워줌

생각의 힘을 기를 수 있다.

기억에 더 잘 남는다

생각 살리기 (8분) / 평점

※ 모둠활동을 바탕으로 자기 삶과 사회 현실과 관련지어 자기 생각을 논술하세요.

다사리 교육을 더 잘하기 위해서는 말하면서 공부해야 한다고 한다. 왜냐하면 서로 대화를 하면 머리에 더 잘 외울 수 있기 때문이다. 그래서 나도 선생님께 모둠 활동을 많이 하고 싶다고 말하고 싶다.

다 말하게 하여 생각을 다 살리는 다사리 학습 활동지(전면)

구분	모둠 이름	3조	학년 반 번호	(1) - ( ) - (12)	성명	
교과목명	교장특강	대단원	미래사회 학습의 방법	소단원	다사리 교육의 개념과 방법	
학습목표	다사리 교육의 개념과 방법을 설명하고, 다사리 교육 방법을 적용하여 학습할 수 있다.					

생각 띄우기 (7분) / 평점

※ 학습자료에 나오는 지식과 정보를 마인드맵 등 창의적 방법으로 구조화하세요.

다사리 / 75% / 90% / 6 / 15 / 17 / 21 / 23 / 42 / 48 / 76

생각 말하기 (10분) / 평점

※학습자료에서 개념 혹은 주제를 설명하고, 동료 학습지에도 요약해 채워주세요.

- 개념 혹은 주제 설명

~~조용한 것보다~~ 다사리 교육의 효율이 좋은 이유?

다 말하게 하여 다 살리고, 미래의 인재에 가까워진다.

다 살리고 다 말하게 하여 창의력을 키워줌

말하면서 공부하면 더 효율적으로 할 수 있음

생각의 힘을 기르는 다사리 교육

생각 구하기 (5분) / 평점

※ 학습자료 안에 있는 지식과 정보, 생각에 대한 가치를 묻는 문제를 만드세요.
(선택 · 단답형도 가능하나, 다양한 생각을 알아보는 서술/논술형으로 만드세요.)

다사리 교육을 하는 이유는 무엇일까?

생각 나누기 (10분) / 평점

※ 내 질문에 대한 동료들의 생각을 채우게 하고, 동료 학습지에도 채워주세요.

생각의 힘을 기를 수 있다.

창의성을 기르고, 말하는 능력 향상을 위해

창의력이 좋아지고 다 살리고 다 말하게 하여 미래의 인재로 만들기 위해

팀원들과 소통하고 공부를 더 잘할 수 있기 때문

생각 살리기 (8분) / 평점

※ 모둠활동을 바탕으로 자기 삶과 사회 현실과 관련지어 자기 생각을 논술하세요.

나는 매일 말하며 공부하지 않고 조용히 공부하지만 이제부터 가끔씩 친구와 자신의 의견을 나누며 생각을 비교해야 겠고 엄마와도 생각을 비교하며 부모님의 생각을 나도 배우며 생각해야겠다

다 말하게 하여 생각을 다 살리는 다사리 학습 활동지(전면)

구분	모둠 이름	3조	학년 반 번호	(1) - ( ) - (13)	성명	
교과목명	교장특강	대단원	미래사회 학습의 방법	소단원	다사리 교육의 개념과 방법	
학습목표	다사리 교육의 개념과 방법을 설명하고, 다사리 교육 방법을 적용하여 학습할 수 있다.					

생각 띄우기 (7분) / 평점

※ 학습자료에 나오는 지식과 정보를 마인드맵 등 창의적 방법으로 구조화하세요.

학습 효율성 / 90% / 서로 설명하기 / 생각 / 목적 / 질문 / 교육의 미래 / 다사리 교육 / 말하기 공부법 / 하브루타 / 협동 / 토론 / 융합 / 거꾸로 교실 / 세종 - 경연 / 비주얼씽킹 / 자료 / 정보

생각 말하기 (10분) / 평점

※학습자료에서 개념 혹은 주제를 설명하고, 동료 학습지에도 요약해 채워주세요.

- 개념 혹은 주제 설명 <다사리 공부법의 이점>

말하는 공부는 90% 남음 내용을 설명하지 않으면 [illegible]

서로 말해 미래의 인재가 되는 교육 방식

다 말하고 다 살리는 교육으로 창의력을 키워줌

말하면서 공부하면 더 효율적임

많이 생각을 만드는 교육

생각 구하기 (5분) / 평점

※ 학습자료 안에 있는 지식과 정보, 생각에 대한 가치를 묻는 문제를 만드세요.
(선택 · 단답형도 가능하나, 다양한 생각을 알아보는 서술/논술형으로 만드세요.)

다사리 교육의 장점은 무엇일까요?

생각 나누기 (10분) / 평점

※ 내 질문에 대한 동료들의 생각을 채우게 하고, 동료 학습지에도 채워주세요.

다 말하게 하여 기억에 오래 남아 미래의 인재에 가까워진다.

생각을 다 살리고 말하게 하여 미래의 인재가 될 수 있다.

팀원들과 친해지고 공부를 잘하게 됨

자신의 의견과 다른 사람들의 의견을 비교하여 [illegible]

생각 살리기 (8분) / 평점

※ 모둠활동을 바탕으로 자기 삶과 사회 현실과 관련지어 자기 생각을 논술하세요.

다사리 교육을 함으로써 생각의 힘을 키우고 미래의 유능한 인재로 만드는 공부방법으로 내가 부족했던 부분을 친구에게 배우면서 성장하는 다사리 교육! 혼자 공부할 때 보다 동료와 말하는 공부가 더 효율적이라는 연구 결과를 보고, 다사리 교육의 이점과 실제적인 예들을 알게 되는 유익한 시간이 [illegible] 시간이 더욱더 기다려지고 [illegible]

다 말하게 하여 생각을 다 살리는 다사리 학습 활동지(전면)

구분	모둠 이름	3조	학년 반 번호	(1) - ( ) - (14)	성명	
교과목명	교장특강	대단원	미래사회 학습의 방법	소단원	다사리 교육의 개념과 방법	
학습목표	다사리 교육의 개념과 방법을 설명하고, 다사리 교육 방법을 적용하여 학습할 수 있다.					

생각 띄우기 (7분) / 평점

※ 학습자료에 나오는 지식과 정보를 마인드맵 등 창의적 방법으로 구조화하세요.

<모두 다 살리는 다사리 교육> / 공부 / 토의 / 하브루타 / 다사리 교육 / 말하기 / 서로 설명 / 생각 — 비주얼 씽킹 / 거꾸로 교실 — 미래교육 / 조용한 공부방 vs 말하는 공부방 / 48 / 전체 평균 / 학습 효율성 피라미드 / 90% / 서로 설명하기

생각 말하기 (10분) / 평점

※학습자료에서 개념 혹은 주제를 설명하고, 동료 학습지에도 요약해 채워주세요.

- 개념 혹은 주제 설명

다사리 교육이란?

함께 말하고 생각을 나누며 공부해 창의적 사고를 키워주며 모둠원 모두를 미래의 인재로 키우는 교육 방식

다 살리며 다 말하는 교육으로 창의력을 키워줌

말하는 공부가 더 효율적임

생각의 힘을 기르는 교육

친구들과 친목을 다지며 공부하는 교육

생각 구하기 (5분) / 평점

※ 학습자료 안에 있는 지식과 정보, 생각에 대한 가치를 묻는 문제를 만드세요.
(선택 · 단답형도 가능하나, 다양한 생각을 알아보는 서술/논술형으로 만드세요.)

다사리 교육으로 인해 (우리에게) 어떤 좋은 점들이 있을까?

생각 나누기 (10분) / 평점

※ 내 질문에 대한 동료들의 생각을 채우게 하고, 동료 학습지에도 채워주세요.

창의력이 좋아지고 우리를 미래의 인재로 만들어준다

팀원들과 친해지고 공부를 더 잘할 수 있다.

자신의 의견과 다른 사람들의 의견들을 비교하며 공부할 수 있다

여러 [illegible] 많이 된다.

생각 살리기 (8분) / 평점

※ 모둠활동을 바탕으로 자기 삶과 사회 현실과 관련지어 자기 생각을 논술하세요.

다사리 교육을 배우며 말하는 공부의 효율성에 관련하여 배우며 현재 나의 공부 방식에 대해 다시 한 번 더 생각하고, 개선하게 되는 계기가 되었다. 또한 개인의 성적만을 중시하는 교육. 다사리 교육에서 말하는 모둠원 모두가 발전한다는 점이 굉장히 와닿았다. 서로의 의견을 나누며 경쟁과 협동을 겸비한 미래 지향적인 활동은 이 재미있고 새로운 교육 방법을 앞으로 있을 공부에서 친구들과 함께 실천해 나가겠다.

다 말하게 하여 생각을 다 살리는 다사리 학습 활동지(전면)

구분	모둠 이름	3조	학년 반 번호	(1) - ( ) - (15)	성명	
교과목명	교장특강	대단원	미래사회 학습의 방법	소단원	다사리 교육의 개념과 방법	
학습목표	다사리 교육의 개념과 방법을 설명하고, 다사리 교육 방법을 적용하여 학습할 수 있다.					

생각 띄우기 (7분)
※ 학습자료에 나오는 지식과 정보를 마인드맵 등 창의적 방법으로 구조화하세요.
생각, 사고력, 창의력 — 말하기 — 다사리 — 비주얼 씽킹 — 생각하기, 토론, 설명하기, 목적 — 다 살리자
평점

생각 말하기 (10분)
※학습자료에서 개념 혹은 주제를 설명하고, 동료 학습지에도 요약해 채워주세요.
- 개념 혹은 주제 설명 다 살리며 다 말하는 공부법으로 창의력을 키워줌
- 말하면서 공부하는 것이 더 효율적임
- 빨리 생각할 수 있음
- 다 말하며 다 살리는 창의성 기르는 미래의 인재 발전 교육
- 생각의 힘을 키우는 다사리 교육
평점

생각 구하기 (5분)
※ 학습자료 안에 있는 지식과 정보, 생각에 대한 가치를 묻는 문제를 만드세요.
(선택 · 단답형도 가능하나, 다양한 생각을 알아보는 서술/논술형으로 만드세요.)
다사리 교육은 어떤 교육인가?
평점

생각 나누기 (10분)
※ 내 질문에 대한 동료들의 생각을 채우게 하고, 동료 학습지에도 채워주세요.
- 다 말하게 하여 생각을 다 살리는 교육
- 조용히 공부하는 것보다 효율이 좋은 교육
- 생각의 힘을 키우는 교육 방법
- 서로 말하고 설명해서 모두 기억에 남기는 미래의 인재 양성 교육
평점

생각 살리기 (8분)
※ 모둠활동을 바탕으로 자기 삶과 사회 현실과 관련지어 자기 생각을 논술하세요.
다사리 교육은 친구들과 다양하게 얘기하며, 많은 생각을 서로 나누며 이야기 할 수 있다. 이 교육은 다 말하는 교육인데 말을 하면서 하는 공부가 효율성이 90%이상으로 좋다 그렇기 때문에 다사리 교육을 꼭 해야 한다고 생각한다.
평점

다 말하게 하여 생각을 다 살리는 다사리 학습 활동지(전면)

구분	모둠 이름	4모둠	학년 반 번호	(1) - ( ) - (16)	성명	
교과목명	교장특강	대단원	미래사회 학습의 방법	소단원	다사리 교육의 개념과 방법	
학습목표	다사리 교육의 개념과 방법을 설명하고, 다사리 교육 방법을 적용하여 학습할 수 있다.					

생각 띄우기 (7분)
※ 학습자료에 나오는 지식과 정보를 마인드맵 등 창의적 방법으로 구조화하세요.
조용한 공부방, 말하는 공부방
6, 12, 11, 21, 23, 42, 48, 76
말하는 공부방이 전체적으로 높다
평점

생각 말하기 (10분)
※학습자료에서 개념 혹은 주제를 설명하고, 동료 학습지에도 요약해 채워주세요.
- 개념 혹은 주제 설명 다사리 교육
조용한 공부방 보다 말하는 공부방이 학습방법이 약 1.6배 정도 효과가 좋다
- 다 말하게하여 다 살리는 교육이 다사리교육이다.
- 다하고 다스림이며 다 살리는 다사리교육이 [illegible] 좋다
- 말하면서 공부 한 것보다 학습 능력이 뛰어나기 때문에
- 다사리교육은 사람들과 말하며 살리는 교육이다
평점

생각 구하기 (5분)
※ 학습자료 안에 있는 지식과 정보, 생각에 대한 가치를 묻는 문제를 만드세요.
(선택 · 단답형도 가능하나, 다양한 생각을 알아보는 서술/논술형으로 만드세요.)
다사리 교육은 왜 하는 것일까?
평점

생각 나누기 (10분)
※ 내 질문에 대한 동료들의 생각을 채우게 하고, 동료 학습지에도 채워주세요.
- 우리의 생각을 살리기 위해서 이다.
- 생각을 키우기 위해
- 공부를 잘하기 위해
- 학습능력을 키우기 위해서
평점

생각 살리기 (8분)
※ 모둠활동을 바탕으로 자기 삶과 사회 현실과 관련지어 자기 생각을 논술하세요.
모둠활동을 하며 다사리 교육을 배웠는데 혼자 했으면 헷갈려서 잘 몰랐을 텐데 모둠원들과 같이 해서 쉽고 빠르게 할 수 있는것 같다. 그리고 다사리 교육을 담임선생님 시절 할 때 정말 어렵다고 느껴졌는데 교장 선생님과 함께 다사리 교육을 하니까 좀더 집중도 잘되고 재미있었던 것 같다. 다사리가 교육에 도움이 되는 것 같다.
평점

다 말하게 하여 생각을 다 살리는 다사리 학습 활동지(전면)

구분	모둠 이름	4모둠	학년 반 번호	(1) - ( ) - (17)	성명	
교과목명	교장특강	대단원	미래사회 학습의 방법	소단원	다사리 교육의 개념과 방법	
학습목표	다사리 교육의 개념과 방법을 설명하고, 다사리 교육 방법을 적용하여 학습할 수 있다.					

생각 띄우기 (7분)
※ 학습자료에 나오는 지식과 정보를 마인드맵 등 창의적 방법으로 구조화하세요.
다사리, 목적, 다 말하게 하여 생각을 다 살리는 교육, 사고력 교육, 생각을 만드는 창의성 교육
평점

생각 말하기 (10분)
※학습자료에서 개념 혹은 주제를 설명하고, 동료 학습지에도 요약해 채워주세요.
- 개념 혹은 주제 설명
다사리 교육이란?
- 다사리는 다 말하고 다스림이며 다 살리는 것의 우리교육철학
- 다 말하게 하여 생각을 살리는 교육
- 엄마의 생각이 [illegible] 정확한 거 같다.
- 조용한 공부방 보다 말하는 공부방의 학습 방법이 약 1.6배 정도 효과가 좋다.
- 조용한 공부보다 말하는 공부가 학습 능력이 뛰어나기 때문
- 조용한 공부 방보다 말하는 공부방이 좋다
평점

생각 구하기 (5분)
※ 학습자료 안에 있는 지식과 정보, 생각에 대한 가치를 묻는 문제를 만드세요.
(선택 · 단답형도 가능하나, 다양한 생각을 알아보는 서술/논술형으로 만드세요.)
다사리교육의 장점은 무엇일까?
평점

생각 나누기 (10분)
※ 내 질문에 대한 동료들의 생각을 채우게 하고, 동료 학습지에도 채워주세요.
- 학습방법이 좋아서 공부를 잘할 수 있을 것 같다
- 기억에 제일 잘남고 학습 능력이 가장 뛰어나다.
- 기억에 잘 남고 학습능력이 뛰어나다
- 기억력이 좋아지고 공부를 더 잘 하게된다
평점

생각 살리기 (8분)
※ 모둠활동을 바탕으로 자기 삶과 사회 현실과 관련지어 자기 생각을 논술하세요.
이번 모둠활동을 통해 4명이 더 친해진 것 같고 생각하는 힘이 더 커진 것 같다. 다 말하게 하여 다 살린다는 의미의 다사리 교육과 같이 다사리 시간마다 생각하는 힘을 키워가고 싶다. 그리고 나중에 사회에 나갔을 때 다사리 교육에서 익혀왔던 협동심과 사고력, 창의성이 많은 도움이 될 것 같다.
평점

다 말하게 하여 생각을 다 살리는 다사리 학습 활동지(전면)

구분	모둠 이름	4모둠	학년 반 번호	(1) - ( ) - (18)	성명	
교과목명	교장특강	대단원	미래사회 학습의 방법	소단원	다사리 교육의 개념과 방법	
학습목표	다사리 교육의 개념과 방법을 설명하고, 다사리 교육 방법을 적용하여 학습할 수 있다.					

생각 띄우기 (7분)
※ 학습자료에 나오는 지식과 정보를 마인드맵 등 창의적 방법으로 구조화하세요.
다사리 뜻은 다 말하게 하여 다 살리다이고 [illegible]
평점

생각 말하기 (10분)
※학습자료에서 개념 혹은 주제를 설명하고, 동료 학습지에도 요약해 채워주세요.
- 개념 혹은 주제 설명
다사리 교육의 뜻은 다 말하게 하여 생각을 살리는 교육
- 다사리 교육이란 다 말하게하여 생각을 다 살리는 교육이다.
- 조용한 공부방 보다 말하는 공부방이 약 1.6배정도 효과가 좋다
- 다사리교육의 능률은 뛰어나다
- 조용한 공부보다 말하는 공부보다 학습능력이 커지기 때문
평점

생각 구하기 (5분)
※ 학습자료 안에 있는 지식과 정보, 생각에 대한 가치를 묻는 문제를 만드세요.
(선택 · 단답형도 가능하나, 다양한 생각을 알아보는 서술/논술형으로 만드세요.)
다사리 교육을 하면 무엇이 좋을까?
평점

생각 나누기 (10분)
※ 내 질문에 대한 동료들의 생각을 채우게 하고, 동료 학습지에도 채워주세요.
- 우리의 창의력과 사고력이 커진다.
- 다사리 교육을 하면 학습 능력이 좋아진다
- 기억에 잘 남는다.
- 학습능력이 커진다
평점

생각 살리기 (8분)
※ 모둠활동을 바탕으로 자기 삶과 사회 현실과 관련지어 자기 생각을 논술하세요.
말을 하며 공부하는 것이 훨씬 좋다 왜냐하면 조용한 공부방보다 말하는 공부방이 효과가 더 좋았다 그러므로 말하며 공부하는 다사리 교육은 해야 된다
평점

다 말하게 하여 생각을 다 살리는 다사리 학습 활동지(전면)

구분	모둠 이름 4모둠	학년 반 번호 (1)- -(19)	성명
교과목명	교양특강 · 대단원: 미래사회 학습의 방법 · 소단원: 다사리 교육의 개념과 방법		
학습목표	다사리 교육의 개념과 방법을 설명하고, 다사리 교육 방법을 적용하여 학습할 수 있다.		
생각 띄우기 (7분)	※ 학습자료에 나오는 지식과 정보를 마인드맵 등 창의적 방법으로 구조화하세요. 조용한 공부 방 / 말하는 공부 방 단답형 평균 · 수능형 평균 · 서술형 평균 · 전체 평균		
평점			
생각 말하기 (10분)	※학습자료에서 개념 혹은 주제를 설명하고, 동료 학습지에도 요약해 채워주세요. - 개념 혹은 주제 설명: 다사리 교육은 조용한 것보다 시끄러운 것이 학습효과가 훨씬 뛰어난 것을 알 수 있다 다사리 교육이란 다 말하게 하여 생각을 다 살리는 교육이다.		
평점			
생각 구하기 (5분)	※ 학습자료 안에 있는 지식과 정보, 생각에 대한 가치를 묻는 문제를 만드세요. (선택·단답형도 가능하나, 다양한 생각을 알아보는 서술/논술형으로 만드세요.) 다사리 교육을 배우면 무엇이 좋을까?		
평점			
생각 나누기 (10분)	※ 내 질문에 대한 동료들의 생각을 채우게 하고, 동료 학습지에도 채워주세요. 기억에 잘 남는다 생각하는 힘을 기를 수 있다 생각하는 힘이 커진다		
평점			
생각 살리기 (8분)	※ 모둠활동을 바탕으로 자기 삶과 사회 현실과 관련지어 자기 생각을 논술하세요. 모둠활동을 하며 생각하는 힘을 키울 수 있었고 공부법이 효율적이며 서로의 의견도 들을 수 있는 걸 깨달았다		
평점			

다 말하게 하여 생각을 다 살리는 다사리 학습 활동지(전면)

구분	모둠 이름 4모둠	학년 반 번호 (1)- -(20)	성명
교과목명	교양특강 · 대단원: 미래사회 학습의 방법 · 소단원: 다사리 교육의 개념과 방법		
학습목표	다사리 교육의 개념과 방법을 설명하고, 다사리 교육 방법을 적용하여 학습할 수 있다.		
생각 띄우기 (7분)	※ 학습자료에 나오는 지식과 정보를 마인드맵 등 창의적 방법으로 구조화하세요. 조용한 vs 말하는 단답형 평균 · 수능형 평균 · 서술형 평균 · 전체 평균		
평점	A		
생각 말하기 (10분)	※학습자료에서 개념 혹은 주제를 설명하고, 동료 학습지에도 요약해 채워주세요. - 개념 혹은 주제 설명 다사리 교육이란 다 말하게 하여 생각을 다 살리는 교육이다.		
평점	A		
생각 구하기 (5분)	※ 학습자료 안에 있는 지식과 정보, 생각에 대한 가치를 묻는 문제를 만드세요. (선택·단답형도 가능하나, 다양한 생각을 알아보는 서술/논술형으로 만드세요.) 다사리 교육의 특성은 뭘까?		
평점	A		
생각 나누기 (10분)	※ 내 질문에 대한 동료들의 생각을 채우게 하고, 동료 학습지에도 채워주세요. 생각하는 힘이 커진다		
평점	A		
생각 살리기 (8분)	※ 모둠활동을 바탕으로 자기 삶과 사회 현실과 관련지어 자기 생각을 논술하세요. 인간은 사회적 존재이기 때문에 공부도 서로 알려주면서 공부하는 것이 공부하는데 좋고 기억에도 잘 남는다. 어쨌든 인간은 사회성이 중요하다		
평점	A		

다 말하게 하여 생각을 다 살리는 다사리 학습 활동지(전면)

구분	모둠 이름 5모둠	학년 반 번호 (1)- -(21)	성명
교과목명	교양특강 · 대단원: 미래사회 학습의 방법 · 소단원: 다사리 교육의 개념과 방법		
학습목표	다사리 교육의 개념과 방법을 설명하고, 다사리 교육 방법을 적용하여 학습할 수 있다.		
생각 띄우기 (7분)	※ 학습자료에 나오는 지식과 정보를 마인드맵 등 창의적 방법으로 구조화하세요. 다사리 5% 강의듣기 · 10% 읽기 · 20% 시청각 수업듣기 · 30% 시범강의 보기 · 50% 집단 토의 · 75% 실제 해보기 · 90% 서로 설명하기		
평점			
생각 말하기 (10분)	※학습자료에서 개념 혹은 주제를 설명하고, 동료 학습지에도 요약해 채워주세요. - 개념 혹은 주제 설명 다사리 교육 이란? 다 말하여 다 살리는 공부법으로 학생의 창의성과 사고력을 키우는 장점이 있다 다사리 교육의 이점은? 학습효율 증가, 창의력 증가 다같이 말하며 공부하고 학습력을 향상시키는 것. 서로의 생각을 살리며 말하는 공부가 더 효과적이다.		
평점			
생각 구하기 (5분)	※ 학습자료 안에 있는 지식과 정보, 생각에 대한 가치를 묻는 문제를 만드세요. (선택·단답형도 가능하나, 다양한 생각을 알아보는 서술/논술형으로 만드세요.) 이 교육을 하면서 좋은 점은 무엇인가?		
평점			
생각 나누기 (10분)	※ 내 질문에 대한 동료들의 생각을 채우게 하고, 동료 학습지에도 채워주세요. 학습효율이 증가한다 창의적인 생각을 많이 할 수 있다. 다른 사람의 의견을 알고 나의 생각과 다른 점을		
평점			
생각 살리기 (8분)	※ 모둠활동을 바탕으로 자기 삶과 사회 현실과 관련지어 자기 생각을 논술하세요. 다사리 교육을 학습해서 앞으로 열심히 공부하고, 좋은 성적을 받겠다. 그리고 친구들도 또한 다른 사회현상을 알려주면서 그리고 우리 사회에 다 말하여 공부할 수 있는 공부방이 생기면 좋을 것 같다.		
평점			

다 말하게 하여 생각을 다 살리는 다사리 학습 활동지(전면)

구분	모둠 이름 5모둠	학년 반 번호 (1)-(-(22)	성명
교과목명	교양특강 · 대단원: 미래사회 학습의 방법 · 소단원: 다사리 교육의 개념과 방법		
학습목표	다사리 교육의 개념과 방법을 설명하고, 다사리 교육 방법을 적용하여 학습할 수 있다.		
생각 띄우기 (7분)	※ 학습자료에 나오는 지식과 정보를 마인드맵 등 창의적 방법으로 구조화하세요. 다사리 · 서로 말하기		
평점			
생각 말하기 (10분)	※학습자료에서 개념 혹은 주제를 설명하고, 동료 학습지에도 요약해 채워주세요. - 개념 혹은 주제 설명 다사리 교육의 이점은? 학습효율성과 창의력의 증가 다 말해서 다 살리는 교육법 = 다사리 교육 다같이 말하여 공부하는 것. 그리고 이 방법으로 창의력, 학습능력을 향상시키는 것 서로의 생각을 살리며 하는 공부가 더 효과적이다.		
평점			
생각 구하기 (5분)	※ 학습자료 안에 있는 지식과 정보, 생각에 대한 가치를 묻는 문제를 만드세요. (선택·단답형도 가능하나, 다양한 생각을 알아보는 서술/논술형으로 만드세요.) 다사리 교육은 왜 학습에 좋나요?		
평점			
생각 나누기 (10분)	※ 내 질문에 대한 동료들의 생각을 채우게 하고, 동료 학습지에도 채워주세요. 생각하는 힘을 기를 수 있어서요 서로에게 설명하는 과정에서 뇌를 더 많이 써서 말하면서 하는 공부가 더 효과적이어서		
평점			
생각 살리기 (8분)	※ 모둠활동을 바탕으로 자기 삶과 사회 현실과 관련지어 자기 생각을 논술하세요. 다사리 교육을 통해 어떤 학습이 학습효율이 가장 좋은지 2가지를 통해 알아봤으며 다사리 교육 마인드맵 정리를 통해 요약했다. 또한 직접 다사리 교육 즉 말하는 방법인 하브루타를 통해 적어봤다. 다사리 교육은 우리의 학습에 도움이 되고 집중력이나 학습효율에 좋다는 것을 다사리 교육을 통해 알게 됨		
평점			

다 말하게 하여 생각을 다 살리는 다사리 학습 활동지(전면)

구분	모둠 이름 5모둠	학년 반 번호 (1)-( )-(23)	성명
교과목명	교장특강 / 대단원: 미래사회 학습의 방법	소단원: 다사리 교육의 개념과 방법	
학습목표	다사리 교육의 개념과 방법을 설명하고, 다사리 교육 방법을 적용하여 학습할 수 있다.		

생각 띄우기 (7분) ※ 학습자료에 나오는 지식과 정보를 마인드맵 등 창의적 방법으로 구조화하세요.

Lose! / Win! 이거 어렵고.. / 조용히 그저 공부하는건 / 말하면서 공부하는것 / 이거 좋다

평점

생각 말하기 (10분) ※학습자료에서 개념 혹은 주제를 설명하고, 동료 학습지에도 요약해 채워주세요.

- 개념 혹은 주제 설명

다사리교육이란? [illegible]

다양하게 다살리는 교육 → 다사리 교육

다사리교육의 이점? 학습효율 & 참여도 증가

서로의 생각을 살리는 공부법 더 효과적이다.

[illegible]

평점

생각 구하기 (5분) ※ 학습자료 안에 있는 지식과 정보, 생각에 대한 가치를 묻는 문제를 만드세요. (선택·단답형도 가능하나, 다양한 생각을 알아보는 서술/논술형으로 만드세요.)

다사리교육 실제로 효과가 가장 좋다고 생각되십니까

[illegible]

평점

생각 나누기 (10분) ※ 내 질문에 대한 동료들의 생각을 채우게 하고, 동료 학습지에도 채워주세요.

[illegible]

다양한 공부방법을 사용하는 것이 좋다 생각함

다사리 교육과 다른 공부방법을 같이 하면 더 효과적

[illegible]

평점

생각 살리기 (8분) ※ 모둠활동을 바탕으로 자기 삶과 사회 현실과 관련지어 자기 생각을 논술하세요.

[illegible] 다사리 교육 [illegible]

평점

다 말하게 하여 생각을 다 살리는 다사리 학습 활동지(전면)

구분	모둠 이름 5모둠	학년 반 번호 (1)-( )-( )	성명
교과목명	교장특강 / 대단원: 미래사회 학습의 방법	소단원: 다사리 교육의 개념과 방법	
학습목표	다사리 교육의 개념과 방법을 설명하고, 다사리 교육 방법을 적용하여 학습할 수 있다.		

생각 띄우기 (7분) ※ 학습자료에 나오는 지식과 정보를 마인드맵 등 창의적 방법으로 구조화하세요.

학습 효율성 피라미드

말하는 공부는 그냥 하는 공부보다 더 많이 남는다!!

말하는 공부는 90% 남는다!

평점

생각 말하기 (10분) ※학습자료에서 개념 혹은 주제를 설명하고, 동료 학습지에도 요약해 채워주세요.

- 개념 혹은 주제 설명

조용하게 혼자 하는 공부보다 서로 말하면서 각자의 생각을 살리는 공부가 더 효과적이다.

[illegible]

조용한 공부보다 다사리공부법이 더 효과가 좋다.

다양하게 다 살리는 교육 → 다사리 교육

다사리교육의 이점? 학습효율 및 참여도 증가

평점

생각 구하기 (5분) ※ 학습자료 안에 있는 지식과 정보, 생각에 대한 가치를 묻는 문제를 만드세요. (선택·단답형도 가능하나, 다양한 생각을 알아보는 서술/논술형으로 만드세요.)

말로 설명하는 공부법이 더 생각이 정리되는 이유는 뭘까요?

평점

생각 나누기 (10분) ※ 내 질문에 대한 동료들의 생각을 채우게 하고, 동료 학습지에도 채워주세요.

[illegible]

자신의 생각을 정리하고 남에게 설명하는 과정을 통해 뇌를 많이 쓰기에.

[illegible]

메타인지가 나오면서 생각이 정리되어서

평점

생각 살리기 (8분) ※ 모둠활동을 바탕으로 자기 삶과 사회 현실과 관련지어 자기 생각을 논술하세요.

나와 생각이 다른 친구들의 생각을 알 수 있어서 좋았고 더 많이 공부법을 알게 되서 좋았다. 아직 학교에서 다사리 교육이 많이 이루어지진 않고 있지만 앞으로 이 효과가 더 많이 알려져서 이 공부법을 바탕으로 학교 생활이 이루어졌으면 좋겠다.

평점

다 말하게 하여 생각을 다 살리는 다사리 학습 활동지(전면)

구분	모둠 이름 5모둠	학년 반 번호 (1)-( )-(25)	성명
교과목명	교장특강 / 대단원: 미래사회 학습의 방법	소단원: 다사리 교육의 개념과 방법	
학습목표	다사리 교육의 개념과 방법을 설명하고, 다사리 교육 방법을 적용하여 학습할 수 있다.		

생각 띄우기 (7분) ※ 학습자료에 나오는 지식과 정보를 마인드맵 등 창의적 방법으로 구조화하세요.

[illegible]

평점

생각 말하기 (10분) ※학습자료에서 개념 혹은 주제를 설명하고, 동료 학습지에도 요약해 채워주세요.

- 개념 혹은 주제 설명

[illegible]

서로 말하면서 하는 공부가 더 효과적이다.

[illegible]

다사리교육의 이점? 학습효율 증가 & 참여도 증가

다양하게 다살리는 교육 → 다사리 교육

평점

생각 구하기 (5분) ※ 학습자료 안에 있는 지식과 정보, 생각에 대한 가치를 묻는 문제를 만드세요. (선택·단답형도 가능하나, 다양한 생각을 알아보는 서술/논술형으로 만드세요.)

[illegible]

평점

생각 나누기 (10분) ※ 내 질문에 대한 동료들의 생각을 채우게 하고, 동료 학습지에도 채워주세요.

자신의 생각과 다른 사람의 생각이 다르기 때문에

자신의 생각을 정리하고 설명하는 과정에서 뇌를 많이 쓰기에

메타인지가 생겨서

메타인지가 나와서

평점

생각 살리기 (8분) ※ 모둠활동을 바탕으로 자기 삶과 사회 현실과 관련지어 자기 생각을 논술하세요.

[illegible] (Design of All Speech All Live Education) [illegible]

평점

다 말하게 하여 생각을 다 살리는 다사리 학습 활동지(전면)

구분	모둠 이름 6모둠	학년 반 번호 (1)-( )-( )	성명
교과목명	교장특강 / 대단원: 미래사회 학습의 방법	소단원: 다사리 교육의 개념과 방법	
학습목표	다사리 교육의 개념과 방법을 설명하고, 다사리 교육 방법을 적용하여 학습할 수 있다.		

생각 띄우기 (7분) ※ 학습자료에 나오는 지식과 정보를 마인드맵 등 창의적 방법으로 구조화하세요.

다사리교육; '다 말하게 하다' '다 살리다'의 두가지 의미

다사리 교육 종류
- 생각하기
- 탐구하기
- 말하는 교육
- 인성적 교육
- 차별화된 교육

5 강의 듣기 / 10 읽기 / 20 시청각 수업 듣기 / 30 시범강의 보기 / 50 집단 토의 / 75 실제 해보기 / 90 서로 설명하기

평점

생각 말하기 (10분) ※학습자료에서 개념 혹은 주제를 설명하고, 동료 학습지에도 요약해 채워주세요.

- 개념 혹은 주제 설명 학습 능력을 향상시키기 위해 다 같이 말하기

[illegible]

학습능력을 향상시키기 위해 [illegible]

학습능력을 향상시키려면 자신의 의견을 다 같이 공유하여 의논한다.

평점

생각 구하기 (5분) ※ 학습자료 안에 있는 지식과 정보, 생각에 대한 가치를 묻는 문제를 만드세요. (선택·단답형도 가능하나, 다양한 생각을 알아보는 서술/논술형으로 만드세요.)

이런 다사리 교육을 어떻게 생각하나요?

평점

생각 나누기 (10분) ※ 내 질문에 대한 동료들의 생각을 채우게 하고, 동료 학습지에도 채워주세요.

[illegible]

다사리 교육은 [illegible] 학습능률을 높여준다.

다사리 교육은 서로 자신의 생각을 말하며 토의하는 교육이라 생각한다.

평점

생각 살리기 (8분) ※ 모둠활동을 바탕으로 자기 삶과 사회 현실과 관련지어 자기 생각을 논술하세요.

사람들은 나 혼자만 잘 하면 성공하는 줄 알았는데 모두 이 다사리 학습은 혼자보다 팀원들과 함께 공부해야 성공한다는 원리를 배웠다!!

평점

다 말하게 하여 생각을 다 살리는 다사리 학습 활동지(전면)

구분	모둠 이름	6모둠	학년 반 번호	(1) - ( ) - (17)	성명	
교과목명	교장특강	대단원	미래사회 학습의 방법	소단원	다사리 교육의 개념과 방법	
학습목표	다사리 교육의 개념과 방법을 설명하고, 다사리 교육 방법을 적용하여 학습할 수 있다.					

생각 띄우기 (7분)
※ 학습자료에 나오는 지식과 정보를 마인드맵 등 창의적 방법으로 구조화하세요.
말, 다사리, 정보, 재능, 지혜, 협동, 생각

평점

생각 말하기 (10분)
※학습자료에서 개념 혹은 주제를 설명하고, 동료 학습지에도 요약해 채워주세요.
- 개념 혹은 주제 설명
친구들과 함께 공부하면 학습효과가 향상 된다.

학습능력을 향상 시키기 위해 다 같이 말하기
학습능력을 향상 시키기 위해 본인의 의견을 제시하며 친구들과 토의한다.
학습능력을 향상시키기 위해선 자신의 의견을 다 말하고 공유하면 된다.

평점

생각 구하기 (5분)
※ 학습자료 안에 있는 지식과 정보, 생각에 대한 가치를 묻는 문제를 만드세요.
(선택·단답형도 가능하나, 다양한 생각을 알아보는 서술/논술형으로 만드세요.)
다사리 교육의 장점은?

평점

생각 나누기 (10분)
※ 내 질문에 대한 동료들의 생각을 채우게 하고, 동료 학습지에도 채워주세요.
다 같이 말해서 정리하여 학습 효과가 좋다
삶의 질과 학습능률이 올라간다.
다같이 서로의 의견을 말하며 토론하면 학습의 효과가 있다.

평점

생각 살리기 (8분)
※ 모둠활동을 바탕으로 자기 삶과 사회 현실과 관련지어 자기 생각을 논술하세요.
[illegible]

평점

다 말하게 하여 생각을 다 살리는 다사리 학습 활동지(전면)

구분	모둠 이름	5모둠	학년 반 번호	(1) - - (28)	성명	
교과목명	교장특강	대단원	미래사회 학습의 방법	소단원	다사리 교육의 개념과 방법	
학습목표	다사리 교육의 개념과 방법을 설명하고, 다사리 교육 방법을 적용하여 학습할 수 있다.					

생각 띄우기 (7분)
※ 학습자료에 나오는 지식과 정보를 마인드맵 등 창의적 방법으로 구조화하세요.
[illegible] 정조 - 수원화성 [illegible]

평점

생각 말하기 (10분)
※학습자료에서 개념 혹은 주제를 설명하고, 동료 학습지에도 요약해 채워주세요.
- 개념 혹은 주제 설명
학습능력을 향상시키기 위해 본인의 의견을 제시하며 친구들과 토의한다.

친구들과 함께 공부를 하면 학습효과가 향상된다.
학습능력을 향상시키기 위해 다 같이 말하기
학습능력을 기르려면 서로의 생각을 공유하며 토의하면 된다.

평점

생각 구하기 (5분)
※ 학습자료 안에 있는 지식과 정보, 생각에 대한 가치를 묻는 문제를 만드세요.
(선택·단답형도 가능하나, 다양한 생각을 알아보는 서술/논술형으로 만드세요.)
자신이 정조 대왕이라면 수원화성을 어떻게 건설할 것인가?

평점

생각 나누기 (10분)
※ 내 질문에 대한 동료들의 생각을 채우게 하고, 동료 학습지에도 채워주세요.
[illegible]
최고의 돈과 인력으로 최고의 효율을 뽑아내어 건설하는 것
최대한의 돈과 인력, 또 자원을 고려하며 생각해야한다.

평점

생각 살리기 (8분)
※ 모둠활동을 바탕으로 자기 삶과 사회 현실과 관련지어 자기 생각을 논술하세요.
내 생각과 다른 친구들의 생각을 함께 나누며 모둠 활동을 잘해보겠다. 처럼 나중에서 사회에 나갔을 때 사람들과 잘 얘기하며 잘 해보도록 할 것이고 [illegible] 사람들과 잘 지내보도록 노력할 것이다. 다사리 교육으로 많은 걸 깨닫게 되어서 좋다.

평점

다 말하게 하여 생각을 다 살리는 다사리 학습 활동지(전면)

구분	모둠 이름	6모둠	학년 반 번호	(1) - ( ) - (1)	성명	
교과목명	교장특강	대단원	미래사회 학습의 방법	소단원	다사리 교육의 개념과 방법	
학습목표	다사리 교육의 개념과 방법을 설명하고, 다사리 교육 방법을 적용하여 학습할 수 있다.					

생각 띄우기 (7분)
※ 학습자료에 나오는 지식과 정보를 마인드맵 등 창의적 방법으로 구조화하세요.
다사리 교육 - 다 말하게 생각을 다 살리는 다사리 교육
말하기 공부법의 효과 - 피라미드로 말하는 공부법이 제일 점수가 높았다.
미래 교육의 트렌드 -> 토론 거리를 개방 하고 연결, 그리고 공유하는 창의 공부 형 인재.
[illegible]

평점

생각 말하기 (10분)
※학습자료에서 개념 혹은 주제를 설명하고, 동료 학습지에도 요약해 채워주세요.
- 개념 혹은 주제 설명
학습 능력을 향상시키기 위해 본인의 의견을 제시하여 상대방과 토의한다.

학습능력을 향상 시키기 위해 다 같이 말하기
친구들과 함께 공부하면 학습 효과가 향상된다
학습능력을 향상시키기위해 본인의 의견을 제시하며 친구들과 토의한다.

평점

생각 구하기 (5분)
※ 학습자료 안에 있는 지식과 정보, 생각에 대한 가치를 묻는 문제를 만드세요.
(선택·단답형도 가능하나, 다양한 생각을 알아보는 서술/논술형으로 만드세요.)
[illegible]

평점

생각 나누기 (10분)
※ 내 질문에 대한 동료들의 생각을 채우게 하고, 동료 학습지에도 채워주세요.
말(낱말), 생각(사고)
말(낱말), 생각(사고)
말(낱말), 생각(사고)

평점

생각 살리기 (8분)
※ 모둠활동을 바탕으로 자기 삶과 사회 현실과 관련지어 자기 생각을 논술하세요.
다사리 교육의 장점과 다사리 교육의 의미를 알게되어 뿌듯하고 좋았다. [illegible]

평점

다 말하게 하여 생각을 다 살리는 다사리 학습 활동지(전면)

구분	모둠 이름	[illegible]	학년 반 번호	(1) - ( ) - (1)	성명	
교과목명	교장특강	대단원	미래사회 학습의 방법	소단원	다사리 교육의 개념과 방법	
학습목표	다사리 교육의 개념과 방법을 설명하고, 다사리 교육 방법을 적용하여 학습할 수 있다.					

생각 띄우기 (7분)
※ 학습자료에 나오는 지식과 정보를 마인드맵 등 창의적 방법으로 구조화하세요.
다사리 교육, 다 말하게 다 살리는 교육 [illegible]

평점

생각 말하기 (10분)
※학습자료에서 개념 혹은 주제를 설명하고, 동료 학습지에도 요약해 채워주세요.
- 개념 혹은 주제 설명
다사리 교육의 목표와 핵심 역량

[illegible] 배우는 교육, 모두가 배우는 교육
[illegible]
다 말하게 하여 다 살린다

평점

생각 구하기 (5분)
※ 학습자료 안에 있는 지식과 정보, 생각에 대한 가치를 묻는 문제를 만드세요.
(선택·단답형도 가능하나, 다양한 생각을 알아보는 서술/논술형으로 만드세요.)
다사리 교육의 목표는 무엇인가? [illegible]

평점

생각 나누기 (10분)
※ 내 질문에 대한 동료들의 생각을 채우게 하고, 동료 학습지에도 채워주세요.
내가 아는 지식을 모두에게 얘기하는 설명
[illegible]
수업과 평가에 연계하여 교육목표 - 수업 - 연계하여 실천

평점

생각 살리기 (8분)
※ 모둠활동을 바탕으로 자기 삶과 사회 현실과 관련지어 자기 생각을 논술하세요.
[illegible]

평점

다 말하게 하여 생각을 다 살리는 다사리 학습 활동지(전면)

구분	모둠 이름 있는 생각 / 학년 반 번호 (1)-( )-(2) / 성명
교과목명	교장특강 / 대단원 미래사회 학습의 방법 / 소단원 다사리 교육의 개념과 방법
학습목표	다사리 교육의 개념과 방법을 설명하고, 다사리 교육 방법을 적용하여 학습할 수 있다.
생각 띄우기 (7분)	※ 학습자료에 나오는 지식과 정보를 마인드맵 등 창의적 방법으로 구조화하세요. 다사리 교육 – ① 생각 띄우기 – ② 생각 말하기 – ③ 생각 구하기 – ④ 생각 나누기 – ⑤ 생각 살리기
평점	
생각 말하기 (10분)	※학습자료에서 개념 혹은 주제를 설명하고, 동료 학습지에도 요약해 채워주세요. - 개념 혹은 주제 설명 다 말하게 하여 생각을 다 살린다 다사리 교육의 목표와 핵심역량 가르치며 배우고, 모두가 배우는 교육 생각이 힘이다.
평점	
생각 구하기 (5분)	※ 학습자료 안에 있는 지식과 정보, 생각에 대한 가치를 묻는 문제를 만드세요. (선택·단답형도 가능하나, 다양한 생각을 알아보는 서술/논술형으로 만드세요.) 교육에게 이익이 되는 교육의 이름은? 이 교육을 배우는 이유는?
평점	
생각 나누기 (10분)	※ 내 질문에 대한 동료들의 생각을 채우게 하고, 동료 학습지에도 채워주세요. 다사리 교육, 수업
평점	
생각 살리기 (8분)	※ 모둠활동을 바탕으로 자기 삶과 사회 현실과 관련지어 자기 생각을 논술하세요. 집에서 공부할 때 강의만 듣거나 문제집만 푸는 것이 아니라 친구들과 함께 다사리 교육처럼 생각 띄우기 – 생각 말하기 – 생각 구하기 – 생각 나누기 – 생각 살리기 과정을 이용해 공부해야 겠다. 그리고 이야기를 하며 공부하고 설명하는 연습을 해야 겠다. 생각을 표현하는 연습을 해야 겠다.
평점	

다 말하게 하여 생각을 다 살리는 다사리 학습 활동지(전면)

구분	모둠 이름 있는 생각 / 학년 반 번호 (1)-( )-(3) / 성명
교과목명	교장특강 / 대단원 미래사회 학습의 방법 / 소단원 다사리 교육의 개념과 방법
학습목표	다사리 교육의 개념과 방법을 설명하고, 다사리 교육 방법을 적용하여 학습할 수 있다.
생각 띄우기 (7분)	※ 학습자료에 나오는 지식과 정보를 마인드맵 등 창의적 방법으로 구조화하세요. 다사리 – 다 말하게 하여 – 다 살리다
평점	
생각 말하기 (10분)	※학습자료에서 개념 혹은 주제를 설명하고, 동료 학습지에도 요약해 채워주세요. - 개념 혹은 주제 설명 생각이 곧 힘이다 다 말하게 하여 다 살린다 다사리 교육의 목표와 핵심역량 가르치며 배우는 교육, 모두가 배우는 교육
평점	
생각 구하기 (5분)	※ 학습자료 안에 있는 지식과 정보, 생각에 대한 가치를 묻는 문제를 만드세요. (선택·단답형도 가능하나, 다양한 생각을 알아보는 서술/논술형으로 만드세요.) 다사리 교육은 왜 할까
평점	
생각 나누기 (10분)	※ 내 질문에 대한 동료들의 생각을 채우게 하고, 동료 학습지에도 채워주세요. 많이 사고를 만들기 때문이다 내가 아는 지식을 얘기하고 알리기 때문이다
평점	
생각 살리기 (8분)	※ 모둠활동을 바탕으로 자기 삶과 사회 현실과 관련지어 자기 생각을 논술하세요. 다사리 교육을 배웠기 때문에 앞으로 더 열심히 ... 공부를 하고 ...
평점	

다 말하게 하여 생각을 다 살리는 다사리 학습 활동지(전면)

구분	모둠 이름 있는 생각 / 학년 반 번호 (1)-( )-(4) / 성명
교과목명	교장특강 / 대단원 미래사회 학습의 방법 / 소단원 다사리 교육의 개념과 방법
학습목표	다사리 교육의 개념과 방법을 설명하고, 다사리 교육 방법을 적용하여 학습할 수 있다.
생각 띄우기 (7분)	※ 학습자료에 나오는 지식과 정보를 마인드맵 등 창의적 방법으로 구조화하세요. 다사리 – 의미 – 영어: All speak, Live – Education 생각의 힘을 키우는 교육
평점	
생각 말하기 (10분)	※학습자료에서 개념 혹은 주제를 설명하고, 동료 학습지에도 요약해 채워주세요. - 개념 혹은 주제 설명 생각이 곧 힘이다. 가르치며 배우는 교육, 모두가 배우는 교육 생각이 힘이다 다 말하게 하여 다 살린다 다사리 교육의 목표와 핵심역량
평점	
생각 구하기 (5분)	※ 학습자료 안에 있는 지식과 정보, 생각에 대한 가치를 묻는 문제를 만드세요. (선택·단답형도 가능하나, 다양한 생각을 알아보는 서술/논술형으로 만드세요.)
평점	
생각 나누기 (10분)	※ 내 질문에 대한 동료들의 생각을 채우게 하고, 동료 학습지에도 채워주세요. 다사리다 사고와 말에서 사고가 탄생하는 과정이다 다 말하게 하여 생각을 다 살리다 말을 이용해 생각하고 탄생하는 과정이다
평점	
생각 살리기 (8분)	※ 모둠활동을 바탕으로 자기 삶과 사회 현실과 관련지어 자기 생각을 논술하세요. 앞으로 공부 doing 할 때 동생을 알려주시고 ...
평점	

다 말하게 하여 생각을 다 살리는 다사리 학습 활동지(전면)

구분	모둠 이름 있는 생각 / 학년 반 번호 (1)-( )-(5) / 성명
교과목명	교장특강 / 대단원 미래사회 학습의 방법 / 소단원 다사리 교육의 개념과 방법
학습목표	다사리 교육의 개념과 방법을 설명하고, 다사리 교육 방법을 적용하여 학습할 수 있다.
생각 띄우기 (7분)	※ 학습자료에 나오는 지식과 정보를 마인드맵 등 창의적 방법으로 구조화하세요. 다사리 교육 – 의미: 다 말하게 하여 생각을 다 살리는 교육 – 목적: 생각의 힘을 키우는 교육, 생각을 만들 수 있는 교육
평점	
생각 말하기 (10분)	※학습자료에서 개념 혹은 주제를 설명하고, 동료 학습지에도 요약해 채워주세요. - 개념 혹은 주제 설명 말이 생각을 만든다. 다 말하게 하여 생각을 살리는 교육 다사리 교육의 개념이 되는 말이 생각을 만든다는 것 생각이 힘이다 다 말하게 하여 다 살린다 다사리 교육의 목표와 핵심역량
평점	
생각 구하기 (5분)	※ 학습자료 안에 있는 지식과 정보, 생각에 대한 가치를 묻는 문제를 만드세요. (선택·단답형도 가능하나, 다양한 생각을 알아보는 서술/논술형으로 만드세요.) 다사리는 무엇을 위한 교육인가? 또 무엇인가?
평점	
생각 나누기 (10분)	※ 내 질문에 대한 동료들의 생각을 채우게 하고, 동료 학습지에도 채워주세요. 모두에게 기회를 주는 학습을 위한 교육이다.
평점	
생각 살리기 (8분)	※ 모둠활동을 바탕으로 자기 삶과 사회 현실과 관련지어 자기 생각을 논술하세요. 생각해서 친구와 모두에게 얘기하고 설명하는 것과 새로운 개념을 알려주고 몰랐던 것을 ... 다사리 교육으로 공부에 눈을 떠 더 열심히 제대로 공부할 수 있고 즐겁게 공부하고 학습할 수 있다.
평점	

다 말하게 하여 생각을 다 살리는 다사리 학습 활동지(전면)

구분	모둠 이름: 노이안 모둠 / 학년 반 번호: (1)-( )-(6) / 성명:
교과목명	교장특강 / 대단원: 미래사회 학습의 방법 / 소단원: 다사리 교육의 개념과 방법
학습목표	다사리 교육의 개념과 방법을 설명하고, 다사리 교육 방법을 적용하여 학습할 수 있다.
생각 띄우기 (7분)	※ 학습자료에 나오는 지식과 정보를 마인드맵 등 창의적 방법으로 구조화하세요. 다사리 교육 – 미래 교육 트렌드, 지능, 세종대왕, 말하면서 배우는 교육, 다 살리는 교육, 배려·사랑, 협동, 비고츠키의 〈생각과 말〉
평점	
생각 말하기 (10분)	※학습자료에서 개념 혹은 주제를 설명하고, 동료 학습지에도 요약해 채워주세요. - 개념 혹은 주제 설명 다사리 교육은 말하는 공부법으로 듣고 쓰는 공부보다 더 효율적이다 다살리는 교육, 다스리는 교육 다 말하게 하여 생각을 다 살리는 교육 다사리교육은 말하는 교육으로 읽거나 듣는것보다 효율적이다 다사리교육은 좋은 교육 트렌드이자 트렌드이다.
평점	
생각 구하기 (5분)	※ 학습자료 안에 있는 지식과 정보, 생각에 대한 가치를 묻는 문제를 만드세요. (선택·단답형도 가능하나, 다양한 생각을 알아보는 서술/논술형으로 만드세요.) 다사리 교육이 좋은 점?
평점	
생각 나누기 (10분)	※ 내 질문에 대한 동료들의 생각을 채우게 하고, 동료 학습지에도 채워주세요. 학습 능력이 더 좋아진다 머리가 좋아 진다. 공부, 성적에 필요하다. 머리에!
평점	
생각 살리기 (8분)	※ 모둠활동을 바탕으로 자기 삶과 사회 현실과 관련지어 자기 생각을 논술하세요. 다사리 활동을 하고 나의 미래에는 더 창의력을 키우면서 생각을 할것이다. 왜냐하면 다사리교육은 생각을 하고 사람을 살리고, 다스리는 교육이기 때문에 사회에 나갔을 때 더 잘할 수 있다.
평점	

다 말하게 하여 생각을 다 살리는 다사리 학습 활동지(전면)

구분	모둠 이름: 노이안 모둠 / 학년 반 번호: (1)-( )-(7) / 성명:
교과목명	교장특강 / 대단원: 미래사회 학습의 방법 / 소단원: 다사리 교육의 개념과 방법
학습목표	다사리 교육의 개념과 방법을 설명하고, 다사리 교육 방법을 적용하여 학습할 수 있다.
생각 띄우기 (7분)	※ 학습자료에 나오는 지식과 정보를 마인드맵 등 창의적 방법으로 구조화하세요. 다사리 교육 – 지능, 세종대왕, 생각, 비고츠키의 〈생각과 말〉, 말하면서 배우는 교육, 다 살리는 교육, 미래교육, 트렌드, 배려·사랑, 협동
평점	
생각 말하기 (10분)	※학습자료에서 개념 혹은 주제를 설명하고, 동료 학습지에도 요약해 채워주세요. - 개념 혹은 주제 설명 다 살리는 교육, 다스리는 교육 다사리 교육은 좋은 브랜드이자 트렌드이다. 다사리 교육은 말하는 공부법으로 듣고 쓰는 공부보다 더 효율적이다 다사리 교육은 말하고 공부하므로, 읽거나, 듣는것보다 훨씬 효율적이다. 다 말하게 하여 생각을 다 살리는 교육
평점	
생각 구하기 (5분)	※ 학습자료 안에 있는 지식과 정보, 생각에 대한 가치를 묻는 문제를 만드세요. (선택·단답형도 가능하나, 다양한 생각을 알아보는 서술/논술형으로 만드세요.) 다사리 교육의 2가지 뜻 중 한가지를 쓰세요.
평점	
생각 나누기 (10분)	※ 내 질문에 대한 동료들의 생각을 채우게 하고, 동료 학습지에도 채워주세요. 생각을 살리는 교육 다스리는 교육 말하는교육 생각을 살리는 교육
평점	
생각 살리기 (8분)	※ 모둠활동을 바탕으로 자기 삶과 사회 현실과 관련지어 자기 생각을 논술하세요. 다사리 교육을 통해 공부하면 학습 능력을 올릴수 있다. 생각 띄우기, 생각 말하기, 생각 구하기, 생각 나누기, 생각 살리기를 통해 더욱더 풍부한 지식을 습득할 수 있다. 공부를 듣는 것 뿐만이 아닌 서로 말하면서 자신이 부족한 게 무엇인지 알 수 있고 그 부분을 완벽하게 채울 수 있다. 그리고 머리에 남는 공부량이 훨씬 더 (5% → 90%) 올라가서 확실한 효과를 볼 수 있다.
평점	

다 말하게 하여 생각을 다 살리는 다사리 학습 활동지(전면)

구분	모둠 이름: 노이안 모둠 / 학년 반 번호: (1)-( )-(8) / 성명:
교과목명	교장특강 / 대단원: 미래사회 학습의 방법 / 소단원: 다사리 교육의 개념과 방법
학습목표	다사리 교육의 개념과 방법을 설명하고, 다사리 교육 방법을 적용하여 학습할 수 있다.
생각 띄우기 (7분)	※ 학습자료에 나오는 지식과 정보를 마인드맵 등 창의적 방법으로 구조화하세요. 다사리 교육 – 사랑·배려, 비고츠키의 생각과 말, 세종대왕, 말하면서 배우는 교육, 미래교육 트렌드, 협동, 생각, 지능, 다 살리는 교육
평점	
생각 말하기 (10분)	※학습자료에서 개념 혹은 주제를 설명하고, 동료 학습지에도 요약해 채워주세요. - 개념 혹은 주제 설명 다 말하게 하여 생각을 다 살리는 교육 다사리교육은 좋은교육브랜드이자 트렌드이다. 다사리교육은 말하는 교육으로 듣거나 읽는 것보다 효율적이다 다 살리는 교육, 다스리는 교육 다사리 교육은 말하는 공부법으로 듣고 쓰는 공부법보다 더 효율적이다.
평점	
생각 구하기 (5분)	※ 학습자료 안에 있는 지식과 정보, 생각에 대한 가치를 묻는 문제를 만드세요. (선택·단답형도 가능하나, 다양한 생각을 알아보는 서술/논술형으로 만드세요.) 다사리 교육는 무엇에 좋나요?
평점	
생각 나누기 (10분)	※ 내 질문에 대한 동료들의 생각을 채우게 하고, 동료 학습지에도 채워주세요. 공부에 좋다 공부할 때 말하면서 하면 공부가 더 잘되고 성적도 잘나온다. 공부할 때 학습 능력을 향상시킬 수 있다. 공부를 더 효율적으로 할 수 있다.
평점	
생각 살리기 (8분)	※ 모둠활동을 바탕으로 자기 삶과 사회 현실과 관련지어 자기 생각을 논술하세요. 친구들과 모둠을 만들어 다사리교육을 했다. 다사리 교육을 해서 공부를 더 잘 해야겠다. 다사리 교육의 중요함을 알게 되었다.
평점	

다 말하게 하여 생각을 다 살리는 다사리 학습 활동지(전면)

구분	모둠 이름: 노이안 모둠 / 학년 반 번호: (1)-( )-(9) / 성명:
교과목명	교장특강 / 대단원: 미래사회 학습의 방법 / 소단원: 다사리 교육의 개념과 방법
학습목표	다사리 교육의 개념과 방법을 설명하고, 다사리 교육 방법을 적용하여 학습할 수 있다.
생각 띄우기 (7분)	※ 학습자료에 나오는 지식과 정보를 마인드맵 등 창의적 방법으로 구조화하세요. 다사리 교육 – 지능, 생각, 협동, 사랑과 배려, 세종대왕, 말하면서 배우는교육, 미래교육 트렌드, 다살리는 교육
평점	
생각 말하기 (10분)	※학습자료에서 개념 혹은 주제를 설명하고, 동료 학습지에도 요약해 채워주세요. - 개념 혹은 주제 설명 다사리교육은 말하고 공부하므로 읽거나, 듣는것보다 훨씬 효율적이다. 다사리교육은 말하는 공부법으로 듣고 쓰는 공부보다 더 효율적이다. 다살리는 교육, 다스리는 교육 다 말하게 하여 생각을 다 살리는 교육 다사리교육은 좋은 교육 브랜드이자 트렌드이다
평점	
생각 구하기 (5분)	※ 학습자료 안에 있는 지식과 정보, 생각에 대한 가치를 묻는 문제를 만드세요. (선택·단답형도 가능하나, 다양한 생각을 알아보는 서술/논술형으로 만드세요.) 다사리교육은 왜 필요한가?.
평점	
생각 나누기 (10분)	※ 내 질문에 대한 동료들의 생각을 채우게 하고, 동료 학습지에도 채워주세요. 공부를 잘하기 위해 학습 능력을 향상시키려고. 머리가 좋아지려고 공부하려고, 성적이 잘나오려고.
평점	
생각 살리기 (8분)	※ 모둠활동을 바탕으로 자기 삶과 사회 현실과 관련지어 자기 생각을 논술하세요. 다사리교육을 모둠 친구들과 해본 결과 친구들과 말한 내용이 귀에 잘 들어왔고, 앞으로 다사리교육을 더 많이 해서 나에게 맞는 학습법을 찾고, 나의 문제점을 보완해 다사리교육으로 공부하고싶다. 말하기 듣거나, 읽는것보다 다사리교육이 훨씬 효율적이라고 생각했고, 앞으로 친구들과 함께 다사리교육은 더 많이해서 나와 사회에 도움이 되고싶다
평점	

다 말하게 하여 생각을 다 살리는 다사리 학습 활동지(전면)

구분	모둠 이름	노아모둠	학년 반 번호	(1)-( )-(10)	성명	
교과목명	교장특강	대단원	미래사회 학습의 방법	소단원	다사리 교육의 개념과 방법	
학습목표	다사리 교육의 개념과 방법을 설명하고, 다사리 교육 방법을 적용하여 학습할 수 있다.					
생각 띄우기 (7분)	※ 학습자료에 나오는 지식과 정보를 마인드맵 등 창의적 방법으로 구조화하세요. 다사리교육 / 생각 / 사랑과배려 / 말하면서 배우는교육 / 다살리는교육 / 세종대왕 / 미래교육 트랜드 / 지음					
평점						
생각 말하기 (10분)	※학습자료에서 개념 혹은 주제를 설명하고, 동료 학습지에도 요약해 채워주세요. - 개념 혹은 주제 설명 다사리교육은 좋은 교육 브랜드이자 트렌드이다. 다사리는 교육은 다 말하는 교육방법으로 ... 다사리 교육은 다 말하는 교육이므로 ... 다말하게 하여 생각을 다살리는 교육 다살리는 교육, 다스리는 교육					
평점						
생각 구하기 (5분)	※ 학습자료 안에 있는 지식과 정보, 생각에 대한 가치를 묻는 문제를 만드세요. (선택·단답형도 가능하나, 다양한 생각을 알아보는 서술/논술형으로 만드세요.) 다사리 교육이란?					
평점						
생각 나누기 (10분)	※ 내 질문에 대한 동료들의 생각을 채우게 하고, 동료 학습지에도 채워주세요. 생각을 다스리는 교육 말하면서 ... 생각하는 걸 3가지 ... 교육 생각을 다 살리는 교육					
평점						
생각 살리기 (8분)	※ 모둠활동을 바탕으로 자기 삶과 사회 현실과 관련지어 자기 생각을 논술하세요. 다사리 교육은 정말 좋은 교육 브랜드이고 트렌드고 브랜드입니다. 왜냐하면 사람을 살리고, 다스리는 교육입니다. 사회에서는 생각을 표현하기 위해 말을 해야 되고 말을 하는 법을 배우니까 좋다					
평점						

다 말하게 하여 생각을 다 살리는 다사리 학습 활동지(전면)

구분	모둠 이름	2모둠	학년 반 번호	(1)-( )-	성명	
교과목명	교장특강	대단원	미래사회 학습의 방법	소단원	다사리 교육의 개념과 방법	
학습목표	다사리 교육의 개념과 방법을 설명하고, 다사리 교육 방법을 적용하여 학습할 수 있다.					
생각 띄우기 (7분)	※ 학습자료에 나오는 지식과 정보를 마인드맵 등 창의적 방법으로 구조화하세요. Q. 어떻게 (설명하면서) / (생각을) / Q 다 살리려면 / 다 말하다 / 다사리 교육 / 다 살리다 / A. 설명하고 토론하세요 / 생각 향상					
평점						
생각 말하기 (10분)	※학습자료에서 개념 혹은 주제를 설명하고, 동료 학습지에도 요약해 채워주세요. - 개념 혹은 주제 설명 다사리교육은 다 살리고 다 말하는 교육으로 ... 토론하여 생각이 향상됩니다 다사리교육은 ... 교육이다 다사리교육은 미래 교육 ... 미래교육이다 비고츠키의 (생각과 말)에서 나온 말로, 생각을 살리는 교육이다					
평점						
생각 구하기 (5분)	※ 학습자료 안에 있는 지식과 정보, 생각에 대한 가치를 묻는 문제를 만드세요. (선택·단답형도 가능하나, 다양한 생각을 알아보는 서술/논술형으로 만드세요.) -다사리 교육을 어떻게 생각하시나요? 실생활에 사용할 예정인가요?					
평점						
생각 나누기 (10분)	※ 내 질문에 대한 동료들의 생각을 채우게 하고, 동료 학습지에도 채워주세요. 좋은 교육 같다 ... ... 실생활에서 사용하기 어렵다. 교육에 ...					
평점						
생각 살리기 (8분)	※ 모둠활동을 바탕으로 자기 삶과 사회 현실과 관련지어 자기 생각을 논술하세요. 다사리교육은 ...					
평점						

다 말하게 하여 생각을 다 살리는 다사리 학습 활동지(전면)

구분	모둠 이름		학년 반 번호	(1)-( )-(12)	성명	
교과목명	교장특강	대단원	미래사회 학습의 방법	소단원	다사리 교육의 개념과 방법	
학습목표	다사리 교육의 개념과 방법을 설명하고, 다사리 교육 방법을 적용하여 학습할 수 있다.					
생각 띄우기 (7분)	※ 학습자료에 나오는 지식과 정보를 마인드맵 등 창의적 방법으로 구조화하세요. 생각을 교육하는 비문중심 다사리교육 다사리교육 ... 4, 16 ... 다사리교육					
평점						
생각 말하기 (10분)	※학습자료에서 개념 혹은 주제를 설명하고, 동료 학습지에도 요약해 채워주세요. - 개념 혹은 주제 설명 말을 하게 해서 생각을 살리고 매4 학습 ... 다사리교육은 다 말하고 ... 다사리교육은 미래교육 ... 미래교육이다 비고츠키의 (생각과 말)에서 나온 ...					
평점						
생각 구하기 (5분)	※ 학습자료 안에 있는 지식과 정보, 생각에 대한 가치를 묻는 문제를 만드세요. (선택·단답형도 가능하나, 다양한 생각을 알아보는 서술/논술형으로 만드세요.) 다사리 교육을 어떻게 생각 하시나요?					
평점						
생각 나누기 (10분)	※ 내 질문에 대한 동료들의 생각을 채우게 하고, 동료 학습지에도 채워주세요. 90% 다사리 교육은 ... 미래 교육 트렌드 입니다! 성적 향상에 좋은 교육 ...					
평점						
생각 살리기 (8분)	※ 모둠활동을 바탕으로 자기 삶과 사회 현실과 관련지어 자기 생각을 논술하세요. 다사리 교육은 사회현실에 ... 좋은 교육인 것 같습니다. ... 자기 학습 능력을 키워줍니다.					
평점						

다 말하게 하여 생각을 다 살리는 다사리 학습 활동지(전면)

구분	모둠 이름	2모둠	학년 반 번호	(1)-( )-(13)	성명	
교과목명	교장특강	대단원	미래사회 학습의 방법	소단원	다사리 교육의 개념과 방법	
학습목표	다사리 교육의 개념과 방법을 설명하고, 다사리 교육 방법을 적용하여 학습할 수 있다.					
생각 띄우기 (7분)	※ 학습자료에 나오는 지식과 정보를 마인드맵 등 창의적 방법으로 구조화하세요. 다사리 교육 / 대한민국 미래교육 / 말 / 생각 살리기 / 비판적 / 방법					
평점						
생각 말하기 (10분)	※학습자료에서 개념 혹은 주제를 설명하고, 동료 학습지에도 요약해 채워주세요. - 개념 혹은 주제 설명 다사리 교육: 말하고 살리는 교육이다 생각, 따지기, 말하기, 구하기, 나누기, 살리기를 통해서 진행한다 다사리 교육은 미래 교육 ... 미래교육이다 비고츠키의 (생각과 말)에서 나온, 생각과 말을 살리는 교육이다 다사리교육은 다 말하게 하여 다 살리는 ... ... 다사리교육 ...					
평점						
생각 구하기 (5분)	※ 학습자료 안에 있는 지식과 정보, 생각에 대한 가치를 묻는 문제를 만드세요. (선택·단답형도 가능하나, 다양한 생각을 알아보는 서술/논술형으로 만드세요.) 미래의 대한민국에서는 다사리교육이 ...					
평점						
생각 나누기 (10분)	※ 내 질문에 대한 동료들의 생각을 채우게 하고, 동료 학습지에도 채워주세요. 지금 다사리 교육이 ... 좋은 교육 방법이기에 가능할 것 같습니다					
평점						
생각 살리기 (8분)	※ 모둠활동을 바탕으로 자기 삶과 사회 현실과 관련지어 자기 생각을 논술하세요. 다사리 교육에 대해서 알게 되었다. ... 생각을 ... 할 수 있어서 좋았다. 미래의 나에게 다사리 교육은 ... 편리함을 줄 수 있을 것 같다. ... 다사리교육 ...					
평점						

다 말하게 하여 생각을 다 살리는 다사리 학습 활동지(전면)

구분	모둠 이름	2모둠	학년 반 번호	(1)-( )-(19)	성명	
교과목명	교양특강	대단원	미래사회 학습의 방법	소단원	다사리 교육의 개념과 방법	
학습목표	다사리 교육의 개념과 방법을 설명하고, 다사리 교육 방법을 적용하여 학습할 수 있다.					
생각 띄우기 (7분)	※ 학습자료에 나오는 지식과 정보를 마인드맵 등 창의적 방법으로 구조화하세요.					
평점						
생각 말하기 (10분)	※학습자료에서 개념 혹은 주제를 설명하고, 동료 학습지에도 요약해 채워주세요. - 개념 혹은 주제 설명					
평점						
생각 구하기 (5분)	※ 학습자료 안에 있는 지식과 정보, 생각에 대한 가치를 묻는 문제를 만드세요 (선택·단답형도 가능하나, 다양한 생각을 알아보는 서술/논술형으로 만드세요.)					
평점						
생각 나누기 (10분)	※ 내 질문에 대한 동료들의 생각을 채우게 하고, 동료 학습지에도 채워주세요. 90%					
평점						
생각 살리기 (8분)	※ 모둠활동을 바탕으로 자기 삶과 사회 현실과 관련지어 자기 생각을 논술하세요.					
평점						

다 말하게 하여 생각을 다 살리는 다사리 학습 활동지(전면)

구분	모둠 이름	2모둠	학년 반 번호	(1)-( )-(15)	성명	
교과목명	교양특강	대단원	미래사회 학습의 방법	소단원	다사리 교육의 개념과 방법	
학습목표	다사리 교육의 개념과 방법을 설명하고, 다사리 교육 방법을 적용하여 학습할 수 있다.					
생각 띄우기 (7분)	※ 학습자료에 나오는 지식과 정보를 마인드맵 등 창의적 방법으로 구조화하세요.					
평점						
생각 말하기 (10분)	※학습자료에서 개념 혹은 주제를 설명하고, 동료 학습지에도 요약해 채워주세요. - 개념 혹은 주제 설명					
평점						
생각 구하기 (5분)	※ 학습자료 안에 있는 지식과 정보, 생각에 대한 가치를 묻는 문제를 만드세요. (선택·단답형도 가능하나, 다양한 생각을 알아보는 서술/논술형으로 만드세요.)					
평점						
생각 나누기 (10분)	※ 내 질문에 대한 동료들의 생각을 채우게 하고, 동료 학습지에도 채워주세요. 90% 57% 92% 90%					
평점						
생각 살리기 (8분)	※ 모둠활동을 바탕으로 자기 삶과 사회 현실과 관련지어 자기 생각을 논술하세요.					
평점						

다 말하게 하여 생각을 다 살리는 다사리 학습 활동지(전면)

구분	모둠 이름		학년 반 번호	(1)-( )-(16)	성명	
교과목명	교양특강	대단원	미래사회 학습의 방법	소단원	다사리 교육의 개념과 방법	
학습목표	다사리 교육의 개념과 방법을 설명하고, 다사리 교육 방법을 적용하여 학습할 수 있다.					
생각 띄우기 (7분)	※ 학습자료에 나오는 지식과 정보를 마인드맵 등 창의적 방법으로 구조화하세요.					
평점						
생각 말하기 (10분)	※학습자료에서 개념 혹은 주제를 설명하고, 동료 학습지에도 요약해 채워주세요. - 개념 혹은 주제 설명					
평점						
생각 구하기 (5분)	※ 학습자료 안에 있는 지식과 정보, 생각에 대한 가치를 묻는 문제를 만드세요. (선택·단답형도 가능하나, 다양한 생각을 알아보는 서술/논술형으로 만드세요.)					
평점						
생각 나누기 (10분)	※ 내 질문에 대한 동료들의 생각을 채우게 하고, 동료 학습지에도 채워주세요.					
평점						
생각 살리기 (8분)	※ 모둠활동을 바탕으로 자기 삶과 사회 현실과 관련지어 자기 생각을 논술하세요.					
평점						

다 말하게 하여 생각을 다 살리는 다사리 학습 활동지(전면)

구분	모둠 이름		학년 반 번호	(1)-( )-(17)	성명	
교과목명	교양특강	대단원	미래사회 학습의 방법	소단원	다사리 교육의 개념과 방법	
학습목표	다사리 교육의 개념과 방법을 설명하고, 다사리 교육 방법을 적용하여 학습할 수 있다.					
생각 띄우기 (7분)	※ 학습자료에 나오는 지식과 정보를 마인드맵 등 창의적 방법으로 구조화하세요.					
평점						
생각 말하기 (10분)	※학습자료에서 개념 혹은 주제를 설명하고, 동료 학습지에도 요약해 채워주세요. - 개념 혹은 주제 설명					
평점						
생각 구하기 (5분)	※ 학습자료 안에 있는 지식과 정보, 생각에 대한 가치를 묻는 문제를 만드세요. (선택·단답형도 가능하나, 다양한 생각을 알아보는 서술/논술형으로 만드세요.)					
평점						
생각 나누기 (10분)	※ 내 질문에 대한 동료들의 생각을 채우게 하고, 동료 학습지에도 채워주세요.					
평점						
생각 살리기 (8분)	※ 모둠활동을 바탕으로 자기 삶과 사회 현실과 관련지어 자기 생각을 논술하세요.					
평점						

다 말하게 하여 생각을 다 살리는 다사리 학습 활동지(전면)

구분	모둠 이름	[illegible]	학년 반 번호	(1)-( )-(18)	성명	
교과목명	교장특강	대단원	미래사회 학습의 방법	소단원	다사리 교육의 개념과 방법	
학습목표	다사리 교육의 개념과 방법을 설명하고, 다사리 교육 방법을 적용하여 학습할 수 있다.					

생각 띄우기 (7분) ※ 학습자료에 나오는 지식과 정보를 마인드맵 등 창의적 방법으로 구조화하세요.

다사리 교육 — 미래교육방법 — 학생이 스스로 가르치며 배우는 학습의 모델 [illegible] / 다사리 어원 — 다 말하고, 다 살리며, 다 살게 하는 것 [illegible] / 생각을 다 살리는 교육 — 다 말하게 하는 교육 / 생각의 힘을 키운다.

평점

생각 말하기 (10분) ※학습자료에서 개념 혹은 주제를 설명하고, 동료 학습지에도 요약해 채워주세요.

- 개념 혹은 주제 설명

다사리 교육: 학생들에게 다 말하게 하여 생각을 다 살리는 교육
영문 이름: DASALE (Design of All Speech All Live Education)

다사리 교육은 다 말하게 하여 생각을 다 살리는 교육이다.
다 말하게하여 생각을 다 살리는 교육이다.
다 말하게하여 생각을 다 살리는 교육이다.
모두가 자신의 의견을 자유롭게 말하고 토의하는 교육

평점

생각 구하기 (5분) ※ 학습자료 안에 있는 지식과 정보, 생각에 대한 가치를 묻는 문제를 만드세요 (선택·단답형도 가능하나, 다양한 생각을 알아보는 서술/논술형으로 만드세요)

1. 다사리 어원은 무엇인가요?
2. 미래사회의 학습 형태는?

평점

생각 나누기 (10분) ※ 내 질문에 대한 동료들의 생각을 채우게 하고, 동료 학습지에도 채워주세요.

1. 다섯 2. 좋은 가치를 [illegible]
1. 다섯 2. 좋은 가치를 [illegible]
1. 다사리 [illegible] 2. 좋은 가치를 [illegible]
[illegible] 다사리다, 다살리다, 자유롭고 생각을 말하는 [illegible]

평점

생각 살리기 (8분) ※ 모둠활동을 바탕으로 자기 삶과 사회 현실과 관련지어 자기 생각을 논술하세요.

다사리는 다 말하다, 생각을 [illegible] 살리는 [illegible] 이 교육이 모든 [illegible] 실행된다면 좋겠다. [illegible] 교육인 것 같다.

평점

다 말하게 하여 생각을 다 살리는 다사리 학습 활동지(전면)

구분	모둠 이름	[illegible]	학년 반 번호	(1)-( )-(19)	성명	
교과목명	교장특강	대단원	미래사회 학습의 방법	소단원	다사리 교육의 개념과 방법	
학습목표	다사리 교육의 개념과 방법을 설명하고, 다사리 교육 방법을 적용하여 학습할 수 있다.					

생각 띄우기 (7분) ※ 학습자료에 나오는 지식과 정보를 마인드맵 등 창의적 방법으로 구조화하세요.

다사리 교육 — 다 말하게 하여 생각을 다 살리는 교육 / 어원 — 다섯, 고조선의 철학 — 다스리다, 다 말하게 하다, 다 살리다 / 근거 [illegible]

평점

생각 말하기 (10분) ※학습자료에서 개념 혹은 주제를 설명하고, 동료 학습지에도 요약해 채워주세요.

- 개념 혹은 주제 설명

다사리 교육은 다 살리고 다 말하게 생각을 살리는 교육이다.

다 말하게 하여 생각을 다 살리는 교육이다.
다 말하게 하여 생각을 다 살리는 교육이다.
모두가 자신의 의견을 자유롭게 말하는 교육
다 말하게 하여 생각을 다 살리는 교육.

평점

생각 구하기 (5분) ※ 학습자료 안에 있는 지식과 정보, 생각에 대한 가치를 묻는 문제를 만드세요 (선택·단답형도 가능하나, 다양한 생각을 알아보는 서술/논술형으로 만드세요)

다사리다의 두 의미를 구하시오.

평점

생각 나누기 (10분) ※ 내 질문에 대한 동료들의 생각을 채우게 하고, 동료 학습지에도 채워주세요.

다 말하게 하다, 다 살리다.
다 말하게 하다, 다 살리다
다 말하게 하다, 다 살리다.
다 말하게 하다, 다 살리다.

평점

생각 살리기 (8분) ※ 모둠활동을 바탕으로 자기 삶과 사회 현실과 관련지어 자기 생각을 논술하세요.

학교교육은 [illegible] 그룹을 동료들과 [illegible] 시스템과 서비스가 되었다. 학생들을 [illegible]

평점

다 말하게 하여 생각을 다 살리는 다사리 학습 활동지(전면)

구분	모둠 이름		학년 반 번호	(2)-( )-(20)	성명	
교과목명	교장특강	대단원	미래사회 학습의 방법	소단원	다사리 교육의 개념과 방법	
학습목표	다사리 교육의 개념과 방법을 설명하고, 다사리 교육 방법을 적용하여 학습할 수 있다.					

생각 띄우기 (7분) ※ 학습자료에 나오는 지식과 정보를 마인드맵 등 창의적 방법으로 구조화하세요.

다사리 교육 — 다스리다, 다살리는 교육, 생각을 다 살리는 교육, 다 살리다, 미래교육, 생각, 정보, 지식

평점

생각 말하기 (10분) ※학습자료에서 개념 혹은 주제를 설명하고, 동료 학습지에도 요약해 채워주세요.

- 개념 혹은 주제 설명

다 말하게 하여 생각을 다 살리는 교육이다

다 말하게 하여 생각을 다 살리는 교육이다.
모두가 자신의 의견을 자유롭게 말하는 교육
다 말하게 하여 생각을 다 살리는 교육.
다사리 교육은 다 말하게 하여 생각을 다 살리는 교육이다.

평점

생각 구하기 (5분) ※ 학습자료 안에 있는 지식과 정보, 생각에 대한 가치를 묻는 문제를 만드세요 (선택·단답형도 가능하나, 다양한 생각을 알아보는 서술/논술형으로 만드세요)

다사리의 어원은?
다사리의 의미는?

평점

생각 나누기 (10분) ※ 내 질문에 대한 동료들의 생각을 채우게 하고, 동료 학습지에도 채워주세요.

다사리는 다섯을 [illegible] 다살리는 것이 우리의 [illegible]
모두가 자신의 의견을 말하고 살리는 교육 [illegible]
다 살리다, 다섯, 다 말하게 하다.
다살리다 입니다. 이념은 다섯, 다 말하게 하다.

평점

생각 살리기 (8분) ※ 모둠활동을 바탕으로 자기 삶과 사회 현실과 관련지어 자기 생각을 논술하세요.

나의 삶과 관련짓는다면, 다사리 교육은 정말 좋은 시스템인 것 같다. 이 교육을 [illegible] 실행되었으면 좋겠다.

평점

다 말하게 하여 생각을 다 살리는 다사리 학습 활동지(전면)

구분	모둠 이름	[illegible]	학년 반 번호	(1)-( )-(21)	성명	
교과목명	교장특강	대단원	미래사회 학습의 방법	소단원	다사리 교육의 개념과 방법	
학습목표	다사리 교육의 개념과 방법을 설명하고, 다사리 교육 방법을 적용하여 학습할 수 있다.					

생각 띄우기 (7분) ※ 학습자료에 나오는 지식과 정보를 마인드맵 등 창의적 방법으로 구조화하세요.

다사리 교육 — 설명, 질문, 경연, 학습자료 방법 / 생각 나누기, 생각 구하기, 생각 띄우기, 생각 말하기, 생각 살리기 / [illegible] 평가, 모둠 평가, 서술 평가, 전체 평가

평점

생각 말하기 (10분) ※학습자료에서 개념 혹은 주제를 설명하고, 동료 학습지에도 요약해 채워주세요.

- 개념 혹은 주제 설명

다사리 교육으로 자신감을 키우자

다사리교육은 다 말하게 하여 [illegible] 다 살리게 하는 교육이다.
생각을 말하고 [illegible] 효과가 많다.
다 말하게 하여 생각을 다 살리는 것
다사리교육을 통해 생각과 자신감을 키워 나라를 발전시키자

평점

생각 구하기 (5분) ※ 학습자료 안에 있는 지식과 정보, 생각에 대한 가치를 묻는 문제를 만드세요 (선택·단답형도 가능하나, 다양한 생각을 알아보는 서술/논술형으로 만드세요)

다사리 교육으로 자신감을 키우는 방법에는 무엇이 있을까?

평점

생각 나누기 (10분) ※ 내 질문에 대한 동료들의 생각을 채우게 하고, 동료 학습지에도 채워주세요.

발표를 많이 하고 생각을 많이 이야기한다
다사리교육을 통해 정리를 한 나의 생각을 발표한다.
서로 돌아가면서 말을 한다.
생각을 키우고 말을 많이 한다.

평점

생각 살리기 (8분) ※ 모둠활동을 바탕으로 자기 삶과 사회 현실과 관련지어 자기 생각을 논술하세요.

다사리 교육을 하면 생각하는 힘을 기를 수 있으며 자신감이 오를 수 있고 자신의 생각을 표현할 수 있다. 또 발표를 잘하게 되고 생각을 정리할 수 있으며 내성적인 성격을 고칠 수 있다.

평점

다 말하게 하여 생각을 다 살리는 다사리 학습 활동지(전면)

구분	모둠 이름	모둠사리	학년 반 번호	(1)-( )-(22)	성명	( )
교과목명	교장특강	대단원	미래사회 학습의 방법	소단원	다사리 교육의 개념과 방법	
학습목표	다사리 교육의 개념과 방법을 설명하고, 다사리 교육 방법을 적용하여 학습할 수 있다.					
생각 띄우기 (7분)	※ 학습자료에 나오는 지식과 정보를 마인드맵 등 창의적 방법으로 구조화하세요. 배운 내용을 설명 / ①생각 띄우기 / ②생각 말하기 / 다사리 교육 / ⑤생각 살리기 / ④생각 나누기 / ③생각 구하기 / 자기 생각을 논술					
평점						
생각 말하기 (10분)	※학습자료에서 개념 혹은 주제를 설명하고, 동료 학습지에도 요약해 채워주세요. - 개념 혹은 주제 설명 다사리 교육은 다 말하게 하여 생각을 다 살리는 교육이다! 다사리 교육으로 자신감을 키우자 다 말하여 생각을 다 살리는 것 생각을 말하고 학습하여 학습효과가 좋다. 다사리 교육으로 생각과 자신감을 키워 나라를 발전시키자,					
평점						
생각 구하기 (5분)	※ 학습자료 안에 있는 지식과 정보, 생각에 대한 가치를 묻는 문제를 만드세요. (선택·단답형도 가능하나, 다양한 생각을 알아보는 서술/논술형으로 만드세요.) 다 말하게 하여 좋은 점이 무엇일까요?					
평점						
생각 나누기 (10분)	※ 내 질문에 대한 동료들의 생각을 채우게 하고, 동료 학습지에도 채워주세요. 목표를 잘 할 수 있게 한다. 생각을 펼쳐 더 나은 세상을 만들 수 있다, 자신의 생각을 편하게 말할 수 있다 생각의 힘을 기를 수 있다					
평점						
생각 살리기 (8분)	※ 모둠활동을 바탕으로 자기 삶과 사회 현실과 관련지어 자기 생각을 논술하세요. 다사리 교육은 자신의 생각하는 힘과 주제에 관련된 자신의 생각을 논리적으로 정리해 말하는 힘을 기를 수 있으므로, 국어뿐만 아니라 어떤 과목이든 좋은 공부법인 것 같다. 또한 다른 친구들의 생각도 알아볼 수 있어서, 자신의 생각을 더 펼칠 수 있을 것 같다. 평소 다른 친구들과 생각을 나누진 못해도, 다사리 교육을 통해 생각을 살려 봐야겠다. 앞으로 논술이 중요해진다고 하는데, 다사리 교육을 통해 대비할 수 있을 것 같다.					
평점						

다 말하게 하여 생각을 다 살리는 다사리 학습 활동지(전면)

구분	모둠 이름	모둠사리	학년 반 번호	(1)-( )-(23)	성명	
교과목명	교장특강	대단원	미래사회 학습의 방법	소단원	다사리 교육의 개념과 방법	
학습목표	다사리 교육의 개념과 방법을 설명하고, 다사리 교육 방법을 적용하여 학습할 수 있다.					
생각 띄우기 (7분)	※ 학습자료에 나오는 지식과 정보를 마인드맵 등 창의적 방법으로 구조화하세요. 다사리 / 학습모형 구안의 개요 / 생각의 힘 / 수업모형 / 연쇄형 / 원형 / 완전 연결형 / 응용한 학습원리 / 학습모형 5단계 절차 / 교육목표					
평점						
생각 말하기 (10분)	※학습자료에서 개념 혹은 주제를 설명하고, 동료 학습지에도 요약해 채워주세요. - 개념 혹은 주제 설명 다사리 교육으로 생각을 펼치고 자신감을 키워 원하는 연습을 통해 나라에 필요한 사람이 되어 나라를 발전시키자 다 말하여 생각을 다 살리는 것이 다사리 교육 다사리 교육은 다 말하게 하여 생각을 다 살리는 교육이다. 생각을 말하고 학습하여 학습 효과가 좋다. 다사리 교육으로 자신감을 키우자					
평점						
생각 구하기 (5분)	※ 학습자료 안에 있는 지식과 정보, 생각에 대한 가치를 묻는 문제를 만드세요. (선택·단답형도 가능하나, 다양한 생각을 알아보는 서술/논술형으로 만드세요.) 다사리 교육을 통해 우리는 무엇을 얻을 수 있을까요?					
평점						
생각 나누기 (10분)	※ 내 질문에 대한 동료들의 생각을 채우게 하고, 동료 학습지에도 채워주세요. 주제에 관련된 자신의 생각을 논리적으로 정리할 수 있다! 다사리 교육으로 생각하는 힘을 기를 수 있다. 생각하는 힘을 키울 수 있다 생각하는 힘					
평점						
생각 살리기 (8분)	※ 모둠활동을 바탕으로 자기 삶과 사회 현실과 관련지어 자기 생각을 논술하세요. 다사리 교육은 생각을 펼쳐 자기 의견을 낼 수 있게 하고 더 나아가 자신감을 키우고 말하는 실력을 키워 좀 더 나은 사람이 될 수 있게 한다. 다사리 교육으로 우리는 의견을 모아 더 나은 세상을 만들 수 있고 [illegible]를 위한 아름다운 세상을 만들 수 있게 될 것이다. 다양한 것을 [illegible] 학생들을 위한 수업방법이며 미래를 말한다,					
평점						

다 말하게 하여 생각을 다 살리는 다사리 학습 활동지(전면)

구분	모둠 이름	모둠사리	학년 반 번호	(1)-( )-(24)	성명	
교과목명	교장특강	대단원	미래사회 학습의 방법	소단원	다사리 교육의 개념과 방법	
학습목표	다사리 교육의 개념과 방법을 설명하고, 다사리 교육 방법을 적용하여 학습할 수 있다.					
생각 띄우기 (7분)	※ 학습자료에 나오는 지식과 정보를 마인드맵 등 창의적 방법으로 구조화하세요. 다사리 / 생각의 힘 / 내 생각 / 특색활동 / 역사 / 문학 / 인문학 / 철학 / 다살리다 / 교장선생님 / 목소리					
평점						
생각 말하기 (10분)	※학습자료에서 개념 혹은 주제를 설명하고, 동료 학습지에도 요약해 채워주세요. - 개념 혹은 주제 설명 다 말하며 생각을 다 살리는 것이 다사리 교육 다사리 교육으로 생각과 자신감을 키워 나라를 발전시키자 다사리 교육으로 생각과 창의력을 발전시키자 다사리 교육으로 자신감을 키우자 다사리 교육은 다 말하게 하여 생각을 다 살리는 교육이다.					
평점						
생각 구하기 (5분)	※ 학습자료 안에 있는 지식과 정보, 생각에 대한 가치를 묻는 문제를 만드세요. (선택·단답형도 가능하나, 다양한 생각을 알아보는 서술/논술형으로 만드세요.) 다사리 교육을 통해 우리가 기를 수 있는 것은?					
평점						
생각 나누기 (10분)	※ 내 질문에 대한 동료들의 생각을 채우게 하고, 동료 학습지에도 채워주세요. 생각의 크기와 자신감, 말하는 능력 생각하는 힘, 자신의 생각을 정리하고 말하는 능력 생각하는 힘을 키울 수 있다. 생각하는 힘					
평점						
생각 살리기 (8분)	※ 모둠활동을 바탕으로 자기 삶과 사회 현실과 관련지어 자기 생각을 논술하세요. 다사리 교육처럼 우리 사회 학교에서도 여러 사람들과 대화하기 때문에 다사리 교육을 하면 상대방과 이야기할 때도 도움이 되고 생각하는 힘을 기를 수 있어서 사고력이 높아지고 인문학 지식도 늘어나서 여러모로 도움이 되는 교육이다.					
평점						

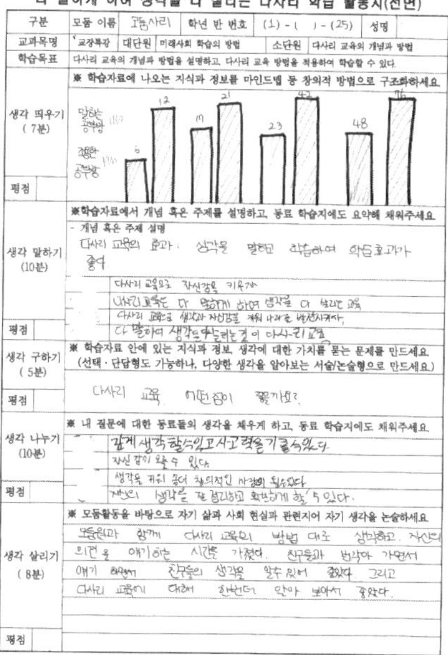

다 말하게 하여 생각을 다 살리는 다사리 학습 활동지(전면)

구분	모둠 이름	모둠사리	학년 반 번호	(1)-( )-(25)	성명	
교과목명	교장특강	대단원	미래사회 학습의 방법	소단원	다사리 교육의 개념과 방법	
학습목표	다사리 교육의 개념과 방법을 설명하고, 다사리 교육 방법을 적용하여 학습할 수 있다.					
생각 띄우기 (7분)	※ 학습자료에 나오는 지식과 정보를 마인드맵 등 창의적 방법으로 구조화하세요. 말하는 공부방 / 조용한 공부방 6 / 12 / 17 / 21 / 23 / 42 / 48 / 76					
평점						
생각 말하기 (10분)	※학습자료에서 개념 혹은 주제를 설명하고, 동료 학습지에도 요약해 채워주세요. - 개념 혹은 주제 설명 다사리 교육의 효과: 생각을 말하고 학습하여 학습효과가 좋다 다사리 교육으로 자신감을 키우자 다사리 교육은 다 말하게 하여 생각을 다 살리는 교육 다사리 교육으로 생각과 자신감을 키워 나라를 발전시키자, 다 말하며 생각을 다 살리는 것이 다사리 교육					
평점						
생각 구하기 (5분)	※ 학습자료 안에 있는 지식과 정보, 생각에 대한 가치를 묻는 문제를 만드세요. (선택·단답형도 가능하나, 다양한 생각을 알아보는 서술/논술형으로 만드세요.) 다사리 교육 어떤 점이 좋을까요?					
평점						
생각 나누기 (10분)	※ 내 질문에 대한 동료들의 생각을 채우게 하고, 동료 학습지에도 채워주세요. 깊게 생각할 수 있고 사고력을 기를 수 있다. 자신감이 오를 수 있다 생각을 키워 좀더 창의적인 사람이 될 수 있다 자신의 생각을 잘 정리하고 확실하게 할 수 있다.					
평점						
생각 살리기 (8분)	※ 모둠활동을 바탕으로 자기 삶과 사회 현실과 관련지어 자기 생각을 논술하세요. 모둠원과 함께 다사리 교육의 방법대로 생각하고, 자신의 의견을 얘기하는 시간을 가졌다. 친구들과 번갈아 가면서 얘기하면서 친구들의 생각을 알 수 있어 좋았다. 그리고 다사리 교육에 대해 한번 더 알아 보아서 좋았다.					
평점						

다 말하게 하여 생각을 다 살리는 다사리 학습 활동지(전면)

구분	모둠 이름	학년 반 번호 (1)-( )-(26)	성명
교과목명	교장특강	대단원 미래사회 학습의 방법	소단원 다사리 교육의 개념과 방법
학습목표	다사리 교육의 개념과 방법을 설명하고, 다사리 교육 방법을 적용하여 학습할 수 있다.		
생각 띄우기 (7분)	※ 학습자료에 나오는 지식과 정보를 마인드맵 등 창의적 방법으로 구조화하세요. 다사리 교육		
평점			
생각 말하기 (10분)	※학습자료에서 개념 혹은 주제를 설명하고, 동료 학습지에도 요약해 채워주세요. - 개념 혹은 주제 설명 미래교육을 설명하고 말하는 교육 다 말하게 하여 생각을 다 살리는 교육		
평점			
생각 구하기 (5분)	※ 학습자료 안에 있는 지식과 정보, 생각에 대한 가치를 묻는 문제를 만드세요. (선택·단답형도 가능하나, 다양한 생각을 알아보는 서술/논술형으로 만드세요.) 다사리 교육은 왜 할까?		
평점			
생각 나누기 (10분)	※ 내 질문에 대한 동료들의 생각을 채우게 하고, 동료 학습지에도 채워주세요.		
평점			
생각 살리기 (8분)	※ 모둠활동을 바탕으로 자기 삶과 사회 현실과 관련지어 자기 생각을 논술하세요. 친구들과 협력하고 이야기를 해서 좋았고 미래교육도 알게되었다. 또 게는 ...도 공부에 도움이 될것같다. 또 우리는 미래에서도 살거기 때문에 미래교육이 꼭 필요하다.		
평점			

다 말하게 하여 생각을 다 살리는 다사리 학습 활동지(전면)

구분	모둠 이름	학년 반 번호 (1)-( )-(09)	성명
교과목명	교장특강	대단원 미래사회 학습의 방법	소단원 다사리 교육의 개념과 방법
학습목표	다사리 교육의 개념과 방법을 설명하고, 다사리 교육 방법을 적용하여 학습할 수 있다.		
생각 띄우기 (7분)	※ 학습자료에 나오는 지식과 정보를 마인드맵 등 창의적 방법으로 구조화하세요. 다사리 교육		
평점			
생각 말하기 (10분)	※학습자료에서 개념 혹은 주제를 설명하고, 동료 학습지에도 요약해 채워주세요. - 개념 혹은 주제 설명 미래교육을 설명하고 말하는 교육 모두 다 말하게 하여 생각을 다 살리는 교육		
평점			
생각 구하기 (5분)	※ 학습자료 안에 있는 지식과 정보, 생각에 대한 가치를 묻는 문제를 만드세요. (선택·단답형도 가능하나, 다양한 생각을 알아보는 서술/논술형으로 만드세요.)		
평점			
생각 나누기 (10분)	※ 내 질문에 대한 동료들의 생각을 채우게 하고, 동료 학습지에도 채워주세요. 다사리 교육은 왜 할까? 경찰에게 가져다 줄 꺼 /		
평점			
생각 살리기 (8분)	※ 모둠활동을 바탕으로 자기 삶과 사회 현실과 관련지어 자기 생각을 논술하세요.		
평점			

다 말하게 하여 생각을 다 살리는 다사리 학습 활동지(전면)

구분	모둠 이름 6모둠	학년 반 번호 (1)-( )-( )	성명
교과목명	교장특강	대단원 미래사회 학습의 방법	소단원 다사리 교육의 개념과 방법
학습목표	다사리 교육의 개념과 방법을 설명하고, 다사리 교육 방법을 적용하여 학습할 수 있다.		
생각 띄우기 (7분)	※ 학습자료에 나오는 지식과 정보를 마인드맵 등 창의적 방법으로 구조화하세요. 다사리 교육이란 다 말하게 하여 생각을 다 살리는 교육 - 생각띄우기 - 생각말하기 - 생각구하기 - 생각나누기 - 생각살리기 다사리		
평점			
생각 말하기 (10분)	※학습자료에서 개념 혹은 주제를 설명하고, 동료 학습지에도 요약해 채워주세요. - 개념 혹은 주제 설명 모두 다 말하게 하여 생각을 다 살리는 교육 미래교육을 설명하고 말하는 것 생각을 말로써 표현하는 것이 아니라 말로서 생각을 실천한다		
평점			
생각 구하기 (5분)	※ 학습자료 안에 있는 지식과 정보, 생각에 대한 가치를 묻는 문제를 만드세요. (선택·단답형도 가능하나, 다양한 생각을 알아보는 서술/논술형으로 만드세요.) 다사리 교육은 무엇인가요? 다사리 교육의 장점은 무엇인가요?		
평점			
생각 나누기 (10분)	※ 내 질문에 대한 동료들의 생각을 채우게 하고, 동료 학습지에도 채워주세요. 말하여 생각을 다 살리는 교육 / 사고방식을 넓혀줌 다사리 교육 방법을 적용하여 학습할 수 있다.		
평점			
생각 살리기 (8분)	※ 모둠활동을 바탕으로 자기 삶과 사회 현실과 관련지어 자기 생각을 논술하세요. 다사리 교육을 하며 서로 의견도 많이 내보고, 대화도 많이 하며 더 좋은 수업집중력과 협동심을 기를 수 있었던 것 같다. 그리고 다사리교육을 통하여 다양한 사고방식을 넓힐 수 있었다. 다사리교육은 정말 좋은 교육인 것 같다.		
평점			

다 말하게 하여 생각을 다 살리는 다사리 학습 활동지(전면)

구분	모둠 이름 1 모둠	학년 반 번호 (1)-( )-(1)	성명
교과목명	교장특강	대단원 미래사회 학습의 방법	소단원 다사리 교육의 개념과 방법
학습목표	다사리 교육의 개념과 방법을 설명하고, 다사리 교육 방법을 적용하여 학습할 수 있다.		
생각 띄우기 (7분)	※ 학습자료에 나오는 지식과 정보를 마인드맵 등 창의적 방법으로 구조화하세요. 공부의 흥미가 점점 떨어짐 조용한 공부법 말하기 공부법 보다는 암기 실력 down VS - 조용한 공부법 - 말하기 공부법 암기실력 up! 말하기 공부법 설명 서로 어휘력 상승 무려 28점 차이! 평균		
평점			
생각 말하기 (10분)	※학습자료에서 개념 혹은 주제를 설명하고, 동료 학습지에도 요약해 채워주세요. - 개념 혹은 주제 설명 다사리 교육은 혼자서 공부 하는 것이 아닌 여럿이 모여 함께 공부하고 말하는 공부법이다. 혼자서 공부를 하더라도 입을 다물면 안된다. 공부할때는 친구들과 함께 공부하는게 90%가 넘는다. 다양하게 해서 생각을 다 살려주는 교육 다 말하게 해서 다 살린다 다 말하게 하여 다살리는 교육		
평점			
생각 구하기 (5분)	※ 학습자료 안에 있는 지식과 정보, 생각에 대한 가치를 묻는 문제를 만드세요. (선택·단답형도 가능하나, 다양한 생각을 알아보는 서술/논술형으로 만드세요.) 다사리 교육을 누구에게 추천하고 싶나요?		
평점			
생각 나누기 (10분)	※ 내 질문에 대한 동료들의 생각을 채우게 하고, 동료 학습지에도 채워주세요. 동생들에게 추천 하고 싶다. 할아버지, 할머니 어머니 사촌		
평점			
생각 살리기 (8분)	※ 모둠활동을 바탕으로 자기 삶과 사회 현실과 관련지어 자기 생각을 논술하세요. 친구와 무엇을 해도 흥미와 재미는 넘친다. 친구와 함께라면 아무리 가시밭 길이 많아도 다 해낼수있다. 뭘 하든 친구와 함께 이겨내야 한다. 나도 3학년때 혼자 책을 읽다가 친구와 함께 책을 읽어서 더 내용이 생생하게 잘 기억났다.		
평점			

다 말하게 하여 생각을 다 살리는 다사리 학습 활동지(전면)

구분	모둠 이름	1모둠	학년 반 번호	(1)-( )-(2)	성명	
교과목명	교장특강	대단원	미래사회 학습의 방법	소단원	다사리 교육의 개념과 방법	
학습목표	다사리 교육의 개념과 방법을 설명하고, 다사리 교육 방법을 적용하여 학습할 수 있다.					
생각 띄우기 (7분)	※ 학습자료에 나오는 지식과 정보를 마인드맵 등 창의적 방법으로 구조화하세요. 학습 효율성 피라미드 5 강의듣기 / 10 읽기 / 20 시청각듣기 / 90 서로 설명하기					
평점						
생각 말하기 (10분)	※학습자료에서 개념 혹은 주제를 설명하고, 동료 학습지에도 요약해 채워주세요. - 개념 혹은 주제 설명 강의듣기보다 말하는(서로설명하는)방법이 90% 남는다. 다 말하게 하여 생각을 살리는 교육 다 말하게 하며 다살린다 다 말하게 하며 다살리는 교육이다. 말하기 공부법					
평점						
생각 구하기 (5분)	※ 학습자료 안에 있는 지식과 정보, 생각에 대한 가치를 묻는 문제를 만드세요. (선택·단답형도 가능하나, 다양한 생각을 알아보는 서술/논술형으로 만드세요.) 다사리교육의 장점은 무엇일까?					
평점						
생각 나누기 (10분)	※ 내 질문에 대한 동료들의 생각을 채우게 하고, 동료 학습지에도 채워주세요. 자신의 생각을 잘 나타낼 수 있기 때문. 공부를 더 잘할 수 있다 다양한 생각을 잘할수 있게 한다. 말하기 공부법으로 더 효율적으로 공부할 수 있다					
평점						
생각 살리기 (8분)	※ 모둠활동을 바탕으로 자기 삶과 사회 현실과 관련지어 자기 생각을 논술하세요. 다사리교육을 더 잘 하기 위해서는 말하면서 공부를 해야한다 왜냐하면 내가 아는 지식과 친구가 아는 지식을 공유할 수 있고 함께 하면 재미있고 열심히 할 수 있고 모르는 문제를 알 수 있어서					
평점						

다 말하게 하여 생각을 다 살리는 다사리 학습 활동지(전면)

구분	모둠 이름	1모둠	학년 반 번호	(1)-( )-(3)	성명	
교과목명	교장특강	대단원	미래사회 학습의 방법	소단원	다사리 교육의 개념과 방법	
학습목표	다사리 교육의 개념과 방법을 설명하고, 다사리 교육 방법을 적용하여 학습할 수 있다.					
생각 띄우기 (7분)	※ 학습자료에 나오는 지식과 정보를 마인드맵 등 창의적 방법으로 구조화하세요. 다사리 / 목적 / 생각 / 말 / 참여력 / 생각의 힘 / 낱말 / 지식정보 / 학습 / 가르침					
평점						
생각 말하기 (10분)	※학습자료에서 개념 혹은 주제를 설명하고, 동료 학습지에도 요약해 채워주세요. - 개념 혹은 주제 설명 다사리 교육이란? 다 말하게 하여 살리는 교육을 생각의 힘을 키우는 교육이다. 다 말하게 하고 다 살리다 다 말하게 하고 다 살리는 교육이다. 다 말하고 생각을 하나라도 놓치지 않는 교육 친구랑 말하면서 공부하면 90% 오래 남는다					
평점						
생각 구하기 (5분)	※ 학습자료 안에 있는 지식과 정보, 생각에 대한 가치를 묻는 문제를 만드세요. (선택·단답형도 가능하나, 다양한 생각을 알아보는 서술/논술형으로 만드세요.) 다사리 교육은 왜 하는걸까?					
평점						
생각 나누기 (10분)	※ 내 질문에 대한 동료들의 생각을 채우게 하고, 동료 학습지에도 채워주세요. 말을 잘 할수 있게 만듦 생각의 힘을 키우기 위해 그냥 그게 보고 공부하는 것보단 말하기가 더 효율적이다. 지식과 정보를 나눌수있어서					
평점						
생각 살리기 (8분)	※ 모둠활동을 바탕으로 자기 삶과 사회 현실과 관련지어 자기 생각을 논술하세요. 다사리 교육을 활용해서 공부를 열심히하고 말하기 연습도 많이 해야겠습니다 내 생각을 표현하는 연습을 하고 내 발음을 바꿔서 더 잘 말해야겠다 언제나 열심히 하고 다사리 교육을 반복하며 연습해야겠다. 나는 다사리교육을 더 반복하여 교육해야겠다.					
평점						

다 말하게 하여 생각을 다 살리는 다사리 학습 활동지(전면)

구분	모둠 이름	1모둠	학년 반 번호	(1)-( )-(4)	성명	
교과목명	교장특강	대단원	미래사회 학습의 방법	소단원	다사리 교육의 개념과 방법	
학습목표	다사리 교육의 개념과 방법을 설명하고, 다사리 교육 방법을 적용하여 학습할 수 있다.					
생각 띄우기 (7분)	※ 학습자료에 나오는 지식과 정보를 마인드맵 등 창의적 방법으로 구조화하세요. 목적: 생각의 힘을 키우는 교육 다사리 교육 다 말하게하다 다 살리다 2가지의 뜻 말하는 공부법 조용 말 > 말하는공부법승리 민세 안재홍의 다사리 이념 / 영문 이니셜: DASALE (Design of All Speech All Life Education)					
평점						
생각 말하기 (10분)	※학습자료에서 개념 혹은 주제를 설명하고, 동료 학습지에도 요약해 채워주세요. - 개념 혹은 주제 설명 다 말하게 하여 다 살리다. 다 말하고 다 살리는 교육 말하기 공부법 말하면 생생하게 기억에 남는다. 다 말하게 하여 생각을 다 살려주는 교육					
평점						
생각 구하기 (5분)	※ 학습자료 안에 있는 지식과 정보, 생각에 대한 가치를 묻는 문제를 만드세요. (선택·단답형도 가능하나, 다양한 생각을 알아보는 서술/논술형으로 만드세요.) 다사리 교육 학습 모형은 어떻게 되어있나요?					
평점						
생각 나누기 (10분)	※ 내 질문에 대한 동료들의 생각을 채우게 하고, 동료 학습지에도 채워주세요. 하브루타 하브루타로 이루어져 있다 하브루타. 하브루타					
평점						
생각 살리기 (8분)	※ 모둠활동을 바탕으로 자기 삶과 사회 현실과 관련지어 자기 생각을 논술하세요. 다사리의 말하기 교육으로 공부를 좀더 잘 이해하고 더 잘 할수 있게 된다. 그리고 다 말하게 하여 다 살리는 방법으로 우리 학교가 좋게 되면 좋겠다.					
평점						

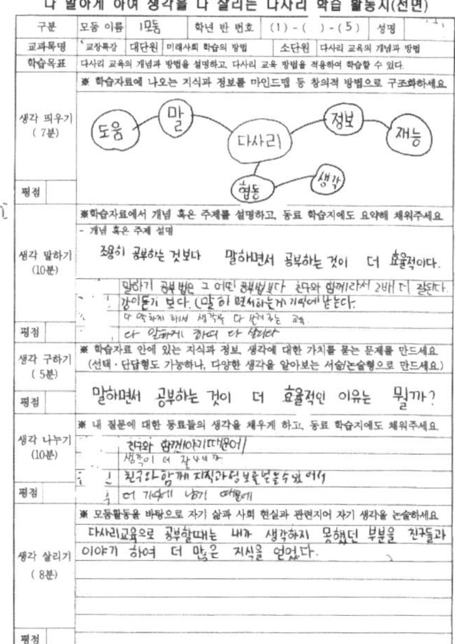

다 말하게 하여 생각을 다 살리는 다사리 학습 활동지(전면)

구분	모둠 이름	1모둠	학년 반 번호	(1)-( )-(5)	성명	
교과목명	교장특강	대단원	미래사회 학습의 방법	소단원	다사리 교육의 개념과 방법	
학습목표	다사리 교육의 개념과 방법을 설명하고, 다사리 교육 방법을 적용하여 학습할 수 있다.					
생각 띄우기 (7분)	※ 학습자료에 나오는 지식과 정보를 마인드맵 등 창의적 방법으로 구조화하세요. 도움 / 말 / 다사리 / 정보 / 재능 / 협동 / 생각					
평점						
생각 말하기 (10분)	※학습자료에서 개념 혹은 주제를 설명하고, 동료 학습지에도 요약해 채워주세요. - 개념 혹은 주제 설명 조용히 공부하는 것보다 말하면서 공부하는 것이 더 효율적이다. 말하기 공부법은 그 어떤 공부법보다 친구와 함께라서 2배 더 잘된다. 강의듣기 보다 (말하면서하는게 기억에 남는다. 다 말하게 해서 생각을 다 살려주는 교육 다 말하게 하여 다 살리다					
평점						
생각 구하기 (5분)	※ 학습자료 안에 있는 지식과 정보, 생각에 대한 가치를 묻는 문제를 만드세요. (선택·단답형도 가능하나, 다양한 생각을 알아보는 서술/논술형으로 만드세요.) 말하면서 공부하는 것이 더 효율적인 이유는 뭘까?					
평점						
생각 나누기 (10분)	※ 내 질문에 대한 동료들의 생각을 채우게 하고, 동료 학습지에도 채워주세요. 친구와 함께이야기때문에 생각이 더 잘나서 친구와 함께 지식과 정보를 얻을수 있어서 더 기억에 남기 때문에					
평점						
생각 살리기 (8분)	※ 모둠활동을 바탕으로 자기 삶과 사회 현실과 관련지어 자기 생각을 논술하세요. 다사리교육으로 공부할때는 내가 생각하지 못했던 부분을 친구들과 이야기 하여 더 많은 지식을 얻었다.					
평점						

다 말하게 하여 생각을 다 살리는 다사리 학습 활동지(전면)

구분	모둠 이름	2모둠	학년 반 번호	(1)-( )-(6)	성명	
교과목명	교장특강	대단원	미래사회 학습의 방법	소단원	다사리 교육의 개념과 방법	
학습목표	다사리 교육의 개념과 방법을 설명하고, 다사리 교육 방법을 적용하여 학습할 수 있다.					
생각 띄우기 (7분)	※ 학습자료에 나오는 지식과 정보를 마인드맵 등 창의적 방법으로 구조화하세요.					
평점						
생각 말하기 (10분)	※학습자료에서 개념 혹은 주제를 설명하고, 동료 학습지에도 요약해 채워주세요. - 개념 혹은 주제 설명 다 말하게 하는 다사리교육					
평점						
생각 구하기 (5분)	※ 학습자료 안에 있는 지식과 정보, 생각에 대한 가치를 묻는 문제를 만드세요. (선택·단답형도 가능하나, 다양한 생각을 알아보는 서술/논술형으로 만드세요.) 다사리 교육은 왜? 배울까?					
평점						
생각 나누기 (10분)	※ 내 질문에 대한 동료들의 생각을 채우게 하고, 동료 학습지에도 채워주세요.					
평점						
생각 살리기 (8분)	※ 모둠활동을 바탕으로 자기 삶과 사회 현실과 관련지어 자기 생각을 논술하세요.					
평점						

다 말하게 하여 생각을 다 살리는 다사리 학습 활동지(전면)

구분	모둠 이름		학년 반 번호	(1)-( )-(7)	성명	
교과목명	교장특강	대단원	미래사회 학습의 방법	소단원	다사리 교육의 개념과 방법	
학습목표	다사리 교육의 개념과 방법을 설명하고, 다사리 교육 방법을 적용하여 학습할 수 있다.					
생각 띄우기 (7분)	※ 학습자료에 나오는 지식과 정보를 마인드맵 등 창의적 방법으로 구조화하세요. 다사리 교육 / DASALE					
평점						
생각 말하기 (10분)	※학습자료에서 개념 혹은 주제를 설명하고, 동료 학습지에도 요약해 채워주세요. - 개념 혹은 주제 설명					
평점						
생각 구하기 (5분)	※ 학습자료 안에 있는 지식과 정보, 생각에 대한 가치를 묻는 문제를 만드세요. (선택·단답형도 가능하나, 다양한 생각을 알아보는 서술/논술형으로 만드세요.)					
평점						
생각 나누기 (10분)	※ 내 질문에 대한 동료들의 생각을 채우게 하고, 동료 학습지에도 채워주세요.					
평점						
생각 살리기 (8분)	※ 모둠활동을 바탕으로 자기 삶과 사회 현실과 관련지어 자기 생각을 논술하세요.					
평점						

다 말하게 하여 생각을 다 살리는 다사리 학습 활동지(전면)

구분	모둠 이름		학년 반 번호	(1)-( )-(8)	성명	
교과목명	교장특강	대단원	미래사회 학습의 방법	소단원	다사리 교육의 개념과 방법	
학습목표	다사리 교육의 개념과 방법을 설명하고, 다사리 교육 방법을 적용하여 학습할 수 있다.					
생각 띄우기 (7분)	※ 학습자료에 나오는 지식과 정보를 마인드맵 등 창의적 방법으로 구조화하세요. 다사리교육 / DASALE					
평점						
생각 말하기 (10분)	※학습자료에서 개념 혹은 주제를 설명하고, 동료 학습지에도 요약해 채워주세요. - 개념 혹은 주제 설명					
평점						
생각 구하기 (5분)	※ 학습자료 안에 있는 지식과 정보, 생각에 대한 가치를 묻는 문제를 만드세요. (선택·단답형도 가능하나, 다양한 생각을 알아보는 서술/논술형으로 만드세요.) 다사리교육을 하는 이유는 무엇일까?					
평점						
생각 나누기 (10분)	※ 내 질문에 대한 동료들의 생각을 채우게 하고, 동료 학습지에도 채워주세요.					
평점						
생각 살리기 (8분)	※ 모둠활동을 바탕으로 자기 삶과 사회 현실과 관련지어 자기 생각을 논술하세요.					
평점						

다 말하게 하여 생각을 다 살리는 다사리 학습 활동지(전면)

구분	모둠 이름		학년 반 번호	(1)-( )-(9)	성명	
교과목명	교장특강	대단원	미래사회 학습의 방법	소단원	다사리 교육의 개념과 방법	
학습목표	다사리 교육의 개념과 방법을 설명하고, 다사리 교육 방법을 적용하여 학습할 수 있다.					
생각 띄우기 (7분)	※ 학습자료에 나오는 지식과 정보를 마인드맵 등 창의적 방법으로 구조화하세요. 다사리 교육					
평점						
생각 말하기 (10분)	※학습자료에서 개념 혹은 주제를 설명하고, 동료 학습지에도 요약해 채워주세요. - 개념 혹은 주제 설명					
평점						
생각 구하기 (5분)	※ 학습자료 안에 있는 지식과 정보, 생각에 대한 가치를 묻는 문제를 만드세요. (선택·단답형도 가능하나, 다양한 생각을 알아보는 서술/논술형으로 만드세요.)					
평점						
생각 나누기 (10분)	※ 내 질문에 대한 동료들의 생각을 채우게 하고, 동료 학습지에도 채워주세요.					
평점						
생각 살리기 (8분)	※ 모둠활동을 바탕으로 자기 삶과 사회 현실과 관련지어 자기 생각을 논술하세요.					
평점						

다 말하게 하여 생각을 다 살리는 다사리 학습 활동지(전면)

구분	모둠 이름: 2모둠 / 학년 반 번호: (1)-( )-(10) / 성명:
교과목명	교장특강 / 대단원: 미래사회 학습의 방법 / 소단원: 다사리 교육의 개념과 방법
학습목표	다사리 교육의 개념과 방법을 설명하고, 다사리 교육 방법을 적용하여 학습할 수 있다.
생각 띄우기 (7분)	※ 학습자료에 나오는 지식과 정보를 마인드맵 등 창의적 방법으로 구조화하세요. 다사리교육 → 다 말하게 하여 생각을 다 살리는 교육 말로 설명하는 것이 듣고 읽기만 하며 공부하는 것보다 효과적이다.
평점	
생각 말하기 (10분)	※학습자료에서 개념 혹은 주제를 설명하고, 동료 학습지에도 요약해 채워주세요. - 개념 혹은 주제 설명 설명은 공부를 효과적으로 하는 가장 좋은 방법이다 다사리 교육은 모두 함께 대화하고 [illegible] 미래의 생각의 힘을 키우는 공부방법이다 세종시대 경연의 5단계 방식이 다사리 교육과 비슷해서 신기했다. 다사리교육은 사람들과 토의를 하며 사고력을 키워주는 효과적인 방법이다!
평점	
생각 구하기 (5분)	※ 학습자료 안에 있는 지식과 정보, 생각에 대한 가치를 묻는 문제를 만드세요. (선택·단답형도 가능하나, 다양한 생각을 알아보는 서술/논술형으로 만드세요.) 다사리교육의 장점은?
평점	
생각 나누기 (10분)	※ 내 질문에 대한 동료들의 생각을 채우게 하고, 동료 학습지에도 채워주세요. 생각을 말하기 때문에 생각이 늘어나서 좋다 서로 생각을 펴서 지속가능한 사회를 만든다. 공부를 효율적, 생각을 다살릴 수 있다. 생각의 힘을 키울 수 있음.
평점	
생각 살리기 (8분)	※ 모둠활동을 바탕으로 자기 삶과 사회 현실과 관련지어 자기 생각을 논술하세요. 다사리교육은 혁신적인 공부방법이다. 앞으로도 이 방법을 사용하여 공부를 해야겠다. 그러면 공부를 효과적으로 하여 좋은 성적을 받게 될 것이다. 결국 사회에서 성공적인 삶을 살게 될 것이다
평점	

다 말하게 하여 생각을 다 살리는 다사리 학습 활동지(전면)

구분	모둠 이름: 다사리 고사리 / 학년 반 번호: (1)-( )-(11) / 성명:
교과목명	교장특강 / 대단원: 미래사회 학습의 방법 / 소단원: 다사리 교육의 개념과 방법
학습목표	다사리 교육의 개념과 방법을 설명하고, 다사리 교육 방법을 적용하여 학습할 수 있다.
생각 띄우기 (7분)	※ 학습자료에 나오는 지식과 정보를 마인드맵 등 창의적 방법으로 구조화하세요. 다사리 교육 — 학습 순서: 생각 띄우기, 생각 말하기, 생각 구하기, 생각 나누기, 생각 살리기 미래 교육 — 자신의 정보를 모두에게 나누는 방식. 생각을 사람들과 나눔
평점	
생각 말하기 (10분)	※학습자료에서 개념 혹은 주제를 설명하고, 동료 학습지에도 요약해 채워주세요. - 개념 혹은 주제 설명 혼자 공부했을 때 보다 사람들과 생각을 나누어 공부하는 방식의 시험 점수가 더 높았다. 다 말하게 하여 생각을 살리는 다사리교육 말하여야 생각이 만들어진다 말을 해야 생각이 만들어 진다 앎으로써 사람을 표현하는것이 아니라 말로써 자신을 설명한다
평점	
생각 구하기 (5분)	※ 학습자료 안에 있는 지식과 정보, 생각에 대한 가치를 묻는 문제를 만드세요. (선택·단답형도 가능하나, 다양한 생각을 알아보는 서술/논술형으로 만드세요.) 다사리 교육을 하면 자신에게 어떤 영향을 미칠것 같나요?
평점	
생각 나누기 (10분)	※ 내 질문에 대한 동료들의 생각을 채우게 하고, 동료 학습지에도 채워주세요. 다사리 교육을 하면 좋은 영향을 안 미칠 것 같다 기억에 잘 남기 때문에 좋은 영향을 미칠 것 같다 너 미친것 같습니다. 오래 학습한 내용이 영향을 미칠 것 같다.
평점	
생각 살리기 (8분)	※ 모둠활동을 바탕으로 자기 삶과 사회 현실과 관련지어 자기 생각을 논술하세요. 나는 혼자 하는 공부가 더 잘된다고 생각했는데 그게 아니였다 이번 다사리 교육을 통해 사람들과 정보를 나누고 자신의 생각을 나누면 더 기억이 잘 남고 점수가 더 높게 나오는 것을 배웠다 그래서 나도 사람들과 생각을 나누어야겠다
평점	

다 말하게 하여 생각을 다 살리는 다사리 학습 활동지(전면)

구분	모둠 이름: 다사리고사리 / 학년 반 번호: (1)-( )-(12) / 성명:
교과목명	교장특강 / 대단원: 미래사회 학습의 방법 / 소단원: 다사리 교육의 개념과 방법
학습목표	다사리 교육의 개념과 방법을 설명하고, 다사리 교육 방법을 적용하여 학습할 수 있다.
생각 띄우기 (7분)	※ 학습자료에 나오는 지식과 정보를 마인드맵 등 창의적 방법으로 구조화하세요. 다사리교육 — 학습모형 — 거꾸로 교실, 비주얼 씽킹, 하브루타, 융합 다사리교육 — 교육 목표 — 내용 다사리교육 — 말하기 공부법 — 설명 생각의 힘 — 경연 — 생각 띄우기, 생각 말하기, 생각 구하기, 생각 나누기, 생각 살리기
평점	
생각 말하기 (10분)	※학습자료에서 개념 혹은 주제를 설명하고, 동료 학습지에도 요약해 채워주세요. - 개념 혹은 주제 설명 다 말하게하여 생각을 다 살리는 다사리 교육. 생각은 앎으로써 자신을 표현하는게 아니라 말로써 자신을 설명한다. 말을 해야 생각이 만들어 진다 이야기를 하는 공부법의 시험점수가 더 높게 나옴 말을 해야 생각이 만들어진다
평점	
생각 구하기 (5분)	※ 학습자료 안에 있는 지식과 정보, 생각에 대한 가치를 묻는 문제를 만드세요. (선택·단답형도 가능하나, 다양한 생각을 알아보는 서술/논술형으로 만드세요.) 다사리 교육이 정말 효과가 있을까?
평점	
생각 나누기 (10분)	※ 내 질문에 대한 동료들의 생각을 채우게 하고, 동료 학습지에도 채워주세요. 말을 하면서 하다보니 기억이 잘 남기 때문에 효과가 있다고 생각한다. 자료에 나와 있듯이 말을 하며 상대방에게 설명하면 이해가 더 잘 된다. 사람을 대상으로 실험을 했을 때 더 높게 나온 것처럼 [illegible] 자료에 나와 있듯이 영상을 보고 말로 하니 더 기억에 남는다
평점	
생각 살리기 (8분)	※ 모둠활동을 바탕으로 자기 삶과 사회 현실과 관련지어 자기 생각을 논술하세요. 나는 앞으로 공부를 할 때 다사리 교육처럼 다 말하여 생각을 살리게 할 것이고 나의 인생은 정조대왕 [illegible] 살 것 이다.
평점	

다 말하게 하여 생각을 다 살리는 다사리 학습 활동지(전면)

구분	모둠 이름: 다사리 고사리 / 학년 반 번호: (1)-( )-(13) / 성명:
교과목명	교장특강 / 대단원: 미래사회 학습의 방법 / 소단원: 다사리 교육의 개념과 방법
학습목표	다사리 교육의 개념과 방법을 설명하고, 다사리 교육 방법을 적용하여 학습할 수 있다.
생각 띄우기 (7분)	※ 학습자료에 나오는 지식과 정보를 마인드맵 등 창의적 방법으로 구조화하세요. 말하기 공부법. 듣기만하며 지식을 집어넣는것과 다르게 말로 설명하면 자신이 아는것과 모르는것, 필요한것과 필요없는 것이 생각으로 정리되는것을 느낌 ⇒ 메타인지 때문 학습 효율성 피라미드: 읽기 10% / 20% 시청각 수업 / 30% 시범 강의 / 50% 토의 / 75% 실제 해보기 / 90% 서로 설명
평점	
생각 말하기 (10분)	※학습자료에서 개념 혹은 주제를 설명하고, 동료 학습지에도 요약해 채워주세요. - 개념 혹은 주제 설명 말이 생각을 만든다. 생각은 앎으로써 자신을 표현하는 것이 아니라 말로써 자신을 설명한다. (비교하기 생각, 말의 단계) 말로 해야 생각이 만들어진다 말을 해야 생각이 만들어진다 다 말하게 하여 생각을 다 살리는 다사리교육. 사람들과 얘기하며 공부한 방식의 시험점수가 더 높게 나옴
평점	
생각 구하기 (5분)	※ 학습자료 안에 있는 지식과 정보, 생각에 대한 가치를 묻는 문제를 만드세요. (선택·단답형도 가능하나, 다양한 생각을 알아보는 서술/논술형으로 만드세요.) 만약 자신이 정조대왕 이라면 백성을 위해 할 수 있는 것에는 무엇이 있을까?
평점	
생각 나누기 (10분)	※ 내 질문에 대한 동료들의 생각을 채우게 하고, 동료 학습지에도 채워주세요. 백성들한테 다사리를 알려주겠다 백성들 위해 밥을 차려 주고 싶다 백성들 [illegible] 고기를 나눠 주겠다.
평점	
생각 살리기 (8분)	※ 모둠활동을 바탕으로 자기 삶과 사회 현실과 관련지어 자기 생각을 논술하세요. 고립간 공부법 vs 말하는 공부법의 학습능력을 보았을때, 말하는 공부법이 다방면의 학습공간에서 더 뛰어나다는 결과를 보았다. 하브루타(말하는 학습방법)를 사용하여 공부했을때 이해력이 더 높아지는 것을 느꼈다. 나는 이 수업을 끝마치고 하브루타를 이용하여 학습을 해서 성적을 한번 올려볼 생각이다.
평점	

다 말하게 하여 생각을 다 살리는 다사리 학습 활동지(전면)

구분	모둠 이름	다사리교육	학년 반 번호	(1)-( )-(14)	성명	
교과목명	교장특강	대단원	미래사회 학습의 방법	소단원	다사리 교육의 개념과 방법	
학습목표	다사리 교육의 개념과 방법을 설명하고, 다사리 교육 방법을 적용하여 학습할 수 있다.					
생각 띄우기 (7분)	※ 학습자료에 나오는 지식과 정보를 마인드맵 등 창의적 방법으로 구조화하세요. 생각하기 / 다말하기 / 다사리교육 / 말하기 / 생각살리기 다 말하게 하면 생각을 다 살릴 수 있다					
평점						
생각 말하기 (10분)	※학습자료에서 개념 혹은 주제를 설명하고, 동료 학습지에도 요약해 채워주세요. - 개념 혹은 주제 설명 말을 해야 생각이 만들어진다. 말을 해야 생각이 만들어 진다. 생각은 말로써 자신을 표현하는게 아니라 말로써 자신을 실현한다. 다 말하게 하여 생각을 다 살리는 다사리교육 사람들과 얘기하며 공부한 내용의 시험점수가 더 높게 나옴.					
평점						
생각 구하기 (5분)	※ 학습자료 안에 있는 지식과 정보, 생각에 대한 가치를 묻는 문제를 만드세요 (선택·단답형도 가능하나, 다양한 생각을 알아보는 서술/논술형으로 만드세요.) 다사리 교육은 무엇인가?					
평점						
생각 나누기 (10분)	※ 내 질문에 대한 동료들의 생각을 채우게 하고, 동료 학습지에도 채워주세요 다사리 교육은 생각을 키우는 교육이다. 다 말하게 하여 생각을 살리게 하는 교육 사람들과 얘기를 하며 자신의 생각을 나누는 것이다. 다 말하게 하여 생각을 살리게 하는 교육					
평점						
생각 살리기 (8분)	※ 모둠활동을 바탕으로 자기 삶과 사회 현실과 관련지어 자기 생각을 논술하세요 다사리 교육은 다른 교육보다 생각을 나눌 수 있고 공부할 수 있어 기억에 잘 남으므로 다사리 교육을 하면 더 좋을 것 같다. [illegible] 적극적으로 사용할 것 같다.					
평점						

다 말하게 하여 생각을 다 살리는 다사리 학습 활동지(전면)

구분	모둠 이름	다사리 교육	학년 반 번호	(1)-)-(15)	성명	
교과목명	교장특강	대단원	미래사회 학습의 방법	소단원	다사리 교육의 개념과 방법	
학습목표	다사리 교육의 개념과 방법을 설명하고, 다사리 교육 방법을 적용하여 학습할 수 있다.					
생각 띄우기 (7분)	※ 학습자료에 나오는 지식과 정보를 마인드맵 등 창의적 방법으로 구조화하세요. 트렌드 / 생각 나누기 / 자신의 생각을 공유 / 다사리 교육 / 생각만들기 / 자신의 생각을 만들 / 말하기 / 교육 / 근거 / 다말하기					
평점						
생각 말하기 (10분)	※학습자료에서 개념 혹은 주제를 설명하고, 동료 학습지에도 요약해 채워주세요. - 개념 혹은 주제 설명 말을 해야 생각이 만들어 진다. 말을 해야 생각이 만들어 진다 사람들과 얘기 하는 공부법의 시험점수가 더 높았다 다 말하게 하며 생각을 다 살리는 다사리 교육 생각은 말로써 자신을 표현하는 것이 아니라 말로써 자신을 실현한다					
평점						
생각 구하기 (5분)	※ 학습자료 안에 있는 지식과 정보, 생각에 대한 가치를 묻는 문제를 만드세요 (선택·단답형도 가능하나, 다양한 생각을 알아보는 서술/논술형으로 만드세요.) 다사리 교육을 해야 하는 이유					
평점						
생각 나누기 (10분)	※ 내 질문에 대한 동료들의 생각을 채우게 하고, 동료 학습지에도 채워주세요 말을 해야 생각이 잘 남기 때문 말로 정리를 통해 학습을 하면 기억에 더 남음 생각을 살리기 위해, [illegible] 더 잘 남고 자신이 [illegible] 있음					
평점						
생각 살리기 (8분)	※ 모둠활동을 바탕으로 자기 삶과 사회 현실과 관련지어 자기 생각을 논술하세요 다사리 교육은 자신의 생각을 말하며 생각을 나누고 [illegible] 설명하는 것보다 말로 설명하면 [illegible] 쉽고 사람들과 의견을 나누기 때문에 기억하기가 [illegible] 싶다					
평점						

다 말하게 하여 생각을 다 살리는 다사리 학습 활동지(전면)

구분	모둠 이름	4모둠	학년 반 번호	(1)-)-(16)	성명	
교과목명	교장특강	대단원	미래사회 학습의 방법	소단원	다사리 교육의 개념과 방법	
학습목표	다사리 교육의 개념과 방법을 설명하고, 다사리 교육 방법을 적용하여 학습할 수 있다.					
생각 띄우기 (7분)	※ 학습자료에 나오는 지식과 정보를 마인드맵 등 창의적 방법으로 구조화하세요. 다사리 / 지식 / 이해 / 적용 / 분석 / 평가 / 5% / 학습 효율성 피라미드 / 강의 듣기 / 읽기 / 10% / 서로 설명하기 / 90% / 협업 / 하브루타					
평점						
생각 말하기 (10분)	※학습자료에서 개념 혹은 주제를 설명하고, 동료 학습지에도 요약해 채워주세요. - 개념 혹은 주제 설명 거꾸로 교실(플립러닝)의 [illegible]입니다. "미래교육 트렌드를 과거 세종에게 배웁니다" 다 말하게 하여 다 살리는 다사리 교육 학습 능력 향상시키기 위해 의견을 말하고 제시하고 질문하고 토의 한다. 다 말하게 하여 생각을 다 살리는 교육 다사리는 다 살리고 '다 사림'이며, '다 산다'는 의미로 [illegible]					
평점						
생각 구하기 (5분)	※ 학습자료 안에 있는 지식과 정보, 생각에 대한 가치를 묻는 문제를 만드세요 (선택·단답형도 가능하나, 다양한 생각을 알아보는 서술/논술형으로 만드세요.) Q. 다사리 교육은 다른 교육 방법보다 더 효과가 좋은 이유가 뭘까요?					
평점						
생각 나누기 (10분)	※ 내 질문에 대한 동료들의 생각을 채우게 하고, 동료 학습지에도 채워주세요 다사리 교육은 다른 교육과 다르게 서로 이야기하면서 진행하기 때문이 [illegible] [illegible] 다사리 교육은 말하기 공부법으로 서로 설명하면 효과가 더 좋기 때문에 다사리 교육을 서로 이야기하면서 [illegible] 효과가 좋아서					
평점						
생각 살리기 (8분)	※ 모둠활동을 바탕으로 자기 삶과 사회 현실과 관련지어 자기 생각을 논술하세요 혼자 듣고, 보기만 하지 않고 함께 말하고 생각을 나누며 공부하는 습관을 들여야 겠다고 생각했습니다. 공부한 내용을 직접 말해보면서 공부(학습하는)하는 방법이 되도록 노력해야겠다고 다짐했습니다. 다사리 교육: 다 말하게 하여 다 살리는 교육에 걸맞게 성장하여 행동하는 사람이 되어 내가 원하는 꿈, 목표에 도달하여 성공하고 싶습니다.					
평점						

다 말하게 하여 생각을 다 살리는 다사리 학습 활동지(전면)

구분	모둠 이름	4	학년 반 번호	(1)-( )-(17)	성명	
교과목명	교장특강	대단원	미래사회 학습의 방법	소단원	다사리 교육의 개념과 방법	
학습목표	다사리 교육의 개념과 방법을 설명하고, 다사리 교육 방법을 적용하여 학습할 수 있다.					
생각 띄우기 (7분)	※ 학습자료에 나오는 지식과 정보를 마인드맵 등 창의적 방법으로 구조화하세요. 세종 시대 정인 / 학습모형 / 다사리 / 생각 살리기 / 하브루타 / 협업					
평점						
생각 말하기 (10분)	※학습자료에서 개념 혹은 주제를 설명하고, 동료 학습지에도 요약해 채워주세요. - 개념 혹은 주제 설명 다사리 '다 살리고', '다 사림'이자 '다 산다'는 의미 교육 정치 철학 다사리 교육: 다 말하게 하여 생각을 다 살리는 교육 "거꾸로 교실의 원조는 세종이다." "미래 교육 트렌드를 과거 세종에게 배운다" 학습 능력을 향상시키기 위해 의견을 말하고, 제시하고, 질문하고 토의한다.					
평점						
생각 구하기 (5분)	※ 학습자료 안에 있는 지식과 정보, 생각에 대한 가치를 묻는 문제를 만드세요 (선택·단답형도 가능하나, 다양한 생각을 알아보는 서술/논술형으로 만드세요.) 목차는 총 몇개인가요?					
평점						
생각 나누기 (10분)	※ 내 질문에 대한 동료들의 생각을 채우게 하고, 동료 학습지에도 채워주세요 4개 입니다. 4개 4개 4개					
평점						
생각 살리기 (8분)	※ 모둠활동을 바탕으로 자기 삶과 사회 현실과 관련지어 자기 생각을 논술하세요 나는 다사리 교육으로 공부해서 효과적으로 공부를 할 것이다. 다사리 교육 [illegible] 생각을 [illegible] 공부를 [illegible]					
평점						

다 말하게 하여 생각을 다 살리는 다사리 학습 활동지(전면)

구분	모둠 이름		학년 반 번호	(1)-( )-(18)	성명	
교과목명	교장특강	대단원	미래사회 학습의 방법	소단원	다사리 교육의 개념과 방법	
학습목표	다사리 교육의 개념과 방법을 설명하고, 다사리 교육 방법을 적용하여 학습할 수 있다.					

생각 띄우기 (7분)	※ 학습자료에 나오는 지식과 정보를 마인드맵 등 창의적 방법으로 구조화하세요. 학습 효율성 5%·강의 듣기 10%·읽기 20%·시청각 수업듣기 30%·시범강의 보기 50%·집단 토의 75%·실제 해보기 90%·서로 설명하기 다사리란 '다 말하게 하다', '다 살리다'의 두 가지 뜻이 있음. 다사리교육 — 대한민국 미래교육 트렌드 말하기 공부법의 효과 (조용한 6, 17, 23, 48 / 단답형 평균, 수능형 평균, 서술형 평균, 전체 평균)
평점	
생각 말하기 (10분)	※학습자료에서 개념 혹은 주제를 설명하고, 동료 학습지에도 요약해 채워주세요. - 개념 혹은 주제 설명 다사리교육이란, 다 말하게 하여 생각을 다 살려주는 교육 많이 생각을 만든다. 거꾸로 교실(플립러닝)의 원조는 세종입니다. 미래교육 트렌드를 최고 세종에게 배웁니다 다 말하게 하며 다 살리는 다사리 교육 학습 능력 향상시키기 위해 의견을 말하고 제시하고 질문하고 토의한다. 다사리는 다 살리고 다스리며 다 생각는 것의 우리 교육 정신 철학.
평점	
생각 구하기 (5분)	※ 학습자료 안에 있는 지식과 정보, 생각에 대한 가치를 묻는 문제를 만드세요. (선택·단답형도 가능하나, 다양한 생각을 알아보는 서술/논술형으로 만드세요.) 다사리교육을 하는 이유는 무엇일까?
평점	
생각 나누기 (10분)	※ 내 질문에 대한 동료들의 생각을 채우게 하고, 동료 학습지에도 채워주세요. 서로 말하고 생각을 나누어 해서 더 기억에 잘 남기 위해 하는 것 같다. 서로 생각을 나누기 위해서 한다. 우리 같은 사람들에게는 생각하는 능력이 부족하기 때문에 서로 의견을 말하고 질문하여 더욱더 기억남고 효과적인 교육 방법이기 때문에
평점	
생각 살리기 (8분)	※ 모둠활동을 바탕으로 자기 삶과 사회 현실과 관련지어 자기 생각을 논술하세요. 다사리 교육은 매우 중요하다. 대한민국의 미래교육 트렌드는 좋은 가치를 개발하고 연결하며 공유하는 창의융합교육이다. 다사리교육은 다 말하게 하며 생각을 다 살리는 교육으로 다른 교육보다 학습효과가 더 뛰어나다. 그래서 다사리 교육을 꼭 해야 한다. 나는 다사리 학습을 통해 몰랐던 사실을 많이 알게 되었다.
평점	

다 말하게 하여 생각을 다 살리는 다사리 학습 활동지(전면)

구분	모둠 이름		학년 반 번호	(1)-( )-(14)	성명	
교과목명	교장특강	대단원	미래사회 학습의 방법	소단원	다사리 교육의 개념과 방법	
학습목표	다사리 교육의 개념과 방법을 설명하고, 다사리 교육 방법을 적용하여 학습할 수 있다.					

생각 띄우기 (7분)	※ 학습자료에 나오는 지식과 정보를 마인드맵 등 창의적 방법으로 구조화하세요. 생각, 토론, 가르치기, 배우기, 설명하기 — 말하기 — 다사리 — 비쥬얼 씽킹 다 말하게 하여 생각을 다 살리는 교육
평점	
생각 말하기 (10분)	※학습자료에서 개념 혹은 주제를 설명하고, 동료 학습지에도 요약해 채워주세요. - 개념 혹은 주제 설명 학습 능력 향상시키기 위해 의견을 말하고 제시하고 질문하고 토의한다 거꾸로 교실(플립러닝)의 원조는 세종입니다 "미래교육 트렌드를 최고 세종에게 배웁니다" 다 말하게 하여 생각을 다 살리는 교육 다 말하게 하여 생각을 다 살려주는 교육 다 말하게 하여 다 살리는 다사리 교육
평점	
생각 구하기 (5분)	※ 학습자료 안에 있는 지식과 정보, 생각에 대한 가치를 묻는 문제를 만드세요. (선택·단답형도 가능하나, 다양한 생각을 알아보는 서술/논술형으로 만드세요.) 다사리 교육은 어떤 교육이라고 생각하나요?
평점	
생각 나누기 (10분)	※ 내 질문에 대한 동료들의 생각을 채우게 하고, 동료 학습지에도 채워주세요. 혼자가 아닌 함께 해가는 협동적(?)인 교육이라고 생각합니다. 다사리교육은 서로 말하면서 하기 때문에 서로 협동하는 교육이라고 생각한다. 다사리 교육은 서로 말로 하면서 하는 교육이라고 생각한다. 다사리교육은 다 말하게 하며 생각을 다 살리는 교육이다.
평점	
생각 살리기 (8분)	※ 모둠활동을 바탕으로 자기 삶과 사회 현실과 관련지어 자기 생각을 논술하세요. 지금까지는 혼자 외우고 혼자만 공부했는데 다사리 교육의 효과와 방법을 보고 앞으로는 다사리 교육 방법으로 배우며 친구들과 의견을 나누고 질문하며 공부하고 싶다. 또 그렇게 해서 더 성장하고 싶다. 앞으로는 다 말하게 하여 생각을 다 살리는 다사리 교육을 바탕으로 공부해야겠다.
평점	

다 말하게 하여 생각을 다 살리는 다사리 학습 활동지(전면)

구분	모둠 이름	4모둠	학년 반 번호	(1)-( )-(20)	성명	
교과목명	교장특강	대단원	미래사회 학습의 방법	소단원	다사리 교육의 개념과 방법	
학습목표	다사리 교육의 개념과 방법을 설명하고, 다사리 교육 방법을 적용하여 학습할 수 있다.					

생각 띄우기 (7분)	※ 학습자료에 나오는 지식과 정보를 마인드맵 등 창의적 방법으로 구조화하세요. 다사리 — 거꾸로 교실, 생각 말하기, 생각 살리기, 융합 논술, 생각 나누기, 트리브룩타, 생각 띄우기, 비주얼 씽킹, 생각 구하기, 산파술
평점	
생각 말하기 (10분)	※학습자료에서 개념 혹은 주제를 설명하고, 동료 학습지에도 요약해 채워주세요. - 개념 혹은 주제 설명 다 말하게 하여 다 살리는 다사리교육 학습능력을 향상시키기 위해 의견을 말하고, 제시하고 토의 한다 다 말하게 하여 생각을 다 살리는 교육 거꾸로 교실(플립러닝)의 원조는 세종이다. 미래교육 트렌드를 그 나이 세종에게 배운다. 다 말하게 하여 생각을 다 살리는 교육
평점	
생각 구하기 (5분)	※ 학습자료 안에 있는 지식과 정보, 생각에 대한 가치를 묻는 문제를 만드세요. (선택·단답형도 가능하나, 다양한 생각을 알아보는 서술/논술형으로 만드세요.) 다사리 교육의 장점은?
평점	
생각 나누기 (10분)	※ 내 질문에 대한 동료들의 생각을 채우게 하고, 동료 학습지에도 채워주세요. 서로 말하고 생각을 나누어 학습하여 더 기억에 남을 수 있는게 장점이라고 생각한다 배우는 사람은 더 잘 할 수 있게 되고 가르치는 사람도 함께 배우며 배려도 더 많는다 생각을 키울 수 있다. 다사리교육은 생각의 힘을 키우는 교육이다.
평점	
생각 살리기 (8분)	※ 모둠활동을 바탕으로 자기 삶과 사회 현실과 관련지어 자기 생각을 논술하세요. 인간은 사회적인 사람이기 때문에 다사리 교육 처럼 서로 말하고 생각하고, 배우고 하면 나중에 도움이 된다. 또 다사리 교육의 그 남을 생각을 키울 수 있고, 기억이 더 잘 남기 때문에 도움이 된다.
평점	

다 말하게 하여 생각을 다 살리는 다사리 학습 활동지(전면)

구분	모둠 이름	다사리학회	학년 반 번호	(1)-( )-(21)	성명	
교과목명	교장특강	대단원	미래사회 학습의 방법	소단원	다사리 교육의 개념과 방법	
학습목표	다사리 교육의 개념과 방법을 설명하고, 다사리 교육 방법을 적용하여 학습할 수 있다.					

생각 띄우기 (7분)	※ 학습자료에 나오는 지식과 정보를 마인드맵 등 창의적 방법으로 구조화하세요. 조용한 공부법 VS 말하는 공부법 시험 결과 말하는 공부방 / 조용한 공부방 6, 12 / 17 / 23, 42 / 48, 76 단답형 평균, 수능형 평균, 서술형 평균, 전체 평균 요약해보면 말하는 공부방이 2배 더 효과가 있다.
평점	
생각 말하기 (10분)	※학습자료에서 개념 혹은 주제를 설명하고, 동료 학습지에도 요약해 채워주세요. - 개념 혹은 주제 설명 다사리 교육은 다 말하게 하여 창의력과 기억력을 올려주는 공부법이다. 조용히 공부하는 것보다 말하면서 공부하는 것이 더 효과가 있다. 강의를 듣거나 책만 읽는 것 보다 서로 설명하는 다사리 교육이 더 효과적이다. 생각을 많이 할 수록 더욱 논리적인 사람이 된다. 말하며 학습하는 방법을 나는 배웠다
평점	
생각 구하기 (5분)	※ 학습자료 안에 있는 지식과 정보, 생각에 대한 가치를 묻는 문제를 만드세요. (선택·단답형도 가능하나, 다양한 생각을 알아보는 서술/논술형으로 만드세요.) 다사리 교육 후 나의 변화는?
평점	
생각 나누기 (10분)	※ 내 질문에 대한 동료들의 생각을 채우게 하고, 동료 학습지에도 채워주세요. 서로 말하게 하여 기억에 모두 남는다. 말하는 교육을 듣고 나니 미래 교육은 꼭 배워야겠다고 생각했다. 말하며 공부할 수 있다. 스스로 공부만 했는데 함께하면 더 좋다는 걸 알았다.
평점	
생각 살리기 (8분)	※ 모둠활동을 바탕으로 자기 삶과 사회 현실과 관련지어 자기 생각을 논술하세요. 다사리교육의 효과와 다사리교육의 의미를 알게 되어서 뿌듯했고 혼자가 아닌 4명의 친구들과 같이 활동하며 생각이 넓어지고 의견도 많아지고 아이디어도 늘어져서 좋았다. 그리고 다사리교육을 왜 배워야하는지도 생각할 수 있게 되었고 앞으로 단순히 듣고 적는 것이 아닌 말로 설명을 하고 친구들과 토론을 하며 공부를 해야겠다라는 생각이 들었고 이 다사리교육이 나중에 내 사회, 미래에 좋은 영향을 끼칠 수 있을 것 같아 뿌듯하다
평점	

다 말하게 하여 생각을 다 살리는 다사리 학습 활동지(전면)

구분	모둠 이름	다사리 협회	학년 반 번호	(1) - ( ) - (22)	성명	
교과목명	'교장특강	대단원	미래사회 학습의 방법	소단원	다사리 교육의 개념과 방법	
학습목표	다사리 교육의 개념과 방법을 설명하고, 다사리 교육 방법을 적용하여 학습할 수 있다.					

생각 띄우기 (7분)	※ 학습자료에 나오는 지식과 정보를 마인드맵 등 창의적 방법으로 구조화하세요. 말하는 공부방법 / 조용한 공부방법 — 6, 12 (단답형 평균) / 17 (논술형 평균) / 23, 42 (서술형 평균) / 49, 76 (전체 평균) 표를 보면 말하는 공부방이 효과가 있다.
평점	
생각 말하기 (10분)	※학습자료에서 개념 혹은 주제를 설명하고, 동료 학습지에도 요약해 채워주세요. - 개념 혹은 주제 설명 조용히 공부하는 것보다 말하면서 공부하는 것이 더 효과가 있다. 강의를 듣거나 읽는 것보다는 서로 설명하는 다사리 교육이 더 효율적이다. 모두에게 생각을 알게 해야 더욱 발전할 수 있다. 말하여 학습하고 나누며 배운다. 다 말하게 하여 창의력과 기억력을 올려주는 공부법이다.
평점	
생각 구하기 (5분)	※ 학습자료 안에 있는 지식과 정보, 생각에 대한 가치를 묻는 문제를 만드세요. (선택·단답형도 가능하나, 다양한 생각을 알아보는 서술/논술형으로 만드세요.) 다사리 교육을 하는 이유는 무엇인가?
평점	
생각 나누기 (10분)	※ 내 질문에 대한 동료들의 생각을 채우게 하고, 동료 학습지에도 채워주세요. 왜냐하면 공부법보다 효과도 좋고 기억이 더 잘되기 때문에. 생각이 많아지고 커지기 위해. 다사리 교육으로 새 것을 표현하고 나눠서 효율을 높이기 위해 한다. 생각이 넓어지고 창의적 성장에 도움된다.
평점	
생각 살리기 (8분)	※ 모둠활동을 바탕으로 자기 삶과 사회 현실과 관련지어 자기 생각을 논술하세요. 다사리 교육을 함으로서 창의력과 기억력이 좋아진다. 그리고 더 완벽한 우리 사회가 될 것 같다. 조용한 공부법이 말하는 공부방을 못 이긴 이유는 말하는 공부법이 혼자 공부하는 것보다 더 효율적이기 때문이다. 다사리 교육을 하고 난 후 더 창의력과 기억력이 좋아진 것 같고 더 말하고 생각하는 사람이 되어야겠다고 생각했다.
평점	

다 말하게 하여 생각을 다 살리는 다사리 학습 활동지(전면)

구분	모둠 이름	다사리 협회	학년 반 번호	(1) - ( ) - (23)	성명	
교과목명	'교장특강	대단원	미래사회 학습의 방법	소단원	다사리 교육의 개념과 방법	
학습목표	다사리 교육의 개념과 방법을 설명하고, 다사리 교육 방법을 적용하여 학습할 수 있다.					

생각 띄우기 (7분)	※ 학습자료에 나오는 지식과 정보를 마인드맵 등 창의적 방법으로 구조화하세요. 다사리 — 정조, 인문학 교육, 세종시대, 사고력, 「생각의 힘을 키우는 교육」, 토론, 자유교육, 경연, 「미래교육」, 뉴런, 「생각나누기」, 논어, 「말하는 공부」, 90%, 하브루타, 76점
평점	
생각 말하기 (10분)	※학습자료에서 개념 혹은 주제를 설명하고, 동료 학습지에도 요약해 채워주세요. - 개념 혹은 주제 설명 혼자 '강의'나 책만 읽는 것보단 서로 설명하여 말하는 교육이 더 효율적이다. 다사리 교육은 생각을 넓게 펼치는 것이다 말하며 학습하고 나누며 배운다. 다 말하게 하여 창의력과 기억력을 올려주는 공부법이다. 조용히 공부하는 것보다 말하면서 공부하는 것이 더 효과가 있다.
평점	
생각 구하기 (5분)	※ 학습자료 안에 있는 지식과 정보, 생각에 대한 가치를 묻는 문제를 만드세요. (선택·단답형도 가능하나, 다양한 생각을 알아보는 서술/논술형으로 만드세요.) 다사리 교육이 우리 미래에 무슨 영향을 줄까?
평점	
생각 나누기 (10분)	※ 내 질문에 대한 동료들의 생각을 채우게 하고, 동료 학습지에도 채워주세요. 지금보다 더 발전할 수 있는 선진국이 될 것 같다 듣고 읽기만 하는 우리나라의 교육 시스템을 더 좋게 바꿀 것이다. 나라가 더 발전할 것 같다. 더 발전된 우리 사회가 될 것이다.
평점	
생각 살리기 (8분)	※ 모둠활동을 바탕으로 자기 삶과 사회 현실과 관련지어 자기 생각을 논술하세요. 우리나라가 다사리 교육을 도입하게 된다면 미래에는 우리나라가 발전된 선진국이 될 것이다. 그 이유는 다사리 교육은 생각을 넓게 펼치고 좋아지고 기억력을 올려주기 때문이다. 또한 다사리 교육은 세종도, 15세기 과학기술 성과에 큰 기여를 했고 학습 효율성이 90% 이상이나 되는 공부법이기에 우리나라에도 다사리 교육이 도입해야 한다.
평점	

다 말하게 하여 생각을 다 살리는 다사리 학습 활동지(전면)

구분	모둠 이름	다사리 협회	학년 반 번호	(1) - ( ) - (24)	성명	
교과목명	'교장특강	대단원	미래사회 학습의 방법	소단원	다사리 교육의 개념과 방법	
학습목표	다사리 교육의 개념과 방법을 설명하고, 다사리 교육 방법을 적용하여 학습할 수 있다.					

생각 띄우기 (7분)	※ 학습자료에 나오는 지식과 정보를 마인드맵 등 창의적 방법으로 구조화하세요. 다사리 교육 — 생각 말하기 (조용한 공부방, 말하는 공부방), 생각나누기 – 하브루타, 정조 – 수원화성 – 불취무귀, 정약용, 세종
평점	
생각 말하기 (10분)	※학습자료에서 개념 혹은 주제를 설명하고, 동료 학습지에도 요약해 채워주세요. - 개념 혹은 주제 설명 다사리 교육은 생각의 힘을 키우게 하는 인문학교육이다. 말하여 학습하고 나누며 배운다. 다 말하게 하여 창의력과 기억력을 올려주는 공부법이다 조용히 공부하는 것보다 말하면서 공부하는 것이 더 효과가 있다 강의를 듣거나 읽는 것 보단 서로 설명하는 다사리 교육이 더 효율적이다.
평점	
생각 구하기 (5분)	※ 학습자료 안에 있는 지식과 정보, 생각에 대한 가치를 묻는 문제를 만드세요. (선택·단답형도 가능하나, 다양한 생각을 알아보는 서술/논술형으로 만드세요.) 다사리 교육은 우리에게 어떤 도움을 줄까?
평점	
생각 나누기 (10분)	※ 내 질문에 대한 동료들의 생각을 채우게 하고, 동료 학습지에도 채워주세요. 모두 학습을 할 수 있어 개개인의 학습도 되고 우리나라 공부법에 큰 도움이 될 것이다. 창의력과 기억력이 향상된다 창의력이 생기고 기억력이 향상된다. 서로 설명하는 공부를 하게 되어 학습 효율성이 높아진다
평점	
생각 살리기 (8분)	※ 모둠활동을 바탕으로 자기 삶과 사회 현실과 관련지어 자기 생각을 논술하세요. 다사리 교육을 배우면서 어떻게 하면 생각을 더욱 넓히고 알릴 수 있는지 알게 되었고 강의만 듣고 쓰며 공부하는 것만이 도움이 되는 것이 아니라 말하며 공부해야 더욱 효과적이게 기억에 남게 공부할 수 있다는 걸 알았다. 정조대왕, 세종대왕도 이러한 방법으로 나라를 발전시킬 수 있었다는게 놀랍다. 다사리 교육을 통해서 많이 발전할 수 있을 것 같다.
평점	

다 말하게 하여 생각을 다 살리는 다사리 학습 활동지(전면)

구분	모둠 이름	다사리 협회	학년 반 번호	(1) - ( ) - (25)	성명	
교과목명	'교장특강	대단원	미래사회 학습의 방법	소단원	다사리 교육의 개념과 방법	
학습목표	다사리 교육의 개념과 방법을 설명하고, 다사리 교육 방법을 적용하여 학습할 수 있다.					

생각 띄우기 (7분)	※ 학습자료에 나오는 지식과 정보를 마인드맵 등 창의적 방법으로 구조화하세요. 다사리 교육 — 다 말하게, 다 살리는 것 / 말 하면 90% 남음 / 미래교육 / 세종 했던 방법 / 말 – 효과 / 76, 전체 평균 / 말하는 공부, 조용한 공부
평점	
생각 말하기 (10분)	※학습자료에서 개념 혹은 주제를 설명하고, 동료 학습지에도 요약해 채워주세요. - 개념 혹은 주제 설명 말하며 학습하고 나누며 배운다. 다 말하게 하여 창의력과 기억력을 올려주는 공부법이다. 조용히 공부하는 것보다 말하면서 공부하는 것이 더 효과가 있다. 강의를 듣거나 읽는 것보다 서로 설명하는 다사리 교육이 더 효율적이다. 다사리 교육은 우리 두뇌에 도움이 된다.
평점	
생각 구하기 (5분)	※ 학습자료 안에 있는 지식과 정보, 생각에 대한 가치를 묻는 문제를 만드세요. (선택·단답형도 가능하나, 다양한 생각을 알아보는 서술/논술형으로 만드세요.) 왜 말하고 나누며 학습해야 효율이 높아지는 걸까?
평점	
생각 나누기 (10분)	※ 내 질문에 대한 동료들의 생각을 채우게 하고, 동료 학습지에도 채워주세요. 서로 말하고 설명하여 기억에 잘 남는다. 서로 말하게 하여 기억에 모두 남는다. 서로 설명하여 공부해서. 상대에게 설명하며 말하기 때문에 기억에 더 잘 남는다.
평점	
생각 살리기 (8분)	※ 모둠활동을 바탕으로 자기 삶과 사회 현실과 관련지어 자기 생각을 논술하세요. 스스로 말하여 학습하는 게 최선이라 생각했는데 여러 사람들과 생각을 나누며 배우는 것이 더 기억에 남고 도움이 된다는 것을 알게 되었고 많은 학생들이 학원에 가서 듣고 보며 배우는 요즘 다사리교육 같은 학습이 우리나라에 널리 전파되서 우리나라 교육을 더 좋게 만들었으면 좋겠다는 생각이 들었다. 모둠 친구들의 의견을 들으며 생각을 나누면 내가 알지 못했거나 알았더라도 한번 더 학습할 수 있었다.
평점	

다 말하게 하여 생각을 다 살리는 다사리 학습 활동지(전면)

구분	모둠 이름		학년 반 번호	( ) - ( ) - (26)	성명	
교과목명	교장특강	대단원	미래사회 학습의 방법	소단원	다사리 교육의 개념과 방법	
학습목표	다사리 교육의 개념과 방법을 설명하고, 다사리 교육 방법을 적용하여 학습할 수 있다.					
생각 띄우기 (7분)	※ 학습자료에 나오는 지식과 정보를 마인드맵 등 창의적 방법으로 구조화하세요. 창의융합교육 / 다사리교육 / 4차산업 / 미래사회 / 미래학교 / 전체 / 새정보 / 융합형인재 / 생각 / 사고력					
평점						
생각 말하기 (10분)	※학습자료에서 개념 혹은 주제를 설명하고, 동료 학습지에도 요약해 채워주세요. - 개념 혹은 주제 설명 좋은 가치를 개방하고 연결하여 공유하고 다 말하게 하여 다 살리는 다사리교육 다사리 교육은 미래교육에 도움이 되기 때문 말하기 공부법으로 생각의 힘을 키운다. 다사리 교육은 서로 말을 하며 생각을 키우는 공부법					
평점						
생각 구하기 (5분)	※ 학습자료 안에 있는 지식과 정보, 생각에 대한 가치를 묻는 문제를 만드세요. (선택·단답형도 가능하나, 다양한 생각을 알아보는 서술/논술형으로 만드세요.) 미래교육의 트랜드로는 무엇이 있을까요?					
평점						
생각 나누기 (10분)	※ 내 질문에 대한 동료들의 생각을 채우게 하고, 동료 학습지에도 채워주세요. 다사리 교육은 듣으면서 힘을 키우기 위해. 창의융합교육이 있다. 서로의 생각을 공유하는 다사리 교육					
평점						
생각 살리기 (8분)	※ 모둠활동을 바탕으로 자기 삶과 사회 현실과 관련지어 자기 생각을 논술하세요. 다사리교육을 통하여서 더 개방된 사회와 연결하여 공유하는 창의융합형 인재로 되도록 하는 공부방법을 사용할 것이고 이것을 내가 아는 지식과 모르는 지식을 소통하고 다른 인재도 질문하여 이렇게 더불어 살아가는 사회를 만들어 모두를 위하고 모두가 성공하는 교육으로 더 좋게 만들어갈 것이다. 그래서 생각의 힘을 이끌어 내고 주도하며 살아갈 것이다.					
평점						

다 말하게 하여 생각을 다 살리는 다사리 학습 활동지(전면)

구분	모둠 이름	6모둠	학년 반 번호	(1) - ( ) - (27)	성명	
교과목명	교장특강	대단원	미래사회 학습의 방법	소단원	다사리 교육의 개념과 방법	
학습목표	다사리 교육의 개념과 방법을 설명하고, 다사리 교육 방법을 적용하여 학습할 수 있다.					
생각 띄우기 (7분)	※ 학습자료에 나오는 지식과 정보를 마인드맵 등 창의적 방법으로 구조화하세요. 다사리 교육 / 미래교육 / 트렌드 / 생각 키우기 / 융합형 / 많이 생각을 이끈다 / 정보 인문학 / [illegible]					
평점						
생각 말하기 (10분)	※학습자료에서 개념 혹은 주제를 설명하고, 동료 학습지에도 요약해 채워주세요. - 개념 혹은 주제 설명 다사리 교육은 미래교육으로 서로 설명(말)을 하며 생각을 키우고 그것의 모두를 좋은 가치를 공유하는 공부법이다. 말하기 공부법으로 생각의 힘을 키운다. 다사리 교육은 미래교육에 도움이 됨. 좋은 가치를 개방하고 연결하여 공유하고 다 말하게 하여 다 살림.					
평점						
생각 구하기 (5분)	※ 학습자료 안에 있는 지식과 정보, 생각에 대한 가치를 묻는 문제를 만드세요. (선택·단답형도 가능하나, 다양한 생각을 알아보는 서술/논술형으로 만드세요.) 다사리 교육을 왜 해야 할까요?					
평점						
생각 나누기 (10분)	※ 내 질문에 대한 동료들의 생각을 채우게 하고, 동료 학습지에도 채워주세요. 생각의 힘을 키우기 위해서 다사리교육으로 힘을 키우기 위해 모두다 성공하기 위해					
평점						
생각 살리기 (8분)	※ 모둠활동을 바탕으로 자기 삶과 사회 현실과 관련지어 자기 생각을 논술하세요. 나는 공부나 [illegible] 친구들과 같이 서로 [illegible] 공부한 적이 있다. 그때 [illegible] 다사리 공부법과 [illegible] 많았다. 앞으로도 [illegible] 친구들과 같이 다사리 교육법으로 공부를 할 것이다.					
평점						

다 말하게 하여 생각을 다 살리는 다사리 학습 활동지(전면)

구분	모둠 이름	6모둠	학년 반 번호	(1) - ( ) - (28)	성명	
교과목명	교장특강	대단원	미래사회 학습의 방법	소단원	다사리 교육의 개념과 방법	
학습목표	다사리 교육의 개념과 방법을 설명하고, 다사리 교육 방법을 적용하여 학습할 수 있다.					
생각 띄우기 (7분)	※ 학습자료에 나오는 지식과 정보를 마인드맵 등 창의적 방법으로 구조화하세요. 다사리 — 4차산업 / 설명 / 미래교육 트랜드 / 생각의 힘을 키우는 교육 / 많이 생각을 연동 / 세종 시대 경연 / 말하기 공부법					
평점						
생각 말하기 (10분)	※학습자료에서 개념 혹은 주제를 설명하고, 동료 학습지에도 요약해 채워주세요. - 개념 혹은 주제 설명 말하기 공부법으로 생각의 힘을 키운다 다사리 교육은 말을 통해 생각을 키운다. 다사리 교육은 미래교육의 도움이 되기 때문이다. 좋은 가치를 개방하고 연결하여 공유하는 다 말하여 다 살리는.					
평점						
생각 구하기 (5분)	※ 학습자료 안에 있는 지식과 정보, 생각에 대한 가치를 묻는 문제를 만드세요. (선택·단답형도 가능하나, 다양한 생각을 알아보는 서술/논술형으로 만드세요.) 다사리 교육의 효과는 무엇인가?					
평점						
생각 나누기 (10분)	※ 내 질문에 대한 동료들의 생각을 채우게 하고, 동료 학습지에도 채워주세요. 서로 설명(말)을 하며 생각을 키워 줄 수 [illegible] 다사리 교육은 미래교육이 효과를 키울 수 있기 때문이야. 서술능력 상승					
평점						
생각 살리기 (8분)	※ 모둠활동을 바탕으로 자기 삶과 사회 현실과 관련지어 자기 생각을 논술하세요. 다사리 교육은 혼자보다 여럿이서 공부를 하는 것을 우선으로 한다. 실제 실험에서 여럿이서 공부하는 것이 더 큰 효과가 나타났다. 나만 생각하지 말고 생각을 나눠야겠다. 성인이 되어서도 어려운 것을 혼자만 생각하지 말고 여러 명이서 생각을 해야겠다. 이번 다사리 교육을 통해 정말 효과적인 방법을 알게 되었다.					
평점						

다 말하게 하여 생각을 다 살리는 다사리 학습 활동지(전면)

구분	모둠 이름	6모둠	학년 반 번호	(1) - ( ) - (29)	성명	
교과목명	교장특강	대단원	미래사회 학습의 방법	소단원	다사리 교육의 개념과 방법	
학습목표	다사리 교육의 개념과 방법을 설명하고, 다사리 교육 방법을 적용하여 학습할 수 있다.					
생각 띄우기 (7분)	※ 학습자료에 나오는 지식과 정보를 마인드맵 등 창의적 방법으로 구조화하세요. 다사리교육 — 인문학 교육 (사람이 살아야 하는가 / 왜 사는가 / 나는 누구?) / 다산 정약용 / 세종 인문학 / 다산법 / 안창호 / [illegible]					
평점						
생각 말하기 (10분)	※학습자료에서 개념 혹은 주제를 설명하고, 동료 학습지에도 요약해 채워주세요. - 개념 혹은 주제 설명 다사리 교육은 미래교육에 도움이 되는 다사리 수업이다. 말하기 공부법으로 생각의 힘을 키운다. 다사리 교육은 말을 하며 서로 생각을 키우는 공부법이다. 좋은 가치를 개방하고 연결하여 공유하고 다 말하게 하여 다 살리는					
평점						
생각 구하기 (5분)	※ 학습자료 안에 있는 지식과 정보, 생각에 대한 가치를 묻는 문제를 만드세요. (선택·단답형도 가능하나, 다양한 생각을 알아보는 서술/논술형으로 만드세요.) 다사리 교육을 하면 생각의 힘을 키울 수 있을까?					
평점						
생각 나누기 (10분)	※ 내 질문에 대한 동료들의 생각을 채우게 하고, 동료 학습지에도 채워주세요. 말하기 공부법으로 생각의 힘을 키울 수 있다. 다사리 교육을 통해 서로의 생각을 공유하므로 키울 수 있다. 대답을 상대적으로 다 잘 한다면 그렇다.					
평점						
생각 살리기 (8분)	※ 모둠활동을 바탕으로 자기 삶과 사회 현실과 관련지어 자기 생각을 논술하세요. 다사리 교육을 함으로서 생각의 힘을 키우고 미래의 융합형 인간을 만든다 [illegible] 소통하는 공부 방법으로 내가 부족했던 학습을 고쳐나가면서 성장하는 다사리 교육은 해야 할 공부 방법으로 협동심과 사고력, 창의성을 키우며 나가는 다사리 교육이 되면 좋을 것이다. 이 사고 방법으로 결론적으로 학업 효율에 도움이 되고 성적 때문에 치열한 경쟁이 아닌 이런 다사리교육 방법을 통해 서로의 의견을 경청하는게 다사리교육의 장점이 될 것이다.					
평점						

다 말하게 하여 생각을 다 살리는 다사리 학습 활동지(전면)

구분	모둠 이름	1모둠	학년 반 번호	(1)-( )-(1)	성명	
교과목명	교장특강	대단원	미래사회 학습의 방법	소단원	다사리 교육의 개념과 방법	
학습목표	다사리 교육의 개념과 방법을 설명하고, 다사리 교육 방법을 적용하여 학습할 수 있다.					

생각 띄우기 (7분) ※ 학습자료에 나오는 지식과 정보를 마인드맵 등 창의적 방법으로 구조화하세요.

다사리 교육이란?
다사리 교육, '다 말하게 하다'와 '다 살리다'의 두 가지 의미를 지닌다.
다사리 교육 목적: 생각의 힘을 키우는 교육
대한민국 미래교육 브랜드 다사리 교육
생각 띄우기(비주얼 씽킹), 생각 말하기(서로 교실), 생각 구하기(질문), 생각 나누기(주고받기), 생각 살리기(논술)

평점

생각 말하기 (10분) ※학습자료에서 개념 혹은 주제를 설명하고, 동료 학습지에도 요약해 채워주세요.

- 개념 혹은 주제 설명
다 말하게 하여 생각을 살리는 교육(다사리 교육)

- 말하게 해주면서 학습 능력을 향상시키는 교육법
- 말하는 공부법으로 학생의 창의적 사고를 키워주는 공부법.
- 다 같이 말하면서 공부하고 학습능력을 상승시켜주니까

평점

생각 구하기 (5분) ※ 학습자료 안에 있는 지식과 정보, 생각에 대한 가치를 묻는 문제를 만드세요. (선택·단답형도 가능하나, 다양한 생각을 알아보는 서술/논술형으로 만드세요.)

다사리 교육의 목적은 무엇인가요?

평점

생각 나누기 (10분) ※ 내 질문에 대한 동료들의 생각을 채우게 하고, 동료 학습지에도 채워주세요.

- 서로 생각을 나눠서 학습효율을 높이기 위해서
- 서로의 공부능력을 향상시켜주기 때문에
- 무엇보다 학생들의 사고를 더 끌어올리기 위해.
- 공부능력을 올리고, 토론하는 기억을 남겨 인상 깊게 하기 위해서

평점

생각 살리기 (8분) ※ 모둠활동을 바탕으로 자기 삶과 사회 현실과 관련지어 자기 생각을 논술하세요.

처음에 다사리교육에 대한 강의를 들었을 땐 잘 이해가 가지 않고 너무 이해하기 어려웠는데 모둠 활동으로 얘기하고 생각하다 보니까 더 잘 알게 되었고 더 관심을 가지게 되었다 앞으로 다사리 교육에 대하여 더 잘 이해할 수 있을 것 같다

평점

다 말하게 하여 생각을 다 살리는 다사리 학습 활동지(전면)

구분	모둠 이름	1모둠	학년 반 번호	(1)-( )-( )	성명	
교과목명	교장특강	대단원	미래사회 학습의 방법	소단원	다사리 교육의 개념과 방법	
학습목표	다사리 교육의 개념과 방법을 설명하고, 다사리 교육 방법을 적용하여 학습할 수 있다.					

생각 띄우기 (7분) ※ 학습자료에 나오는 지식과 정보를 마인드맵 등 창의적 방법으로 구조화하세요.

다사리 — 생각하기 / 말하는 교육 / 인문학 교육 / 차별화된 교육 / 탐구하기

평점

생각 말하기 (10분) ※학습자료에서 개념 혹은 주제를 설명하고, 동료 학습지에도 요약해 채워주세요.

- 개념 혹은 주제 설명
다사리 교육은 좋은 교육일까? (다 같이 생각하며 말하면서 공부하니)

- 다 말하게 하여 생각을 살린다
- 말하는 공부법으로 다 말하게 하며 생각을 다 살린다.
- 서로 의견을 나누며 학습능력을 향상시켜주기 때문에
- 다사리 교육은 모두가 생각할 수 있도록 하는 것

평점

생각 구하기 (5분) ※ 학습자료 안에 있는 지식과 정보, 생각에 대한 가치를 묻는 문제를 만드세요. (선택·단답형도 가능하나, 다양한 생각을 알아보는 서술/논술형으로 만드세요.)

다사리 교육은 차별화된 교육일까?

평점

생각 나누기 (10분) ※ 내 질문에 대한 동료들의 생각을 채우게 하고, 동료 학습지에도 채워주세요.

- 원래 교육보다 더 활동적이다.
- 서로 대화하며 하는 것이므로 전혀 차별된 점이 없다
- 대화로 하는 것이기 때문에 차별될 것이 없다
- 원래의 교육보다 더 효율적이다.

평점

생각 살리기 (8분) ※ 모둠활동을 바탕으로 자기 삶과 사회 현실과 관련지어 자기 생각을 논술하세요.

다사리 교육은 처음에 이해하기 어려웠지만 이걸 하니 이해하기 쉬워졌다

평점

다 말하게 하여 생각을 다 살리는 다사리 학습 활동지(전면)

구분	모둠 이름	1모둠	학년 반 번호	(1)-( )-(3)	성명	
교과목명	교장특강	대단원	미래사회 학습의 방법	소단원	다사리 교육의 개념과 방법	
학습목표	다사리 교육의 개념과 방법을 설명하고, 다사리 교육 방법을 적용하여 학습할 수 있다.					

생각 띄우기 (7분) ※ 학습자료에 나오는 지식과 정보를 마인드맵 등 창의적 방법으로 구조화하세요.

조용한 공부방법
말하는 공부방법
6 12 17 21 23 42 48 76

평점

생각 말하기 (10분) ※학습자료에서 개념 혹은 주제를 설명하고, 동료 학습지에도 요약해 채워주세요.

- 개념 혹은 주제 설명 다사리 교육이 ⇒ 조용히 공부하는 것보다 서로 자기의 의견과 생각을 말하고 주고받으니 학습효과가 훨씬 뛰어난 것을 볼 수 있습니다

- 다 말하게 하여 생각을 살리는 교육
- 다 말하여 다 살리는 교육
- 다 생각하면서 공부하고 학습능력을 향상시켜주니까
- 다 말하여 다 존중받는 것

평점

생각 구하기 (5분) ※ 학습자료 안에 있는 지식과 정보, 생각에 대한 가치를 묻는 문제를 만드세요. (선택·단답형도 가능하나, 다양한 생각을 알아보는 서술/논술형으로 만드세요.)

왜 조용한 공부보다 다사리 교육이 더 효과적일까?

평점

생각 나누기 (10분) ※ 내 질문에 대한 동료들의 생각을 채우게 하고, 동료 학습지에도 채워주세요.

- 서로 말하며 자신의 생각을 정리할 수 있기 때문에
- 다 말하여 자신의 생각을 살리기 때문에
- 상대방을 이해시켜주니까
- 말을 함으로써 머리에 더 박히기 때문에 더 좋다.

평점

생각 살리기 (8분) ※ 모둠활동을 바탕으로 자기 삶과 사회 현실과 관련지어 자기 생각을 논술하세요.

앞으로 다사리 교육을 잘 이용하면 학습능력도 향상되고 튼튼한 교육법으로 좋은 결과를 얻으면 뿌듯할 것 같다!

평점

다 말하게 하여 생각을 다 살리는 다사리 학습 활동지(전면)

구분	모둠 이름	1모둠	학년 반 번호	(1)-( )-(4)	성명	김
교과목명	교장특강	대단원	미래사회 학습의 방법	소단원	다사리 교육의 개념과 방법	
학습목표	다사리 교육의 개념과 방법을 설명하고, 다사리 교육 방법을 적용하여 학습할 수 있다.					

생각 띄우기 (7분) ※ 학습자료에 나오는 지식과 정보를 마인드맵 등 창의적 방법으로 구조화하세요.

다사리 — 말하기 / 발표하기 / 토론하기 / 이해력 / 미래교육 — 생각의 힘 키우기 / 트렌드 / 창의력

평점

생각 말하기 (10분) ※학습자료에서 개념 혹은 주제를 설명하고, 동료 학습지에도 요약해 채워주세요.

- 개념 혹은 주제 설명
다 말하게 하여 살리는 것

- 서로 의견을 나누며 학습능력을 향상시키는 것
- 다 말하게 하여 생각을 살린다.
- 다 같이 말하면서 공부하고 학습능력을 상향시켜주니까
- 다 말하여 다 살리는 것

평점

생각 구하기 (5분) ※ 학습자료 안에 있는 지식과 정보, 생각에 대한 가치를 묻는 문제를 만드세요. (선택·단답형도 가능하나, 다양한 생각을 알아보는 서술/논술형으로 만드세요.)

다사리 교육의 단점은 무엇일까?

평점

생각 나누기 (10분) ※ 내 질문에 대한 동료들의 생각을 채우게 하고, 동료 학습지에도 채워주세요.

- 없는 것 같다.
- 모두가 잘 참여할 수 없을 것 같아.
- 모둠활동에 참여하지 않는 학생이 있을 것 같다
- 시끄럽게 하거나 참여 안 하는 학생은 이 교육을 안 좋아할 것 같다

평점

생각 살리기 (8분) ※ 모둠활동을 바탕으로 자기 삶과 사회 현실과 관련지어 자기 생각을 논술하세요.

다사리 교육에 관한 이야기를 처음 들었을 때는 잘 이해가 안 됐지만 계속 들어보니 괜찮은 것 같아 보였다.

평점

다 말하게 하여 생각을 다 살리는 다사리 학습 활동지(전면)

구분	모둠 이름 1모둠	학년 반 번호 (1)-( )-(5)	성명
교과목명	교장특강 대단원 미래사회 학습의 방법	소단원 다사리 교육의 개념과 방법	
학습목표	다사리 교육의 개념과 방법을 설명하고, 다사리 교육 방법을 적용하여 학습할 수 있다.		
생각 띄우기 (7분)	※ 학습자료에 나오는 지식과 정보를 마인드맵 등 창의적 방법으로 구조화하세요. *학습효율성 피라미드 / 메타인지 연구에 90%가 남는다. / 5% 10% 90% / 모둠 / 공부법 / 나눔 / 다사리 / 다말하여 다 살린다 / 실천 / 교육 / 하브루타 / 토의 / 서로설명해서 생각 / *말하는 공부방 vs 조용한 공부방 / 76 48 / 전체평균		
평점			
생각 말하기 (10분)	※학습자료에서 개념 혹은 주제를 설명하고, 동료 학습지에도 요약해 채워주세요. - 개념 혹은 주제 설명 다사리 교육: 다 말하여 다 살리는 말하는 공부법으로 학생의 창의적 사고를 키워주는 공부법이다. 다 말하게 하여 생각을 살린다 다 말하면서 공부하고 학습능력을 향상 시켜준다 말을 함으로써 서로의 의견을 듣고 ...		
평점			
생각 구하기 (5분)	※ 학습자료 안에 있는 지식과 정보, 생각에 대한 가치를 묻는 문제를 만드세요. (선택·단답형도 가능하나, 다양한 생각을 알아보는 서술/논술형으로 만드세요.) 내가 다사리 교육을 하고나서 변화한 점은 무엇인가?		
평점			
생각 나누기 (10분)	※ 내 질문에 대한 동료들의 생각을 채우게 하고, 동료 학습지에도 채워주세요. 공부능력이 좋아진 것 같다 생각하는 힘이 길러진다. 생각하는 힘이 높아져서		
평점			
생각 살리기 (8분)	※ 모둠활동을 바탕으로 자기 삶과 사회 현실과 관련지어 자기 생각을 논술하세요. 다사리 교육을 하며 혼자 조용히 하는 공부가 아닌 서로 말하며 생각을 나누고, 토의하는 공부법이 더 효율적이며, 서로의 의견도 들을 수 있다는 것을 깨달았고, 성적때문에 치열히 공부하는 것 보다 이런 다사리 교육을 통해 서로의 의견을 공유하는 것이 더 효율적이고 재미있는 공부법인 것 같다. 또한, 나도 앞으로 다사리 교육법으로 공부할 수 있도록 해야겠다.		
평점			

다 말하게 하여 생각을 다 살리는 다사리 학습 활동지(전면)

구분	모둠 이름 2모둠	학년 반 번호 (1)-( )-(6)	성명
교과목명	교장특강 대단원 미래사회 학습의 방법	소단원 다사리 교육의 개념과 방법	
학습목표	다사리 교육의 개념과 방법을 설명하고, 다사리 교육 방법을 적용하여 학습할 수 있다.		
생각 띄우기 (7분)	※ 학습자료에 나오는 지식과 정보를 마인드맵 등 창의적 방법으로 구조화하세요. 다사리 교육 / 목적 / 교육 / 말하기 / 토의 / 사고력 / 근거가		
평점			
생각 말하기 (10분)	※학습자료에서 개념 혹은 주제를 설명하고, 동료 학습지에도 요약해 채워주세요. - 개념 혹은 주제 설명 다사리교육은 배우면 좋은점 내 생각, 공부실력이 상승하고 생각 할 수 있는 방식이 늘어난다. 생각은 나누어 하면 학습효과가 2배 더 좋다. 많이 생각을 만든다. 친구들이 다 말할수 있다.		
평점			
생각 구하기 (5분)	※ 학습자료 안에 있는 지식과 정보, 생각에 대한 가치를 묻는 문제를 만드세요. (선택·단답형도 가능하나, 다양한 생각을 알아보는 서술/논술형으로 만드세요.) 다사리 교육은 어떻게 할까?		
평점			
생각 나누기 (10분)	※ 내 질문에 대한 동료들의 생각을 채우게 하고, 동료 학습지에도 채워주세요. 친구들과 협력해서 친구들과 이야기하면서 친구들끼리 말하면서 쓰면서		
평점			
생각 살리기 (8분)	※ 모둠활동을 바탕으로 자기 삶과 사회 현실과 관련지어 자기 생각을 논술하세요. 나도 다사리 교육을 해서 공부를 더 잘 해지고 싶다. 그리고 우리나라에는 다사리 교육같은 교육이 없다. 나중에 대학이나 회사에 들어 갈 때 다사리 교육을 했다고 하고 어떻게 할지 말하면 그 사람들에게 더 잘 보일 것이다.		
평점			

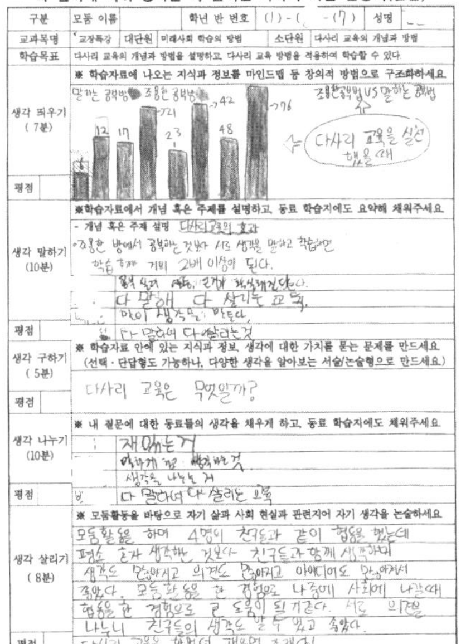

다 말하게 하여 생각을 다 살리는 다사리 학습 활동지(전면)

구분	모둠 이름	학년 반 번호 (1)-( )-(7)	성명
교과목명	교장특강 대단원 미래사회 학습의 방법	소단원 다사리 교육의 개념과 방법	
학습목표	다사리 교육의 개념과 방법을 설명하고, 다사리 교육 방법을 적용하여 학습할 수 있다.		
생각 띄우기 (7분)	※ 학습자료에 나오는 지식과 정보를 마인드맵 등 창의적 방법으로 구조화하세요. 말하는 공부방 조용한 공부방 / 12 17 21 23 42 48 76 / 조용한공부방 VS 말하는 공부방 / 다사리 교육을 실천 했을 때		
평점			
생각 말하기 (10분)	※학습자료에서 개념 혹은 주제를 설명하고, 동료 학습지에도 요약해 채워주세요. - 개념 혹은 주제 설명 다사리교육의 효과 조용한 방에서 공부하는 것보다 서로 생각을 말하고 학습하면 학습 효과가 거의 2배 이상이 된다. 다 말해 다 살리는 교육. 많이 생각을 만든다. 다 말하여 다 살리는것		
평점			
생각 구하기 (5분)	※ 학습자료 안에 있는 지식과 정보, 생각에 대한 가치를 묻는 문제를 만드세요. (선택·단답형도 가능하나, 다양한 생각을 알아보는 서술/논술형으로 만드세요.) 다사리 교육은 무엇일까?		
평점			
생각 나누기 (10분)	※ 내 질문에 대한 동료들의 생각을 채우게 하고, 동료 학습지에도 채워주세요. 재밌는거 생각을 나누는 거 다 말하여 다 살리는 교육		
평점			
생각 살리기 (8분)	※ 모둠활동을 바탕으로 자기 삶과 사회 현실과 관련지어 자기 생각을 논술하세요. 모둠활동을 하여 4명이 친구들과 같이 협동을 했는데 평소 혼자 생각하는 것보다 친구들과 함께 생각하며 생각도 모아지고 의견도 모아지고 아이디어도 모아져서 좋았다. 모둠활동을 한 경험으로 나중에 사회에 나갈때 협동을 한 경험으로 큰 도움이 될 거같다. 서로 의견을 나누니 친구들의 생각도 알 수 있고 좋았다. 다사리 교육을 한번더 해보면 좋겠다!		
평점			

다 말하게 하여 생각을 다 살리는 다사리 학습 활동지(전면)

구분	모둠 이름 2	학년 반 번호 (1)-( )-(8)	성명
교과목명	교장특강 대단원 미래사회 학습의 방법	소단원 다사리 교육의 개념과 방법	
학습목표	다사리 교육의 개념과 방법을 설명하고, 다사리 교육 방법을 적용하여 학습할 수 있다.		
생각 띄우기 (7분)	※ 학습자료에 나오는 지식과 정보를 마인드맵 등 창의적 방법으로 구조화하세요. 말하는 공부 90% 남는다 / 수업듣기 / 읽기 / 시청각 / 시범 강좌 보기 / 집단토의 / 실제 해보기 / 서로 설명하기		
평점			
생각 말하기 (10분)	※학습자료에서 개념 혹은 주제를 설명하고, 동료 학습지에도 요약해 채워주세요. - 개념 혹은 주제 설명 다 말해 다 살리는 교육 말이 생각을 만든다. 다 말해 서 살리는 교육 다 말하여 다 살리는것		
평점			
생각 구하기 (5분)	※ 학습자료 안에 있는 지식과 정보, 생각에 대한 가치를 묻는 문제를 만드세요. (선택·단답형도 가능하나, 다양한 생각을 알아보는 서술/논술형으로 만드세요.) 다사리 교육은 왜 할까?		
평점			
생각 나누기 (10분)	※ 내 질문에 대한 동료들의 생각을 채우게 하고, 동료 학습지에도 채워주세요. 우리 사회에 도움이 되기 때문에 학습효과와 친구관계 좋아져서		
평점			
생각 살리기 (8분)	※ 모둠활동을 바탕으로 자기 삶과 사회 현실과 관련지어 자기 생각을 논술하세요. 다사리 교육은 단순 생각보다 내 뱉은 말이 더욱 강하게 진 생각을 더해 보고 상대방 한테 예를 하며 언어능력을 더 기를것이다 그리고 나는 남에게 정확한 사실만 전해주고 정확하지 않은 사실은 상대방에게 알려주지 않을 것이다		
평점			

다 말하게 하여 생각을 다 살리는 다사리 학습 활동지(전면)

구분	모둠 이름	2모둠	학년 반 번호	(1)-( )-(9)	성명
교과목명	교장특강	대단원	미래사회 학습의 방법	소단원	다사리 교육의 개념과 방법
학습목표	다사리 교육의 개념과 방법을 설명하고, 다사리 교육 방법을 적용하여 학습할 수 있다.				
생각 띄우기 (7분)	※ 학습자료에 나오는 지식과 정보를 마인드맵 등 창의적 방법으로 구조화하세요. 다사리 교육 / 말 / 비판 / 씽킹 / 하브루타 — 생각 / 거꾸로 교실 — 그림 / 사고기 / 공부 — 다사리는 다사리교육				
평점					
생각 말하기 (10분)	※학습자료에서 개념 혹은 주제를 설명하고, 동료 학습지에도 요약해 채워주세요. - 개념 혹은 주제 설명 말이 생각을 만든다. 말하게 해서 생각하게 한다 말이 생각 만듦 다 말해서 다 살리는 교육 다 말하여 다 살리는 것				
평점					
생각 구하기 (5분)	※ 학습자료 안에 있는 지식과 정보, 생각에 대한 가치를 묻는 문제를 만드세요. (선택·단답형도 가능하나, 다양한 생각을 알아보는 서술/논술형으로 만드세요.) 다사리 교육은 무엇일까?				
평점					
생각 나누기 (10분)	※ 내 질문에 대한 동료들의 생각을 채우게 하고, 동료 학습지에도 채워주세요. 친구들끼리 생각을 나누는 것 생각하고 말하는 것 생각하는 거 말하게 해서 생각하게 한다.				
평점					
생각 살리기 (8분)	※ 모둠활동을 바탕으로 자기 삶과 사회 현실과 관련지어 자기 생각을 논술하세요. 다사리 교육을 되면서 친구들과 협동하고 생각도 나누는 시간을 가졌다. 친구들의 의견을 들으면서 나와 다른 생각을 들을 수 있어 좋았다. 다사리 교육은 정말 도움이 되는 것 같다.				
평점					

다 말하게 하여 생각을 다 살리는 다사리 학습 활동지(전면)

구분	모둠 이름	2모둠	학년 반 번호	(1)-( )-(10)	성명
교과목명	교장특강	대단원	미래사회 학습의 방법	소단원	다사리 교육의 개념과 방법
학습목표	다사리 교육의 개념과 방법을 설명하고, 다사리 교육 방법을 적용하여 학습할 수 있다.				
생각 띄우기 (7분)	※ 학습자료에 나오는 지식과 정보를 마인드맵 등 창의적 방법으로 구조화하세요. 다사리 교육 / 거꾸로 교실 / 생각 말하기 / 생각 나누기 — 하브루타 / 이유 / 사고력 / 말 / 근거 / 창의력 / 생각 떠올리기 / 비판적 씽킹 / 생각 구하기 / 융합 / 산파술				
평점					
생각 말하기 (10분)	※학습자료에서 개념 혹은 주제를 설명하고, 동료 학습지에도 요약해 채워주세요. - 개념 혹은 주제 설명 다사리 교육은 다 말하게 하여 다 살리게 하는 것 다사리 교육은 다 말하고 생각하는 것이다 말하는 것 다 말해 다 살려놓는 말이 생각을 만든다.				
평점					
생각 구하기 (5분)	※ 학습자료 안에 있는 지식과 정보, 생각에 대한 가치를 묻는 문제를 만드세요. (선택·단답형도 가능하나, 다양한 생각을 알아보는 서술/논술형으로 만드세요.) 다사리 교육이 필요한 이유?				
평점					
생각 나누기 (10분)	※ 내 질문에 대한 동료들의 생각을 채우게 하고, 동료 학습지에도 채워주세요. 생각하기 위해 친구들끼리 소통하기 위해서 생각을 나누기 위해서 공부 잘하려고				
평점					
생각 살리기 (8분)	※ 모둠활동을 바탕으로 자기 삶과 사회 현실과 관련지어 자기 생각을 논술하세요. 친구들과 협력하여 다사리 교육에 적극적으로 참여하여 발전해 나가는 시대에 내가 습득한 교육을 활용하여 내가 원하는 직업을 갖고 열심히 살아가고 싶다.				
평점					

다 말하게 하여 생각을 다 살리는 다사리 학습 활동지(전면)

구분	모둠 이름	3	학년 반 번호	(1)-( )-(11)	성명
교과목명	교장특강	대단원	미래사회 학습의 방법	소단원	다사리 교육의 개념과 방법
학습목표	다사리 교육의 개념과 방법을 설명하고, 다사리 교육 방법을 적용하여 학습할 수 있다.				
생각 띄우기 (7분)	※ 학습자료에 나오는 지식과 정보를 마인드맵 등 창의적 방법으로 구조화하세요. 다사리 교육 - 말하기 교육(하브루타) ㄴ지금 시대에 필요한 인재 ㄴ창의 융합적 인재 ㄴ 미래에 필요한 교육 ㄴ모두가 평등하게 참여 말하기 교육의 효과: 5% 읽기 / 10% 듣기 / 20% 시청각 / 30% 시범 / 50% 집단토의 / 75% 실제 해보기 / 90% 말하기 → 말하기 교육 → 효과적이다 <다사리 교육은 창의적 사고와 의사소통능력을 길러주는 미래 교육 system이다>				
평점					
생각 말하기 (10분)	※학습자료에서 개념 혹은 주제를 설명하고, 동료 학습지에도 요약해 채워주세요. - 개념 혹은 주제 설명 모둠 구성원 모두를 살려 미래의 인재로 키우는 교육 = 다사리 교육 말이 생각을 만든다 다사리 교육을 하면 학습효과가 [illegible] 다사리 교육은 생각을 나눠 창의력을 기르는 교육 서로 대화하며 공부해 더 많은 도움을 준다				
평점					
생각 구하기 (5분)	※ 학습자료 안에 있는 지식과 정보, 생각에 대한 가치를 묻는 문제를 만드세요. (선택·단답형도 가능하나, 다양한 생각을 알아보는 서술/논술형으로 만드세요.) 다사리 교육이 만들 수 있는 인재상은?				
평점					
생각 나누기 (10분)	※ 내 질문에 대한 동료들의 생각을 채우게 하고, 동료 학습지에도 채워주세요. 좋은 가치를 개발하고 협동하여 공유하는 창의융합 인재 생각이 많고 창의적인 사람 좋은 가치를 개발하고 협동하여 [illegible] 인재 많은 생각들을 창의적으로 만들어내는 인재.				
평점					
생각 살리기 (8분)	※ 모둠활동을 바탕으로 자기 삶과 사회 현실과 관련지어 자기 생각을 논술하세요. 옛 시대는 대한민국 교육에서 주입식 교육의 폐해가 나타난다고 한다. 이 이유는 세상이 평범한 스펙형 인간보다는 창의적이고 협동할 줄 아는 창조형 인간을 원하기 때문이다. 이런 교육을 이끌어 낼 수 있는 시스템이 바로 다사리라는 것을 알게 되었다. 서로 말해보고 질문을 공유하며 학습과정을 최상으로 만드는 다사리 교육은 분명 우리가 미래의 창의융합적인 인재가 될 수 있게 도와줄 것이다				
평점					

다 말하게 하여 생각을 다 살리는 다사리 학습 활동지(전면)

구분	모둠 이름	3모둠	학년 반 번호	(1)-( )-(12)	성명
교과목명	교장특강	대단원	미래사회 학습의 방법	소단원	다사리 교육의 개념과 방법
학습목표	다사리 교육의 개념과 방법을 설명하고, 다사리 교육 방법을 적용하여 학습할 수 있다.				
생각 띄우기 (7분)	※ 학습자료에 나오는 지식과 정보를 마인드맵 등 창의적 방법으로 구조화하세요. 다사리 교육 / 의도 - 다 말하게 하다 / 생각 / 서로 설명하기 / 질문 / 창의력 / 세종대왕 / 미래교육				
평점					
생각 말하기 (10분)	※학습자료에서 개념 혹은 주제를 설명하고, 동료 학습지에도 요약해 채워주세요. - 개념 혹은 주제 설명 말이 생각을 만든다 사고와 발달의 관계는 발달에서 사고가 탄생한 [illegible] 과정이다 학습효과가 더 좋아지고 [illegible] 모둠 구성원 모두를 미래인재로 만드는 교육 생각을 나눠서 창의력을 기르는 교육 서로 대화하며 공부해 더 많은 도움을 준다				
평점					
생각 구하기 (5분)	※ 학습자료 안에 있는 지식과 정보, 생각에 대한 가치를 묻는 문제를 만드세요. (선택·단답형도 가능하나, 다양한 생각을 알아보는 서술/논술형으로 만드세요.) 다사리 교육을 하면 좋은 점				
평점					
생각 나누기 (10분)	※ 내 질문에 대한 동료들의 생각을 채우게 하고, 동료 학습지에도 채워주세요. 창의력이 높고 생각을 더 많이 할 수 있다 공부를 하면 기억이 더 많이 남는다 조금 더 효과적인 공부를 할 수 있다 학습효과를 높일 수 있고, 친구들과 많은 생각들을 공유할 수 있다.				
평점					
생각 살리기 (8분)	※ 모둠활동을 바탕으로 자기 삶과 사회 현실과 관련지어 자기 생각을 논술하세요. 앞으로 공부를 할 때 단순히 듣고 적는 것이 아닌 말로 설명을 하고 친구들과 토론을 하여 공부를 해야겠다. 또 생각 띄우기, 생각 말하기, 생각 구하기, 생각 나누기, 생각 살리기 등을 활용해야 겠다.				
평점					

다 말하게 하여 생각을 다 살리는 다사리 학습 활동지(전면)

구분	모둠 이름 3모둠	학년 반 번호 (1)-( )-(13)	성명
교과목명	교장특강	대단원 미래사회 학습의 방법	소단원 다사리 교육의 개념과 방법
학습목표	다사리 교육의 개념과 방법을 설명하고, 다사리 교육 방법을 적용하여 학습할 수 있다.		
생각 띄우기 (7분)	※ 학습자료에 나오는 지식과 정보를 마인드맵 등 창의적 방법으로 구조화하세요. 다사리 교육 / 지식 / 목적 / 하브루타 / 재능 / 독서 / 생각 / 정보 / 사랑 / 말 / 토론 / 정종 / 거꾸로 교실 / 협동 / 공감 / 비주얼 씽킹 / 융합논술 / 배운 지식 / 질문 / 자료 / 강의		
평점			
생각 말하기 (10분)	※학습자료에서 개념 혹은 주제를 설명하고, 동료 학습지에도 요약해 채워주세요. - 개념 혹은 주제 설명 (다사리 교육의 효과) 혼자 조용하게 공부하는 것보단 함께 공부하고, 얘기하며 학습효과가 2배이상이 된다. 다사리 교육은 다 생각을 나누며 창의력을 기르는 교육 서로 말하면서 공부하니깐 공부에 더 많은 도움이 된다 모둠 구성원 모두 자유로운 미래 인재가 되게 만드는 교육 말이 생각을 만드는 교육		
평점			
생각 구하기 (5분)	※ 학습자료 안에 있는 지식과 정보, 생각에 대한 가치를 묻는 문제를 만드세요. (선택·단답형도 가능하나, 다양한 생각을 알아보는 서술/논술형으로 만드세요.) 다사리 교육의 장점은?		
평점			
생각 나누기 (10분)	※ 내 질문에 대한 동료들의 생각을 채우게 하고, 동료 학습지에도 채워주세요. 더 좋은 공부를 할 수 있다 4차 산업혁명이 찾아올 때 조금 더 효과적으로 대응하고 성공할 수 있다 생각의 힘을 키울 수 있다 생각들이 더 많아지고 창의력이 높아질 수 있다		
평점			
생각 살리기 (8분)	※ 모둠활동을 바탕으로 자기 삶과 사회 현실과 관련지어 자기 생각을 논술하세요. 다사리 교육으로 공부할 때는 내가 생각하지 못했던 부분을 친구들과 다양하게 얘기하며, 많은 생각들을 서로 얘기 할 수 있었다. 다사리 교육을 자세하게 들여다볼 수 있는 시간이 있어서 좋았다.		
평점			

다 말하게 하여 생각을 다 살리는 다사리 학습 활동지(전면)

구분	모둠 이름 3모둠	학년 반 번호 (1)-( )-(14)	성명
교과목명	교장특강	대단원 미래사회 학습의 방법	소단원 다사리 교육의 개념과 방법
학습목표	다사리 교육의 개념과 방법을 설명하고, 다사리 교육 방법을 적용하여 학습할 수 있다.		
생각 띄우기 (7분)	※ 학습자료에 나오는 지식과 정보를 마인드맵 등 창의적 방법으로 구조화하세요. 다사리 교육 / 하브루타 / 말하는 공부 / 생각 말하기 / 생각 나누기 / 생각 띄우기 / 세종대왕 / 다 말하는 교육 / 생각을 살리는 교육 / 다살리는 교육 / 생각 구하기		
평점			
생각 말하기 (10분)	※학습자료에서 개념 혹은 주제를 설명하고, 동료 학습지에도 요약해 채워주세요. - 개념 혹은 주제 설명 다사리 교육은 다 말하게 하여 생각을 나누며 창의력을 기르는 생각을 다살리는 교육 서로 말하면서 공부를 하니까 공부에 도움이 더 많이 된다 모둠 구성원 모두를 자유로운 미래의 인재로 키우는 교육 말이 생각을 만드는 교육 학습효과가 2배이상이 되고, 얘기하며 공부할 수 있다.		
평점			
생각 구하기 (5분)	※ 학습자료 안에 있는 지식과 정보, 생각에 대한 가치를 묻는 문제를 만드세요. (선택·단답형도 가능하나, 다양한 생각을 알아보는 서술/논술형으로 만드세요.) 다사리 교육으로 뭘 얻을 수 있을까?		
평점			
생각 나누기 (10분)	※ 내 질문에 대한 동료들의 생각을 채우게 하고, 동료 학습지에도 채워주세요. 더 좋은 공부법을 얻을 수 있다 효율적인 학습법과 진로를 탐구할 시간 도움을 해 좋은 공부를 할 수 있다 친구들을 생각을 들으며 많은 얘기를 들을 수 있다.		
평점			
생각 살리기 (8분)	※ 모둠활동을 바탕으로 자기 삶과 사회 현실과 관련지어 자기 생각을 논술하세요. 다사리 교육을 받은 이의 중 학생들은 이의 중을 졸업해도 기억에 많이 남을 듯 하다. 이유는 다사리 교육이라는 확실한 교육이 있어서 많이 기억에 남을 듯 하다.		
평점			

다 말하게 하여 생각을 다 살리는 다사리 학습 활동지(전면)

구분	모둠 이름 3모둠	학년 반 번호 (1)-( )-(15)	성명
교과목명	교장특강	대단원 미래사회 학습의 방법	소단원 다사리 교육의 개념과 방법
학습목표	다사리 교육의 개념과 방법을 설명하고, 다사리 교육 방법을 적용하여 학습할 수 있다.		
생각 띄우기 (7분)	※ 학습자료에 나오는 지식과 정보를 마인드맵 등 창의적 방법으로 구조화하세요. 조용한 공부방, 말하는 공부방 4회 실시 단원평가 평균 = 말하는 공부방 서술형 평균 = 말하는 공부방 전체 평균 = 말하는 공부방 = 말하면서 공부하는 방법의 교과 더 좋다 그리고 조사한 결과 강의 듣기가 5%로 가장 낮고 서로 설명하기가 90%로 가장 높았다 메타인지 학습에서 나타나는 가장 좋은 방법은 설명이다 안다는 느낌은 있지만 설명 할 수 없는 지식 세상에는 두개 종류의 지식이 존재한다 안다는 느낌도 있고 설명도 가능한 지식		
평점			
생각 말하기 (10분)	※학습자료에서 개념 혹은 주제를 설명하고, 동료 학습지에도 요약해 채워주세요. - 개념 혹은 주제 설명 혼자서 공부하거나 강의만 듣는 공부는 학습에 도움이 많이 되지만 서로 말하고 의견을 나누는 공부는 학습에 도움이 많이 된다 모둠구성원 모두를 자유로운 미래의 인재로 키우는 교육 말이 생각을 만든다 학습효과가 2배이상이 될 수 있고, 서로 얘기하며 공부할 수 있다. 생각을 나누며 창의력을 기르는 교육		
평점			
생각 구하기 (5분)	※ 학습자료 안에 있는 지식과 정보, 생각에 대한 가치를 묻는 문제를 만드세요. (선택·단답형도 가능하나, 다양한 생각을 알아보는 서술/논술형으로 만드세요.) 이 글을 읽고 당신은 어떠한 공부를 하는 것인가요		
평점			
생각 나누기 (10분)	※ 내 질문에 대한 동료들의 생각을 채우게 하고, 동료 학습지에도 채워주세요. 직접 칠판에 오늘 배운 내용을 써놓고 설명해보는 오늘 학교, 학원에서 배운 내용을 말로 설명 생각을 기르는 교육 배운 내용을 정리하는 것.		
평점			
생각 살리기 (8분)	※ 모둠활동을 바탕으로 자기 삶과 사회 현실과 관련지어 자기 생각을 논술하세요. 처음에는 공부를 혼자서 조용히 해야 할 줄 알았는데 이번 다사리 교육을 들었기 때문에 공부하는 방법을 공유하고 이야기 하면서 더 좋은 공부를 해야겠다.		
평점			

다 말하게 하여 생각을 다 살리는 다사리 학습 활동지(전면)

구분	모둠 이름 김치전	학년 반 번호 (1)- -(16)	성명
교과목명	교장특강	대단원 미래사회 학습의 방법	소단원 다사리 교육의 개념과 방법
학습목표	다사리 교육의 개념과 방법을 설명하고, 다사리 교육 방법을 적용하여 학습할 수 있다.		
생각 띄우기 (7분)	※ 학습자료에 나오는 지식과 정보를 마인드맵 등 창의적 방법으로 구조화하세요. 미래교육 트렌드 다사리 교육 이념 [다사리]는 다사리이고 다스림이며 다 살리는 것이 우리 교육 정신 철학. 말하는 공부법 말이 생각을 만든다. 서로 설명하기		
평점			
생각 말하기 (10분)	※학습자료에서 개념 혹은 주제를 설명하고, 동료 학습지에도 요약해 채워주세요. - 개념 혹은 주제 설명 다 말하게 하라는 다 살리다의 뜻 다 말하고 다 살리는 수업 다 말하게 하여 다 살리는 교육 다 말하고 살리는 교육 말로 (설명) 하기 공부법으로		
평점			
생각 구하기 (5분)	※ 학습자료 안에 있는 지식과 정보, 생각에 대한 가치를 묻는 문제를 만드세요. (선택·단답형도 가능하나, 다양한 생각을 알아보는 서술/논술형으로 만드세요.) 다사리 교육은 어떤 교육일까?		
평점			
생각 나누기 (10분)	※ 내 질문에 대한 동료들의 생각을 채우게 하고, 동료 학습지에도 채워주세요. 다 살리는 교육 다사리 교육은 좋은 교육 다 살리는 교육. 서로 도우며 공부. 서로 도우며 나아가는 교육		
평점			
생각 살리기 (8분)	※ 모둠활동을 바탕으로 자기 삶과 사회 현실과 관련지어 자기 생각을 논술하세요. 다사리 교육은 다 말하게 하여 다 살리는 교육이고 이 교육은 서로 도우며 나아가는 교육이다. 이 교육은 서로 설명하기 안에 이 교육의 효과는 다른 공부하기 학습효율성이 높지 않고 90%로 학습 효율성이 높다. 그렇기 때문에 다사리 교육을 해야 한다.		
평점			

다 말하게 하여 생각을 다 살리는 다사리 학습 활동지(전면)

구분	모둠 이름	학년 반 번호 ( )-( )-(17)	성명
교과목명	교장특강	대단원: 미래사회 학습의 방법	소단원: 다사리 교육의 개념과 방법
학습목표	다사리 교육의 개념과 방법을 설명하고, 다사리 교육 방법을 적용하여 학습할 수 있다.		
생각 띄우기 (7분)	※ 학습자료에 나오는 지식과 정보를 마인드맵 등 창의적 방법으로 구조화하세요.		
평점			
생각 말하기 (10분)	※학습자료에서 개념 혹은 주제를 설명하고, 동료 학습지에도 요약해 채워주세요. - 개념 혹은 주제 설명 다 말하고 다 살리는 교육 다 말하게하여 다 살리게하다. 다 말하게하여 다 살리는 교육 다 말하고 다 살리는 교육 말[설명]하기 공부법		
평점			
생각 구하기 (5분)	※ 학습자료 안에 있는 지식과 정보, 생각에 대한 가치를 묻는 문제를 만드세요. (선택·단답형도 가능하나, 다양한 생각을 알아보는 서술/논술형으로 만드세요.) 다사리교육의 뜻은?		
평점			
생각 나누기 (10분)	※ 내 질문에 대한 동료들의 생각을 채우게 하고, 동료 학습지에도 채워주세요. 다 살리는 교육 다 살리는 거 다 살리는 교육 다 살리는 교육		
평점			
생각 살리기 (8분)	※ 모둠활동을 바탕으로 자기 삶과 사회 현실과 관련지어 자기 생각을 논술하세요. 다사리 교육으로 친구들의 생각을 알 수 있고 얼마나 중요한지 깨닫게 되었다.		
평점			

다 말하게 하여 생각을 다 살리는 다사리 학습 활동지(전면)

구분	모둠 이름	학년 반 번호 (1)-( )-(16)	성명
교과목명	교장특강	대단원: 미래사회 학습의 방법	소단원: 다사리 교육의 개념과 방법
학습목표	다사리 교육의 개념과 방법을 설명하고, 다사리 교육 방법을 적용하여 학습할 수 있다.		
생각 띄우기 (7분)	※ 학습자료에 나오는 지식과 정보를 마인드맵 등 창의적 방법으로 구조화하세요. 말하는 공부법 / 조용한 공부법		
평점			
생각 말하기 (10분)	※학습자료에서 개념 혹은 주제를 설명하고, 동료 학습지에도 요약해 채워주세요. - 개념 혹은 주제 설명 다사리 - 다 말하게 하여 다 살리는 교육 친구와 함께 해 지루하지 않고, 내가 말한 것을 친구들이 이야기를 들어 알 수 있어. 다 말하게 하고 다 살리는 교육 말(설명)하기 공부법 다 말하고 다 살리는 수업 다 말하고, 다 살리는 교육		
평점			
생각 구하기 (5분)	※ 학습자료 안에 있는 지식과 정보, 생각에 대한 가치를 묻는 문제를 만드세요. (선택·단답형도 가능하나, 다양한 생각을 알아보는 서술/논술형으로 만드세요.) 다사리 교육의 성능		
평점			
생각 나누기 (10분)	※ 내 질문에 대한 동료들의 생각을 채우게 하고, 동료 학습지에도 채워주세요. 다 말하게 하여 다 살리는 교육 서로 도와 다 살리는 교육 서로 도와주며 학습을 하는 교육		
평점			
생각 살리기 (8분)	※ 모둠활동을 바탕으로 자기 삶과 사회 현실과 관련지어 자기 생각을 논술하세요. 지난번에 다사리 교육을 영상으로 봤을 때, 이해가 안 됐는데 친구랑 한번 같이 해보니까 어떻게 하는 교육인지 이해가 되었다. 영상으로 봤을 때와 직접 같이 해보니 다사리 교육은 참 좋은 교육인 것 같다.		
평점			

다 말하게 하여 생각을 다 살리는 다사리 학습 활동지(전면)

구분	모둠 이름	학년 반 번호 (1)-( )-(9)	성명
교과목명	교장특강	대단원: 미래사회 학습의 방법	소단원: 다사리 교육의 개념과 방법
학습목표	다사리 교육의 개념과 방법을 설명하고, 다사리 교육 방법을 적용하여 학습할 수 있다.		
생각 띄우기 (7분)	※ 학습자료에 나오는 지식과 정보를 마인드맵 등 창의적 방법으로 구조화하세요.		
평점			
생각 말하기 (10분)	※학습자료에서 개념 혹은 주제를 설명하고, 동료 학습지에도 요약해 채워주세요. - 개념 혹은 주제 설명 다 말하고. 다 살리는 교육 말(설명)하기 공부법의 효과 다 말하고 다 살리는 교육 다 말하게 해서 다 살리는 교육 다 말하게 하여 다 살리는 교육		
평점			
생각 구하기 (5분)	※ 학습자료 안에 있는 지식과 정보, 생각에 대한 가치를 묻는 문제를 만드세요. (선택·단답형도 가능하나, 다양한 생각을 알아보는 서술/논술형으로 만드세요.) 다사리교육은 어떤 교육일까?		
평점			
생각 나누기 (10분)	※ 내 질문에 대한 동료들의 생각을 채우게 하고, 동료 학습지에도 채워주세요. 다 살리는 교육 다 살려서 다 말하는 교육 다 살려주는 교육 다 살리는 거		
평점			
생각 살리기 (8분)	※ 모둠활동을 바탕으로 자기 삶과 사회 현실과 관련지어 자기 생각을 논술하세요. 다사리 교육은 ... 전에 ... 그래서 다사리 교육은 정말 좋은 교육이라고 생각한다.		
평점			

다 말하게 하여 생각을 다 살리는 다사리 학습 활동지(전면)

구분	모둠 이름	학년 반 번호 (1)-( )-(20)	성명
교과목명	교장특강	대단원: 미래사회 학습의 방법	소단원: 다사리 교육의 개념과 방법
학습목표	다사리 교육의 개념과 방법을 설명하고, 다사리 교육 방법을 적용하여 학습할 수 있다.		
생각 띄우기 (7분)	※ 학습자료에 나오는 지식과 정보를 마인드맵 등 창의적 방법으로 구조화하세요. 말하는 공부법 / 조용한 공부법 / 시험결과 표를 보면 말하는 법이 약 2배 더 높게 나와 있다.		
평점			
생각 말하기 (10분)	※학습자료에서 개념 혹은 주제를 설명하고, 동료 학습지에도 요약해 채워주세요. - 개념 혹은 주제 설명 말[설명]하기 공부법 효과 다 말하게 하여 다 살리는 교육 다 말하고 다 살리는 수업 다 말하고, 다 살리는 교육 다 말하게 하여 다 살리는 것		
평점			
생각 구하기 (5분)	※ 학습자료 안에 있는 지식과 정보, 생각에 대한 가치를 묻는 문제를 만드세요. (선택·단답형도 가능하나, 다양한 생각을 알아보는 서술/논술형으로 만드세요.) 다사리 교육을 배워야 하는 이유		
평점			
생각 나누기 (10분)	※ 내 질문에 대한 동료들의 생각을 채우게 하고, 동료 학습지에도 채워주세요. 서로 협동하여 수업하기 위해 서로 협동해서 교육하기 위해서. 서로 협동해서 수업하기 위해서 배운다		
평점			
생각 살리기 (8분)	※ 모둠활동을 바탕으로 자기 삶과 사회 현실과 관련지어 자기 생각을 논술하세요. 나는 다사리 교육을 왜 배워야 하는지 생각해 보았다. 여태까지 나온 내용들을 보면 개인보다 여러 명이서 협동하는 것이 결과가 더 좋게 나왔다. 또한 말하는 공부법 효과는 피라미드... 다른 학습 피라미드를 보면 서로 설명하는 것이 90%나 되는 것을 볼 수 있다.		
평점			

다 말하게 하여 생각을 다 살리는 다사리 학습 활동지(전면)

구분	모둠 이름	5조	학년 반 번호	( )-( )-(01)	성명	
교과목명	교장특강	대단원	미래사회 학습의 방법	소단원	다사리 교육의 개념과 방법	
학습목표	다사리 교육의 개념과 방법을 설명하고, 다사리 교육 방법을 적용하여 학습할 수 있다.					
생각 띄우기 (7분)	※ 학습자료에 나오는 지식과 정보를 마인드맵 등 창의적 방법으로 구조화하세요. 다사리교육					
평점						
생각 말하기 (10분)	※학습자료에서 개념 혹은 주제를 설명하고, 동료 학습지에도 요약해 채워주세요. - 개념 혹은 주제 설명 다사리교육의 교육은 다 말하게 하여 생각을 다 살려주는 교육 말하는 교육은 학습력이 90%이다.					
평점						
생각 구하기 (5분)	※ 학습자료 안에 있는 지식과 정보, 생각에 대한 가치를 묻는 문제를 만드세요. (선택·단답형도 가능하나, 다양한 생각을 알아보는 서술/논술형으로 만드세요.) 다사리 교육의 뜻은 무엇일까요?					
평점						
생각 나누기 (10분)	※ 내 질문에 대한 동료들의 생각을 채우게 하고, 동료 학습지에도 채워주세요. 다 말하여 생각을 다 살리는 것이 다사리 교육이다. 다 말하여 생각을 살리는 교육					
평점						
생각 살리기 (8분)	※ 모둠활동을 바탕으로 자기 삶과 사회 현실과 관련지어 자기 생각을 논술하세요. 나는 다사리 교육에 대한 것을 자세히 알고 뜻을 말했다.					
평점						

다 말하게 하여 생각을 다 살리는 다사리 학습 활동지(전면)

구분	모둠 이름	5조	학년 반 번호	( )-( )-(22)	성명	
교과목명	교장특강	대단원	미래사회 학습의 방법	소단원	다사리 교육의 개념과 방법	
학습목표	다사리 교육의 개념과 방법을 설명하고, 다사리 교육 방법을 적용하여 학습할 수 있다.					
생각 띄우기 (7분)	※ 학습자료에 나오는 지식과 정보를 마인드맵 등 창의적 방법으로 구조화하세요. 다사리 교육 / 말하는 교육 / 토론 / 서로 설명하게 / 생각 / 세종대왕 / 훈민정음 / 사랑 배려					
평점						
생각 말하기 (10분)	※학습자료에서 개념 혹은 주제를 설명하고, 동료 학습지에도 요약해 채워주세요. - 개념 혹은 주제 설명 서로 말하는 교육인 다사리 교육는 학습효과에 매우 좋다					
평점						
생각 구하기 (5분)	※ 학습자료 안에 있는 지식과 정보, 생각에 대한 가치를 묻는 문제를 만드세요. (선택·단답형도 가능하나, 다양한 생각을 알아보는 서술/논술형으로 만드세요.) 다사리 교육은 꼭 필요한가					
평점						
생각 나누기 (10분)	※ 내 질문에 대한 동료들의 생각을 채우게 하고, 동료 학습지에도 채워주세요. 학습에 도움을 주기 때문에 필요하다.					
평점						
생각 살리기 (8분)	※ 모둠활동을 바탕으로 자기 삶과 사회 현실과 관련지어 자기 생각을 논술하세요. 다사리 교육으로 공부하는 것이 더 나을 것 같아 학습하는 데에도 재미있을 것 같고 더 쉽게 이시험에 공부하는 것이 더 좋기 때문이다.					
평점						

다 말하게 하여 생각을 다 살리는 다사리 학습 활동지(전면)

구분	모둠 이름	5조	학년 반 번호	(1)-( )-(23)	성명	
교과목명	교장특강	대단원	미래사회 학습의 방법	소단원	다사리 교육의 개념과 방법	
학습목표	다사리 교육의 개념과 방법을 설명하고, 다사리 교육 방법을 적용하여 학습할 수 있다.					
생각 띄우기 (7분)	※ 학습자료에 나오는 지식과 정보를 마인드맵 등 창의적 방법으로 구조화하세요. 말하는 공부방 / 조용한 공부방 6, 12 / 17, 21 / 23, 42 / 48, 76 학습 효율성 피라미드					
평점						
생각 말하기 (10분)	※학습자료에서 개념 혹은 주제를 설명하고, 동료 학습지에도 요약해 채워주세요. - 개념 혹은 주제 설명 "다 말하게 하여 생각을 살리는 교육"으로서 학생들의 미래를 위해 도움을 주는 교육. 서로 말하는 교육인 다사리 교육은 학습효과에 매우 좋다. 다 말하게 하여 생각을 다 살려주는 교육 다사리교육은 학생들이 스스로 가르치며 배우는 학습이다.					
평점						
생각 구하기 (5분)	※ 학습자료 안에 있는 지식과 정보, 생각에 대한 가치를 묻는 문제를 만드세요. (선택·단답형도 가능하나, 다양한 생각을 알아보는 서술/논술형으로 만드세요.) 다사리교육을 하면 좋은점은 무엇일까요?					
평점						
생각 나누기 (10분)	※ 내 질문에 대한 동료들의 생각을 채우게 하고, 동료 학습지에도 채워주세요. 학습하는데에 큰 도움이 된다. 학생 스스로 똑똑해 진다. 학습력이 좋아진다.					
평점						
생각 살리기 (8분)	※ 모둠활동을 바탕으로 자기 삶과 사회 현실과 관련지어 자기 생각을 논술하세요. 무조건 조용해야 집중이 잘되고 성적이 잘나온다고 생각하는 사람들이 많은데 이 조사결과들을 통해서 그런 편견을 깨는것이 좋다고 생각하고, 친구들과 영상통화를 하며 공부를 했었는데 그동안 잘하고 있었다는 생각이 든다.					
평점						

다 말하게 하여 생각을 다 살리는 다사리 학습 활동지(전면)

구분	모둠 이름	5조	학년 반 번호	(1)-( )-(24)	성명	
교과목명	교장특강	대단원	미래사회 학습의 방법	소단원	다사리 교육의 개념과 방법	
학습목표	다사리 교육의 개념과 방법을 설명하고, 다사리 교육 방법을 적용하여 학습할 수 있다.					
생각 띄우기 (7분)	※ 학습자료에 나오는 지식과 정보를 마인드맵 등 창의적 방법으로 구조화하세요. 다사리 / 다 살리다 / 말하다 / 토론 / 똑똑함 / 다사리 교육 / 트렌드 / 교육 / 미래					
평점						
생각 말하기 (10분)	※학습자료에서 개념 혹은 주제를 설명하고, 동료 학습지에도 요약해 채워주세요. - 개념 혹은 주제 설명 다사리 교육은 다 말하게 하여 생각을 다 살려주는 교육					
평점						
생각 구하기 (5분)	※ 학습자료 안에 있는 지식과 정보, 생각에 대한 가치를 묻는 문제를 만드세요. (선택·단답형도 가능하나, 다양한 생각을 알아보는 서술/논술형으로 만드세요.) 다사리 교육은 어떻게					
평점						
생각 나누기 (10분)	※ 내 질문에 대한 동료들의 생각을 채우게 하고, 동료 학습지에도 채워주세요. 서로 말하며 공부한다. 서로 말하며 모르는 문제를 알려준다. 서로말을 하며 학습력을 기른다.					
평점						
생각 살리기 (8분)	※ 모둠활동을 바탕으로 자기 삶과 사회 현실과 관련지어 자기 생각을 논술하세요.					
평점						

다 말하게 하여 생각을 다 살리는 다사리 학습 활동지(전면)

구분	모둠 이름	학년 반 번호	( ) - ( ) - ( )	성명
교과목명	교장특강	대단원	미래사회 학습의 방법	소단원: 다사리 교육의 개념과 방법
학습목표	다사리 교육의 개념과 방법을 설명하고, 다사리 교육 방법을 적용하여 학습할 수 있다.			
생각 띄우기 (7분)	※ 학습자료에 나오는 지식과 정보를 마인드맵 등 창의적 방법으로 구조화하세요.			
평점				
생각 말하기 (10분)	※학습자료에서 개념 혹은 주제를 설명하고, 동료 학습지에도 요약해 채워주세요. - 개념 혹은 주제 설명			
평점				
생각 구하기 (5분)	※ 학습자료 안에 있는 지식과 정보, 생각에 대한 가치를 묻는 문제를 만드세요 (선택·단답형도 가능하나, 다양한 생각을 알아보는 서술/논술형으로 만드세요.)			
평점				
생각 나누기 (10분)	※ 내 질문에 대한 동료들의 생각을 채우게 하고, 동료 학습지에도 채워주세요. 학생들의 마음에게 도움을 주기 때문에 많이 필요한것같다.			
평점				
생각 살리기 (8분)	※ 모둠활동을 바탕으로 자기 삶과 사회 현실과 관련지어 자기 생각을 논술하세요.			
평점				

다 말하게 하여 생각을 다 살리는 다사리 학습 활동지(전면)

구분	모둠 이름	학년 반 번호	(1) - ( ) (26)	성명
교과목명	교장특강	대단원	미래사회 학습의 방법	소단원: 다사리 교육의 개념과 방법
학습목표	다사리 교육의 개념과 방법을 설명하고, 다사리 교육 방법을 적용하여 학습할 수 있다.			
생각 띄우기 (7분)	※ 학습자료에 나오는 지식과 정보를 마인드맵 등 창의적 방법으로 구조화하세요.			
평점				
생각 말하기 (10분)	※학습자료에서 개념 혹은 주제를 설명하고, 동료 학습지에도 요약해 채워주세요. - 개념 혹은 주제 설명 생각의 힘을 키우는 하버드대학의 교육혁신			
평점				
생각 구하기 (5분)	※ 학습자료 안에 있는 지식과 정보, 생각에 대한 가치를 묻는 문제를 만드세요 (선택·단답형도 가능하나, 다양한 생각을 알아보는 서술/논술형으로 만드세요.) 다사리 교육은 왜 필요할까?			
평점				
생각 나누기 (10분)	※ 내 질문에 대한 동료들의 생각을 채우게 하고, 동료 학습지에도 채워주세요.			
평점				
생각 살리기 (8분)	※ 모둠활동을 바탕으로 자기 삶과 사회 현실과 관련지어 자기 생각을 논술하세요.			
평점				

다 말하게 하여 생각을 다 살리는 다사리 학습 활동지(전면)

구분	모둠 이름	학년 반 번호	(1) - ( ) - (29)	성명
교과목명	교장특강	대단원	미래사회 학습의 방법	소단원: 다사리 교육의 개념과 방법
학습목표	다사리 교육의 개념과 방법을 설명하고, 다사리 교육 방법을 적용하여 학습할 수 있다.			
생각 띄우기 (7분)	※ 학습자료에 나오는 지식과 정보를 마인드맵 등 창의적 방법으로 구조화하세요.			
평점				
생각 말하기 (10분)	※학습자료에서 개념 혹은 주제를 설명하고, 동료 학습지에도 요약해 채워주세요. - 개념 혹은 주제 설명 생각의 힘을 키우는 하버드대학의 교육혁신			
평점				
생각 구하기 (5분)	※ 학습자료 안에 있는 지식과 정보, 생각에 대한 가치를 묻는 문제를 만드세요 (선택·단답형도 가능하나, 다양한 생각을 알아보는 서술/논술형으로 만드세요.)			
평점				
생각 나누기 (10분)	※ 내 질문에 대한 동료들의 생각을 채우게 하고, 동료 학습지에도 채워주세요.			
평점				
생각 살리기 (8분)	※ 모둠활동을 바탕으로 자기 삶과 사회 현실과 관련지어 자기 생각을 논술하세요.			
평점				

다 말하게 하여 생각을 다 살리는 다사리 학습 활동지(전면)

구분	모둠 이름	학년 반 번호	(1) - ( ) - (08)	성명
교과목명	교장특강	대단원	미래사회 학습의 방법	소단원: 다사리 교육의 개념과 방법
학습목표	다사리 교육의 개념과 방법을 설명하고, 다사리 교육 방법을 적용하여 학습할 수 있다.			
생각 띄우기 (7분)	※ 학습자료에 나오는 지식과 정보를 마인드맵 등 창의적 방법으로 구조화하세요.			
평점				
생각 말하기 (10분)	※학습자료에서 개념 혹은 주제를 설명하고, 동료 학습지에도 요약해 채워주세요. - 개념 혹은 주제 설명 생각의 힘을 키우는 하버드대학의 교육혁신			
평점				
생각 구하기 (5분)	※ 학습자료 안에 있는 지식과 정보, 생각에 대한 가치를 묻는 문제를 만드세요 (선택·단답형도 가능하나, 다양한 생각을 알아보는 서술/논술형으로 만드세요.) 너는 다사리 교육을 하고 있니?			
평점				
생각 나누기 (10분)	※ 내 질문에 대한 동료들의 생각을 채우게 하고, 동료 학습지에도 채워주세요. 네 네 네			
평점				
생각 살리기 (8분)	※ 모둠활동을 바탕으로 자기 삶과 사회 현실과 관련지어 자기 생각을 논술하세요. 다사리 교육을 하면 나의 교육 과정이 더 쉽고 교육을 잘 하게 될거 같다.			
평점				

다 말하게 하여 생각을 다 살리는 다사리 학습 활동지(전면)

구분	모둠 이름		학년 반 번호	(1)-( )-(09)	성명	
교과목명	교장특강	대단원	미래사회 학습의 방법	소단원	다사리 교육의 개념과 방법	
학습목표	다사리 교육의 개념과 방법을 설명하고, 다사리 교육 방법을 적용하여 학습할 수 있다.					
생각 띄우기 (7분)	※ 학습자료에 나오는 지식과 정보를 마인드맵 등 창의적 방법으로 구조화하세요. 단편적이고 일방적인 지식전달의 수동적 강의→ 학생 스스로 생각하고 주도하는 말하게 교육 5명 내외의 팀 단위 협력 학습: 팀별로 끊임없는 질문과 토론으로 문제를 함께 해결하는 학습					
평점						
생각 말하기 (10분)	※학습자료에서 개념 혹은 주제를 설명하고, 동료 학습지에도 요약해 채워주세요. - 개념 혹은 주제 설명 생각의 힘을 키우는 하버드대학의 교육혁신 1 생각의 힘을 키우는 하버드대학의 교육혁신 다사리 교육 학습 모형, 미래교육 방법 · 다사리 교육 3 생각의 힘을 키우는 다사리 수업, 사람을 살리는 다사리교육					
평점						
생각 구하기 (5분)	※ 학습자료 안에 있는 지식과 정보, 생각에 대한 가치를 묻는 문제를 만드세요. (선택 · 단답형도 가능하나, 다양한 생각을 알아보는 서술/논술형으로 만드세요.) 너는 다사리 교육이 재미있니?					
평점						
생각 나누기 (10분)	※ 내 질문에 대한 동료들의 생각을 채우게 하고, 동료 학습지에도 채워주세요. ~~너는 다사리 교육을 하고 있니~~? 잘 모르겠다 네 네					
평점						
생각 살리기 (8분)	※ 모둠활동을 바탕으로 자기 삶과 사회 현실과 관련지어 자기 생각을 논술하세요. 나의 삶이 평화로워질 것 같다. 재미있어질 것 같다.					
평점						

다 말하게 하여 생각을 다 살리는 다사리 학습 활동지(전면)

구분	모둠 이름	1모둠	학년 반 번호	(1)-( )-(1)	성명	
교과목명	교장특강	대단원	미래사회 학습의 방법	소단원	다사리 교육의 개념과 방법	
학습목표	다사리 교육의 개념과 방법을 설명하고, 다사리 교육 방법을 적용하여 학습할 수 있다.					
생각 띄우기 (7분)	※ 학습자료에 나오는 지식과 정보를 마인드맵 등 창의적 방법으로 구조화하세요. 기대효과 / 다사리 / 미래학습사회 / 90% / 말하기 / 생각 / 의견					
평점						
생각 말하기 (10분)	※학습자료에서 개념 혹은 주제를 설명하고, 동료 학습지에도 요약해 채워주세요. - 개념 혹은 주제 설명 다사리는 살려야 하는 공부방식이며 불리면서 [illegible] 다사리 교육은 모든 토론 협력과 생각을 키우며 사고력을 기를 수 있는 교육이다. 뇌의 뉴런을 새워주는 다사리 교육 다 말하게 하는 교육					
평점						
생각 구하기 (5분)	※ 학습자료 안에 있는 지식과 정보, 생각에 대한 가치를 묻는 문제를 만드세요. (선택 · 단답형도 가능하나, 다양한 생각을 알아보는 서술/논술형으로 만드세요.) 다사리는 왜 필요한가?					
평점						
생각 나누기 (10분)	※ 내 질문에 대한 동료들의 생각을 채우게 하고, 동료 학습지에도 채워주세요. 사고력이 늘고 논리적이고 객관적으로 생각할 수 있음 생각과 사고력을 키울 수 있기 때문에 협동심을 늘리기 위해서 효과적으로 공부가 가능해서					
평점						
생각 살리기 (8분)	※ 모둠활동을 바탕으로 자기 삶과 사회 현실과 관련지어 자기 생각을 논술하세요. 생각을 나눈적이 난 참 많다. 또 그 장점을 느꼈는데 여러사람에게 생각을 듣고 이렇게도 생각할수 있구나 하고 다방면으로 볼수 있고 생각을 들으며 또 다른 면으로 생각해볼수 있었다. 생각을 모든 의견을 나누며 다 함께 배울 수도 있었는데 그게 효과적이었다.					
평점						

다 말하게 하여 생각을 다 살리는 다사리 학습 활동지(전면)

구분	모둠 이름	1모둠	학년 반 번호	(1)-( )-(2)	성명	
교과목명	교장특강	대단원	미래사회 학습의 방법	소단원	다사리 교육의 개념과 방법	
학습목표	다사리 교육의 개념과 방법을 설명하고, 다사리 교육 방법을 적용하여 학습할 수 있다.					
생각 띄우기 (7분)	※ 학습자료에 나오는 지식과 정보를 마인드맵 등 창의적 방법으로 구조화하세요. 다사리: 다 말하게 한다. 뜻 Design of All Speech All Live Education 다사리교육 학습효율 피라미드: 그냥 듣기, 20%, 30%, 50%, 90%, 서로 얘기하기					
평점						
생각 말하기 (10분)	※학습자료에서 개념 혹은 주제를 설명하고, 동료 학습지에도 요약해 채워주세요. - 개념 혹은 주제 설명 뇌의 뉴런을 깨워주는 다사리교육 다사리는 말하게하는 공부방법이며 [illegible] 생각을 키운다 다사리 교육은 토의토론을 할 수 있고 [illegible] 사고력을 키울 수 있다 ~~다사리 교육이란 무엇인가~~ / 다 말하게 하는 교육					
평점						
생각 구하기 (5분)	※ 학습자료 안에 있는 지식과 정보, 생각에 대한 가치를 묻는 문제를 만드세요. (선택 · 단답형도 가능하나, 다양한 생각을 알아보는 서술/논술형으로 만드세요.) 다사리교육을 해야하는 이유는 무엇인가?					
평점						
생각 나누기 (10분)	※ 내 질문에 대한 동료들의 생각을 채우게 하고, 동료 학습지에도 채워주세요. 생각과 사고력을 키울 수 있기 때문이다 소통을 위해서 여러 명에서 서로 효과적으로 의견을 나누고 [illegible] 있기 때문이 사고력과 객관적으로 생각할 수 있기 때문					
평점						
생각 살리기 (8분)	※ 모둠활동을 바탕으로 자기 삶과 사회 현실과 관련지어 자기 생각을 논술하세요. 다사리 교육 덕분에 내가 좋아하는 직업을 알수 있었고 다사리 교육을 활용해서 더 나은 삶을 살아가야 겠다는 생각이 든다.					
평점						

다 말하게 하여 생각을 다 살리는 다사리 학습 활동지(전면)

구분	모둠 이름	1모둠	학년 반 번호	(1)-( )-(3)	성명	
교과목명	교장특강	대단원	미래사회 학습의 방법	소단원	다사리 교육의 개념과 방법	
학습목표	다사리 교육의 개념과 방법을 설명하고, 다사리 교육 방법을 적용하여 학습할 수 있다.					
생각 띄우기 (7분)	※ 학습자료에 나오는 지식과 정보를 마인드맵 등 창의적 방법으로 구조화하세요. 조용한 공부방 / 말하는 공부방 조용한 vs 말하는 공부방 시험결과 단답형 평균 / 수능형 평균 / 서술형 평균 / 전체 평균 서로 설명하기					
평점						
생각 말하기 (10분)	※학습자료에서 개념 혹은 주제를 설명하고, 동료 학습지에도 요약해 채워주세요. - 개념 혹은 주제 설명 ~~다사리 교육은 무엇인가~~? 다 말하게 하는 교육 다사리 교육은 토의 협력 토론을 통해 생각을 키우고 사고력을 기를 수 있는 교육이다.					
평점						
생각 구하기 (5분)	※ 학습자료 안에 있는 지식과 정보, 생각에 대한 가치를 묻는 문제를 만드세요. (선택 · 단답형도 가능하나, 다양한 생각을 알아보는 서술/논술형으로 만드세요.) 다사리 교육은 무엇인가?					
평점						
생각 나누기 (10분)	※ 내 질문에 대한 동료들의 생각을 채우게 하고, 동료 학습지에도 채워주세요. 생각을 키우고 사고력을 늘릴 수 있기 때문에 의견을 나누고 생각을 나누는 교육 상대와 나의 의견을 나누는 교육 사고력을 키우며 논리적이고 객관적으로 생각할 수 있음					
평점						
생각 살리기 (8분)	※ 모둠활동을 바탕으로 자기 삶과 사회 현실과 관련지어 자기 생각을 논술하세요. 계속해서 혼자공부로 하는 방법보다 여러 사람들과 소통하며 공부를 하는게 좋은 걸 이제 알았다. 여러 사람과 소통할 수는 없지만 생각으로 선명하게 공부를 해야겠다.					
평점						

다 말하게 하여 생각을 다 살리는 다사리 학습 활동지(전면)

구분	모둠 이름	1모둠	학년 반 번호	(1)-( )-(4)	성명
교과목명	교장특강	대단원	미래사회 학습의 방법	소단원	다사리 교육의 개념과 방법
학습목표	다사리 교육의 개념과 방법을 설명하고, 다사리 교육 방법을 적용하여 학습할 수 있다.				
생각 띄우기 (7분)	※ 학습자료에 나오는 지식과 정보를 마인드맵 등 창의적 방법으로 구조화하세요. 다사리 교육 / 생각 나누기 / 생각하기 / DASALI				
평점					
생각 말하기 (10분)	※학습자료에서 개념 혹은 주제를 설명하고, 동료 학습지에도 요약해 채워주세요. - 개념 혹은 주제 설명 다사리 교육은 생각 나누기, 생각 키우기, 말하기, 사고력 키우기를 모두 할 수 있으므로 … 사고력을 기를 수 있다.				
평점					
생각 구하기 (5분)	※ 학습자료 안에 있는 지식과 정보, 생각에 대한 가치를 묻는 문제를 만드세요. (선택·단답형도 가능하나, 다양한 생각을 알아보는 서술/논술형으로 만드세요.) 다사리 교육을 하면 좋은 점은 무엇인가?				
평점					
생각 나누기 (10분)	※ 내 질문에 대한 동료들의 생각을 채우게 하고, 동료 학습지에도 채워주세요. 여러 의견과 생각을 들을 수 있다.				
평점					
생각 살리기 (8분)	※ 모둠활동을 바탕으로 자기 삶과 사회 현실과 관련지어 자기 생각을 논술하세요. 다사리 교육을 하면 우리의 생각과 사고력을 키우며 … 우리의 미래의 … 수 있다.				
평점					

다 말하게 하여 생각을 다 살리는 다사리 학습 활동지(전면)

구분	모둠 이름	1모둠	학년 반 번호	(1)-( )-(5)	성명
교과목명	교장특강	대단원	미래사회 학습의 방법	소단원	다사리 교육의 개념과 방법
학습목표	다사리 교육의 개념과 방법을 설명하고, 다사리 교육 방법을 적용하여 학습할 수 있다.				
생각 띄우기 (7분)	※ 학습자료에 나오는 지식과 정보를 마인드맵 등 창의적 방법으로 구조화하세요. 다사리 교육				
평점					
생각 말하기 (10분)	※학습자료에서 개념 혹은 주제를 설명하고, 동료 학습지에도 요약해 채워주세요. - 개념 혹은 주제 설명				
평점					
생각 구하기 (5분)	※ 학습자료 안에 있는 지식과 정보, 생각에 대한 가치를 묻는 문제를 만드세요. (선택·단답형도 가능하나, 다양한 생각을 알아보는 서술/논술형으로 만드세요.) 자신이 정조대왕이라면 어떻게 할 것인가?				
평점					
생각 나누기 (10분)	※ 내 질문에 대한 동료들의 생각을 채우게 하고, 동료 학습지에도 채워주세요. 여러 의견을 듣고 그와 같이 … 정리하겠다. 생각과 사고력을 기를 수 있기 때문에				
평점					
생각 살리기 (8분)	※ 모둠활동을 바탕으로 자기 삶과 사회 현실과 관련지어 자기 생각을 논술하세요. 미래 사회에서 … 다사리 교육은 … 사고력이 … 것은 도움이 될 것이다.				
평점					

다 말하게 하여 생각을 다 살리는 다사리 학습 활동지(전면)

구분	모둠 이름	2	학년 반 번호	(1)-( )-(6)	성명
교과목명	교장특강	대단원	미래사회 학습의 방법	소단원	다사리 교육의 개념과 방법
학습목표	다사리 교육의 개념과 방법을 설명하고, 다사리 교육 방법을 적용하여 학습할 수 있다.				
생각 띄우기 (7분)	※ 학습자료에 나오는 지식과 정보를 마인드맵 등 창의적 방법으로 구조화하세요. 말하는 공부방 / 조용한 공부방 / 12 17 21 23 42 48 98 / 단답형 수능형 서술형 전체				
평점					
생각 말하기 (10분)	※학습자료에서 개념 혹은 주제를 설명하고, 동료 학습지에도 요약해 채워주세요. - 개념 혹은 주제 설명				
평점					
생각 구하기 (5분)	※ 학습자료 안에 있는 지식과 정보, 생각에 대한 가치를 묻는 문제를 만드세요. (선택·단답형도 가능하나, 다양한 생각을 알아보는 서술/논술형으로 만드세요.)				
평점					
생각 나누기 (10분)	※ 내 질문에 대한 동료들의 생각을 채우게 하고, 동료 학습지에도 채워주세요. 네, 효과 있다. 성적이 향상된다.				
평점					
생각 살리기 (8분)	※ 모둠활동을 바탕으로 자기 삶과 사회 현실과 관련지어 자기 생각을 논술하세요. 다사리가 … 교육 … 말하면서 하는 공부방이 … 영향이 … 다사리 교육 효과 … 공부 잘할 수 있을 것 같다.				
평점					

다 말하게 하여 생각을 다 살리는 다사리 학습 활동지(전면)

구분	모둠 이름	2모둠	학년 반 번호	(1)-( )-(7)	성명
교과목명	교장특강	대단원	미래사회 학습의 방법	소단원	다사리 교육의 개념과 방법
학습목표	다사리 교육의 개념과 방법을 설명하고, 다사리 교육 방법을 적용하여 학습할 수 있다.				
생각 띄우기 (7분)	※ 학습자료에 나오는 지식과 정보를 마인드맵 등 창의적 방법으로 구조화하세요. 조용한 공부방 / 말하는 공부방 / 6 12 17 21 23 42 48 16 / 단답형 평균 / 수능형 평균 / 서술형 평균 / 전체 평균				
평점					
생각 말하기 (10분)	※학습자료에서 개념 혹은 주제를 설명하고, 동료 학습지에도 요약해 채워주세요. - 개념 혹은 주제 설명 모둠에서 어떤 아이도 포기하지 않고, 모든 학생을 다 살리는 교육, 또, 서로 포기하지 않게 서로 도와주며 활동하는 "다사리 교육" 다 말하게 하여 생각을 키우는 교육				
평점					
생각 구하기 (5분)	※ 학습자료 안에 있는 지식과 정보, 생각에 대한 가치를 묻는 문제를 만드세요. (선택·단답형도 가능하나, 다양한 생각을 알아보는 서술/논술형으로 만드세요.) 다사리 교육을 한다고 해서 성적이 오를까요?				
평점					
생각 나누기 (10분)	※ 내 질문에 대한 동료들의 생각을 채우게 하고, 동료 학습지에도 채워주세요. 네, 향상됩니다 성적이 오른 것이라고 생각합니다. 네, 오를 것이다.				
평점					
생각 살리기 (8분)	※ 모둠활동을 바탕으로 자기 삶과 사회 현실과 관련지어 자기 생각을 논술하세요. 다사리 교육을 하여 … 공부 … 도움이 되겠 같다.				
평점					

다 말하게 하여 생각을 다 살리는 다사리 학습 활동지(전면)

구분	모둠 이름	29모둠	학년 반 번호	(1)-( )-(8)	성명	
교과목명	교장특강	대단원	미래사회 학습의 방법	소단원	다사리 교육의 개념과 방법	
학습목표	다사리 교육의 개념과 방법을 설명하고, 다사리 교육 방법을 적용하여 학습할 수 있다.					

구분	내용
생각 띄우기 (7분)	※ 학습자료에 나오는 지식과 정보를 마인드맵 등 창의적 방법으로 구조화하세요. 다사리 / 창의력 / 미래 / 살리기 / 사고력 / 가치개발 / 미래교육 / 생각 살리기 교육 / 생각의 힘 / 토론 / 지식 / 자기주도학습 / 교육 / 생각 / 도덕 [illegible]
평점	
생각 말하기 (10분)	※학습자료에서 개념 혹은 주제를 설명하고, 동료 학습지에도 요약해 채워주세요. - 개념 혹은 주제 설명 미래교육과 생각의 힘을 발전시키는 다사리교육, 창의력 향상과 뇌 발달을 도와주는 다사리 교육 말을 해야지 생각을 살릴 수 있다. 말을 해야 생각이 만들어진다. 모둠에서 어떤 아이도 포기하지 않고, 모든 학생을 다 살리는 교육 [illegible] '모두가 다 말하게 하여, 다 말하게 하여, 다 살게 하여' 라는 뜻이다. 다 말하게 하여 생각을 키우는 교육
평점	
생각 구하기 (5분)	※ 학습자료 안에 있는 지식과 정보, 생각에 대한 가치를 묻는 문제를 만드세요. (선택·단답형도 가능하나, 다양한 생각을 알아보는 서술/논술형으로 만드세요.) 다사리 교육을 하면 성적이 오를까요?
평점	
생각 나누기 (10분)	※ 내 질문에 대한 동료들의 생각을 채우게 하고, 동료 학습지에도 채워주세요. 네, 성적이 오를 것입니다. 네, 성적이 오를 것 같습니다. 네 네, 성적이 오를 것 같습니다.
평점	
생각 살리기 (8분)	※ 모둠활동을 바탕으로 자기 삶과 사회 현실과 관련지어 자기 생각을 논술하세요. 다사리 교육을 하며 생각하는 힘을 키울 수 있으며 말하는 공부법은 90%나 기억에 남기 때문에 모둠과 사회의 생각을 키운다. 다사리교육을 꼭 활용해서 말하기 능력을 향상시켜야겠다.
평점	

다 말하게 하여 생각을 다 살리는 다사리 학습 활동지(전면)

구분	모둠 이름	29모둠	학년 반 번호	(1)-( )-(9)	성명	
교과목명	교장특강	대단원	미래사회 학습의 방법	소단원	다사리 교육의 개념과 방법	
학습목표	다사리 교육의 개념과 방법을 설명하고, 다사리 교육 방법을 적용하여 학습할 수 있다.					

구분	내용
생각 띄우기 (7분)	※ 학습자료에 나오는 지식과 정보를 마인드맵 등 창의적 방법으로 구조화하세요. - 정의: '모두 다 말하게 하여'나 '다 사리운다'와 같은 우리말 다사리 - 소통한 공부방 / 말하는 공부방 6 12 단답형 / 19 21 수능형 / 23 42 서술형 / 49 76 전체 즉, 말하는 공부방이 약 2배 더 효과가 있다.
평점	
생각 말하기 (10분)	※학습자료에서 개념 혹은 주제를 설명하고, 동료 학습지에도 요약해 채워주세요. - 개념 혹은 주제 설명 다사리란 '모두 다 말하게 하여'나 '다 사리운다'와 같은 우리말 이다. 공부의 효율이 높아진다. 모둠에서 어떤 아이도 포기하지 않고 모든 학생을 다 살리는 교육 말을 해야 살릴 수 있다. 말을 해야 생각이 만들어진다. 미래교육과 생각의 힘을 발전시키는 다사리교육, 창의력 향상을 도와줌. 다 말하게 하여 생각을 키우는 교육
평점	
생각 구하기 (5분)	※ 학습자료 안에 있는 지식과 정보, 생각에 대한 가치를 묻는 문제를 만드세요. (선택·단답형도 가능하나, 다양한 생각을 알아보는 서술/논술형으로 만드세요.) 다사리 교육을 한다고 성적이 오를까요?
평점	
생각 나누기 (10분)	※ 내 질문에 대한 동료들의 생각을 채우게 하고, 동료 학습지에도 채워주세요. 예, 성적이 오를 것 입니다. 예 향상 됩니다. 예. 맞습니다. 예, 성적이 오를 것 입니다.
평점	
생각 살리기 (8분)	※ 모둠활동을 바탕으로 자기 삶과 사회 현실과 관련지어 자기 생각을 논술하세요. 현실은 사회공동체로 이루어져 있는 것처럼 모둠도 사회공동체 인것같다. 이처럼, 다사리교육을 하며 협동심에 대해 잘 알 수 있는 것 같다.
평점	

다 말하게 하여 생각을 다 살리는 다사리 학습 활동지(전면)

구분	모둠 이름	29모둠	학년 반 번호	(1)-)-(10)	성명	
교과목명	교장특강	대단원	미래사회 학습의 방법	소단원	다사리 교육의 개념과 방법	
학습목표	다사리 교육의 개념과 방법을 설명하고, 다사리 교육 방법을 적용하여 학습할 수 있다.					

구분	내용
생각 띄우기 (7분)	※ 학습자료에 나오는 지식과 정보를 마인드맵 등 창의적 방법으로 구조화하세요. 다사리 교육 (DASALI-Edu) 말하는 공부법 / 조용한 공부법 6 12 단답형 평균 / 17 21 수능형 평균 / 23 42 서술형 평균 / 49 76 전체 평균
평점	
생각 말하기 (10분)	※학습자료에서 개념 혹은 주제를 설명하고, 동료 학습지에도 요약해 채워주세요. - 개념 혹은 주제 설명 말을 해야지 생각을 살릴 수 있다. 말을 해야 생각이 만들어진다. 모둠에서 어떤 아이도 포기하지 않고, 모든 학생들을 살리는 다사리 교육 '다사리'란 모두가 다 말하게 하여 "다 사리운다"라는 뜻 미래교육과 생각의 힘을 키우는 다사리 교육 다 말하게 하여 생각을 키우는 교육
평점	
생각 구하기 (5분)	※ 학습자료 안에 있는 지식과 정보, 생각에 대한 가치를 묻는 문제를 만드세요. (선택·단답형도 가능하나, 다양한 생각을 알아보는 서술/논술형으로 만드세요.) 다사리 교육을 한다고 해서 성적이 오를까요?
평점	
생각 나누기 (10분)	※ 내 질문에 대한 동료들의 생각을 채우게 하고, 동료 학습지에도 채워주세요. 네, 성적이 오를 것 같습니다. 네, 성적이 오릅니다. 네, 네, 네, 네!! 네, 향상됩니다.
평점	
생각 살리기 (8분)	※ 모둠활동을 바탕으로 자기 삶과 사회 현실과 관련지어 자기 생각을 논술하세요. 현실은 사회 공동체 인것처럼 모둠도 사회 공동체 같다. 다사리는 말해야 되는 정보를 많이 우리 모둠도 많이 해야 될 것 같다.. 다사리 교육을 잘 해야 겠다
평점	

다 말하게 하여 생각을 다 살리는 다사리 학습 활동지(전면)

구분	모둠 이름	[illegible]	학년 반 번호	(1)-)-(11)	성명	
교과목명	교장특강	대단원	미래사회 학습의 방법	소단원	다사리 교육의 개념과 방법	
학습목표	다사리 교육의 개념과 방법을 설명하고, 다사리 교육 방법을 적용하여 학습할 수 있다.					

구분	내용
생각 띄우기 (7분)	※ 학습자료에 나오는 지식과 정보를 마인드맵 등 창의적 방법으로 구조화하세요. 다사리 - 생각 나누기 - 존중 / 토의 생각말하기 - 토론 / 발전 미래 - 내가 하고싶은 것 / 직업
평점	
생각 말하기 (10분)	※학습자료에서 개념 혹은 주제를 설명하고, 동료 학습지에도 요약해 채워주세요. - 개념 혹은 주제 설명 생각을 말하고, 나누고, 살리기 모든걸 말하고 살리는 것 다사리 교육은 모두를 말하게 하여 모두를 살리는 교육이다. 다사리 교육을 하면 말하면서 하기 때문에 학습효율이 올라간다. 다 말하게 하여 다 살리다의 줄임말
평점	
생각 구하기 (5분)	※ 학습자료 안에 있는 지식과 정보, 생각에 대한 가치를 묻는 문제를 만드세요. (선택·단답형도 가능하나, 다양한 생각을 알아보는 서술/논술형으로 만드세요.) 다사리교육을 하면 무엇이 좋을까?
평점	
생각 나누기 (10분)	※ 내 질문에 대한 동료들의 생각을 채우게 하고, 동료 학습지에도 채워주세요. 더 기억에 남도록 하는 공부 방식 다사리 교육을 하면 [illegible] 창의성, 사고력이 올라가고 소통을 잘할 수 있게 된다 나 뿐만이 아니라 모두에게 도움이 된다 (모두의 생각을 나누기 때문에) 나와 모둠원의 의견을 나누며 생각과 사고력을 키울 수 있다.
평점	
생각 살리기 (8분)	※ 모둠활동을 바탕으로 자기 삶과 사회 현실과 관련지어 자기 생각을 논술하세요. 다사리교육을 듣고 내가 하고싶은게 무엇인지를 생각하고 말하고 나누며 잘 활용하고 생각해야겠다..
평점	

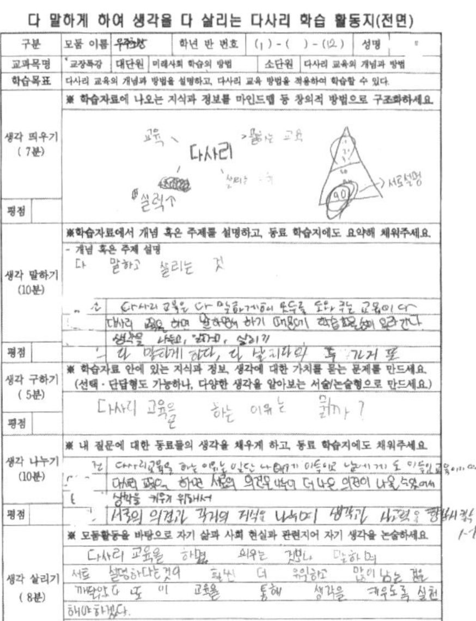

다 말하게 하여 생각을 다 살리는 다사리 학습 활동지(전면)

구분	모둠 이름	우주최강	학년 반 번호	(1)-( )-(12)	성명	
교과목명	교장특강	대단원	미래사회 학습의 방법	소단원	다사리 교육의 개념과 방법	
학습목표	다사리 교육의 개념과 방법을 설명하고, 다사리 교육 방법을 적용하여 학습할 수 있다.					

구분	내용
생각 띄우기 (7분)	※ 학습자료에 나오는 지식과 정보를 마인드맵 등 창의적 방법으로 구조화하세요. 다사리 / 교육 / 말하는 교육 / 실력↑ / 서로설명 / 90
평점	
생각 말하기 (10분)	※학습자료에서 개념 혹은 주제를 설명하고, 동료 학습지에도 요약해 채워주세요. - 개념 혹은 주제 설명 다 말하고 살리는 것 다사리 교육은 다 말하게하여 모두를 도와주는 교육이다 다사리 교육을 하면 말하면서 하기 때문에 학습효율성이 올라간다 생각을 나누고, 말하고, 살리기 다 말하게 하다, 다 살리다의 두 가지 뜻
평점	
생각 구하기 (5분)	※ 학습자료 안에 있는 지식과 정보, 생각에 대한 가치를 묻는 문제를 만드세요. (선택 · 단답형도 가능하나, 다양한 생각을 알아보는 서술/논술형으로 만드세요.) 다사리 교육을 하는 이유는 뭘까?
평점	
생각 나누기 (10분)	※ 내 질문에 대한 동료들의 생각을 채우게 하고, 동료 학습지에도 채워주세요. 다사리교육을 하는 이유는 일단 나에게 이득이고 남에게도 이득인 교육이기 때문이 다사리 교육을 하면 서로의 의견을 나눠서 더 나은 의견이 나올 수 있어서 생각을 키우기 위해서 서로의 의견과 각자의 지식을 나눠서 생각과 사고력을 향상시킬 수 있다
평점	
생각 살리기 (8분)	※ 모둠활동을 바탕으로 자기 삶과 사회 현실과 관련지어 자기 생각을 논술하세요. 다사리 교육을 하면 외우는 것보다 말하며 서로 설명하다는 것이 훨씬 더 유익하고 많이 남는 걸을 깨달았고 또 이 교육을 통해 생각을 키우도록 실천해야 하겠다.
평점	

다 말하게 하여 생각을 다 살리는 다사리 학습 활동지(전면)

구분	모둠 이름	우주최강	학년 반 번호	(1)-( )-(13)	성명	
교과목명	교장특강	대단원	미래사회 학습의 방법	소단원	다사리 교육의 개념과 방법	
학습목표	다사리 교육의 개념과 방법을 설명하고, 다사리 교육 방법을 적용하여 학습할 수 있다.					

구분	내용
생각 띄우기 (7분)	※ 학습자료에 나오는 지식과 정보를 마인드맵 등 창의적 방법으로 구조화하세요. 다사리 / 설명 / 다 말하는 교육 / 사고력 교육 / 토론 / 다 살리는 교육 / 서로 말하기 / 생각하기 / 10 / 20 / 30 / 50 / 75 / 90
평점	
생각 말하기 (10분)	※학습자료에서 개념 혹은 주제를 설명하고, 동료 학습지에도 요약해 채워주세요. - 개념 혹은 주제 설명 다사리는 교육 다 말하는 교육인 다사리 교육은 서로를 도우며 사고력과 창의력을 키우며 서로 생각하는 교육 다사리 교육을 하면 말하면서 공부하기 때문에 학습 효율성이 올라간다. 안재홍이 말한 다사리의 이념은 다 말하게 하다와 다 살리다 라는 두 가지의 뜻이 있다 1. 생각을 말하고, 나누고, 살리기 모든 걸 말하고, 살리는 것
평점	
생각 구하기 (5분)	※ 학습자료 안에 있는 지식과 정보, 생각에 대한 가치를 묻는 문제를 만드세요. (선택 · 단답형도 가능하나, 다양한 생각을 알아보는 서술/논술형으로 만드세요.) 다사리 교육의 가치가 뭐냐?
평점	
생각 나누기 (10분)	※ 내 질문에 대한 동료들의 생각을 채우게 하고, 동료 학습지에도 채워주세요. 다사리 교육을 하면 서로의 의견을 나누기 때문에 모두에게 좋다. 다사리는 서로 말하는 것인데 비고츠키는 말이 생각을 만든다 라는 말을 했다. 그러므로 다사리 교육은 사고력을 키울 수 있다 3. 생각을 키울 수 있는 가치를 지녔다. 서로의 생각을 나눌 수 있는 가치가 있다
평점	
생각 살리기 (8분)	※ 모둠활동을 바탕으로 자기 삶과 사회 현실과 관련지어 자기 생각을 논술하세요. 다사리 교육은 나의 친구들과 이야기하며 나의 창의력과 사고력을 높여주는 동시에 현실적 사회 생활의 공부도 할 수 있는 교육이다 그렇기에 나는 다사리 교육이 우리에게 머리를 키워주는 공부법이라고 생각한다
평점	

다 말하게 하여 생각을 다 살리는 다사리 학습 활동지(전면)

구분	모둠 이름		학년 반 번호	(1)-( )-(14)	성명	
교과목명	교장특강	대단원	미래사회 학습의 방법	소단원	다사리 교육의 개념과 방법	
학습목표	다사리 교육의 개념과 방법을 설명하고, 다사리 교육 방법을 적용하여 학습할 수 있다.					

구분	내용
생각 띄우기 (7분)	※ 학습자료에 나오는 지식과 정보를 마인드맵 등 창의적 방법으로 구조화하세요. 다사리 교육(Design of All Speech All Live Education) 학습효율성 피라미드 / 강의듣기(5%) / 읽기(10%) / 90% / 서로 설명하기 다사리교육 즉, 말하면서 공부하면 효율성이 올라간다.
평점	
생각 말하기 (10분)	※학습자료에서 개념 혹은 주제를 설명하고, 동료 학습지에도 요약해 채워주세요. - 개념 혹은 주제 설명 다사리 교육을 하면 말하면서 하기 때문에 학습 효율성이 올라간다. 안재홍의 다사리 이념은 다 말하게 하다와 다 살리다라는 뜻 생각을 말하고, 나누고, 살리기. 모든 걸 말하고 살리는 것 다사리 교육은 우리를 말하게 해 다 살리는 교육이다
평점	
생각 구하기 (5분)	※ 학습자료 안에 있는 지식과 정보, 생각에 대한 가치를 묻는 문제를 만드세요. (선택 · 단답형도 가능하나, 다양한 생각을 알아보는 서술/논술형으로 만드세요.) 다사리 교육의 학습 효율성에 대한 너희의 생각을 적어줘
평점	
생각 나누기 (10분)	※ 내 질문에 대한 동료들의 생각을 채우게 하고, 동료 학습지에도 채워주세요. 다사리 교육은 일단 나를 키우고 우리를 키우는 교육이기 때문에 교율은 좋다고 생각한다 사고력을 기를 수 있어. 생각을 기를 수 있다. 의견을 효과적으로 나눌 수 있고 생각과 사고력을 향상시킬 수 있음
평점	
생각 살리기 (8분)	※ 모둠활동을 바탕으로 자기 삶과 사회 현실과 관련지어 자기 생각을 논술하세요. 평상시에도 혼자 공부하며 혼자 말하면서 하면 공부 효율성이 올라가게 사회생활을 할 때도 혼자 공부해도, 가족이 도움이 될 것 같다.
평점	

다 말하게 하여 생각을 다 살리는 다사리 학습 활동지(전면)

구분	모둠 이름	우주최강	학년 반 번호	(1)-( )-(15)	성명	
교과목명	교장특강	대단원	미래사회 학습의 방법	소단원	다사리 교육의 개념과 방법	
학습목표	다사리 교육의 개념과 방법을 설명하고, 다사리 교육 방법을 적용하여 학습할 수 있다.					

구분	내용
생각 띄우기 (7분)	※ 학습자료에 나오는 지식과 정보를 마인드맵 등 창의적 방법으로 구조화하세요. 비고츠키가 말한 말이 생각을 만든다 라는 말은 굉장히 유용한 말 인 것 같다. 왜냐 대부분의 교육방식은 수업을 하면서 발표를 하는 것 이기 때문에 발표를 하는 학생은 발표를 안하는 학생보다 공부를 잘 할 수 밖에 없는 것 이다 서로 설명
평점	
생각 말하기 (10분)	※학습자료에서 개념 혹은 주제를 설명하고, 동료 학습지에도 요약해 채워주세요. - 개념 혹은 주제 설명 민세 안재홍의 다사리 이념은 다 말하게 하다와 다 살리다의 두가지 뜻을 지닌다. 생각을 말하고, 나누고, 살리기 다사리 교육을 하면 말하면서 하기 때문이 학습 효율성이 올라간다
평점	
생각 구하기 (5분)	※ 학습자료 안에 있는 지식과 정보, 생각에 대한 가치를 묻는 문제를 만드세요. (선택 · 단답형도 가능하나, 다양한 생각을 알아보는 서술/논술형으로 만드세요.) 비고츠키는 말이 생각을 만든다 라는 말을 하였는데 이렇게 교육의 방식을 교사가 학생에게 이해했니? 가 아니라 "다시 설명해 볼래?" 이런 방식을 하면 학생의 무엇을 키울 수 있을까?
평점	
생각 나누기 (10분)	※ 내 질문에 대한 동료들의 생각을 채우게 하고, 동료 학습지에도 채워주세요. 학생의 창의력과 생각을 키울 수 있다. 더 깊이 생각할 수 있도록 한다 다시 말함으로 통해 머리속에 더 오래 남을 것이다 서로의 의견을 나눠서 더 나은 의견에서 판단력을 키울 수 있다
평점	
생각 살리기 (8분)	※ 모둠활동을 바탕으로 자기 삶과 사회 현실과 관련지어 자기 생각을 논술하세요. 나는 이번 교육을 바탕으로 교육을 효과적으로 하는 방법을 습득 했고 생각과 사고력을 향상시켰기 그러므로 나는 나의 생활 방식과 의견을 나누는 방법을 습득 한 것 같다
평점	

다 말하게 하여 생각을 다 살리는 다사리 학습 활동지(전면)

구분	모둠 이름 미나리	학년 반 번호 (1)-( )-(11)	성명
교과목명	교장특강	대단원 미래사회 학습의 방법	소단원 다사리 교육의 개념과 방법
학습목표	다사리 교육의 개념과 방법을 설명하고, 다사리 교육 방법을 적용하여 학습할 수 있다.		
생각 띄우기 (7분)	※ 학습자료에 나오는 지식과 정보를 마인드맵 등 창의적 방법으로 구조화하세요. 다사리 / 교육 / 「다 말하게 하여 (학생들이) 생각을 다 살리는 교육」		
평점			
생각 말하기 (10분)	※학습자료에서 개념 혹은 주제를 설명하고, 동료 학습지에도 요약해 채워주세요. - 개념 혹은 주제 설명 혼자서 조용히 공부하는 것이 아닌, 서로 생각을 이야기하는 공부법 다 말하게하고, 다 살리게하는 다사리 교육 다사리 교육은 다양성을 추구하는 미래교육이다. 다사리 교육은 학습능력에 매우 좋다		
평점			
생각 구하기 (5분)	※ 학습자료 안에 있는 지식과 정보, 생각에 대한 가치를 묻는 문제를 만드세요. (선택·단답형도 가능하나, 다양한 생각을 알아보는 서술/논술형으로 만드세요.) 왜, 조용히 공부하는 것 보다 말하는 공부가 더 성적이 잘 나올까요?		
평점			
생각 나누기 (10분)	※ 내 질문에 대한 동료들의 생각을 채우게 하고, 동료 학습지에도 채워주세요. 말하면서 공부를 하게되면 내가 아는 지식을 친구에게 알려주면서 나도 더 잘 기억할수 있기 때문 반복적으로 학습 내용을 듣게 되어 기억을 더 잘 할 수 있다. 다사리 교육의 목표는 무엇인가? 계속 말하고 들으니 머리에 더 남아서		
평점			
생각 살리기 (8분)	※ 모둠활동을 바탕으로 자기 삶과 사회 현실과 관련지어 자기 생각을 논술하세요.		
평점			

다 말하게 하여 생각을 다 살리는 다사리 학습 활동지(전면)

구분	모둠 이름 미나리 모둠	학년 반 번호 (1)-( )-(17)	성명
교과목명	교장특강	대단원 미래사회 학습의 방법	소단원 다사리 교육의 개념과 방법
학습목표	다사리 교육의 개념과 방법을 설명하고, 다사리 교육 방법을 적용하여 학습할 수 있다.		
생각 띄우기 (7분)	※ 학습자료에 나오는 지식과 정보를 마인드맵 등 창의적 방법으로 구조화하세요. 다사리 / '다 살리다' / 말하는 교육 / 생각 나누기 / 토론		
평점			
생각 말하기 (10분)	※학습자료에서 개념 혹은 주제를 설명하고, 동료 학습지에도 요약해 채워주세요. - 개념 혹은 주제 설명 다 말하게하고, 다 살리게하는 다사리 교육 혼자서 조용히 하는 공부가 아닌 서로 생각을 이야기 하는 공부법 다사리 교육은 학습 능력에 매우 좋다 다사리 교육은 다양성을 추구하는 미래교육이다.		
평점			
생각 구하기 (5분)	※ 학습자료 안에 있는 지식과 정보, 생각에 대한 가치를 묻는 문제를 만드세요. (선택·단답형도 가능하나, 다양한 생각을 알아보는 서술/논술형으로 만드세요.) 다사리 교육의 목표는 무엇인가?		
평점			
생각 나누기 (10분)	※ 내 질문에 대한 동료들의 생각을 채우게 하고, 동료 학습지에도 채워주세요. 다 살리는 것 서로에 대화능력 늘리기 더 잘 기억하기		
평점			
생각 살리기 (8분)	※ 모둠활동을 바탕으로 자기 삶과 사회 현실과 관련지어 자기 생각을 논술하세요.		
평점			

다 말하게 하여 생각을 다 살리는 다사리 학습 활동지(전면)

구분	모둠 이름 미나리	학년 반 번호 (1)-( )-(18)	성명
교과목명	교장특강	대단원 미래사회 학습의 방법	소단원 다사리 교육의 개념과 방법
학습목표	다사리 교육의 개념과 방법을 설명하고, 다사리 교육 방법을 적용하여 학습할 수 있다.		
생각 띄우기 (7분)	※ 학습자료에 나오는 지식과 정보를 마인드맵 등 창의적 방법으로 구조화하세요. 다사리 교육 / 생각 나누기 / 다 말하기 / 미래교육 / 다 살리기 / 공부 / 다양성 / 협동		
평점			
생각 말하기 (10분)	※학습자료에서 개념 혹은 주제를 설명하고, 동료 학습지에도 요약해 채워주세요. - 개념 혹은 주제 설명 다사리 교육은 다양성을 추구하는 미래교육이다. 다 말하게하고, 다 살리게하는 다사리 교육 다사리 교육은 학습효과에 매우 좋다 혼자서 조용히 공부하는 것이 아닌 서로 생각을 이야기 하는 공부법		
평점			
생각 구하기 (5분)	※ 학습자료 안에 있는 지식과 정보, 생각에 대한 가치를 묻는 문제를 만드세요. (선택·단답형도 가능하나, 다양한 생각을 알아보는 서술/논술형으로 만드세요.) 다사리 교육으로 얻을 수 있는 것은 무엇인가?		
평점			
생각 나누기 (10분)	※ 내 질문에 대한 동료들의 생각을 채우게 하고, 동료 학습지에도 채워주세요. 사고력 사고력 사고력		
평점			
생각 살리기 (8분)	※ 모둠활동을 바탕으로 자기 삶과 사회 현실과 관련지어 자기 생각을 논술하세요. 사회는 슬프게도 공부를 잘 하는 사람에게 맞춰져 있다. 어찌보면 그게 당연한 현상이다. 사회는 계속해서 발전해야 하기 때문이다. 하지만 사회는 단순히 암기가 아닌, 창의력과 사고력을 요구하기 때문에 다사리교육이 필요하다.		
평점			

다 말하게 하여 생각을 다 살리는 다사리 학습 활동지(전면)

구분	모둠 이름 미나리	학년 반 번호 (1)-( )-(19)	성명
교과목명	교장특강	대단원 미래사회 학습의 방법	소단원 다사리 교육의 개념과 방법
학습목표	다사리 교육의 개념과 방법을 설명하고, 다사리 교육 방법을 적용하여 학습할 수 있다.		
생각 띄우기 (7분)	※ 학습자료에 나오는 지식과 정보를 마인드맵 등 창의적 방법으로 구조화하세요. 다사리 / 생각하기 / 다양한 생각 / 창의력 / 말하기 / 사고력 / 교육 / 지식 / 토론 / 생각공유		
평점			
생각 말하기 (10분)	※학습자료에서 개념 혹은 주제를 설명하고, 동료 학습지에도 요약해 채워주세요. - 개념 혹은 주제 설명 서로 말하는 다사리 교육은 학습효과는 매우 좋다 다사리 교육은 다양성을 추구하는 미래교육이다. 혼자서 조용히 공부하는 것이 아닌 서로 생각을 이야기하는 공부법		
평점			
생각 구하기 (5분)	※ 학습자료 안에 있는 지식과 정보, 생각에 대한 가치를 묻는 문제를 만드세요. (선택·단답형도 가능하나, 다양한 생각을 알아보는 서술/논술형으로 만드세요.) 다사리 교육은 왜 하는가?		
평점			
생각 나누기 (10분)	※ 내 질문에 대한 동료들의 생각을 채우게 하고, 동료 학습지에도 채워주세요. 서로 소통하고 생각을 나누려고 서로 생각을 나누며 학습을 하려고		
평점			
생각 살리기 (8분)	※ 모둠활동을 바탕으로 자기 삶과 사회 현실과 관련지어 자기 생각을 논술하세요. 다사리 교육으로 사람들과 대화가 잘 될것같고 창의적이고 논리적인 말을 일상시에 많이 할것같다.		
평점			

다 말하게 하여 생각을 다 살리는 다사리 학습 활동지(전면)

구분	모둠 이름	다사리	학년 반 번호	(1) - ( ) - (20)	성명	
교과목명	교장특강	대단원	미래사회 학습의 방법	소단원	다사리 교육의 개념과 방법	
학습목표	다사리 교육의 개념과 방법을 설명하고, 다사리 교육 방법을 적용하여 학습할 수 있다.					
생각 띄우기 (7분)	※ 학습자료에 나오는 지식과 정보를 마인드맵 등 창의적 방법으로 구조화하세요. 다사리 / 학생이 주체가 되어 배우는 교육, 모두를 위한 교육 / 미래교육 트렌드 / 다사리 어원 – '다 말하게 하다'와 '다 살리다'의 두 가지 의미를 지닌다, [다사리]는 '다섯'이고 '다스림'이며, '다살리는 것'의 우리 고유 정치철학 / 다사리 교육 – 다 말하게 하여 생각을 다 살리는 교육					
평점						
생각 말하기 (10분)	※학습자료에서 개념 혹은 주제를 설명하고, 동료 학습지에도 요약해 채워주세요. - 개념 혹은 주제 설명 혼자 조용히 공부하는 것이 아닌 서로 생각을 이야기하는 공부법 서로 말하는 다사리 교육은 학습효과에 매우 좋다 다 말하게 하고 다 살게 하는 다사리 교육 다사리 교육은 다양성을 추구하는 미래교육이다.					
평점						
생각 구하기 (5분)	※ 학습자료 안에 있는 지식과 정보, 생각에 대한 가치를 묻는 문제를 만드세요. (선택·단답형도 가능하나, 다양한 생각을 알아보는 서술/논술형으로 만드세요) 다사리교육은 어떤 방법으로 하는 공부법일까요?					
평점						
생각 나누기 (10분)	※ 내 질문에 대한 동료들의 생각을 채우게 하고, 동료 학습지에도 채워주세요. 다 말하게 하여 ... 교육 다 말하는 교육 다 살게 하는 교육 다 말하게 하고 잘 기억하게 하는 교육					
평점						
생각 살리기 (8분)	※ 모둠활동을 바탕으로 자기 삶과 사회 현실과 관련지어 자기 생각을 논술하세요. 다사리교육은 혼자서 조용히 공부하는 것이 아닌 서로의 생각을 이야기하며 공부하는 방식이라는 걸 알게되었다 다사리 교육을 하면 서로 소통하는 능력을 기를수 있고, 나의 지식을 친구들에게 알려줄 수 있다 앞으로 다사리교육을 활용한 수업을 하면 적극적으로 참여할 것이다					
평점						

다 말하게 하여 생각을 다 살리는 다사리 학습 활동지(전면)

구분	모둠 이름	사다리	학년 반 번호	(1) - ( ) - (21)	성명	
교과목명	교장특강	대단원	미래사회 학습의 방법	소단원	다사리 교육의 개념과 방법	
학습목표	다사리 교육의 개념과 방법을 설명하고, 다사리 교육 방법을 적용하여 학습할 수 있다.					
생각 띄우기 (7분)	※ 학습자료에 나오는 지식과 정보를 마인드맵 등 창의적 방법으로 구조화하세요. 다사리 교육 ※ 에듀테크 기반 미래교육과 다사리 교육 – 창의 (자기 생각을 만들어 가는 다사리 교육) – 평가 – 분석 – 적용 – 이해 – 지식 ★ 다사리 학습의 기대 효과 1. 학습효과 2. IB의 최적화 시스템 3. 대입 및 취업 면접 대비, 미래 인재 역량 강화 Hybrid Learning ↳ 지식교육(AI 등 에듀테크) + 생각교육(다사리 수업)					
평점						
생각 말하기 (10분)	※학습자료에서 개념 혹은 주제를 설명하고, 동료 학습지에도 요약해 채워주세요. - 개념 혹은 주제 설명 다 읽고 쓰고 해야 나의, 자신의 생각을 살릴 수 있다. 그것을 표현하며 생각을 쌓고, 만든다. 자신뿐만 아니라 다른 사람의 생각도 알 수 있다. 말하며 하는 교육이 제일 효과적이다. 다 말해 다 살리는 교육은 다사리교육이라고 한다.					
평점						
생각 구하기 (5분)	※ 학습자료 안에 있는 지식과 정보, 생각에 대한 가치를 묻는 문제를 만드세요. (선택·단답형도 가능하나, 다양한 생각을 알아보는 서술/논술형으로 만드세요) 다사리 교육은 다른 학습교육들보다 더 효율적이거나 더욱 생각을 넓힐 수 있는 교육인가?					
평점						
생각 나누기 (10분)	※ 내 질문에 대한 동료들의 생각을 채우게 하고, 동료 학습지에도 채워주세요. 자신의 생각만 채우기 보다는 다른 사람의 생각도 아는 것이 중요하다 예, 자신의 생각을 나눔으로써 생각의 폭을 넓힐 수 있다 네, 왜냐하면 말하며 다 할 수 있기 때문이다					
평점						
생각 살리기 (8분)	※ 모둠활동을 바탕으로 자기 삶과 사회 현실과 관련지어 자기 생각을 논술하세요. 다사리 교육 덕분에 개인으로 공부 방법보다 설명하고 표현하여 공부하고 학습하는 방법이 더 좋다는 사실을 알았다. 표현하며 공부를 하며 아는 것, 모르는 것, 궁금한 것도 말을 하며 전보다 더욱 효율적으로 공부할 수 있는 방법을 알 수 있었다. 미래적으로 항상 다사리교육 방법을 계속 생각하면서 학습할 수 있다.					
평점						

다 말하게 하여 생각을 다 살리는 다사리 학습 활동지(전면)

구분	모둠 이름	사다리	학년 반 번호	(1) - ( ) - (22)	성명	
교과목명	교장특강	대단원	미래사회 학습의 방법	소단원	다사리 교육의 개념과 방법	
학습목표	다사리 교육의 개념과 방법을 설명하고, 다사리 교육 방법을 적용하여 학습할 수 있다.					
생각 띄우기 (7분)	※ 학습자료에 나오는 지식과 정보를 마인드맵 등 창의적 방법으로 구조화하세요. 다사리 / 다사리 학습효과 / 대한민국 미래 교육 대표 브랜드 / 4차 산업 혁명					
평점						
생각 말하기 (10분)	※학습자료에서 개념 혹은 주제를 설명하고, 동료 학습지에도 요약해 채워주세요. - 개념 혹은 주제 설명 다사리 교육으로 생각을 살릴수 있기 때문에 다사리를 해야한다 말하고 표현하여 학습하는 것이 더욱 효과 있는 교육입니다. 말하며 하는 교육이 제일 효과적이다. 말하고 쓰는 것도 중요하다					
평점						
생각 구하기 (5분)	※ 학습자료 안에 있는 지식과 정보, 생각에 대한 가치를 묻는 문제를 만드세요. (선택·단답형도 가능하나, 다양한 생각을 알아보는 서술/논술형으로 만드세요) 다사리 교육을 하는 이유					
평점						
생각 나누기 (10분)	※ 내 질문에 대한 동료들의 생각을 채우게 하고, 동료 학습지에도 채워주세요. 생각을 다 살릴 수 있어서이다. 표현을 하여 학습해야한다. 생각을 키울 수 있다. 다사리 교육의 중요성은 생각을 알 수 있는 것이다					
평점						
생각 살리기 (8분)	※ 모둠활동을 바탕으로 자기 삶과 사회 현실과 관련지어 자기 생각을 논술하세요.					
평점						

다 말하게 하여 생각을 다 살리는 다사리 학습 활동지(전면)

구분	모둠 이름	사다리	학년 반 번호	(1) - ( ) - (24)	성명	
교과목명	교장특강	대단원	미래사회 학습의 방법	소단원	다사리 교육의 개념과 방법	
학습목표	다사리 교육의 개념과 방법을 설명하고, 다사리 교육 방법을 적용하여 학습할 수 있다.					
생각 띄우기 (7분)	※ 학습자료에 나오는 지식과 정보를 마인드맵 등 창의적 방법으로 구조화하세요. - 다사리란? – 다 말하며 다 살리는 교육 - 자신의 생각은 바로 바로 말로 표현함 - 창의, 분석, 평가, 생각 제품					
평점						
생각 말하기 (10분)	※학습자료에서 개념 혹은 주제를 설명하고, 동료 학습지에도 요약해 채워주세요. - 개념 혹은 주제 설명 말하면서 하는 활동과 교육이 제일 효율적이고 효과가 크다. 다사리 교육은 말하며 해서 효과가 크다 다 읽고 쓰고 해야 나의, 자신의 생각을 살릴 수 있다. 그걸 표현하며 생각을 쌓고 만든다. 자신뿐만 아니라 다른 사람의 생각도 알 수 있다					
평점						
생각 구하기 (5분)	※ 학습자료 안에 있는 지식과 정보, 생각에 대한 가치를 묻는 문제를 만드세요. (선택·단답형도 가능하나, 다양한 생각을 알아보는 서술/논술형으로 만드세요) 다사리 교육이 필요한가? 그리고 그 이유는 무엇인가?					
평점						
생각 나누기 (10분)	※ 내 질문에 대한 동료들의 생각을 채우게 하고, 동료 학습지에도 채워주세요. 필요하다. 생각을 살려야 많은 것을 배울 수 있기 때문이다 필요한 것 같다. 표현을 하여 더욱 효과(다사리 교육)를 느낄 수 있기 때문이다. 자신의 생각만 채우기 보다는 다른 사람의 생각도 아는 것이 중요하다.					
평점						
생각 살리기 (8분)	※ 모둠활동을 바탕으로 자기 삶과 사회 현실과 관련지어 자기 생각을 논술하세요. 다사리 교육은 서로 말하고 생각을 만들어내는 교육이다. 다사리 교육을 하면 생각을 만들고, 말하고 다른 친구의 생각도 들을수 있으므로 우리의 생각의 폭을 넓힐수 있다. 그리고 자신의 생각을 여럿과 나누고 함께 대화하며 하는 교육이기 때문에 일반 교육보다 훨씬 더 머릿속에 잘 들어오고 재미와 흥미를 더 효과적이게 느낄수 있다. 또한 어휘력과 사교성도 키울수 있다. 다사리 교육은 내 삶에 정말 필요한 교육이다.					
평점						

다 말하게 하여 생각을 다 살리는 다사리 학습 활동지(전면)

구분	모둠 이름	사다리	학년 반 번호	(1)-( )-(24)	성명	
교과목명	교양특강	대단원	미래사회 학습의 방법	소단원	다사리 교육의 개념과 방법	
학습목표	다사리 교육의 개념과 방법을 설명하고, 다사리 교육 방법을 적용하여 학습할 수 있다.					

생각 띄우기 (7분) ※ 학습자료에 나오는 지식과 정보를 마인드맵 등 창의적 방법으로 구조화하세요.

다사리교육, 학습혁명 / 하브루타 / 고전 내용과 현실 연결 / 하미 / 질문 많음 / 김보 / 정약 대단히 5일 / 브레이의 스토밍 / 질문하는 수업

평점

생각 말하기 (10분) ※학습자료에서 개념 혹은 주제를 설명하고, 동료 학습지에도 요약해 채워주세요.

- 개념 혹은 주제 설명 다사리교육은 읽고, 말하고, 쓰면서 지식과 정보를 [illegible] 수 있다.

다 읽고 쓰고 해야 나의, 타인의 생각을 알릴 수 있다. 그걸 표현하여 생각을 쌓고 만든다.
다사리교육을 해야 나의 생각을 알릴 수 있다.
말하며 배우는 게 제일 효과적이다.
다사리가 암기하는 것이 효과적이다

평점

생각 구하기 (5분) ※ 학습자료 안에 있는 지식과 정보, 생각에 대한 가치를 묻는 문제를 만드세요 (선택·단답형도 가능하나, 다양한 생각을 알아보는 서술/논술형으로 만드세요.)

우리가 다사리교육을 통해 얻고자 하는 것은 무엇인가요?

평점

생각 나누기 (10분) ※ 내 질문에 대한 동료들의 생각을 채우게 하고, 동료 학습지에도 채워주세요.

제대로 배울 수 있기 때문에 지식이 남는다
성적을 올릴 수 있다 따라 시험 수 있어
생각을 말하고 나눔으로써 생각의 폭을 넓힐 수 있다.
표현, 생각하며 생각을 넓힐 수 있다.

평점

생각 살리기 (8분) ※ 모둠활동을 바탕으로 자기 삶과 사회 현실과 관련지어 자기 생각을 논술하세요.

다사리교육을 하면서 지식을 얻게 될 뿐만 아니라 자신이 생각한 것을 서로 공유하며 학습을 할 수 있어 의미있는 수업이라고 생각한다. 그래서 나는 다사리교육이 좋은 교육이라고 생각하고 말하는 것이 중요하다고 생각한다.

평점

다 말하게 하여 생각을 다 살리는 다사리 학습 활동지(전면)

구분	모둠 이름	사다리	학년 반 번호	(1)-( )-(25)	성명	
교과목명	교양특강	대단원	미래사회 학습의 방법	소단원	다사리 교육의 개념과 방법	
학습목표	다사리 교육의 개념과 방법을 설명하고, 다사리 교육 방법을 적용하여 학습할 수 있다.					

생각 띄우기 (7분) ※ 학습자료에 나오는 지식과 정보를 마인드맵 등 창의적 방법으로 구조화하세요.

다사리 교육 — 미래 교사 역할 (평가, 창의) / 집현전학자 / 세종 / 거꾸로교실 / 말하는 VS 조용한 공부방 / 말하는 방 = 성적향상 / 자기생각 만들기 / 다 말하여 다 살리는 교육(DASALI-Edu

평점

생각 말하기 (10분) ※학습자료에서 개념 혹은 주제를 설명하고, 동료 학습지에도 요약해 채워주세요.

- 개념 혹은 주제 설명
다사리 교육이란 배운걸 다 말하여 오래 남게하는 교육이다.

말하며 하는 교육이 제일 효과적인 교육이다.
말하고 표현하여 학습하는 것이 더욱 좋은 교육이다.
~~다 말하여 다 살리는 교육이라~~ 한다

평점

생각 구하기 (5분) ※ 학습자료 안에 있는 지식과 정보, 생각에 대한 가치를 묻는 문제를 만드세요 (선택·단답형도 가능하나, 다양한 생각을 알아보는 서술/논술형으로 만드세요.)

다사리 학습을 하는 이유는?

평점

생각 나누기 (10분) ※ 내 질문에 대한 동료들의 생각을 채우게 하고, 동료 학습지에도 채워주세요.

말하면서 자신의 생각의 폭을 키울 수 있기 때문에!
말하고, 쓰고, 생각하며 교육을 하는 것은 좋은 학습이다.
표현하여 학습하는 것이 효율적인 교육 법이다.
자신의 생각만 채우기 보다는 다른 사람의 생각도 아는 것이 중요하다.

평점

생각 살리기 (8분) ※ 모둠활동을 바탕으로 자기 삶과 사회 현실과 관련지어 자기 생각을 논술하세요.

배운걸 남에게 설명하여 생각을 오래남게 하는 이 공부법을 현실에 적용해 주입식교육처럼 외우지 말고 자연스럽게 외우는 이 방법이 좋다는걸 느꼈고, 또한 조용히 하기보단 공부에관한 다양한 말들을 해봐야 더 잘 배울 수 있다는걸 느꼈다.

평점

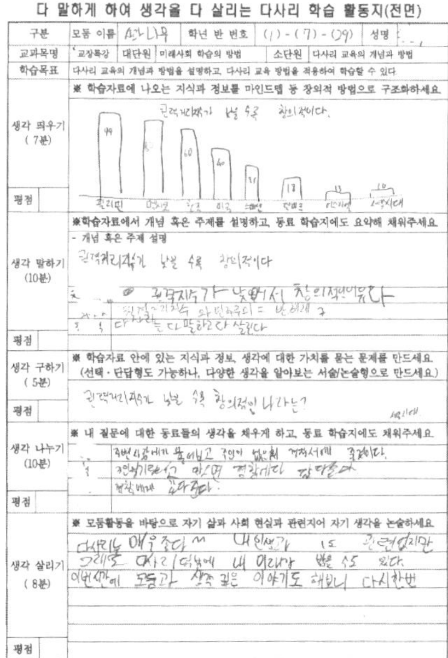

다 말하게 하여 생각을 다 살리는 다사리 학습 활동지(전면)

구분	모둠 이름	사다리	학년 반 번호	(1)-(7)-(09)	성명	
교과목명	교양특강	대단원	미래사회 학습의 방법	소단원	다사리 교육의 개념과 방법	
학습목표	다사리 교육의 개념과 방법을 설명하고, 다사리 교육 방법을 적용하여 학습할 수 있다.					

생각 띄우기 (7분) ※ 학습자료에 나오는 지식과 정보를 마인드맵 등 창의적 방법으로 구조화하세요.

권력거리지수가 낮을 수록 창의적이다.

평점

생각 말하기 (10분) ※학습자료에서 개념 혹은 주제를 설명하고, 동료 학습지에도 요약해 채워주세요.

- 개념 혹은 주제 설명
권력거리지수가 낮을 수록 창의적이다

권력거리지수가 낮으면서 창의적이다
다사리는 다 말하고 다 살린다

평점

생각 구하기 (5분) ※ 학습자료 안에 있는 지식과 정보, 생각에 대한 가치를 묻는 문제를 만드세요 (선택·단답형도 가능하나, 다양한 생각을 알아보는 서술/논술형으로 만드세요.)

권력거리지수가 낮을 수록 창의적인 나라는?

평점

생각 나누기 (10분) ※ 내 질문에 대한 동료들의 생각을 채우게 하고, 동료 학습지에도 채워주세요.

평점

생각 살리기 (8분) ※ 모둠활동을 바탕으로 자기 삶과 사회 현실과 관련지어 자기 생각을 논술하세요.

다사리는 매우 좋다 … 그래도 다사리 덕분에 내 이야기 할 수 있다. 이번에 모둠과 생각 깊은 이야기도 해보니 다시한번

평점

다 말하게 하여 생각을 다 살리는 다사리 학습 활동지(전면)

구분	모둠 이름	사다리	학년 반 번호	(1)-( )-(26)	성명	
교과목명	교양특강	대단원	미래사회 학습의 방법	소단원	다사리 교육의 개념과 방법	
학습목표	다사리 교육의 개념과 방법을 설명하고, 다사리 교육 방법을 적용하여 학습할 수 있다.					

생각 띄우기 (7분) ※ 학습자료에 나오는 지식과 정보를 마인드맵 등 창의적 방법으로 구조화하세요.

조용한 VS 말하는 공부방 / 조용한 / 말하는 / 단답형 평균 / 수능형 평균 / 서술형 평균 / 전체평균

평점

생각 말하기 (10분) ※학습자료에서 개념 혹은 주제를 설명하고, 동료 학습지에도 요약해 채워주세요.

- 개념 혹은 주제 설명
다사리교육의 [illegible] 다른 교육보다 [illegible] 결과를 보면서 잘 [illegible] 다사리 교육 [illegible]

평점

생각 구하기 (5분) ※ 학습자료 안에 있는 지식과 정보, 생각에 대한 가치를 묻는 문제를 만드세요 (선택·단답형도 가능하나, 다양한 생각을 알아보는 서술/논술형으로 만드세요.)

다사리 교육의 결론점은 뭘까?

평점

생각 나누기 (10분) ※ 내 질문에 대한 동료들의 생각을 채우게 하고, 동료 학습지에도 채워주세요.

평점

생각 살리기 (8분) ※ 모둠활동을 바탕으로 자기 삶과 사회 현실과 관련지어 자기 생각을 논술하세요.

인간은 사회적 존재이기 때문에 공동 … 서로 말하면서 … 기억에도 더 잘 남는다. … 사회성이 중요하다. … 그래서 우리나라 … 우리나라가 … 다사리 교육 …

평점

다 말하게 하여 생각을 다 살리는 다사리 학습 활동지(전면)

구분	모둠 이름	학년 반 번호	( )-( )-(27)	성명	
교과목명	교장특강	대단원	미래사회 학습의 방법	소단원	다사리 교육의 개념과 방법
학습목표	다사리 교육의 개념과 방법을 설명하고, 다사리 교육 방법을 적용하여 학습할 수 있다.				
생각 띄우기 (7분)	※ 학습자료에 나오는 지식과 정보를 마인드맵 등 창의적 방법으로 구조화하세요.				
평점					
생각 말하기 (10분)	※학습자료에서 개념 혹은 주제를 설명하고, 동료 학습지에도 요약해 채워주세요. - 개념 혹은 주제 설명				
평점					
생각 구하기 (5분)	※ 학습자료 안에 있는 지식과 정보, 생각에 대한 가치를 묻는 문제를 만드세요. (선택·단답형도 가능하나, 다양한 생각을 알아보는 서술/논술형으로 만드세요.)				
평점					
생각 나누기 (10분)	※ 내 질문에 대한 동료들의 생각을 채우게 하고, 동료 학습지에도 채워주세요.				
평점					
생각 살리기 (8분)	※ 모둠활동을 바탕으로 자기 삶과 사회 현실과 관련지어 자기 생각을 논술하세요.				
평점					

다 말하게 하여 생각을 다 살리는 다사리 학습 활동지(전면)

구분	모둠 이름	학년 반 번호	( )-( )-(26)	성명	
교과목명	교장특강	대단원	미래사회 학습의 방법	소단원	다사리 교육의 개념과 방법
학습목표	다사리 교육의 개념과 방법을 설명하고, 다사리 교육 방법을 적용하여 학습할 수 있다.				
생각 띄우기 (7분)	※ 학습자료에 나오는 지식과 정보를 마인드맵 등 창의적 방법으로 구조화하세요.				
평점					
생각 말하기 (10분)	※학습자료에서 개념 혹은 주제를 설명하고, 동료 학습지에도 요약해 채워주세요. - 개념 혹은 주제 설명				
평점					
생각 구하기 (5분)	※ 학습자료 안에 있는 지식과 정보, 생각에 대한 가치를 묻는 문제를 만드세요. (선택·단답형도 가능하나, 다양한 생각을 알아보는 서술/논술형으로 만드세요.)				
평점					
생각 나누기 (10분)	※ 내 질문에 대한 동료들의 생각을 채우게 하고, 동료 학습지에도 채워주세요.				
평점					
생각 살리기 (8분)	※ 모둠활동을 바탕으로 자기 삶과 사회 현실과 관련지어 자기 생각을 논술하세요.				
평점					

(2) 혼자서 공부하는 다사리 자기 주도 학습

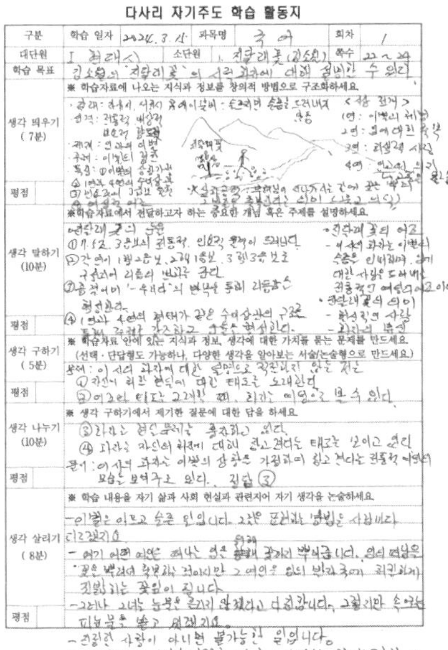

다사리 자기주도 학습 활동지

구분	학습 일자 2024.3.15.	과목명 국어	회차 1
대단원	I. 현대시	소단원 진달래꽃(김소월)	쪽수 22~24
학습 목표	김소월의 '진달래꽃'의 시적 화자에 대해 설명할 수 있다.		
생각 띄우기 (7분)	※ 학습자료에 나오는 지식과 정보를 창의적 방법으로 구조화하세요.		
평점			
생각 말하기 (10분)	※학습자료에서 전달하고자 하는 중요한 개념 혹은 주제를 설명하세요.		
평점			
생각 구하기 (5분)	※ 학습자료 안에 있는 지식과 정보, 생각에 대한 가치를 묻는 문제를 만드세요. (선택·단답형도 가능하나, 다양한 생각을 알아보는 서술/논술형으로 만드세요.)		
평점			
생각 나누기 (10분)	※ 생각 구하기에서 제기한 질문에 대한 답을 하세요.		
평점			
생각 살리기 (8분)	※ 학습 내용을 자기 삶과 사회 현실과 관련지어 자기 생각을 논술하세요.		
평점			

다사리 자기주도 학습 활동지

구분	학습 일자 2024.3.15	과목명 국어	회차 2
대단원	II. 고전 시가	소단원 정읍사(어느 행상인의 아내)	쪽수 78~79
학습 목표	고대가요 '정읍사'를 이해하고, 남편을 걱정하는 아내의 마음을 안다.		
생각 띄우기 (7분)	※ 학습자료에 나오는 지식과 정보를 창의적 방법으로 구조화하세요.		
평점			
생각 말하기 (10분)	※학습자료에서 전달하고자 하는 중요한 개념 혹은 주제를 설명하세요.		
평점			
생각 구하기 (5분)	※ 학습자료 안에 있는 지식과 정보, 생각에 대한 가치를 묻는 문제를 만드세요. (선택·단답형도 가능하나, 다양한 생각을 알아보는 서술/논술형으로 만드세요.)		
평점			
생각 나누기 (10분)	※ 생각 구하기에서 제기한 질문에 대한 답을 하세요.		
평점			
생각 살리기 (8분)	※ 학습 내용을 자기 삶과 사회 현실과 관련지어 자기 생각을 논술하세요. <정읍사의 배경 설화>		
평점			

다사리 자기주도 학습 활동지

구분	학습 일자 2024.3.16.	과목명 국어	회차 3
대단원	III. 현대 소설	소단원 메밀꽃 필 무렵(이효석)	쪽수 127~131
학습 목표	소설 '메밀꽃 필 무렵'을 통해 순수한 사랑과 혈육의 정을 알 수 있다.		
생각 띄우기 (7분)	※ 학습자료에 나오는 지식과 정보를 창의적 방법으로 구조화하세요.		
평점			
생각 말하기 (10분)	※학습자료에서 전달하고자 하는 중요한 개념 혹은 주제를 설명하세요.		
평점			
생각 구하기 (5분)	※ 학습자료 안에 있는 지식과 정보, 생각에 대한 가치를 묻는 문제를 만드세요. (선택·단답형도 가능하나, 다양한 생각을 알아보는 서술/논술형으로 만드세요.) 문제: 허생원의 현재와 과거의 추억을 연결해 주는 매개체는? 답: 달밤.		
평점			
생각 나누기 (10분)	※ 생각 구하기에서 제기한 질문에 대한 답을 하세요.		
평점			
생각 살리기 (8분)	※ 학습 내용을 자기 삶과 사회 현실과 관련지어 자기 생각을 논술하세요.		
평점			

다사리 자기주도 학습 활동지

구분	학습 일자 2024.3.16	과목명 국어	회차 4
대단원	IV. 고전 산문	소단원 양반전(박지원)	쪽수 172~175
학습 목표	고전소설 '양반전'을 통해 조선 후기의 시대적 현실을 알 수 있다.		
생각 띄우기 (7분)	※ 학습자료에 나오는 지식과 정보를 창의적 방법으로 구조화하세요.		
평점			
생각 말하기 (10분)	※학습자료에서 전달하고자 하는 중요한 개념 혹은 주제를 설명하세요.		
평점			
생각 구하기 (5분)	※ 학습자료 안에 있는 지식과 정보, 생각에 대한 가치를 묻는 문제를 만드세요. (선택·단답형도 가능하나, 다양한 생각을 알아보는 서술/논술형으로 만드세요.) 문제: 이글을 통해 알 수 있는 당시 현실의 모습은 무엇인가?		
평점			
생각 나누기 (10분)	※ 생각 구하기에서 제기한 질문에 대한 답을 하세요.		
평점			
생각 살리기 (8분)	※ 학습 내용을 자기 삶과 사회 현실과 관련지어 자기 생각을 논술하세요.		
평점			

다사리 자기주도 학습 활동지

구분	학습 일자	2024. 3. 17	과목명	국어	회차	5
대단원	V. 수필 2		소단원	은전 한 닢 (피천득)	쪽수	206-208
학습 목표	- 수필 '은전 한 닢'을 통해, 작가의 경험을 통한 느낌과 생각(주제)을 알 수 있다.					

생각 띄우기 (7분) ※ 학습자료에 나오는 지식과 정보를 창의적 방법으로 구조화하세요.

<핵심정리>
- 경수필. 서사적 수필
- 고백적. 체험적. 교훈적
- 대화체. 간결체
- 행복과 무엇에 대한 인간의 열망
- 물질에 대한 인간의 소유욕

(늙은 거지) 각전 → 동전 → 은전(대양)

○ 수필: 작가의 경험과 이를 통한 진실한 느낌을 적은 글 (허구가 아님)
• 글쓴이는 늙은 거지의 말과 행동을 통해 거지의 가치관과 태도를 드러냄 (요약적인 인물 제시)

평점

생각 말하기 (10분) ※학습자료에서 전달하고자 하는 중요한 개념 혹은 주제를 설명하세요.

<은전 한 닢이 거지에게 갖는 의미>
① '이 돈 한 개가 갖고 싶었다'는 거지의 말을 통해, 그에게 있어 '은전 한 닢'은 삶의 간절한 소망이었음을 알 수 있다.
② <작가가 말하고자 하는 주제 의식>
- 은전 한 닢을 갖기까지의 과정을 이야기하며, 기쁨과 감격의 눈물을 흘리는 거지의 모습을 통해 '소망을 이루려는 노력과 그 성취의 기쁨'을 드러내고 있다.
- 은전 한 닢을 목적으로 삼는 맹목적으로 소유하기 위해 애쓰는 거지의 모습을 통해 '인간의 소유욕과 집착에 대한 연민을 말하고자 함'을 알 수 있다.

평점

생각 구하기 (5분) ※ 학습자료 안에 있는 지식과 정보, 생각에 대한 가치를 묻는 문제를 만드세요. (선택·단답형도 가능하나, 다양한 생각을 알아보는 서술/논술형으로 만드세요.)

문제: 늙은 거지가 은전 한 닢을 얻게 되는 과정을 나타내기에 가장 적절한 속담은?

평점

생각 나누기 (10분) ※ 생각 구하기에서 제기한 질문에 대한 답을 하세요.

티끌 모아 태산이다.

평점

생각 살리기 (8분) ※ 학습 내용을 자기 삶과 사회 현실과 관련지어 자기 생각을 논술하세요.

아무 것도 가진 것 없는 거지이지만 은전 한 닢을 갖겠다는 소박하기 짝이 없는 목표를 세우고 여섯 달에 걸친 각고의 노력 끝에 이를 달성한 것은 매우 고귀한 행위로 평가될 수 있다. 마침내 제 것으로 갖게 된 은전을 앞에 놓고 흘리는 거지의 눈물은 감동적이다. 그러나 다른 한 편 뚜렷한 목적 없이 교환수단에 불과한 은전 그 자체를 탐하는 거지의 집착은 인간의 욕망이 얼마나 어리석고 허망한 것인지 환기시켜 주기도 한다. (네이버 지식백과, 은전 한 닢)

평점

다사리 자기주도 학습 활동지

구분	학습 일자	2024. 3. 17	과목명	국어	회차	6
대단원	VI. 독서		소단원	천년을 가는 한지의 비밀(김청희)	쪽수	248-260
학습 목표	한 편의 글을 능동적으로 글의 의미를 재구성하며 읽을 수 있다.					

생각 띄우기 (7분) ※ 학습자료에 나오는 지식과 정보를 창의적 방법으로 구조화하세요.

○ 무구정광대다라니경 두루마리
- 세계에서 가장 오래된 목판 인쇄물
- 닥나무 껍질을 원료로 한 한지로 만들어짐
- 석가탑 ... 발견

<석가탑> 무구정광대다라니경 두루마리

- 1966년에 발견되어 세상을 놀라게 함
- 천이백(1,200)년 넘은 것을 종이에 시간 지면에도 그 형체를 온전히 유지하고 있었음

평점

생각 말하기 (10분) ※학습자료에서 전달하고자 하는 중요한 개념 혹은 주제를 설명하세요.

○ 한지란 주로 닥나무 껍질에서 뽑아낸 섬유를 원료로 하여 우리나라 고유의 제조법으로 만든 종이를 말한다.
- 다른 명칭: 조희(종이), 조선종이, 창호지, 문종이, 장종이, 닥종이
- 한지로 불리기 시작한 것은 20세기 초·중반, 서양 종이, 즉 양지가 들어와 널리 쓰이기 시작하면서부터였다.

평점

생각 구하기 (5분) ※ 학습자료 안에 있는 지식과 정보, 생각에 대한 가치를 묻는 문제를 만드세요. (선택·단답형도 가능하나, 다양한 생각을 알아보는 서술/논술형으로 만드세요.)

문제: 한지의 우수성에 대하여 설명해 보자.

평점

생각 나누기 (10분) ※ 생각 구하기에서 제기한 질문에 대한 답을 하세요.

답 ① 수명이 오래 간다.
② 보온성과 통풍성이 뛰어나다. 빛과 바람, 습기 같은 자연 현상에 대한 저항력이 강하여 창호지로 많이 쓰인다 (살아 숨쉬는 종이)
③ 화학 반응에 잘 견디는 중성지이다. (누렇게 변하는 현상은 산성지이다)

평점

생각 살리기 (8분) ※ 학습 내용을 자기 삶과 사회 현실과 관련지어 자기 생각을 논술하세요.

<한지의 고유의 제조법 도침>
도침은 한지 제조의 마무리 작업으로, 종이 표면을 매끄럽게 하기 위해 풀칠한 종이를 여러 장씩 겹쳐 놓고 디딜방아 모양의 도침기로 골고루 내려치는 과정을 말한다.
이 도침 기술은 우리 조상들이 세계 최초로 고안한 종이의 표면 가공 기술이다.

평점

다사리 자기주도 학습 활동지

구분	학습 일자	2024. 3. 18	과목명	국어	회차	7
대단원	VII. 화법과 작문		소단원	화법	쪽수	298-305
학습 목표	대화와 토의, 토론의 개념과 원리를 알고 말할 수 있다.					

생각 띄우기 (7분) ※ 학습자료에 나오는 지식과 정보를 창의적 방법으로 구조화하세요.

<대화의 원리>

① 협력의 원리
㉠ 양의 격률: 대화의 목적에 필요한 만큼의 정보를 제공하라
㉡ 질의 격률: 타당한 근거를 들어 진실을 말하라
㉢ 관련성의 격률: 대화의 목적이나 주제에 관련된 것을 말하기
㉣ 태도의 격률: 간결하고 조리 있게 말하라

② 공손성의 원리
㉠ 요령의 격률: 상대방에게 부담은 최소화, 이익은 극대화
㉡ 관용의 격률: 화자에게 이익은 최소화, 부담은 최대화
㉢ 찬동의 격률: 상대방의 비방은 최소화, 칭찬은 극대화
㉣ 겸양의 격률: 자신에게 칭찬은 최소화, 비방은 극대화
㉤ 동의의 격률: 다른 점은 최소화, 일치점은 극대화

평점

생각 말하기 (10분) ※학습자료에서 전달하고자 하는 중요한 개념 혹은 주제를 설명하세요.

<대화의 방법>
① 공감적 듣기

소극적인 들어주기	적극적인 들어주기
- 상대방에 관심을 보이면서 - 맞장구 치기 - 고개 끄덕이기	- 상대방의 말을 요약 정리하고 반영하기 - 상대방의 말은 재진술 - 상대방의 말을 요약

③ 다양한 소통 맥락 고려하기

상황 맥락 고려하기	사회·문화적 맥락 고려하기
· 대화를 나누는 시간·공간적 배경, 대화 상대 예) 안녕하세요 입학: 친구들 이른 인사말 조문: 실례가 되는 말	· 나라와 민족에 따라 서로 다른 사회·문화적 배경에 기반하여 결정된 것 우리나라: 흰색 다른 나라: 화려 복장

평점

생각 구하기 (5분) ※ 학습자료 안에 있는 지식과 정보, 생각에 대한 가치를 묻는 문제를 만드세요. (선택·단답형도 가능하나, 다양한 생각을 알아보는 서술/논술형으로 만드세요.)

문제: 토의에서 사회자와 토의 참여자의 역할과 태도를 알아보자.

평점

생각 나누기 (10분) ※ 생각 구하기에서 제기한 질문에 대한 답을 하세요.

• 토의 사회자의 역할과 태도
① 토의 관계 규정 주의사항 제시, 토의 내용 요약
② 발언 기회의 공평한 배분, 갈등과 의견 충돌 조정
③ 토의 내용 정리 및 보고.

• 토의 참여자의 역할과 태도
① 토의 문제에 대한 사전 자료 준비, 해결 방안 준비
② 토의 절차 숙지 및 토의 질서 준수
③ 다른 참여자의 의견 경청하고 토의에 참여하기
④ 어법에 맞게 조리 있고 예의 바르게 주장

평점

생각 살리기 (8분) ※ 학습 내용을 자기 삶과 사회 현실과 관련지어 자기 생각을 논술하세요.

○ 토론자의 역할과 태도
① 상대방의 주장을 논리적으로 반박하며 자신의 주장을 조리 있게 설득하며 말하기
② 논거의 정확성, 타당성 신뢰성 평가하기 토론 규칙 지키기, 논리적 오류 범하지 않기
③ 윤리에 어긋나지 않는 질문하지 않기

○ 청중의 역할과 태도
① 객관적인 입장에서 찬성과 반대 측의 발언 듣기
② 논거의 정확성, 타당성 신뢰성 평가하기
③ 주장의 완결성, 토론 규칙의 준수 여부를 살펴 토론자 평가하기

평점

다사리 자기주도 학습 활동지

구분	학습 일자	2024. 3. 18	과목명	국어	회차	8
대단원	VIII. 문법		소단원	음운	쪽수	322-328
학습 목표	우리말의 자음과 모음 체계를 이해하여 음운 변동의 원리가 반영된 발음을 할 수 있다.					

생각 띄우기 (7분) ※ 학습자료에 나오는 지식과 정보를 창의적 방법으로 구조화하세요.

○ 음운의 개념과 종류
- 말의 뜻을 구별하는 소리의 가장 작은 단위
- 분절음운 (자음: 장애를 받아 만들어진 소리 / 모음: 장애를 받지 않는 소리)
- 비분절음운: 소리의 길이(장단)

○ 자음의 소리 나는 위치에 따른 분류
입술소리 (ㅁ.ㅂ.ㅃ.ㅍ), 잇몸소리 (ㄷ.ㄴ.ㄹ), 센입천장소리: ㅈ.ㅊ.ㅉ, 여린입천장소리 (ㄱ.ㅋ.ㄲ), 목청소리 (ㅎ)

평점

생각 말하기 (10분) ※학습자료에서 전달하고자 하는 중요한 개념 혹은 주제를 설명하세요.

○ 자음의 소리 내는 방법에 따른 분류
- 파열음: ㅂ.ㅃ.ㅍ.ㄷ.ㄸ.ㅌ.ㄱ.ㄲ.ㅋ
- 파찰음: ㅈ.ㅉ.ㅊ
- 마찰음: ㅅ.ㅆ.ㅎ
- 비음: ㅁ.ㄴ.ㅇ
- 유음: ㄹ

○ 자음의 공기의 세기에 따른 분류
예사소리: ㅂ.ㄷ.ㅅ ㅈ ㄱ
된소리: ㅃ.ㄸ.ㅆ ㅉ ㄲ
거센소리: ㅍ.ㅌ ㅊ ㅋ

평점

생각 구하기 (5분) ※ 학습자료 안에 있는 지식과 정보, 생각에 대한 가치를 묻는 문제를 만드세요. (선택·단답형도 가능하나, 다양한 생각을 알아보는 서술/논술형으로 만드세요.)

문제: 우리말의 모음 체계에 대하여 알아보자.

평점

생각 나누기 (10분) ※ 생각 구하기에서 제기한 질문에 대한 답을 하세요.

• 단모음: 발음할 때 입술 모양이나 혀의 위치가 변하지 않는 모음 (ㅏ.ㅡ.ㅣ.ㅓ ㅗ.ㅜ ㅔ ㅐ ㅟ ㅚ)
○ 이중모음: 발음할 때 입술 모양이나 혀의 위치가 변하는 모음 (ㅑ ㅕ ㅛ ㅠ ㅒ ㅖ ㅘ ㅙ ㅝ ㅞ ㅢ)

평점

생각 살리기 (8분) ※ 학습 내용을 자기 삶과 사회 현실과 관련지어 자기 생각을 논술하세요.

○ 음운의 변동
① 교체: 음절의 끝소리 규칙 (부엌 > 부억), 자음동화 (밥물 > 밤물), 구개음화 (굳이 > 구지, 닫히다 > 다치다), 된소리되기 (국밥 > 국빱, 받고 > 받꼬)
② 축약: 거센소리되기 (국화 > 구콰), 모음축약 (먹+이어 > 먹여)
③ 탈락: 자음탈락 (값 > 갑), 모음탈락 (담그+아라 > 담가라)
④ 첨가: ㄴ첨가 (맨입 > 맨닙), 반모음 ㅣ 첨가 (되+어 > 되여)

평점

|어게인 세종 대한민국 미래 교육|

다사리 교육

초판 1쇄 발행 2024년 5월 15일

지은이 박형
펴낸이 이기봉
편집 좋은땅 편집팀
펴낸곳 도서출판 좋은땅
주소 서울특별시 마포구 양화로12길 26 지월드빌딩 (서교동 395-7)
전화 02)374-8616~7
팩스 02)374-8614
이메일 gworldbook@naver.com
홈페이지 www.g-world.co.kr

ISBN 979-11-388-3006-5 (03370)